Joachim Eck

Jesaja 1 – Eine Exegese der Eröffnung des Jesaja-Buches

Beihefte zur Zeitschrift für die alttestamentliche Wissenschaft

Herausgegeben von
John Barton, Ronald Hendel,
Reinhard G. Kratz und Markus Witte

Band 473

Joachim Eck

Jesaja 1 – Eine Exegese der Eröffnung des Jesaja-Buches

Die Präsentation Jesajas und JHWHs, Israels und der Tochter Zion

DE GRUYTER

ISBN 978-3-11-040293-3
e-ISBN (PDF) 978-3-11-040632-0
e-ISBN (EPUB) 978-3-11-040647-4
ISSN 0934-2575

Library of Congress Cataloging-in-Publication Data
A CIP catalog record for this book has been applied for at the Library of Congress.

Bibliografische Information der Deutschen Nationalbibliothek
Die Deutsche Nationalbibliothek verzeichnet diese Publikation in der Deutschen
Nationalbibliografie; detaillierte bibliografische Daten sind im Internet
über http://dnb.dnb.de abrufbar.

© 2015 Walter de Gruyter GmbH, Berlin/Boston
Druck und Bindung: CPI books GmbH, Leck
♾ Gedruckt auf säurefreiem Papier
Printed in Germany

www.degruyter.com

MIX
Papier aus verantwor-
tungsvollen Quellen
FSC
www.fsc.org   FSC® C083411

Meinen Eltern Anton und Paula gewidmet

Inhaltsübersicht

Inhalt

Vorwort

Auf der Suche nach Worten, die am Ziel des herausfordernden, faszinierenden und bereichernden Wegs einer exegetisch-theologischen Promotion meine Dankbarkeit für das Gelingen des Projekts zum Ausdruck bringen könnten, fand ich in jenem bekannten Text des Lukas-Evangeliums ein tiefes Echo: „Meine Seele preist die Größe des Herrn und mein Geist jubelt über Gott, meinen Retter." Μεγαλύνει ἡ ψυχή μου τὸν κύριον, καὶ ἠγαλλίασεν τὸ πνεῦμά μου ἐπὶ τῷ θεῷ τῷ σωτῆρί μου. Diese schlichten, schönen Worte erinnern daran, dass der tiefste und erste Grund des Jubels keine eigene Leistung ist, sondern die Größe des zu Hilfe kommenden HERRN, der alle guten Dinge schenkt. Indirekt weisen sie darauf hin, dass am Anfang eines menschlichen Wegs nicht das Vollbringen, sondern die Gabe steht – die Gabe des Lebens, die Gabe der Talente, die Gabe ihrer Entfaltung, die Gabe vieler helfender und ermöglichender Begleiter. Die Freude am Gelingen wächst durch das Licht dieser Worte, denn der Verweis auf die Größe des HERRN vermag es, den bei einer Dissertation sicher auch notwendigen, aber in sich begrenzten Leistungsgedanken in eine größere Freiheit zu führen, die in der Gemeinschaft aller durch Gottes Güte beschenkten Geschöpfe liegt.

In den weiteren Versen des Magnificat begegnen auch Aussagen, die eine große Nähe zu jenem Themenkreis aufweisen, mit dem ich mich in den zurückliegenden Jahren intensiv beschäftigen durfte. „Er stürzt die Mächtigen vom Thron und erhöht die Niedrigen." Καθεῖλεν δυνάστας ἀπὸ θρόνων καὶ ὕψωσεν ταπεινούς. Dieses Bekenntnis zur Recht schaffenden Tatkraft Gottes steht den Propheten und besonders Jesaja sehr nahe, der den ethisch verwahrlosten Mächtigen der Welt die Depotenzierung zu Gunsten der Schwachen und Benachteiligten ankündigt. Die Zusage, dass Gott seine Herrlichkeit durch Erhöhung der Machtlosen offenbart, ist Trost und Warnung zugleich – Trost für solche, die Akten selbstherrlicher Willkür ausgeliefert sind, Warnung denen, die Mitmenschen als Instrumente im Dienst ihres Machtstrebens missbrauchen. Demjenigen, der die Tiefe und Wahrheit des prophetischen Blicks auf Gott und die Welt im Rahmen eines Promotionsstudiums erforschen und kennen lernen durfte, erschließen sich nach getanem Werk die zitierten Worte in neuer Schönheit, so dass der Lob- und Dankgesang des Magnificat ganz neu erklingen kann.

Viele Menschen sind es, die mich auf dem hinter mir liegenden Weg in ganz unterschiedlicher Weise begleitet und gefördert haben. Mein erster tiefer Dank gilt meinen Eltern Dr. Anton und Paula – für das Geschenk des Lebens und ihre begleitende, opferbereite Liebe. Ganz besonders danke ich meinem Doktorvater, Prof. Dr. Burkard M. Zapff, für die vorbildliche Betreuung der Dissertation, bei der er ein meisterhaftes Gespür für die optimale Balance zwischen hilfreichen Richtungsanzeigen und freier Entfaltung des Promovenden zeigte. Mein aufrichtiger Dank gilt auch dem Zweitgutachter, Prof. Dr. Lothar Wehr. Der Theologischen Fakultät der Katholischen Universität Eichstätt-Ingolstadt unter dem damaligen Dekanat meines Doktorvaters danke ich für die im Sommersemester 2013 erfolgte Annahme dieser Arbeit als Dissertationsschrift und die zügige Durchführung des Promotionsverfahrens. Den Herausgebern der Reihe BZAW, insbesondere den Gutachtern Prof. Dr. Markus Witte und Prof. Dr. Reinhard Kratz spreche ich meinen herzlichen Dank für die Aufnahme der Arbeit in die vorliegende Reihe aus. Meinen Geschwistern Lothar, Konstantin und Isabella, meinen Freunden, sowie meinen Kolleginnen und Kollegen danke ich für alle großen und kleinen Freuden und Hilfen, die sie mir auf dem zurückgelegten Weg geschenkt haben.

Eichstätt, Weihnachten 2014   Joachim Eck

1. Einleitung

1.1 Forschungsinteresse an der Eröffnung des Jesaja-Buchs und Überblick über bisherige Forschungsfragen

Sowohl die Botschaft Jesajas als auch das daraus hervorgegangene Buch erfreuen sich schon seit dem Auftreten dieses großen Propheten eines ungebrochen regen Interesses. Dies zeigt bereits der lange, wohl bis in die hellenistische Zeit reichende Entstehungsprozess des Jesaja-Buches, aber auch seine vielfältige Rezeption im Alten wie im Neuen Testament. Für die zwischentestamentliche Zeit bringt Jesus Sirach, dem offensichtlich das im Wesentlichen vollständige Jesaja-Buch bereits vorliegt,[1] auf sehr schöne und prägnante Weise auf den Punkt, warum Jesaja von herausragender Bedeutung ist. Laut Sirach erwies sich Jesaja nicht nur in der Krise der Belagerung Jerusalems durch den assyrischen Großkönig Sanherib im Jahr 701 v. Chr. als wahrer Prophet, der König Hiskija JHWHs rettendes Heilswort überbrachte und ihm den rechten Weg wies (vgl. Sir 48,18 – 22 sowie Jes 36 – 37 par.), sondern war insgesamt

> der Große und in seinen Visionen Zuverlässige. In seinen Tagen ging die Sonne zurück, und er verlängerte dem König das Leben. Gewaltigen Geistes schaute er die letzten Dinge und tröstete die Trauernden in Zion. Für alle Zeiten verkündete er das Zukünftige und das Verborgene, bevor es eintrat. (Sir 48,22d–25)[2]

Dementsprechend nachhaltig ist auch das Interesse der exegetischen Forschung sowohl am Propheten als auch am Buch Jesaja. Die das Buch betreffende Forschungsgeschichte braucht im Rahmen dieser Arbeit nicht dargelegt zu werden, da P. Höffken diese in einer 2004 erschienenen Monographie mit dem Titel „Jesaja. Der Stand der theologischen Diskussion" ausgehend von B. Duhm an Hand der wichtigsten Fragestellungen dargestellt hat. Darüber hinaus stellt U. Becker in einem 1999 erschienenen Doppelaufsatz zum Thema „Jesajaforschung (Jes 1 – 39)" die seit Mitte der achtziger Jahre erschienene Literatur zu Protojesaja vor. Aktualisiert wurden die Forschungsberichte beider Autoren nochmals durch U. Becker in einem 2009 veröffentlichten Beitrag über „Tendenzen in der Jesajaforschung (1998 – 2007)".

---

1 Zu den schriftgelehrten Bezügen des nachfolgenden Sirach-Zitats zum Jesaja-Buch siehe Zapff, Sirach, S. 364 – 366.
2 Herder-Übersetzung.

Will man sich an Hand von Höffkens Beitrag einen Überblick über die bisherige Erforschung des ersten Jesaja-Kapitels verschaffen, so fällt auf, dass dieses zwar dank seiner Stellung im Buch nicht selten eine Rolle in Untersuchungen übergreifender Fragestellungen spielte, sei es in Form eines punktuellen Verweises,[3] sei es unter dem Gesichtspunkt einer speziellen Frage[4] oder sei es sonst in Form einer mehr oder weniger summarischen Bezugnahme, aber nur relativ selten den Mittelpunkt von Forschungsbeiträgen bildete. Im Rahmen der Forschung zu Jes 1–12 erwähnt Höffken[5] lediglich G. Fohrers aus dem Jahr 1962 stammenden Aufsatz „Jesaja 1 als Zusammenfassung der Verkündigung Jesajas", der sich vor allem auf die protojesajanische Verkündigung bezieht, sowie den Beitrag von B. Gosse über „Isaïe 1 dans la rédaction du livre d'Isaïe", der ebenfalls den Blick auf die Beziehungen zwischen dem ersten Kapitel und dem Jesaja-Buch richtet und Ersteres als spät formulierte Einleitung versteht. Dies ist angesichts des allgemein bestehenden Interesses am Jesaja-Buch und der generellen Signifikanz von Bucheröffnungen eine überschaubare Zahl von Beiträgen. Umfangreiche Diskussionen von Jes 1 bieten allerdings einige der Kommentare. Hier sind vor allem – in der Reihenfolge ihres Erscheinens – Wildberger, Vermeylen, Kaiser[5] und Williamson zu nennen. Darüber hinaus gibt es durchaus eine größere Zahl von Beiträgen, die sich speziell mit Teilen oder spezifischen Aspekten von Jes 1 befassen, oder die im Rahmen übergreifender Fragestellungen auf dieses Kapitel eingehen. Letztgenannte Beiträge werden in der vorliegenden Arbeit jeweils dort diskutiert, wo sie thematisch relevant sind. Daher können wir bei den meisten Fragen der Forschungsdiskussion, die im Rahmen unserer Vorüberlegungen vorgestellt werden, hinsichtlich einschlägiger Forschungsbeiträge auf die Erörterung im weiteren Verlauf der Arbeit verweisen. Lediglich die bisherigen redaktionsgeschichtlichen Ansätze werden bereits jetzt ausführlicher dargestellt.

Im Rahmen der Diskussion von Jes 1 bildet die Überschrift Jes 1,1 einen eigenen Themenbereich, der eine Zusammenschau der prophetischen Buchüberschriften erfordert, da diese alle mehr oder weniger ähnlich sind, sich aber in keinem Fall entsprechen. Aus diesem Befund ergibt sich die Frage, inwieweit die prophetischen Buchüberschriften einer vorgegebenen Typologie folgen. Weitere Fragen zu Jes 1,1 sind die nach dem durch diese Überschrift anvisierten Textbereich und der

---

3 Siehe z. B. Höffken, Stand der theologischen Diskussion, S. 59: punktuelle Berücksichtigung von Jes 1,9 f. als Beginn der „Wir"-Reden im Jesaja-Buch bei Conrad.
4 Siehe z. B. Höffken, Stand der theologischen Diskussion, S. 120–123: Berücksichtigung von Jes 1 im Rahmen entstehungsgeschichtlicher Fragen (Blum, Beuken). Oder siehe ebd., S. 139–140, 142: Jes 1 unter dem Aspekt übergreifender Fragen im Protojesajabuch (U. Becker, Bosshardt-Nepustil, Kaiser).
5 Höffken, Stand der theologischen Diskussion, S. 117.

Bedeutung des mit „Vision" übersetzten Titelprädikats חָזוֹן bzw. des Verbs חָזָה „schauen". Die Typologie der prophetischen Buchüberschriften und die Bedeutung der Wurzel חזה bilden den ersten Block unserer Arbeit. Die betreffende Forschungslage ist unter Punkt 3.1.1 dargestellt.

Kontroverse Auffassungen gibt es hinsichtlich der Frage der Struktur von Jes 1. Während viele einer Einteilung in die großen Abschnitte Jes 1,2–9.10–17.18–20.21–26.27–31 zustimmen, wird die Feinstruktur von Jes 1,2–9 recht unterschiedlich beurteilt. Zu den einzelnen Varianten siehe unter Punkt 3.6.1.

Demgegenüber besteht hinsichtlich der gattungsmäßigen Zuordnung von Jes 1* zur sog. prophetischen Gerichtsrede (Rîb-Pattern) ein relativ breiter Konsens, der jedoch kritisch zu hinterfragen ist. Dabei können Einwände aufgegriffen werden, die de Roche,[6] Daniels[7] und Williamson[8] formuliert haben. Schon unter den Definitionen des Rîb-Pattern herrschen deutliche Divergenzen, außerdem ist unsicher, ob die betreffenden Gattungsbelege tatsächlich eine Gerichtssituation voraussetzen, so dass eine grundlegende Überprüfung erforderlich ist, ob hier überhaupt von einer Gattung gesprochen werden kann. Bedeutung für die Auslegung von Jes 1 hat diese Frage u. a. deshalb, weil Himmel und Erde in Jes 1,2a im Rahmen des Rîb-Pattern auf die Rolle stummer Zeugen reduziert werden, denen keine nennenswerte inhaltliche Bedeutung zukommt. Dies erscheint wegen der im ganzen Jesaja-Buch zu beobachtenden regelmäßigen Einbeziehung von Himmel und Erde als unwahrscheinlich. Ferner führt die vom Rîb-Pattern erzwungene Interpretation von Jes 1* als prophetisch simulierter Gerichtssituation zur Annahme, dass es hier um die Aufarbeitung eines in der Vergangenheit liegenden Rechtsfalls gehe. Jes 1* wäre demnach Dokument einer vergangenheitsbezogenen juridischen Beurteilung. Diese Klassifizierung des Textes engt die Interpretation ein und birgt die Gefahr, dass Elemente, die sachgerechter als Analyse der gegenwärtigen Lage, Warnungen vor künftigem Unheil oder Weisungen für eine gelingende Zukunft zu deuten wären, nicht in ihrem vollen Gewicht wahrgenommen werden. In diesem Zusammenhang ist auch der von einigen behauptete bundestheologische Hintergrund von Jes 1 kritisch zu hinterfragen. Eine Darstellung der diesbezüglichen Forschungsentwicklung einschließlich Diskussion findet sich unter Punkt 3.5.2. Bisherige Ansätze zur Auslegung des Höraufrufs an Himmel und Erde Jes 1,2a werden unter Punkt 3.6.2.6.1 diskutiert.

Große Divergenzen gibt es in der Forschung bezüglich der literar- und redaktionskritischen Beurteilung von Jes 1 einschließlich Datierung. Lange ging

---

6 de Roche, Yahweh's Rîb.
7 Daniels, Prophetic Lawsuit.
8 Williamson, Isaiah 1 and the Covenant Lawsuit.

man davon aus, Jes 1 sei eine kleine Sammlung von Jesaja-Worten, die während eines bedeutenden Zeitraums unabhängig von der die Basis des Jesaja-Buchs bildenden größeren Sammlung überliefert und erst spät an den Anfang des Buchs gestellt worden sei.[9] Ein wichtiges Argument für diese These ist die Tatsache, dass nach Jes 1 in Jes 2,1 eine weitere Überschrift folgt, die den vorherigen Text vom Folgenden abtrennt und so Jes 1 als eigenständige Einheit ausweist.[10] Kaum beachtet wurde in diesem Zusammenhang jedoch der inhaltliche Aspekt des Unterschieds zwischen den beiden Überschriften Jes 1,1 und 2,1. Dieser liegt darin, dass einmal eine Zuordnung des Textes zur geschichtlichen Epoche der Königszeit gegeben ist (Jes 1,1), und das andere Mal eine entsprechende Königschronologie fehlt (Jes 2,1). Inhaltlich korrespondiert dies mit der Tatsache, dass sowohl die in Jes 1 enthaltenen Unheilsankündigungen als auch die dort formulierte Sozial- und Kultkritik eng mit historischen Erfahrungen der Königszeit bzw. generell der geschichtlichen Zeit verbunden sind. Demgegenüber blickt Jes 2,2–4 bzw. Jes 2 überhaupt auf eine ferne Zukunft (vgl. Jes 2,2), in der es zu eschatologischen[11] Ereignissen kommt. Da in dieser Zeit JHWH selbst vom Zion aus regiert (Jes 2,3 f.), ist das irdische Königtum in dieser Epoche überholt. Der Untergang des Königtums entspricht der geschichtlichen Erfahrung Israels ab dem Exil. Dementsprechend verstärkt richtet sich nun die Hoffnung auf eine direkte Königsherrschaft JHWHs in eschatologischer Zukunft. Die Existenz der Überschrift Jes 2,1 hat somit vom Horizont des Exils aus betrachtet greifbare theologische Gründe. Sie grenzt die unheilvolle geschichtliche Zeit (Exilserfahrung) von der eschatologischen Friedenszeit deutlich ab. Daher ist sie nicht ohne weiteres als Nachweis eines älteren Buchanfangs, sondern eher als Teil einer Jes 1 und Jes 2 umgreifenden theologischen Komposition zu verstehen. Näheres dazu unter Punkt 3.6.2.7 und 3.6.8.2.

Die traditionelle Auffassung, Jes 1 sei eine lange selbständig überlieferte kleine Sammlung, hat G. Fohrer[12] mit der fundiert dargelegten These kombiniert, Jes 1 biete eine theologisch durchdachte Zusammenfassung der Verkündigung Jesajas in Jes 1–32. Ein Problem der Kombination der Vorstellung von Jes 1 als jesajanischer Sammlung mit der Beurteilung von Jes 1 als theologischer Zusammenfassung der Jesaja-Botschaft liegt in der Frage, wie eine Sammlung unver-

---

9 So z. B. Fohrer, Zusammenfassung, S. 253; Wildberger, Jesaja 1–12, S. 8; Höffken, Jesaja 1–39, S. 31; siehe ferner den Forschungsüberblick bei Becker, Jesaja, S. 176 und die dort angegebenen Übersichten.

10 Vgl. statt vieler z. B. Becker, Jesaja, S.176; Tucker, Book of Isaiah, S. 46.

11 Den Begriff „eschatologisch" verstehen wir wie Wildberger, Jesaja 1–12, S. 82: „[E]s ist eine durch Gottes Eingreifen in die Geschichte veränderte Zukunft, die kommende Zeit des Heils, anvisiert."

12 Fohrer, Zusammenfassung.

änderter Jesaja-Worte aus verschiedenen Situationen den besagten theologischen Duktus hervorbringen kann.[13] Dennoch ist die u. a. von Fohrer vertretene entstehungsgeschichtliche Sicht für viele – ggf. in der einen oder anderen Variante – nach wie vor gültig. Die Vertreter dieser klassischen entstehungsgeschichtlichen Erklärung datieren Jes 1 in seinem Grundbestand wegen der in Jes 1,4.5 – 7.8 – 9 angedeuteten Situation meist in die Zeit der Belagerung Jerusalems durch Sanherib 701 v. Chr. Eine ausführliche Auseinandersetzung mit der Frage des historischen Hintergrunds von Jes 1,5 – 7a.8 findet sich unter Punkt 3.6.5.

Anders als die meisten nimmt O. Kaiser[14] an, dass Jes 1 keine ursprünglich eigenständige Sammlung war, sondern zusammen mit Jes 28 – 31 eine kleinere, Anfang des 5. Jahrhunderts herausgegebene, deuteronomistisch beeinflusste Sammlung von Jesaja-Worten bildete, die dann zur Grundlage der Sammlung Jes 1 – 39 wurde.

Demgegenüber geht Vermeylen[15] zwar davon aus, dass Jes 1 in der Tat ein programmatisch vorangestelltes Resümee der Jesaja-Botschaft sei, meint aber, dieses Kapitel, das er gattungsmäßig dem Rîb-Pattern (V. 2 – 20) und der Qinah (V. 21 – 26) zuordnet, sei nie eine unabhängige jesajanische Sammlung gewesen, sondern gezielt als Eröffnung eines Jesaja-Buches entworfen worden. Entstanden sei diese Komposition in einem komplexen Prozess. In ihr sei Material unterschiedlicher Provenienz vereinigt, von dem höchstens Jes 1,10 – 17 auf Jesaja selbst zurückgehen könne, während Jes 1,2b – 3.4 – 7bα vorexilisches Material aus der Zeit nach Jesaja sei. Jes 1,21 – 26 stamme von einem unter Einfluss deuteronomischer Theologie stehenden Autor der Exilszeit.[16] Insgesamt gehe die Komposition Jes 1,1 – 26 auf die deuteronomistische Schule der Exilszeit zurück und sei eine deuteronomistische Lektüre der Verkündigung Jesajas in programmatischer Form.[17] In Anbetracht des bei der Rückkehr aus dem Exil erfahrenen Auseinanderfallens von Religions- und Volkszugehörigkeit sei von nachexilischen Heimkehrern Jes 1,8 – 9.27 hinzugefügt worden.[18] Jes 1,28 – 31 gehört bereits in die hellenistische Zeit.

Eine mit Vermeylens Ansatz verwandte Hypothese hat H. Barth[19] ausgearbeitet. Eine Besonderheit liegt darin, dass er annimmt, der exilische – allerdings nicht dtr – Redaktor habe sich bei der Komposition von Jes 1,2 – 26 als Buchein-

---

13 Becker, Jesaja, S. 177 f.
14 Kaiser, Jesaja 1 – 12, S. 19.
15 Vermeylen, Du prophète Isaïe, S. 108 – 111.
16 Vermeylen, Du prophète Isaïe, S. 104 f.
17 Vermeylen, Du prophète Isaïe, S. 109 f.
18 Vermeylen, Du prophète Isaïe, S. 110 f.
19 Barth, Jesaja-Worte, S. 218 – 220.

leitung auch jesajanischer Worte bedient, die er dem bereits vorhandenen Buch an verschiedenen Stellen entnommen habe (sog. Relozierungshypothese).

Williamson[20] knüpft an Barths These an und formuliert folgende Grundthese: „There never was a part of ch. 1 less than the whole which preceded ch. 2 as an opening of the book in its supposed 'original' form." Die Überschrift Jes 2,1 habe ursprünglich die exilische Fassung des Jesaja-Buches eröffnet. Das als Bucheinleitung komponierte Kapitel Jes 1 sei nach dem Exil dazugekommen.[21] Es wolle weniger im Sinne Fohrers eine inhaltliche Zusammenfassung der Themen des Jesaja-Buches bieten, sondern eher im Sinne D. Carrs[22] den Leser dazu auffordern, den nachfolgenden Text in einer responsiven Haltung der Reue zu lesen. Der anzunehmende späte Zeitpunkt der Komposition von Jes 1 mache, so Williamson,[23] die These Wildbergers[24], Jes 1 sei früher eine unabhängige Sammlung gewesen, unwahrscheinlich, da ein so langes isoliertes Fortbestehen einer unabhängigen Sammlung neben einer bereits entstandenen Form des Jesaja-Buches kaum vorstellbar sei. Dennoch seien die meisten Exegeten der Auffassung, dass wenigstens Teile des Kapitels auf Jesaja zurückgehen. Für welche Passagen dies im Einzelnen auch immer zutreffen möge, die wesentliche Einsicht sei hierbei, dass nicht das gesamte aktuelle Kapitel von einem späten Redaktor stamme.[25] Ungeachtet der rhetorisch kunstvollen Gesamtkomposition sprächen die Unterschiede zwischen den Einzeleinheiten von Jes 1 nachdrücklich für eine redaktionell zusammengefügte Größe und gegen eine einheitliche Komposition eines einzigen Autors zu einem einzigen Zeitpunkt.[26] Dieser Befund lasse nur noch den Schluss zu, dass der Redaktor von Jes 1 wohl das übrige Jesaja-Buch selbst als „Quelle" benutzte, der er die geeignetsten Elemente entnahm, um den einleitenden Prolog zu kreieren.[27] Zwar könne die damit verbundene Frage nach dem ursprünglichen Ort der in Jes 1 zusammengestellten älteren Texte nur hypothetisch-spekulativ beantwortet werden, doch schon der Versuch sei lohnend, so Williamson,[28] da bereits eine grundsätzliche Bestätigung dieses entstehungsgeschichtlichen Ansatzes wichtige Konsequenzen für die Exegese von Jes 1 nach sich ziehe, ohne dass es auf Einzelheiten der jeweiligen Lösungsvorschläge ankäme. Denn dann sei

---

20 Williamson, Isaiah 1–5, S. 9.
21 Williamson, Isaiah 1–5, S. 15, sowie ders., Relocating Isaiah, S. 263–269.
22 Carr, Reaching for Unity in Isaiah, S. 61–80.
23 Williamson, Relocating Isaiah, S. 264.
24 Wildberger, Jesaja 1–12, S. 8.
25 Williamson, Relocating Isaiah, S. 264–265.
26 Williamson, Relocating Isaiah, S. 265.
27 Williamson, Relocating Isaiah, S. 265.
28 Williamson, Relocating Isaiah, S. 265.

primär der allgemeine Duktus ausschlaggebend, in den der Redaktor das Textmaterial von Jes 1 brachte. Der nicht vom Redaktor selbst stammende spezifische Wortlaut der Einzelabschnitte sei von nachrangiger Bedeutung.[29]

Gegen die letztgenannte Schlussfolgerung Williamsons ist allerdings einzuwenden, dass auch und gerade ein Redaktor ein intensives theologisches Interesse an der von ihm erstellten Komposition hat. Warum sollte er einen Text, den er aus überlieferten Teilen redaktionell zusammenfügt, nicht auch durch kleinere oder größere Eingriffe so lange sprachlich anpassen, bis der Wortlaut in jeder Hinsicht seinem theologischen Anliegen entspricht? Da die Frage nach der Entstehung von Jes 1 eine Zeit betrifft, in der der überlieferte Text noch nicht kanonisiert war, gibt es nichts, was grundsätzlich gegen solche Anpassungen spräche.

Einen wiederum anderen Ansatz verfolgt U. Becker.[30] Er geht davon aus, dass Jes 1,2–20 im Wesentlichen literarisch einheitlich ist, in die nachexilische Epoche gehört und als literarische Einleitung eines schon vorhandenen Jesaja-Buches konzipiert wurde. Der Verfasser von Jes 1 schöpfe aus verschiedenen Quellen, d. h. Büchern, arrangiere und formuliere aber jeweils ganz neu.[31] Auf diese Weise hat der Text von Jes 1,2–20 einen „anthologischen" Charakter.[32] An diese Komposition sei Jes 1,21–26, ein literarisch von Mi 3,9–12 abhängiger Text, sekundär angefügt worden. Zwischen Jes 1,21–26 und Jes 2,2–5 habe ein ursprünglicher Zusammenhang bestanden, der durch mehrere Fortschreibungen (V. 27 f./ V. 29 f./ V. 31) sowie die nochmals spätere Überschrift Jes 2,1 aufgetrennt worden sei.[33] Eine eingehendere Auseinandersetzung mit den entstehungsgeschichtlichen Modellen Vermeylens und Beckers erfolgt im Rahmen der Frage nach dem historischen Hintergrund von Jes 1,5–7a.8 unter Punkt 3.6.5.4.

Angesichts der verwirrenden Vielfalt der entstehungsgeschichtlichen Modelle zu Jes 1, die eine einigermaßen zufriedenstellende Klärung dieser Frage auf dem Wege der Ergänzung oder Weiterführung des einen oder anderen Ansatzes nicht erwarten lässt, erscheint es als sinnvoll, den Schwerpunkt der Arbeit nicht im literar- und redaktionsgeschichtlichen Bereich, sondern in der Erforschung der sprachlichen Gestalt, der Semantik und der Theologie des Textes anzusiedeln. Dabei ist besonders zu berücksichtigen, dass es sich um einen Text handelt, der als Bucheröffnung eine hervorgehobene Stellung einnimmt und daher sowohl grundlegende Aussagen theologischer Art als auch eine charakterisierende Ein-

---

29 Williamson, Relocating Isaiah, S. 265 f.
30 Becker, Jesaja, S. 176–197.
31 Becker, Jesaja, S. 191.
32 Becker, Jesaja, S. 188.
33 Becker, Jesaja, S. 197.

führung der im Buch auftretenden Personen sowie die erstmalige Erwähnung wichtiger Topoi erwarten lässt.

Neben den Kommentaren bieten die Arbeiten von Z. Kustár zum Thema „Durch seine Wunden sind wir geheilt: eine Untersuchung zur Metaphorik von Israels Krankheit und Heilung im Jesajabuch" und A. Bjørndalen über „Untersuchungen zur allegorischen Rede der Propheten Amos und Jesaja" sowie der Aufsatz von W. Werner über „Israel in der Entscheidung. Überlegungen zur Datierung und zur theologischen Aussage von Jes 1,4 – 9" Ansätze zu dieser thematischen Ausrichtung. Die ersteren beiden befassen sich u. a. mit der in Jes 1,4.5 – 8 enthaltenen Metaphorik. Was die Einheit Jes 1,10 – 17 betrifft, so wurden Sprache, Form, Semantik und Theologie in Beiträgen von R. G. Kratz über „Die Kultpolemik der Propheten im Alten Testament", S. Vargon zu „The Historical Background and Significance of Isa 1,10 – 17", H. G. M. Williamson über „Biblical Criticism and Hermeneutics in Isaiah 1:10 – 17" sowie in der Monographie von B. Hrobon zum Thema „Ethical Dimension of Cult in the Book of Isaiah" berücksichtigt. Mit entsprechenden thematischen Aspekten in Jes 1,21 – 26 befassen sich die Aufsätze von O. H. Steck, „Zur konzentrischen Anlage von Jes 1,21 – 26", und H. G. M. Williamson, „Judgment and Hope in Isaiah 1.21 – 26".

Sieht man die Beiträge zu Jes 1,1 – 9 durch, die insgesamt seit Wildbergers Kommentar erschienen sind, so fällt auf, dass zwar die einzelnen Teilabschnitte Jes 1,1 oder 1,2 – 3 oder 1,4 – 9* unter der oben genannten oder einer anderen Fragestellung gelegentlich behandelt wurden, dass aber in Monographien oder Aufsätzen kaum jemals versucht wurde, die gesamte das Buch eröffnende Einheit Jes 1,1 bis zum markanten Neueinsatz in Jes 1,10 als einen Zusammenhang zu erörtern. Wie die oben genannten Beiträge zeigen, ist dies hinsichtlich Jes 1,10 – 17 und 1,21 – 26 sehr wohl geschehen. Selbstverständlich liegt dies an der gegenüber Jes 1,1 – 9 ausgeprägteren formalen Geschlossenheit dieser Texte. Doch zumindest für Jes 1,2 – 9 ist auf den ersten Blick erkennbar, dass zwischen Israels Sünde (Jes 1,2 f.), dem drohenden Unheil (Jes 1,4) und dem Blick auf das eingetretene Unheil (Jes 1,5 – 7) sowie auf das, was noch übrig ist (Jes 1,8 f.), ein ganz enger Zusammenhang besteht, der dafür spricht, diesen Text als die erste Sinneinheit des Buches zu behandeln und auch zu erforschen. Stellt man dann bei einem Blick auf Jes 1,2 fest, dass hier JHWHs Name eingeführt wird, der Prophet aber im ganzen Text Jes 1,2 – 31 keinerlei Erwähnung findet, dann liegt es nahe, auch die Präsentation des Propheten in Jes 1,1 mit in den Textbestand der Bucheröffnung einzubeziehen und es zumindest einmal versuchsweise zu wagen, nach möglichen Zusammenhängen zwischen Jes 1,1 und 1,2 ff. zu forschen. Da mit dem Ziel einer gründlichen Exegese von Jes 1,1 die Notwendigkeit verbunden ist, die Buchüberschriften aller hinteren Propheten einer typologischen Analyse zu unterziehen, bietet die Einbeziehung von Jes 1,1 gleichzeitig die Chance, einen Beitrag zur Frage der intertextuellen Vernetzung der Prophetenbücher zu leisten. Es ist somit deutlich geworden, dass angesichts der zahlreichen offenen Fragen ein Forschungsinteresse an Jes 1 insgesamt besteht, und dass besonders eine Schwerpunktsetzung im bucheröffnenden Teil Jes 1,1–9 wünschenswert ist.

1.2 Vorgehensweise

In diesem Sinne widmet sich nach der Übersetzung und Textkritik (Punkt 2) der erste größere Teil (Punkt 3.1) der Buchüberschrift Jes 1,1. Sie enthält den Namen des Propheten, eine Bezeichnung seiner Offenbarung, die betroffenen Orte sowie eine Datierung mittels ebenfalls vom Auftreten des Propheten betroffener Könige. JHWH kommt dort nicht vor. Als erstes wird die Aufgabe angegangen, eine Typologie der Buchüberschriften der hinteren Propheten zu entwickeln, wobei auch die weiteren Überschriften des Jesaja-Buchs (Jes 2,1; 13,1; Überschriften der Fremdvölkersprüche) einbezogen und Deutungsmöglichkeiten für die verschiedenen Überschriftentypen aufgezeigt werden. Es folgen die begriffliche Erforschung des Titelverbs und -prädikats sowie eine abschließende Deutung von Jes 1,1. Die Zusammenhänge zwischen Jes 1,1 und dem nachfolgenden Text werden an jeweils relevanter Stelle im Rahmen der einzelexegetischen Erörterung von Jes 1,2–9, insbesondere bei Jes 1,2a berücksichtigt.

Die nächsten Schritte (3.2–4) widmen sich dem Text von Jes 1 insgesamt, indem die Fragen der Abgrenzung von Jes 1 nach hinten, der kontextuellen Beziehungen zu Jes 2,2–5, der synchronen Textstruktur und des redaktionellen Charakters von Jes 1 erörtert werden. Ein weiterer großer Teil behandelt die oben skizzierte gattungskritische Problematik des Rîb-Pattern, dessen Existenz als Gattung aus den erwähnten Gründen kritisch zu hinterfragen ist. Zu diesem Zweck werden alle üblichen Gattungsbelege unter besonders ausführlicher Berücksichtigung von Jes 1,2–20 auf die Problematik hin untersucht und entsprechende Schlussfolgerungen gezogen (Punkt 3.5).

Der nächste und umfangreichste Hauptteil befasst sich mit der einzelexegetischen Untersuchung von Jes 1,2–9 (Punkt 3.6). Nach der Erörterung der kontrovers diskutierten Feinstruktur dieses Abschnitts (Punkt 3.6.1) werden abschnittsweise Jes 1,2–4 (Punkt 3.6.2) und Jes 1,5–7 (Punkt 3.6.3) exegetisiert. Der die Tochter Zion betreffende Sinnabschnitt Jes 1,8 f. erfordert wegen der zwischen V. 8 und 9 bestehenden Disparatheit zunächst die Entscheidung der Frage, ob Jes 1,5–7a und V. 8 eine ursprüngliche literarische Einheit bilden (Punkt 3.6.4), ehe die Passage Jes 1,5–7a.8, die als einziger Text in Jes 1,2–31 einigermaßen konkrete historische Bezüge aufweist, auf ihren historischen Hintergrund hin befragt (Punkt 3.6.5) und zusammenfassend die ursprüngliche Bedeutung von Jes 1,8 dargelegt werden kann (Punkt 3.6.6). Nach der Auslegung von Jes 1,8 f. im Horizont des Endtextes von Jes 1,2–9 (Punkt 3.6.7) schließt die Einzelexegese mit Überlegungen zur buchübergreifenden Bedeutung dieser beiden Verse (Punkt 3.6.8), wobei besonders die Rolle Zions in Jes 1,2–9 und Jes 36 f. erörtert wird.

Methodisch setzt die Einzelexegese regelmäßig mit einer Analyse von Form und Sprache des zu behandelnden (Teil-)Abschnitts ein. Sodann wird die Bedeutung der einzelnen Begriffe erhoben. Bei der theologischen Deutung der jeweiligen Aussagen wird ihre Vernetzung im Kontext von Jes 1 analysiert. Auf diesem Wege ergibt sich aus der Einzelexegese von Jes 1,1–9 ein Gesamtbild von Jes 1. Darüber hinaus werden ausgehend von markanten semantischen Beziehungen die inhaltlich-theologischen Linien zu anderen Texten des Jesajabuchs, der Bibel sowie im Fall von Jes 1,7a auch zu assyrischen Königsinschriften erarbeitet. In diesem Rahmen ergibt sich eine ganze Reihe von Fragen und Beobachtungen zum Verhältnis von Jes 1 zu Jes 6, das in einer grundlegenden Weise unter den Punkten 3.6.2.6.4–6 diskutiert wird.

Die literar- und redaktionskritischen Thesen dieser Arbeit beschränken sich angesichts der unübersichtlichen Forschungslage auf die Herausarbeitung eines höchstwahrscheinlich ältesten und eines höchstwahrscheinlich jüngsten Textbestands, ohne den Anspruch eines geschlossenen Modells zu erheben. Sie sind unter Punkt 3.6.9. zusammengefasst. Eine Reflexion über den theologischen Ertrag der Exegese schließt die Arbeit ab (Punkt 4).

2. Übersetzung und Textkritik

(1a)   חֲזוֹן יְשַׁעְיָהוּ בֶן־אָמוֹץ   Die Vision Jesajas, des Sohnes des Amoz,

(1b)   אֲשֶׁר חָזָה   die er schaute

         עַל־יְהוּדָה וִירוּשָׁלָ͏ִם   über Juda und Jerusalem

       בִּימֵי עֻזִּיָּהוּ יוֹתָם אָחָז   in den Tagen Usijas, Jotams, Ahas', Hiskijas,

              יְחִזְקִיָּהוּ

            מַלְכֵי יְהוּדָה: der Könige Judas.

(2a)   שִׁמְעוּ שָׁמַיִם וְהַאֲזִינִי אֶרֶץ   Hört, Himmel, und lausche, Erde,

           כִּי יְהוָה דִּבֵּר   denn JHWH hat geredet:

(2b)   בָּנִים גִּדַּלְתִּי וְרוֹמַמְתִּי   Söhne habe ich großgezogen und erhöht,

           וְהֵם פָּשְׁעוּ בִי: aber sie, sie haben mit mir gebrochen.

(3a)   יָדַע שׁוֹר קֹנֵהוּ   Erkannt hat das Rind seinen Erwerber,

      וַחֲמוֹר אֵבוּס בְּעָלָיו   und der Esel die Krippe seines Herrn;

(3b)   יִשְׂרָאֵל לֹא יָדַע   Israel hat nicht erkannt,

       עַמִּי לֹא הִתְבּוֹנָן: mein Volk hat nicht verstanden.

(4aα)   הוֹי | גּוֹי חֹטֵא   Weh, sündige Nation,

       עַם כֶּבֶד עָוֹן   Volk, schwer von Sündenschuld!

(4aβ)   זֶרַע מְרֵעִים   Same bestehend aus Übeltätern,

      בָּנִים מַשְׁחִיתִים   Söhne, die Verderben bringen!

(4b)   עָזְבוּ אֶת־יְהוָה   Sie haben verlassen JHWH,

   נִאֲצוּ אֶת־קְדוֹשׁ יִשְׂרָאֵל   sie haben höhnisch verworfen den Heiligen Israels,

         נָזֹרוּ אָחוֹר: sie haben sich abgekehrt nach hinten!

(5a)   עַל מֶה תֻכּוּ עוֹד   Worauf/Wozu sollt ihr noch geschlagen werden?

         תּוֹסִיפוּ סָרָה   Ihr werdet die Widerspenstigkeit vermehren!

(5b)   כָּל־רֹאשׁ לָחֳלִי   Der ganze Kopf [ist] Krankheit [anheimgegeben]

       וְכָל־לֵבָב דַּוָּי: und das ganze Herz [ist] völlig krank.

(6a)   מִכַּף־רֶגֶל וְעַד־רֹאשׁ   Von der Fußsohle bis zum Kopf

         אֵין־בּוֹ מְתֹם   ist nichts an ihm ohne Schaden,

            פֶּצַע   Wunde

         וְחַבּוּרָה   und Strieme

       וּמַכָּה טְרִיָּה   und frische Schlagwunde.

(6b)   לֹא־זֹרוּ   Sie sind nicht ausgedrückt

         וְלֹא חֻבָּשׁוּ   und nicht verbunden worden,

     וְלֹא רֻכְּכָה בַּשָּׁמֶן: und sie ist nicht weich gemacht worden mit Öl.

(7a)   אַרְצְכֶם שְׁמָמָה   Euer Land: Wüste,

       עָרֵיכֶם שְׂרֻפוֹת אֵשׁ   Eure Städte: verbrannt [vom] Feuer,

   אַדְמַתְכֶם לְנֶגְדְּכֶם זָרִים   Euer Ackerboden: vor euren Augen essen Fremde

          אֹכְלִים אֹתָהּ   ihn.

(7b) וּשְׁמָמָה כְּמַהְפֵּכַת זָרִים: Und Wüste entsprechend dem Umstülpen durch Fremde.

(8a) וְנוֹתְרָה בַת־צִיּוֹן Doch übrig geblieben ist die Tochter Zion

כְּסֻכָּה בְכָרֶם wie eine Hütte im Weinberg,

(8b) כִּמְלוּנָה בְמִקְשָׁה wie eine Wächterhütte im Gurkenfeld,

כְּעִיר נְצוּרָה: wie eine bewachte Stadt.

(9a) לוּלֵי יְהוָה צְבָאוֹת Wenn nicht JHWH Zebaoth

הוֹתִיר לָנוּ שָׂרִיד כִּמְעָט übrig gelassen hätte für uns einen Entronnenen, fast

(9b) כִּסְדֹם הָיִינוּ wie Sodom wären wir gewesen,

לַעֲמֹרָה דָּמִינוּ: ס Gomorra hätten wir geglichen.

(10a) שִׁמְעוּ דְבַר־יְהוָה Hört das Wort JHWHs,

קְצִינֵי סְדֹם Anführer Sodoms,

(10b) הַאֲזִינוּ תּוֹרַת אֱלֹהֵינוּ lausche der Weisung unseres Gottes,

עַם עֲמֹרָה: Volk von Gomorra!

(11a) לָמָּה־לִּי רֹב־זִבְחֵיכֶם Was soll mir eure Unmenge von Schlachtopfern?

יֹאמַר יְהוָה spricht JHWH [andauernd].

שָׂבַעְתִּי עֹלוֹת אֵילִים Ich bin übersättigt mit Brandopfern von Widdern,

וְחֵלֶב מְרִיאִים und Fett von Mastvieh.

(11b) וְדַם פָּרִים וּכְבָשִׂים וְעַתּוּדִים Und am Blut von Stieren und Lämmern und Böcken

לֹא חָפָצְתִּי: habe ich keinen Gefallen gefunden.

(12a) כִּי תָבֹאוּ לֵרָאוֹת פָּנָי Ja, ihr kommt [andauernd], um mein Angesicht zu schauen.

(12b) מִי־בִקֵּשׁ זֹאת מִיֶּדְכֶם רְמֹס חֲצֵרָי: Wer hat [denn] dies von euch verlangt, meine Vorhöfe zu zertrampeln?

(13a) לֹא תוֹסִיפוּ הָבִיא מִנְחַת־שָׁוְא Ihr sollt nicht weiter darbringen eine Opfergabe von Nichtigem,

קְטֹרֶת תּוֹעֵבָה הִיא לִי ein Rauchopfer, das ein Greuel [ist] für mich!

Alternative V. 12 – 13a (vgl. u.a. Williamson):

כִּי תָבֹאוּ לֵרָאוֹת פָּנָי *(12a) Ja, ihr kommt [andauernd], um mein Angesicht*

מִי־בִקֵּשׁ זֹאת מִיֶּדְכֶם *zu schauen – (12b) wer hat denn dies von euch*

רְמֹס חֲצֵרָי לֹא תוֹסִיפוּ *verlangt?*

הָבִיא מִנְחַת־שָׁוְא קְטֹרֶת *Das Zertrampeln meiner Vorhöfe – (13a) tut es nicht*

תּוֹעֵבָה הִיא לִי *weiter!*

[Auch nicht] das Darbringen einer Opfergabe von Nichtigem,

von Räucherwerk – ein Gräuel [ist] das für mich!

(13b)	חֹדֶשׁ וְשַׁבָּת קְרֹא מִקְרָא	Neumondtag und Sabbat-Tag, das Ausrufen einer Gemeindeversammlung
	לֹא־אוּכַל אָוֶן וַעֲצָרָה:	werde ich nicht [länger] ertragen, [auch nicht] Nichtigkeit und Festversammlung!
(14a)	חָדְשֵׁיכֶם וּמוֹעֲדֵיכֶם	Eure Neumondtage und eure Festzeiten
	שָׂנְאָה נַפְשִׁי	hat meine Seele gehasst.
	הָיוּ עָלַי לָטֹרַח	Sie waren auf mir als eine Last,
(14b)	נִלְאֵיתִי נְשֹׂא:	es hat mich erschöpft, [sie] zu ertragen.
(15a)	וּבְפָרִשְׂכֶם כַּפֵּיכֶם	Und beim Ausbreiten eurer Handflächen
	אַעְלִים עֵינַי מִכֶּם	verhülle ich [stets] meine Augen vor euch!
	גַּם כִּי־תַרְבּוּ תְפִלָּה	Wenn ihr auch das Gebet vermehrt [mehr betet],
	אֵינֶנִּי שֹׁמֵעַ	bin nicht ich es, der hört –
(15b)	יְדֵיכֶם דָּמִים מָלֵאוּ:	eure Hände sind voll Blut!
(16a)	רַחֲצוּ הִזַּכּוּ	Wascht euch, läutert euch!
	הָסִירוּ רֹעַ מַעַלְלֵיכֶם	Entfernt die Bosheit eurer Handlungen
	מִנֶּגֶד עֵינָי	aus [dem Blick] meiner Augen!
(16b)	חִדְלוּ הָרֵעַ:	Hört auf, schlecht zu handeln!
(17a)	לִמְדוּ הֵיטֵב	Übt ein, gut zu handeln!
	דִּרְשׁוּ מִשְׁפָּט	Sucht das Recht!
	אַשְּׁרוּ חָמוֹץ	Führt die Bedrückten recht!
(17b)	שִׁפְטוּ יָתוֹם	Verhelft der Waisen zum Recht!
	רִיבוּ אַלְמָנָה: ס	Streitet für die Witwe!
(18a)	לְכוּ־נָא וְנִוָּכְחָה	Kommt doch und lasst uns rechten!
	יֹאמַר יְהוָה	spricht JHWH [immerzu].
(18b)	אִם־יִהְיוּ חֲטָאֵיכֶם כַּשָּׁנִים	Wenn eure Sünden wie karmesinrote [Kleider] sind,
	כַּשֶּׁלֶג יַלְבִּינוּ	wie Schnee sollen sie weiß werden.
	אִם־יַאְדִּימוּ כַתּוֹלָע	wenn sie gerötet sind wie Scharlach,
	כַּצֶּמֶר יִהְיוּ:	wie Wolle sollen sie sein.
(19a)	אִם־תֹּאבוּ וּשְׁמַעְתֶּם	Wenn ihr willig seid und auf mich hört,
(19b)	טוּב הָאָרֶץ תֹּאכֵלוּ:	so werdet ihr die Güter des Landes essen.
(20a)	וְאִם־תְּמָאֲנוּ וּמְרִיתֶם	Aber wenn ihr euch weigert und widerspenstig seid,
(20b)	חֶרֶב תְּאֻכְּלוּ	so werdet ihr [vom] Schwert verzehrt werden,
	כִּי פִּי יְהוָה דִּבֵּר: ס	denn der Mund JHWHs hat gesprochen.
(21a)	אֵיכָה הָיְתָה לְזוֹנָה	Ach, wie ist zur Hure geworden
	קִרְיָה נֶאֱמָנָה	eine festgebaute Stadt!
(21b)	מְלֵאֲתִי מִשְׁפָּט	Voll von Recht [war sie],
	צֶדֶק יָלִין בָּהּ	Gerechtigkeit weilte in ihr,
	וְעַתָּה מְרַצְּחִים:	jetzt aber: Mordende!
(22a)	כַּסְפֵּךְ הָיָה לְסִיגִים	Dein reines Silber ist zu Schlacke geworden,

(22b)   סׇבְאֵךְ מׇהוּל בַּמׇּיִם׃   dein edler Wein verfälscht zu Wasser!

(23a)   שָׂרַיִךְ סוֹרְרִים   Deine Edlen [sind] Widerspenstige

     וְחַבְרֵי גַּנָּבִים   und Gefährten von Dieben,

     כֻּלּוֹ אֹהֵב שֹׁחַד   sie alle lieben ein Huldigungsgeschenk,

     וְרֹדֵף שַׁלְמֹנִים   und hinter Bestechungsgaben sind sie her!

(23b)   יָתוֹם לֹא יִשְׁפֹּטוּ   Einer Waisen verhelfen sie nicht zu Recht

     וְרִיב אַלְמָנָה לֹא־יָבוֹא אֲלֵיהֶם׃ פ   und der Streit einer Witwe gelangt nicht zu ihnen.

(24a)   לָכֵן נְאֻם הָאָדוֹן יְהוָה צְבָאוֹת   Darum – Spruch des Allherrn JHWH,

     אֲבִיר יִשְׂרָאֵל   des Gewaltigen Israels:

(24b)   הוֹי   Wehe!

     אֶנָּחֵם מִצָּרַי   Ich werde erleichtert sein, [wenn] meine Feinde weg [sind],[34]

     וְאִנָּקְמָה מֵאוֹיְבָי׃   und ich will mich rächen an denen, die mich befeinden!

(25a)   וְאָשִׁיבָה יָדִי עָלַיִךְ   Und ich will meine Hand ausstrecken gegen dich,

     וְאֶצְרֹף כַּבֹּר סִיגָיִךְ   und ich will reinigen wie mit Lauge deine Schlacken,

(25b)   וְאָסִירָה כָּל־בְּדִילָיִךְ׃   und ich will wegtreiben all dein unedles Metall!

(26a)   וְאָשִׁיבָה שֹׁפְטַיִךְ כְּבָרִאשֹׁנָה   Und ich will zurückbringen deine Richter wie im Anfang

     וְיֹעֲצַיִךְ כְּבַתְּחִלָּה   und deine Ratgeber wie vordem.

(26b)   אַחֲרֵי־כֵן   Hierauf

     יִקָּרֵא לָךְ עִיר הַצֶּדֶק קִרְיָה נֶאֱמָנָה׃   wirst du genannt werden: der Wohnort der Gerechtigkeit, festgebaute Stadt.

(27a)   צִיּוֹן בְּמִשְׁפָּט תִּפָּדֶה   Zion wird durch Recht losgekauft werden,

(27b)   וְשָׁבֶיהָ בִּצְדָקָה׃   und ihre Umkehrenden durch Rechtschaffenheit.

(28a)   וְשֶׁבֶר פֹּשְׁעִים וְחַטָּאִים יַחְדָּו   Doch Untergang [über] Abtrünnige und Sünder zusammen,

(28b)   וְעֹזְבֵי יְהוָה יִכְלוּ׃   so dass diejenigen, die JHWH verlassen, aufgerieben werden!

(29a)   כִּי יֵבֹשׁוּ   Ja, sie werden sich schämen

     מֵאֵילִים אֲשֶׁר חֲמַדְתֶּם   wegen der Terebinthen, an denen ihr Gefallen gefunden habt,

(29b)   וְתַחְפְּרוּ   und ihr werdet beschämt werden

     מֵהַגַּנּוֹת אֲשֶׁר בְּחַרְתֶּם׃   wegen der Gärten, die ihr erwählt habt.

---

34 Vgl. Williamson; HAL; Vulgata.

(30a)	כִּי תִהְיוּ	Ja, ihr werdet sein
	כְּאֵלָה נֹבֶלֶת עָלֶהָ	wie eine Eiche, deren Laub verwelkt,
(30b)	וּכְגַנָּה אֲשֶׁר־מַיִם אֵין לָהּ׃	und wie ein Garten, für den es kein Wasser gibt.
(31a)	וְהָיָה הֶחָסֹן לִנְעֹרֶת	Und es wird der Starke zum Werg werden,
	וּפֹעֲלוֹ לְנִיצוֹץ	und sein Werk zum Funken,
(31b)	וּבָעֲרוּ שְׁנֵיהֶם יַחְדָּו	und dann werden sie brennen beide zusammen,
	וְאֵין מְכַבֶּה׃ ס	und es wird keiner da sein, der löscht.

Diese Arbeit hat das Ziel, Jes 1 in der Textform des Masoretischen Textes auszulegen. Die Textkritik folgt daher dem minimalinvasiven Prinzip und vermeidet
Eingriffe in den überlieferten Textbestand des MT, soweit dieser sprachlich ver-
ständlich ist und sinnvoll ausgelegt werden kann.

Vers 1:

Der Relativsatz beinhaltet eine Unschärfe. Es ist nicht klar, ob das Relativpronomen אֲשֶׁר sich auf den Namen des Propheten oder das nomen regens חֲזוֹן bezieht,
und ob es Subjekt oder Objekt ist. Damit zusammenhängend ist nicht eindeutig
entscheidbar, ob das Verb des Relativsatzes חָזָה transitiv oder intransitiv zu
übersetzen ist. Siehe dazu unten Punkt 3.1.2.

Vers 4:

Der Nachsatz נָזֹרוּ אָחוֹר fehlt in G. Viele betrachten ihn als spätere Glosse, da hier der
in Vers 4 sonst durchgehaltene Parallelismus membrorum unterbrochen wird.
Dagegen spricht jedoch, dass die Stilistik offenbar bewusst auf Grund des Inhalts
durchbrochen ist, da der Wegfall eines direkten Objekts und die Auflösung der
stilistischen Geschlossenheit den völligen Abbruch der Beziehung Israels zu
JHWH und die darin liegende Missachtung der grundlegenden kosmischen Ordnung unterstreicht. Näheres dazu unter Punkt 3.6.2.12.5. Eine Streichung von נָזֹרוּ
אָחוֹר ist daher nicht erforderlich.

Vers 5:

Zur Übersetzung von עַל מֶה siehe die Einzelexegese von Jes 1,5.

Vers 7:

BHS, Wildberger[35] u. a. schlagen vor, statt זָרִים zu lesen: סְדֹם. Dementsprechend übersetzt Wildberger וּשְׁמָמָה כְּמַהְפֵּכַת זָרִים mit „und Wüste wird's wie bei der Zerstörung von Sodom",[36] wobei er offensichtlich die Constructus-Verbindung כְּמַהְפֵּכַת זָרִים als *Genetivus obiectivus* versteht, bei dem die Fremden Objekt der Zerstörung sind. Beuken[37] fasst den Genetiv grammatikalisch in gleicher Weise auf, hält sich aber an den vorrangigen MT und übersetzt: „Einöde, wie bei einem Umsturz, der Fremde betrifft." Dieser Vergleich von Israels Schicksal mit einem Strafgericht, das über Fremde hereinbrach (gemeint ist Sodom und Gomorra, siehe sogleich unten), stößt sich aber mit der Rolle, die die Fremden in Jes 1,7aγ als den Ackerboden verzehrende Nutznießer der Verwüstung spielen. Aus diesem Grund wird Jes 1,7b häufig als Glosse angesehen.[38] Mir scheint dies nicht als notwendig, da sich Jes 1,7b gut als Teil einer späten Redaktionsschicht verstehen lässt, die auch für Teile von Jes 13–14 verantwortlich ist. Dies wird später noch zu zeigen sein. Zunächst zur Begründung der hier vertretenen Übersetzung. Das aus dem Partizip Hiphil von הפך abgeleitete Nomen מַהְפֵּכַה „Umstülpen, Umstürzen" kommt außer in Jes 1,7 nur noch in Jes 13,19; Am 4,11; Jer 49,18; 50,40 und Dtn 29,22 vor, und zwar immer als feste Wendung, die auf das Umstülpen von Sodom und Gomorra verweist und mit der Präposition כ eingeleitet wird. Der älteste Beleg dürfte Am 4,11 sein: כְּמַהְפֵּכַת אֱלֹהִים אֶת־סְדֹם וְאֶת־עֲמֹרָה „.... entsprechend dem Umstülpen Gottes von Sodom und Gomorra." Exakt dieselbe Formulierung findet sich auch in Jes 13,19. מַהְפֵּכַת אֱלֹהִים ist eine Constructus-Verbindung, deren *Nomen regens* das Geschehen des Umstülpens bezeichnet, während אֱלֹהִים „Gott" das *Nomen rectum* ist, das den Urheber dieses Geschehens angibt. Es handelt sich also um einen *Genetivus subiectivus* der Urheberschaft.[39] Dieselbe Formulierung und Konstruktion verwendet auch Jer 50,40, allerdings wird die Wendung noch um וְאֶת־שְׁכֵנֶיהָ „und seine Nachbarstädte" ergänzt. Demgegenüber bieten Dtn 29,22 und Jer 49,18 eine Variante dieser Wendung, die keinen Urheber des Umstülpens angibt, sondern nur Sodom und Gomorra als davon Betroffene. Diese beiden Belege machen Sodom und Gomorra an Stelle von Gott (אֱלֹהִים) zum Nomen rectum der Constructus-Verbindung, deren Nomen regens nach wie vor מַהְפֵּכַת „Umstülpen" ist. Sodom und Gomorra stehen damit im Genetivus obiectivus:[40] כְּמַהְפֵּכַת סְדֹם וַעֲמֹרָה

---

35 Wildberger, Jesaja 1–12, S. 19, unter Verweis auf Ewald.
36 Wildberger, Jesaja 1–12, S. 18.
37 Beuken, Jesaja 1–12, S. 65.
38 Vgl. zuletzt Williamson, Isaiah 1–5, S. 54 f.
39 Vgl. Joüon/Muraoka, Grammar, § 129 d (Nr. 2), wo auf das Beispiel דְּבַר־יהוה „Wort JHWHs" verwiesen wird.
40 Vgl. Joüon/Muraoka, Grammar, § 129 e.

„wie beim Umstülpen Sodoms und Gomorras".[41] Jes 1,7b spielt offensichtlich in stark verkürzter Form auf die Redewendung vom Strafgericht über Sodom und Gomorra an. Dies liegt deshalb nahe, weil das Nomen מַהְפֵּכָה außerhalb dieser Redewendung nicht belegt ist, und in nächster Nähe, nämlich Jes 1,9.10, die Namen von Sodom und Gomorra fallen. Da die „Fremden" זָרִים in Jes 1,7b als Strafwerkzeug Gottes dienen (vgl. auch Jes 1,5), ist die Constructus-Verbindung מַהְפֵּכַת זָרִים nicht entsprechend Dtn 29,22; Jer 49,18 als *Genetivus obiectivus*, sondern entsprechend Am 4,11; Jer 50,40 und vor allem Jes 13,19 als Umformung des dort belegten *Genetivus subiectivus* der Urheberschaft מַהְפֵּכַת אֱלֹהִים „Umstülpen durch Gott" anzusehen. Daher ist Jes 1,7b zu übersetzen: „und Wüste, entsprechend dem Umstülpen durch Fremde."

Vers 8:

Die kleine Jesaja-Rolle Q[a], G, S und V lesen וּכְמְלוּנָה statt כִּמְלוּנָה. Es dürfte sich um eine stilistische Glättung handeln, die das dritte Glied „wie eine bewachte (G: belagerte) Stadt" כְּעִיר נְצוּרָה wegen seiner Andersartigkeit absetzen will. Ein Abweichen vom MT ist weder aus inhaltlichen noch aus formalen Gründen notwendig.[42]

Für נְצוּרָה „bewacht" (Partizip Passiv Singular Femininum von נצר I Qal „bewachen, behüten") liest G (sowie entsprechend S und T) πολιορκουμένη („die belagert wird"), V hat *quae vastatur* („die verwüstet wird"). In Anlehnung an die Versionen schlägt BHS vor, statt נְצוּרָה das aus der Wurzel צור I Qal „einschließen, einengen" abgeleitete Niphal Partizip Singular Femininum נְצוֹרָה zu lesen, das mit „belagert" zu übersetzen wäre. Die Wurzel צור I ist allerdings im Niphal nicht belegt.[43] Ferner zeigt G in Jes 1,8 f. insgesamt eine gewisse theologische Eigenständigkeit:

V. 8 ἐγκαταλειφθήσεται ἡ θυγάτηρ Σιων ὡς σκηνὴ ἐν ἀμπελῶνι καὶ ὡς ὀπωροφυλάκιον ἐν σικυηράτῳ ὡς πόλις πολιορκουμένη 9 καὶ εἰ μὴ κύριος σαβαωθ ἐγκατέλιπεν ἡμῖν σπέρμα ὡς Σοδομα ἂν ἐγενήθημεν καὶ ὡς Γομορρα ἂν ὡμοιώθημεν

„Zurückgelassen werden wird die Tochter Zion wie ein Zelt in einem Weinberg, wie eine Wächterhütte in einem Gurkenfeld, wie eine belagerte Stadt. Und wenn der HERR Zebaoth nicht zurückgelassen hätte für uns einen Samen, dann wären wir wie Sodom geworden, und Gomorra hätten wir geglichen."

---

41 Vgl. dazu auch Zapff, Schriftgelehrte Prophetie, S. 183–186.
42 Ebenso Williamson, Isaiah 1–5, S. 51.
43 Siehe Williamson, Isaiah 1–5, S. 51.

Der Übersetzer wendet die Aussage des MT וְנוֹתְרָה „und übrig geblieben ist …" (*waw copulativum* mit Niphal Perfekt 3. Person Singular Femininum von יתר) in die Zukunft (Futur passiv: ἐγκαταλειφθήσεται) und will möglicherweise dadurch endzeitliche Assoziationen wecken. Nicht nur in der historischen Situation, sondern bis zum Ende der Zeit soll Zion „übrig bleiben". Die Assoziation der Belagerung, die im MT vor allem in Jes 1,9 durch das Stichwort שָׂרִיד „Entronnener" geweckt wird (vgl. z. B. Jos 10,28.30.33.37.39.40), nimmt der Übersetzer in der Wendung πόλις πολιορκουμένη „belagerte Stadt" bereits vorweg (vgl. z. B. Jos 10,29.31.34 LXX), da er in Jes 1,9 an Stelle einer der sonst üblichen Übersetzungen von שָׂרִיד „Entronnener" das heilvolle Assoziationen weckende Wort σπέρμα „Same, Nachkommenschaft" einführt. Die in Jes 1,8 f. LXX belegte Vorstellung einer engen Verbindung zwischen Zion und einem vom Herrn übrig gelassenen Samen begegnet nochmals am Ende von Jes 31,9 LXX, einer Passage, die signifikant vom MT abweicht, indem sie anstelle der die Gerichtsankündigung gegen Assur (Jes 31,8 f.) beschließenden Formel נְאֻם־יְהוָה אֲשֶׁר־אוּר לוֹ בְּצִיּוֹן וְתַנּוּר לוֹ בִּירוּשָׁלָ͏ִם „Spruch JHWHs, der ein Feuer auf Zion und einen Ofen in Jerusalem hat" folgenden Makarismus setzt: μακάριος ὃς ἔχει ἐν Σιων σπέρμα καὶ οἰκείους ἐν Ιερουσαλημ „Selig, der auf Zion einen Samen und einen Hausgenossen in Jerusalem hat!" Jes 1,8 f. LXX bereiten diese Aussage vor, indem sie das künftige Übrigbleiben Zions sowie dasjenige eines „Samens" (= Nachkommenschaft), den JHWH dort bereits früher ansiedelte, verkünden. Somit ist die Formulierung πόλις πολιορκουμένη „belagerte Stadt" durch die theologische Eigenständigkeit von G motiviert.

Umgekehrt spricht für die Beibehaltung des MT, dass wohl schon der Autor von Jes 27,3 אֲנִי יְהוָה נֹצְרָהּ לִרְגָעִים אַשְׁקֶנָּה פֶּן יִפְקֹד עָלֶיהָ לַיְלָה וָיוֹם אֶצֳּרֶנָּה („Ich, der HERR, behüte ihn [den Weinberg, vgl. V. 2], bewässere ihn alle Augenblicke. Damit ihm nichts zustößt, behüte ich ihn Nacht und Tag."[44]) in Jes 1,8 einen Anknüpfungspunkt gefunden hat, um die am Ende des Weinberglieds Jes 5,1–7 stehende Unheilsverheißung gegen die Männer von Juda (אִישׁ יְהוּדָה) in eine positive Zusage des Behütetseins des Weinbergs durch JHWH überzuführen.[45] Der Vergleich der übrig gebliebenen Tochter Zion mit einer Hütte im Weinberg und einer bewachten bzw. behüteten (Wurzel נצר) Stadt bietet eine im Kern positive Aussage. Der Verfasser von Jes 27,3 griff möglicherweise die Stichworte נצר „behüten" und כֶּרֶם „Weinberg" aus Jes 1,8 auf und setzte an die Stelle der „Hütte im Weinberg" (Jes 1,8: סֻכָּה בְכֶרֶם) entsprechend Jes 5,1–7 das Bild des ganzen Weinbergs, um so der Zerstörung, die

---

44 Elberfelder Übersetzung.
45 Auf die Verbindung zwischen Jes 27,3; Jes 5,1–7 und Jes 1,8 wies bereits Wildberger, Jesaja 13–27, S. 1010 hin. Textkritisch bieten die beiden Formen der Wurzel נצר in Jes 27,3 keine Probleme.

Jes 5,5 f. ankündigt, ein Heilswort entgegenzustellen, das JHWHs behütende Zuwendung verspricht. Auch die Wendung עִיר בְּצוּרָה „befestigte Stadt" in Jes 27,10
(vgl. 25,2; 36,1; 37,26) fügt sich in dieses Bild, da es sich dabei wohl um ein
Wortspiel (עִיר נְצוּרָה – עִיר בְּצוּרָה) handelt, das dem positiven Bild des behüteten
Weinbergs (Jes 27,3) und der behüteten Stadt (Jes 1,8: עִיר נְצוּרָה) das negative Bild
einer scheinbar uneinnehmbaren befestigten Stadt entgegensetzt, die niederge-
gangen und der Verwüstung überlassen ist.[46]

Gegen die grammatikalische Deutung von נְצוּרָה als Partizip Passiv Singular
Femininum von נצר I Qal „bewachen, behüten" hat Williamson[47] eingewandt, der
Aussage כְּעִיר נְצוּרָה „wie eine behütete Stadt" mangle es an einem Vergleichspunkt,
da die „Tochter Zion" nicht wie, sondern eben genau eine solche Stadt sei. Dieser
Einwand überzeugt nicht. Zwar wird „Zion" als sakrale Bezeichnung der Stadt
Jerusalem gebraucht, doch die Wendung בַת־צִיּוֹן „Tochter Zion" spricht von der
Stadt als einer Person, so dass auf der Ebene dieses Bildes ein Vergleich mit einer
Stadt möglich ist. Das vergleichende כ besagt, dass die Tochter wie eine behütete
Stadt ist.

Vers 9:
In G, S und V (vgl. auch T) fehlt כִּמְעַט. Dies dürfte darauf beruhen, dass schon G
und V כִּמְעַט im Sinne von „wenig fehlte" verstanden und auf den nachfolgenden
Satz bezogen. Dort dürfte die Wendung dann in der griechischen Partikel ἄν bzw.
im lateinischen „quasi" i. V. m. dem Konjunktiv Plusquamperfekt aufgegangen
sein. Da S sich vermutlich auf G bezog, entfiel כִּמְעַט bei der Rückübertragung in das
semitische Sprachsystem. Daher ist MT beizubehalten und כִּמְעַט mit „wenig
fehlte" oder „fast" zu übersetzen

Vorbemerkung zu Jes 1,11 – 31:
Weil dieser Textbereich nicht einzelexegetisch untersucht wurde, haben Textkritik
und Übersetzung den Charakter einer Arbeitsfassung. Sie stützen sich im Wesentlichen auf BHS, Wildberger und Williamson.

---

46 Vgl. zu Jes 27,10 עִיר בְּצוּרָה auch die Überlegungen bei Williamson, Isaiah 1– 5, S. 51 Anm. 15.
47 Williamson, Isaiah 1– 5, S. 51. Er schlägt vor, „guard-city" zu lesen.

Vers 11:

וּכְבָשִׂים fehlt in G. Der Übersetzer glich die in Jes 1,11; 34,6 f. enthaltenen Listen der Opfertiere wahrscheinlich aneinander an. Siehe dazu im Einzelnen Williamson.[48]

Vers 12:

Vgl. G: ὀφθῆναί μοι. Dem Vorschlag von BHS, Wildberger,[49] Williamson,[50] u. a. folgend, ist statt לֵרָאוֹת (Inf. Ni.) mit 1 MS und S (*lemeḥzá appai*) zu lesen: לִרְאוֹת. Wie Wildberger ausführt, ist das Niphal eine Änderung, die bewusst vorgenommen wurde, um die Rede vom Sehen Gottes zu vermeiden, da dies der Überzeugung von der Unsichtbarkeit JHWHs bzw. der Unmöglichkeit, ihn zu schauen ohne zu sterben, widerspräche (vgl. Ex 23,15; 34,23 f.; Dtn 16,16; 31,11; 1 Sam 1,22; Ps 42,3).

Wildberger[51] meint, nach V. 12a sei ein Hemistich weggefallen, da Vers 12b den in Vers 12a begonnenen Satz nicht weiterführe. Williamson wendet dagegen ein, es gebe dafür keinerlei Nachweise. In der Tat kann man darüber zwar spekulieren, doch liegt es viel näher, כִּי hier emphatisch als bekräftigendes „ja" zu verstehen (vgl. HAL), das einen Hauptsatz einleitet. Dann ist Wildbergers Hypothese überflüssig.[52]

מִיֶּדְכֶם „aus euren Händen" steht, wenn man זֹאת auf die nachfolgende Infinitivkonstruktion bezieht, in einem gewissen Widerspruch zum Zertrampeln der Vorhöfe, das mit den Füßen geschieht. Daher wurde vorgeschlagen, stattdessen מֵאִתְּכֶם (= von euch weg) zu lesen.[53] Dies ist jedoch ein recht massiver Eingriff in den Text zu Gunsten einer leichteren Lesart, die nicht leicht durch eine Verwechslung von Buchstaben o. ä. zu begründen ist. Daher ist es ratsamer, beim MT zu bleiben. יָד hat hier einen abstrakten Sinn wie z. B. auch in Hag 1,1.

BHS merkt an, dass vorgeschlagen wurde, רְמֹסֵי für רְמֹס, also Partizip Plural statt Infinitiv zu lesen. Wildberger hält dies zu Recht für zwar möglich, aber unnötig. VQa liest לרמוס, was eine leichtere und daher eher spätere Lesart ist.[54]

Statt des Plurals (חֲצֵרָי „Vorhöfe") hat G den Singular: τὴν αὐλήν μου. Dies dürfte eine übersetzungsbedingte Anpassung sein.

48 Williamson, Isaiah 1–5, S. 75.
49 Williamson, Isaiah 1–5, S. 33.
50 Williamson, Isaiah 1–5, S. 75.
51 Wildberger, Jesaja 1–12, S. 33.
52 So auch Williamson, Isaiah 1–5, S. 76.
53 Vgl. Wildberger, Jesaja 1–12, S. 33.
54 So Wildberger, Jesaja 1–12, S. 33.

Die letzten beiden Worte von Vers 12 (רְמֹס חֲצֵרָי) verbindet G mit dem Beginn von Vers 13: [12bβ]πατεῖν τὴν αὐλήν μου [13]οὐ προσθήσεσθε „Damit, meinen Vorhof zu zertrampeln, sollt ihr nicht fortfahren." (ebenso: Duhm, Eichrodt, Gray, u. a.). Dies verursacht jedoch Probleme bei der Zuordnung von הָבִיא מִנְחַת־שָׁוְא. Folgt man G, so wäre מִנְחָה (absolutus) statt מִנְחַת(constructus) zu lesen: ἐὰν φέρητε σεμίδαλιν μάταιον. Da σεμίδαλιν ein Femininum, μάταιον dagegen Neutrum ist, ist zu übersetzen: „Wenn ihr Feinmehl darbringt – nichtig [ist das]!" Gegen die Lösung der LXX spricht, dass zahlreiche weitere Beispiele von Constructus-Verbindungen mit שָׁוְא als nomen rectum existieren. Parallelstellen wären etwa Ex 23,1 (שֵׁמַע שָׁוְא), Dtn 5,20 (עֵד שָׁוְא), Jon 2,9, Ps 31,7 (הַבְלֵי־שָׁוְא), u. a. Dies spricht dafür, dass die Constructus-Verbindung des MT ursprünglich ist. Daher ist es besser, רְמֹס חֲצֵרָי bei Vers 12 zu belassen.[55] Eine elegante Alternative ist die von Williamson[56] im Anschluss an Spreafico[57] vorgeschlagene Variante. Diese bezieht לֹא תוֹסִיפוּ entsprechend einer Konvention der Poesie, die im Ugaritischen, Akkadischen, aber auch Hebräischen begegnet, sowohl auf den vorhergehenden Infinitiv (רְמֹס חֲצֵרָי) als auch auf den nachfolgenden (הָבִיא).

Vers 13:

Wildberger[58] sieht in תּוֹעֵבָה הִיא לִי einen asyndetischen Relativsatz, der sich an קְטֹרֶת anschließt und daher syntaktisch dieselbe Stelle einnimmt wie שָׁוְא in Vers 13aα. G versteht dagegen קְטֹרֶת als status absolutus und תּוֹעֵבָה als Prädikat: θυμίαμα βδέλυγμά μοί ἐστιν. Wildbergers Lösung erscheint etwas eleganter. In ihrer Bedeutung unterscheiden sich die beiden Möglichkeiten nicht wesentlich.

Anstatt אָוֶן hat G νηστείαν, legt also offensichtlich צוֹם „Fasten" zu Grunde. Ἀ (ἀνωφελές „Nutzlosigkeit"), Σ und Θ stimmen mit dem MT überein, so dass dieser wohl ursprünglicher ist.

Vers 14:

Wildberger folgt Tur-Sinai[59] und ersetzt חָדְשֵׁיכֶם durch חגיכם mit dem Hinweis, dass חג „Fest" oft neben מועד stehe. Dieser Eingriff in den Text ist jedoch nicht notwendig.

---

55 So Wildberger, Jesaja 1–12, S. 33. Eine ausführliche Diskussion der Möglichkeiten findet sich bei Williamson, Isaiah 1–5, S. 76 f.

56 Williamson, Isaiah 1–5, S. 76 f.

57 Spreafico, Nahum I 10 and Isaiah I 12–13.

58 Wildberger, Jesaja 1–12, S. 33 f.

59 Tur-Sinai, Understanding of Isaiah I-XII, S. 156.

Vers 15:

1QJes[a] fügt am Ende von Vers 15 noch an: אצבעותיכם בעאן „Eure Finger [sind] mit Schuld [befleckt]."[60] Es handelt sich wohl um den Zusatz eines Glossators, der unter Einfluss von Jes 59,3 versuchte,[61] den Parallelismus membrorum in Vers 15b zu ergänzen.

Vers 16:

A. M. Honeyman[62] versteht הִזַּכּוּ nicht als Hitp. Impt. von זכה, sondern als Niphal Impt. von זכך, was dem Sinn insofern eine andere Nuance verleiht, als זכה ein forensischer, זכך dagegen wie רחץ ein kultischer Terminus ist. Die Bedeutung ändert sich nicht.

Vers 17:

Zu אַשְּׁרוּ חָמוֹץ: G bietet ῥύσασθε ἀδικούμενον „errettet die ungerecht Behandelten", deutet also חמוץ als Passivum (חָמוּץ). Auch ’A , Θ (beide βλαπτομενον „den Ge-schädigten") und Σ (πεπλεονεκτημενον „den Übervorteilten") verstehen חמוץ so, entsprechend lesen ferner Targum (דאניס), Peschitta (ṭᵉlîmê) und Vulgata (op-pressus). Wildberger[63] weist zu Recht darauf hin, dass die Frage, ob חמוץ mit dem MT als חָמוֹץ „Bedränger" oder mit den Versionen als חמוּץ „Bedrückter" zu voka-lisieren ist, nicht von der Frage nach der Bedeutung des Verbes אשר zu trennen ist. Der bei אַשְּׁרוּ (Piel Imperativ) gebrauchte Piel-Stamm kommt bei Jesaja sonst noch in Jes 3,12 מְאַשְּׁרֶיךָ („diejenigen, die dich führen") und in Jes 9,15 מְאַשְּׁרֵי הָעָם־הַזֶּה („diejenigen, die dieses Volk da führen") vor. Da das Verb אשר Piel an beiden Stellen die Bedeutung „führen" hat, und da es beide Male wie auch in Jes 1,17 (vgl. V. 10a) um eine Kritik an der Oberschicht und ihrer Art und Weise, die ihnen verliehene Autorität zu missbrauchen, geht, ist אַשְּׁרוּ in Jes 1,17 ebenfalls mit „recht führen, leiten" zu übersetzen. Die Oberschicht und mit ihr das ganze Volk (Jes 1,10) sind also in V. 17 aufgefordert, die ihnen jeweils zukommende Verantwortung nicht mehr zu missbrauchen, sondern in gemeischaftsfördernder Weise, d. h. insbesondere zu Gunsten der Schwachen wahrzunehmen. Zusammen mit den Versionen und gegen die Vokalisation des MT ist hier חמוץ als Passivum zu vo-kalisieren: חָמוּץ „Bedrückter" (ebenso: Wildberger, BHS, u. a.; dagegen bleibt

---

60 Wildberger, Jesaja 1–12, S. 34.
61 Williamson, Isaiah 1–5, S. 80.
62 Honeyman, Isaiah I 16 הִזַּכּוּ.
63 Wildberger, Jesaja 1–12, S. 34.

Williamson[64] bei der Vokalisation des MT und übersetzt: „put the oppressor right").

Vers 18:

Einige Mss und 1QJes[a] haben statt dem Plural שָׁנִים den Singular, den möglicherweise auch die alten Versionen (G, S, V) voraussetzen. Diese Lesart schlagen BHS, Wildberger[65] und Williamson[66] ebenfalls vor. Spr 31,21 versteht den Plural שָׁנִים im Sinn von „karmesinrote Kleider" (לְבֻשׁ שָׁנִים), ebenso T (כתימין כצבענין). Da sich aus der vorgeschlagenen Änderung der meistbezeugten Fassung des MT kein Unterschied in der Bedeutung und damit auch keine wesentliche Textverbesserung ergibt, ist es vorzuziehen, beim Plural שָׁנִים im Sinne von „karmesinroten Kleidungsstücken/ Kleidern" zu bleiben, der hier offensichtlich an den unmittelbar vorhergehenden Plural der Sünden (חֲטָאֵיכֶם) anknüpft und damit zum Ausdruck bringt, dass die Sünden der Adressaten wie sie einhüllende Kleidungsstücke sind und vor den Augen JHWHs (vgl. V. 15) ein entsprechend negatives Zeugnis von ihrer Person geben.

Vers 20:

Wildberger[67] neigt dazu, statt חרב mit 1QJes[a], S und T בחרב zu lesen. Der Sinn ändert sich dadurch nicht. Denkbar wäre auch eine Haplographie von מ, so dass מֵחֶרֶב der ursprüngliche Text gewesen sein könnte, doch erscheint diese Möglichkeit weder als sinnvoll noch angesichts des Unterschiedes zwischen Anfangs- und Schlussmem als wahrscheinlich. LXX versteht „Schwert" als Subjekt und die passivische Qal-Form תְּאֻכְּלוּ als Medium: μάχαιρα ὑμᾶς κατέδεται (Ind. Fut. Med. 3. Pers. Sing. von κατεσθίω) „das Schwert wird euch für sich fressen". Dies beruht wahrscheinlich nicht auf einer Abweichung der hebr. Vorlage vom MT, sondern ist eine grammatikalisch etwas freiere, aber semantisch umso präzisere Übertragung der hebräischen Formulierung. Das Schwert ist durch das Medium quasi personifiziert und steht für das Toben der Kriegsmächte.

---

64 Williamson, Isaiah 1–5, S. 74, 81.
65 Wildberger, Jesaja 1–12, S. 50.
66 Williamson, Isaiah 1–5, S. 103 f.
67 Wildberger, Jesaja 1–12, S. 50.

Vers 21:

G fügt „Zion" als Apposition nach קִרְיָה נֶאֱמָנָה hinzu und übersetzt „die treue Stadt Zion": πόλις πιστὴ Σιων. Der Zusatz „Zion" dürfte von Vers 27 her eingedrungen sein.[68]

Wildberger[69] hält וְעַתָּה מְרַצְּחִים zusammen mit Duhm, Procksch, Fohrer, Kaiser für einen späteren Zusatz, da diese Passage metrisch herausfalle und nicht zu den nachfolgenden Vorwürfen passe, die sachlich anderer Art sind (vgl. auch BHS). Diese Frage gehört jedoch in die Literarkritik. Für eine Streichung schon im Rahmen der Textkritik, d. h. für einen Fehler im Rahmen der Vervielfältigung des bereits als kanonisch und unveränderlich anerkannten Endtextes, sprechen die genannten Gründe eher nicht. Mit dem Argument der lectio difficilior verdient der MT den Vorzug.

Vers 22:

Zur Übersetzung von מָהוּל: Wildberger,[70] dem hier zuzustimmen ist, sieht מהל als Nebenform von מול (beschneiden) mit der Bedeutung „verschneiden, versetzen, panschen". T, G und V übersetzen mit „vermischen" (מערב, μίσγουσι bzw. mistum). BHS schlägt dagegen vor, מוֹהֵל zu lesen (von arab. *muhl* und neuhebr. מוהל „Fruchtsaft").

Vers 23:

Im Anschluss an Wildberger[71] ist כֻּלּוֹ (wörtl. „die Gesamtheit davon") mit „jeder/alle" zu übersetzen, vgl. Joüon/Muraoka, Grammar, § 146 j.

Vers 24:

LXX hat:

> διὰ τοῦτο τάδε λέγει ὁ δεσπότης κύριος σαβαωθ οὐαὶ οἱ ἰσχύοντες Ισραηλ οὐ παύσεται γάρ μου ὁ θυμὸς ἐν τοῖς ὑπεναντίοις καὶ κρίσιν ἐκ τῶν ἐχθρῶν μου ποιήσω

> „Darum spricht der Herrscher, der Herr der Heere: Wehe den Starken Israels, denn es wird nicht aufhören mein Zorn auf die Gegner, und ein Urteil gegen diejenigen, die mich hassen, werde ich verhängen."

---

68 So schon Wildberger, Jesaja 1–12, S. 56.
69 Wildberger, Jesaja 1–12, S. 56.
70 Wildberger, Jesaja 1–12, S. 56, mit Literaturverweisen.
71 Wildberger, Jesaja 1–12, S. 55.

Es handelt sich hier offensichtlich um eine freie Übertragung, die zum einen אֲבִיר יִשְׂרָאֵל „Starker Israels" nicht auf JHWH, sondern die Mächtigen in Israel bezieht und zum anderen die Form אֶנָּחֵם möglicherweise auf die Wurzel נוח „sich niederlassen / ruhen auf etw." zurückführt.[72] Denkbar wäre hier eventuell, אנחם als Qal Imperfekt 1. Person Singular von נוח mit Suffix 3. Person Plural maskulin zu verstehen. Dies würde auch die pluralische Wiedergabe von אֲבִיר „Starker" erklären. Die Bedeutung „sich niederlassen / ruhen auf" wäre dann durch die verneinte Form οὐ παύσεται „er wird nicht aufhören" wiedergegeben. Diese Variante würde jedoch einen hebräischen Text voraussetzen, in dem הוֹי vor אֲבִיר יִשְׂרָאֵל steht. Da es dafür keine hebräischen Belege gibt und der Titel אֲבִיר יִשְׂרָאֵל offensichtlich eine Variante des mehrfach belegten Titels אֲבִיר יַעֲקֹב „Starker Jakobs" (Gen 49,24; Ps 132,2.5; Jes 49,26; 60,16) ist, ist der MT vorzuziehen.

Vers 25:
Wildberger[73] übersetzt כַּבֹּר „mit Pottasche" (בֹּר „Pottasche, Lauge"). G und V dagegen: „Reinheit" (εἰς καθαρόν bzw. „ad purum"). Andere Ausleger[74] emendieren in בַּכֻּר „im Schmelzofen". Wildberger verweist darauf, dass Laugensalze als Flussmittel bei der Silbergewinnung verwendet wurden, so dass das Wort im gegebenen Kontext einen guten Sinn ergibt. Das vergleichende Moment in כַּבֹּר „wie mit Lauge" beruht darauf, dass JHWHs Reinigungsgericht von höchster Effektivität sein wird, wie beim Einsatz von Lauge, dass er jedoch dieses Hilfsmittel nicht benötigen wird, um diese Effektivität zu erreichen.

Vers 27:
Zu וְשָׁבֶיהָ: G übersetzt mit ἡ αἰχμαλωσία αὐτῆς „ihre Kriegsgefangenschaft" bzw. kollektiver Singular für „ihre Kriegsgefangenen", S mit wašbîtāh, was beides dem Hebräischen וְשָׁבֶיהָ von שְׁבִי „Wegführung der im Kriege Gefangenen" bzw. „die Weggeführten" entspräche. N. H. Tur-Sinai[75] schlägt die Lesart וְשָׁב vor und verweist dazu auf Jes 10,21. Eine weitere, von Döderlein[76] stammende Variante (vgl. auch BHS) wäre וְיֹשְׁבֶיהָ „und ihre Bewohner", was sich auf Jes 10,24 stützen ließe (יֹשֵׁב צִיּוֹן, vgl. 30,19). Weil aber die Unheilsansage von Vers 28 in negativem Kontrast zur Heilsankündigung in Vers 27a steht, bildet וְשָׁבֶיהָ in Vers 27b das positive

---

72 Vgl. dazu Williamson, Isaiah 1–5, S. 124.
73 Wildberger, Jesaja 1–12, S. 55.
74 Zu diesen siehe Wildberger, Jesaja 1–12, S. 56.
75 Tur-Sinai, Understanding of Isaiah I-XII, S. 157.
76 Siehe dazu Wildberger, Jesaja 1–12, S. 56.

Gegenstück zu Vers 28a פֹּשְׁעִים וְחַטָּאִים „Abtrünnige und Sünder" und ist daher mit „die [zu JHWH] Umkehrenden" zu übersetzen.[77] Wie Williamson[78] zu Recht vermerkt, gibt es für Eingriffe in den Konsonantenbestand keinen Anlass.

Vers 28:

Die alten Übersetzungen ersetzen das Nomen וְשֶׁבֶר durch Verbalformen: G bietet καὶ συντριβήσονται „sie werden zerschmettert werden", T ויתברון „sie werden vernichtet werden".[79] Dem entsprächen im Hebräischen entweder die Form וְשֻׁבְּרוּ des Pual-Stamms, der allerdings sonst nicht vorkommt, oder die Nifal-Formen וְנִשְׁבְּרוּ bzw. יִשָּׁבְרוּ „sie werden zerbrochen werden" (vgl. Wildberger,[80] BHS). V hat *et conteret*, was im Hebräischen mit וְשִׁבַּר (Piel waw-Perfekt „er wird zerschmettern") wiederzugeben wäre. Da Wechsel vom Nominalstil in den Verbalstil, und umgekehrt, im Rahmen von Übersetzungen eine standardmäßig eingesetzte sprachliche Technik sind, um zu einem sowohl semantisch präzisen als auch flüssig lesbaren Text zu gelangen, sprechen keine überwiegenden Argumente dafür, dass die Verbalformen der alten Übersetzungen tatsächlich auf einer Verbalform in ihrer hebräischen Vorlage beruhen. Weil der MT keine Verständnisprobleme bietet, wird er beibehalten.

Vers 29:

Wildberger[81] meint, die 3. Person יֵבֹשׁוּ in V. 29a sei neben der zweiten in V. 29b (בְּחַרְתֶּם und תַחְפָּרוּ) unmöglich, und schließt sich T (תבהתון)[82] und einigen Mss an, die תֵבֹשׁוּ lesen (ebenso BHS). G und S bieten in V. 29 durchgehend die 3. Person. Wildberger merkt zutreffend an, dass die 3. Person von V. 28 her eingedrungen sein dürfte. Doch wurde diese Anpassung wohl bereits vom Redaktor, der V. 29 – 31 einfügte, vorgenommen, um einen Zusammenhang zwischen denjenigen, die JHWH verlassen (עֹזְבֵי יְהוָה), und den in V. 29aβ und 29b direkt Angesprochenen, die Gefallen an den Terebinthen bzw. Gärten haben (אֵילִים אֲשֶׁר חֲמַדְתֶּם bzw. הַגַּנּוֹת אֲשֶׁר בְּחַרְתֶּם), herzustellen.

1QJesᵃ hat in V. 29a אלים anstatt אילים. Hier stellt sich die Frage, ob dies eine defektive Schreibweise von אילים oder aber der Plural von אל „Gott" ist. G liest ἐπὶ

---

77 So bereits Wildberger, Jesaja 1– 12, S. 56.
78 Williamson, Isaiah 1– 5, S. 147.
79 Vgl. Stenning, The Targum of Isaiah, S. 6 – 7, der mit „shall be destroyed" übersetzt.
80 Wildberger, Jesaja 1– 12, S. 56.
81 Wildberger, Jesaja 1– 12, S. 69.
82 Vgl. dazu Stenning, The Targum of Isaiah, S. xvii und 6 – 7.

τοῖς εἰδώλοις („wegen der Götzenbilder"), was offenbar אֵילִים voraussetzt. „Götter" (אֵלִים) wäre mit θεοί zu übersetzen.[83] Auf Grund des Zusammenhangs mit אֵלָה „Eiche" und den Gärten in V. 29 f. ist der MT (אֵילִים „Terebinthen") vorzuziehen.

Vers 30:

In Bezug auf עָלֶהָ (V. 30a) hält Wildberger[84] die von vielen Mss gebotene Variante עָלֶיהָ für ursprünglich. Eine solche Änderung ist jedoch nicht notwendig: עָלֶהָ besteht aus dem Nomen עָלֶה („Laub, Blätter", m. cstr. von עָלֶה oder עֲלִי) und dem Suffix der 3. Person Sing. fem. הָ.[85]

1QJesᵃ hat in V. 30b אֵין מַיִם anstatt אֵין מָיִם. Der MT bietet die lectio difficilior.[86]

Vers 31:

1QJesᵃ liest in V. 31a nicht הֶחָסֹן „der Starke/Mächtige", sondern החסנכם „euer Starker", G wiederum ἡ ἰσχὺς αὐτῶν „ihre Stärke" und V fortitudo vestra „eure Stärke". Mit Wildberger[87] sind diese Varianten als Erleichterungen gegenüber dem MT zu beurteilen.

Dementsprechend hat 1QJesᵃ פעלכם anstatt פֹּעֲלוֹ. G bietet αἱ ἐργασίαι αὐτῶν „ihre Arbeiten, Werke", V opus vestrum „euer Werk". BHS (mit Verweis auf G, S und T) schlägt vor, anders zu vokalisieren: וּפָעֳלוֹ (gleiche Bedeutung: „sein Werk"). Der MT enthält jedoch keinerlei sprachliche Probleme, braucht daher nicht geändert zu werden.[88]

---

83 Siehe im Einzelnen dazu Wildberger, Jesaja 1–12, S. 69, mit Literatur.

84 Wildberger, Jesaja 1–12, S. 69, mit Verweis auf Beer-Meyer I § 53.

85 Vgl. Gesenius/Kautsch, Hebräische Grammatik § 91 d. So auch Williamson, Isaiah 1–5, S. 149.

86 So Wildberger, Jesaja 1–12, S. 69, mit Verweis auf Gesenius/Kautsch, Hebräische Grammatik § 152 o.

87 Wildberger, Jesaja 1–12, S. 69.

88 So schon Wildberger, Jesaja 1–12, S. 69. Zur Vokalisation von פֹּעֲלוֹ siehe Joüon/Muraoka, Grammar, § 96 Aj.

3. Textexegese von Jes 1

3.1 Die Überschrift Jes 1,1

(1a)	חֲזוֹן יְשַׁעְיָהוּ בֶן־אָמוֹץ	Die Vision Jesajas, des Sohnes des Amoz,
(1bα)	אֲשֶׁר חָזָה	die er schaute
(1bβ)	עַל־יְהוּדָה וִירוּשָׁלָ͏ִם	über Juda und Jerusalem
(1by)	בִּימֵי עֻזִּיָּהוּ יוֹתָם אָחָז יְחִזְקִיָּהוּ	in den Tagen Usijas, Jotams, Ahas', Hiskijas,
	מַלְכֵי יְהוּדָה׃	der Könige Judas.

3.1.1 Vorüberlegung und bisherige Forschung zu Jes 1,1

Nähert man sich dem ersten Vers des Jesaja-Buches mit der Erwartungshaltung, die ein Mensch des 21. Jahrhunderts hegt, wenn er die Überschrift eines poetischen Buches liest, dann wird eine gewisse Irritation nicht ausbleiben. Ein moderner Buchtitel versucht, prägnant den Inhalt des Buches in einer zum Genre passenden Weise zu charakterisieren, um das Interesse potentieller Leser zu wecken und das Werk aus der Vielzahl der Druckerzeugnisse hervorzuheben. Dagegen erinnert die lange Reihung von Informationen in Jes 1,1 eher an einen bibliographischen Eintrag in einem Bibliothekskatalog. Vergleicht man Jes 1,1 mit den übrigen 14 Buchüberschriften der hinteren Propheten, so fällt trotz zahlreicher Unterschiede im Detail eine gewisse Gleichförmigkeit auf. Um den Sachgehalt der 15 Bücher zu charakterisieren, werden insgesamt nur 5 verschiedene Ausdrücke verwendet:

1. „Vision" (חֲזוֹן) in Jes 1,1 und Obd 1a;
2. „Worte" (דִּבְרֵי) in Am 1,1a und Jer 1,1a;
3. das „Wort JHWHs" (דְּבַר־יְהוָה) in Hos 1,1; Joël 1,1; Jona 1,1; Mi 1,1; Zef 1,1; Hag 1,1; Sach 1,1; Mal 1,1 (in Verbindung mit מַשָּׂא) sowie in Jer 1,2, wo דְּבַר־יְהוָה innerhalb des komplizierten Vorspanns Jer 1,1–3 eine Verbindung mit דִּבְרֵי eingeht, und in der Überschrift Ez 1,2–3. Letztere steht in Konkurrenz zur unmittelbar vorangehenden, Ez 1,1, mit der nur dort anzutreffenden Wendung:
4. „Visionen Gottes" (מַרְאוֹת אֱלֹהִים).
5. Der Ausdruck „Ausspruch" (מַשָּׂא) erscheint in Nah 1,1; Hab 1,1 und Mal 1,1.

Dieser erste Blick auf die prophetischen Buchüberschriften[89] zeigt, dass sie nicht den Buchinhalt in seiner Einzigartigkeit hervorheben, sondern eine Systemati-

---

[89] Der Terminus „Überschrift" wird hier untechnisch im Sinne des Schriftanfangs, also des

sierung vornehmen wollen. Zu diesem Zweck werden übergreifende, für feste theologische Traditionen stehende Begriffe vorangestellt, um die Bücher als Dokumente auszuweisen, die sich dem von Gott veranlassten Wirken je einer bestimmten Prophetenpersönlichkeit verdanken.[90] Auch die häufigen Angaben über die Herkunft des Propheten, seinen Wirkungszeitraum und den Ortsbezug seiner Botschaft dienen der Systematisierung und historischen Einordnung. In diesem Zusammenhang fällt auf, dass alle prophetischen Buchüberschriften[91] mit Ausnahme von Ez 1,1 (man beachte aber Ez 1,2–3) Fremdberichte sind, also in der 3. Person über den Propheten sprechen. Damit steht fest, dass sie ihren Sitz im Leben keinesfalls im Bereich der mündlichen Verkündigung von Prophetenworten haben, sondern auf eine über das einzelne Buch hinausgreifende, systematisierende redaktionelle Tätigkeit verweisen, die darauf abzielt, die Prophetenworte in Form von Schriftrollen einem mehr oder weniger großen Kreis von (Vor-)Lesern zugänglich zu machen.[92] Die Buchüberschrift hat dabei offenbar auch den Zweck, die praktische Handhabung der Schriftrolle zu erleichtern. Durch einen Fachausdruck für prophetische Offenbarungen, die Nennung des Prophetennamens und evtl. weitere Angaben ermöglicht sie dem Benutzer mit Hilfe des vorangestellten ersten Verses eine präzise theologische und evtl. auch geschichtliche Einordnung des Inhalts, ohne dass es eines Auseinanderrollens bedarf.

Im Hinblick auf die Frage, wer die prophetischen Buchüberschriften verfasst hat, machen obige Überlegungen deutlich, dass der Prophet hierfür nur dann in Betracht kommt, wenn er selbst an der Niederschrift und Herausgabe seiner Botschaft beteiligt war. Entstand das Buch wie im Fall Jesajas in einem längeren Wachstumsprozess, der erst lange nach dem Tod des Propheten zum Abschluss kam, dann müsste die Überschrift, um von der Hand des Propheten zu stammen,

---

Eröffnungsverses des jeweiligen Buches verwendet, der durch einen markanten Neueinsatz den Beginn einer neuen Schrift kennzeichnet, vgl. Schart, Zwölfprophetenbuch, S. 31. Eine technische Verwendung des Begriffes „Überschrift" im Sinne einer Texteinheit, deren Informationen „auf einer Metaebene zum restlichen Textcorpus liegen" und die „weder grammatisch noch semantisch eine lineare Anknüpfung an den folgenden Text aufweist" (so Schart, Zwölfprophetenbuch, S. 31–32), ist nicht sachdienlich, weil sie aus begrifflich-formalen Gründen einen möglichen typologischen Zusammenhang zwischen Schriftanfängen, die als nominale Fügung dem Textcorpus unverbunden vorangestellt sind, einerseits und Schriftanfängen, die aus einem mit dem Textcorpus verbundenen Prosasatz bestehen, andererseits von vornherein ausschließen würde, obwohl, wie sich noch zeigen wird, inhaltliche und strukturelle Gründe für die Annahme eines typologischen Zusammenhangs sprechen können.

90 Vgl. Tucker, Superscriptions, S. 67–68.

91 Im Rahmen dieser Arbeit sind darunter nur die Buchüberschriften der hinteren Propheten zu verstehen.

92 Vgl. Tucker, Superscriptions, S. 65–67.

bereits in einer ersten, von ihm selbst herausgegebenen Spruchsammlung enthalten gewesen sein – eine theoretische Möglichkeit, die aber angesichts der alle prophetischen Buchüberschriften umfassenden stilistischen Verwandtschaft[93] praktisch kaum in Betracht kommt. Die zahlreichen formalen und inhaltlichen Ähnlichkeiten zwischen Jes 1,1 und anderen Prophetenüberschriften verweisen auf Redaktorenkreise einer Zeit, in der man bereits begonnen hatte, die Überlieferungen zu ordnen und zu Vorformen des corpus propheticum zusammenzufügen.[94] Unabhängig davon spricht auch die Form des Fremdberichts dagegen, im Propheten den Autor der Überschrift zu sehen.[95]

Die obigen Überlegungen bestätigen die von der großen Mehrheit der Exegeten vertretene Auffassung, dass Jes 1,1 – zumindest in seiner heutigen Form – nicht auf Jesaja, sondern einen Redaktor zurückgeht.[96] Die ins Positive gewendete Frage, welchen Kreisen der anonyme Autor entstammen könnte, ist dagegen weitgehend offen. Für diese Frage ebenso wie für die Interpretation der Überschriften ist es bedeutsam, inwieweit diese auf einem (oder mehreren) fest geprägten Überschriftentyp(en) beruhen. Bevor eigene Überlegungen hierzu angestellt werden, sei ein zusammenfassender Überblick über bisherige Forschungen geboten.

H. Wildberger[97] führte in seinem 1972 erschienenen Kommentar aus, die Überschrift Jes 1,1 lehne sich an eine fest geprägte Tradition für Einführungen in literarische Werke an. Die „Normalform" eines Titels über einem Prophetenbuch sei Hos 1,1. Zwar weiche Jes 1,1 von Hos 1,1 insofern ab, als Jes 1,1 den Buchinhalt als „Schauung" Jesajas bezeichne, doch begegne diese Bezeichnung auch bei Obadja. Insgesamt seien alle Elemente von Jes 1,1 auch in anderen prophetischen Buchüberschriften belegt. Bei diesen Überschriften reichten ein Substantiv zur inhaltlichen Charakterisierung des betreffenden Werkes und der dazu im Genetiv stehende Prophetenname aus (vgl. Obd 1). Parallele Bildungen von Überschriften

---

93 Vgl. Tucker, Superscriptions, S. 59 – 65. Ferner unten die Ausführungen zu den verschiedenen Überschriftentypen (3.1.3).

94 Vgl. Tucker, Superscriptions, S. 68 – 70.

95 Vgl. Tucker, Superscriptions, S. 65.

96 Zu den einzelnen Argumenten vgl. Wildberger, Jesaja 1 – 12, S. 2 – 3. Ferner s. Fohrer, Zusammenfassung, S. 252; Kaiser, Jesaja 1 – 12, S. 19 – 20; Beuken, Jesaja 1 – 12, S. 56; Williamson, Jesaja 1 – 5, S. 15 – 17; Becker, Jesaja, S. 161 – 162; 191 – 192; Gosse, Isaïe 1, S. 65 – 66. H.-M. Wahl, Die Überschriften, S. 99 – 102, setzt die prophetischen Überschriften insgesamt am Ende des Überlieferungs- und Redaktionsprozesses der Prophetenbücher an. Budde, Jesaja 1 – 5, S. 18, hält einen Teil der Überschrift für möglicherweise jesajanisch, geht aber davon aus, dass die Reihe der Königsnamen in Jes 1,1bγ nicht zum ursprünglichen Wortlaut der Überschrift gehöre, weil sie in Jes 2,1 fehle.

97 Wildberger, Jesaja 1 – 12, S. 1 – 2.

gebe es in der Weisheitsliteratur, u. a. in Spr 1,1; Hoh 1,1; Koh 1,1 sowie ferner in den Einleitungsformeln der ägyptischen Weisheitslehren des Ptah-hotep (um 2450 v. Chr.) und des Amen-em-het (um 1960 v. Chr.).

Die 1977 veröffentlichte Arbeit G. M. Tuckers[98] unterscheidet drei Formen von Titeln: (1) Bei der ersten stehe das Titelprädikat, das das Buch identifiziert, im Status constructus. Nomen rectum der Constructus-Verbindung sei der Name des Propheten. Diese Form trete in zwei Varianten auf, nämlich mit dem Titelprädikat דִּבְרֵי (Am 1,1 und Jer 1,1) und mit dem Titelprädikat חֲזוֹן (Jes 1,1 und Obd 1; vgl. auch Nah 1,1).[99] (2) Die zweite Form bestehe aus der Bezeichnung „das Wort JHWHs" und einem Relativsatz mit dem Namen des Propheten, an den das JHWH-Wort erging (Hos 1,1; Zef 1,1; Mi 1,1; Joël 1,1). Dieser Typ sei aus der Wortereignisformel abgeleitet (vgl. z. B. Jer 11,1).[100] (3) Die dritte Form beginne mit „Ausspruch" (מַשָּׂא) und folge im Übrigen keinem festen syntaktischen Muster (Hab 1,1; Nah 1,1; Mal 1,1).[101] Die Struktur der prophetischen Überschriften entspreche somit einer begrenzten Zahl von Grundmustern. Ein übergreifendes formales Element liege in der Verwendung eines Titels, der den Namen des Propheten und – mit Ausnahme von Jer 1,1 und Am 1,1 – einen terminus technicus beinhalte, der das Buch als göttliche Offenbarung interpretiere.[102] Ihren Sitz im Leben hätten die Überschriften im Tätigkeitsbereich von Schreibern und Lehrern, deren Interessen sie in mehrerlei Hinsicht reflektierten.[103]

Der Aufsatz H.-M. Wahls über „Die Überschriften der Prophetenbücher" (1994) untersucht prophetische Überschriften mit Zeitangaben[104] und liefert eine Analyse von Am 1,1; Sach 1,1; Jes 1,1; 6,1 und Jer 1,1–3.[105] Der Autor kommt zum Schluss, es habe neben dem vermutlichen Kern „dbry-N.N." keine feste Grundform prophetischer Buchüberschriften gegeben. Lediglich die Kennzeichnung der Prophetie und der Name des Propheten seien konstitutive Formelemente. Im Übrigen seien die Überschriften unter Verwendung verschiedener Formelemente ganz unterschiedlich ausgestaltet.[106]

---

98 Tucker, Prophetic Superscriptions, S. 62–67.

99 Tucker, Prophetic Superscriptions, S. 62.

100 Tucker, Prophetic Superscriptions, S. 62.

101 Tucker, Prophetic Superscriptions, S. 62.

102 Tucker, Prophetic Superscriptions, S. 65.

103 Tucker, Prophetic Superscriptions, S. 67–68. Eine ähnliche Einteilung bietet Deck, Gerichtsbotschaft Jesajas, S. 88–90, allerdings mit dem Unterschied, dass dort die Überschriften mit dem Titelprädikat דִּבְרֵי und die mit dem Titelprädikat חֲזוֹן zwei verschiedenen Kategorien zugewiesen sind, während das Titelprädikat מַשָּׂא unberücksichtigt bleibt.

104 H.-M. Wahl, Überschriften, S. 91.

105 H.-M. Wahl, Überschriften, S. 92–96.

106 H.-M. Wahl, Überschriften, S. 96–97.

Dem Ansatz G. M. Tuckers nahe steht die Arbeit von K. Koch (2000),[107] die ebenfalls die Titelprädikate der Überschriften als Ausgangspunkt einer typlogischen Einteilung verwendet. Koch unterscheidet vier Muster, nämlich (1) ein *Dabar-Muster*, zu dem alle Überschriften zählen, die den Inhalt des nachfolgenden Textes mit dem Begriff דְּבָר umschreiben (Am 1,1; Jer 1,1–3; Hos 1,1; Joël 1,1; Mi 1,1; Zef 1,1; Jes 2,1), ferner (2) ein *Ḥazon-Muster* bestehend aus den Überschriften mit dem Titelprädikat חֲזוֹן (Jes 1,1; Obd 1; Nah 1,1), außerdem (3) eine *Maśśa-Gruppe*, die den betitelten Inhalt als מַשָּׂא bezeichnet (Nah 1,1a; Mal 1,1; Sach 9,1; Sach 12,1; Jes 13,1), und schließlich (4) ein weiteres Muster, das durch die Verwendung einer narrativen *Wortgeschehensformel* im Rahmen eines Verbalsatzes an Stelle der sonst üblichen Nominalphrase mit Relativsatz geprägt sei und daher nur bedingt als Überschrift zu bezeichnen sei (Hag 1,1; Sach 1,1; Jona 1,1). Diese Einteilung Kochs wurde von J. Wöhrle[108] in seiner 2006 erschienenen redaktionsgeschichtlichen Monographie über „Die frühen Sammlungen des Zwölfprophetenbuches" aufgegriffen und weiter ausdifferenziert.

Obiger Überblick über die bisherige Forschung zur Typologie der prophetischen Überschriften hat gezeigt, dass Versuchen, die Überschriften als Ganze in Kategorien einzuteilen, eine Gegenposition gegenübersteht, die mit geprägten Formelementen, nicht aber mit jeweils eine ganze Überschrift umfassenden Typen rechnet. Beide Positionen gehen davon aus, dass es eine Grundform der prophetischen Überschriften gebe, die aus einem den Inhalt charakterisierenden Titelprädikat und dem Namen des Urhebers der Botschaft (entweder der Prophet oder JHWH mit seinem Propheten als „Sprachrohr") besteht.

Eine typologische Einordnung von Jes 1,1 in das System der prophetischen Buchüberschriften könnte insbesondere auch Hinweise auf die Entstehungszeit von Jes 1,1 und Anhaltspunkte für die Frage bringen, auf welche Teile des Jesaja-Buches sich Jes 1,1 bezieht. Hierüber wurde in der Forschung ausführlich diskutiert. Einen Überblick dazu bietet der 2006 erschienene Kommentar von H. G. M. Williamson,[109] der zu Recht darauf hinweist, dass die Antwort auf diese Frage davon abhängt, welchen Standpunkt der jeweilige Autor hinsichtlich der Komposition des Jesajabuches insgesamt bzw. seiner Teile einnimmt.[110] Wer etwa Jes 1–39 als in sich geschlossenes Buch ansieht, an das später die deutero- und tritojesajanischen Texte lediglich angefügt wurden, der wird Jes 1,1 als Überschrift

---

107 Koch, Profetenüberschriften.
108 Wöhrle, Die frühen Sammlungen, S. 30–50.
109 Williamson, Isaiah 1–5, S. 14–15.
110 Williamson, Isaiah 1–5, S. 14.

über das protojesajanische Corpus oder Teile davon ansehen.[111] Betrachtet man die deutero- und tritojesanischen Texte dagegen als Produkte eines Fortschreibungsprozesses, der auch zu weitreichenden redaktionellen Überarbeitungen und Erweiterungen in Jes 1–39 führte, dann legt es sich eher nahe, Jes 1,1 einer späten Redaktion zuzuschreiben, die bereits das Großjesaja-Buch vor Augen hat. Einige wichtige Positionen in dieser Frage seien hier vorgestellt.

H. Wildberger[112] meint, in seiner heutigen Fassung wolle Jes 1,1 zweifellos als Überschrift über das ganze Buch verstanden werden, selbst wenn sie möglicherweise zunächst nur Jes 1–39 im Blick gehabt habe.[113] O. Kaiser[114] vertritt in seinem Kommentar (⁵1981) die Ansicht, ein Bearbeiter habe Jes 1,1 an die Spitze einer prophetischen Spruchsammlung gesetzt, die eine Vorform der Kapitel 1–39 darstellte.[115] In einem 1992 erschienenen Aufsatz macht B. Gosse[116] geltend, Jes 1,1 weise vor allem Beziehungen zum ersten Teil des Jesaja-Buches auf, zeichne sich aber auch durch inhaltliche Offenheit für die nachfolgenden Teile aus. Dagegen behauptet J. E. Goldingay[117] in einem Beitrag von 1998, das Wort חֲזוֹן bezeichne stets eine einzelne Offenbarungserfahrung, nie eine Vielzahl solcher.[118] In Obd 1 und Nah 1,1 erscheine es nur deshalb in der Buchüberschrift, weil beide Bücher den Umfang einer einzigen Offenbarungserfahrung hätten bzw. im zweiten Fall die Verbindung סֵפֶר חֲזוֹן auch als „Visionsbuch" verstanden werden könne.[119] Insgesamt gebe es keine eindeutige Belegstelle für eine Verwendung von חֲזוֹן als Kollektivbegriff.[120] Daher beziehe sich Jes 1,1 nur auf das erste Kapitel.[121] Ferner sei Jes 2,1 keine neue Überschrift, sondern ein Kolophon, das Jes 1 abschließe.[122] Jes 1,1 und 2,1 rahmten so das erste Kapitel, das insgesamt als Einleitung des ganzen Buches oder zumindest der Kapitel 1–39 zu lesen sei.[123] U. Berges[124] und B. S.

---

111 Mowinckel, Komposition, 273–275, sieht Jes 1,1 als Überschrift nur von Jes 1 an, weil die nächste Überschrift in Jes 2,1 folgt. Fohrer, Zusammenfassung, S. 253, meint, Jes 1,1 sei ursprünglich für die Sammlung Jes 1–12 verfasst worden.

112 Wildberger, Jesaja 1–12, S. 2.

113 Dieser Auffassung ist auch Höffken, Jesaja 1–39, S. 31.

114 Kaiser, Jesaja 1–12, S. 19.

115 Eine Mittelposition vertritt Kilian, Jesaja 1–12, S. 21: Jes 1,1 gelte für 1–39, vielleicht sogar 1–66. Ähnlich Beuken, Jesaja 1–12, S. 56–57.

116 Gosse, Isaïe 1, S. 65–66.

117 Goldingay, Isaiah I 1 and II 1, S. 326–330.

118 Goldingay, Isaiah I 1 and II 1, S. 326.

119 Goldingay, Isaiah I 1 and II 1, S. 326–327.

120 Goldingay, Isaiah I 1 and II 1, S. 329–330.

121 Goldingay, Isaiah I 1 and II 1, S. 330.

122 Goldingay, Isaiah I 1 and II 1, S. 331.

123 Goldingay, Isaiah I 1 and II 1, S. 332.

124 Berges, Das Buch Jesaja, S. 53–54.

Childs[125] betonen demgegenüber in ihren 1998 bzw. 2001 erschienenen Arbeiten, dass Jes 1,1 für das Verständnis des ganzen Buches den hermeneutischen Rahmen setze und daher Jes 1–66 umfasse. Childs weist darauf hin, dass dies selbst dann gelte, „if there were fortuitous literary and historical factors involved".[126] Eine ähnliche Zielrichtung verfolgend schreibt Williamson,[127] die zwischen Jes 1 und 65–66 bestehenden Entsprechungen[128] sowie die Beobachtung, dass einige Teile von Jes 1–39 erst in das Buch kamen, als zumindest Teile der Kapitel 40–66 schon existierten, hätten die Möglichkeit neu eröffnet, Jes 1,1 wieder als Überschrift des ganzen Buches zu lesen. Als Arbeitshypothese[129] schlägt er vor, Jes 6,1 und 14,28 als die älteste Form von Überschrift anzusehen. Die miteinander verwandten Überschriften Jes 2,1 und 13,1 seien Eröffnungen zweier Hauptteile, die am Ende der Exilszeit in das bereits Kernbestände von Jes 40–55 enthaltende Buch eingearbeitet wurden. Jes 1 einschließlich Überschrift sei erst danach, zeitlich nahe der Endredaktion, angefügt worden. Jes 1,1 sei in doppelter Funktion verfasst und diene von Anfang an als Überschrift sowohl des ganzen Buches als auch des ersten Kapitels.

Die oben skizzierte Forschungsentwicklung zeigt, dass heute unabhängig davon, mit welchem Teil des Jesaja-Buches man Jes 1,1 entstehungsgeschichtlich in Verbindung bringt, nicht mehr bestritten wird, dass Jes 1,1 zumindest auch, wenn nicht gar in erster Linie, als Überschrift des ganzen Jesaja-Buches zu lesen ist. Indirekt gilt dies selbst für die oben referierte Meinung J. Goldingays, derzufolge das gesamte, von Jes 1,1 und 2,1 gerahmte erste Kapitel als Bucheinleitung fungiert.

Im obigen Überblick zu Jes 1,1 kamen mehrfach Aspekte zur Sprache, die zeigen, inwiefern die Überschrift für eine Auslegung der Eröffnung des Jesaja-Buches bedeutsam ist. Ein wichtiger Punkt liegt darin, dass Jes 1,1 offensichtliche Verbindungen zu anderen Prophetenbuch-Überschriften aufweist. Für das Buch und besonders auch seine Eröffnung ist damit gesagt, dass es sich nicht als isoliertes Einzelwerk versteht, sondern als Dokument im Rahmen einer Tradition, die vor Jesaja begonnen hat und über seine Lebenszeit hinausgeht. Dieser Aspekt wird auch bei der Behandlung der von Jes 1,2a aufgeworfenen, die Auslegung des nachfolgenden Texts betreffenden Fragen eine wichtige Rolle spielen. Innerhalb des Traditionsstroms der Prophetie bestimmt die Überschrift Jes 1,1 die Position der Prophetenpersönlichkeit und ihre geistige, örtliche und zeitliche Beziehung zu

---

125 Childs, Isaiah, S. 11–12.
126 Childs, Isaiah, S. 11–12.
127 Williamson, Isaiah 1–5, S. 14–17.
128 Vgl. dazu z. B. Gosse, Isaïe 1, S. 52–66.
129 Williamson, Isaiah 1–5, S. 15.

anderen Propheten, indem sie die verkündete prophetische Botschaft mit einem die Offenbarungsqualität angebenden Titelprädikat versieht und den Namen des Propheten, seine Abstammung, den Herkunftsort sowie die Zeit seines Auftretens vermerkt. Mit der Einordnung in den prophetischen Traditionsstrom verleihen diese Angaben gleichzeitig der einzelnen Prophetengestalt, die Exponent ihm nachfolgender prophetischer Kreise ist, ein besonderes Profil. Für das Ziel, eine Auslegung der Bucheröffnung zu entwerfen, ergeben sich daraus zwei Aufgabenstellungen. Um die Verortung Jesajas in der prophetischen Tradition genauer zu bestimmen, ist es, erstens, dienlich, durch einen Vergleich aller prophetischen Buchüberschriften die Typologie von Jes 1,1 (unter Einbeziehung von Jes 2,1 und 13,1) noch genauer zu erforschen. Basis der typologischen Untersuchung ist zunächst eine syntaktische Analyse von Jes 1,1. Zweitens ist daran gelegen, nach der typologischen Untersuchung die genaue Bedeutung des Titelprädikats und Verbs von Jes 1,1 (Wurzel חזה) zu erheben.

3.1.2 Syntaktische Analyse

Der – grammatikalisch unvollständige – „Hauptsatz" von Jes 1,1 ist die Constructus-Verbindung חֲזוֹן יְשַׁעְיָהוּ בֶן־אָמוֹץ (Vers 1a), die aus dem betont am Satzanfang stehenden nomen regens חֲזוֹן (Vision) und der als nomen rectum fungierenden untergeordneten Constructus-Verbindung יְשַׁעְיָהוּ בֶן־אָמוֹץ besteht. An V. 1a schließt sich in V. 1b ein mehrgliedriger Relativsatz an. Dessen erstes Glied (1bα) umfasst die Relativpartikel אֲשֶׁר und das Verb חָזָה. Fest steht, dass Subjekt des Verbs חָזָה der Prophet יְשַׁעְיָהוּ בֶן־אָמוֹץ ist. Nicht sogleich ersichtlich ist dagegen, ob die Relativpartikel אֲשֶׁר sich auf den Namen des Propheten (יְשַׁעְיָהוּ בֶן־אָמוֹץ) oder das nomen regens חֲזוֹן bezieht, d. h. ob sie Subjekt oder Objekt ist. Zur Frage, worauf sich אֲשֶׁר in der Regel bezieht, gibt Gesenius/Kautzsch[130] lediglich an, dass es „in unmittelbarer Anlehnung an den näher zu bestimmenden Substantivbegriff" steht.

Nimmt man an, dass die Relativpartikel אֲשֶׁר Objekt des Relativsatzes ist, dann wäre das Verb חָזָה transitiv, und Jes 1,1 wäre wie folgt zu übersetzen: „Die Schauung/Vision Jesajas, des Sohnes des Amoz, die er schaute über/gegen Juda und Jerusalem..."[131] Geht man dagegen davon aus, dass אֲשֶׁר Subjekt des Relativsatzes ist, dann wäre intransitiv zu übersetzen: „Die Vision Jesajas, des Sohnes des Amoz, der schaute (i.S.v. eine Schauung hatte) über/gegen Juda und Jerusa-

---

130 Gesenius/Kautzsch, Hebräische Grammatik, S. 465.
131 So die meisten Kommentatoren, vgl. Fohrer, Jes 1–23, S. 23; Oswalt, Isaiah 1–39, S. 79; Watts, Isaiah 1–33, S. 3; Kaiser, Jesaja 1–12, S. 19; Beuken, Jesaja 1–12, S. 56; Wildberger, Jesaja 1–12, S. 1; Williamson, Isaiah 1–5, S. 12.

lem..." Diese Variante vertritt H. F. Fuhs,[132] der das intransitiv verstandene Verb חָזָה auch mit „Seher sein" übersetzt.

Letzteres ist zwar grammatikalisch möglich, doch dürfte die herkömmliche Übersetzung das Gemeinte besser treffen. Ein erster Hinweis hierauf liegt in der Tatsache, dass die Wurzel חזה offenbar nur in transitiver Bedeutung, also mit explizitem oder implizit vorausgesetztem Bezug zu einem direkten Objekt, belegt ist,[133] so dass auch in Jes 1,1 die Relativpartikel אֲשֶׁר als Akkusativobjekt zu חזה aufzufassen sein dürfte. Dementsprechend beziehen schon sowohl LXX (ὅρασις ἣν εἶδεν Ησαιας υἱὸς Αμως ἣν εἶδεν κατά...) als auch die Vulgata („visio Isaiae filii Amos quam vidit super...") das Relativpronomen auf חָזוֹן. Darüber hinaus ist in den Überschriften Jes 2,1; 13,1; Hab 1,1, die zum gleichen Typ wie Jes 1,1 gehören (siehe dazu unten Punkt 3.1.3.6) und ebenfalls das Verb חָזָה verwenden, die Relativpartikel אֲשֶׁר eindeutig direktes Objekt, weil sie vor dem Namen des Propheten steht. Die Position des Prophetennamens vor dem Relativsatz in Jes 1,1 und Am 1,1 könnte möglicherweise damit zu erklären sein, dass die beiden Überschriften vielleicht ursprünglich eine Obd 1 entsprechende Form hatten (in etwa: חֲזוֹן יְשַׁעְיָהוּ bzw. דִּבְרֵי עָמוֹס).[134] Schließlich spricht vor allem noch die für die hebräische Stilistik typische Bevorzugung zweier wurzelverwandter Wörter in einer Verb-Objekt-Relation dafür, dass חָזוֹן mittels der Relativpartikel אֲשֶׁר zum Objekt des Verbs חָזָה wird (für חָזָה vgl. Ez 12,27; 13,7.16; Num 24,4.16). Auf Grund dieser stilistischen Konvention musste der Autor von Jes 1,1 fest damit rechnen, dass seine Leser ohne Zögern die Relativpartikel auf das Titelprädikat חָזוֹן beziehen würden. Jes 1,1 bezeichnet den nachfolgenden Text somit als „Schauung", die Jesaja „geschaut hat". Unsere Übersetzung lautet: „Die Schauung/Vision Jesajas, des Sohnes des Amoz, die er schaute über/gegen..."

Das zweite Glied des Relativsatzes (1bβ) ist eine Apposition, die Juda und Jerusalem als den von der Vision betroffenen Ort benennt. Das dritte Glied, eine Adverbiale der Zeit (1bγ), wird durch den Ausdruck בִּימֵי („in den Tagen") eingeleitet. Da die Pluralform יְמֵי im status constructus steht, sind die nachfolgenden Königsnamen עֻזִּיָּהוּ יוֹתָם אָחָז יְחִזְקִיָּהוּ (Usija, Jotam, Ahas, Hiskija) die nomina recta zu יְמֵי. Die Zeitangabe „in den Tagen Usijas, Jotams, Ahas', Hiskijas" wird durch die Apposition מַלְכֵי יְהוּדָה („der Könige Judas") präzisiert. Sofern nicht feststeht, dass es sich bei den aufgeführten Namen um Thronnamen handelt, lässt die Formulierung von Vers 1bγ offen, ob „die Tage" der genannten Könige deren Lebens- oder Regierungszeit meinen.

---

132 So Fuhs, Sehen und Schauen, S. 172 f. (zu Am 1,1) und S. 215 (zu Jes 1,1).
133 Vgl. Gesenius, Handwörterbuch, Stichwort חזה, mit Verweis u. a. auf Jes 26,11; 33,17.20; 48,6; 57,8; Ps 46,9; 58,9.11.
134 Vgl. zu Am 1,1: Jeremias, Amos, S. 2, und Wolff, Joël und Amos, S. 149.

3.1.3 Der Typus der Überschrift Jes 1,1

3.1.3.1 Probleme bisheriger Versuche zur Typologisierung der prophetischen Buchüberschriften

Gemeinsame Charakteristika der prophetischen Überschriften sind ausweislich des obigen Forschungsüberblicks[135] eine Struktur entsprechend einer begrenzten Zahl von Grundmustern sowie die Verwendung eines meist göttliche Offenbarung anzeigenden Titelprädikats in Verbindung mit dem Prophetennamen. Außerhalb der hinteren Propheten erscheint eine derartige Kombination im Rahmen einer Buchüberschrift nur noch in Dtn 1,1 und dreimal in den Schriften (Spr 1,1; Koh 1,1 und Neh 1,1a). Dieser Befund wirft die Frage nach einer Typologie der prophetischen Buchüberschriften auf. Alle bisherigen typologischen Untersuchungen wählten stets deren – insgesamt fünf – Titelprädikate als Ausgangspunkt. Doch gelang es auf diesem Weg nicht, eine geschlossene Typologie zu entwickeln, da keine festen Regeln für die Verbindung eines Titelprädikats mit anderen typischen Elementen auszumachen sind (vgl. oben zu H.-M. Wahl).

3.1.3.2 Lösungsansatz

Daher sollen hier nicht mehr die Titelprädikate, sondern vor allem die verwendeten Verben nebst Anschlüssen bzw. deren Fehlen als typologischer Ansatzpunkt dienen. Der Grund dieses Vorgehens liegt zum einen in der die Satzstruktur prägenden Rolle der Verben und zum anderen darin, dass in allen prophetischen Buchüberschriften sowie in Ez 1,2–3 und Jes 2,1; 13,1, mit Ausnahme des Sonderfalls Ez 1,1, insgesamt nur zwei verschiedene Verben stehen: הָיָה und חָזָה. Daneben gibt es noch eine Gruppe prophetischer Buchüberschriften, die reine Nominalkonstruktionen ohne Verben sind. Die folgende Analyse ermittelt, welches der beiden Verben in den prophetischen Überschriften regelmäßig mit welcher Art von Elementen verbunden ist bzw. welche typischen Elemente in rein nominal konstruierten Buchüberschriften erscheinen.

3.1.3.3 Vorüberlegung zu den Überschriften mit dem Verb היה

Folgende prophetischen Buchüberschriften enthalten das Verb היה: Jer 1,1–3; Ez 1,1; Hos 1,1; Am 1,1; Joël 1,1; Zef 1,1; Mi 1,1a; Jona 1,1; Hag 1,1; Sach 1,1 sowie die zweite Überschrift des Ezechielbuches Ez 1,2–3. Zunächst zu zwei Sonderfällen der Verwendung von היה in diesem Rahmen. In Ez 1,1 וַיְהִי „Und es geschah…" dient das

---

135 Siehe besonders Wildberger, Tucker, Wahl, Koch und Wöhrle.

Verb הָיָה lediglich als Tempusmarker, der die nachfolgende Datierung einleitet und ein unpersönliches „es" als Subjekt hat. Der Inhalt des Buches erschließt sich dagegen durch die Wendung מַרְאוֹת אֱלֹהִים „Visionen Gottes" und das dazugehörige Verb וָאֶרְאֶה „und ich sah". Eine andere Verwendung des Verbs bietet Am 1,1. Hier wird im ersten Relativsatz der Beruf genannt, so dass Amos Subjekt von הָיָה ist: „Amos, der war unter den Schafzüchtern..." (עָמוֹס אֲשֶׁר־הָיָה בַנֹּקְדִים).

In allen anderen der genannten Überschriften ist die Wendung דְּבַר־יְהֹוָה („Wort JHWHs") Subjekt des Verbes הָיָה, an das sich mittels der Präposition אֶל־ der Name des Offenbarungsempfängers anschließt (sog. Wortereignisformel[136]). Letzterer ist fast immer der Prophet, lediglich in Hag 1,1 ist der Prophet Haggai als Mittler (בְּיַד־חַגַּי הַנָּבִיא), der Statthalter Serubbabel dagegen als Offenbarungsempfänger angegeben.[137] Im Überschriftengeflecht des Jeremiabuches (Jer 1,1–3) erscheint zweimal eine Form des Verbs הָיָה. Jer 1,3 verwendet וַיְהִי wie Ez 1,1 am Beginn einer Datierung. In Jer 1,2 ist das Subjekt von הָיָה aber, wie bei den anderen Überschriften, das Wort JHWHs (דְּבַר־יְהֹוָה), das an den Propheten Jeremia ergeht (Verweis durch Objektsuffix: אֵלָיו). Dies wird unten (3.1.3.4) noch näher zu erläutern sein.

Da sich diese besondere Verwendung von הָיָה in Verbindung mit דְּבַר־יְהֹוָה in acht der fünfzehn prophetischen Buchüberschriften sowie in Ez 1,2–3 findet, ist es angebracht, diese Belege einer genauen Analyse zu unterziehen. Bereits auf den ersten Blick lassen sich zwei Gruppen unterscheiden. Bei der einen (Hos 1,1; Joël 1,1; Zef 1,1 und Mi 1,1a) ersetzt das Titelprädikat דְּבַר־יְהֹוָה den Hauptsatz und dient als übergeordnetes Satzglied für einen oder zwei (Mi 1,1) Relativsätze. Jer 1,1–3 ist der im Anschluss daran zu betrachtende Sonderfall, der dieser Gruppe nahe steht. Die danach zu untersuchenden Überschriften der zweiten Gruppe (Ez 1,2–3; Jona 1,1; Hag 1,1; Sach 1,1) haben keinen Relativsatz, sondern דְּבַר־יְהֹוָה ist Subjekt des mit dem Verb הָיָה gebildeten vollständigen Hauptsatzes. Zu klären sind sowohl die jeweilige Eigenart dieser beiden Gruppen als auch die Beziehung zwischen ihnen.

3.1.3.4 Buchüberschriften mit der Wortereignisformel: הָיָה im Rahmen eines Relativsatzes (Hos 1,1; Joël 1,1; Zef 1,1; Mi 1,1a und Jer 1,2)

Die durchgehende Parallelität von Hos 1,1; Joël 1,1; Zef 1,1 und Mi 1,1a[138] verdeutlicht folgende Übersicht:

---

136 Zur Funktion und Bedeutung der Wortereignisformel vgl. Fischer, Jeremias, S. 79.
137 Näheres dazu unter Punkt 3.1.3.5.
138 Auf den zweiten Relativsatz der Micha-Überschrift (Mi 1,1b) wird unten unter Punkt 3.1.3.7 eingegangen.

Joël 1,1:   דְּבַר־יְהוָה אֲשֶׁר הָיָה אֶל־יוֹאֵל בֶּן־פְּתוּאֵל׃

Hos 1,1:   דְּבַר־יְהוָה ׀ אֲשֶׁר הָיָה אֶל־הוֹשֵׁעַ בֶּן־בְּאֵרִי

       בִּימֵי עֻזִּיָּה יוֹתָם אָחָז יְחִזְקִיָּה מַלְכֵי יְהוּדָה וּבִימֵי יָרָבְעָם בֶּן־יוֹאָשׁ מֶלֶךְ יִשְׂרָאֵל׃

Zef 1,1:   דְּבַר־יְהוָה ׀ אֲשֶׁר הָיָה אֶל־צְפַנְיָה בֶּן־כּוּשִׁי בֶן־גְּדַלְיָה בֶּן־אֲמַרְיָה בֶּן־חִזְקִיָּה

       בִּימֵי יֹאשִׁיָּהוּ בֶן־אָמוֹן מֶלֶךְ יְהוּדָה׃

Mi 1,1a: דְּבַר־יְהוָה ׀ אֲשֶׁר הָיָה אֶל־מִיכָה הַמֹּרַשְׁתִּי

       בִּימֵי יוֹתָם אָחָז יְחִזְקִיָּה מַלְכֵי יְהוּדָה [...]

Abgewandelte Form:

Jer 1,1–3:   ¹ דִּבְרֵי יִרְמְיָהוּ בֶּן־חִלְקִיָּהוּ מִן־הַכֹּהֲנִים אֲשֶׁר בַּעֲנָתוֹת בְּאֶרֶץ בִּנְיָמִן׃

       ² אֲשֶׁר הָיָה דְבַר־יְהוָה אֵלָיו

       בִּימֵי יֹאשִׁיָּהוּ בֶן־אָמוֹן מֶלֶךְ יְהוּדָה בִּשְׁלֹשׁ־עֶשְׂרֵה שָׁנָה לְמָלְכוֹ׃

       ³ וַיְהִי

       בִּימֵי יְהוֹיָקִים בֶּן־יֹאשִׁיָּהוּ מֶלֶךְ יְהוּדָה

       עַד־תֹּם עַשְׁתֵּי עֶשְׂרֵה שָׁנָה לְצִדְקִיָּהוּ בֶן־יֹאשִׁיָּהוּ מֶלֶךְ יְהוּדָה עַד־גְּלוֹת יְרוּשָׁלִַם בַּחֹדֶשׁ

       הַחֲמִישִׁי׃

Die vier Überschriften verwenden durchgehend דְּבַר־יְהוָה als Titelprädikat. Daran schließt sich der Relativsatz אֲשֶׁר הָיָה אֶל־ mit dem Namen des Propheten an, dem mittels ־בֶּן bei Joël und Hosea der Vatersname bzw. bei Zefanja eine auf König Hiskija zurückgehende Ahnenreihe beigefügt wird. Im Fall von Mi 1,1a folgt stattdessen mit הַמֹּרַשְׁתִּי die Angabe seiner geographischen Herkunft. Der Grund hierfür könnte darin liegen, dass Micha aus dem im judäischen Hügelland gele-genen, ländlichen Ort Moreschet-Gat stammte[139] und man daher in den Kreisen, an die Mi 1,1 sich richtete,[140] mit dem Namen seines Vaters, sofern er überhaupt bekannt war, wenig anzufangen wusste, sodass der Herkunftsort des Propheten eine bessere Zuordnung erlaubte.[141] Für die Richtigkeit dieser Einschätzung spricht der Umstand, dass auch bei Amos 1,1 der Herkunftsort Tekoa anstatt des Vatersnamens angegeben ist. Der südöstlich von Bethlehem gelegene, 17 km von Jerusalem entfernte Ort Tekoa war, wie die Berufsbezeichnung „Maulbeerfeigen-

---

139 Vgl. dazu z. B. Schmitt, Arbeitsbuch, S. 392, mit Verweis auf Mi 1,1.14 und Jer 26,18.

140 Auf Grund der anzunehmenden Entstehungszeit von Mi 1,1 zwischen dem 6. und 4. Jh. v. Chr. (vgl. Wahl, Micha, Obadja und Haggai, S. 18, mit Verweis auf Wolff, Micha, S. 2) ist mit einem erheblichen zeitlichen Abstand zwischen dem Auftreten des Propheten Micha und den Adres-saten, die Mi 1,1 im Auge hat, zu rechnen.

141 Vgl. Waltke, Micah, S. 39: „....Micah's identification as a Morashtite implies that he was an outsider to the capitals. Were he ministering in his hometown, he would probably have been called 'Micah son of so-and-so'."

ritzer" und „Rinderhirte" in Am 1,1 zeigt,[142] ebenfalls ländlich geprägt und lag abseits der großen Zentren. Weil Amos überdies im Nordreich auftrat und seine Verkündigung erst danach ins Südreich gelangte, wo sie von den ältesten Tradenten überliefert und bearbeitet wurde,[143] dürfte sein Herkunftsort zur Identifizierung ebenfalls besser geeignet gewesen sein als der Vatersname, der den judäischen Redaktoren/Adressaten von Am 1,1 möglicherweise kaum oder gar nicht bekannt war.[144] Insgesamt hat der Vergleich von Hos 1,1; Joël 1,1; Zef 1,1 und Mi 1,1a gezeigt, dass typischerweise auf den Namen des Propheten ein der näheren Identifikation dienender Zusatz folgt, der aus dem (oder mehreren) mit בֶּן־ angeschlossenen Vatersnamen oder einer anderen, zur Identifikation geeigneten Angabe (insbesondere dem Herkunftsort) besteht.

Nach Namen und Herkunft des Propheten bringen Hos 1,1; Zef 1,1 und Mi 1,1a Informationen über seinen Wirkungszeitraum, indem sie auf die Wendung בִּימֵי eine nominale Konstruktion mit den Namen der jeweils regierenden Könige folgen lassen:

מֶלֶךְ / מַלְכֵי יְהוּדָה / יִשְׂרָאֵל ... [Königsname/n] ... בִּימֵי...

(**In den Tagen** ... [Königsname/n] ..., der/des **Könige/s Judas/Israels.**)

Während Zef 1,1 und Mi 1,1a nur Könige Judas nennen, werden bei Hosea, der einerseits im Nordreich auftrat,[145] dessen überlieferte und redaktionell bearbeitete Botschaft andererseits aber auch Bezüge zu Juda enthält (vgl. z. B. Hos 1,7; 5,5; 3,5; 4,15; 8,14),[146] sowohl Jerobeam, der König Israels, als auch Usija, Jotam und Ahas, die Könige Judas, genannt. In Joël 1,1 fehlt eine entsprechende Zeitangabe. Fragt man nach dem möglichen Grund hierfür, so ist zu bedenken, dass Joël aus der spätnachexilischen Zeit (1. Hälfte des 4. Jh. v. Chr.; terminus ante quem: wohl die Zerstörung Sidons durch Artaxerxes III. 343 v. Chr., vgl. Joël 4,4 – 8) stammt,[147] in der es weder ein israelitisches noch ein judäisches Königtum mehr gab. Eine dem traditionellen Muster entsprechende Zeitangabe müsste also ähnlich wie Hag 1,1 und Sach 1,1 auf den persischen König oder judäische Statthalter Bezug nehmen.

---

142 Vgl. Schmitt, Arbeitsbuch, S. 380.

143 Vgl. Schmitt, Arbeitsbuch, S. 378 – 381.

144 Eine weitere Motivation für die Nennung von Michas Herkunftsort Moreschet an Stelle des Vatersnamens in Mi 1,1 hängt mit Mi 1,14 zusammen. Durch Mi 1,1 wird deutlich, dass Micha vom in Mi 1,14 erwähnten Feldzug, bei dem Moreschet-Gat von Jerusalem abgeschnitten wurde, selbst betroffen war.

145 Vgl. Schmitt, Arbeitsbuch, S. 369.

146 Vgl. Schmitt, Arbeitsbuch, S. 368 – 369.

147 Zu den einzelnen Argumenten siehe Deissler, Hosea, Joël, Amos, S. 65 – 66; Jeremias, Joël – Obadja – Jona – Micha, S. 2; ebenso Schmitt, Arbeitsbuch, S. 376.

Dies wollte der Verfasser von Joël 1,1 aber offenbar vermeiden,[148] da das Buch im Zusammenhang mit Hosea gelesen werden sollte. Die obige Gegenüberstellung hat gezeigt, dass die Überschriften Hos 1,1; Joël 1,1; Zef 1,1 und Mi 1,1a einem gemeinsamen Grundmuster folgen, das aus dem Verb הָיָה, dem mit der Präposition אֶל־ angeschlossenen Prophetennamen, einem oder mehreren durch בֶּן־ kenntlich gemachten Vatersnamen und einer Angabe der judäischen/israelitischen Könige (בִּימֵי ... מַלְכֵי / מֶלֶךְ יְהוּדָה / יִשְׂרָאֵל) besteht, unter deren Regierung der Prophet das Wort des Herrn empfing. Dieses Grundmuster wird der jeweiligen Sachlage angepasst, indem es entweder inhaltlich verändert (z.B. Herkunftsort statt Vatersname), erweitert (Hos 1,1: Könige von Juda und Israel) oder gekürzt wird (Joël).

Im Folgenden ist zu untersuchen, inwieweit das in Hos 1,1; Joël 1,1; Zef 1,1 und Mi 1,1a erkennbare Grundmuster, wenngleich unter größeren Veränderungen, auch noch in anderen Überschriften der hinteren Propheten Eingang gefunden hat. Hier ist zunächst auf Jer 1,1–3 einzugehen. Obwohl dieser sprachlich komplizierte Vorspann mit zwei verschiedenen Titelprädikaten (דִּבְרֵי יִרְמְיָהוּ und דְּבַר־יְהוָה), zwei sich auf den Namen Jeremia (Vers 1a) beziehenden[149] Relativsätzen (Vers 1b und 2a) und zwei verschiedenen Zeitangaben (Vers 2 und 3) die Spuren eines komplexen Entstehungsprozesses trägt,[150] lassen sich alle Elemente des oben bei Hos 1,1; Joël 1,1; Zef 1,1 und Mi 1,1a identifizierten Überschriftentypus eindeutig in Jer 1,1a.2a erkennen. Zuerst fällt auf, dass nach der eigentlichen, den ersten Vers einleitenden Titelbezeichnung דִּבְרֵי יִרְמְיָהוּ („die Worte Jeremias") zusätzlich noch innerhalb des zweiten Relativsatzes (Vers 2a) die als Titelbezeichnung von Hos 1,1; Joël 1,1; Zef 1,1 und Mi 1,1a her bekannte Wendung דְּבַר־יהוה („das Wort JHWHs") folgt. Anders als bei den genannten Stellen wird hier aber nicht unmittelbar der Buchinhalt als Wort JHWHs bezeichnet, sondern die Begründung der besonderen Autorität des Buches erfolgt mittelbar, indem der als Urheber vorgestellte Prophet Jeremia als Empfänger des Wortes JHWHs ausgewiesen wird. Der Name des Propheten samt Herkunftsangabe (Jer 1,1: יִרְמְיָהוּ בֶּן־חִלְקִיָּהוּ) und die sonst als Titelbezeichnung fungierende Wendung דְּבַר־יְהוָה haben ihre jeweilige Position vertauscht. Während die anderen Buchüberschriften den nachfolgenden Text als „Wort JHWHs" vorstellen, „das an den Propheten X, Sohn des Y" erging (דְּבַר־יְהוָה אֲשֶׁר הָיָה אֶל־X בֶּן־Y), betiteln Jer 1,1a.2a den Buchinhalt als „Worte Jeremias, des Sohnes Hilkijas [...], an den das Wort JHWHs erging":

דִּבְרֵי יִרְמְיָהוּ בֶּן־חִלְקִיָּהוּ [...] אֲשֶׁר הָיָה דְבַר־יְהוָה אֵלָיו

---

148 Siehe Jeremias, Joël – Obadja – Jona – Micha, S. 8.
149 Siehe dazu Fischer, Jeremia, S. 125–127.
150 Vgl. Schreiner, Jeremia, S. 13.

Bringt man den Namen Jeremias samt Herkunftsangabe in die sonst übliche Position nach der Präposition אֶל und verschiebt die Wendung דְבַר־יְהוָה unter Auslassung des dann überflüssig gewordenen Wortes דִּבְרֵי an den Anfang von Jer 1,1a, dann wird aus Jer 1,1a.2a eine Überschrift, die mit dem in Hos 1,1; Joël 1,1; Zef 1,1 und Mi 1,1a anzutreffenden Typ genau übereinstimmt: ‏*דְּבַר־יְהוָה אֲשֶׁר הָיָה אֶל־יִרְמְיָהוּ בֶּן־חִלְקִיָּהוּ [...] בִּימֵי יֹאשִׁיָּהוּ בֶן־אָמוֹן מֶלֶךְ יְהוּדָה* (*„Das Wort JHWHs, das an Jeremia, den Sohn Hilkijas [...], erging, in den Tagen [als] Joschia König von Juda [war...].“*) Angesichts dieser Beobachtung sowie ferner der sprachlichen Verworrenheit der aktuellen Form des Vorspanns Jer 1,1–3 wird vollends deutlich, dass der Beginn des Jeremiabuches nicht literarisch einheitlich sein kann. Hinsichtlich der Frage, ob Jer 1,2 ursprünglich ist oder erst später hinzukam, gibt es zwei Möglichkeiten. Entweder handelt es sich um einen Rest der ursprünglichen Buchüberschrift, die dann früher einmal die oben entsprechend Hos 1,1; Joël 1,1; Zef 1,1 und Mi 1,1a rekonstruierte Form gehabt und erst durch redaktionelle Bearbeitung die heutige Gestalt erlangt hätte. Oder Jer 1,2 wurde sekundär in eine bereits vorhandene Überschrift eingearbeitet, um Bezüge zu Hos 1,1; Joël 1,1; Zef 1,1 und Mi 1,1a herzustellen. Nun ist zu beachten, dass die in Jer 1,2 enthaltene Wortereignisformel insgesamt 29mal im Buch Jeremia vorkommt.[151] Die häufige Verwendung dieser Formel ist allerdings nicht schon in den ältesten Jeremia-Quellen belegt, sondern stammt wohl von der dtr. Redaktionsschicht D.[152] Weil diese Redaktion wahrscheinlich zwei bereits vorhandene Quellen A und B zusammenarbeitete und dabei dtr. geprägte Textanteile auftrug,[153] spricht einiges dafür, dass Jer 1,2 in einen auf die Quellen A und B zurückgehenden Grundbestand von Jer 1,1–3 eingearbeitet wurde. Da ein vertieftes Eingehen auf die Redaktionsgeschichte des Jeremiabuches im Rahmen dieser Arbeit nicht möglich ist, müssen diese wenigen vorläufigen Überlegungen zu Jer 1,2 genügen. Für die Zwecke dieser Arbeit ist entscheidend, dass Jer 1,2 eine leicht modifizierte Form des in Hos 1,1; Joël 1,1; Zef 1,1 und Mi 1,1a verwendeten Überschriftentyps bietet.

3.1.3.5 Buchüberschriften mit der Wortereignisformel: היה als Verb eines vollständigen Hauptsatzes (Ez 1,2–3; Jona 1,1; Hag 1,1 und Sach 1,1)

Nun zu Ez 1,2–3; Jona 1,1; Hag 1,1 und Sach 1,1:

---

151 Vgl. zur Statistik Gerleman, Artikel דָּבָר, Sp. 439.
152 Zu den entstehungsgeschichtlichen Hypothesen bzgl. des Jeremiabuches sowie zur älteren Quellentheorie Mowinckels vgl. Schmitt, Arbeitsbuch, S. 345–346, und ferner die dort S. 352–354 angegebene Literatur (v. a. Winfried Thiel).
153 Vgl. Schmitt, Arbeitsbuch, S. 346.

Ez 1,2–3: בַּחֲמִשָּׁה לַחֹדֶשׁ הִיא הַשָּׁנָה הַחֲמִישִׁית לְגָלוּת הַמֶּלֶךְ יוֹיָכִין:

הָיָה הָיָה דְבַר־יְהוָה אֶל־יְחֶזְקֵאל בֶּן־בּוּזִי הַכֹּהֵן בְּאֶרֶץ כַּשְׂדִּים עַל־נְהַר־כְּבָר וַתְּהִי עָלָיו שָׁם יַד־יְהוָה:

Jona 1,1: וַיְהִי דְּבַר־יְהוָה אֶל־יוֹנָה בֶן־אֲמִתַּי לֵאמֹר:

Hag 1,1: בִּשְׁנַת שְׁתַּיִם לְדָרְיָוֶשׁ הַמֶּלֶךְ בַּחֹדֶשׁ הַשִּׁשִּׁי בְּיוֹם אֶחָד לַחֹדֶשׁ

הָיָה דְבַר־יְהוָה בְּיַד־חַגַּי הַנָּבִיא

אֶל־זְרֻבָּבֶל בֶּן־שְׁאַלְתִּיאֵל פַּחַת יְהוּדָה וְאֶל־יְהוֹשֻׁעַ בֶּן־יְהוֹצָדָק הַכֹּהֵן הַגָּדוֹל לֵאמֹר:

Sach 1,1: בַּחֹדֶשׁ הַשְּׁמִינִי בִּשְׁנַת שְׁתַּיִם לְדָרְיָוֶשׁ

הָיָה דְבַר־יְהוָה אֶל־זְכַרְיָה בֶּן־בֶּרֶכְיָה בֶּן־עִדּוֹ הַנָּבִיא לֵאמֹר:

Im Unterschied zu Hos 1,1; Joël 1,1; Zef 1,1; Mi 1,1a bilden diese Überschriften keine hauptsatzlose Konstruktion mit Relativsatz, sondern einen vollständigen Prosa-Hauptsatz. Dieses Merkmal unterscheidet Ez 1,2–3; Jona 1,1; Hag 1,1 und Sach 1,1 auch von den anderen prophetischen Überschriften, die ja durchwegs hauptsatzlose Konstruktionen sind. Der Grund der abweichenden syntaktischen Form könnte darin liegen, dass Ezechiel, Jona, Haggai und Sacharja im Gegensatz zu den übrigen Büchern der hinteren Propheten weniger Poesie, sondern vor allem Prosa enthalten, und daher die Überschrift an den Erzählstil angepasst wurde. Dessen ungeachtet lassen Ez 1,2–3; Jona 1,1; Hag 1,1 und Sach 1,1 aber klar erkennen, dass sie auf dem in Hos 1,1; Joël 1,1; Zef 1,1 und Mi 1,1a vorgefundenen Überschriftentyp beruhen. Denn wie bei Hos 1,1; Joël 1,1; Zef 1,1 und Mi 1,1a bildet auch bei Ez 1,2–3; Jona 1,1; Hag 1,1 und Sach 1,1 die sog. Wortereignisformel (הָיָה דְּבַר־יְהוָה),[154] an die der Name des Wortempfängers mit der Präposition אֶל־ angeschlossen wird, das Kernstück der Überschrift (vgl. Ez 1,3a; Jona 1,1; Hag 1,1b; Sach 1,1b). In Übereinstimmung mit dem tradierten Typus wird dem Namen des Wortempfängers (bei Ez: Ezechiel; bei Jona: Jona; bei Hag: *Serubbabel und Jeschua*; bei Sach: Sacharja) mittels בֶּן־ der Vatersname beigefügt. Eine Besonderheit bei Haggai ist, dass nicht der Prophet, sondern der Statthalter Serubbabel und der Hohepriester Jeschua Wortempfänger sind. Der Prophet ist durch die Wendung בְּיַד־, die auch in Mal 1,1 erscheint,[155] lediglich als Mittlergestalt ausgewiesen. Hintergrund dieser Besonderheit dürfte die – sonst bei Adressaten von Unheils- und Umkehrprophetie selten vorhandene – Bereitschaft der beiden Wortempfänger zum Hören (Hag 1,12) und ihre Geisterweckung in Hag 1,14 sein. Entsprechend den gegenüber der Königszeit geänderten Verhältnissen enthalten Ez 1,2–3; Hag 1,1 und Sach 1,1 Zeitangaben, die zwar eine andere Form haben als Hos 1,1;

---

154 Zur Funktion und Bedeutung der Wortereignisformel vgl. Fischer, Jeremias, S. 79.

155 Eine andere Bedeutung hat die Wendung וַתְּהִי עָלָיו שָׁם יַד־יְהוָה am Ende von Ez 1,3, die auf ein ekstatisches Erleben hinweist, vgl. 1 Kön 18,46; 2 Kön 3,15 sowie Schmitt, Arbeitsbuch, S. 357.

Zef 1,1 und Mi 1,1a, aber durchaus als Fortführung dieser Tradition gesehen werden können, wenngleich anstelle der Formulierung בִּימֵי in Verbindung mit Königsnamen genauere Datierungen bevorzugt werden. So bezieht sich Ez 1,2 auf einen bestimmten Tag im Jahr der Verschleppung des Königs Jojakin, während die lange nach dem Untergang des israelitisch-judäischen Königtums situierten Bücher Haggai und Sacharja auf einen bestimmten Tag bzw. Monat in der Regierungszeit des persischen Königs Darius Bezug nehmen. Jona 1,1 enthält keine Zeitangabe, was seinen Grund wohl darin hat, dass das Buch auf Grund seiner lehrhaft-novellenartigen Erzählform an einem genaueren historischen Bezug nicht interessiert ist.[156]

Zusammenfassend ist festzuhalten, dass die Erörterungen zu den Punkten 3.1.3.4 und 3.1.3.5 einen typologischen Zusammenhang zwischen neun Buchüberschriften der hinteren Propheten deutlich gemacht haben. Es wurde in Hos 1,1; Joël 1,1; Zef 1,1 und Mi 1,1a folgendes Grundschema gefunden:

דְּבַר־יְהוָה ‏ אֲשֶׁר הָיָה אֶל־X בֶּן־Y ‏ בִּימֵי ... [Königsname/n] ... מֶלֶךְ/מַלְכֵי יִשְׂרָאֵל/יְהוּדָה

Schon bei den vier genannten Überschriften hatte sich gezeigt, dass es keine starre Form, sondern ein flexibel verarbeitetes Muster ist, das den konkreten Gegebenheiten angepasst wird. Es liegt auch Jer 1,2–3; Ez 1,2–3; Jona 1,1; Hag 1,1 und Sach 1,1 zu Grunde, wobei es aus sachlichen oder stilistischen Gründen zu weitergehenden Anpassungen und Veränderungen kam. Der in allen Belegen unveränderte Kern dieses Typus besteht aus der Wortereignisformel, die das Verb הָיָה mit dem Subjekt דְּבַר־יְהוָה und den mittels אֶל־ angeschlossenen Wortempfänger umfasst, sowie einer Herkunftsangabe des Wortempfängers. Fast alle Belege (außer Joël 1,1 und Jona 1,1) enthalten auch eine Zeitangabe. Dieser Typus wird im Folgenden als „Wortereignis-Typ" bezeichnet.

3.1.3.6 Überschriften mit einer „Visionsformel": das Verb חזה als Prädikat eines Relativsatzes (Jes 1,1; [2,1; 13,1]; Am 1,1bα; Mi 1,1b und Hab 1,1)

Eine zweite Gruppe von Überschriften bzw. Überschriftenteilen erhält ihre typische Prägung durch das Verb חָזָה:

Jes 1,1:

חֲזוֹן יְשַׁעְיָהוּ בֶן־אָמוֹץ
אֲשֶׁר חָזָה עַל־יְהוּדָה וִירוּשָׁלָ͏ִם
בִּימֵי עֻזִּיָּהוּ יוֹתָם אָחָז יְחִזְקִיָּהוּ מַלְכֵי יְהוּדָה׃

Jes 2,1:

הַדָּבָר

---

156 Vgl. Jeremias, Joël – Obadja – Jona – Micha, S. 76.

אֲשֶׁר חָזָה יְשַׁעְיָהוּ בֶן־אָמוֹץ עַל־יְהוּדָה וִירוּשָׁלָ͏ִם׃

Jes 13,1a: מַשָּׂא בָּבֶל

1b: אֲשֶׁר חָזָה יְשַׁעְיָהוּ בֶן־אָמוֹץ׃

Am 1,1a: דִּבְרֵי עָמוֹס

אֲשֶׁר־הָיָה בַנֹּקְדִים מִתְּקוֹעַ

1b: אֲשֶׁר חָזָה עַל־יִשְׂרָאֵל

בִּימֵי עֻזִּיָּה מֶלֶךְ־יְהוּדָה וּבִימֵי יָרָבְעָם בֶּן־יוֹאָשׁ מֶלֶךְ יִשְׂרָאֵל
שְׁנָתַיִם לִפְנֵי הָרָעַשׁ׃

Mi 1,1a: דְּבַר־יְהוָה |

אֲשֶׁר הָיָה אֶל־מִיכָה הַמֹּרַשְׁתִּי

בִּימֵי יוֹתָם אָחָז יְחִזְקִיָּה מַלְכֵי יְהוּדָה

1b: אֲשֶׁר־חָזָה עַל־שֹׁמְרוֹן וִירוּשָׁלָ͏ִם׃

Hab 1,1: הַמַּשָּׂא

אֲשֶׁר חָזָה חֲבַקּוּק הַנָּבִיא׃

Während bei allen Überschriften des Wortereignis-Typs „das Wort JHWHs"
(דְּבַר־יְהוָה) Subjekt des Verbes הָיָה ist und sich an eine Person als Wortempfänger
richtet (אֶל־X), hat das Verb חזה innerhalb der prophetischen Buchüberschriften
immer den Propheten als Subjekt (in allen Belegen: Jes 1,1; [2,1; 13,1]; Am 1,1α; Mi
1,1b; Hab 1,1). Der als Titelprädikat erscheinende Begriff ist zwar in allen sechs
Belegen unterschiedlich (הַמַּשָּׂא, מַשָּׂא בָּבֶל, דִּבְרֵי עָמוֹס, דְּבַר־יְהוָה, הַדָּבָר, חָזוֹן), doch
fungiert er immer als direktes Objekt des Verbs חזה. Der von der prophetischen
Offenbarung betroffene Ort wird in vier der sechs Belege mittels על angeschlossen
(Jes 1,1; [2,1]; Am 1,1bα; Mi 1,1b). Eine Ausnahme bildet Jes 13,1, wo der betroffene
Ort Babel im genetivus obiectivus zum Titelprädikat מַשָּׂא steht. Dies entspricht
der typischen Konstruktion der Überschriften in den Fremdvölkersprüchen des
Jesajabuches. Dort wird durchgehend das Titelprädikat מַשָּׂא in Verbindung mit
einer Ortsbezeichnung verwendet (13,1; 15,1; 17,1; 19,1; 21,1.11.13; 22,1; 23,1). Dabei
dürfte Jes 13,1a (מַשָּׂא בָּבֶל) der ursprüngliche Bestand der Überschrift sein, der
später um Jes 13,1b erweitert wurde, um einen Bezug zu Jes 2,1 herzustellen.[157]
Hieraus erklärt sich die Position der Ortsangabe unmittelbar nach dem Titelprädikat ohne die Präposition על.[158] Hab 1,1 verzichtet auf eine Ortsangabe. Die Zahl
von sechs Belegen rechtfertigt es, von einem zweiten, etwas weniger häufigen
Überschriftentyp zu sprechen, der ein Titelprädikat und einen Relativsatz umfasst:

[Titelprädikat] אֲשֶׁר חָזָה [Prophet als Subjekt] עַל־ [betroffener Ort]

---

157 Siehe dazu Zapff, Schriftgelehrte Prophetie, S. 228 f.

158 Vgl. Zapff, Schriftgelehrte Prophetie, S. 228 f.

Er wird im Folgenden als *visionärer Überschriftentyp* bezeichnet. Da die hier erscheinenden Titelprädikate sehr unterschiedlich sind, besitzt er nicht dieselbe Geschlossenheit wie der Wortereignis-Typ, der ausnahmslos דְּבַר־יְהוָה verwendet.

3.1.3.7 Unterschiede zwischen dem visionären und dem Wortereignis-Überschriftentyp

3.1.3.7.1 Unbenannter Offenbarungsurheber – JHWH als Offenbarungsurheber

Im Gegensatz zu den Überschriften des Wortereignis-Typs heben die mit der Wurzel חָזָה gebildeten Überschriften des visionären Typs die aktive Rolle des schauenden Propheten hervor und verzichten in der Regel darauf, JHWH als Urheber der prophetischen Eingebung zu nennen. Dies hat zur Folge, dass sie dem aufgeschriebenen Text meist nicht die vom Titelprädikat דְּבַר־יְהוָה implizierte Qualität unmittelbarer göttlicher Offenbarung zusprechen, sondern ihn lediglich als authentische Urkunde eines Offenbarungsereignisses ausweisen, dessen Fülle allein der Prophet selbst wahrnehmen konnte. Dieser steht damit als von Gott begabter, doch eigenständig agierender Mittler zwischen seinem Herrn und dem von ihm angesprochenen Volk.

Die einzige Überschrift visionären Typs, die das Titelprädikat דְּבַר־יְהוָה verwendet, ist Mi 1,1b, da dort die zweite Relativpartikel אֲשֶׁר den Bezug zur am Satzanfang stehenden Wendung דְּבַר־יְהוָה herstellt. Gleichzeitig ist Mi 1,1 auch die einzige prophetische Buchüberschrift, die den Wortereignis-Typ (Vers 1a) mit dem visionären Typ (Vers 1b) verbindet. Dadurch scheint Mi 1,1 den eben dargelegten grundsätzlichen Unterschied im Offenbarungsverständnis der beiden Überschriftentypen zu nivellieren. Denn Mi 1,1 bringt zum Ausdruck, dass der Vorgang des Wortereignisses, bei dem ein JHWH-Wort als Subjekt aktiv wird, um sich dem passiv empfangenden Propheten mitzuteilen, als gleichbedeutend mit dem aktiven Schauen des Propheten (Verb חָזָה) verstanden werden soll. Allerdings stellt sich hier die Frage, ob diese Verbindung von Wortereignis- und Visionsformel ursprünglich ist. Dies gibt Anlass, einen literarkritischen Blick auf Mi 1,1 zu werfen, um das Verhältnis zwischen den beiden Relativsätzen zu klären.

Wie unter 3.1.3.4 deutlich gemacht, entspricht Mi 1,1a exakt dem Wortereignis-Überschriftentyp. Mi 1,1b führt in einem zweiten Relativsatz, der wie der erste vom Titelprädikat דְּבַר־יְהוָה abhängig ist, das Verb חָזָה als Prädikat ein. Die Hintereinanderreihung beider Relativsätze hemmt in gewisser Weise den sprachlichen Fluss. Während das Titelprädikat דְּבַר־יְהוָה im ersten Relativsatz mittels der Relativpartikel אֲשֶׁר Subjekt des Verbs הָיָה ist, wird es im zweiten Relativsatz durch die nochmals erscheinende Relativpartikel zum direkten Objekt des Verbs חָזָה, dessen implizites Subjekt Micha ist.[159] Inhaltlich gesehen ist die in sonst keiner anderen prophetischen Buchüberschrift vorkommende Parallelisierung von „das Wort JHWSs erging an Micha" (Vers 1a) mit „Micha schaute das Wort JHWHs" (Vers 1b) merkwürdig. Zwar ist die Verbindung des Nomens דָּבָר mit dem Verb חָזָה durchaus mehrfach belegt (vgl. Jes 2,1; Am 1,1), doch ist das JHWH-Wort eine vom einfachen Wort zu unterscheidende Größe, weil es aus sich heraus eine unabweisbare Aktivität entfaltet, die vom Adressaten Besitz ergreift (vgl. Jer 20,9) und durch diesen hindurch wirkt (vgl. Jer 1,9 – 10). Angesichts dieser Qualität des JHWH-Wortes, die von der Wortereignisformel ins Spiel gebracht wird, ist in Mi 1,1 der Subjektwechsel vom JHWH-Wort, das an Micha erging, zum Propheten Micha, der es schaute, nicht nur formal, sondern auch inhaltlich als Bruch zu werten. Weil ausnahmslos alle Überschriften des Wortereignis-Typs das Titelprädikat דְּבַר־יְהוָה in Verbindung mit der Formulierung הָיָה אֶל־ verwenden, ist es wahrscheinlich, dass Mi 1,1a die ursprüngliche Einheit darstellt, zu der Mi 1,1b sekundär hinzukam.[160] Gestützt wird diese Einschätzung außerdem durch die Tatsache, dass alle anderen prophetischen Buchüberschriften, die eine Zeitangabe beinhalten, diese entweder – wenn die Datierung vor dem Exil liegt – an den Schluss (so Hos 1,1; Zef 1,1; Jer 1,1– 3; Jes 1,1; Am 1,1) oder – wenn die Datierung im oder nach dem Exil liegt – an den Anfang (so Ez 1,2– 3; Hag 1,1; Sach 1,1), niemals aber in die Mitte der Überschrift stellen, wie dies bei Mi 1,1 der Fall ist. Dieser Befund lässt sich wohl am ehesten dadurch erklären, dass die Überschrift Mi 1,1a inklusive der ursprünglich am Schluss stehenden Datierung bereits vorhanden war, ehe der zweite Relativsatz Mi 1,1b hinzugefügt wurde. Daraus folgt, dass bei Mi 1,1 die Nennung JHWHs als Urheber der prophetischen Eingebung nicht im Zusammenhang mit dem visionären Überschriftentyp steht, sondern durch den Grundbestand Mi 1,1a vorgeben war.[161] Unabhängig davon, ob man von einer späteren Hinzufügung eines der beiden Relativsätze ausgeht oder nicht,[162] verfolgt die heutige Form von Mi 1,1 in jedem Fall die Absicht, zwischen den Buchüberschriften der königszeitlichen Propheten, die teils den Wortereignis-Typ (Jer 1,2; Hos 1,1; Joël 1,1; Zef 1,1), teils den visionären Typ (Jes 1,1; Am 1,1bα) verwenden, eine Verbindung herzustellen.

---

159 Vgl. Kessler, Micha, S. 72.

160 Vgl. Jeremias, Deutung, S. 352f.; Willi-Plein, Vorformen, S. 70; Rudolph, Micha – Nahum – Habakuk – Zephanja, S. 31; Nogalski, Literary Precursors, S. 127f.; Wagenaar, Judgement, S. 56– 58.

161 Siehe dazu auch unten 3.1.3.12.

162 Als geschlossene Einheit wird Mi 1,1 angesehen von Kessler, Micha, S. 72f.; Wörle, Die frühen Sammlungen, S. 138f.; Jeremias, Joël – Obadja – Jona – Micha, S. 125f.

3.1.3.7.2 Vielfalt von Titelprädikaten – einheitliches Titelprädikat

Während die sechs Überschriften des visionären Typs sechs unterschiedlich gestaltete Titelprädikate verwenden, findet sich in denjenigen des Wortereignis-Typs durchgehend דְּבַר־יְהוָה. Grundsätzlich ließe sich eine Vielfalt von Titelprädikaten entstehungsgeschichtlich dadurch erklären, dass die betreffenden prophetischen Schriften schon in einem frühen Stadium ihrer Entstehung Kurztitel besaßen, die später dann erweitert wurden. Dass Jes 13,1b und Mi 1,1b solche sekundären Erweiterungen sind, wurde ja bereits gezeigt. Doch warum findet sich eine solche Vielfalt nur beim visionären Typ, nicht aber beim Wortereignis-Typ? Eine zumindest theoretisch mögliche Erklärung wäre, dass die Überschriften des visionären Typs einen längeren Entwicklungsprozess bis zur Kanonisierung des Textes durchlaufen haben könnten als diejenigen des Wortereignis-Typs und daher tendenziell älter wären als diese, wobei zu bedenken wäre, dass das Alter der Überschriften generell eher jung anzusetzen ist. Dafür ließe sich ins Feld führen, dass bei den besonders jungen Büchern der Wortereignis-Typ dominiert (vgl. Hag 1,1; Sach 1,1; Jona 1,1; Joël 1,1), während die alten Propheten Amos und Jesaja den visionären Typ haben. Jedoch Hoseas und auch Zefanjas Überschriften müssten dann ungeachtet des Alters der Propheten relativ jung sein. Auch wenn dies nicht auszuschließen ist, lässt sich eine sichere Argumentation auf diesem Weg nicht herleiten. Der wesentliche Grund für die Vielfalt der Titelprädikate beim visionären Typ gegenüber der beim Wortereignis-Typ gegebenen Einheitlichkeit ist vielmehr inhaltlicher Art und gründet auf den unterschiedlichen Offenbarungskonzepten. Weil beim visionären Typ der Prophet als eigenständige Persönlichkeit die Offenbarung schaut und vermittelt, ist seine Person der Garant der Richtigkeit der Botschaft. Das Titelprädikat der Überschrift kann an den Inhalt der Botschaft angepasst werden, es ist veränderlich. Demgegenüber ist beim Wortereignis-Typ das Wort JHWHs selbst als Offenbarungsmedium wirksam, also die entscheidende Größe und absolut unveränderliches Titelprädikat, während die Person des Propheten vom Wort in Besitz genommen wird und eine passive Rolle spielt. Die oben erläuterte Überschrift des Haggai-Buches, die davon spricht, dass das Wort JHWHs durch die Hand Haggais an Serubbabel und Jeschua erging, geht sogar so weit, die Rolle des Propheten gewissermaßen auf drei Personen aufzuteilen. Dies zeigt, dass die Person des Propheten im Hintergrund bleibt, ja tendenziell sogar variabel ist, weil das Wort JHWHs eigenständig die prophetische Aktivität entfaltet.

3.1.3.7.3 Ergehen des Wortes – visionäres Schauen

Somit drückt das im Wortereignis-Typ verwendete Verb הָיָה אֶל־ eine andere Vorstellung dessen aus, was das Spezifikum eines Propheten ausmacht, als das Verb חָזָה beim visionären Typ. Die Essenz dessen, was der Prophet empfängt, die

Triebkraft seiner Verkündigung ist im ersten Fall JHWHs Wort. Es wirkt auf den Propheten ein und durch ihn hindurch in der Welt. Im zweiten Fall wird der Prophet durch die visionäre Erfahrung zum prophetischen Diener JHWHs. Sie bildet die Grundlage seiner Verkündigung, erschöpft sich aber wegen der größeren Unmittelbarkeit der Vision nicht im verkündeten Wort. Da sich Gott beim Wortereignis-Typ dem Propheten durch sein Wort mitteilt, ohne ihn in seinen Herrschaftsbereich zu entrücken, ist hier eine transzendentere Gottesvorstellung vorausgesetzt als beim visionären Typ.[163]

3.1.3.7.4 Ortsbezug der prophetischen Offenbarung

Schließlich unterscheidet sich der visionäre Überschriftentyp vom Wortereignis-Typ noch dadurch, dass er regelmäßig einen Ortsbezug (Ausnahme: Hab 1,1), aber nur zweimal (Jes 1,1; Am 1,1) eine Zeitangabe enthält.[164] Dagegen hat der Wortereignis-Typ regelmäßig eine Zeitangabe (sieben von neun Belegen; Ausnahmen: Jona 1,1; Joël 1,1), nennt aber nie direkt den vom JHWH-Wort betroffenen Ort. Ein indirekter Ortsbezug ergibt sich lediglich aus dem Herrschaftsgebiet der in den Zeitangaben genannten Könige (Juda/Israel).

3.1.3.8 Eine dritte Gruppe prophetischer Buchüberschriften: rein nominale Konstruktionen

Obd 1a: חֲזוֹן עֹבַדְיָ֑ה
Nah 1,1: מַשָּׂא נִֽינְוֵ֑ה סֵ֧פֶר חֲז֛וֹן נַח֖וּם הָאֶלְקֹשִֽׁי׃
Mal 1,1: מַשָּׂ֥א דְבַר־יְהוָ֖ה אֶל־יִשְׂרָאֵ֑ל בְּיַ֖ד מַלְאָכִֽי׃
Jes 15,1: מַשָּׂ֖א מוֹאָ֑ב
(entsprechend: Jes 13,1a; 17,1; 19,1; 21,1.11.13; 22,1; 23,1)

---

163 Religionsgeschichtlich kam es in der israelitischen Religion vor allem ab der Erfahrung des Exils zu einer starken Betonung der Transzendenz Gottes. Dies zeigt sich beispielsweise beim Vergleich des älteren Textes Jes 6 mit dem exilischen Text Jes 40. Während Jes 6 eine Gottesvision schildert, bei der sich Gott unmittelbar an den Propheten wendet, erzählt der inhaltlich auf Jes 6 Bezug nehmende Text Jes 40 eine Audition, bei der sich das Gotteswort in Jes 40,1 nicht mehr unmittelbar an den Propheten richtet, sondern von ihm nur aus Sicht eines Zeugen wahrgenommen wird, der Teilnehmer an der himmlischen Ratsversammlung ist (vgl. Jer 23, 18.22) und einer Befehlserteilung an himmlische Wesen beiwohnt. Vgl. dazu Zapff, Jesaja 40 – 55, S. 229.
164 Die Zeitangabe in Mi 1,1a ist dem Wortereignis-Überschriftentyp zuzurechnen, s.o. Punkt 3.1.3.7.1.

Elf der fünfzehn Buchüberschriften sowie Jes 2,1; 13,1 und Ez 1,2–3 lassen sich den bisher erkannten beiden Typen zuordnen. Drei der noch nicht behandelten Buchüberschriften (Obd 1; Nah 1,1; Mal 1,1) unterscheiden sich von den bereits erörterten dadurch, dass sie aus rein nominalen Konstruktionen ohne Relativsatz bestehen, die mangels Verbs keinen Verbalsatz, und mangels grammatikalischen Subjekts auch keinen vollständigen Nominalsatz bilden. Sie bestehen jeweils aus einer Verbindung von Nomen, die den Buchinhalt angibt, und evtl. weiteren, mit Präpositionen angeschlossenen Zusätzen unterschiedlichen Inhalts. Als Titelprädikate kommen zwei zentrale Leitbegriffe vor: חֲזוֹן („Vision") und מַשָּׂא („Ausspruch"). Der Begriff חֲזוֹן steht im Rahmen der prophetischen Buchüberschriften immer in einer Constructus-Verbindung mit dem als nomen rectum fungierenden Namen des Propheten, vgl. Obd 1: חֲזוֹן עֹבַדְיָה; Jes 1,1a: חֲזוֹן יְשַׁעְיָהוּ. Ein weiterer Beleg ist Nah 1,1b: חֲזוֹן נַחוּם, allerdings fungiert hier diese Constructus-Verbindung als nomen rectum einer übergeordneten, von סֵפֶר (Buch) beherrschten Constructus-Verbindung. Diese Art von Überschrift hat entferntere Parallelen in Am 1,1a und Jer 1,1a, wo anstelle von חֲזוֹן der Begriff דִּבְרֵי steht: „die Worte des Amos" (דִּבְרֵי עָמוֹס) bzw. „die Worte des Jeremia" (דִּבְרֵי יִרְמְיָהוּ). Außerhalb der Propheten begegnen Entsprechungen dazu noch in Koh 1,1 und Neh 1,1a.[165] Demgegenüber steht מַשָּׂא meist in einer Constructus-Verbindung mit dem Namen des vom Prophetenspruch betroffenen Ortes (so in Jes 13,1a; 15,1; 17,1; 19,1; 21,1.11.13; 22,1 und 23,1; Nah 1,1a). Nah 1,1 kombiniert מַשָּׂא und חֲזוֹן unter Beibehaltung der für den jeweiligen Begriff typischen Constructus-Verbindung: *„Ausspruch über Ninive* (מַשָּׂא נִינְוֵה): Buch der *Vision Nahums* (חֲזוֹן נַחוּם) aus Elkosch." Dabei ist die Constructus-Verbindung von מַשָּׂא als genetivus obiectivus, diejenige von חֲזוֹן dagegen als genetivus subiectivus zu verstehen.

Während Nah 1,1 die beiden Überschriftenformen, die für מַשָּׂא und חֲזוֹן typisch sind, miteinander verbindet, findet sich in Mal 1,1 der Ausdruck מַשָּׂא in Kombination mit Elementen des Wortereignis-Typs, nämlich der Wendung דְּבַר־יְהוָה und der Präposition אֶל, die beim Wortereignis-Typ ja den Adressaten des JHWH-Wortes angibt. Insbesondere Hag 1,1 steht Mal 1,1 nahe. In beiden Überschriften ist der Prophet nicht Empfänger, sondern Vermittler des JHWH-Wortes. Adressaten des JHWH-Wortes sind Serubbabel bzw. Israel, denen das JHWH-Wort „durch die Hand" (בְּיַד) des Propheten zukommt.[166]

---

165 Zu weiter entfernten Parallelen innerhalb des AT sowie in der Umwelt Israels s. Wildberger, Jesaja 1–12, S. 2, und Tucker, Superscriptions, S. 66 f.

166 Wörtlich verstanden könnte diese nur in den späten Überschriften Hag 1,1 und Mal 1,1 begegnende Formulierung auf ein verändertes Prophetenbild hinweisen, das im Propheten nicht mehr einen Verkünder, sondern einen Schreiber göttlicher Botschaften sah.

Als Ergebnis der Analyse der rein nominal konstruierten Überschriften ist festzuhalten, dass es hier zwei verschiedene Typen gibt:

(1) eine Verbindung eines Titelprädikats mit dem Prophetennamen ([+Name] חֲזוֹן, vgl. Obd 1; Nah 1,1b sowie auch Jes 1,1a),[167] und

(2) eine Verbindung des Titelprädikats מַשָּׂא mit dem Namen des Ortes, der vom Prophetenspruch betroffen ist (Nah 1,1a; Jes 13,1a; 15,1; 17,1; 19,1; 21,1.11.13; 22,1 und 23,1).

Mal 1,1 ist ein Sonderfall, der das Titelprädikat מַשָּׂא mit Elementen des Wortereignis-Überschriftentyps verbindet.

3.1.3.9 Der Sonderfall Ez 1,1

Ez 1,1 unterscheidet sich durch die in der ersten Person Singular gehaltene Erzählperspektive von allen anderen prophetischen Buchüberschriften. Sachlich ist zwar insofern ein Bezug zu Jes 1,1; Obd 1 und Nah 1,1 gegeben, als sich auch Ez 1,1 als Beginn einer Visionsschilderung versteht, doch erscheint hier nicht die Wurzel חזה, sondern ראה (וָאֶרְאֶה und מַרְאוֹת). Damit ist Ez 1,1 nicht als Ausprägung eines der erläuterten Überschriftentypen zu verstehen. Die einleitende Datierung,[168] die Erwähnung von Gottesvisionen und die Verbform וָאֶרְאֶה lassen vielmehr an Jes 6,1 denken. Jes 6,1 setzt mit derselben Verbform zu einer in der ersten Person Singular gehaltenen Gottesvisionsschilderung an.[169] Allerdings folgt unmittelbar auf Ez 1,1 die oben im Rahmen des Wortereignis-Typs berücksichtigte zweite Überschrift Ez 1,2–3. Die beiden Buchüberschriften Ez 1,1.2–3 schaffen Anknüpfungspunkte sowohl zu Jesaja und seiner Berufungsvision als auch zur Gruppe der Prophetenbücher, die mit einem das Wortereignis betonenden Überschrifttyp beginnen.

---

167 Zur Verbindung [Name+]דִּבְרֵי in Am 1,1a; Jer 1,1a sowie Neh 1,1a; Koh 1,1a siehe oben.

168 Zur schwierigen Frage, worauf sich diese Datierung bezieht, vgl. Greenberg, Ezechiel 1–20, S. 62f.; Zimmerli, Ezechiel 1–24, S. 42f.

169 Weitere Berührungen zwischen Jes 6 und Ez 1,1–3,15: geflügelte Seraphim, die Gesicht und Füße bedecken, in Jes 6,2 und geflügelte Lebewesen, die ihren Leib bedecken, in Ez 1,6.11. Der Prophet erschrickt bei seiner Vision (Jes 6,5 und Ez 1,18). Er erblickt einen Thron und einen darauf Thronenden (Jes 6,1 und Ez 1,26), der zu ihm in der Sache einer prophetischen Sendung spricht (Jes 6,8 und Ez 1,26; 2,3: Verb שלח). Der Prophet soll zum Volk Israel gehen (Jes 6,9–10 und Ez 2,3–5), dessen Herz im Jesaja-Text durch den Seher fett gemacht werden soll (Jes 6,10) bzw. im Ezechiel-Text hart ist (Ez 2,4). Auch die Stichworte „du sollst sagen" (וְאָמַרְתָּ), „hören" (שמע) und „erkennen" (ידע) spielen in beiden Texten eine Rolle (Jes 6,9–10 und Ez 2,4–5.7). Zum Vergleich von Ez 1,1–3,15 mit Jes 6 vgl. Zimmerli, Ezechiel 1–24, S. 35; 50–85.

3.1.3.10 Zwischenergebnis der typologischen Untersuchung: drei Grundtypen prophetischer Buchüberschriften

Die typologische Untersuchung hat drei große Gruppen prophetischer Buchüberschriften nachgewiesen, die sich drei verschiedenen Grundtypen, nämlich

a) dem Wortereignis-Überschriftentyp:

דְּבַר־יְהוָה אֲשֶׁר הָיָה אֶל־X בֶּן־Y בִּימֵי ...

bzw.:

ב [+Datierung] הָיָה דְּבַר־יְהוָה אֶל־X בֶּן־Y

b) dem visionären Überschriftentyp (von rechts nach links zu lesen):

[Titelprädikat als Objekt]

אֲשֶׁר חָזָה [+Prophet als explizites oder implizites Subjekt] עַל־[+Ortsname]

oder

c) dem nominalen Überschriftentyp, bestehend aus zwei Untergruppen:

חֲזוֹן [+Name]

bzw.:

מַשָּׂא [+Ort]

zuordnen lassen.

Jes 1,1 gehört auf Grund der im Relativsatz enthaltenen Visionsformel (Jes 1,1bβ) zur Gruppe des visionären Überschriftentyps, allerdings lässt Jes 1,1a auch eine Verwandtschaft mit der nominalen Überschrift Obd 1a erkennen und die Datierung in Jes 1,1bγ verweist nicht nur auf die zum visionären Typ gehörende Überschrift Am 1,1, sondern auch auf Überschriften des Wortereignis-Typs (Hos 1,1; Mi 1,1a; Zef 1,1; Jer 1,2aβ). Ehe eine genaue typologische Zuordnung der nicht zum visionären Überschriftentyp gehörenden Elemente in Jes 1,1 erfolgt, soll zum Abschluss des typologischen Vergleichs aller prophetischen Buchüberschriften der Frage nachgegangen werden, warum für die verschiedenen Überschriften jeweils der betreffende Typ gewählt wurde.

3.1.3.11 Gründe und Hintergründe der Wahl bestimmter Überschriftentypen

Bei Jes 1,1; 2,1 und 13,1 liegt es nahe, die Wahl des visionären Überschriftentyps (Verb חָזָה) mit der in Jes 6 geschilderten Berufungsvision zu erklären. Dieser Text erzählt, wie durch eine Gottesvision (Jes 6,1–4) die Beziehung des Propheten zu JHWH auf eine völlig neue Grundlage gestellt wird (Jes 6,5–9aα), die auch den Rahmen für andere Gottesoffenbarungen gegenüber dem Propheten bildet,[170] und

---

170 Vgl. dazu z. B. Wildberger, Jesaja 1–12, S. 239 f.

ist daher die Basis, auf der sich das Jesaja-Buch insgesamt als Vision versteht. Hinsichtlich der anderen Buchüberschriften des visionären Typs fällt auf, dass insbesondere das Buch Amos einen Visionszyklus (Am 7,1–9,4) enthält, der für die Wahl des Überschriftentyps ausschlaggebend gewesen sein könnte. Bei Hab 1,1 lässt sich die Wahl des visionären Überschriftentyps gut mit Hab 2,1–3 erklären. In Hab 2,1 teilt der Prophet mit, er wolle sich auf seinen Wachtturm stellen, um zu *sehen* (לִרְאוֹת), was der Herr ihm auf seine Klage hin *sagen* wird (מַה־יְדַבֶּר־בִּי). Dieser antwortet ihm in Hab 2,2, indem er ihn auffordert, die ihm zuteil werdende *Vision* (חָזוֹן) *niederzuschreiben* (Imperativ: כְּתוֹב). Spätestens aus Hab 2,3 wird deutlich, dass es sich bei der *Vision* (nochmals: חָזוֹן) nicht um eine gewöhnliche Sinneswahrnehmung handelt, denn das Geschaute soll erst zu einem späteren, genau bestimmten Zeitpunkt in die Wirklichkeit eintreten. Das Verb חָזָה in Hab 1,1 nimmt offensichtlich auf diese Vision Bezug. In Hab 2,1–3 wird ferner deutlich, dass die Essenz der mit der Wurzel ראה und dem Nomen חָזוֹן umschriebenen Schauung in einer Botschaft liegt, die sich sagen (דבר) und niederschreiben (כתב) lässt. Es ist also eine enge Verbindung zwischen Vision und Wort gegeben, die prophetischen Worte stellen sich als Ergebnis eines Visionsgeschehens dar. Eine solche enge Verbindung zeigt sich auch in Jes 2,1; 13,1; Am 1,1; Mi 1,1 und Hab 1,1. Diese Überschriften verbinden die Titelprädikate הַדָּבָר, מַשָּׂא,[171] דִּבְרֵי und דְּבַר־יְהוָה, die in Worte gefasste Inhalte bezeichnen, mit dem Verb חָזָה (visionär schauen). Am engsten sind Wortgeschehen und Vision in Mi 1,1 verbunden, wo unter dem Titelprädikat דְּבַר־יְהוָה das im entsprechenden Überschriftentyp ausgedrückte Wortereignis (Mi 1,1a) gleichzeitig als Visionsgeschehen im Sinne des visionären Überschriftentyps (Mi 1,1b) bezeichnet wird, obwohl das Micha-Buch sonst keinen Hinweis auf vom Propheten empfangene Visionen enthält. Zwar kommt die Wurzel חזה noch dreimal im Micha-Buch vor, doch nie in Bezug auf Micha, sondern zur Beschreibung eines negativen Tuns anderer. So ist in Mi 3,6.7 im Rahmen eines JHWH-Wortes gegen Propheten, die das Volk des Herrn verführen, davon die Rede, dass die trügerischen Visionen (חָזוֹן) ebenso wie die Seher (חֹזִים) und Wahrsager ein Ende haben sollen. Mi 4,11 verwendet das Verb חָזָה ohne irgendeinen Bezug zu prophetischen Phänomenen, sondern im Sinne von „sich die Augen weiden". Der einzige Micha-Text, von dem auf Grund der dem visionären Typ entsprechenden Überschrift Jes 2,1 und der anschließenden Parallelüberlieferung in Jes 2,2–5 bezeugt ist, dass er als Vision verstanden werden konnte, ist die im Zentrum des Micha-Buches stehende Völkerwallfahrt zum Zion in Mi 4,1–5. Dafür, dass dieser Text tatsächlich bei der Komposition der Endgestalt von Mi 1,1 der wichtigste

---

171 Zur genauen Bedeutung von מַשָּׂא siehe die Untersuchung bei Zapff, Schriftgelehrte Prophetie, S. 23–28.

Bezugspunkt war, spricht auch die oben erwähnte Tatsache, dass sowohl Mi 1,1 als auch Jes 2,1 eine enge Verbindung zwischen Wort und Vision herstellen.[172] Diese Annahme wird durch eine jüngst von B. M. Zapff[173] dargelegte Tendenz der Annäherung des Micha-Buches an das Jesaja-Buch („Isaianization") weiter erhärtet, die sowohl in den frühen als auch den späten entstehungsgeschichtlichen Stadien des Micha-Buches zu erkennen ist und eine Erweiterung von Mi 1,1a um V. 1b im Blick auf Jes 2,1.2 – 4//Mi 4,1 – 3 motiviert haben dürfte. Somit verweisen alle Belege des visionären Überschriftentyps mehr oder weniger deutlich auf ein visionäres Erleben des Propheten.[174]

Stellt man sich umgekehrt die Frage, ob die Buchüberschriften des Wortereignis-Typs deshalb gewählt wurden, weil die betreffenden Propheten keine Visionen hatten, sondern auf andere Weise[175] das Wort des Herrn empfingen, so zeigt sich, dass dies zwar für Hosea, Joël, Jona, Micha (mit der oben erläuterten Einschränkung bzgl. Mi 4,1 – 5), Zefanja und Haggai zutrifft, nicht aber für Jeremia, Ezechiel und Sacharja, die in Jer 1,11 – 13; 24,1 – 3; Ez 1,1.4 – 28; 8,1 – 11,25; 37,1 – 14; 40,1 – 47,12 und Sach 1,8 – 6,8 umfangreiche Visionsberichte bieten. Die letztgenannten drei Bücher beinhalten mehr Visionsberichte als das Jesaja-Buch, die umfangreichsten Visionsschilderungen des AT finden sich bei Ezechiel. Daher kann die Wahl des Überschriftentyps nicht nur inhaltliche, sondern muss vor allem theologische Gründe haben. Jeremia, Ezechiel und auch Sacharja zeigen ungeachtet ihrer Visionsberichte ein ausgeprägtes Interesse an einer Theologie des Gotteswortes, das für die Wahl des Überschriftentyps wohl ausschlaggebend war. Das worttheologische Interesse ist u. a. daran erkennbar, dass diese Bücher mehr Belege der Wortereignisformel (bestehend aus דְּבַר־יְהוָה als Subjekt und היה ‑אֶל als Prädikat) enthalten als alle anderen im AT. Jeremia verwendet sie 29mal, Ezechiel gar 50mal, das wesentlich kürzere Sacharjabuch immerhin 9mal, während das umfangreiche Jesajabuch sie nur zweimal (Jes 28,13; 38,4) bietet, Amos dagegen überhaupt nicht.[176] Die häufige Verwendung der Wortereignisformel steht

---

172 So auch beobachtet von Zapff, Book of Micah, S. 129 f.

173 Zapff, Book of Micah, S. 129 – 135, 137, 144.

174 Die Bücher Obadja und Nahum, deren Überschriften die Bezeichnung חֲזוֹן (Vision) enthalten, berichten jedoch nichts von entsprechenden Schauungen dieser Propheten.

175 Dabei wäre insbesondere an das Wirken der göttlichen רוּחַ (Hauch, Geist, Sturmwind) zu denken, die den Propheten erfüllt und ihm das Wort des Herrn eingibt. So wird z. B. in Hos 9,7 der Prophet von seinen Gegnern als אִישׁ הָרוּחַ (Geistesmann) bezeichnet, und über Saul berichtet 1 Sam 10,10b, der Geist Gottes sei über ihn gekommen und Saul sei in prophetische Verzückung geraten. Vgl. ferner Ez 2,2; 11,5.

176 Vgl. zur Statistik Gerleman, Artikel דָּבָר, Sp. 439. Zu Amos ferner: Bibleworks-Suche nach der Verbindung דבר und יהוה lieferte keine Belege der Wortereignisformel und nur 2 Belege für דְּבַר־יְהוָה in Am 7,16 und 8,12.

bei Jeremia wohl in Zusammenhang mit einer oder mehreren Redaktionen, die meist „deuteronomistisch" genannt werden.[177] Darüber hinaus enthält Jeremia eine Vielzahl weiterer Texte, die eine Theologie des Gotteswortes entfalten. Auf diese kann im Rahmen dieser Arbeit nicht im Einzelnen eingegangen werden, es sei nur beispielhaft hingewiesen auf Jer 1,9, wo JHWH sein Wort dem Propheten in den Mund legt, das dort nach Jer 5,14 zu einem das sündige Volk verbrennenden Feuer wird.[178] Dieser geschichtsbestimmenden Macht des göttlichen Wortes ist auch der Prophet selbst ausgesetzt, indem ihm dieses zwar einerseits Glück und Herzensfreude ist (Jer 1,16), andererseits aber in seinem Inneren brennt wie Feuer und daher nolens volens verkündet werden muss, obwohl es ihm nichts als Spott und Hohn einbringt (Jer 20,7–10). In Jer 23,29 vergleicht Gott sein Wort mit einem Feuer und einem Felsen zerschmetternden Hammer. Dies zeigt, dass bei Jeremia die prophetischen Visionen nicht im Zentrum stehen, sondern der Worttheologie untergeordnet sind, wie auch die Überschrift Jer 1,1–3 erkennen lässt. Eine ähnliche Theologie der Wirkmacht des Gotteswortes findet sich auch bei Ezechiel, so beispielsweise in 37,4–10, wo durch das vom Propheten ausgesprochene Gotteswort Gebeine lebendig und mit Geist erfüllt werden, oder in Ez 11,4–13, wo das Sprechen der prophetischen Worte den Tod Pelatjas bewirkt. Allerdings ist bei Ezechiel weniger von einer Unterordnung der prophetischen Visionen unter die Worttheologie, sondern eher von einem Ineinandergreifen beider Aspekte auszugehen, wie es sich insbesondere auch in der doppelten Überschrift Ez 1,1.2–3 ausdrückt.

Obwohl Sacharja keine vergleichbaren Aussagen über die unmittelbare Wirkkraft des Gotteswortes macht, so zeigt doch die Rahmung der Visionsschilderungen durch die Wortereignisformel (Sach 1,7 und 6,9) und die Konzentration aller neun Belege der Wortereignisformel auf Sach 1–8, dass die Nachtgesichte bei Sacharja – zumindest in den Augen der für die heutige Textform verantwortlichen Redaktoren[179] – letztlich als Wortgeschehen zu verstehen sind. R. Lux[180] hat darüber hinaus gezeigt, dass zwischen Hag 2,20–23 und dem Visionszyklus Sach

---

177 Vgl. dazu Schmitt, Arbeitsbuch, S. 345 f.; Fischer, Jeremia, S. 57 f. Man beachte jedoch den Einspruch Lohfinks, Gab es eine deuteronomistische Bewegung?, S. 320 Anm. 29, gegen die Qualifizierung der Wortereignisformal als „deuteronomistisch". Diese Kritik wurde jüngst von Levin, Vierprophetenbuch, S. 224 f. erneuert. In Bezug auf Redewendungen, die vom Wort JHWHs sprechen, führt er aus: „Was den Begriff דבר־יהוה angeht, ist er viel zu verbreitet, als dass man ihn als „deuteronomistisch" im engeren Sinne bestimmen könnte, und dasselbe gilt für die mit דבר־יהוה gebildeten Formeln und Überschriften" (S. 225).
178 Vgl. hierzu sowie zu den folgenden Stellen Fischer, Jeremia, S. 53, 94 f., 101.
179 Zur Redaktionsgeschichte von Sach 1–8 und den engen Beziehungen zwischen Haggai und Sacharja siehe Lux, Zweiprophetenbuch, S. 191–213.
180 Lux, Zweiprophetenbuch, S. 196–204.

1,7– 6,15 lexematische und thematische Verbindungen bestehen, die darauf hinweisen, dass Sacharjas Nachtgesichte wohl ursprünglich als nahtlose Fortsetzung von Hag 2,20 – 23 gelesen werden sollten, die einen visionären Blick auf die hinter Haggais prophetischem Wort stehenden Vorgänge zwischen Himmel und Erde eröffnet.[181] Dann wären Sacharjas Visionen als Interpretament des mit der Wortereignisformel eingeleiteten Gotteswortes Hag 2,20 – 23 zu verstehen und würden durch ein ebensolches, Hag 2,20 – 23 wiederaufnehmendes Gotteswort in Sach 6,9 – 15 abgeschlossen.[182] Die Wirkkraft des Heil verheißenden Gotteswortes steht dabei unter der Bedingung, auf die Stimme des Herrn zu hören (Sach 6,15). Das nun deutlich gewordene worttheologische Interesse des Sacharjabuches schlägt sich auch in einem chronologischen System nieder, das jeweils eine Datierung mit der Wortereignisformel verbindet und möglicherweise ursprünglich das Buch Haggai und das Sacharjabuch zu einer einzigen Komposition zusammenfasste (Hag 1,1.15; 2,1.10.18.20; Sach 1,7; 7,1).[183] Sach 1,1 stellt wohl eine spätere Ergänzung dieses chronologischen Systems im Zusammenhang mit der Einfügung des Sacharjaprologs Sach 1,2 – 6 dar und greift die Wortereignisformel auf.[184] Demnach dürfte die Wahl des Wortereignis-Überschriftentyps in Sach 1,1 ebenfalls theologisch zum Ausdruck bringen, dass Sacharjas Botschaft in erster Linie ein prophetisches Wortgeschehen bezeugt, dem die Visionen untergeordnet sind. Die Tatsache, dass sich die Hervorhebung des Gotteswortes vor allem dem redaktionell hergestellten Zusammenhang zwischen Haggai und Sacharja verdankt, zeigt, dass das worttheologische Interesse vor allem von den Redaktoren der Bücher, nicht unbedingt aber vom Propheten selbst ausging. Die worttheologische Tradition war offenbar zur Zeit der Entstehung des Sacharjabuches so stark, dass sie auch visionäre prophetische Offenbarungen primär als Wort Gottes verstehen konnte.

Außerhalb des Sacharja-Haggai-Corpus zeigt sich der große Einfluss dieser Tradition u. a. in der Häufigkeit des Wortereignis-Überschriftentyps. Die Dominanz der theologischen Sicht, dass das zentrale Element prophetischen Wirkens im Ergehen des Gotteswortes bestehe, bildet im Entstehungsprozess des Kanons die Voraussetzung für die Unterordnung der Prophetenbücher unter die Tora, wie sie sich im Aufbau der hebräischen Bibel und in Dtn 34,10 – 12 ausdrückt. Die nach Ex 19,6b (אֵלֶּה הַדְּבָרִים אֲשֶׁר תְּדַבֵּר אֶל־בְּנֵי יִשְׂרָאֵל) von Mose gesprochenen Gottesworte, als dessen vertiefende Kundgabe an das Volk sich insbesondere auch das Buch

---

181 Lux, Zweiprophetenbuch, S. 197.
182 Zu den Beziehungen zwischen Hag 2,20 – 23 und Sach 6,9 – 15 vgl. Lux, Zweiprophetenbuch, S. 200 – 204.
183 So Lux, Zweiprophetenbuch, S. 192 – 194.
184 So Lux, Zweiprophetenbuch, S. 194 – 196.

Deuteronomium versteht (1,1: אֵלֶּה הַדְּבָרִים אֲשֶׁר דִּבֶּר מֹשֶׁה אֶל־כָּל־יִשְׂרָאֵל), ergehen nach Mose weiter an die Propheten, allerdings mit der Maßgabe, dass das von Mose verkündete Wort bleibende Gültigkeit hat und durch spätere Propheten nicht widerlegt werden kann. Dies wird im corpus propheticum insbesondere durch die Wortereignisformel sichergestellt, die den Propheten nicht wie Mose als eigenständig verkündendes Subjekt, das Gott direkt begegnet, sondern als Objekt des Wortgeschehens darstellt. Wenn das Wort aber durch den Propheten geschieht und nicht von ihm selbst in göttlichem Auftrag formuliert wird, dann liegt es an anderen, auf Grund ihres Schriftstudiums kompetenten Persönlichkeiten, an Hand der Tora des Mose zu entscheiden, ob das Wortgeschehen göttlicher oder widergöttlicher Natur ist. Wenn es mit ihr übereinstimmt, kommt es von Gott, andernfalls nicht (vgl. Dtn 34,10 – 12). Somit sichert die Wortereignisformel die tragende Rolle der Schriftgelehrsamkeit, die sich nach dem Exil immer stärker ausprägt (vgl. Esra). Das Prinzip der Unterscheidung zwischen dem prophetischen Charisma im Sinne eines Wortereignisses und der erforderlichen schriftkompetenten Beurteilung schlägt sich z. B. auch im Neuen Testament in der Regel von 1 Kor 14,29 nieder: προφῆται δὲ δύο ἢ τρεῖς λαλείτωσαν καὶ οἱ ἄλλοι διακρινέτωσαν· „Von den Propheten jedoch sollen zwei oder drei reden, und die anderen sollen beurteilen."

Die Überschriften des visionären Typs, deren prominentester Exponent Jes 1,1 ist, betonen demgegenüber die Eigenständigkeit der an die Propheten ergangenen Offenbarung. Dies gilt auch gegenüber Mose. Wie er sind sie zur Wahrnehmung Gottes berufen und befähigt und treten daher in seine Autorität ein, die sie legitimiert. Träger der prophetischen Autorität ist nicht primär wie bei der Wortereignis-Formel das JHWH-Wort selbst, sondern die Person des Propheten. Der visionäre Überschriftentyp macht dies sichtbar, indem er das Spezifikum prophetischen Wirkens darin sieht, dass der Prophet als eigenständiges Subjekt „Gesichte hat" (חָזָה). Die Authentizität der prophetischen Verkündigung ist in diesem Fall nicht primär danach zu beurteilen, ob die Worte des Propheten mit Moses Verkündigung übereinstimmen, sondern danach, ob die Person des Propheten in gleicher Weise wie Mose von Gott berufen und in das prophetische Amt eingesetzt wurde. Als Prophet, der Gott auf dem Thron geschaut hat (Jes 6,1), verfügt Jesaja demnach über eine erstklassige Legitimation. Indem die Überschrift Jes 1,1 das Nomen חָזוֹן mit dem Verb חָזָה verbindet, hebt sie mehr als alle anderen Belege dieses Typs den visionären Charakter der prophetischen Offenbarung hervor. Jes 2,1; Jes 13,1; Am 1,1; Mi 1,1b und Hab 1,1 gehen zwar ebenfalls von einem visionären Offenbarungsgeschehen aus (Verb חָזָה), stellen aber durch die Titelprädikate הַדָּבָר; דִּבְרֵי; דְּבַר־יְהוָה und מַשָּׂא eine stärkere Rückbindung an das Wort her. Allerdings ist nur bei Mi 1,1 vom Wort JHWHs die Rede. Bei Jes 2,1; Jes 13,1; Am 1,1 und Hab 1,1 geschieht dagegen die eigentliche göttliche Offenbarung durch das

Schauen (חָזָה), die Worte der prophetischen Botschaft sind eine daraus abgeleitete Größe. Dies hat ambivalente Konsequenzen für die Autorität des prophetischen Wortes. Einerseits drückt das Verb חָזָה eine eigenständig neben der Tora bestehende Gottesoffenbarung aus, andererseits können die Worte der auf ihr beruhenden Botschaft nicht beanspruchen, unmittelbares Wort JHWHs zu sein. Jes 1,1 (und ebenso die nominale Kurzüberschrift Obd 1a, die Jes 1,1a entspricht) vermeidet diese Ambivalenz, indem die Botschaft Jesajas selbst als „Vision" bezeichnet wird. Dies besagt nicht mehr und nicht weniger, als dass das Jesajabuch unmittelbar mit der Gottesschau übereinstimmt, die dem in der Nachfolge mosaischer Autorität stehenden Propheten Jesaja gewährt wurde.

Nun sind aus den obigen Überlegungen noch einige Schlussfolgerungen zu ziehen. Es hat sich gezeigt, dass die Wahl des Überschriftentyps zwar durchaus auch durch inhaltliche Aspekte, vor allem aber durch theologische Traditionen bestimmt ist. Hinsichtlich der Frage, wo diese Traditionen verwurzelt sind, legt sich für die Autoren der Buchüberschriften des Wortereignis-Typs nahe, dass sie besonders an der Tora interessierten Herausgeberkreisen angehören, die bestrebt sind, deren Vorrangstellung im Kanon und die Kontinuität zwischen ihr, den Geschichtsbüchern und den Propheten zu betonen. Demgegenüber geht es den Autoren der Überschriften visionären Typs eher um die Hervorhebung der Eigenständigkeit der prophetischen Offenbarung. Es ist zu vermuten, dass sie prophetischen Kreisen nahestehen, die die Tora als autoritative, aber nicht den alleinigen Maßstab bildende Offenbarungsurkunde ansehen. Ihr Interesse gilt offenbar vor allem der prophetisch-charismatischen Gestalt des Mose. Die unter seiner Autorität verfassten Schriften verstehen sie wohl nicht so sehr als Dokumente, die auf Grund ihrer göttlichen Autorität per Wortlaut bzw. „per schriftlichem Buchstaben" von selbst wirksam sind, sondern vor allem als Botschaften, die ihre göttliche Wirksamkeit durch den von Gott autorisierten Sprechakt der charismatischen Prophetenpersönlichkeit entfalten (vgl. Jes 1,2a und Dtn 32,1). Der visionäre und der Wortereignis-Typ stehen somit wahrscheinlich für zwei Herausgeberschulen, die lange parallel nebeneinander existierten. Letzteres zeigt die von den jeweiligen Belegen umfasste Zeitspanne. Selbst wenn man annimmt, dass die Buchüberschriften erst spät ihre heutige Form erhielten, dürften Überschriften wie Am 1,1 und Hab 1,1 oder Hos 1,1 und Sach 1,1 doch in beträchtlichem Abstand voneinander entstanden sein. Die beiden Herausgebertraditionen standen nicht unverbunden nebeneinander, sondern im Entstehungsprozess des corpus propheticum kam es zu wechselseitiger Beeinflussung, sei es auf synchroner Ebene, indem ein Autor in die von ihm verfasste Überschrift auch Elemente des jeweils anderen Überschriftentyps aufnahm (z. B. möglicherweise דִּבְרֵי in Am 1,1), sei es auf diachroner Ebene, indem solche Elemente sekundär eingearbeitet wurden (z. B. in Mi 1,1 der Halbvers b). Die recht disparate Gruppe der nominal konstruierten Buchüberschriften lässt sich nicht insgesamt einer bestimmten theologischen Sicht von Prophetie zuordnen. Die hier verwendeten Titelprädikate verweisen teils auf Überschriften des visionären Typs (חָזוֹן), teils auf die Fremdvölkersprüche des Jesaja-Buchs (מַשָּׂא) und im Fall von Mal 1,1 gleichzeitig auch auf den Wortereignis-Überschriftentyp (...אֶל־דְּבַר־יְהוָה). Die sprachliche Form einer Constructus-Verbindung, die aus einem Titelprädikat als Nomen regens und einem Namen als Nomen rectum besteht, findet sich, wie bereits häufig festgestellt wurde,[185] auch in der Weisheitsliteratur (z. B. Spr 1,1; Koh 1,1; Hld 1,1). Der nominale Überschriftentyp entspricht daher einer allgemeinen Konvention bei der Herausgabe von Schriften. Ihre inhaltliche Ausrichtung erhalten die nominalen Überschriften durch die Wahl des Titelprädikats, sie folgt nicht schon aus dem Typ. Zum Abschluss des typologischen Vergleichs werden die gewonnenen Erkenntnisse in einer abschließenden typologischen Charakterisierung von Jes 1,1 ausgewertet.

3.1.3.12 Abschließende typologische Charakterisierung von Jes 1,1

Die Überschrift des Jesaja-Buches gehört wegen ihrer Verwendung des Verbs חָזָה und ihrer Satzstruktur zum visionären Überschriftentyp (Näheres dazu oben 3.1.3.6). Darüber hinaus enthält sie aber noch eine Zeitangabe, die nicht eindeutig diesem Typ zugehört. Das Schema der Königschronologie

בִּימֵי [...*Königsnamen*...] מַלְכֵי יְהוּדָה
„in den Tagen [...*Königsnamen*...], der Könige Judas",

das nie im nominalen Überschriftentyp (Obd 1; Nah 1,1; Mal 1,1) belegt ist, findet sich außer in Jes 1,1 noch in Hos 1,1 (mit denselben Südreichkönigen wie Jes 1,1); Zef 1,1; Mi 1,1a; Jer 1,2 und Am 1,1. Vier der Belege (Hos 1,1; Zef 1,1; Mi 1,1a; Jer 1,2) zählen zum Wortereignis-Überschriftentyp, zwei zum visionären (Jes 1,1; Am 1,1). Blickt man auf die obige Untersuchung zurück, so gibt es deutliche Anhaltspunkte dafür, dass die Zeitangabe ursprünglich zum Wortereignis-Überschriftentyp gehörte und unter dessen Einfluss in Jes 1,1; Am 1,1 Eingang fand. Ein erstes Argument liefert Mi 1,1. Wie bemerkt, steht die Zeitangabe hier weder, wie die anderen vorexilischen Zeitangaben, am Schluss (Hos 1,1; Zef 1,1; Jer 1,2; Am 1,1; Jes 1,1) noch – wie die nachexilischen Datierungen in Ez 1,2–3; Hag 1,1; Sach 1,1 – am Anfang der Satzkonstruktion, sondern in der Mitte. Dies ist kein Ausdruck redaktioneller Willkür, vielmehr schließt sie den Überschriftenteil Mi 1,1a ab, der exakt dem

---

185 Vgl. dazu Koch, Profetenbuchüberschriften, S. 172–175; Tucker, Superscriptions, S. 66;. Wildberger, Jesaja 1–12, S. 1f.

Muster von Hos 1,1; Zef 1,1 entspricht, ehe der sekundär hinzugefügte,[186] dem visionären Überschriftentyp entsprechende Teil Mi 1,1b beginnt. Der Redaktor, der Mi 1,1b anfügte, sah die Datierung als festen Bestandteil des in Mi 1,1a verkörperten Überschriftentyps an und vermied es daher, sie von Vers 1a durch Einfügen des Versteils b zwischen הַמֹּרַשְׁתִּי und בִּימֵי abzutrennen. Ein zweites Argument ergibt sich aus der Tatsache, dass die bei weitem meisten Belege des Wortereignis-Überschriftentyps eine Zeitangabe enthalten (sieben von neun Belegen). Ihr Fehlen bei Joël 1,1 und Jona 1,1 lässt sich durch die Zeitumstände (Joël 1,1) bzw. den Stil und die Intention (Jona 1,1) gut erklären.[187] Demgegenüber hat die Mehrzahl der Belege des visionären Überschriftentyps keine Zeitangabe: Jes 2,1; 13,1; Mi 1,1b und Hab 1,1. Die Datierungen mit der Formulierung „in den Tagen von [...Kö-nigsname/n...], der/des Könige/s von Juda/Israel" (בִּימֵי ...מַלְכֵי/מֶלֶךְ יְהוּדָה/יִשְׂרָאֵל) gehören somit höchstwahrscheinlich ursprünglich zum Wortereignis-Überschrif-tentyp. Wie kommt es nun, dass diese Formulierung in Jes 1,1 und Am 1,1 Eingang fand? Da sie in allen datierten Überschriften der vorexilischen Prophetenbücher (Hos 1,1; Zef 1,1; Mi 1,1a; Jer 1,2; Jes 1,1; Am 1,1) erscheint, während alle datierten Buchüberschriften der nachexilischen Propheten (Ez 1,1.2–3; Hag 1,1; Sach 1,1) vorangestellte, mindestens auf Jahr und Monat genaue Zeitangaben enthalten, verfolgt sie offenbar die Intention, alle explizit vorexilischen[188] Prophetenbücher ungeachtet der verschiedenen Überschriftentypen miteinander in Beziehung zu setzen: Jes 1,1 und Am 1,1 als Ausformungen des visionären Typs werden so mit Jer 1,2; Hos 1,1; Zef 1,1 und Mi 1,1a, die zum Wortereignis-Typ gehören, zusammen-gebunden. Um den inhaltlichen Unterschied zwischen beiden Überschriftentypen auszugleichen, wurde Mi 1,1b an Mi 1,1a angefügt. Auf diese Weise fand die Überzeugung der Redaktoren Eingang, dass beide Überschriftentypen ungeachtet unterschiedlicher Formulierungen eine prophetische Grunderfahrung ausdrü-cken. Mi 1,1 fungiert so zusammen mit den Datierungen als Bindeglied zwischen den vorexilischen Prophetenbüchern. Somit spricht einiges dafür, dass der Versteil Mi 1,1b und die Zeitangaben in Jes 1,1bγ; Am 1,1b im Zuge einer einzigen über-greifenden Redaktion eingefügt wurden.

Der durch Zeitangaben hergestellte Bezugszusammenhang zwischen den vorexilischen Prophetenbüchern gleicht aber nicht einer konturlosen Fläche,

---

186 Zur Literarkritik von Mi 1,1 siehe oben 3.1.3.7.1.
187 Siehe dazu oben 3.1.3.1.4 (zu Joël 1,1) und 3.1.3.1.5 (zu Jona 1,1).
188 Auf die Frage der Datierung von Obadja, Nahum, Habakuk, Joël, Jona und Maleachi ist im Rahmen dieser Arbeit nicht weiter einzugehen, siehe dazu Jeremias, Joël – Obadja – Jona – Micha, S. 57 f. (zu Obd); Wöhrle, Der Abschluss, S. 63 (zu Nah) und S. 298 – 302; 319 – 322 (zu Hab); zu Joël siehe schon oben 3.1.3.1.4; zu Jona s. Wöhrle, Der Abschluss, S. 396 und 399; zu Maleachi s. Wöhrle, Der Abschluss, S. 259 – 263.

sondern ist in sich ein sehr differenziertes Gebilde. Insgesamt decken die Datierungen den Zeitraum von Usija bis Josia im Südreich und Jerobeam im Nordreich ab. Dabei umfassen Jes 1,1 und Hos 1,1 die Südreichskönige Usija, Jotam, Ahas und Hiskija. Zusammengenommen entsprechen Am 1,1 (Usija) und Mi 1,1 (Jotam, Ahas, Hiskija) der Königsreihe in Jes 1,1 und Hos 1,1. Jer 1,2 und Zef 1,1 fügen dieser Reihe noch König Josia hinzu. Die Beziehung von Hosea und Amos zum Nordreich wird hervorgehoben, indem – im Anschluss an die Südreichskönige – Jerobeam als zeitgleich mit Usija regierender Nordreichskönig genannt wird. Ungeachtet dessen ergibt sich die besondere Bedeutung von Hosea und Amos für Juda aus der Nennung der Südreichskönige an erster Stelle.[189] Eine zusammenfassende Betrachtung der durch die Zeitangaben hergestellten Bezüge ergibt, dass Jesaja und Jeremia auf Seiten der großen Propheten eine Reihe bilden, wobei Jeremia durch Jer 1,3 zusätzlich noch als Prophet der ausgehenden Königszeit (Jojakim, Zidkija) und der frühen Exilszeit charakterisiert wird. Der Reihe von Jesaja und Jeremia entsprechen auf Seiten der kleinen Propheten die mit Jesaja korrespondierende Gruppe Hosea, Amos und Micha[190] sowie der mit Jeremia korrespondierende Prophet Zefanja. Jeremia und Zefanja können so als Propheten gesehen werden, die die von Jesaja, Amos, Micha und Hosea begründete Tradition fortführen. Nimmt man den Aspekt des Überschriftentyps mit dem Aspekt der durch die Zeitangabe implizierten Beziehungen zusammen, so steht Jes 1,1 zum einen in besonders engem Zusammenhang mit Am 1,1 und Mi 1,1, da der in Am 1,1 und Mi 1,1b verwendete Überschriftentyp, die in der Zeitangabe genannten Könige (außer Jerobeam) und bei Mi 1,1b auch noch die Ortsangabe „Jerusalem" auf Jes 1,1 verweisen, zum anderen aber auch mit Hos 1,1, dessen Reihe der Südreichskönige mit der in Jes 1,1 identisch ist. Dieses Beziehungsgeflecht ist Resultat einer in jedem Schritt wohlreflektiert voranschreitenden redaktionsgeschichtlichen Entwicklung. Die Wahl des Überschriftentyps verweist, wie oben ausgeführt, beim Wortereignis-Typ auf eine worttheologisch orientierte prophetische Tradition[191] und im Fall des visionären Typs auf eine die Eigenständigkeit der prophetischen Offenbarung betonende Tradition. Die Einfügung des Versteils Mi 1,1b sowie der Zeitangaben in Jes 1,1by und Am 1,1b gehören im Prozess der Kanonbildung zu einer späten Stufe, die sich um eine Zusammenbindung beider Traditionen zu

---

189 Vgl. Jeremias, Amos, S. 1.
190 Zu inhaltlichen Gründen der Einreihung Jesajas in die prophetische Tradition siehe unten die Auslegung von Jes 1,2a (v. a. Punkt 3.6.2.6.6) sowie die Auslegung von Jes 1,2b (Punkt 3.6.2.9.2).
191 Diese Tradition könnte in Zusammenhang mit der deuteronomistischen Bewegung stehen, vgl. z. B. Wolff, Hosea, S. 2; *ders.*, Joël und Amos, S. 150 f.; Schart, Zwölfprophetenbuch, S. 50 – 52; 156. Zu Recht kritisch hierzu äußern sich Koch, Profetenüberschriften, S. 176 – 180; Lohfink, Gab es eine deuteronomistische Bewegung?, S. 320 Anm. 29; Levin, Vierprophetenbuch, S. 224 f.

einem prophetischen Corpus bemühte. Jes 1,1 setzt zu Beginn dieses Corpus auf Grund des visionären Überschriftentyps in Verbindung mit dem Titelprädikat חָזוֹן einen ausgeprägten Gegenakzent zum vorherrschenden Wortereignis-Überschriftentyp, der aber durch die diesem entnommene Zeitangabe und ihre besondere Beziehung zu Hos 1,1 abgemildert wird.

3.1.4 Die Bedeutung der Wurzel חזה in Jes 1,1

3.1.4.1 Problemaufriss

Die Kernaussage von Jes 1,1 liegt darin, dass der nachfolgende Text als „Schauung" (חָזוֹן) bezeichnet, und von der Tätigkeit des Propheten gesagt wird, er habe diese „geschaut" (חָזָה).[192] Um die Frage, was mit beiden Begriffen näherhin gemeint ist, zu beantworten, wird zuerst die Bedeutung der für den visionären Überschriftentyp zentralen Verbwurzel חזה analysiert. Daraus lassen sich entsprechende Rückschlüsse für das Substantiv חָזוֹן ziehen.

In der exegetischen Literatur besteht Einigkeit darüber, dass die Wurzel חזה im Kontext der prophetischen Buchüberschriften die Wahrnehmung von göttlicher Offenbarung ausdrückt.[193] Dies folgt schon aus der Tatsache, dass der mit חזה gebildete visionäre Überschriftentyp Prophetenbücher einleitet, deren Botschaften durch geprägte Formulierungen wie die Botenspruchformel כֹּה־אָמַר יְהוָה (z. B. Jes 8,11 u. ö.), die Wendung נְאֻם יְהוָה (vgl. z. B. Jes 3,15 u. ö.), etc.[194] immer wieder als von JHWH offenbart ausgewiesen werden. Gleichzeitig bleibt aber die Person JHWHs, des Offenbarers, in Jes 1,1 und den anderen Überschriften des visionären Typs in auffälliger Weise im Hintergrund. Subjekt der mit חזה umschriebenen Erfahrung oder Tätigkeit ist der Prophet. Ein zentrales Problem bei der Bestimmung der genauen Bedeutung von חזה in Jes 1,1 liegt darin, dass der Satzzusammenhang nur wenige Anhaltspunkte für die Konkretisierung des mit חזה gemeinten Sachverhalts bietet. Denn das Titelprädikat חָזוֹן ist die nominale Entsprechung des Verbs חזה und verweist somit auf dessen erst zu bestimmende Bedeutung zurück. Es bleibt offen, welche Erfahrung oder Tätigkeit Jes 1,1 genau im Blick hat. Auch der mit der Präposition עַל angeschlossene Gegenstand der prophetischen Wahrnehmung, Juda und Jerusalem, gibt darüber keinen Auf-

---

192 Zur Begründung, warum die Relativpartikel אֲשֶׁר in Jes 1,1 direktes Objekt des Verbs חָזָה ist und sich auf das Titelprädikat חָזוֹן bezieht („Die Schauung Jesajas, des Sohnes des Amoz, die er schaute ...") siehe die oben unter Punkt 3.1.2 vorgelegte syntaktische Analyse.

193 Vgl. z. B. Beuken, Jesaja 1–12, S. 57; Fuhs, Sehen und Schauen, S. 219–221; Wildberger, Jesaja 1–12, S. 5; Jepsen, Artikel חָזָה, Sp. 831; Vetter, Artikel חזה, Sp. 535.

194 Vgl. dazu Schmitt, Arbeitsbuch, S. 303 f.

schluss. Es wird lediglich deutlich, dass diese Orte von der durch Jesaja empfangenen Offenbarung betroffen sind, und zwar tendentiell negativ, weil עַל in
Jes 1,1 nicht nur die neutrale Bedeutung „über", sondern gleichzeitig auch die
adversative Bedeutung „gegen" haben kann. Bedenkt man, dass die meisten
Überschriften visionären Typs das Verb חזה mit einem Titelprädikat verbinden, das
den Wortcharakter der Offenbarung betont (Formen von דבר in Jes 2,1; Am 1,1; Mi
1,1b sowie מַשָּׂא in Jes 13,1; Hab 1,1), so legt sich scheinbar der Schluss nahe, die
Wurzel חזה ziele primär darauf ab, den Empfang von Gottesworten durch den
Propheten hervorzuheben. Diese Sicht scheint auch dadurch gestützt zu werden,
dass der Kontext, der sich unmittelbar an Jes 1,1; 2,1; 13,1; Am 1,1; Mi 1,1b und Hab
1,1 anschließt, durchwegs keine Visionsberichte, sondern Prophetenworte enthält.
Dementsprechend führt H. Wildberger[195] aus, der präzise Sinn von חָזָה sei schon
früh verblasst. Die Wurzel bezeichne daher nicht unbedingt ein visionäres
Schauen, sondern ganz allgemein das Offenbarungsgeschehen, insbesondere
auch den Wortempfang. Dies gehe aus der Verbindung von דָּבָר und חָזָה in Jes 2,1
hervor. Die Wahl des Titelprädikats חָזוֹן ergebe sich aus dem Selbstverständnis
Jesajas, der sich wahrscheinlich wie Amos (vgl. Am 7,12) nicht als נָבִיא (Prophet),
sondern als חֹזֶה (Seher) verstanden habe. Nach Wildberger wäre also die Grundbedeutung von חזה zunächst das visionäre Schauen des – als Gegensatz zum
Propheten (נָבִיא) verstandenen – Sehers (חֹזֶה) gewesen, in dessen Rahmen es auch
zum Empfang göttlicher Botschaften kommt. Der letztgenannte Aspekt des
Wortempfangs hätte dann so an Gewicht gewonnen, dass er zur zentralen Bedeutung von חזה wurde und den Aspekt des visionären Schauens beinahe ganz
verdrängte. Somit unterstellt Wildberger bei חזה eine Bedeutungsverschiebung
weg von der ursprünglichen Vision hin zum prophetischen Wortempfang.

Beuken[196] geht einen Schritt weiter und meint, der visuelle Aspekt spiele bei
חזה im Kontext von Jes 1,1 überhaupt keine Rolle. Weder חָזָה noch חָזוֹן seien im
Jesaja-Buch und ebensowenig im AT insgesamt als Begriffe verstanden, die auf
eine besondere visuelle Erfahrung Gottes hindeuteten. Die Wurzel חזה sei der
normale Begriff, der den Empfang des vom Propheten zu verkündigenden Gotteswortes anzeige. Demnach wäre חָזָה als ein Synonym zur Wortereignisformel
anzusehen. Diese Sicht wirft die Frage auf, wie es möglich ist, dass die Wortereignisformel דְּבַר־יְהוָה [אֲשֶׁר] הָיָה אֶל־, die sprachlich gesehen eine relativ um-
ständliche Konstruktion ist, 118 mal im AT belegt ist,[197] obwohl man denselben
Sachverhalt wesentlich einfacher mit dem synonymen Verb חָזָה hätte ausdrücken

---

195 Vgl. Wildberger, Jesaja 1–12, S. 5.
196 Beuken, Jesaja 1–12, S. 57.
197 Zur Statistik vgl. Gerleman, Artikel דָּבָר, Sp. 439.

können, das in der theologischen Bedeutung, die den Empfang einer göttlichen Offenbarung ausdrückt, nur 23 mal belegt ist.[198] Gegen Beuken muss kritisch angefragt werden, ob hier nicht die Bedeutung von חזה im Kontext prophetischer Offenbarung zu isoliert von anderen Verwendungskontexten dieser Wurzel betrachtet wird, bei denen der Bedeutungsaspekt der visuellen Wahrnehmung durchaus vorhanden ist. Um einen Überblick über die in den verschiedenen Verwendungskontexten konstanten Bedeutungsaspekte der Wurzel חזה zu erhalten, werden im Folgenden auf synchroner Ebene die Belege des Verbes חָזָה innerhalb des Jesaja-Buches entsprechend untersucht. In einem zweiten Schritt sind die gewonnenen Erkenntnisse an Hand sprachgeschichtlicher Beiträge zur Wurzel חזה zu vertiefen.

3.1.4.2 Die Verwendungen des Verbs חָזָה im Jesaja-Buch (außer Jes 1,1; 2,1; 13,1)

A. Jepsen und D. Vetter gehen davon aus, dass die Grundbedeutung des hebräischen Verbs חָזָה „sehen" im weitesten Sinn sei, also sowohl das natürliche Sehen der Augen als auch ein übernatürliches visionäres Sehen bezeichne. Es ähnle damit der Grundbedeutung von רָאָה, das ebenfalls in beiden Verwendungen vorkomme.[199] In Übereinstimmung mit dieser Auffassung werden in Jes 33,17.20 beide Wurzeln parallel zueinander im konkreten Sinn von „mit den Augen sehen, schauen" gebraucht. Jes 33,17 spricht vom Schauen des Königs und vom Sehen eines Landes:

מֶלֶךְ בְּיָפְיוֹ תֶּחֱזֶינָה עֵינֶיךָ
תִּרְאֶינָה אֶרֶץ מַרְחַקִּים׃

Deine Augen werden den König **schauen** in seiner Schönheit,
sehen werden sie ein weithin offenes Land.[200]

Jes 33,20 fordert dazu auf, Zion anzuschauen bzw. Jerusalem zu sehen:

חֲזֵה צִיּוֹן
קִרְיַת מוֹעֲדֵנוּ
עֵינֶיךָ תִרְאֶינָה יְרוּשָׁלַ͏ִם
נָוֶה שַׁאֲנָן
אֹהֶל בַּל־יִצְעָן בַּל־יִסַּע יְתֵדֹתָיו לָנֶצַח וְכָל־חֲבָלָיו בַּל־יִנָּתֵקוּ׃

---

198 Zur Statistik vgl. Vetter, Artikel חזה, Sp. 534.
199 Vgl. Jepsen, Artikel חָזָה, Sp. 824; Vetter, Artikel חזה, Sp. 534.
200 Elberfelder Übersetzung.

Schau Zion **an,**
die Stadt unserer Festversammlungen!
Deine Augen werden Jerusalem **sehen,**
eine sorgenfreie Wohnstätte,
ein Zelt, das nicht wandern wird, dessen Pflöcke man ewig nicht herauszieht und von dessen Stricken keiner je zerreißen wird.[201]

Jes 57,8 enthält einen weiteren Beleg für den Gebrauch von חָזָה im Sinn eines konkreten Sehens:

$$\text{וְאַחַר הַדֶּלֶת וְהַמְּזוּזָה}$$
$$\text{שַׂמְתְּ זִכְרוֹנֵךְ}$$
$$\text{כִּי מֵאִתִּי גִּלִּית וַתַּעֲלִי}$$
$$\text{הִרְחַבְתְּ מִשְׁכָּבֵךְ וַתִּכְרָת־לָךְ מֵהֶם}$$
$$\text{אָהַבְתְּ מִשְׁכָּבָם יָד חָזִית׃}$$

Und hinter Tür und Pfosten
hast du dein Denkzeichen angebracht,
ja, abgewandt von mir, hast du aufgedeckt und bestiegen,
breit gemacht dein Lager und hast dich mit denen verbunden,
deren Lager du liebtest, hast ihre Männlichkeit **angeschaut.**[202]

Hier steht das Verb חָזָה in einem negativen Zusammenhang. Eine Dirne – gemeint ist hier dem Kontext nach wohl das zum Götzendienst abgefallene Jerusalem/ Juda[203] – ergötzt sich an der „Hand" (so wörtlich MT: יָד) ihrer Liebhaber, wobei „Hand" eine euphemistische Umschreibung der männlichen Blöße ist.[204] Mit חָזִית (Qal Perfekt 2. Person Femininum Singular von חָזָה) ist also ein lüsternes Hin- starren der Dirne gemeint. Die Verwendung von חָזָה in Jes 33,17.20 und 58,7 zeigt, dass diese Wurzel wie רָאָה das natürliche Sehen mit den Augen bezeichnet, wobei חָזָה bereits im einfachen Qal-Stamm, dem einzig belegten Stamm,[205] eine be- sondere Intensität des Hinsehens implizieren kann.

Auch die Verwendung von חָזָה in Jes 26,11a beruht auf dieser konkreten Be- deutung, hat jedoch auf einer zweiten Ebene die Bedeutung von „erkennen":
Jes 26,11a:

$$\text{יְהוָה רָמָה יָדְךָ בַּל־יֶחֱזָיוּן}$$

---

201 Elberfelder Übersetzung.
202 Eigene Übersetzung in Anlehnung an Elberfelder Übersetzung und Herder-Übersetzung.
203 Vgl. Zapff, Jesaja 56 – 66, S. 363.
204 Vgl. Zapff, Jesaja 56 – 66, S. 363.
205 Vgl. Vetter, Artikel חָזָה, Sp. 533.

Herr, deine Hand ist hoch erhoben, sie wollen es nicht **sehen**.[206]

„Sie wollen nicht sehen" (בַּל־יֶחֱזָיוּן) bezieht sich hier grammatikalisch auf die erhobene Hand des Herrn, wobei eine Hand normalerweise ein sichtbarer Gegenstand ist. Auf der sprachlichen Oberfläche bedeutet חָזָה hier das natürliche Sehen
eines sichtbaren Gegenstands. Nun ist die Wendung „die Hand des Herrn ist erhoben" aber eine Metapher für das Einschreiten JHWHs. Letzteres ist ein abstrakter
Sachverhalt, der eigentlich unsichtbar ist. Sichtbar sind lediglich die auf JHWHs
Einschreiten zurückzuführenden geschichtlichen Geschehnisse, die sein Wirken
bezeugen. Wenn laut Jes 26,11a JHWHs Gegner die erhobene Hand JHWHs nicht
sehen wollen, dann bedeutet dies, dass sie zwar sehr wohl sichtbare, wahr-
nehmbare Ereignisse und Umstände kennen und sehen, die JHWH mit unsichtbar
erhobener Hand gewirkt hat, sich aber weigern, JHWH als Urheber dieser Umstände und Ereignisse anzuerkennen.[207] Die Folge davon ist, dass sie in geistige
Blindheit verfallen und die erhobene Hand des Herrn nicht „sehen". Somit verbindet Jes 26,11a die konkrete, auf natürliches Sehen abzielende Bedeutung von
חָזָה mit einer abstrakteren, die geistiges Erkennen meint.

Im nachfolgenden Halbvers Jes 26,11b erscheint das Verb חָזָה nochmals. Hier
hat es allein die abstrakte Bedeutung von „erkennen":

Jes 26,11b:

יֶחֱזוּ וְיֵבֹ֫שׁוּ קִנְאַת־עָם

Sehen werden sie den Eifer um das Volk und zuschanden werden; [...].[208].

Denn genau genommen ist es nicht möglich, den Eifer JHWHs um sein Volk
(קִנְאַת־עָם) als solchen zu sehen, da „Eifer" (קִנְאַת) eine unsichtbare innere Einstellung ist. Wie die unsichtbar erhobene Hand in Jes 26,11a, so wird auch hier der
unsichtbare Eifer durch die Taten erkennbar, die JHWH bewirkt. Anhand von
Jes 26,11 ist also deutlich geworden, dass חָזָה nicht nur konkretes Sehen, sondern
auch inneres Erkennen bezeichnet.

In ähnlicher, noch etwas abstrakterer Bedeutung ist die Wurzel חָזָה in Jes 48,6
gebraucht. Dort geht es nicht einmal mehr ansatzweise um konkret-natürliches
Sehen, sondern um intellektuell-abwägendes Betrachten vergangener Sachverhalte mit dem Ziel, zu einer tieferen Einsicht zu gelangen. Jes 48,6 ist im Zusammenhang mit Jes 48,3 zu lesen, wo Gott zu seinem Volk spricht:

---

206 Elberfelder Übersetzung.
207 Vgl. Childs, Isaiah, S. 190 f.
208 Elberfelder Übersetzung.

הָרִאשֹׁנוֹת מֵאָז הִגַּדְתִּי
וּמִפִּי יָצְאוּ וְאַשְׁמִיעֵם
פִּתְאֹם עָשִׂיתִי וַתָּבֹאנָה:

Das Frühere habe ich längst schon verkündet.
Aus meinem Mund ist es hervorgegangen, und ich habe es hören lassen;
plötzlich tat ich es, und es traf ein.[209]

Diese Aussage wird in Jes 48,4–5 weiter expliziert. In Jes 48,6 fordert Gott nun dazu auf, „alles" zu „betrachten" (חזה), d. h. insbesondere das, was er zuerst (durch seine Propheten) verkündet hatte, mit dem zu vergleichen, was er dann plötzlich tat, was an geschichtlichen Ereignissen tatsächlich eintraf:

שָׁמַעְתָּ
חֲזֵה כֻּלָּהּ
וְאַתֶּם הֲלוֹא תַגִּידוּ
הִשְׁמַעְתִּיךָ חֲדָשׁוֹת מֵעַתָּה
וּנְצֻרוֹת וְלֹא יְדַעְתָּם:

Du hast es gehört,
betrachte es nun alles!
Und ihr, wollt ihr es nicht verkünden?
Von nun an lasse ich dich Neues hören
und Verborgenes, das du nicht kanntest.[210]

Dieses mit der Wurzel חזה ausgedrückte intellektuelle Betrachten des Vergangenen, all dessen, was zuerst verkündet wurde und dann tatsächlich geschah, hat zum Ziel, eine tiefere Einsicht in die alles umgreifende Herrschaft Gottes und absolute Zuverlässigkeit seiner Verkündigung zu gewinnen. Die rhetorische Frage „Und ihr, wollt ihr es nicht verkünden?" verdeutlicht, dass diese Einsicht nicht rein abstrakter Art ist, sondern das Herz des Betrachtenden ergreift und ihn dazu drängen müsste, das Handeln Gottes zu verkünden. Das Verb חָזָה bezeichnet hier ein intellektuelles Meditieren, ein innerliches Hinschauen, um zu erkennen, wie Gott sich in Wort und Tat offenbart hat.

Einen fließenden Übergang vom konkreten Sehen zum Schauen einer göttlichen Offenbarung markiert die in Jes 47,13 gebotene Verwendung von חָזָה, wo JHWH[211] Babel den Niedergang ankündigt und dabei die Machtlosigkeit ihrer astrologischen Berater hervorhebt:

---

209 Elberfelder Übersetzung.
210 Elberfelder Übersetzung.
211 Jes 47,13 gehört zu einer längeren Gottesrede, vgl. Jes 47,6: קָצַפְתִּי עַל־עַמִּי חִלַּלְתִּי נַחֲלָתִי וָאֶתְּנֵם בְּיָדֵךְ
לֹא־שַׂמְתְּ לָהֶם רַחֲמִים עַל־זָקֵן הִכְבַּדְתְּ עֻלֵּךְ מְאֹד: – „Ich war erzürnt über mein Volk, ich entweihte mein

[...] יַעַמְדוּ־נָא וְיוֹשִׁיעֻ֫ךְ (הְבְרֵי) [הֹבְרוּ] שָׁמַ֫יִם

הַחֹזִים בַּכּוֹכָבִ֫ים

מוֹדִיעִם֙ לֶחֳדָשִׁ֔ים

מֵאֲשֶׁ֥ר יָבֹ֖אוּ עָלָֽיִךְ:

Sie sollen doch auftreten und dich retten, die Himmelszerleger,
die Sterne**beschauer**,
die an jedem Neumond wissen lassen,
was über dich kommen soll![212]

Die babylonischen „Sternebeschauer" (הַחֹזִים בַּכּוֹכָבִים), d. h. wörtlich „die auf die Sterne Schauenden" (Qal Partizip von חָזָה), betrachten etwas Konkretes, nämlich die – allerdings von ihnen gleichzeitig als göttliche Wesen verstandenen – Sterne, mit dem Ziel, dadurch die Zukunftspläne der Götter zu erkunden. Es geht also bei diesem konkreten Schauen letztlich um ein Offenbarmachen des Willens der Götter durch die Sterndeuter. Diese Art natürlicher Schau, die tieferen theologischen „Durchblick" verschaffen soll, wird in Jes 47,6 von JHWH als eitel und nichtig kritisiert. Das Partizip von חָזָה bedeutet hier gleichzeitig konkretes Hinsehen und astrologisch-theologisches Erkennen.

Jes 30,10 verwendet sowohl רָאָה als auch חָזָה im theologischen Sinn von „visionär schauen". Der Vers ist zusammen mit Jes 30,9 zu lesen, wo der Prophet das Volk als „widerspenstiges Volk" bezeichnet, bestehend aus „verlogene[n] Söhne[n], Söhne[n], die das Gesetz JHWHs nicht hören wollen". Daran anknüpfend beschreibt Jes 30,10 deren Einstellung zu den Weissagungen der Seher als verquer: Diese unbelehrbaren Söhne seien solche,...

Jes 30,10:

אֲשֶׁ֨ר אָמְר֤וּ לָֽרֹאִים֙ לֹ֣א תִרְא֔וּ

וְלַ֣חֹזִ֔ים לֹ֥א תֶחֱזוּ־לָ֖נוּ נְכֹח֑וֹת

דַּבְּרוּ־לָ֣נוּ חֲלָק֔וֹת

חֲז֖וּ מַהֲתַלּֽוֹת:

...die zu den <u>Sehern</u> sagen: <u>Seht nicht!</u>
und zu den **Schauenden: Schaut** uns **nicht** das Richtige!
Sagt uns Schmeicheleien!
Schaut uns Täuschungen![213]

Erbteil, und ich gab sie in deine Hand. Du hast ihnen kein Erbarmen erwiesen, auf den Greis legtest du schwer dein Joch." (Elberfelder Übersetzung).
212 Elberfelder Übersetzung.
213 Elberfelder Übersetzung.

Als Subjekt stehen jeweils aus den beiden Wurzeln abgeleitete substantivierte Partizipien, nämlich רֹאִים (Seher) und חֹזִים (Schauende). Auch wenn die Stelle nicht ohne weiteres als Beleg dafür zu werten ist, dass רָאָה und חָזָה in ihrer theologischen Verwendung exakte Synonyme sind, so legt die parallele Verwendung der eindeutig eine visuelle Offenbarungswahrnehmung[214] bezeichnenden Wurzel ראה und der Wurzel חזה innerhalb eines Parallelismus membrorum doch nahe, dass auch חזה zunächst von einer göttlichen Offenbarung im Rahmen einer visuellen Erfahrung ausgeht. Die Wendung „das Richtige schauen" (חֲזָה נְכֹחוֹת) und die nachfolgende parallele Verwendung der Wurzeln דבר und חזה impliziert allerdings gleichzeitig, dass die durch חזה ausgedrückte Erfahrung mit dem Empfang einer Botschaft verbunden ist, die in Worte gefasst werden und richtig oder falsch sein kann. Die Wurzel steht somit in Jes 30,10 offenbar für prophetische Offenbarungen, die sowohl visuelle Erfahrungen als auch Wortgeschehen umfassen können, wie es auch bei den meisten Visionsberichten der Fall ist (z. B. Jes 6; 1 Kön 22,19b-22; Am 9,1–7; Ez 1–3).

Die semantische Analyse der neben Jes 1,1; 2,1; 13,1 vorhandenen Belege des Verbs חָזָה im Jesaja-Buch hat gezeigt, dass in der überschaubaren Zahl von Belegen durchaus unterschiedliche, aber letztlich zueinander kohärente Bedeutungen enthalten sind. Gemeinsam ist allen Belegen, dass es um eine Aktivität geht, die irgendeine Form von Erkennen zum Ziel hat. Die – in diesem Punkt zunächst nur synchron verstandene – Grundbedeutung von חָזָה umfasst offenbar wie bei der Wurzel רָאָה jede Art von Sehen, sei es natürlich (vgl. Jes 33,17.20; 57,8), sei es ein übernatürlich-visionäres Schauen der Propheten (vgl. Jes 30,10). Weitere, damit verwandte Bedeutungsdimensionen von חָזָה bezeichnen ein intellektuelles, d. h. im Hebräischen ein vom Herzen (לֵב) des Menschen als Sitz von Willen und Verstand[215] ausgehendes Betrachten und Erkennen (vgl. Jes 26,11; 48,6) sowie ferner das astrologische Schauen, d. h. die Beobachtung der Sterne zum Zweck der Erkenntnis der Zukunft (Jes 47,13). Bei allen Belegen ist das sinnliche, intellektuelle oder visionäre Schauen eine intensive, die Aufmerksamkeit des Subjekts ganz in Anspruch nehmende Tätigkeit. Ferner hat die Analyse von Jes 30,10 gezeigt, dass das Verb חָזָה neben visueller Wahrnehmung auch den Empfang einer Wortbotschaft beinhalten kann. Dieser Bedeutungsaspekt spielt auch bei Jes 2,1

---

214 Diese Sinngebung ist für רָאָה an zahlreichen weiteren Stellen belegt: רָאָה erscheint sehr häufig am Beginn von Visionsschilderungen, so z. B. in Jes 6,1: וָאֶרְאֶה אֶת־אֲדֹנָי („ich schaute den Allherrn"); 1 Kön 22,19b: רָאִיתִי אֶת־יהוה יֹשֵׁב עַל־כִּסְאוֹ („ich sah den HERRN auf seinem Thron sitzen ..."); Ez 1,1: וָאֶרְאֶה מַרְאוֹת אֱלֹהִים („und ich sah Visionen Gottes", als Einleitung zur Berufungsvision Ez 1–3, vgl. oben 3.1.3.9); Am 9,1: רָאִיתִי אֶת־אֲדֹנָי נִצָּב עַל־הַמִּזְבֵּחַ („Und ich sah den Herrn am Altar stehen, ...").

215 Vgl. dazu Preuß, Theologie AT Bd. 2, S. 119 f.

und 13,1 eine Rolle, wo das Verb חָזָה mit den Titelprädikaten דָּבָר „Wort" bzw. מַשָּׂא „Lastspruch" verbunden ist. Allerdings darf bei דָּבָר nicht übersehen werden, dass dieser Begriff ein wesentlich weiteres Spektrum umfasst als entsprechende deutsche Übersetzungen. So kann דָּבָר neben „Wort" auch „Sache", „Begebenheit", „Tun", „Anteil" bedeuten.[216] Die verschiedenen Lebenssachverhalte, auf die die vier letztgenannten Bedeutungen verweisen, müssen nicht notwendigerweise sprachlich durch Worte vermittelt werden, sondern können auch visuell oder auf andere Weise sinnlich wahrgenommen werden. So ermahnt Dtn 23,15 Israel dazu, das Lager, in dem JHWH wohnt, heilig zu halten, damit er לֹא־יִרְאֶה בְךָ עֶרְוַת דָּבָר „nicht eine Hässlichkeit einer *Sache* (דָּבָר) bei dir *sieht* (יִרְאֶה)". Diese Verbindung des Verbs רָאָה mit dem Nomen דָּבָר belegt eindeutig, dass דָּבָר ein visuell wahrnehmbarer Gegenstand sein kann. Folglich schließt die Verwendung von דְּבַר in Jes 2,1 nicht aus, das Verb חָזָה im Sinne einer visuell-visionären Wahrnehmung zu verstehen, mit der auch auditive Wahrnehmungen einhergehen können. Was zur Verbindung von חָזָה mit דְּבַר in Jes 2,1 gesagt wurde, gilt entsprechend auch für die Kombination von מַשָּׂא und חָזָה in Jes 13,1. Denn ausweislich Sach 12,1 und Mal 1,1, wo מַשָּׂא und דְּבַר־יְהוָה zu einer Einheit (מַשָּׂא דְּבַר־יְהוָה) verbunden werden, ist מַשָּׂא ein Spezialfall eines דְּבַר־יְהוָה,[217] also ein Phänomen gleicher Art, das in gleicher Weise wahrnehmbar ist wie דָּבָר.

Damit hat sich Beukens oben unter 3.1.4.1 zitierte Meinung,[218] חָזָה und חָזוֹן seien weder im Jesaja-Buch noch sonst im AT als Begriffe verstanden, die auf eine besondere visuelle Erfahrung Gottes hindeuteten, als nicht sachgerechte Verengung des Bedeutungsspektrums von חזה erwiesen. Das Spektrum des Verbs חָזָה umfasst ausweislich seiner Belege im Jesaja-Buch natürliches visuelles Wahrnehmen und Hinsehen, intellektuelles oder durch astrologische Praktiken herbeigeführtes Erkennen sowie die prophetische Schau, die sowohl visuell als auch auditiv empfangene Offenbarungen beinhalten kann. Diese wesentlichen Bedeutungsaspekte von חָזָה werden im Folgenden noch sprachgeschichtlich reflektiert.

3.1.4.3 Sprachgeschichtliche Einordnung der Bedeutungen des Verbes חזה
3.1.4.3.1 M. Wagner

M. Wagner[219] geht davon aus, dass die Wurzel חזה „sehen" ein aramäisches Lehnwort ist. Angesichts der Tatsache, dass die meisten (aber nicht alle) Belege

---

216 Vgl. Gesenius, Stichwort דָּבָר.
217 Siehe dazu im Einzelnen Zapff, Schriftgelehrte Prophetie, S. 26 – 28.
218 Beuken, Jesaja 1 – 12, S. 57.
219 Vgl. Wagner, Aramaismen, Nr. 93 – 98.

der Wurzel חזה nachexilisch sind,[220] nimmt er ferner an, es handle sich beim hebräischen חזה um altes aramäisches Lehngut, das zunächst von ראה verdrängt wurde, aber in späterer Zeit, unter zunehmendem aramäischem Druck, neu zur Geltung kam.[221]

3.1.4.3.2 A. Jepsen

A. Jepsen[222] (und ebenso D. Vetter[223]) schließt sich dieser Auffassung an, indem er ausführt, die Bedeutung der Wurzel חזה sei derjenigen von ראה weithin ähnlich, sie bezeichne „sehen" im weitesten Sinn, sei es natürliches Sehen der Augen, sei es übernatürliches visionäres Sehen. Da zwei ursprünglich im Hebräischen beheimatete Wurzeln mit derselben Grundbedeutung kaum vorstellbar wären,[224] die Wurzel חזה aber im Aramäischen analog zum hebräischen ראה das Allerweltswort für „sehen" sei, müsse חזה vom Aramäischen in das Hebräische eingedrungen sein. Diese seine Grundannahme stellt Jepsen allerdings selbst in Frage, indem er im weiteren Verlauf seiner Darstellung behauptet, bei dem im Hebräischen durch חזה ausgedrückten prophetischen Offenbarungsempfang gehe es „eindeutig" nicht um ein Bild – beim חָזוֹן werde nirgends eine Gotteserscheinung oder ein Bild erwähnt – sondern um ein Wort Gottes, das dem Propheten insbesondere in nächtlichen Auditionen, oft unter geheimnisvollen Umständen, mitgeteilt werde.[225] Hier bleibt unverständlich, warum die Wurzel חזה einschließlich ihrer Derivate einerseits „sehen" im weitesten Sinn als Grundbedeutung haben soll, andererseits aber im Rahmen des prophetischen Offenbarungsempfangs keinerlei visuelle, sondern nur eine auditive Wahrnehmung bezeichnen soll.

3.1.4.3.3 D. Vetter

D. Vetter[226] vermeidet ein solches Dilemma, indem er die verschiedenen Bedeutungsaspekte von חזה sprachgeschichtlich einordnet. Die primäre Bedeutung der hebräischen Wurzel חזה und ihrer Derivate sei das visionäre Schauen.[227] Ein ur-

---

220 Vgl. Wagner, Aramaismen, Nr. 93–98.
221 Vgl. Wagner, Aramaismen, S. 54.
222 Vgl. Jepsen, Artikel חָזוֹן, Sp. 824.
223 Vgl. Vetter, Artikel חזה, Sp. 533.
224 Vgl. Jepsen, Artikel חָזוֹן, Sp. 824 sowie die Analyse dieser Forschungsmeinung bei Fuhs, Sehen und Schauen, S. 61 f.
225 Vgl. Jepsen, Artikel חָזוֹן, Sp. 825 f.
226 Vetter, Artikel חזה, Sp. 533–537 (hier: 534).
227 Vetter, Artikel חזה, Sp. 535.

tümlicher Beleg dafür seien Num 24,4.16, da מַחֲזֵה und חָזָה dort mit der Selbstvorstellungs- und Legitimationsformel נְאֻם בִּלְעָם verbunden seien, die diese Texte als Seherspruch ausweise.[228] Erst in der letzten Phase seiner sprachgeschichtlichen Entwicklung werde das Verb חָזָה zu einem „dichterischen Synonym" von רָאָה „sehen".[229] Etwa drei Viertel der Belege der Wurzel חזה (einschließlich der daraus abgeleiteten Substantive) beruhten auf der theologischen Bedeutung „(visionär) schauen".[230] In seiner Grundbedeutung, der prophetischen Schau,

---

228 Vetter, Artikel חזה, Sp. 535. Vetter geht davon aus, dass Num 24,4.16 aus einer sehr frühen Epoche der israelitischen Schriftkultur stammt. Vgl. dazu z. B. Fuhs, Sehen und Schauen, S. 152– 154 und 158–166, der den Grundbestand der Bileamsprüche III und IV zusammen mit Albright, Yahweh and the Gods of Canaan, S. 13, in vordavidische Zeit datiert (Fuhs, ebd., S. 165).

Beachte aber Schüle, Israels Sohn, S. 50–85, der Num 22–24 als von einer Hand stammen ansieht und in frühnachexilische Zeit datiert. Die Spannung zwischen dem positiven Bild Bileams in Num 22,4–21; 22,36–24,25 (ein nichtisraelitischer, JHWH ergebener Seher, der diesem selbst dann die Treue hält, wenn ein weltlicher Herrscher von ihm Untreue verlangt, und der so zum Vorbild für alle israelitischen Propheten wird) und dem negativen Bild Bileams in 22,22–35 (Bileam als lächerliche Figur: ein Seher, der weniger sieht als eine Eselin und der Aufforderung Balaqs, Israel zu verfluchen, folgt) löst Schüle nicht auf literarkritischem Weg, sondern durch die Annahme, dass Num 22–24 zwei einander widersprechende Traditionen aufgreift und in durchaus stimmiger Weise verarbeitet. Denn der Spott über Bileam sei nicht das eigentliche Ziel der Eselin-Erzählung Num 22,22–35. Was Bileam hier bloßstelle, sei weniger seine ‚Blindheit' als der Verdacht, dass sein Lasttier über Tugenden verfügt, die für ihn noch in Frage stehen. Neben der zunächst ironischen Kombination der sehenden Eselin und des ignoranten Sehers nehme die Erzählung auf diese Weise eine dramatisch-tragische Färbung an. Das Thema von Treue und Gehorsam, um das es auch im Verhältnis von JHWH und Bileam gehe, werde so auf einer anderen Ebene auf gleichsam verspieltere, aber angesichts der tödlichen Bedrohung letztlich ernsthafte Weise nochmals eingeführt (Schüle, ebd., S. 64). Weil der erzählerische Kontext, in den Num 22–24 eingebettet ist, die Bileam-Erzählung für den logischen Fortgang des Erzählzusammenhangs nicht benötige, umgekehrt aber die Bileam-Erzählung zahlreiche Verweise auf diesen Erzählkontext enthalte, setze die Bileam-Erzählung eine Form des Pentateuchs voraus, die nicht allzu weit von seiner Endfassung entfernt sei. Hierfür komme eine Pentateuchfassung der frühnachexilischen Zeit am ehesten in Betracht. Die Bileam-Erzählung sei im Hinblick auf diesen Pentateuchtext verfasst worden (Schüle, ebd., S. 68–78). Die sprachlichen Besonderheiten in Num 22–24, insbesondere der Bileam-Sprüche, die bereits von Albright beobachtet und als Merkmale eines archaischen bronzezeitlichen Hebräisch gedeutet wurden, interpretiert Schüle als Merkmale eines aramaisierenden Hebräisch aus frühnachexilischer Zeit (Schüle, ebd., S. 80–85).

Sollte Schüle mit seiner Datierung der Bileam-Erzählung einschließlich der Bileam-Sprüche Recht haben, dann wäre Num 24,4.16 kein urtümlicher, sondern ein eher später Beleg für die Verwendung der Wurzel חזה im Sinn eines visionären Schauens. Dies würde dann auch Vetters These, dieser Sinn sei die primäre und ursprüngliche Bedeutung von חזה, während die der Wurzel רָאָה entsprechende Bedeutung „sehen" erst sehr spät hinzugekommen sei, ihrer Grundlage berauben.

229 Vetter, Artikel חזה, Sp. 534.

230 Vetter, Artikel חזה, Sp. 534.

diene חזה nie zur Einleitung eines Visionsberichtes (dort steht ראה, vgl. z. B. Am 7,1.4.7; Jes 6,1; Jer 4,23 ff.; Ez 1,4; 2,9), sondern weise allgemein auf den Empfang einer Offenbarung hin.[231] Die Bildungen der Wurzel seien von frühester Zeit an auf Erfahrungen bezogen, die Vision und Audition umfassten (vgl. Num 24,4.16).[232] Dort, wo חזה ein „Sehen" im profanen Sinn bezeichne, gehe es um „sehen" in der Bedeutung von „erleben" (Ps 58,9), oder um „mit Freude ansehen" (Hld 7,1[2x]; Schadenfreude: Mi 4,11), ferner könne auch „(mit Verstand) erkennen" (Spr 22,29; 29,20), „erfahren, sich aneignen" (Hi 15,17; 27,12; Spr 24,32) oder „genau betrachten, beobachten" (Jes 47,13) gemeint sein.[233]

Vetters Ausführungen bestätigen und vertiefen die Beobachtungen, die oben im Rahmen der synchronen Untersuchung der im Jesaja-Buch enthaltenen Belege des Verbs חָזָה gemacht wurden. Bei der anzunehmenden Entlehnung dieses Verbs aus dem Aramäischen, wo es allgemein „sehen" heißt,[234] stand offenbar die spezielle Bedeutung „eine Offenbarung schauen" ganz im Vordergrund[235] (vgl. Num 24,4.16; Ex 24,11) und behielt auch in der späteren Zeit ihre dominierende Rolle bei. Im Rahmen dieser Bedeutung ist das aus dem Aramäischen mit übernommene visuelle Element durchaus ein wichtiger Aspekt (vgl. die parallele Verwendung von רָאָה und חָזָה in Jes 30,10 und Ex 24,10.11), daneben umfasst das Verb aber auch auditive (sowie wohl noch andere) Sinneswahrnehmungen. Letzteres belegen beispielsweise die Verbindung von שָׁמַעְתָּ („du hast gehört") und חֲזֵה („schau hin!", „betrachte!") in Jes 48,6, aber auch Num 24,4.16, wo ebenfalls die Verben שָׁמַע und חָזָה in Parallele zueinander stehen, sowie auch die enge Verbindung zwischen der Wurzel ראה, dem Nomen חָזוֹן und der Wurzel דבר in Hab 2,1–3 (vgl. dazu schon oben 3.1.3.11). Vetters zutreffende Beobachtung, dass חָזָה nie einen Visionsbericht einleitet, ist mit dem Verständnis von חָזָה als Ausdruck einer umfassenden Wahrnehmung gut zu vereinbaren, da die Einleitungen der Visionsberichte stets mit der Schilderung einer spezifisch visuellen Wahrnehmung beginnen und von dort aus zu auditiven und anderen Wahrnehmungen überleiten (vgl. z. B. Jes 6; Jer 1,11 f..13 f.; Am 7,1–3.4–6). Die Wurzel חזה eignet sich somit gut dazu, die Gesamtheit der sinnlichen Wahrnehmungen und Offenbarungen einer Vision mit einem Wort auf den Punkt zu bringen, sie vermag es aber nicht so gut wie ראה, eine Wahrnehmung als spezifisch visuell zu charakterisieren. Demge-

---

231 Vetter, Artikel חזה, Sp. 535.

232 Vetter, Artikel חזה, Sp. 536.

233 Vetter, Artikel חזה, Sp. 534.

234 Vgl. Wagner, Aramaismen, S. 54.

235 Vgl. Vetter, Artikel חזה, Sp. 535, der allerdings vom Empfang einer Offenbarung spricht. Diese Übersetzung übergeht allerdings die Tatsache, dass bei חזה der Seher als aktiv handelndes Subjekt tätig ist und nicht lediglich passiv empfängt.

genüber impliziert חזה eine große, vom Inneren des Subjekts ausgehende Intensität der Wahrnehmung und Betrachtung (vgl. Jes 26,11a.b; 30,10), die mit einer Aktivität nicht nur der Sinne, sondern auch der menschlichen Antriebe (vgl. Jes 57,8) und des Verstandes (vgl. Jes 46,13; 48,6) verbunden sein kann. Weil חזה auf diese Weise die Gesamtheit der in der prophetischen Offenbarungswahrnehmung vereinten Aspekte zusammenführt, eignet sich die Wurzel besonders zur Verwendung in den Überschriften der aus dem prophetischen Wirken hervorgegangenen Bücher. Sieht man die so umschriebene theologische Bedeutung als ursprüngliche Grundbedeutung der hebräischen Wurzel חזה an, so erscheint es als plausibel, dass die Wurzel חזה sich unter dem zunehmenden aramäischen Einfluss der späteren Zeit weitgehend dem Gebrauch von ראה anglich und auch vermehrt in eher profanem[236] Kontext als Ausdruck für ein intensives Hinsehen Verwendung fand (vgl. z. B. Jes 33,17.20; 57,8).[237]

3.1.4.3.4 H. F. Fuhs

H. F. Fuhs widerspricht Vetters oben zitierter Auffassung, dass חָזָה von frühester Zeit an Erfahrungen bezeichne, die das Schauen und Hören betreffen.[238] Zwar könnten solche Erfahrungen im Sachverhalt, den das Verb חָזָה bezeichnet, inbegriffen sein, es setze sie aber keinesfalls bereits voraus. Die primäre Bedeutung von חָזָה liege ursprünglich darin, prägnant zum Ausdruck zu bringen, dass das Subjekt von חָזָה eine Gottesschau erfahren habe, die ihm die Gewissheit göttlicher Berufung verleihe und ihn als autorisierten und legitimierten Sprecher Gottes ausweise. Fuhs stützt diese These auf den seiner Ansicht nach ältesten Beleg der Wurzel חזה, nämlich die Einleitung des dritten und vierten Bileam-Spruchs Num 24,3 – 4.15 – 16.[239] Der Grundbestand[240] dieser mehrfach überarbeiteten Einleitung stamme aus vorstaatlicher Zeit[241] und laute: נְאֻם בִּלְעָם אֲשֶׁר מַחֲזֵה שַׁדַּי יֶחֱזֶה. Ihr Ziel

---

236 Man beachte aber, dass in zunächst eher profan anmutenden Beschreibungen wie Jes 33,17.20 die betrachteten Größen, nämlich der König und Zion, in Folge der alttestamentlichen Königs- und Zionstheologie eine ausgeprägte sakrale Dimension besitzen.

237 Vgl. Jepsen, Artikel חָזוֹן, Sp. 834.

238 Fuhs, Sehen und Schauen, S. 167.

239 Zur Problematik der Datierung dieses Belegs siehe aber bereits oben Fußnote 228.

240 Fuhs, Sehen und Schauen, S. 117 (Übersicht). Ferner zum Grundbestand von Num 24,3 f. siehe ebd., S. 153 f.; zu dem von Num 24,15 f. siehe ebd., S. 159 – 160.

241 Fuhs, Sehen und Schauen, S. 161 – 166. Dort rechnet Fuhs diejenigen Passagen des dritten und vierten Bileam-Spruchs, die die Wurzel חזה enthalten, deren ältestem Kern zu und datiert diesen unter Verweis auf Albright, Yahweh and the Gods of Canaan, S. 13, in das 13./12. Jh. v. Chr. Rudolph, „Elohist", S. 120, datiert den dritten Bileamspruch in die Zeit Sauls und den vierten in die Zeit Davids. Mowinckel, Bileamsage, S. 251, meint, diese beiden Bileamsprüche seien jedenfalls älter

sei, Bileam vor Beginn des eigentlichen Sehersspruchs als von Gott berufenen und legitimierten Seher vorzustellen.[242]

In einer verkürzten Form (אֲשֶׁר חָזָה), aber mit derselben Bedeutung, erscheine die alte, für die Einleitung von Sehersprüchen verwendete Formel in Am 1,1; Mi 1,1 und Jes 1,1.[243] Zu dieser Ansicht gelangt Fuhs durch mehrere Argumentationsschritte. Zum Einen reduziert er durch literarkritische Überlegungen den Grundbestand von Am 1,1 auf דִּבְרֵי עָמוֹס אֲשֶׁר חָזָה. Ferner meint er, die Relativpartikel אֲשֶׁר beziehe sich nicht auf das Titelprädikat (דִּבְרֵי), sondern auf den Propheten, da in dieser kurzen Formel der Prophetenname vor der Relativpartikel erscheine, während er an ähnlichen Stellen wie z. B. Jes 2,1 ausdrücklich erst nach ihr stehe. Das Verb חָזָה sei hier absolut gebraucht, so dass die Formel mit „[Personenname], der schaute (= der Seher ist)" zu übersetzen sei.[244] Sie weise wie der Grundbestand von Num 24,3 – 4.15 – 16 den Sprecher als von Gott legitimierten Seher aus. In einem weiteren Schritt reduziert Fuhs durch komplexe literarkritische Operationen den Grundbestand von Jes 1,1 und Mi 1,1 auf zwei zum behaupteten Grundbestand von Am 1,1 analoge Formulierungen (Mi 1,1[245]: דְּבַר מִיכָה הַמֹּרַשְׁתִּי אֲשֶׁר חָזָה bzw. Jes 1,1[246]: חֲזוֹן יְשַׁעְיָהוּ בֶן־אָמוֹץ אֲשֶׁר חָזָה) und versteht sie in gleicher Weise.[247] Die so gewonnenen Grundbestände von Am 1,1; Jes 1,1 und Mi 1,1 führt Fuhs dann jeweils auf den Propheten selbst zurück.[248] Neben den genannten Stellen, an denen die Wurzel חזה im Kontext von Berufung und Legitimation in ihrer ursprünglichen Bedeutung „Gott in Offenbarung schauend erkennen" erscheine, unterscheidet Fuhs zwei weitere Gruppen von Verwendungen, bei denen es um das Schauen göttlicher Offenbarung gehe, nämlich einmal um das schauende Empfangen göttlicher Offenbarung, und das andere Mal um das Verfälschen von göttlicher Offenbarung.[249] In einer dritten großen Gruppe von Belegen erscheine die Wurzel חזה in der Bedeutung „sehen", wobei im Einzelnen ein Sehen mit den Augen, ein

---

als die Reichsteilung nach dem Tode Salomos (931 v. Chr.). Vetter, Artikel חזה, Sp. 535, beruft sich zur Datierung der Wurzel חזה auf Albright, siehe dazu oben Punkt 3.1.4.3.3.

242 Vgl. Fuhs, Sehen und Schauen, S. 167 f.

243 Fuhs, Sehen und Schauen, S. 170 – 177; 192 – 194 (zu Amos); 194 – 197; 202 f.; 210 (zu Micha); 214 – 218 (zu Jesaja); 218 – 220.

244 Fuhs, Sehen und Schauen, S. 172 f.

245 Fuhs, Sehen und Schauen, S. 196 f.

246 Fuhs, Sehen und Schauen, S. 214 f.

247 Fuhs, Sehen und Schauen, S. 197 und 218.

248 Fuhs, Sehen und Schauen, S. 176 – 177 (zu Am 1,1), S. 197 mit 202 (zu Mi 1,1) und S. 217 (zu Jes 1,1).

249 Fuhs, Sehen und Schauen, S. 103 – 105 sowie S. 105 – 107.

Erleben, ein Beobachten, ein Ansehen mit Freude oder Lust, ein Ausersehen, ein Einsehen oder ein Erfahren gemeint sein könne.[250]

Gegen Fuhs' These, im Grundbestand von Jes 1,1; Am 1,1 und Mi 1,1 sei eine alte Einleitungsformel von Sehersprüchen erhalten geblieben, die sich aus den Bestandteilen

אֲשֶׁר חָזָה [Eigenname mit Herkunftsangabe]

zusammensetze und mit „[Personenname], der schaute (= der Seher ist)" zu übersetzen sei, sind einige Bedenken anzumelden. Zum einen ist fraglich, ob angesichts der von A. Schüle[251] postulierten literarischen Einheitlichkeit und Spätdatierung von Num 22–24 sich die Meinung, Num 24,3–4.15–16 enthalte einen Grundbestand, der eine sehr alte Seherspruch-Einleitung dokumentiere und Prototyp einer verkürzten, im Grundbestand von Jes 1,1; Am 1,1 und Mi 1,1 verborgenen Seherspruch-Formel sei, überhaupt noch vertreten lässt. Damit fehlt Fuhs' These zu Jes 1,1; Am 1,1 und Mi 1,1 eine hinreichend zuverlässige Basis. Darüber hinaus wurde bereits oben unter Punkt 3.1.2 dargelegt, dass sich die Relativpartikel אֲשֶׁר nicht auf den Namen des Propheten, sondern auf das Titelprädikat חָזוֹן bezieht. Dann aber ist das Verb חָזָה nicht intransitiv mit „Seher sein", sondern transitiv mit „etwas schauen" zu übersetzen. Auch die literarkritische Reduktion der Überschriften Am 1,1; Jes 1,1; Mi 1,1 auf die oben genannte, angeblich an Num 24,3 f. und 24,25 f. anknüpfende Grundformel stößt auf Bedenken. So gibt Fuhs keine eingehende Begründung[252] für die literarkritische Ausscheidung der mit עַל angeschlossenen geographischen Angaben „Israel" (Am 1,1), „Juda und Jerusalem" (Jes 1,1) und „Samaria und Jerusalem" (Mi 1,1). Demgegenüber hat die oben unter Punkt 3.1.3.6 durchgeführte typologische Untersuchung gezeigt, dass die geographische Angabe integraler Bestandteil des visionären Überschriftentyps ist, da fünf (Jes 1,1; 2,1; 13,1; Am 1,1; Mi 1,1) der sechs Belege eine solche Angabe umfassen, die in vier Fällen (Jes 1,1; 2,1; Am 1,1; Mi 1,1) mit der Präposition עַל angeschlossen ist. Weil die Wurzel חזה das Zentrum dieses Überschriftentyps ist, ist ihre literarkritische Abtrennung von der geographischen Angabe aus typologischen Gründen abzulehnen. Wenn aber, wie im Fall von Jes 1,1; Am 1,1 und Mi 1,1, die Ortsangabe mit dem Verb חָזָה eine feste Einheit bildet, dann kommen diese Überschriften nicht mehr als Belege der behaupteten alten Seherspruch-Einleitungsformel in Frage und entfallen auch als Belege der Behauptung, die älteste

---

250 Fuhs, Sehen und Schauen, S. 107 f.
251 Siehe dazu oben Fußnote 228.
252 Vgl. Fuhs, Sehen und Schauen, S. 170 (zu Am 1,1), S. 195 (zu Mi 1,1) und S. 214 f. (zu Jes 1,1).

Bedeutung von חָזָה sei „ein von Gott berufener und legitimierter Seher sein". Der einzige Beleg von חָזָה ohne Ortsangabe, Hab 1,1, stützt diese Übersetzung ebenfalls nicht, da hier der Prophetenname hinter dem Relativpronomen steht, so dass das Titelprädikat מַשָּׂא eindeutig direktes Objekt von חָזָה ist („Lastspruch, *den* Habakuk, der Prophet, schaute."). Zwar dient das Verb חָזָה in Jes 1,1 und den anderen Überschriften visionären Typs durchaus *auch* dazu, die im Prophetenbuch niedergelegte Offenbarung als authentisch auszuweisen, doch geht es nicht darum, isoliert die göttliche Berufung des Propheten hervorzuheben, sondern die prophetische Legitimation erweist sich im Blick auf das im Titelprädikat bezeichnete Geschaute und die davon betroffenen Orte.

3.1.4.4 Zusammenfassung der Überlegungen zur Wurzel חזה

Ungeachtet der deutlich gewordenen Diskrepanzen bestand in der referierten Literatur Einigkeit darüber, dass חזה im Laufe seiner sprachgeschichtlichen Entwicklung sowohl einen irgendwie gearteten Offenbarungsempfang als auch profanes Sehen ausdrücken konnte. Außerdem hielten alle Autoren den theologischen Gebrauch von חזה im Hebräischen für älter als den profanen Gebrauch. Die Meinungen unterschieden sich in der Frage, was genau die ursprüngliche theologische Bedeutung von חזה beinhaltet, ob es sich um ein Berufungserlebnis, ein visionäres Geschehen oder einen Wortempfang handelte. Die Analyse der im Jesaja-Buch vorhandenen Belege und die sprachgeschichtlichen Überlegungen zum Verb חָזָה haben gezeigt, dass dieses den gesamten Sachverhalt der Wahrnehmung Gottes durch den Menschen[253] ausdrückt, sei es auf sinnliche, oder besser: die Sinne übersteigende Weise durch Vision und Audition, oder sei es von Innen her durch den Intellekt und das innere Empfindungsvermögen. חָזָה fasst daher komprimiert all das in einem Wort zusammen, was die alttestamentlichen Visionsschilderungen beinhalten können. Weil חזה nicht nur die rein visuelle Erfahrung, sondern die gesamte Erfahrung in ihrer Komplexität erfassen will, eignet sich die Wurzel nicht zur Einleitung von Visionsberichten, wohl aber als Titelbegriff, der das Ganze ins Auge fasst. Der wesentliche Unterschied zur Wortereignisformel liegt darin, dass חזה die visuelle Wahrnehmung als Anknüpfungspunkt für eine Erfahrung, deren Subjekt der Seher ist, wählt, während die Wortereignisformel an die auditive Erfahrung anknüpft, die aber so gefasst ist, dass nicht der Prophet, sondern das JHWH-Wort selbst (und damit mittelbar JHWH) das Subjekt ist. Von diesem Ausgangspunkt aus bezeichnet dann auch die

---

253 Und außerhalb des Jesaja-Buchs auch die für Jes 1,1 nicht relevante Wahrnehmung des Menschen durch Gott, vgl. z. B. Ps 11,4. Siehe dazu Fuhs, Sehen und Schauen, S. 282.

Wortereignisformel den göttlichen Offenbarungsempfang in seiner Ganzheit. Das in Jes 1,1 verwendete Titelprädikat חָזוֹן ist ein Nomen, das dem begrifflichen Konzept der Wurzel חזה entspricht, und bezeichnet daher eine visionäre Offenbarung, die sinnliches und übersinnliches Sehen, Hören und Wahrnehmen, aber auch innerliches Spüren, Erkennen und Verstehen umfasst.

3.1.5 Fazit zu Jes 1,1 und Ausblick

Jes 1,1 unterstreicht durch die doppelte Verwendung der Wurzel חזה die Souveränität Jesajas und seine unmittelbare Vertrautheit mit der göttlichen Sphäre. Im Vergleich zu den meisten anderen Überschriften prophetischer Bücher, die das Ergehen des Wortes JHWHs als ein den Propheten beherrschendes Ereignis darstellen (Überschriften des Wortereignis-Typs, z. B. Hos 1,1), tritt in der Überschrift des Jesaja-Buchs der Prophet entsprechend einer für alle Buchüberschriften des visionären Typs charaktistischen Tendenz als aktiv handelndes Subjekt auf, das das Geschehen beherrscht. Er handelt als von Gott eingesetzter Diener. Dabei ist der Prophet als Person tätig, die über die göttliche Gabe visionären Schauens im Sinne der Fähigkeit, eine komplexe Offenbarungswirklichkeit wahrzunehmen, zu erkennen und zu verstehen, verfügt und diese Gabe in Bezug auf Juda und Jerusalem einsetzt. Im Vergleich zu Jes 2,1 und 13,1, wo die primär auf das Wort abzielenden Titelprädikate דָּבָר und מַשָּׂא das mit dem Verb חזה ausgedrückte umfassende seherische Wahrnehmen etwas stärker an das Sprachvermögen rückbinden, hebt Jes 1,1 den Aspekt der Offenbarung als eines visuellen Geschehens hervor und verweist damit auf die einzige, aber grundlegende Vision im Jesaja-Buch, nämlich die Inauguralvision Jes 6. Auch dort begegnet das schon in der Buchüberschrift skizzierte Bild des Propheten als einer in göttlichem Dienst eigenständig handelnden Person. Denn der Prophet meldet sich dort, nachdem er in einem Entsündigungsritual vom Hemmnis der Sündenschuld befreit und so besonders befähigt worden ist (Jes 6,6 f.), auf JHWHs Frage, wen er senden soll, freiwillig für den Dienst als göttlicher Gesandter (Jes 6,8) und wird erst danach in den zu erfüllenden Auftrag eingewiesen (Jes 6,9 – 11). Wie sich in der weiteren Auslegung der Eröffnung des Jesaja-Buchs noch deutlicher zeigen wird, entspricht das Bild des Propheten als eines eigenständig im Auftrag JHWHs handelnden Dieners auch seinem Auftreten in Jes 1,2a, wo er Himmel und Erde befiehlt, das Wort seines Auftraggebers zu hören.

Bevor diese und weitere Einzelaussagen des nachfolgenden Textes in ihrer Bedeutung für die Botschaft des ersten Jesaja-Kapitels gewürdigt werden, ist es erforderlich, das Textmaterial, das im weitesten Sinne die Eröffnung des Jesaja-

Buchs bildet, in seiner gedanklichen und formalen Struktur zu erfassen und nach hinten abzugrenzen.

3.2 Abgrenzung von Jes 1 nach hinten und kontextuelle Bezüge zwischen Jes 1 und Jes 2,2 – 5

Mit der neuen Überschrift Jes 2,1 haben die Redaktoren des Jesaja-Buches einen formalen Einschnitt gesetzt, der das zweite Kapitel deutlich vom ersten absetzt. Auch inhaltlich ist zwischen dem ersten und dem zweiten Kapitel eine Zäsur, da Jes 1 sich überwiegend mit Zuständen der Gegenwart und der geschichtlichen Vergangenheit beschäftigt, während Jes 2,2 – 5 den Blick in eine eschatologische Zukunft richtet.

Obwohl sich Jes 1 mit der geschichtlichen Zeit, Jes 2 aber mit der Endzeit auseinandersetzt, kommt dieser Wechsel für den Leser des Jesaja-Buches nicht abrupt, sondern gestaltet sich dank einiger übergreifender thematischer Linien recht harmonisch. So enthält das erste Kapitel neben den überwiegend düsteren Schilderungen der Vergangenheit und Gegenwart auch einige lichtvolle Ausblicke in die Zukunft, die jedoch nicht am Ende der Tage, sondern bei Erfüllung gewisser Bedingungen innerhalb der geschichtlichen Zeit zu erwarten sind. So verheißt Jes 1,19 den angesprochenen „Herrschern von Sodom" und dem „Volk von Gomorra" (V. 10), dass sie die Güter des Landes essen werden, wenn sie willig sind, auf JHWHs Weisung zu hören und die in Jes 1,16 f. geforderte Umkehr zu vollziehen. Jedoch handelt es sich dabei keineswegs wie bei Jes 2,2 – 5 um eine unbedingte Heilsverheißung, sondern für den Fall der Nichterfüllung der Bedingungen, d. h. bei weiter andauernder Widerspenstigkeit gegenüber Gott (Jes 1,20a), kündigt der Prophet im Namen JHWHs den Untergang des mit „Sodom und Gomorra" angesprochenen Volkes durch das Schwert an (Jes 1,20b). Den Adressaten werden so entsprechend einem besonders in weisheitlichen Texten und – davon beeinflusst – auch im Buch Deuteronomium anzutreffenden Muster (vgl. z. B. Ps 1,6; Hi 36,8 – 12; Spr 2,20 – 22; 10,27.30; Dtn 28; 30,15 – 18) zwei Wege zur Wahl gestellt, von denen einer in eine paradiesische Zukunft, der andere aber in die durch kriegerische Katastrophen bewirkte Vernichtung (V. 20b: חֶרֶב תְּאֻכְּלוּ), also in keine Zukunft führt.

Auch in Jes 1,24 – 26 eröffnet sich im Anschluss an ein Strafgericht (V. 24b) über JHWHs Feinde, das die Stadt von „Schlacke" und „unedlem Metall" reinigen wird, eine Perspektive einer heilvollen Zukunft, in der sich unter der Herrschaft idealer Richter und Ratgeber, die denjenigen der Anfangszeit entsprechen (שֹׁפְטַיִךְ כְּבָרִאשֹׁנָה וְיֹעֲצַיִךְ כְּבַתְּחִלָּה), in der Stadt wieder von Gerechtigkeit geprägte Verhältnisse einstellen (V. 26). Während nach Jes 1,26 JHWHs heilvolle Ordnung (צֶדֶק) also durch gottesfürchtige Idealgestalten der Anfangszeit (vgl. V. 21) vermittelt werden soll – auf Grund des Zusammenhangs mit „der Stadt", Jerusalem, dürfte dabei an Persönlichkeiten wie David, Natan und Gad gedacht sein[254] – bezieht sich Jes 2,2 kontrapunktisch dazu auf „das, was hinter den Tagen ist" (בְּאַחֲרִית הַיָּמִים), also auf eine ferne Zukunft, und das Heil wird nicht durch menschliche Richter und Ratgeber vermittelt, sondern JHWH selbst schafft Recht (Jes 2,3 – 4). Diese inhaltliche Spannung wird jedoch abgemildert, indem Jes 2,2 – 5 einige Stichworte aus Jes 1 aufgreift und neu interpretiert. Während Jes 1,26a כְּבָרִאשֹׁנָה „wie im Anfang" als Zeitangabe versteht, greift Jes 2,2 die Wurzel ראשׁ auf, interpretiert die Zeitangabe aber in eine räumliche Eigenschaft des Zionsbergs um: בְּרֹאשׁ הֶהָרִים „als Haupt der Berge". Dies beinhaltet ein Wortspiel mit der Wendung בְּרִאשֹׁנָה. Denn diese muss nicht wie z. B. in Gen 13,4; 2 Sam 7,10; 20,18; 1 Kön 20,9; Jes 52,4 als Adverb mit der Bedeutung „vorher, früher" verstanden werden, sondern kann auch als eine aus der Präposition בְּ, dem Artikel sowie der femininen Form[255] des Adjektivs רִאשֹׁן „der/die erste" bestehende Verbindung aufgefasst werden und würde sich dann auf die in Jes 1,26b genannte, ebenfalls feminine Stadt (עִיר bzw. קִרְיָה) beziehen. Obwohl ein solches Verständnis von בְּרִאשֹׁנָה in Jes 1,26 auf Grund des gegebenen Satzzusammenhangs nicht nahe liegt,[256] spielt der Vers Jes 2,2 mit den vorhandenen Assoziationen, indem er in Anklang an Jes 1,26 בְּרִאשֹׁנָה vom „als Haupt der Berge" (בְּרֹאשׁ הֶהָרִים) emporragenden Berg mit dem Haus des Herrn erzählt, dessen Anwesenheit nach Jes 2,3 nicht nur den Berg selbst, sondern auch die auf ihm gelegene Stadt zur alle Völker anziehenden Mitte der Welt und damit zur ersten (übersetzbar mit רִאשֹׁנָה) aller Städte macht. Indem in Jes 2,3 der sakrale Name dieser Stadt, Zion (צִיּוֹן), genannt wird, kommt es zu einem weiteren Rückbezug zu der in Jes 1,26 erwähnten Stadt, da diese schon in Jes 1,27 mit dem Namen Zion identifiziert wurde.

Durch die in Jes 2,4 enthaltene Aussage, dass JHWH zwischen den Nationen richten und für viele Völker Recht sprechen werde (וְשָׁפַט בֵּין הַגּוֹיִם וְהוֹכִיחַ לְעַמִּים רַבִּים), werden weitere Bezüge zu Jes 1 hergestellt. Die für die geschichtliche Zeit in Jes 1,26 verheißene Rückkehr von gottgefälligen Richtern entsprechend der idealen Anfangszeit (שֹׁפְטַיִךְ כְּבָרִאשֹׁנָה) ist am Ende der Tage nicht mehr nötig, weil JHWH selbst

---

254 So schon Fohrer, Jesaja, S. 44.

255 Ein Beleg der femininen Form des Adjektivs findet sich in Jes 65,7: פְּעֻלָּתָם רִשֹׁנָה „ihr erstes/früheres Tun".

256 Eine Übersetzung von כְּבָרִאשֹׁנָה mit „wie in der ersten [Stadt]" ist wegen des femininen Geschechts von קִרְיָה und angesichts der tiefgreifenden Veränderung Jerusalems im 8. Jh. v. Chr. (s. dazu Küchler, Jerusalem, S. 95 – 97) zwar theoretisch möglich, jedoch wegen der direkten Anrede der Stadt in der 2. Person (unmittelbar vorhergehendes feminines Personalsuffix ךְ) nicht anzunehmen.

deren Platz einnehmen und Recht schaffen wird (וְשָׁפַט). Dabei geht es nicht mehr nur um die Rechte Einzelner, insbesondere der sozial Schwachen (vgl. die nochmalige Verwendung der Wurzel שפט in Jes 1,23 im Rahmen der Feststellung, dass die kritisierte Oberschicht Waisen nicht zu ihrem Recht verhilft: לֹא יִשְׁפֹּטוּ), sondern in einer ausgeweiteten und universalisierten Perspektive verheißt Jes 2,4, dass JHWH unter den Völkern für Recht sorgen wird.

Darüber hinaus stellt Jes 2,4 über das Stichwort חֶרֶב auch eine gedankliche Verbindung zu Jes 1,18 – 20 her. Der dort für den Fall weiter anhaltender Widerspenstigkeit angedrohte Untergang von Volk und Oberschicht (vgl. Jes 1,10) durch das Schwert wird durch Jes 2,4 für die Endzeit ausdrücklich verneint („nicht mehr wird Nation gegen Nation das Schwert heben" לֹא־יִשָּׂא גוֹי אֶל־גּוֹי חֶרֶב), vielmehr werden die Schwerter zu Pflugscharen umgewandelt und tragen so zum allgemeinen Wohlstand bei. Auch die zweimalige Wendung לְכוּ „kommt" in Jes 2,3.5 bezieht sich auf Jes 1,18, da die so eingeleiteten Aufforderungen, zum Haus JHWHs hinaufzuziehen (Jes 2,3), um gemäß seiner Weisung (תּוֹרָה, vgl. Jes 2,3 und 1,10b) und seinem Wort (דְּבַר־יְהוָה, vgl. Jes 2,3 und 1,10a) auf seinen Pfaden zu wandeln, bzw. im Licht JHWHs zu gehen (Jes 2,5), eine positive Antwort auf die in Jes 1,18 – 20 zur Wahl gestellte Alternative darstellen, entweder auf JHWH zu hören und dafür mit Wohlstand gesegnet zu werden, oder aber sich dem Aufruf zur ethischen Umkehr zu widersetzen und vom Schwert gefressen zu werden. Dieser am Ende der Tage eintretenden Wende zum universalen Heil geht laut Jes 1,27 – 31 ein Strafgericht voraus, das anders als das von Jes 1,20 angedrohte Strafgericht gegen Oberschicht und Volk (vgl. Jes 1,10) nur die Abtrünnigen und Sünder trifft. Jes 1,27 – 31 ist allerdings in geschichtlicher Zeit situiert und daher von der endzeitlichen Perspektive des zweiten Jesaja-Kapitels durch die neue Überschrift Jes 2,1 getrennt.

Damit hat sich gezeigt, dass Jes 2,2 – 5 sich in vielfältiger Weise auf Aussagen von Jes 1 bezieht und diese in einer endzeitlichen Perspektive neu interpretiert. Bedenkt man, dass die zeitliche Situierung von Jes 1 einerseits und Jes 2,2 – 5 andererseits das entscheidende Kriterium für den zwischen diesen beiden Texten zu setzenden Einschnitt darstellt, dann lässt sich auch erklären, warum die Überschrift Jes 2,1 anders als etwa Jes 1,1; 6,1; 7,1; 14,28; 36,1 keine auf den bzw. die regierenden Könige bezogene Datierung enthält. Der nachfolgende Text spielt eben nicht in geschichtlicher Zeit, sondern am Ende der Tage.

3.3 Überblick über die synchrone Textstruktur von Jes 1,2 – 31

Die Grobstruktur von Jes 1 wird in weiten Teilen durch Formulierungen markiert, die deutlich den Beginn eines neuen Abschnitts signalisieren. So kündigen die Höraufrufe in Jes 1,2a und Jes 1,10 jeweils den Beginn einer JHWH-Rede an. Da einmal Himmel und Erde (V. 2a) und einmal die Anführer Sodoms (V. 10a) zusammen mit dem Volk von Gomorra (V. 10b) Adressaten des Höraufrufs sind, steht fest, dass die Verse 2–9 eine erste Redeeinheit bilden, während im Anschluss an Vers 10 eine zweite Rede beginnt. Im Abschnitt Jes 1,2–9 erscheint eine weitere Unterteilung als möglich, weil der Wehe-Ruf הוֹי in Jes 1,4 den Beginn eines Ausrufs und damit ebenfalls einen Neueinsatz markiert. Inhaltlich greift Jes 1,4 jedoch das durch Jes 1,2b eingeführte Thema des Abfalls Israels von JHWH auf und bringt es durch den Wehe-Ruf zum Abschluss, der die Verwerflichkeit von Israels Verhalten expressiv kundtut und die Erwartung zum Ausdruck bringt, dass Israels Verstoß gegen die natürliche Ordnung der Dinge (vgl. V. 3) Unheil zur Folge haben wird. Demgegenüber blickt die Passage Jes 1,5–9 bereits auf die Katastrophe zurück, wobei die Verse 5–7 ausgehend von einer Klage über Israels unbelehrbare Widerspenstigkeit (V. 5a) eine Beschreibung des bereits hereingebrochenen Unheils bieten, während die Verse 8–9 sich in ganz verhaltenem Optimismus dem widmen, was übrig geblieben ist. Damit stellt sich Jes 1,2–9 auf synchroner Ebene als eine Einheit dar, die dem Thema „Israels Sünde und deren Konsequenzen" gewidmet ist und sich in zwei Unterabschnitte, nämlich Jes 1,2–4 als Beschreibung und Bewertung des Abfalls Israels von JHWH und Jes 1,5–9 als Klage über das durch die Untreue heraufbeschworene Unheil, untergliedern lässt. Darüber hinaus lassen sich – wie bereits angedeutet – weitere Unterabschnitte unterscheiden. Diese Feinstruktur soll aber zweckmäßigerweise erst im Rahmen der exegetischen Diskussion des Abschnitts Jes 1,2–9 unter Berücksichtigung der verschiedenen zur Struktur des ersten Abschnitts von Jes 1 vertretenen Forschungspositionen erörtert werden. Das oben genannte Thema des Gesamtabschnitts Jes 1,2–9 („Israels Sünde und deren Konsequenzen") hebt sich deutlich vom nächsten Abschnitt ab, der die Sinn- und Gottlosigkeit kultischer Verrichtungen hervorhebt, die von einer ethisch verwahrlosten Gesellschaft dargebracht werden.

Dieser nächstfolgende Abschnitt V. 10–20 richtet sich in der zweiten Person Plural an die Anführer Sodoms und das Volk von Gomorra (V. 10). Er bildet thematisch insofern eine Einheit, als zunächst die Ablehnung der von den Adressaten vollzogenen kultischen Begehungen mitgeteilt (V. 11–15a), dann auf das die Assoziation von Unreinheit erweckende Blut an ihren Händen hingewiesen (V. 15b) und zur Reinigung durch eine ethische Läuterung aufgerufen wird (V. 16–17). Die Passagen V. 11–15a und V. 16–17 verweisen aufeinander, weil einerseits die Ablehnung des Kultes (V. 12–15a) die Frage nach deren Grund aufwirft, die durch die in V. 16–17 erwähnten ethischen Vergehen eine Antwort erhält, und andererseits der Aufruf רַחֲצוּ („Wascht euch!") in V. 16a durch seine kultischen Konnotationen, die durch die überdurchschnittlich häufige Verwendung des Verbs רחץ im Zusammenhang der kultischen Reinigung von Personen bedingt sind (vgl. Ex 29,4; 30,19.20.21; 40,12.30.31.32; Lev 8,21; 14,8.9; 15,5.6.7.8.10.11.13.16.18.21.22.27;

16,4.24.26.28; 17,15.16; 22,6; Num 19,7.8.19),[257] auf den vorhergehenden negativen Kultbescheid zurückverweist und damit einen Weg zur Wiederermöglichung der abgebrochenen Kommunikation zwischen JHWH und den Redeadressaten aufzeigt. Zentrales Bindeglied zwischen den beiden Unterabschnitten Jes 1,11–15a und Jes 1,16–17 ist Jes 1,15b „eure Hände sind voll Blut" (יְדֵיכֶם דָּמִים מָלֵאוּ), da sich dieser Versteil auf Grund der Stichwortbeziehung zu V. 11b („und Blut von Stieren und Lämmern und Böcken hat mich nicht erfreut" וְדַם פָּרִים וּכְבָשִׂים וְעַתּוּדִים לֹא חָפָצְתִּי) einerseits wörtlich dahingehend verstehen lässt, dass die Hände der Adressaten von den vielen Schlachtopfern mit Blut befleckt sind, andererseits aber im Licht der nachfolgend unter Anklage gestellten ethisch bösen Taten bedeutet, dass die Adressaten Blutschuld auf sich geladen haben, die eigentlicher Grund der Ablehnung des Kultes seitens JHWHs und Anlass der geforderten ethischen Läuterung ist. Formal wird der Abschnitt durch die Imperative in V. 10 (שִׁמְעוּ und הַאֲזִינוּ) und V. 16–17 (רִיבוּ und שִׁפְטוּ ;אַשְּׁרוּ ;דִּרְשׁוּ ;לִמְדוּ ;חִדְלוּ ;הָסִירוּ ;הִזַּכּוּ ;רַחֲצוּ) sowie durch die durchgehende Anrede in der zweiten Person Plural als Einheit ausgewiesen.

An Jes 1,10–17 schließt sich der Abschnitt Jes 1,18–20 an, der zu V. 10–17 aus mehreren Gründen in enger Beziehung steht.[258] So erreicht die Reihe der neun in V. 16–17 enthaltenen Imperative mit dem Imperativ לְכוּ in V. 18a die Vollzahl zehn.[259] Die Anrede in der zweiten Person Plural setzt sich bis V. 20 fort. Inhaltlich greifen die Begriffe וְנִוָּכְחָה („lasst uns rechten") und חֲטָאֵיכֶם („eure Sünden") aus V. 18 auf die in V. 16–17 genannten ethischen Verfehlungen zurück. Diese werden nun zum Anlass für eine zwischen dem göttlichen Sprecher (V. 18aβ und 20bβ) und den Adressaten zu führende Auseinandersetzung, die die Möglichkeit einer Reinigung eröffnet (V. 18b–20). Die Art und Weise, wie Vers 18b von dieser Reinigung spricht, setzt V. 15b voraus, da die dort erwähnten blutbefleckten Hände der Grund sind, warum in V. 18b von Sünden roter Farbe gesprochen wird.

Unbeschadet ihrer Verweise auf V. 15b–17 schlägt die Passage Jes 1,18–20 aber auch den Bogen zurück zur kapiteleröffnenden Passage Jes 1,2–4. So ist das Stichwort חֲטָאֵיכֶם „eure Sünden" in V. 18b nicht nur eine abstrahierende Zusammenfassung der in V. 15b–17 aufgezählten Vergehen, sondern ruft gleichzeitig die Wendung גּוֹי חֹטֵא („sündige Nation") aus V. 4a in Erinnerung. Die in der zweiten Person angesprochenen Adressaten (חֲטָאֵיכֶם „eure Sünden") von V. 18–20 erscheinen so als die sündige Nation, der in V. 4 der Wehe-Ruf gegolten hatte, und die

---

257 Mit Abstand am häufigsten findet sich die Wurzel רחץ im Buch Leviticus, vgl. Lisowski, Konkordanz, Stichwort רחץ.

258 Vgl. dazu auch Fohrer, Zusammenfassung, S. 253.

259 Die betreffenden Aufforderungen in Jes 1,16–17.18a sind: רַחֲצוּ/ הִזַּכּוּ/ הָסִירוּ רֹעַ מַעַלְלֵיכֶם מִנֶּגֶד עֵינָי/ חִדְלוּ הָרֵעַ/ לִמְדוּ הֵיטֵב/ דִּרְשׁוּ מִשְׁפָּט /אַשְּׁרוּ חָמוֹץ /שִׁפְטוּ יָתוֹם/ רִיבוּ אַלְמָנָה/ לְכוּ־נָא וְנִוָּכְחָה. Dies wurde auch schon von Berges, Das Buch Jesaja, S. 67, beobachtet.

in V. 2–4 im Mittelpunkt stehende Sünde des Abfalls von JHWH wird zu den in V. 16–17 aufgezählten Sünden in (eine im weiteren Verlauf dieser Arbeit noch zu erforschende) Beziehung gesetzt. Insbesondere fällt auf, dass den zehn Imperativen von Jes 1,16–17.18a die Zahl von zehn Vergehen in Jes 1,2–4 gegenübersteht.[260] Ein weiterer Rückverweis auf V. 2 liegt in der Abschlussformel von V. 20 כִּי יְהוָה דִּבֵּר ("denn der Mund JHWHs hat gesprochen"), die fast wörtlich die einleitende Ankündigung eines JHWH-Wortes כִּי יְהוָה דִּבֵּר aus V. 2a aufgreift. Auf diese Weise erscheinen die Verse 18–20 als Klammer, die an den vorhergehenden Abschnitt V. 10–17 anknüpft und diesen an die Passage V. 2–4 zurückbindet. Diese Einschätzung der Funktion von V. 18–20 wird dadurch bestätigt, dass dieser Abschnitt ungeachtet der deutlichen Verbindungslinien zu V. 10–17 dennoch eine gewisse Eigenständigkeit besitzt und in sich abgeschlossen erscheint. So bildet die Aufmerksamkeitsfloskel לְכוּ־נָא ("kommt doch!", V. 18aα), die eine gewisse Dringlichkeit beinhaltet[261] und gewöhnlich einen für den Adressaten sowie meist auch den Sprecher vorteilhaften Vorschlag einleitet,[262] zusammen mit dem in V. 18aβ enthaltenen Hinweis auf ein JHWH-Wort (יֹאמַר יְהוָה), der V. 11 aufgreift, einen Neueinsatz. Das so begonnene Zitat JHWHs kommt mit der Feststellung כִּי פִּי יְהוָה דִּבֵּר in V. 20bβ zum Abschluss, so dass die Verse 18–20 als Sinneinheit ausgewiesen sind. Angesichts des bemerkenswerten Befundes, dass sich in V. 18–20 sowohl den vorhergehenden Abschnitt weiterführende als auch von ihm abgrenzende Elemente sowie ferner Rückverweise auf V. 2–4 finden, verwundert es nicht, dass es divergierende Ansichten darüber gibt, ob diese Sinneinheit als eigenständig, als Schlusspunkt von Jes 1,10.11–20 oder als Abschluss von Jes 1,2–20 zu beurteilen ist. Ohne dass diese Frage hier im Einzelnen erörtert werden soll,[263] ist doch zu bedenken, dass der Hinweis יֹאמַר יְהוָה ("spricht JHWH") in V. 18aβ nicht notwendig wäre, wenn die Passage Jes 1,18–20 als unmittelbare Fortsetzung von Jes 1,10.11–17 gelesen werden sollte, da in den Versen 11–17 durchgehend JHWH selbst es ist, der (vermittelt durch den Propheten) spricht. Die durch den Namen JHWH gebildete Inklusion zwischen V. 18aβ und V. 20bβ (יֹאמַר יְהוָה „spricht JHWH"

---

260 Bei den Vergehen handelt es sich um folgende Aussagen פָּשְׁעוּ בִי /לֹא יָדַע /לֹא הִתְבּוֹנָן (V. 2b)/ חֹטֵא /עָוֹן כֶּבֶד /מְרֵעִים /מַשְׁחִיתִים (V. 4a)/ נָאֲצוּ /עָזְבוּ /נָזֹרוּ (V. 4b). Näheres zur Verknüpfung zwischen den zehn Vergehen und den zehn Aufforderungen zur Umkehr unter den Punkten 3.6.2.6.7 (Bedeutung des „Hörens" in Jes 1; 2,2–4), 3.6.2.7 (literarkrische Konsequenzen) und 3.6.3.4 („Widerspenstigkeit" in Jes 1,5a).
261 Vgl. Williamson, Isaiah 1–5, S. 111, der sehr treffend bemerkt: „[...] the initial *come, now* injects a note of concerned urgency".
262 Vgl. Gray, Isaiah 1–27, S. 27: „The phrase commonly introduces a proposal for the mutual benefit of the parties, or, at least, for that of the party addressed."
263 Zu den einzelnen Positionen vgl. Williamson, Isaiah 1–5, S. 106 f.; Willis, First Pericope, S. 64–72.

כִּי פִּי יְהֹוָה דִּבֵּר ... „denn der Mund JHWHs hat gesprochen") dient folglich ausschließlich dazu, die Passage Jes 1,18–20 als in sich geschlossene Einheit aus dem Kontext hervorzuheben.[264] Zusammenfassend ist festzuhalten, dass Jes 1,18–20 ein als Einheit markierter Abschnitt ist, der sowohl an den vorhergehenden Teil Jes 1,10–17 anknüpft als auch Rückbezüge zur Passage Jes 1,2–4 herstellt und auf diese Weise den Großabschnitt Jes 1,2–20 zu einem Ganzen werden lässt.

Entsprechend der Beobachtung, dass Jes 1,18–20 mit der Wendung כִּי פִּי יְהֹוָה דִּבֵּר („denn der Mund JHWHs hat gesprochen") zu einem Schlusspunkt kommt, setzt Jes 1,21aα mit der Interjektion אֵיכָה („ach!") neu ein. Der Neueinsatz zeigt sich ferner darin, dass ab V. 21 nicht mehr JHWH die in Jes 1,10 genannten Personengruppen in der zweiten Person Plural anspricht, sondern der Prophet (vgl. V. 24aα) in der dritten Person Singular über eine als זוֹנָה („Hure") bezeichnete Stadt klagt, an die er sich ab V. 22–23 direkt in der zweiten Person Singular wendet. Inhaltlich ist Jes 1,21–23 eine prophetische Schelte, die durch das Thema des Rechts (מִשְׁפָּט in V. 21bα und 17aβ), durch die kritische Erwähnung der Oberschicht (V. 23aα und V. 10a) sowie durch die Nennung der von Ungerechtigkeit Betroffenen (Waisen und Witwen in V. 23b und V. 17b) an Jes 1,10–17 anknüpft. Dabei schildern die Verse 21–23 eine Situation, in der Recht und Gerechtigkeit verfallen sind (V. 21b), so dass JHWHs in V. 17 gegebene Weisung, sich für das Recht (V. 17aβ: דִּרְשׁוּ מִשְׁפָּט), insbesondere für die Belange der Waisen und Witwen (V. 17b: שִׁפְטוּ יָתוֹם רִיבוּ אַלְמָנָה) einzusetzen, von der Oberschicht (vgl. V. 23a) mit Füßen getreten wird: „einer Waisen verhelfen sie nicht zu Recht, und ein Streit einer Witwe gelangt nicht zu ihnen" (יָתוֹם לֹא יִשְׁפֹּטוּ וְרִיב אַלְמָנָה לֹא־יָבוֹא אֲלֵיהֶם).

Die Ankündigung eines JHWH-Wortes in Jes 1,24 durch נְאֻם הָאָדוֹן יְהֹוָה צְבָאוֹת אֲבִיר יִשְׂרָאֵל „Spruch des Allherrn, JHWH der Mächte, des Gewaltigen Israels" lässt auf Grund der dreifachen Gottesprädikation Allherr (הָאָדוֹן) – JHWH der Mächte (יְהֹוָה צְבָאוֹת) – Gewaltiger Israels (אֲבִיר יִשְׂרָאֵל) ein besonders gewichtiges Verdikt erwarten. Zusammen mit der voranstehenden gattungstypischen[265] Partikel לָכֵן („Darum...") zeigt sie an, dass der prophetischen Schelte nun ein Drohwort JHWHs folgt. Letzteres nennt keine Vergehen der Adressatin. Diese lässt sich auf Grund der Personalsuffixe der zweiten Person Singular Femininum in V. 25–26a zunächst nur als weibliche Person identifizieren, schließlich wird sie aber in V. 26b

---

264 Ob die Ursache für diese Textgestaltung darin liegt, dass Jes 1,18–20 ursprünglich eine unabhängig überlieferte Einheit war, oder aber darin, dass der für Jes 1,10–20 letztverantwortliche Autor gezielt die Verse 18–20 vom Vorhergehenden abgrenzen wollte, ist eine davon zu trennende Frage, auf die hier im Rahmen der synchron zu erhebenden Textstruktur nicht näher einzugehen ist. Vgl. dazu die genaue diachrone Analyse bei Williamson, Isaiah 1–5, S. 107–111, sowie unseren Vorschlag unter Punkt 3.6.2.7.

265 Zur Gattung des Drohwortes siehe Schmitt, Arbeitsbuch, S. 304.

durch das bereits in V. 21a gefallene Stichwort קִרְיָה נֶאֱמָנָה als die von dort her bekannte sichere/festgebaute Stadt erkennbar. Somit verweist das Drohwort Jes 1,24–26 sowohl auf die Adressatin der Schelte Jes 1,21–23 als auch auf die dort gegebene Begründung der Drohung zurück. Es besteht ein untrennbarer Zusammenhang zwischen den komplementär aufeinander bezogenen Unterabschnitten Schelte (Jes 1,21–23) und Drohwort (Jes 1,24–26). Diese Annahme wird durch die Beobachtung gestützt, dass neben der den ganzen Abschnitt Jes 1,21–26 umschließenden Inklusion mittels קִרְיָה נֶאֱמָנָה weitere Stichwortbeziehungen und Verweisungen zwischen beiden Unterabschnitten bestehen: So verbindet auch der auf die Wiederherstellung eines früheren positiven Zustands (V. 26a „wie im Anfang" כְּבָרִאשֹׁנָה und „wie vordem" כְּבַתְּחִלָּה) reagierende Zuruf „Wohnort der Gerechtigkeit" (V. 26bα: עִיר הַצֶּדֶק) Vers 26 mit Vers 21, der die Bezeichnung der Stadt als „Hure" durch den Hinweis auf die makellosen früheren Verhältnisse, insbesondere die „Gerechtigkeit" צֶדֶק (V. 21bβ), begründet:

> „Sie war voll von Recht, Gerechtigkeit weilte[266] in ihr, jetzt aber: Mordende"
>
> מְלֵאֲתִי מִשְׁפָּט צֶדֶק יָלִין בָּהּ וְעַתָּה מְרַצְּחִים

Die Ankündigung „ich werde [...] deine Schlacke reinigen" ([...] סִיגָיִךְ וְאֶצְרֹף) in V. 25aβ setzt nicht nur die in V. 21.26 genannte Adressatin קִרְיָה נֶאֱמָנָה, auf die sich das Personalsuffix der zweiten Person Singular Femininum ךְ bezieht, voraus, sondern greift durch das Stichwort „Schlacke" (סִיגִים) auch die Bildrede aus V. 22a „dein reines Silber ist geworden zu Schlacke" (כַּסְפֵּךְ הָיָה לְסִיגִים) auf, die der als Sachhälfte fungierende Vers 23a mit der ethisch verkommenen Oberschicht der Stadt („deine Edlen" שָׂרַיִךְ) in Verbindung bringt. Ein weiterer Verweisungszusammenhang zwischen Jes 1,21–23 und Jes 1,24–26 ergibt sich aus der dreimaligen Verwendung verschiedener Formen der Wurzel שׁפט. So erhebt der Prophet in V. 23b gegen die Oberschicht den Vorwurf, diese verhelfe Waisen nicht zu ihrem Recht (לֹא יִשְׁפֹּטוּ). Um diesem Missstand ein Ende zu bereiten, verspricht JHWH in V. 26aα, nach dem bevorstehenden Reinigungsgericht (V. 25) der Stadt ihre Richter (Qal Partizip Plural Maskulinum im Status constructus mit Personalsuffix der 2. Person Singular

---

266 Im Zusammenhang mit der voranstehenden Form der Suffixkonjugation, 1. Person Sing. com., מְלֵאֲתִי (V. 21bα) und der nachfolgenden adversativen Wendung וְעַתָּה (V. 21by) weist die Form der Präfixkonjugation, 3. Person Sing. mask., יָלִין nicht in die Zukunft, sondern drückt einen andauernden Vorgang aus, vgl. Joüon/Muraoka, Grammar, § 113e: „In the domain of the past the yiqtol expresses aspect only: repeated or durative action. The time value of the form is only derived from the the context. Therefore this yiqtol can only be used in a context which has been situated in the past beforehand." Zur Qualifizierung des Verbs לין als aktives Verb, die von der zitierten Passage vorausgesetzt wird, vgl. ebd., § 41e.

Femininum: שְׁפְטַיִךְ) zurückzubringen, unter deren Herrschaft wieder Verhältnisse „wie im Anfang" (V. 26aα: כְּבָרִאשֹׁנָה) einkehren sollen, d. h. die Stadt soll gemäß der in V. 21bα gegebenen Beschreibung des früheren Zustands wieder eine „von Recht Gefüllte" (מְלֵאֲתִי מִשְׁפָּט) werden. Aus alledem folgt, dass der Abschnitt Jes 1,21–26 formal wie inhaltlich eine in sich geschlossene Einheit ist.[267]

Nun stellt sich die Frage, wie sich Jes 1,27 ff. zum Vorhergehenden verhalten. Vers 27 scheint die Thematik weiterzuführen, indem er die in Jes 1,21–26 namentlich nicht genannte „festgebaute Stadt" (קִרְיָה נֶאֱמָנָה) mit Zion, dem sakralen Namen Jerusalems, identifiziert.[268] Formal unterscheidet sich V. 27 vom vorhergehenden Abschnitt Jes 1,21–26 aber dadurch, dass nicht mehr in der 2. Person Singular Femininum die Stadt angesprochen, sondern in der 3. Person Singular über sie gesprochen wird. Die beschreibende Rede in der 3. Person setzt sich bis einschließlich V. 28 fort, allerdings geht es ab V. 27b nicht mehr um Zion selbst, sondern um mit ihr verbundene Personen, die umkehren oder zurückkehren (Qal Partizip Plural Constructus mit Suffix 3. Person Singular Femininum von שׁוב : שָׁבֶיהָ) und durch rechtes, gemeinschaftsförderliches Verhalten (צְדָקָה) zum Freikauf ihrer selbst sowie Zions beitragen. Im Textzusammenhang von Jes 1 erscheint dies als modifizierende Anknüpfung an Jes 1,26a, wo JHWH ankündigt, er werde der Stadt die Richter und Ratgeber der heilvollen Anfangszeit zurückbringen (Hiphil Präfixkonjugation von שׁוב : וְאָשִׁיבָה). Allerdings scheint laut V. 27b eine Wende zum Besseren abweichend von V. 26 nicht bereits durch die Rückkehr vorbildlicher Gründergestalten einzutreten, sondern die eigentliche Rückkehr zur heilvollen Anfangszeit, die als ein „Loskaufen" verstanden ist, wird durch die Umkehr zum Recht (בְּמִשְׁפָּט) und zu rechtem, gemeinschaftsförderlichem Verhalten (בִּצְדָקָה) ermöglicht. Der theologische Akzent verschiebt sich so von der Hoffnung, JHWH werde Rettergestalten entsenden, die das Recht wiederherstellen, hin zur Forderung, Zion und die ihr verbundenen JHWH-Treuen müssten eine Umkehr zu gemeinschaftsförderlichem Verhalten vollziehen, um dadurch eine Wende zum Besseren zu ermöglichen. V. 28 setzt den freigekauften Personen von V. 27b die Gruppe der Abtrünnigen, Sünder und von JHWH Abgefallenen entgegen, die dem Untergang geweiht sind. Dieser in V. 28 konstatierte Untergang wird durch die Verse 29–31 im Rahmen einer an die betroffenen Personen gerichteten direkten Rede in der 2. Person Plural sowohl hinsichtlich der ihn herbeiführenden

---

267 Nähere Erläuterungen zur konzentrischen Struktur von Jes 1,21–26 finden sich bei Steck, Zur konzentrischen Anlage.

268 Dadurch wird gleichzeitig assoziativ Jes 1,8 mit seiner Beschreibung der inmitten von Verwüstung übrig gebliebenen Tochter Zion in Erinnerung gerufen. Vgl. Berges, Das Buch Jesaja, S. 69 f.

Vergehen (V. 30) als auch hinsichtlich seiner Umstände (Verse 30–31) konkretisiert.

Während V. 27 durch die Wurzel שׁוב sowie die Begriffe מִשְׁפָּט und צְדָקָה auf Inhalte von Jes 1,21–26 Bezug nimmt, und zwar zunächst auf den Rückblick auf die heilvollen Anfänge in V. 21: מְלֵאֲתִי מִשְׁפָּט / צֶדֶק יָלִין בָּהּ, ferner auf den mangelnden Rechtsschutz für Waisen und Witwen in V. 23b: יָתוֹם לֹא יִשְׁפֹּטוּ, und schließlich auf die in V. 26 ausgedrückte Hoffnung auf eine Wiederherstellung des ursprünglichen Heilszustands: V. 26a: וְאָשִׁיבָה שֹׁפְטַיִךְ; V. 26b: עִיר הַצֶּדֶק, greift V. 28 vor allem auf die Semantik des ersten Abschnitts Jes 1,2–4 zurück. Wenn V. 28 den Untergang von Abtrünnigen (פֹּשְׁעִים) und Sündern (חַטָּאִים) sowie derjenigen, die JHWH verlassen (עֹזְבֵי יְהוָה), heraufbeschwört, dann erinnert der Begriff פֹּשְׁעִים an die in V. 2b angeprangerte Ungeheuerlichkeit, dass JHWHs Mühen um das Emporbringen seiner Söhne von diesen mit dem Abfall (Wurzel פשׁע) von ihm quittiert wurde (V. 2b: בָּנִים גִּדַּלְתִּי וְרוֹמַמְתִּי וְהֵם פָּשְׁעוּ בִי), und der Begriff חַטָּאִים (Sünder) verweist auf den Wehe-Ruf 4a zurück, der sich gegen die „sündigende Nation" richtete (V. 4aα: הוֹי גּוֹי חֹטֵא). Darüber hinaus war in V. 4b auch bereits vom Verlassen JHWHs (Wurzel עזב) die Rede: עָזְבוּ אֶת־יְהוָה Während aber die in Jes 1,2b.4a–b geäußerten Vorwürfe des Abfalls von JHWH bzw. der Sünde das ganze Volk treffen, führt Jes 1,27–28 eine Differenzierung zwischen denjenigen, die zu Recht und Gerechtigkeit zurückkehren und daher „losgekauft" werden, und denjenigen, die JHWH untreu sind und daher zu Grunde gehen werden, ein. Den Kriterien dieser Differenzierung ist zu entnehmen, dass Treue zu JHWH und ein auf Recht und gemeinschaftsförderliches Verhalten (מִשְׁפָּט und צְדָקָה) ausgerichtetes Verhalten untrennbar miteinander verbunden sind, da diejenigen, die sich auf Recht und Gerechtigkeit besinnen, ohne Weiteres zu den von JHWH Abgefallenen in Opposition gesetzt werden. Daraus folgt: Wer sich nach Recht und Gerechtigkeit richtet, der gehört schon allein deshalb zu JHWH.[269]

Während diejenigen, denen Befreiung verheißen wird, sich durch ihre Umkehr zu Recht und Gerechtigkeit auszeichnen (V. 27), hebt die in V. 29–30 gegebene Charakterisierung der in V. 28 genannten Abtrünnigen und Sünder jedoch nicht deren ethische, sondern deren kultische Verfehlungen hervor. Dabei vollzieht sich in V. 29 auch ein formaler Wechsel von der Rede der 3. Person Plural (V. 28), die Abtrünnige und Sünder beschreibt, hin zu deren direkter Anrede in der 2. Person Plural. Inhaltlich wird ihre Vorliebe für stattliche Bäume (V. 29a) und ihre Er-

---

[269] Diese zentrale Bedeutung der von JHWH geforderten Einhaltung ethischer Gebote war im vorhergehenden Text bereits in der scharfen Zurückweisung eines JHWH-Kultes (Jes 1,11–15a), der sich über ethische Maßstäbe hinwegsetzt (Jes 1,15b–17), zum Ausdruck gekommen. Wer das Recht der Schwachen nicht achtet (vgl. Jes 1,15b–17), den kann JHWH niemals zu den Seinen rechnen, selbst wenn er ihm kultische Opfer darbringt (vgl. Jes 1,11–15a).

wählung (29b: בְּחַרְתֶּם) von Gärten kritisiert. Dahinter verbirgt sich der Vorwurf, an diesen Orten entsprechend damals verbreiteten Gebräuchen Fremdgötterkult praktiziert zu haben. Dass stattliche Bäume häufig Kultorte waren, ergibt sich aus Belegen wie z. B. 2 Kön 16,4, wo König Ahas von Juda vorgeworfen wird, er habe unter jedem üppigen Baum Schlacht- und Rauchopfer dargebracht, oder Jes 57,4b-5, wo den angesprochenen „Kindern eines Ehebrechers und einer Dirne" (Jes 57,3) fremde Kultpraktiken zur Last gelegt werden:

> [4b]„Seid ihr nicht Kinder des Verbrechens, eine Brut der Lüge,
> [5]die ihr brünstig geworden seid bei den Terebinthen, unter jedem grünen Baum,
> die ihr Kinder in den Tälern schlachtet unterhalb der Felsspalten?"[270]

הֲלוֹא־אַתֶּם יִלְדֵי־פֶשַׁע זֶרַע שָׁקֶר:
הַנֵּחָמִים בָּאֵלִים תַּחַת כָּל־עֵץ רַעֲנָן
שֹׁחֲטֵי הַיְלָדִים בַּנְּחָלִים תַּחַת סְעִפֵי הַסְּלָעִים:

Dass auch Gärten Orte des Fremdgötterkultes waren, ergibt sich z. B. aus Jes 65,3c, wo JHWH beteuert, er habe den ganzen Tag seine Hände nach einem abtrünnigen Volk ausgestreckt (vgl. Jes 65,2), das – unter anderem – Schlachtopfer in Gärten und Rauchopfer auf Ziegeln darbringe (Jes 65,3c: הָעָם [...] זֹבְחִים בַּגַּנּוֹת וּמְקַטְּרִים עַל־הַלְּבֵנִים). Somit handelt es sich nach der Interpretation der Verse 29 – 31 bei den Abtrünnigen und Sündern um Anhänger von Fremdgötterkulten, denen das endgültige Gericht angesagt wird (V. 30 – 31). Vers 31 schlägt dabei allerdings insofern einen Bogen zurück zu den vorhergehenden sozialkritischen Passagen, als der zuvor in den Blick genommene Fremdgötterkult als „Werk" des „Starken" gesehen wird. Dies könnte darauf hindeuten, dass zur Entstehungszeit von Jes 1,29 – 30.31 der betreffende Fremdgötterkult besonders unter Angehörigen der Oberschicht Zulauf fand.

Die Überlegungen zur Schlusspassage haben gezeigt, dass Jes 1,27– 31 auf synchroner Ebene die letzte Sinneinheit des ersten Jesaja-Kapitels bildet, die eine Relecture des von JHWH in Jes 1,24 – 26 angekündigten Reinigungsgerichts bietet, indem nicht mehr nur die ethisch verwahrloste Oberschicht beseitigt und durch den Idealen der Anfangszeit entsprechende Richter ersetzt werden soll, sondern eine grundsätzliche Scheidung all derjenigen, die zu Recht und Gerechtigkeit zurückkehren und daher „losgekauft" werden, von den Abtrünnigen und Sündern, die sich von JHWH ab- und Fremdgötterkulten zugewandt haben und daher dem Gericht verfallen sind, stattfinden soll. Vers 27 fungiert innerhalb der Schlusspassage als Überleitungsvers, weil er die Gruppe der Losgekauften an die in

---

270 Elberfelder Übersetzung.

Jes 1,21–26 im Zentrum stehenden Werte des Rechts und der Gerechtigkeit zurückbindet. Da Vers 28 Bezüge zu Jes 1,4 aufweist, die eine Klammer um das ganze Kapitel bilden, und da inhaltlich angesichts des Untergangs der Abtrünnigen, Sünder und von JHWH Abgefallenen ein Schlusspunkt erreicht ist, während die nachfolgenden Verse 29–31 auf den Buchschluss verweisende tritojesajanische Bezüge (Jes 57,4b–5; 65,3) enthalten und die drei breit gefächerten Gruppen der Abtrünnigen, Sünder und Abgefallenen auf eine Gruppe von Anhängern bestimmter Fremdgötterkulte reduzieren, erscheint Jes 1,27–31 als gewachsene Sinneinheit, deren genaue literarkritische Schichtung im Rahmen dieser Arbeit, die sich in der Einzelexegese auf Jes 1,1–9 konzentriert, nicht endgültig ausgelotet werden kann.[271]

Die Grobstruktur von Jes 1 lässt sich in folgendem Schema veranschaulichen:[272]

A. Jes 1,1   Überschrift

B. Jes 1,2–31

    I.   Jes 1,2–9   Die Verwüstung Israels in Folge seiner Abkehr von JHWH und seiner Unbelehrbarkeit

        1.   Jes 1,2–4   Israels Abfall von JHWH

           a.   Jes 1,2–3   Israels törichte Undankbarkeit

           b.   Jes 1,4   Wehe-Klage über Sündenschuld / bevorstehendes Unheil

        2.   Jes 1,5–9   Konsequenzen des Abfalls

    II.   Jes 1,10–17   JHWHs Abscheu vor kultischer Verehrung durch Unterdrücker

    III.   Jes 1,18–20   Die Wahl zwischen Umkehr zum Leben und Unbelehrbarkeit bis zum Tod

    IV.   Jes 1,21–26   Die Preisgabe von Recht und Gerechtigkeit durch die zur Hure gewordene Stadt

        1.   Jes 1,21–23   Prophetische Schelte der Verkehrung des Rechts durch die Oberschicht auf Kosten der Schwachen

        2.   Jes 1,24–26   Göttliche Androhung eines Läuterungsgerichts mit Verheißung der Wiederherstellung der Gerechtigkeit

    V.   Jes 1,27–31   Die Scheidung derjenigen, die zu Recht und Gerechtigkeit zurückkehren, von den Abtrünnigen und Sündern

---

271 Zu literarkritischen Überlegungen zu Jes 1 siehe unten Punkt 3.6.2.7. Auch dort kann allerdings hinsichtlich Jes 1,29–31 keine endgültige Entscheidung getroffen werden.
272 Eine weitgehend übereinstimmende Auffassung, allerdings ohne Differenzierung mehrerer Ebenen in den Abschnitten B.I und IV, vertritt Deck, Gerichtsbotschaft Jesajas, S. 92 (Anm. 264).

3.4 Jes 1 als redaktionelle Einheit

Die bei der Strukturanalyse von Jes 1 deutlich gewordene Themenvielfalt, der häufige Wechsel zwischen JHWH-Worten und Prophetenworten, der Wechsel der Adressaten (z. B. zwischen V. 2a: „Himmel und Erde", 5: „ihr", 9: „wir", 10: Sodom und Gomorra, 21: „die Stadt", usw.), der Wechsel zwischen der Rede über Israel in der 3. Person (z. B. V. 2–4), der in der 2. Person gehaltenen Anrede Israels (z. B. V. 5–7) bzw. „der Stadt" (V. 22) und der in der 1. Person formulierten Selbstreflexion einer Gemeinde (V. 9), sowie auch die Verschiedenheit der literarischen Formen (Wehe-Ruf in V. 4; negativer Kultbescheid in V. 10–17; Scheltwort in Verbindung mit Drohwort in V. 21–23/24–26)[273] legen die Vermutung nahe, dass Jes 1 ein redaktionell gestalteter Text ist, der teilweise älteres Material integriert, aber auch von Redaktoren verfasste Textanteile enthält.[274] Eine umfassende Behandlung der zahlreichen Fragen, die sich hier stellen, wie z. B. die nach den Gründen der Auswahl der in Jes 1 enthaltenen Themen und literarischen Formen, nach dem Aussageduktus, der inhaltlich-theologischen Einheit oder Vielfalt von Jes 1, usw., wird im Rahmen dieser Untersuchung nicht zu leisten sein. Das Ziel wird sein, besonders die im ersten Abschnitt von Jes 1 enthaltenen Begriffe, Motive und Aussagen zu erforschen und in ihrer grundlegenden Bedeutung für den weiteren Fortgang des ersten Kapitels sowie teilweise auch weit darüber hinaus darzustellen. Daraus werden sich sowohl Zusammenhänge als auch Unterscheidungen ergeben, die für die genannten Fragen relevant sind. Am Beginn der Untersuchung der in der Eröffnung des Jesaja-Buches gelegten Grundlagen steht die Frage, ob sich Jes 1 nicht schon deshalb als einheitliche redaktionelle Komposition verstehen lässt, weil sie insgesamt oder zu erheblichen Teilen einer einzigen Gattung entspricht. Konkret kommt hier die Gattung der Gerichtsrede (Rîb-Pattern) in Frage.

3.5 Jes 1 als Gerichtsrede (Rîb-Pattern)?

3.5.1 Die Problemstellung

Von vielen Exegeten[275] wurde und wird Jes 1,2–20* zumindest in Teilen als ein typischer Beleg der Gattung der prophetischen Gerichtsrede (Rîb-Pattern oder

---

273 Zu den literarischen Formen vgl. Schmitt, Arbeitsbuch, S. 304–306.

274 Vgl. dazu Becker, Jesaja, S. 175 f.; Tucker, Book of Isaiah, S. 46 f.

275 Vgl. z. B. Huffmon, Covenant Lawsuit, S. 286. Im Einzelnen unterscheidet Huffmon zwei unterschiedlich strukturierte Typen (S. 286, 288), nämlich den (für unser Thema weniger rele-

Covenant Lawsuit) angesehen. Diese lange Zeit unumstrittene Zuordnung wurde jüngst von einigen, insbesondere von M. de Roche,[276] der den juridischen Charakter der von ihm als Rîb-Orakel bezeichneten Texte negiert, und D. R. Daniels,[277] der die Existenz der Gattung der prophetischen Gerichtsrede insgesamt bestreitet, sowie von H. G. M. Williamson[278] grundlegend in Frage gestellt. Das Problem soll im Folgenden skizziert werden, wobei Williamsons klare, speziell im Hinblick auf Jes 1 ausgearbeitete Analyse besondere Berücksichtigung finden wird.

Da Ähnlichkeiten zwischen Texten nicht immer auf die Verwendung eines Gattungsformulars zurückzuführen sind, sondern ebenso gut ihren Grund in einer Verwandtschaft des Sachthemas, in der Verwendung allgemein verbreiteter geprägter Wendungen und Bilder, die an keinen bestimmten Sitz im Leben gebunden sind (Topik), sowie auch in einer literarischen Abhängigkeit haben können, ist es zweckmäßig, sich zunächst die drei grundlegenden Kriterien des Gattungsbegriffs in Erinnerung zu rufen. Diese Kriterien, die zuerst von H. Gunkel für die Psalmenforschung erarbeitet wurden, sind ein gemeinsamer Schatz von Gedanken und Stimmungen, ein gemeinsamer Sitz im Leben und eine übereinstimmende Formensprache.[279] Sie gelten grundsätzlich auch für die prophetische Literatur, was bei den Grundgattungen der Prophetensprüche (Drohwort, Scheltwort, Mahnwort und Heilswort) besonders deutlich wird.[280]

---

vanten) Rechtsstreit gegen fremde Götter, bei dem JHWH als Richter auftritt (Ps 82; Jes 41,21–29; 44,6 ff.), und den Rechtsstreit JHWHs gegen sein Volk, bei dem dieser als Kläger auftritt. Als exemplarische Belege des letztgenannten Typs führt er an: Ps 50; Jes 1,2–3; 3,13–15; Jer 2,4–13; Mi 6,1–8. Ferner ordnen u. a. folgende Autoren Jes 1 der Gattung der Gerichtsrede zu: Harvey, Rîb-Pattern, S. 177 f.; Fohrer, Jesaja I, S. 24 f. („Beginn einer Gerichtsverhandlung" aus der täglichen Rechtspraxis in Juda); Wildberger, Jesaja 1–12, S. 9–14; Nielsen, Das Bild des Gerichts, S. 309–324; *dieselbe*, Yahweh as Prosecutor and Judge, S. 27–29; Childs, Isaiah, S. 16, der Jes 1,2–3 genauer als Anklagerede („accusation") bezeichnet; Tucker, Book of Isaiah, S. 52; Vermeylen, Du prophète Isaïe, S. 43–49; Willis, First Pericope, S. 72–74.

Folgende Autoren sehen Jes 1 nicht als Gerichtsrede: Smith, Isaiah 1–39, S. 94 f. („negotiations that take place before a trial [similar to an arraignment], rather than a court trial itself"), 101–102. Ferner Oswalt, Isaiah 1–39, S. 85: „The tone makes it clear that what follows will be not so much a legal presentation as a personal one. While the covenant is clearly in view, it is in the background and remains there." Dabei bezieht er sich offensichtlich auf Jes 1,2–9, vgl. seine Einteilung auf S. 84 f.

Eine ausführliche Liste der Autoren, die sich mit der Gattung der Gerichtsrede befasst haben, findet sich bei Vermeylen, Du prophète Isaïe, S. 43, Fußnote 3.

276 de Roche, Yahweh's Rîb, S. 563–574.

277 Daniels, Prophetic Lawsuit, S. 339–360.

278 Williamson, Isaiah 1 and the Covenant Lawsuit, S. 393–401.

279 Vgl. Schmitt, Arbeitsbuch, S. 417.

280 Vgl. Schmitt, Arbeitsbuch, S. 304 f.

3.5.2 Forschungsüberblick zur prophetischen Gerichtsrede (Rîb-Pattern)

Was die Forschungsgeschichte der bereits von H. Gunkel[281] behandelten Gattung der Gerichtsrede anbelangt, so kann bis zum Jahr 1978 hinsichtlich der Einzelheiten auf die Darstellung in K. Nielsens Arbeit „Yahweh as Prosecutor and Judge" verwiesen werden.[282] Im Laufe dieser Forschungsgeschichte bildete sich ein Konsens heraus, dass gewisse Passagen von Jes 1; Dtn 32,1–43*; Hos 4; Mi 6; Jer 2 und Ps 50, deren Umfang die einzelnen Autoren aber teilweise unterschiedlich abgrenzten,[283] als paradigmatische Belege dieser Gattung anzusehen seien,[284] zu denen noch weitere hinzukämen, die dem Gattungsformular nur teilweise entsprächen.[285] Dieser Konsens über eine Zahl von fünf paradigmatischen Gattungsbelegen erscheint auf den ersten Blick als solide Basis, um die Existenz der Gattung der prophetischen Gerichtsrede als gesichert anzusehen. Doch bereits die unterschiedliche Abgrenzung der Belegtexte lässt die Frage aufkommen, ob der Eindruck nicht täuscht. Denn diese Unterschiede in der Textbasis deuten darauf

---

281 Siehe H. Gunkels Einleitung zu H. Schmidt, Die Großen Propheten, S. LXIII, LXV–LXVI.

282 Vgl. Nielsen, Yaweh as Prosecutor, S. 5–26.

283 Unterschiedliche Abgrenzung des Umfangs der Gerichtsreden:
- Huffmon, Covenant Lawsuit, S. 285–288: *Jes 1,2–3; 3,13–15; Jer 2,4–13; Mi 6,1–8*. Ferner meint er, *Dtn 32,1–42* sei zwar keine prophetische Gerichtsrede, da sie in keinem Prophetenbuch stehe, komme einer solchen aber sehr nahe (S. 288 f.). *Ps 50* zeige in *V. 1* und v. a. *7–15* viele Merkmale einer Gerichtsrede, daneben jedoch auch noch andere Affinitäten (S. 289).
- Harvey, Rîb-Pattern, S. 177: *Dtn 32,1–25; Jes 1,2–3.10–20; Jer 2,2–37; Mi 6,1–8* und Ps 50.
- Wildberger, Jesaja 1–12, S. 8–12: *Jes 1,2–3*, ohne genaue Abgrenzung der anderen erwähnten Gerichtsreden Dtn 32*; Jer 2*; Mi 1*; 6*; Ps 50. Jes 1,18–20 sieht Wildberger als eigenständige Gerichtsrede, vgl. ebd., S. 50 f.
- Vermeylen, Du prophète Isaïe, S. 43: *Jes 1,2–20; Dtn 32*; Jer 2*; Hos 4,1–11aα; Mi 6,1–8* und Ps 50.
- Nielsen, Yaweh as Prosecutor, S. 27–39: *Jes 1,2–3; Hos 4,1–3; Ps 50*.
- de Roche, Yahweh's Rîb, S. 569–571: *Jer 2,5–9; Hos 2,4–25; Hos 4,1–3; Hos 12,3; Mi 6,1–8*.
- Willis, First Pericope, S. 72–74: *Jes 1,2–20*.
- Daniels, Prophetic Lawsuit, S. 343: *Jes 1,2–3.18–20; Jer 2,4–13; Hos 4,1–3; Mi 6,1–8*.
- Childs, Isaiah, S. 16, *Jes 1,2–3*.
Übereinstimmung hinsichtlich der Abgrenzung herrscht also nur bei Mi 6,1–8.

284 Vgl. Williamson, Covenant Lawsuit, S. 394 f.; Daniels, Prophetic Lawsuit, S. 343; Sweeney, Isaiah 1–39, S. 27.

285 Außerdem rechnen noch zu den Belegen der Gerichtsrede:
Nielsen, Yaweh as Prosecutor, S. 27–39: Hos 2,4–17; Jes 3,13–15;
etwas anders Vermeylen, Du prophète Isaïe, S. 44: Jes 3,13–15; (5,1–7); Mi 1,2–7; (3,1–4); Wildberger, Jesaja 1–12, S. 10: Jes 1,18–20 (als eigene Redeeinheit); 3,13–15; in bedingtem Sinn Jes 5,1–7.

hin, dass die verschiedenen Exegeten mit unterschiedlichen Definitionen der Gattung arbeiten und dementsprechend die einzelnen Gattungsmerkmale in unterschiedlichen Textabschnitten wiederfinden. Es ist daher angebracht, einen Blick auf verschiedene Definitionen der Gerichtsrede zu werfen.

H. B. Huffmon[286] hebt zunächst unter Verweis auf A. Bentzen und F. M. Cross hervor, dass es eine charakteristische Einleitungsformel der prophetischen Gerichtsrede („lawsuit") gebe, die aus einem an Naturphänomene gerichteten Höraufruf bestehe. Sodann greift er die von H. Gunkel und J. Begrich in ihrer „Einleitung in die Psalmen" vorgelegte Gattungsbeschreibung auf, deren zwei alternative Typen er in zwei Schemata zusammenfasst.[287] Demnach beginnen beide Varianten mit einer Beschreibung der Gerichtsszene, um dann entweder in eine Rede des Klägers oder in eine Rede des Richters zu münden. Bei der ersten Alternative umfasse die Klägerrede drei Elemente, nämlich die Einsetzung von Himmel und Erde als Richter, die Vorladung des Angeklagten (oder der Richter) und eine in der zweiten Person an den Angeklagten adressierte Rede. Letztere bestehe wiederum aus drei Unterpunkten, nämlich einer in Frageform gegen den Angeklagten gerichteten Anschuldigung, der Zurückweisung der möglichen Argumente des Angeklagten und dem spezifischen Anklagevorwurf. Bei der zweiten Alternative wende sich die Rede des Richters zunächst an den Angeklagten, indem sie auf der Grundlage der Anschuldigung einen Vorwurf formuliere und – gewöhnlich in der dritten Person – feststelle, dass er nichts zu seiner Verteidigung vorbringen könne. Der zweite Punkt sei der Schuldspruch, der dritte das Urteil (in der zweiten oder dritten Person). Bemerkenswerterweise seien im Fall der zweiten Alternative (Rede des Richters) stets JHWH der Richter und die fremden Götter die Angeklagten (Ps 82; Jes 41,21–29; 44,6 ff.), während im Fall der ersten Alternative (Rede des Klägers) JHWH die Rolle des Klägers, Israel die Rolle des Angeklagten, Himmel und Erde jedoch (laut Gunkel) die Richter-Rolle spielten (Ps 50, Jes 1,2–3; 3,13–15; Jer 2,4 ff.; Mi 6,1–8).

Es fällt auf, dass die von Huffmon aufgeführten zwei Varianten der Gerichtsrede eher wenige inhaltliche Gemeinsamkeiten aufweisen, wobei selbst diese vor allem auf der allgemeinen Thematik einer Auseinandersetzung zwischen JHWH und seinen Gegnern sowie auf der bei Streitigkeiten üblichen Argumentationstechnik beruhen. Letztere bemüht sich um eine Schwächung der Position des Gegners durch rhetorische Fragen, um anschließend die Überlegenheit der eigenen Position hervorzuheben (vgl. Jer 2,5; Mi 6,3; Jes 41,22.26; 44,7–8). Sie findet sich nicht nur in Gerichtsreden, sondern auch in anderen Gattungen wie

---

286 Huffmon, Covenant Lawsuit, S. 285.
287 Huffmon, Covenant Lawsuit, S. 285 f.

z. B. dem Disputationswort,[288] vgl. z. B. Jes 40,27–31; Ps 94,7–11. Ansonsten unterscheiden sich die beiden Varianten der Gerichtsrede aber wesentlich in der Konstellation der beteiligten Personen und Rollen, ihrer Struktur sowie in der Art der einzelnen Textelemente. So sind Huffmons Darstellung zufolge bei der ersten Variante nur JHWH und die Fremdgötter unmittelbar beteiligt, bei der zweiten dagegen JHWH, Israel und Himmel und Erde. Die erste Variante besteht lediglich aus einer Anklagerede JHWHs, Schuldspruch und Urteil fehlen. Die zweite umfasst dagegen Anklagevorwurf, Schuldspruch und Urteil. Daher stellen die beiden Varianten der Gerichtsrede keine verschiedenen Ausprägungen ein- und derselben Gattung, sondern voneinander unabhängige Textgruppen dar.[289] Da für Jes 1 nur die erste Variante in Betracht kommt, braucht die zweite, die sich vor allem bei Deuterojesaja findet, im Rahmen dieser Arbeit nicht weiter berücksichtigt zu werden. Huffmons Schema für die hier interessierende Form der von JHWH als Kläger gegen Israel vorgetragenen Gerichtsrede (auch „lawsuit" oder Rîb-Pattern genannt) sei abschließend noch einmal in übersichtlicher Form wiedergegeben:

(1) Beschreibung der Gerichtsszene
(2) Rede des Klägers, bestehend aus:
    (a) Einsetzung von Himmel und Erde als Richter
    (b) Vorladung des Angeklagten (oder der Richter)
    (c) Rede an den Angeklagten, bestehend aus drei Unterpunkten:
        (α) Anschuldigung des Angeklagten in Frageform
        (β) Zurückweisung der möglichen Argumente des Angeklagten
        (χ) spezifischer Anklagevorwurf.[290]

Mit ebendieser Form von Gerichtsrede, dem Rîb-Pattern, befasste sich auch J. Harvey[291] eingehend und unterschied nochmals zwei Typen, nämlich einerseits die Gerichtsrede zum Zweck einer Verurteilung (Rîb à condamnation) und andererseits die Gerichtsrede zum Zweck einer Warnung (Rîb à avertissement). Beide bestehen aus

(1.) einer Einleitung (Aufmerksamkeitsruf, Höraufruf an Himmel und Erde);
(2.) einer Befragung der Angeklagten durch den Richter, der gleichzeitig der Ankläger ist;[292] diese Befragung enthält bereits eine erste implizite Anklage;

---

288 Vgl. dazu Schmitt, Arbeitsbuch, S. 324 f.
289 So schon Schmitt, Arbeitsbuch, S. 324.
290 Huffmon, Covenant Lawsuit, S. 285.
291 Harvey, Rîb-Pattern, S. 177 f.
292 Harvey, Plaidoyer, S. 55.

(3.) einer Anklage mit einer Erklärung des gegen den Bund verstoßenden Vergehens einschließlich einer Erinnerung an JHWHs Wohltaten und Israels
Undankbarkeit sowie

(4.) einem Hinweis auf die Nutzlosigkeit kultischer Kompensationsversuche (oder
fremder Kulte).

Das letzte Element ist beim erstgenannten Typ

(5a.) ein Schuldspruch mit Androhung völliger Zerstörung

und beim zweitgenannten Typ

(5b.) eine Warnung, die die von JHWH geforderte Verhaltensänderung bestimmt.[293]

Vergleicht man nun Harveys Gattungsbeschreibung mit derjenigen Huffmons, so
sind einige Divergenzen festzustellen. Die bei Huffmon vorgesehene einleitende
Beschreibung der Gerichtsszene lässt Harvey entfallen, er setzt den (typischerweise an Himmel und Erde gerichteten) Aufmerksamkeitsruf an die erste Stelle
(vgl. Huffmon, Punkt 2a). Auch eine Vorladung des Angeklagten oder der Richter
(vgl. Huffmon, Punkt 2b) hält Harvey nicht für gattungstypisch. Gemeinsam sind
den beiden Gattungsbeschreibungen die Befragung des Angeklagten (vgl. Harvey,
Punkt 2, und Huffmon, Punkt 2cα) und die Darlegung des unter Anklage gestellten
Vergehens (vgl. Harvey, Punkt 3, und Huffmon, Punkt 2cγ). Während Huffmon in
diesem Kontext auch die Zurückweisung möglicher Einwände des Angeklagten für
gattungstypisch hält (vgl. Huffmon, Punkt 2cβ), geht Harvey genauer auf den
Inhalt der Gattung ein, indem er eine Erinnerung an JHWHs Wohltaten und Israels
Undankbarkeit sowie einen Hinweis auf die Nutzlosigkeit kultischer Kompensationsversuche als charakteristische Merkmale ansieht (vgl. Harvey, Punkte 3 und
4). Eine weitere Gemeinsamkeit zwischen Harvey und Huffmon liegt darin, dass
beide die Gattung der Gerichtsrede im unmittelbaren Kontext des Bundes zwischen JHWH und Israel verorten (vgl. Harvey, Punkt 4, und Huffmon, Covenant
Lawsuit, S. 291–295). Das von Harvey genannte fünfte Gattungselement, das
entweder aus einem Schuldspruch mit Vernichtungsandrohung oder einer Warnung mit Umkehrforderung besteht, fehlt bei Huffmon. Der Vergleich der von
Huffmon und Harvey vorgelegten Gattungsbeschreibungen verdeutlicht somit
durchaus beträchtliche Unterschiede. Übereinstimmung besteht lediglich darüber, dass die Gattung einen Aufmerksamkeitsruf, eine Befragung des Angeklagten sowie die Darlegung des angeklagten Vergehens umfasst und eine Aus-

---

293 Harvey, Rîb-Pattern, S. 178.

einandersetzung im Kontext des Bundes darstellt. Sieht man von der juristischen Terminologie („Angeklagter", „Kläger", „Vergehen", „Anklage", u. ä.) ab, die zwar allgemein von den mit der Erforschung der Gerichtsrede befassten Exegeten verwendet wird, sich aber in den einschlägigen hebräischen Texten – mit Ausnahme der Wurzel ריב, die jedoch weder ausschließlich noch primär juristisch verwendet wird[294] – nicht nachweisen lässt, dann sind die gemeinsamen Gattungsmerkmale so allgemeiner Art, dass sie lediglich die Grundstruktur jeder Art von Auseinandersetzung beschreiben, ohne dass eine Zuordnung zu einem bestimmten Lebensbereich möglich wäre. Allein der Bezug zum Bund zwischen JHWH und Israel würde eine gewisse Konkretisierung darstellen, doch wird dieser Bezug, der sich lediglich durch Interpretation der in einigen Gerichtsreden belegten Anrufung von Himmel und Erde als Anrufung von Bundeszeugen im Licht von Dtn 4,26; 30,19 und 31,28 herstellen lässt, im Folgenden noch kritisch zu hinterfragen sein. Zunächst ist festzuhalten, dass sich der Konsens zwischen Huffmon und Harvey, die ihrerseits frühere Forschungsergebnisse mit je unterschiedlicher Akzentuierung auswerten, auf eine in das Gewand juristischer Terminologie gekleidete allgemeine Beschreibung derjenigen inhaltlichen und formalen Aspekte beschränkt, die jeder konkreten Form von Auseinandersetzung zu eigen sein müssen.

Entsprechend der beim Vergleich von Huffmon und Harvey beobachteten Tendenz, dass der Forschungskonsens über konstitutive Elemente der Gattung „Gerichtsrede" sich auf relativ wenige Punkte sehr allgemeiner Natur beschränkt, kommt K. Nielsen beim Versuch, am Schluss der von ihr ausführlich dargelegten Forschungsgeschichte[295] eine übergreifende Struktur der Gerichtsrede auf Grund der existierenden Gattungsbelege zu erarbeiten, zu einem sehr einfachen („quite simple") Ergebnis.[296] Die Gerichtsrede bestehe aus einer einleitenden Beschreibung der Gerichtsszene, die häufig den Aufruf von Zeugen beinhalte. Danach trage der Staatsanwalt („prosecutor") seine Anklage(n) vor. Diesem Punkt könne ein Hinweis auf JHWHs Gnadentaten zu Gunsten des Angeklagten vorausgehen, der die Funktion habe, den Kontrast zwischen JHWHs Handeln und dem angeklagten Verhalten hervorzuheben. Nach der Anklage des Staatsanwalts sei der Anklagte an der Reihe, sich zu verteidigen, ehe der Fall einer Beratung unterzogen, und ein Urteil gefällt werde. Die der Einleitung folgenden wesentlichen Elemente seien somit Anklage – Verteidigung – Urteil. [297]

---

294 Vgl. dazu ausführlich de Roche, Yahweh's Rîb, S. 563 – 574 sowie die unter diesem Punkt noch folgenden Ausführungen.
295 Nielsen, Yahweh as Prosecutor and Judge, S. 5 – 23.
296 Nielsen, Yahweh as Prosecutor and Judge, S. 25.
297 Nielsen, Yahweh as Prosecutor and Judge, S. 25.

Diese von Nielsen erarbeitete einfache Struktur einer prophetischen Gerichtsrede beruht jedoch nicht auf den in den einschlägigen alttestamentlichen Belegen tatsächlich enthaltenen Redeelementen, sondern ist eine idealtypische Rekonstruktion einer Gerichtsrede, die in der postulierten Form kein einziges Mal vollständig belegt ist. So räumt Nielsen selbst ein, dass die prophetischen Reden kein einziges Beispiel einer Verteidigungsrede enthielten.[298] Ferner gebe es Gerichtsreden, bei denen ein so wesentliches Element wie das Urteil fehle.[299] Darüber hinaus müssen die mit „Anklage", „Verteidigung" und „Urteil" umschriebenen Sachverhalte nicht unbedingt als Elemente eines Gerichtsprozesses verstanden werden, sondern können, wie Nielsen ebenfalls erkennt, ebensogut in außergerichtlichen Auseinandersetzungen erscheinen. Anklagende Vorwürfe, Verteidigungsreden und urteilende Stellungnahmen begegnen auch in anderen Lebensbereichen, etwa bei Spannungen im Verhältnis Vater – Sohn, unter Freunden, in der Ehe, bei außergerichtlichen Auseinandersetzungen in der Gesellschaft, etc...[300] Damit wird deutlich, dass die von Nielsen erarbeitete einfache Struktur der prophetischen Gerichtsrede zu wenig spezifisch ist, um die zur Gattung gehörigen Texte von anderen Formen verbaler Auseinandersetzung zu unterscheiden. Bei Nielsens Struktur der Gerichtsrede begegnet also dasselbe Problem wie bei denjenigen Gattungselementen, die sich beim Vergleich der Gattungsbestimmungen Huffmons und Harveys als konsensfähig erwiesen hatten. Die Tatsache, dass sich gemeinsamer Inhalt und gemeinsame Form der prophetischen Gerichtsrede nur sehr allgemein und abstrakt bestimmen lassen, wirft die Frage auf, ob dies ausreicht, um überhaupt von einer Gattung sprechen zu können.

Dies hängt maßgeblich davon ab, ob die Texte der Gattung auf einen gemeinsamen Sitz im Leben verweisen. Gerade über diese Frage konnte aber bisher kein Konsens erzielt werden.[301] Während lange Zeit Gunkels Ansicht vorherrschend war, der ursprüngliche Sitz im Leben der Gerichtsrede, ehe sie in den Bereich der Prophetie entlehnt wurde, sei die Torgerichtsbarkeit gewesen, ging Harvey[302] davon aus, das – durch Vasallenverträge und vergleichbare Abkommen zwischen Königen begründete – internationale Recht habe die Gerichtsrede ursprünglich hervorgebracht, und sie sei von dort her übernommen worden. Würthwein[303] wiederum meinte, das sakrale Recht des Kults sei der Bereich, dem

---

298 Nielsen, Yahweh as Prosecutor and Judge, S. 25.
299 Nielsen, Yahweh as Prosecutor and Judge, S. 25. Dies ist z.B. in Jes 1,2–3 der Fall, wo sich weder eine Verteidigungsrede noch ein Urteil findet, siehe ebd., S. 28.
300 Vgl. Nielsen, Yahweh as Prosecutor and Judge, S. 25.
301 Vgl. hierzu und zum Folgenden Nielsen, Yahweh as Prosecutor and Judge, S. 2.
302 Harvey, Rîb-Pattern, S. 191f.
303 Würthwein, Ursprung der prophetischen Gerichtsrede, S. 1–16.

die prophetische Gerichtsrede entstamme. Keine der drei Positionen konnte sich in der Forschungsdiskussion endgültig durchsetzen. Dies wirft die Frage auf, ob die sog. prophetische Gerichtsrede überhaupt einen ursprünglichen Sitz im Leben hatte, aus dem sie dann in ihren neuen Sitz im Leben, nämlich denjenigen der prophetischen Verkündigung, entlehnt wurde. Eine Antwort auf diese Frage könnte in zweierlei Richtungen gesucht werden. Entweder handelt es sich bei der prophetischen Gerichtsrede um eine Gattung, die von vornherein ihren Sitz im Leben in der prophetischen Verkündigung hatte, also von dieser hervorgebracht wurde. Gerade dann müsste sie aber wesentlich klarere Konturen in Form und Inhalt aufweisen, als es tatsächlich der Fall ist, da sie ja nicht durch den Prozess der Entlehnung und Verfremdung an Kontur verloren hätte. Oder aber die sogenannte prophetische Gerichtsrede wäre in Ermangelung eines Sitzes im Leben überhaupt keine Gattung im eigentlichen Sinn. Die Ähnlichkeiten zwischen den Texten, die gemeinhin als prophetische Gerichtsreden angesehen werden, müssten dann andersartige Wurzeln haben, die erst noch zu erforschen wären.

Nielsen[304] versucht, dieses Problem zu lösen, indem sie unter Verweis auf Gemser meint, die sehr allgemeine Grundstruktur der Gerichtsrede zeige, dass es sich dabei von vornherein um ein typisch israelitisches Denkmuster handele, das Ausdruck des ausgeprägten israelitischen Interesses am rechtlichen Denken sei und von vornherein in verschiedenen Bereichen des Rechtswesens Verwendung finden konnte. Da der eigentliche Ursprung der Gerichtsrede das rechtlich geprägte israelitische Denken sei, stünden die Torgerichtsbarkeit, das internationale Rechtswesen und auch das kultische Rechtswesen als gleichermaßen ursprüngliche Sitze im Leben nebeneinander. Auch wenn Nielsens Ansicht, dass auch innere Sachverhalte wie z. B. ein rechtlich geprägtes Denken eventuell geprägte literarische Formen hervorbringen könnten, durchaus als nicht unmöglich erscheint, so liegt die Problematik der Überlegung darin, dass sie ungeprüft voraussetzt, dass die prophetischen Gerichtsreden tatsächlich vom Rechtsdenken her geprägte Texte sind und spezifisch rechtliche Terminologie und Kategorien verwenden. Gerade diese Frage ist aber wegen der unspezifischen Allgemeinheit der Gattungsmerkmale der Gerichtsrede keineswegs sicher. Handelt es sich jeweils um Auseinandersetzungen allgemeiner Art oder um solche vor Gericht?

Beginnt man mit der Wurzel ריב, die dem Rîb-Pattern den Namen gab und somit den juridischen Charakter der Gattung bezeugen soll, so stellt man zunächst fest, dass sie nicht in allen Texten vorkommt, die nach allgemeiner Meinung dem Rîb-Pattern zugeordnet werden (Jes 1; Dtn 32,1–43*; Hos 4; Mi 6; Jer 2 und Ps 50). In Dtn 32,1–43* und Ps 50 fehlt sie. In Jes 1,17.23 erscheint sie zwar, doch in einer

---

304 Vgl. Nielsen, Yahweh as Prosecutor and Judge, S. 23–26.

Aufforderung, den Witwen Recht zu verschaffen, nicht aber als eine dem Rîb-Pattern entsprechende Bezeichnung für eine Auseinandersetzung zwischen JHWH und Israel. Dieser Befund wirft die Frage auf, welche Termini und Redewendungen es denn ansonsten noch sein können, die den für die Annahme einer Gattung notwendigen Schatz an gemeinsamen Gedanken und Stimmungen ausdrücken, wenn nicht einmal die Wurzel, die der Gattung den Namen gibt, im überwiegenden Teil der Gattungsbelege enthalten ist. Bevor jedoch auf dieses Problem eingegangen wird, ist im Hinblick auf die Gerichtsreden Jer 2,9.29; Hos 4,1.4; Mi 6,1.2 (sowie Jes 3,13[305]), die die Wurzel ריב zur Beschreibung eines Streits zwischen JHWH und seinem Volk verwenden, danach zu fragen, ob ריב tatsächlich ein Fachterminus für einen Gerichtsprozess ist. Dies wurde insbesondere von de Roche[306] untersucht, der in einem ersten Schritt darauf hinweist, dass die häufig vertretene Forschungsmeinung, JHWH handele im Rahmen der Gerichtsrede sowohl als Kläger als auch als Richter, problematisch ist, wenn man die Gerichtsrede als Teil eines förmlichen Gerichtsverfahrens sehen will.[307] Um das Charakteristische des Begriffs „lawsuit" (Gerichtsprozess), der dem modernen Rechtswesen entnommen ist, jedoch kein hebräisches Äquivalent besitzt, deutlich zu machen, verweist de Roche auf Roberts' Unterscheidung dreier grundsätzlicher Wege zur Lösung von Streitigkeiten, nämlich entweder (1) mittels interner Austragung des Streits nur durch die beiden beteiligten Parteien, oder (2) durch Einschaltung eines Dritten, der auf einvernehmliches Ersuchen der beiden Streitparteien hin als Vermittler agiert, wobei diese Art der Streitbewältigung eigentlich einen Spezialfall der unmittelbaren Streitaustragung (1) darstellt, oder aber (3) durch Anrufung einer unabhängigen Instanz, der von der gesamten Gesellschaft von vornherein die Kompetenz des Schiedsrichters übertragen wurde.[308] Nur die letztgenannte Art der Streitaustragung entspricht einem Gerichtsprozess („lawsuit") im eigentlichen Sinn. Vor dem Hintergrund dieser Differenzierung untersucht de Roche die Verwendungen der Wurzel ריב in säkularen Kontexten, um herauszufinden, ob sie ein Fachausdruck zur Bezeichnung eines Gerichtsverfahrens sei. Der als erstes Beispiel untersuchte Streit (Rîb) zwischen den Hirten Abrahams und Lots um den Zugang zum Weideland nach Gen 13,7–9 gehört zur ersten Kategorie, da die beiden Streitparteien ohne Einschaltung einer weiteren Partei eine Lösung erreichen. Somit liegt kein Gerichtsprozess vor.[309] Gleiches gilt

---

305 Der Text Jes 3,13–15 wird nur von manchen Exegeten als Gerichtsrede beurteilt, siehe z. B. Nielsen, Yahweh as Prosecutor and Judge, S. 29–32.
306 de Roche, Yahweh's Rîb, S. 567–569.
307 de Roche, Yahweh's Rîb, S. 563 f.
308 Vgl. de Roche, Yahweh's Rîb, S. 564–566.
309 de Roche, Yahweh's Rîb, S. 567.

für das Vorgehen beim Streit (Rîb) um die Aufteilung der Brunnen zwischen Isaak und den Hirten von Gerar (Gen 26,17–22). Auch im Streit zwischen Jakob und Laban um die Hausgötter Labans, die ohne Wissen der beiden Sippenoberhäupter von Rachel entwendet worden waren (Gen 31), ist der am Ende geschlossene Friedensvertrag Ergebnis eines Verfahrens, das zwar traditionell als klassisches Beispiel eines Gerichtsprozesses angesehen wurde,[310] sich jedoch im Lichte der von Roberts begründeten Differenzierungen als rein bilateraler Weg der Konfliktlösung darstellt, da weder Vermittler noch Richter mitwirken. Daher ist auch hier kein Gerichtsprozess gegeben. In der Auseinandersetzung (ריב, vgl. Ri 12,2) zwischen Jiftach und den Ammonitern (Ri 11) um das von diesen reklamierte Land „zwischen dem Arnon und dem Jabbok, bis hin zum Jordan" (Ri 11,13) bleiben die Verhandlungen zwischen den Streitparteien ohne Ergebnis (vgl. Ri 11,12–28), so dass Jiftach den Herrn als Richter einsetzt, der als „Richter des Tages" (הַשֹּׁפֵט הַיֹּום) zwischen den Söhnen Israels und den Söhnen Ammons entscheiden soll (vgl. Ri 11,27). Daraufhin beginnt Jiftach gegen Ammon einen Krieg, den er als Gerichtsverfahren zur Herbeiführung eines Gottesurteils (Ordal) versteht. Dieses Beispiel stellt nach Meinung de Roches[311] in der Tat einen Gerichtsprozess dar, und zwar genauer eine besondere theologische Adaption eines solchen. Auch hier ist aber der Streit (ריב) zwischen Israel und Ammon schon gegeben, noch ehe es zur Einsetzung des göttlichen Richters kommt, da Jiftach zunächst versucht, den Rîb mittels internationaler Diplomatie zu lösen (vgl. Ri 11,12–28). Das Wort Rîb verweist somit für sich genommen auf keinen Gerichtsprozess, sondern ist eine allgemeinere Bezeichnung für einen Streit zweier Parteien, die nicht auch den Prozess zu dessen Lösung beinhalten muss. Ein entsprechendes Verständnis von ריב ist ferner in Dtn 25,1–3; Spr 25,7b–10 und 2 Sam 15,1–6 vorausgesetzt.[312] Dort ist ein ריב etwas, das zwischen den Parteien bereits vorhanden ist, ehe ein gerichtliches Verfahren beginnt. So behandelt Dtn 25,1 Fälle, in denen zwischen Männern ein Streit (ריב) entsteht, den sie dann, also nach Entstehung des ריב, einem Gericht zur Entscheidung vorlegen. ריב ist hier kein gerichtsprozessualer Begriff, sondern meint die materielle Substanz eines Konflikts, die in der Verfolgung einander widerstreitender Interessen durch die Parteien liegt. Darüber, ob und in welchem Verfahren ein Interessenausgleich herbeigeführt wird, macht der Begriff ריב keine Aussage. Im gleichen Sinn verwendet ihn 2 Sam 15,2: Abschalom pflegt am Stadttor zu stehen und spricht Leute an, die eine Streitsache haben (אֲשֶׁר־יִהְיֶה־לֹּו־רִיב) und diese einer Entscheidung durch das königliche Gericht un-

---

310 Vgl. de Roche, Yahweh's Rîb, S. 567, mit Verweis auf C. Mabee, Jacob and Laban: The Structure of Judicial Proceedings (Genesis XXXI 25–42), VT 30 (1980), S. 192–207.

311 de Roche, Yahweh's Rîb, S. 568.

312 Siehe hierzu und zum Folgenden de Roche, Yahweh's Rîb, S. 568f.

terziehen wollen (לָבוֹא אֶל־הַמֶּלֶךְ לַמִּשְׁפָּט). Die Passage Spr 25,7b – 9 lehrt den Weisheitsschüler, dass es vorzuziehen ist, einen Streit (ריב) unmittelbar mit dem Nächsten auszutragen (V. 9: רִיבְךָ רִיב אֶת־רֵעֶךָ), anstatt ihn vorschnell nach außen zu tragen (V. 8: אַל־תֵּצֵא לָרִב מַהֵר). Die Tatsache, dass in Spr 25,9 sowohl das Substantiv als auch das Verb der Wurzel ריב verwendet werden, um das außergerichtliche Austragen eines Streits auszudrücken, zeigt besonders deutlich, dass hier kein Fachterminus eines gerichtlichen Streitverfahrens vorliegt.[313] Vor diesem Hintergrund wird auch deutlich, dass אַל־תֵּצֵא לָרִב („gehe nicht hinaus, um zu streiten") in V. 8 nicht nur die Anrufung eines Gerichts im Blick hat, wie es zahlreiche Übersetzungen nahe legen,[314] sondern jede Form des Hinaustragens der Streitigkeit außerhalb des Bereichs der beiden Streitparteien, sei es in Form der Einschaltung eines Gerichts, sei es in Form der Befassung sonstiger „Mitredender", Vermittler oder Entscheidungsinstanzen.

Als Fazit der Analyse de Roches ist festzuhalten, dass die Wurzel ריב die materielle Substanz eines Konflikts bezeichnet und daher sowohl bei bilateralen Formen der Streitaustragung, sei es mit oder ohne einvernehmlich von den Parteien bestimmte Vermittlungsinstanz, als auch bei trilateralen Formen der Konfliktentscheidung unter Einschaltung eines institutionellen Richters, insbesondere im Zusammenhang mit Gerichtsverfahren, verwendet werden kann. Dabei ist ריב als Substantiv immer der materielle Interessenkonflikt, der jedem Verfahren vorgeordnet ist, während das Verb jede Art des Streitens bezeichnet. Für die prophetische Gerichtsrede ergibt sich daraus die wichtige Konsequenz, dass Texte, die das Substantiv oder Verb der Wurzel ריב verwenden, lediglich materiell das Betreiben einer Auseinandersetzung im Blick haben, ohne etwas über das Verfahren der Konfliktaustragung auszusagen. Wo ein Streit (ריב) zwischen JHWH und Israel auszutragen ist, kommt folglich nicht nur ein Gerichtsverfahren mit richterlicher Entscheidung in Betracht, sondern ebenso gut der direkte Kampf zwischen beiden, sei es auf verbaler oder physischer Ebene. Angesichts dieser Erkenntnisse wird deutlich, dass Nielsens[315] Beobachtung, dass in den prophetischen Gerichtsreden immer die Verteidigungsrede und gelegentlich auch das Urteil fehlt, keine bewusste, signifikante Auslassung eines Elements der Gerichtsrede durch den prophetischen Autor ist,[316] sondern ihren Grund darin hat, dass zumindest diejenigen der sog. Gerichtsreden, die die Konfliktsituation zwischen JHWH und Israel mit der Wurzel ריב umschreiben, gar nicht notwendig ein formelles Gerichtsverfahren im Auge haben, sondern nur materiell eine Streit-

---

313 Vgl. de Roche, Yahweh's Rîb, S. 569.
314 So z. B. EÜ, Elberfelder Übersetzung, Schlachter, Luther.
315 Nielsen, Yahweh as Prosecutor and Judge, S. 25 f.
316 So Nielsen, Yahweh as Prosecutor and Judge, S. 25.

situation meinen. Zwar kommt ein Gerichtsverfahren als eine mehrerer Möglichkeiten der Austragung eines ריב durchaus in Betracht,[317] doch muss am einzelnen Text nachgewiesen werden, dass es tatsächlich um die trilaterale Situation eines Gerichtsverfahrens, nicht aber eine bilaterale Streitaustragung geht. Einige der bisherigen Gattungsdefinitionen der sog. Gerichtsrede legen nolens volens nahe, dass es beim ריב zwischen JHWH und Israel in der Tat häufig um rein bilateral ausgetragene Auseinandersetzungen geht. So stellt J. Harvey, wie oben dargelegt, fest, dass das zweite Gattungsmerkmal des ריב aus einer Befragung durch den Richter bestehe, der gleichzeitig auch Ankläger sei.[318] Wenn aber eine einzige Person als Richter und Ankläger auftritt, dann ist es irreführend, von einem Gerichtsverfahren zu sprechen. Vielmehr wird der Streit hier ohne Richter bilateral entschieden, indem die überlegene Partei (JHWH) die weniger mächtige (Israel) entweder mittels faktischer Machtausübung (z. B. in Form eines Kriegszugs) oder verbal (z. B. im Rahmen eines Streitgesprächs) bezwingt. Auch Huffmons Gattungsformular entspricht keinem trilateralen Gerichtsverfahren, sondern einer bilateralen Auseinandersetzung zwischen JHWH und Israel, weil der Hauptteil der „Gerichtsverhandlung" lediglich aus einer Rede des Klägers besteht, ohne dass darüber hinaus noch eine Verteidigungsrede und ein Urteil erforderlich wären.

3.5.3 Diskussion zentraler Belege des Rîb-Pattern

3.5.3.1 Zu Jer 2,4–37

Obige Überlegungen bestätigen sich, wenn man sich den einzelnen Texten der prophetischen Gerichtsreden zuwendet. In Jer 2,4–37 tritt keine Instanz in Erscheinung, die richterliche Gewalt hätte, um ein Urteil zwischen JHWH und Israel (vgl. Jer 2,9.29) zu fällen.[319] In Jer 2,12 werden die Himmel aufgefordert, sich zu entsetzen und zu erschaudern. Doch lässt sich aus dieser Solidaritätsbekundung mit JHWH keine richterliche Funktion ableiten, zumal es an einem Urteilsspruch fehlt. Die Rede JHWHs in Jer 2,4–37 hat den Charakter einer Maßregelung der untreuen Untertanen durch ihren göttlichen Herrn, wobei das makellose Verhalten JHWHs mit Israels Verfehlungen kontrastiert wird. Dabei werden nicht nur die konkreten Vergehen, vor allem Israels Abfall von JHWH zu Gunsten fremder Götter (V. 5.8–11.17.19.23.27.29) und ethische Vergehen (V. 33–34), benannt, sondern das Verhältnis zwischen JHWH und Israel wird auch durch verschiedene Bilder wie

---

317 Vgl. dazu Liedke, Artikel ריב *rîb* streiten, Sp. 774f.
318 Harvey, Plaidoyer, S. 55.
319 Vgl. de Roche, Yahweh's Rîb, S. 569f.

etwa diejenigen des freien Sohnes (V. 14.30), der untreuen Ehefrau und Dirne (V. 20), der entarteten Edelrebe (V. 21) und der brünstigen Wildeselin (V. 24 – 25) charakterisiert. Fragt man, wie das vom negativen Verhalten Israels überschattete Verhältnis zwischen JHWH und Israel positiv sein sollte, dann müsste sich Israel seinem Gott aus Dankbarkeit für die ihm entgegengebrachte Liebe und die erwiesenen Wohltaten (V. 5 – 7) zur Treue verpflichtet wissen, so wie der Sohn seinem guten Vater dankbar ist, wie die Ehefrau dem vorbildlichen Ehemann treu ist, wie die Edelrebe unter der Hand des sie hingebungsvoll pflegenden Weinbauern wächst, gedeiht und Frucht bringt, wie die Eselin ihrem Herrn dient, der sie füttert (vgl. Jes 1,3). All diese Bilder verweisen darauf, dass das Verhältnis zwischen JHWH und Israel als Verhältnis zwischen einem göttlichen Souverän und dem unter seinem Schutz und seiner Fürsorge stehenden Untertan gesehen wird, wobei der Souverän sich in jeder Hinsicht als vorbildlich, der Untertan dagegen als undankbar und unbelehrbar erwiesen hat. Weil der Souverän selbst die höchste richterliche Autorität besitzt, unterwirft er seine Streitigkeiten keinem Urteil eines Richters, sondern trägt sie aus, indem er den Untertanen in Form einer unmittelbaren Konfrontation maßregelt und zur Besserung zu bewegen versucht und/ oder bestraft. Daher entfällt im Verhältnis zwischen Souverän und Untertan die Möglichkeit eines Gerichtsverfahrens im eigentlichen Sinn und wird durch eine Art väterliche Zurechtweisung ersetzt. Dass es sich um keinen formellen Prozess handelt, wird ferner durch die Tatsache bestätigt, dass Jer 2,4 – 37 zwar belehrende Rückblicke auf in der Vergangenheit eingetretenes Unheil enthält (vgl. Jer 2,14b – 19.27 – 28), nicht aber einen Urteilsspruch, der noch zu vollstreckende Sanktionen festlegt. J. Harvey[320] umgeht dieses Problem, indem er Jer 2,29 als abschließende Erklärung ansieht, die Israel für schuldig befindet (déclaration finale de la culpabilité d'Israël). Der Mangel, dass der gesamte Text keinerlei Hinweis auf einen formellen Richterspruch vor Gericht enthält, wird dadurch aber nicht behoben.

3.5.3.2 Zu Hos 4,1–3

Hos 4,1– 3 setzt mit einem an die Söhne Israels (בְּנֵי יִשְׂרָאֵל) gerichteten Aufruf, das Wort JHWHs zu hören, ein und berichtet von einem Streit (Wurzel ריב in Hos 4,1) zwischen JHWH und den „Bewohnern des Landes" (יוֹשְׁבֵי הָאָרֶץ).[321] Letzteren

---

320 Harvey, Plaidoyer prophétique, S. 47 f.

321 Jeremias, Hosea, S. 60, geht davon aus, dass mit den „Bewohnern des Landes" auf Grund des Parallelismus die in V. 1a angesprochenen „Söhne Israels" gemeint sind. Auf dieses Problem braucht im Rahmen dieser Arbeit nicht weiter eingegangen zu werden, weil es für die Frage, ob Hos 4,1– 3 eine Gerichtsrede ist, unerheblich ist.

werden eine Reihe verfehlter innerer Haltungen, nämlich das Fehlen von Treue, Gnade und Erkenntnis Gottes (אֵין־אֱמֶת וְאֵין־חֶסֶד וְאֵין־דַּעַת אֱלֹהִים), vorgeworfen und als Ursache des Streits benannt. Im Anschluss daran werden äußere Handlungen aufgezählt, die offenbar die Kehrseite der genannten inneren Fehlhaltungen sind und eine im Land herrschende sittliche Verwahrlosung verdeutlichen:

אָלֹה וְכַחֵשׁ וְרָצֹחַ וְגָנֹב וְנָאֹף פָּרָצוּ וְדָמִים בְּדָמִים נָגָעוּ:

„Verfluchen und Lügen, Morden, Stehlen und Ehebrechen haben sich ausgebreitet, und Bluttat reiht sich an Bluttat.“[322]

Die inneren Fehlhaltungen und die Vorherrschaft chaotischer äußerer Zustände im Bereich der sittlichen Ordnung verursachen (vgl. V. 3: עַל־כֵּן) zusammen eine Störung der kosmischen Lebensordnung, die sich darin zeigt, dass das fruchtbare Land zu Wüste verkommt und alles Leben in ihm abstirbt, V. 3:

עַל־כֵּן תֶּאֱבַל הָאָרֶץ וְאֻמְלַל כָּל־יוֹשֵׁב בָּהּ בְּחַיַּת הַשָּׂדֶה וּבְעוֹף הַשָּׁמָיִם וְגַם־דְּגֵי הַיָּם יֵאָסֵפוּ:

„Darum vertrocknet das Land und welkt jeder, der darin wohnt, samt den Tieren des Feldes und den Vögeln des Himmels; selbst die Fische des Meeres werden dahingerafft.“[323]

Fragt man sich nun, ob diese Rede nach dem Muster einer Gerichtssituation gestaltet ist und daher als Gerichtsrede bezeichnet werden kann, dann könnte man z. B. mit Nielsen[324] argumentieren, am Beginn stehe eine Einleitung mit Beschreibung der Gerichtsszenerie (V. 1a – 1bα), es folge eine Anklage der Bewohner des Landes mit entsprechenden Schuldvorwürfen (1bβ – 2). Der Richterspruch liege in der in V. 3 formulierten Strafe für das angeklagte Verhalten. Eine solche Argumentation kann jedoch nicht überzeugen, weil sie in Hos 4,1–3 den Kontext eines Gerichtsverfahrens hineininterpretiert, ohne dass der Text selbst eindeutige Hinweise hierfür bietet. Dass der in Hos 4,1 gebrauchte Begriff רִיב sowohl gerichtliche als auch außergerichtliche Auseinandersetzungen bezeichnet, wurde oben (Punkt 3.5.2) bereits dargelegt. Die in V. 1b–2 formulierte Kritik an inneren Fehlhaltungen Gott gegenüber sowie an unsittlichen äußeren Handlungen enthält keinen Hinweis darauf, dass diese Vergehen nun vor Gericht durch Richterspruch abgeurteilt werden sollen. Es fehlt insbesondere jeder Hinweis auf einen Strafantrag und eine Verteidigungsrede. Dass es nicht um die Erwirkung eines Gerichtsurteils geht, wird endgültig in V. 3 deutlich. Das dort beschriebene Unheil

---

322 Elberfelder Übersetzung.
323 Elberfelder Übersetzung.
324 Nielsen, Yahweh as Prosecutor and Judge, S. 32f.

kann nicht als Urteilsspruch aufgefasst werden, weil ein solcher erst im Anschluss an die Urteilsverkündung vollstreckt werden dürfte, wobei die Vollstreckung ein vom Urteil getrennter Akt eines Vollzugsorgans wäre.[325] Dass diese Trennung von Urteil und Vollstreckungshandlung nicht erst eine Erfindung der modernen Zivilisation ist, wird in 1 Kön 21,13 deutlich, wo die Anhörung der falschen Zeugen ebenso wie die nicht explizit erwähnte, aber narrativ durch die Reaktion der Versammlung vorausgesetzte Verurteilung Nabots an einem anderen Ort stattfindet als seine Steinigung. Anders als im Fall eines Gerichtsurteils zu erwarten, nennt Hos 4,3 keine erst zu vollstreckende Strafe, sondern beschreibt eine Katastrophe, die unmittelbare Folge des in V. 1b – 2 kritisierten Verhaltens ist, ohne dass es einer Vollstreckungshandlung durch Gott oder einen gerichtlich beauftragten Vollstrecker bedürfte. Diese Beobachtung ist umso gewichtiger, als es im Bereich der Prophetie, nämlich in 1 Kön 22,19b – 22, durchaus die Vorstellung gibt, dass JHWH einen (möglicherweise als richterliches Urteil zu verstehenden) Befehl erlässt, der in einem eigenen „Verfahren" durch einen besonders beauftragten Diener vollstreckt wird. Dort verkündet JHWH im Rahmen einer Vision des Propheten Micha Ben Jimla dem versammelten Himmelsheer seinen Beschluss, Ahab im Kampf sterben zu lassen (V. 19b – 20a). Nach einer Diskussion der Versammelten meldet sich „der Geist" und erklärt auf Nachfrage, wie er den Befehl vollstrecken will (V. 20b – 22a). Daraufhin erteilt JHWH ihm den Vollstreckungsbefehl (V. 22b). Hos 4,1 – 3 weist dagegen nicht einmal ausschnitthaft Elemente einer gerichtlichen Verhandlung, eines auf den konkreten Rechtsfall bezogenen richterlichen Urteils oder eines Vollstreckungsverfahrens auf. Daraus folgt, dass Hos 4,1 – 3 keine Gerichtsrede ist und die Adressaten der Rede (V. 1a: שִׁמְעוּ דְבַר־יְהוָה בְּנֵי יִשְׂרָאֵל) in keiner gerichtlichen Rolle stehen, sondern über kosmische Zusammenhänge belehrt werden sollen, die dazu führen, dass Fehlverhalten Gott und den Menschen gegenüber fatale Breschen in die Ordnung des Kosmos schlägt, die eine unheilvolle Rückkehr des Chaos in den Kosmos bewirken. Diese Vorstellung entspricht dem im Alten Israel allgemein anerkannten Tun-Ergehens-Zusammenhang. Der Kern des Wortes über den Streit (רִיב) zwischen JHWH und den Bewohnern des Landes (V. 1) besteht nicht darin, JHWH in der Rolle eines strafenden Richters darzustellen, sondern darin, dass er als Landesherr[326] nicht duldet, dass die Landesbewohner durch ihr gegen die göttliche Ordnung versto-

---

325 Dementsprechend räumt auch Nielsen, Yahweh as Prosecutor and Judge, S. 33, ein: „Thus we should perhaps regard this lawsuit as the prophet's explanation of what already <u>has</u> happened." (Hervorhebung durch Nielsen)

326 Zur Rolle JHWHs als Landesherr in Hos 4,1 vgl. Jeremias, Hosea, S. 60, sowie Hos 9,3.

ßendes Verhalten (V. 1b – 2) die in V. 3 beschriebenen chaotischen Zustände her-
aufbeschwören und so das Land unfruchtbar und unbewohnbar machen.[327]

3.5.3.3 Zu Mi 6,1 – 8

Wendet man die von de Roche erarbeiteten Kriterien auf die ebenfalls als prophetische Gerichtsrede geltende Passage Mi 6,1 – 8 an, so zeigt sich, dass auch Mi
6,1 – 8 keine trilaterale Gerichtssituation widerspiegelt. Zwar wird mit den Bergen
und Grundfesten der Erde in V. 1 – 2 (הָרִים und הָאֵתָנִים מֹסְדֵי אָרֶץ) eine dritte Partei,
die außerhalb des Verhältnisses JHWH – Israel steht, zum Zuhören aufgefordert,
doch spielen die Berge und Grundfesten der Erde im weiteren Verlauf der Auseinandersetzung zwischen JHWH und Israel keinerlei aktive Rolle, da sie weder als
Zeugen aussagen noch als Richter auftreten.[328] Der Grund des an die Berge und die
„Uralten, die Grundfesten der Erde" gerichteten Höraufrufs könnte darin liegen,
daran zu erinnern, dass selbst diese kosmischen Riesen auf JHWHs Wort hören, da
sie ja auf sein Wort hin entstanden sind. Dann läge darin implizit die Mahnung an
Israel, es diesen gleichzutun. Doch sind dies hypothetische Überlegungen, denen
im Rahmen dieser Arbeit nicht weiter nachgegangen zu werden braucht. Allerdings wird auf die Frage nach der Rolle der kosmischen Adressaten eines Höraufrufs bei der Diskussion von Jes 1,2a zurückzukommen sein. Die nachfolgende
eigentliche Auseinandersetzung zwischen JHWH und Israel in Mi 6,3 – 8 passt aus
noch weiteren Gründen nicht in die Situation eines Gerichtsverfahrens. So enthält
die Rede JHWHs Mi 6,3 – 5 keinen unmittelbaren Anklagevorwurf. Lediglich der
rhetorischen Frage in Mi 6,3 ist zu entnehmen, dass Israel aus unerfindlichen

---

327 Ob auch Hos 2,4 – 25 zu den prophetischen Gerichtsreden gehört, wurde bislang unterschiedlich beurteilt. Die Verwendung der Wurzel ריב in Hos 2,4 bezieht sich auf das Verhältnis
zwischen der Mutter Israel und ihren Kindern, also nicht unmittelbar auf das Verhältnis JHWH –
Israel. Der Sache nach geht es um eine Auseinandersetzung zwischen JHWH und Israel, wobei
Israel die Zuwendung zu anderen Göttern vorgeworfen wird (vgl. Hos 2,10.15.18). Diese Untreue
wird als Ehebruch gewertet (Hos 2,4b.7.9a.15.18b – 19), da das Verhältnis zwischen JHWH und Israel
als Ehe gesehen wird (vgl. Hos 2,4a; 15b – 22). JHWH, der in der Rolle des Ehemanns erscheint,
verwirft seine untreue Frau nicht, sondern will sie mittels Sanktionen zur Einsicht führen, um sie
wieder zu gewinnen. JHWH setzt hier keinen Dritten als Richter ein, dem ja nichts anderes übrig
bliebe, als die bei Ehebruch verwirkte Todesstrafe anzuordnen (vgl. Dtn 22,22), sondern verhängt
die Strafe gegen Israel selbst (Hos 2,5.8.11 – 15). Daher geht es um eine außergerichtliche (bilaterale) Auseinandersetzung in der Ehe. Die Aufforderung an die Kinder, gegen ihre Mutter zu
streiten (Hos 2,4: ריב), beinhaltet keine Funktion vor Gericht, sondern der Ehemann bittet sie, auf
ihre Mutter einzuwirken, um sie zur Einsicht zu bewegen.
328 Vgl. de Roche, Yahweh's Rîb, S. 570. EÜ „Auf, tritt an zum Rechtsstreit! Die Berge sollen
Zeugen sein" ist eine freie Interpretation des Hebräischen קוּם רִיב אֶת־הֶהָרִים.

Gründen überdrüssig geworden ist, nach JHWH zu fragen, und sich von ihm abgewandt hat. Aus diesem Grund ruft JHWH seine Heilstaten in Erinnerung, durch die er das Volk erlöst und adoptiert hat („mein Volk" עַמִּי), wobei Ziel der Rede nicht etwa eine im Gerichtsverfahren zu verhängende Strafe ist, sondern Israel soll die gerechten Taten des Herrn erkennen (V. 5). Israels Antwort (V. 6 – 7) ist keine Verteidigungsrede, wie in einem Gerichtsverfahren zu erwarten wäre, sondern eine auf Wiederherstellung der Bindung an den göttlichen Souverän zielende Frage, die Vergehen (פֶּשַׁע) und Sünde (חַטַּאת נַפְשִׁי) eingesteht und wiedergutmachen will. Dementsprechend mündet die Passage auch in kein Urteil, sondern unter Verweis auf bereits früher (wohl im Kontext der Schöpfung, vgl. „o Mensch" אָדָם) erteilte Weisungen in die Mahnung, die Gunst Gottes nicht durch Opfer zu erwirken zu wollen, sondern seinem Willen entsprechend Recht zu üben, Güte zu lieben und den Weg demütig mit ihm zu gehen (V. 8). Es handelt sich somit auch bei Mi 6,1 – 8 um keinen Gerichtsprozess, sondern eine bilaterale Auseinandersetzung im Rahmen der besonderen Bindung zwischen JHWH und Israel, die durch die im Lauf der Geschichte wiederholte rettende Zuwendung JHWHs begründet wurde (Mi 6,4 – 5).

Als ein Zwischenergebnis kann nun festgehalten werden, dass keiner der als Belege der prophetischen Gerichtsrede geltenden Texte, die die Wurzel ריב zur Bezeichnung einer Auseinandersetzung zwischen JHWH und Israel verwenden (Jer 2,4 – 37; Hos 4,1 – 3; Mi 6,1 – 8), eine trilaterale Gerichtssituation, bestehend aus zwei Parteien und einer unabhängigen Entscheidungsinstanz, widerspiegelt. Es geht durchgehend um bilaterale Auseinandersetzungen zwischen einem Souverän und seinem Untertan.

Die noch nicht näher besprochenen drei Belege der Gerichtsrede, nämlich Jes 1; Dtn 32,1 – 43* und Ps 50, verwenden nicht die Wurzel ריב, um die betreffende Auseinandersetzung zwischen JHWH und Israel zu charakterisieren, sondern andere Vokabeln wie יכח (Jes 1,18 im Ni.; Ps 50,8.21 im Hi.), מִשְׁפָּט (Dtn 32,4.41) bzw. שׁפט (Ps 50,6) oder דין (Dtn 32,36; Ps 50,4). Auch hier ist zu analysieren, ob das verwendete Vokabular und die im Text beschriebene oder vorausgesetzte Situation tatsächlich auf einen Gerichtsprozess verweisen.

3.5.3.4 Zu Dtn 32,1 – 43*

Zunächst zu Dtn 32,1 – 43*. In diesem poetischen Text spricht eine prophetische oder belehrende Stimme alias Mose (vgl. Dtn 31,30), und zwar teilweise in eigenem Namen, teilweise als „Sprachrohr" JHWHs. Letzteres gilt für diejenigen Passagen, in denen JHWH in der ersten Person Singular spricht: Dtn 32,20 – 27.34 – 35.37b – 42. Adressaten sind zunächst Himmel und Erde (Dtn 32,1). Aber auch das Volk Israel wird in mehreren Einwürfen unmittelbar angesprochen (Dtn

32,6 – 7.14.15aβ.17b – 18.38b – 39). Daneben sind weitere Adressaten die Nationen (Dtn 32,43). Neben JHWH zitiert der Sänger des Liedes auch dessen Feinde (Dtn 32,27b.31). Um festzustellen, ob die im Mose-Lied erwähnten bzw. beteiligten Personen sich in einer Gerichtssituation befinden, ist zu untersuchen, ob sie die Rolle von Richtern, Anklägern, Angeklagten und Zeugen spielen. Himmel und Erde könnten als Adressaten des einleitenden Höraufrufs (Dtn 32,1) theoretisch Zeugen oder Richter sein, doch müsste es im nachfolgenden Text Äußerungen dieser Naturelemente geben, die als Urteil oder Zeugenaussage verstanden werden könnten. Weder das eine noch das andere ist der Fall.

Was den Sänger des Liedes betrifft, so tritt er als Sprecher JHWHs auf und könnte daher in einer Gerichtssituation nur der in JHWHs Namen auftretende Anwalt und/oder ein zu seinen Gunsten aussagender Zeuge sein. Die Funktion des Richters kommt für ihn nicht in Betracht, weil ein Mensch nicht Richter über eine Rechtssache sein kann, in der JHWH als Partei auftritt, sofern ihm diese Aufgabe nicht von JHWH übertragen wurde (vgl. Ez 20,4). Da der Liedsänger eine Reihe von Vorwürfen vorträgt, die Verfehlungen des Volkes gegen JHWH betreffen, wäre es theoretisch denkbar, dass dies eine gerichtliche Anklage darstellt. Jedoch bezeichnet der Liedsänger selbst seine Rede mit einem der weisheitlichen Sprache entnommenen Begriff als „Lehre" (Dtn 32,2: לִקְחִי, vgl. z. B. Hi 11,4; Spr 4,2; 16,21.23 sowie Koehler/Baumgartner, HAL), so dass es schon aus diesem Grund nicht als angebracht erscheint, die Rede als Anklagerede zu qualifizieren. Ferner ist der vom Liedsänger in Dtn 32,3b.43 vorgetragene hymnische Rahmen ein Element, das einer gerichtlichen Anklagerede fremd ist. Inhaltlich geht es in der Rede um Israels Vergehen und Uneinsichtigkeit (Dtn 32,5 – 6.15 – 19.28 – 33) und das vor diesem Hintergrund zu verstehende Handeln JHWHs, das sich von anfänglicher gnadenhafter Zuwendung und zahllosen Wohltaten (Dtn 32,6 – 14), die Israel mit undankbarer Abwendung vergilt (Dtn 32,18), hin zur Verwerfung Israels (Dtn 32,19) und zu strafender Vergeltung mittels unheilvoller Ereignisse wandelt (Dtn 32,20 – 25.34 – 36aα.39 – 42). Zwar lassen sich die angeschlagenen Themen und besonders die Abfolge von gnadenhafter göttlicher Zuwendung, Abfall von JHWH und strafendem Unheil durchaus mit Argumentationsmustern im Rahmen von Gerichtsverhandlungen vergleichen, doch ist die eigentliche Zielrichtung der Rede nicht die Herbeiführung eines Urteils, das von einem institutionellen Richter auszusprechen wäre, sondern dem Liedsänger geht es darum, Israel darüber zu belehren, dass der Herr über alle fremden Götter erhaben (vgl. Dtn 32,37 – 38) und Urheber sowohl der geschichtlichen Wohltaten und des göttlichen Erbarmens seinen Erwählten und Freunden gegenüber (vgl. Dtn 32,7 – 14 in Bezug auf Israel, und V. 36aβ – b.43 in Bezug auf „seine Knechte") als auch des gegen Abtrünnige und Gegner verhängten Unheils ist (vgl. Dtn 32,19 – 25.28 – 31.34 – 36aα.39 – 42). Dabei ist das eigentliche Ziel, das Volk durch die erlittenen und noch bevorstehenden Unheilsschläge zur Einsicht zu führen, dass die Abwendung von JHWH notwendigerweise zu einem unheilvollen Ende führt (vgl. Dtn 32,19–26.28–31.34–39). Dieses Ziel erweist sich wegen Israels Torheit als äußerst schwierig zu erreichen (vgl. V. 6: עַם נָבָל וְלֹא חָכָם und V. 28 f.). Die Rede des Liedsängers läuft somit nicht darauf hinaus, ein gerichtliches Urteil gegen Israel zu erwirken, das dann erst zu vollstrecken wäre, sondern Israel zum Zweck der Belehrung seine eigene Torheit, deren negative Folgen und die allen anderen Göttern überlegene Herrschaft JHWHs zu verdeutlichen. Eine an eine Gerichtsverhandlung erinnernde Struktur, die eine Phase der Anklage und Verteidigung einschließlich Beweiserhebung (Zeugenvernehmung), einen Strafantrag und ein Urteil erkennen lässt, weist der Text nicht auf. Ferner fehlt wie in den anderen bereits besprochenen Belegen der sog. prophetischen Gerichtsrede die von den beiden Streitparteien unabhänige dritte Instanz des Richters. Wollte man dennoch den Text als gerichtliche Auseinandersetzung interpretieren, dann müsste JHWH gleichzeitig als Kläger und Richter angesehen werden. Dies widerspricht aber der Grundstruktur eines Gerichtsverfahrens. Vielmehr ist Dtn 32 eine zurechtweisende, durch einen berufenen Sprecher JHWHs vorgetragene Belehrung, die im Verhältnis eines väterlichen und fürsorglichen Souveräns zu seinem in der Rolle eines Adoptivsohns (vgl. Dtn 32,5–15.18–19) stehenden Untertan stattfindet.

Um die Überlegungen zur Frage, ob sich Dtn 32,1–43* als Gerichtsrede verstehen lässt, noch abzurunden, sei abschließend die Rolle zweier im Rechtsbereich verwendeter Begriffe analysiert, die in Dtn 32 vorkommen, nämlich מִשְׁפָּט (Dtn 32,4.41) und דין (Dtn 32,36). Zu מִשְׁפָּט führt Liedke[329] aus, dass es den Akt des שפט-Handelns bezeichne und sich daher ebensowenig wie das Verb שפט, das ein Handeln zur Wiederherstellung der gestörten Ordnung der (Rechts-)Gemeinschaft bedeute, auf die Sphäre des Rechts einengen lasse. Dieses Verständnis von מִשְׁפָּט bestätigt insbesondere auch Dtn 32,4. Dort wird JHWH als der Fels (הַצּוּר) vorgestellt, dessen Tun vollkommen ist (תָּמִים פָּעֳלוֹ), weil seine Wege stets recht sind (כִּי כָל־דְּרָכָיו מִשְׁפָּט). Hier ist מִשְׁפָּט als ein Ordnungsgefüge verstanden, das JHWHs Wegen innewohnt und seinem Tun Vollkommenheit verleiht, so dass er anschließend als Gott der Treue (אֵל אֱמוּנָה) gepriesen wird, der gerecht und gerade (צַדִּיק וְיָשָׁר) ist. Der Kontext, in dem מִשְׁפָּט hier steht, zeigt, dass es nicht nur um juridische Gesetze oder Entscheidungen geht, sondern um eine alles göttliche Handeln umfassende Ordnung, die einfach vorhanden ist, ohne dass sie erst festgesetzt zu werden braucht.[330]

---

329 Liedke, Artikel שפט šp̄ṭ richten, Sp. 1001, 1004–1009.
330 Vgl. Liedke, Artikel שפט šp̄ṭ richten, Sp. 1005.

Demgegenüber hat Dtn 32,41 sehr wohl eine Streitsituation im Auge, die möglicherweise auch rechtlich relevant sein kann. Wenn JHWH dort spricht, dass er den Blitz seines Schwertes schärft (אִם־שַׁנּוֹתִי בְּרַק חַרְבִּי) und seine Hand zum Gericht greift (וְתֹאחֵז בְּמִשְׁפָּט יָדִי), um Rache auf seine Gegner zurück zu wenden (אָשִׁיב נָקָם) und seinen Hassern zu vergelten (אֲשַׁלֵּם), dann bezieht sich dies durchaus auf Menschen, die ihre Pflichten gegenüber JHWH vernachlässigt haben. Jedoch gilt das Interesse des Textes nicht primär der Frage der rechtlichen Beurteilung des Verhaltens von JHWHs Gegnern und Hassern. Nirgends tritt ein unabhängiger Dritter als Richter auf, um den Parteienstreit durch Urteil zu entscheiden, sondern JHWH besiegt seine Gegner und Hasser im unmittelbaren Zweikampf. Der Parallelismus von רַק חַרְבִּי („Blitz meines Schwertes") und מִשְׁפָּט, die beide mit einem instrumentalen בּ verbunden sind, verdeutlicht, dass JHWH seinen מִשְׁפָּט unmittelbar wie eine Waffe gegen seine Feinde wendet. Seine Hand ergreift in V. 41aβ nicht, wie es dem gewöhnlichen Verlauf der Dinge entsprechen würde, das geschärfte Schwert, sondern den מִשְׁפָּט, um damit seine Gegner und Hasser zu besiegen (vgl. V. 42; ferner auch 23). Dabei geht es, wie die Verwendung der Vokabeln אָשִׁיב נָקָם und אֲשַׁלֵּם zeigt,[331] um die Herbeiführung eines Ausgleichs, der das rechte Maß und die rechte Ordnung der Dinge wieder herstellt.

Fragt man sich, welche Bedeutung מִשְׁפָּט hier annimmt, dann legt die Tatsache, dass מִשְׁפָּט instrumental als Mittel zur Herbeiführung von Rache und Vergeltung benutzt wird, es nahe, von einem „Rechtsentscheid"[332] auszugehen, wobei es aber nicht um eine Streitentscheidung zwischen zwei Parteien durch einen dritten Schiedsrichter geht, sondern um ein wirksames Machtwort JHWHs gegen seine Gegner (לְצָרַי) und Hasser (וְלִמְשַׂנְאַי), das durch Vergeltung die kosmische Ordnung wiederherstellt, die gestört worden war, weil Israel (V. 15: יְשֻׁרוּן) JHWH, den Fels seiner Rettung, verachtet (V. 15: וַיְנַבֵּל) und fremde Götter angebetet hatte (V. 16 – 18). Die in V. 42 als Blutbad unter den Feinden beschriebene Wirkung des göttlichen מִשְׁפָּט ist vor dem Hintergrund der V. 8 – 9 zu verstehen, die aussagen, dass JHWH der Geschichte eine grundlegende Ordnung gab, indem er jeder Nation ein Erbe zuwies (V. 8aα: wörtl. „erben lässt", Hiphil Infinitiv constructus בְּהַנְחֵל) und die Menschenkinder voneinander schied (V. 8aβ: בְּהַפְרִידוֹ). Dieser

---

331 Vgl. zu נקם Sauer, Artikel נקם nqm rächen, Sp. 107, der die ursprüngliche Bedeutung des Stammes darin sieht, dass ein begangenes Unrecht durch Bestrafung ausgeglichen und dadurch aufgehoben wird. Zu שׁלם vgl. Gerleman, Artikel שׁלם šlm genug haben, Sp. 923 f., der als Bedeutung des Verbs שׁלם (Piël) „bezahlen, vergelten" angibt, wobei das Piël häufig im Kontext des Rechtslebens belegt sei, jedoch keinesfalls ausschließlich in diesem Bereich verwendet werde, sondern sich auf einen viel größeren Sinnbezirk beziehe. Es gehe darum, den Pflichten, Ansprüchen, Versprechungen aller Art genüge zu tun.

332 Vgl. Koehler/Baumgartner, HAL, Stichwort מִשְׁפָּט Nr. 1.

Vorgang lässt inhaltlich an einen die Geschichte ordnenden Schöpfungsakt analog zur die Natur ordnenden Scheidung von Licht und Finsternis in Gen 1,4b denken, auch wenn dort ein anderes, jedoch sinnverwandtes Verb (וַיַּבְדֵּל) verwendet wird.[333] Der Akt der Trennung der Völker schafft eine Ordnung, die für den harmonischen, von JHWH bestimmten Verlauf der Geschichte grundlegend sein soll (zur Geschichtsherrschaft JHWHs vgl. V. 39 und 43). Bestätigt wird diese behauptete Schöpfungsanalogie auch durch die Formulierung von Dtn 32,8bα יַצֵּב גְּבֻלֹת עַמִּים „er legte die Grenzen der Völker fest". Denn die Vorstellung einer גְּבוּלָה „Grenze" begegnet in Ps 104,9 (גְּבוּל „Grenze") im Kontext göttlicher Schöpfertätigkeit. Bei der Gründung der Erde (vgl. Ps 104,5) gebietet Gott mit machtvoller Stimme den Chaoswassern der Urflut, die alles bedecken (vgl. Ps 104,6: ... תְּהוֹם כִּסִּיתוֹ ... יַעַמְדוּ־מָיִם), zu weichen, um der Erde Raum zu schaffen (Ps 104,7 f.), und weist ihnen einen endgültigen Platz in der Schöpfung zu, Ps 104,9: גְּבוּל־שַׂמְתָּ בַּל־יַעֲבֹרוּן „eine Grenze hast du gesetzt, die sie nicht überschreiten". In einer entsprechenden, aber für den Bereich der Geschichte geltenden Weise ist die Aussage von Dtn 32,8 zu verstehen. Indem JHWH die Grenzen der Völker von Anfang an festsetzt, verhindert er, dass chaotisches Wüten kriegerischer Mächte die Erde überflutet. Maß und Ziel dieses ordnenden Handelns JHWHs ist Israel (vgl. V. 8bβ), das Volk, das er sich zum „Anteil" (חֵלֶק) und „Maß seines Erbes" (חֶבֶל נַחֲלָתוֹ) bestimmt hat (vgl. V. 9) und daher aus einer lebensfeindlichen Sphäre des Chaos errettet (vgl. V. 10a), um es zu behüten und mit besten Gütern zu umsorgen (V. 10b – 14). Wenn nun Israel von JHWH abfällt und sich anderen Göttern zuwendet (V. 15 – 18), bedeutet dies eine Verkehrung der geordneten Verhältnisse (V. 20b – 21), und das auf Israel als besonderen Erbanteil JHWHs ausgerichtete Ordnungsgefüge der Völker verliert seinen Sinn. Eine strukturelle Analogie zu dieser Situation weist in der Urgeschichte der Topos der Sintflut auf. Dort führt die Bosheit des Menschen (Gen 6,5) bzw. die Verdorbenheit allen Fleisches (Gen 6,11–13) zu JHWHs Entschluss, die eigentlich auf den Menschen bzw. die Lebewesen aus Fleisch abgestimmte kosmische Ordnung außer Kraft zu setzen, um die verdorbene Schöpfung zu vernichten (vgl. Gen 6,7.13). Analog führt die Verwerfung JHWHs durch Israel (Dtn 32,15) dazu, dass JHWH seinerseits Israel verwirft (V. 19 f.) und sein eigenes, bislang auf Israels Heil bedachtes Handeln ebenso wie die zum Wohl Israels

---

333 Zu פרד Hi. vgl. z. B. Ruth 1,17b „[nur] der Tod soll mich und dich scheiden" יַפְרִיד. Zu בדל Hi. vgl. z. B. Dtn 19,7 „Drei Städte sollst du dir aussondern" תַּבְדִּיל. Während das erstgenannte Verb die endgültige Trennung betont, hebt das zweitgenannte den Aspekt der Aussonderung hervor. Dementsprechend geht es in Dtn 32,8 um eine definitive Trennung der Völker im Sinne einer Ordnung, die kriegerische Übergriffe zwischen ihnen verhindern soll, während die Scheidung zwischen Licht und Finsternis eher als Aussonderung des als Schöpfungswerk positiv konnotierten Lichtes aus der negativ konnotierten Masse der Finsternis zu verstehen ist.

geschaffene Ordnung der Geschichte in das Gegenteil verkehrt (vgl. V. 21–25), was eine Erschütterung des ganzen Kosmos (vgl. V. 22) und eine Israel überschwemmende Flut von geschichtlichem Unheil bewirkt (vgl. V. 23–25). Vor diesem Hintergrund dürfte der als Instrument von Rache und Vergeltung fungierende מִשְׁפָּט in V. 41 sowohl den „Rechtsentscheid" JHWHs über das Maß der Vegeltung als auch die Ordnung der Geschichte bezeichnen, die eine Beseitigung der Störung fordert. Weil Israel die auf sein Heil ausgerichtete Ordnung durch seinen Abfall von JHWH ad absurdum geführt hat, ist es zum Feind seiner selbst geworden, gegen den JHWH die Ordnungsprinzipien des מִשְׁפָּט in Kraft setzt. Dementsprechend stellt JHWH in V. 35 zum Abschluss seiner Rede (V. 20–35) fest, dass der Tag seiner Rache und Vergeltung unmittelbar bevorsteht. Dieses Geschehen wird in V. 36 vom Sprecher des Liedes gedeutet, indem er ankündigt, der Herr werde sein Volk richten (כִּי־יָדִין יְהוָה עַמּוֹ). Zur Wurzel דין führt Liedke[334] aus, dass sie „ursprünglich präzis das autoritäre, verbindliche Urteilen im Prozess" bezeichne und damit eine andere Grundbedeutung als die Wurzel שׁפט habe, die ursprünglich das Entscheiden im nichtautoritären Schlichtungsverfahren bezeichne. Beide Wurzeln hätten aber ihren Bedeutungsumfang bis zu völliger Synonymität erweitert. Somit zeigt die Verwendung von דין in V. 36, dass der zuvor genannte Tag der Rache und Vergeltung das Fällen eines rechtlichen Urteils über das Volk mit sich bringt. JHWHs Urteil ergeht jedoch nicht in einem formalisierten trilateralen Gerichtsverfahren – die Struktur eines Prozesses ist nirgends erkennbar – sondern er tritt gegen Israel als Chaoskämpfer auf, um den מִשְׁפָּט, d. h. die dem Kosmos innewohnende sittliche Ordnung, wiederherzustellen.

Somit ist im Hinblick auf die Frage, ob Dtn 32,1–43* als Gerichtsrede bezeichnet werden kann, festzuhalten, dass es sich um eine Mose in den Mund gelegte Lehrrede handelt, die eine Reflexion über Israels Geschichte an Hand einer Gegenüberstellung des Heilshandelns JHWHs, der Undankbarkeit Israels und der sich aus diesem Missverhältnis notwendigerweise ergebenden Konsequenzen enthält. In diesem Rahmen wird durchaus die rechtliche Notwendigkeit von JHWHs Vergeltungshandeln hervorgehoben. Die Struktur des Textes, seine kosmischen Aussagen, die nicht auf Lösung eines konkreten Rechtsfalles vor Gericht, sondern auf das Lob des gerechten Weltenherrschers JHWH (V. 43) zulaufen, und die Konstellation der Handlungsträger, insbesondere das Fehlen eines unabhängigen Richters, machen es aber unmöglich, Dtn 32,1–43 als Gerichtsrede zu verstehen.

---

334 Vgl. Liedke, Artikel דין *djn* richten, Sp. 446 f.

3.5.3.5 Zu Ps 50

Ein weiterer Text, der oft als Beleg der Gerichtsrede genannt wurde, ist Ps 50.[335] Im Text dieses Psalms erscheinen drei Wortwurzeln, die auf einen gerichtlichen Kontext verweisen könnten, nämlich יכח (Ps 50,8.21, im Hi.), שפט (Ps 50,6) und דין (Ps 50,4). Wie die Überlegungen zu Dtn 32,1–43* gezeigt haben, können das aus der Wurzel שפט abgeleitete Nomen מִשְׁפָּט und die ursprünglich das gerichtliche Urteilen bezeichnende Wurzel דין sich auf Grund ihrer rechtlichen Bedeutungsgehalte auf ein Gerichtsverfahren beziehen, müssen dies aber nicht. Selbst wenn dies der Fall wäre, ist damit noch nicht der Nachweis erbracht, dass der Text selbst ursprünglich in einem Gerichtsverfahren situiert ist, da es sich auch um einen bloßen Verweis auf eine Gerichtssituation handeln könnte, den ein zu einem anderen Sitz im Leben gehöriger Text beinhalten kann.[336] Daher ist zunächst die Konstellation von Handlungsträgern in Ps 50 zu analysieren. Im Sinn von de Roche setzt eine Gerichtssituation mindestens drei Beteiligte voraus, nämlich einen Richter, einen (An-)Kläger und einen Beklagten bzw. Angeklagten. Folgende Personen treten in Ps 50 auf: der Sprecher des Psalms, Gott, sein Volk (ab V. 4, präzisiert in V. 5 als die in einer Bundesbeziehung stehenden Frommen), Himmel und Erde (V. 4), der Gottlose (V. 16) und die Gottvergessenen (V. 22). Da die als Anklagerede in Betracht kommende Passage Ps 50,7–21a von Gott gesprochen wird, könnte er in der Rolle des Anklägers stehen. Gleichzeitig lassen ihn die Verse 4 und 6, wenn man den gängigen Übersetzungen folgt, aber auch in der Rolle des Richters erscheinen:[337]

---

335 Vgl. z. B. Huffmon, Covenant Lawsuit, S. 289, der feststellt, dass Ps 50 viele Merkmale der „Gerichtsrede" aufweise, aber daneben auch andere Affinitäten zeige; Harvey, Rîb-Pattern, S. 177 f.; Vermeylen, Du prophète Isaïe, S. 43–49.

336 Ein einfaches Alltagsbeispiel hierfür wäre: Eine Mutter erzählt am Abend in der Familie: „Heute war ich bei Gericht und musste als Zeugin eines Unfalls aussagen, der sich vor einiger Zeit ereignet hatte, als ich mit dem Auto unterwegs war. Der Richter stellte mir nur ein paar einfache Fragen. Am Ende der Verhandlung verurteilte er den Fahrer A dazu, den Schaden des Unfalls zu erstatten. Außerdem leitete er gegen einen anderen Zeugen ein Strafverfahren ein, weil er offensichtlich eine Falschaussage begangen hatte." Obwohl diese Erzählung zahlreiche Begriffe enthält, die typischerweise im Kontext von Gerichtsverfahren erscheinen (Gericht, als Zeuge aussagen, Richter, Verhandlung, verurteilen), hat sie als einzigen und ursprünglichen Sitz im Leben die Konversation im Kreis der Familie. Die rechtlichen Begriffe verweisen lediglich auf den Kontext des Gerichtsverfahrens, ohne dass dadurch der Sitz im Leben der Erzählung verändert würde. Dementsprechend enthält auch Dtn 32 die rechtlich konnotierten Begriffe מִשְׁפָּט und דין, ohne das Gerichtsverfahren als ursprünglichen oder aktuellen Sitz im Leben zu haben (vgl. vorhergehender Punkt).

337 Die von Houtman, Der Himmel, S. 127 f., vorgetragene Auffassung, nicht Gott, sondern Himmel und Erde hätten in Ps 50,4.6 die Funktion des Richters und Zeugen, kann nicht überzeugen. Houtman meint, לְדִין „um zu richten" sei nicht auf Gott, der Subjekt der vorausgehenden

V. 4:   יִקְרָא אֶל־הַשָּׁמַיִם מֵעָל וְאֶל־הָאָרֶץ לָדִין עַמּוֹ

Er ruft dem Himmel droben und der Erde zu, um sein Volk zu richten:[338]

V. 6:   וַיַּגִּידוּ שָׁמַיִם צִדְקוֹ כִּי־אֱלֹהִים שֹׁפֵט הוּא סֶלָה

Und die Himmel verkünden seine Gerechtigkeit, daß Gott Richter ist, er selbst.[339]

Bereits diese regelmäßig bei den sog. „Gerichtsreden" anzutreffende Einheit von Kläger und Richter spricht dagegen, Ps 50 in den Kontext eines Gerichtsverfahrens einzuordnen, das eine von den Parteien unabhängige, übergeordnete richterliche Instanz verlangt. Ferner fehlt auch ein richterliches Urteil, das die in Ps 50,16 – 20 unter Anklage gestellten Vergehen durch Richterspruch verurteilt und mit einer

---

finiten Verbform יִקְרָא ist, sondern auf die indirekten Objekte אֶל־הַשָּׁמַיִם [...] וְאֶל־הָאָרֶץ zu beziehen. Ps 50,4 wäre demnach zu übersetzen: „Er rief dem Himmel von oben her und der Erde zu, sie mögen sein Volk richten." Weiter ist Houtman, ebd., S. 128, der Ansicht, Ps 50,6b אֱלֹהִים שֹׁפֵט wolle nicht aussagen, dass Gott im gegebenen Fall die Funktion des Richters ausübe, sondern sei parallel zu V. 6a so zu verstehen, dass Gott ein Gott sei, der die Ordnung des Kosmos bestimme (צדק) und seinen (Bundes-)Verplichtungen nachkomme (שׁפט). Auch wenn sicher richtig ist, dass die Wurzel שׁפט nicht immer juridisch zu verstehen ist, sondern oftmals auch den Sinn „als An-führer/Herrscher zum Guten wenden" hat (vgl. z. B. Ri 2,16.18; Jes 33,22), so ist doch nicht zu übersehen, dass sie auch die Ausübung eines juridischen Amtes miteinschließt (vgl. z. B. Ex 2,14; 18,16; Dtn 19,18; 1 Kön 3,28). Insbesondere in Ex 2,14 zeigt die Verwendung des Ausdrucks אִישׁ שַׂר וְשֹׁפֵט im Zusammenhang mit Moses Versuch, den Streit zwischen den beiden Hebräern zu schlichten, dass אִישׁ שֹׁפֵט einen Mann bezeichnet, der in einem einzelnen Streitfall eine rechtliche Entscheidung trifft, also eine juridische oder schiedsrichterliche Funktion ausübt. Nun ist אֱלֹהִים שֹׁפֵט in Ps 50,6 eine dazu parallel liegende Wortverbindung, bei der sich ein analoges Verständnis nahelegt. Es geht also um einen Gott, der in einer konkreten geschichtlichen Auseinandersetzung eine gerechte Entscheidung trifft. Damit verhalten sich Ps 50,6a und 6b komplementär zueinander, indem צִדְקוֹ eher den globalen Aspekt der Errichtung der kosmischen Ordnung und אֱלֹהִים שֹׁפֵט das auf diesen Zweck ausgerichtete Handeln Gottes im Einzelfall im Blick hat. Diese Auslegung fügt sich in den Kontext von Ps 50 wesentlich besser ein als die von Houtman vorgeschlagene. Denn wollte man mit ihm Himmel und Erde auf Grund von Ps 50,4 in der Rolle des Zeugen und Richters sehen, dann wäre das Urteil (V. 6) gefällt, ehe JHWH sich überhaupt zum konkreten Fall geäußert hat (V. 7 – 23). Ein solches Rechtsverfahren wäre aber mit dem Gedanken einer gerechten Ordnung, den Ps 50,6 hervorhebt, nicht zu vereinbaren (vgl. demgegenüber den Verlauf des als mustergültig angesehenen Rechtsstreits der beiden Dirnen vor Salomo in 1 Kön 3,16 – 27). Wollte man dagegen im Sinne Houtmans einwenden, es gehe in Ps 50,6 darum, hervorzuheben, dass Gottes Handeln auf Grund seines göttlichen Wesens von vornherein, also noch vor Beginn des Prozesses, als gerecht qualifiziert werden soll, dann wäre es sinnlos, anzunehmen, dass Gott einen Prozess führt, bei dem Himmel und Erde als Richter fungieren, da ihre Richterfunktion angesichts des von vornherein feststehenden Urteils überflüssig ist.

338 Elberfelder Übersetzung. Inhaltlich entsprechend z. B. EÜ, Luther, Schlachter. LXX, Vulgata übersetzen mit Infinitiv, der Vergleich mit V. 6 zeigt aber eindeutig, dass auch sie Gott als den-jenigen ansehen, der richtet, und nicht etwa Himmel und Erde (vgl. oben Fußnote 72).

339 Elberfelder Übersetzung. Inhaltlich entsprechend z. B. LXX, Vulgata, EÜ, Luther, Schlachter.

Strafe ahndet. Stattdessen findet sich in V. 21 lediglich die Ankündigung einer Zurechtweisung (אוֹכִיחֶךָ) und in V. 22 eine mit einer Drohung verbundene Ermahnung zur Einsicht. Fragt man sich trotz dieses gegen eine Prozess-Situation sprechenden Aspekts weiter, welche Rollen vor Gericht den übrigen Handlungsträgern zugewiesen werden könnten, dann könnte der Gottlose (V. 16) der Angeklagte sein, doch vermisst man hier die in einem Gerichtsprozess zu erwartende Verteidigungsrede. Ferner könnten Himmel und Erde, die in Ps 50,4 von JHWH herbeigerufen werden, als Zeugen fungieren. Diese Möglichkeit scheitert jedoch daran, dass Himmel und Erde keinerlei Aussagen zu den von JHWH in V. 7–23 gerügten Missständen machen. Damit zeigt schon ein kurzer Blick auf Ps 50, dass es auch hier um eine Form der Auseinandersetzung geht, die nicht den Charakter eines institutionalisierten Gerichtsverfahrens hat. Die von Ps 50 ins Auge gefasste Situation lässt sich besser erfassen, wenn man nach seinem inhaltlichen Zentrum sowie nach der Rolle fragt, die Himmel und Erde an Stelle der sonst häufig vermuteten Zeugenrolle wirklich zukommt.

Ps 50 schildert in seinem ersten Hauptabschnitt eine Theophanie (V. 1–6). Der zweite (V. 7–23) beinhaltet drei Mahnreden JHWHs. Deren erste (V. 7–15) ist eine Ermahnung des Gottesvolks, die den Vorrang der Dankbarkeit, der Treue und des Vertrauens gegenüber JHWH (V. 14 f.) vor kultischen Handlungen (V. 7–13) lehrt. JHWHs zweite Rede (V. 16–21) wendet sich gegen den Gottlosen (לְרָשָׁע) und seine Torheit, sich zwar mit den Lippen zu JHWH zu bekennen (V. 16), aber seine Weisung durch ethisch verwerfliches Handeln zu missachten (V. 17–20) und damit Gott selbst zu verachten (V. 21). Die dritte Rede (V. 21–22) fasst die vorhergehenden zusammen, indem sie die Gottvergessenen (שֹׁכְחֵי אֱלוֹהַּ) vor JHWHs Strafe warnt (V. 21) und dieser negativen Haltung die Dankbarkeit als positiven Weg zum Heil entgegensetzt (V. 22).

Himmel und Erde treten nur im Rahmen der Theophanieschilderung (V. 1–6) in Erscheinung, die mit dem Erschallen des göttlichen Wortes (דִּבֶּר) auf dem ganzen Erdkreis einsetzt (V. 1) und ihren Höhepunkt im strahlenden, von Feuer und Sturm begleiteten Erscheinen JHWHs auf dem Zion findet (V. 2–3). Im Anschluss daran kommt es zu einer doppelten Ausweitung des Kreises der Adressaten der Theophanie, da JHWH zum einen in V. 4 nicht mehr nur der Erde (wie noch in V. 1), sondern auch den Himmeln, somit also dem ganzen Kosmos zuruft und zum anderen in V. 5 mit der Aufforderung zur Versammlung all seiner Frommen eine maximale Ausweitung der den Psalm betenden Gemeinde, die auf das Kommen ihres Gottes wartet (vgl. V. 3: יָבֹא אֱלֹהֵינוּ), anordnet.[340]

---

340 So Gese, Psalm 50, S. 65.

Inhaltlich ist das Ziel dieser Offenbarung Gottes ein richtendes Handeln (V. 4 und 6), das letztlich einen Weg zum Heil Gottes weisen soll (V. 23). In diesem Sinn drückt die Aussage „unser Gott kommt" (יָבֹא אֱלֹהֵינוּ) in V. 3a ein grundlegendes Bekenntnis der betenden Gemeinde zu JHWH als Bundesgott aus, der seine Bundeszusage, für das Wohl der ihm im Bund Anvertrauten zu sorgen, durch sein Kommen einlöst. Die mit dem Bekenntnis zum Bundesgott einhergehende Heilserwartung wird durch die Formulierung „er schweigt/schweige nicht" (וְאַל־יֶחֱרַשׁ) bekräftigt, da hier die Überzeugung zum Ausdruck kommt, dass JHWHs Erscheinen ein Recht schaffendes und damit heilbringendes göttliches Ein- schreiten darstellt, das eine positive Antwort auf die in vielen Klagepsalmen (Ps 28,1; 35,22; 39,13; 83,2; 109,1) geäußerte Bitte ist, Gott möge nicht im Schweigen verharren, sondern den von Not bedrängten Beter erhören.[341] Es wird nun deut- lich, dass die Aussage von V. 6, JHWH werde sein Volk richten (כִּי־אֱלֹהִים שֹׁפֵט הוּא, das Partizip שֹׁפֵט drückt futurum instans aus), positiv im Sinne einer heilbrin- genden Weisung zu verstehen ist.[342] JHWH wird sein Volk einer Prüfung unter- ziehen, um ihm den rechten Weg zu weisen. Die mit der Einhaltung dieses Wegs verbundene Heilserwartung bildet in V. 23 (בְּיֵשַׁע אֱלֹהִים) auch den Ziel- und Schlusspunkt des ganzen Psalms. All dies zeigt, dass die Belehrung des Gottes- volkes in V. 7–15 und die Zurechtweisung des Gottlosen/der Gottvergessenen in V. 16–21.22 auf dieses im Rahmen der Theophanieschilderung grundgelegte Ziel hin ausgerichtet sind, so dass die JHWH-Reden in Ps 50,7–23 einen integralen Bestandteil der unmittelbar vorher geschilderten Theophanie bilden. Da sie hinsichtlich der Rangstellung des Kultes eine von der Sinaitradition abweichende Tora-Offenbarung enthalten, erlangen sie auf Grund der Legitimation, die ihnen durch die zuvor geschilderte Theophanie auf dem Zionsberg zuwächst, ein ei- genständiges Gewicht und stellen sich als eine Offenbarung dar, die den tieferen Sinn und die tiefere Wahrheit der Sinai-Offenbarung (vgl. V. 5) durch eine neue Akzentuierung im Sinne des Vorrangs der Dankbarkeit Gott gegenüber vor kul- tischen Opfern (V. 23) erschließen wollen.[343] Somit ist Ps 50 nicht primär im Kontext eines Gerichtsverfahrens, sondern in dem einer Theophanie anzusiedeln.

Damit kommt Himmel und Erde in Ps 50 keine gerichtliche Funktion zu, sondern sie sind in das Theophanie-Geschehen, in JHWHs Offenbarwerden in der Welt eingebunden. Ihre Einbindung besteht zunächst darin, dass sie Adressaten seines mit verwandelnder Schöpferkraft (vgl. z. B. Gen 1; Ps 33,6) ausgestatteten Wortes sind (vgl. Ps 50,1b), das Himmel und Erde in Bewegung setzen kann und so

---

341 So Gese, Psalm 50, S. 60 Anm. c, 64 f.
342 So Gese, Psalm 50, S. 65.
343 So Gese, Psalm 50, S. 66 f.

JHWH als Herrn des Kosmos offenbart. In Ps 50 werden Himmel und Erde durch JHWHs Wort insofern in Bewegung gesetzt, als sie an seinem Offenbarwerden aktiv mitwirken, indem sie die Frommen versammeln (V. 4–5) und – dies betrifft allerdings nur die Himmel – Gottes Gerechtigkeit (צֶדֶק) und Recht schaffendes Tun (שֹׁפֵט הוּא) verkünden, wobei sowohl Gerechtigkeit als auch Recht schaffendes Handeln Ausdruck und Garanten der von JHWH begründeten und erhaltenen harmonischen Weltordnung sind (vgl. V. 6). Gleichzeitig ist diese Verkündigung ein Akt des Lobpreises, der Gott in seiner Herrschaft bestätigt und stärkt.

Es hat sich gezeigt, dass Ps 50 nicht einem Gerichtsverfahren nachgebildet ist, sondern eine Theophanie schildert, in deren Rahmen eine heilbringende Weisung (Tora) erteilt wird, die dem Volk den rechten Weg zeigt und den Gottlosen zurechtweist. Das Geschehen ähnelt damit eher der Situation am Hof des Königs, der seine Untertanen wie ein Vater seine Kinder durch Tora und Zurechtweisung zum Guten hin erziehen will. Diese Belehrung spielt sich im Rahmen des ganzen Kosmos ab, als dessen Herr sich JHWH durch seinen Umgang mit Himmel und Erde erweist. Ziel seiner göttlichen Regierung ist das Heil derer, die ihn durch Dankbarkeit verherrlichen (V. 23).

3.5.3.6 Zu Jes 1,2–20*

Zuletzt ist die Situation von Jes 1,2–20* daraufhin zu untersuchen, ob sie Hinweise auf Charakteristika einer Gerichtsrede enthält. Da das erste Jesaja-Kapitel im Zentrum dieser Arbeit steht, wird zunächst an Hand der bisherigen Forschungsliteratur dargelegt, aus welchen Gründen Jes 1,2–20* im Regelfall der Gattung der Gerichtsrede zugewiesen wurde.

3.5.3.6.1 Die Anwendung der Kriterien der sog. „Gerichtsrede" auf Jes 1,2–20* in der bisherigen Forschung

Huffmon[344] argumentiert in Bezug auf Jes 1,2–3, der Prophet handle hier als Anwalt des Klägers JHWH und rufe Himmel und Erde auf, seinen Fall im Rahmen einer ihnen zukommenden Zuständigkeit anzuhören (V. 2a). Daraufhin begründe er JHWHs Klage (V. 2bα) und formuliere den Anklagevorwurf (V. 2bβ). Es werde gezeigt, dass der Angeklagte keine Verteidigung habe (V. 3a), und abschließend werde die Anklage wiederholt (V. 3b).

---

344 Vgl. Huffmon, Covenant Lawsuit, S. 286.

Harvey[345] klassifiziert Jes 1,2ab.10 als Aufmerksamkeitsrufe, Jes 1,11–12 als Vernehmung mit impliziter erster Anklage, Jes 1,2cd–3.15c als Anklagevorwurf, Jes 1,13–15b als Hinweis auf die Vergeblichkeit kultischer Kompensationsversuche und Jes 1,16–20 als Warnung mit Bescheid über die von JHWH geforderte Verhaltensänderung. Damit betrachtet er alle Merkmale der Gerichtsrede als gegeben.

Vermeylen[346] greift die von Harvey erarbeiteten Kriterien auf, wendet diese aber nicht wie Harvey nur auf Jes 1,2–3.10–20, sondern insgesamt auf Jes 1,2–20 an.

Nielsen[347] stellt zwar bei Jes 1,2–3 das Fehlen zweier Elemente der Gerichtsrede, nämlich sowohl der Verteidigungsrede als auch des Urteils, fest, hält diese Auslassungen jedoch für ein bewusstes Stilmittel, das wegen der dem Vater (JHWH) von seinen Söhnen (Israel) geschuldeten Gehorsamsverpflichtung die Unentschuldbarkeit der angeklagten Vergehen und damit die unumgängliche Verurteilung Israels als selbstverständlich voraussetze.

Willis[348] weist Jes 1,2–20 der Gattung der Gerichtsrede zu, indem er einige der von Huffmon, Harvey und Nielsen erarbeiteten Kriterien der prophetischen Gerichtsrede heranzieht, arbeitet aber darüber hinaus noch eine Reihe neuer Aspekte heraus, die Jes 1,2–20 seiner Meinung nach als Gerichtsrede charakterisieren:

–   Die Vorladung von Himmel und Erde (V. 2a).[349]
–   Der Schmerz des Klägers über das Verhalten des Angeklagten (V. 2b–4).[350]
–   Das Plädoyer des Klägers, der Angeklagte möge dieses für das gegenwärtige Unheil verantwortliche Verhalten aufgeben (V. 5–8).
–   Der Hinweis, dass der einzige Grund für das Überleben des Angeklagten in der Gnade des Klägers liegt (V. 9).

---

345 Vgl. Harvey, Rîb-Pattern, S. 178. Die von Harvey erarbeiteten Merkmale der Gerichtsrede waren: (1.) Einleitung (Aufmerksamkeitsruf, Höraufruf an Himmel und Erde); (2.) Befragung der Angeklagten durch den Richter, der gleichzeitig der Ankläger ist; diese Befragung enthält eine erste implizite Anklage; (3.) Anklage mit Erklärung des Bundesvergehens einschließlich Erinnerung an JHWHs Wohltaten und Israels Undankbarkeit; sowie (4.) Hinweis auf die Nutzlosigkeit kultischer Kompensationsversuche (oder fremder Kulte). Das letzte Element ist beim ersten Typ (5a.) Schuldspruch mit Androhung völliger Zerstörung; beim zweiten Typ dagegen (5b.) Warnung, die die von JHWH geforderte Verhaltensänderung bestimmt. Siehe dazu oben Punkt 3.5.2.
346 Vermeylen, Du prophète Isaïe, S. 44 f., unter ausdrücklicher Bezugnahme auf Harvey.
347 Nielsen, Yahweh as Prosecutor and Judge, S. 27–29.
348 Willis, First Pericope, S. 73 f.
349 Vgl. Huffmon (Merkmal 2b), Harvey (Merkmal 1) und Nielsen. Siehe im Einzelnen oben Punkt 3.5.2.
350 Vgl. Huffmon (Merkmal 2cγ). Siehe im Einzelnen oben Punkt 3.5.2.

- Die Missbilligung der vom Angeklagten demonstrativ vorgespiegelten Reue durch den Kläger (V. 10 – 15).[351]
- Die Bekanntgabe der Bedingungen echter Reue seitens des Angeklagten durch den Kläger (V. 16 – 17).[352]
- Das Plädoyer für eine Umkehr des Klägers mit dem Versprechen anschließender Vergebung; ferner die Bekanntgabe der jeweiligen Folgen im Fall einer Umkehr sowie im Fall von Widerspenstigkeit (V. 18 – 20).[353]

3.5.3.6.2 Kritische Stellungnahme unter besonderer Berücksichtigung von Williamson

Auf den ersten Blick fällt auf, dass in der bisherigen Forschung die Abgrenzung der als Gerichtsrede qualifizierten Abschnitte aus Jes 1 besonders unterschiedlich ausfiel,[354] wie die folgende Gegenüberstellung einiger Autoren zeigt:[355]

a. Huffmon, Covenant Lawsuit, S. 286; Wildberger, Jesaja 1– 12, S. 8 – 12; Nielsen, Yaweh as Prosecutor, S. 27– 29 und Childs, Isaiah, S. 16: *Jes 1,2 – 3.*
    Daneben betrachten Wildberger, Jesaja 1– 12, S. 50 f.; Nielsen, Das Bild des Gerichts, S. 315 f., die Einheit *Jes 1,18 – 20 als eine zweite Gerichtsrede.*
b. Harvey, Rîb-Pattern, S. 177: *Jes 1,2 – 3.10 – 20.*
c. Vermeylen, Du prophète Isaïe, S. 43 und Willis, First Pericope, S. 72– 74: *Jes 1,2 – 20.*
d. Daniels, Prophetic Lawsuit, S. 343: *Jes 1,2 – 3.18 – 20.*

Die grundsätzliche Problematik der von Huffmon, Harvey und Nielsen erarbeiteten Kriterien der prophetischen Gerichtsrede wurde oben unter Punkt 3.5.2 „Forschungsüberblick zur prophetischen Gerichtsrede (Rîb-Pattern)" erörtert. Es stellte sich heraus, dass die Kriterien so allgemein sind, dass sie sich nicht nur auf gerichtliche, sondern auf jede Art von Streitigkeiten beziehen können. Dementsprechend wurde bisher keine konsensfähige Lösung in der Frage des Sitzes der Gattung im Leben erreicht. Dass man dennoch versuchte, Texte, bei denen sich die Kriterien der erwähnten Autoren mehr oder weniger deutlich identifizieren ließen, als Ausprägungen einer Gattung zu deuten und sie damit einem bestimmten Lebenskontext (Sitz im Leben) zuzuordnen, über dessen konkrete Gestalt aber kein

---

351 Vgl. Harvey (Merkmal 4). Siehe im Einzelnen oben Punkt 3.5.2.
352 Vgl. Harvey (Merkmal 5b). Siehe im Einzelnen oben Punkt 3.5.2.
353 Vgl. Harvey (Merkmal 5b). Siehe im Einzelnen oben Punkt 3.5.2.
354 Vgl. dazu Williamson, Covenant Lawsuit, S. 394.
355 Siehe dazu bereits oben Punkt 3.5.2 „Forschungsüberblick zur prophetischen Gerichtsrede (Rîb-Pattern)".

Konsens bestand, führte dazu, dass individuelle Hinweise der betreffenden Texte auf den Horizont, in dem sie verstanden werden wollen, vernachlässigt wurden, da der Verstehenshorizont ja scheinbar bereits durch die Gattung vorgegeben war. Letztlich bedeutete dies, dass die Gattungskritik nicht mehr als dienendes Instrument der Interpretation eingesetzt wurde, sondern dazu, um vermeintlich durch den Lebenskontext der Gattung bedingte Interpretationslinien in den Text hineinzuprojizieren, ohne sie an Hand individueller Textmerkmale kritisch zu überprüfen.[356]

In diesem Sinn kritisiert Williamson[357] die durch Vermeylen unter Benutzung des Kriterienkatalogs Harveys vorgenommene Qualifikation von Jes 1,2–20 als Gerichtsrede, indem er nachweist, dass dies dem Text von Jes 1,2–20 nicht gerecht wird, und zwar selbst dann, wenn man mit Vermeylen annimmt, in Jes 1,2–20 habe ein *Redaktor* überliefertes Material entsprechend der Gattung der Gerichtsrede zusammengearbeitet. Vers 15c (= 15b: יְדֵיכֶם דָּמִים מָלֵאוּ – „eure Hände sind voll Blut") könne nicht in überzeugender Weise als offizieller Schuldspruch[358] gedeutet werden, da Israel laut V. 3 eine andersartige und wesentlich weitreichendere Anklage zur Last gelegt werde. Die Verse 13–15b (= 15aγ) könnten kaum als Anklagerede[359] bezeichnet werden, weil es dort nicht um eine gerichtliche Anklage, sondern um die Zurückweisung der Kultpraktiken des Volkes durch Gott (evtl. in Form einer priesterlichen Tora) gehe. Überdies sei V. 15c (= 15b) nicht von V. 13–15b (= 15aγ) abzutrennen, da diese Passage eine wichtige Begründung der Zurückweisung angebe. Außerdem enthalte die als Anklagerede gedeutete Passage V. 13–15b entgegen Harveys Kriterienkatalog keine Aussage über Gottes Wohltaten in der Vergangenheit, eine solche erscheine abweichend von der vorausgesetzten Abfolge bereits in V. 2. Schließlich lasse die Subsumierung der Verse 16–20 unter Harveys Merkmal Nr. 5b (Warnung mit Bescheid über die von JHWH geforderte Verhaltensänderung) den offensichtlichen literarischen Bruch in V. 18 sowie auch die später von Vermeylen selbst vorgenommene formkritische Aufteilung der Passage (Verse 10–17 und 18–20) außer Acht. Die Kritik Williamsons macht deutlich, dass Vermeylen die Aussagen und Konturen von Jes 1,2–20 nur mühsam mit den laut Harvey für die Gerichtsrede charakteristischen Merkmalen in Verbindung bringen kann, so dass diese gattungskritische Zuordnung die Gefahr in sich birgt, das Verständnis des Textes mehr zu verstellen als zu erhellen.

---

356 Vgl. Williamson, Covenant Lawsuit, S. 400: „[...] commentators are struggling to impose the form on material which is resistant to it."

357 Williamson, Covenant Lawsuit, S. 396.

358 Merkmal 5a in Harveys Kriterienkatalog.

359 Merkmal 3 in Harveys Kriterienkatalog.

Zu Willis' Qualifikation von Jes 1,2–20 als Gerichtsrede merkt Williamson[360] an, dass dies auf einer zirkulären Argumentation beruhe. Willis[361] stelle zunächst zutreffend fest, dass die von ihm aus anderen als gattungskritischen Gründen als Einheit ausgewiesene Passage einige rechtlich erscheinende Elemente enthalte. Im nächsten Schritt fasse er deren Inhalt unter Verwendung rechtlicher Terminologie (Kläger, Angeklagter, etc.) zusammen. Schließlich erkläre er, das Resultat zeige, dass es sich um die Gattung einer Gerichtsrede handle. Da jedoch kein weiterer Text zum Vergleich herangezogen werde, besitze diese Schlussfolgerung keine über das Gewicht einer bloßen Meinung hinausgehende Beweiskraft.

Das in Willis' Untersuchung deutlich gewordene Problem des Zirkelschlusses hält Williamson[362] für einen grundlegenden Mangel, der auch bei den gattungskritischen Analysen Harveys, Vermeylens, Nielsens sowie anderer Exegeten, die eine vergleichbare Methodik anwenden, eine wesentliche Rolle spiele. Die Auswahl der herangezogenen Belegtexte erfolge auf Grund eines auffälligen gemeinsamen Merkmals wie z. B. der Anrufung von Himmel und Erde. Im nächsten Schritt würden die Texte nicht individuell untersucht, sondern die Analyse beschränke sich auf die Suche weiterer gemeinsamer Merkmale nach dem Prinzip des kleinsten gemeinsamen Nenners. Das so erarbeitete Gattungsschema werde später von anderen Exegeten für die Untersuchung derselben Texte verwendet, die dann zu dem nicht überraschenden Ergebnis kämen, dass die geforderten Gattungsmerkmale vorhanden seien.

3.5.3.6.3 Untersuchung der als Merkmale der Gerichtsrede ausgewiesenen Passagen von Jes 1,2–20

Im Folgenden werden die Passagen, die bisher als prophetische Gerichtsreden bzw. deren Gattungsmerkmale angesehen wurden, unter Berücksichtigung der Kritik Williamsons daraufhin befragt, ob sie tatsächlich im Kontext von Jes 1 auf einen spezifisch forensischen Hintergrund verweisen.

3.5.3.6.3.1 Die Anrufung von Himmel und Erde (Jes 1,2a)

Einige Exegeten sehen den wichtigsten Anhaltspunkt dafür, dass Jes 1,2–20* der Gattung der Gerichtsrede angehört, in der Anrufung von Himmel und Erde (Jes 1,2a), die sie unter Verweis auf Dtn 4,26; 30,19; 31,28; 32,1 sowie altorientalische

---

360 Williamson, Covenant Lawsuit, S. 397 f.
361 Willis, First Pericope, S. 73.
362 Vgl. Williamson, Covenant Lawsuit, S. 397 f.

Staatsverträge als Anrufung der Bundeszeugen im Rahmen eines gerichtlichen Verfahrens gegen Israel wegen Verletzung von Bundesverpflichtungen interpretieren.[363] So bemerkt Wildberger gleich zu Beginn seiner gattungskritischen Ausführungen über Jes 1,2–3, dieser Text sei „zweifelsfrei eine Gerichtsrede (‚rîb-pattern')",[364] in deren Rahmen Jes 1,2a als eine Appellation an die Zeugen[365] zu verstehen sei, mittels derer JHWH sein Bundesvolk Israel des Bundesbruchs anklage.[366] Diese Interpretation stützt Wildberger durch einen Verweis auf die sprachlich ähnliche, durch Dtn 31,28 als Zeugenanrufung interpretierte Einleitung des Moselieds Dtn 32,1, die ebenfalls eine Rede eröffnet, indem sie wie Jes 1,2a Himmel und Erde unter Verwendung der Wurzeln אזן und שׁמע zum Zuhören auffordert.[367] Die Anrufung von Himmel und Erde gehe auf deren Erwähnung als Zeugen in altorientalischen Staatsverträgen zurück, die Himmel und Erde noch als Gottheiten verstanden. Da die Formsprache des alttestamentlichen Jahwebundes unter dem Einfluss dieses „profanen" Vertragsformulars[368] stehe, würden auch im

---

363 Dass die Einsetzung von Himmel und Erde als Zeugen in Dtn 4,26; 30,19; 31,28 Parallen in altorientalischen Staatsverträgen hat, hat wohl zuerst Mendenhall, Recht und Bund, S. 37–43, gesehen. Sowohl er selbst, ebd., S. 42 f., als auch Huffmon, Covenant Lawsuit, S. 291–293, brachten diese Beobachtung mit der prophetischen Gerichtsrede und der dort üblichen Anrufung kosmischer Elemente in Verbindung. Beide ließen offen, ob deren Rolle diejenige des Richters, des Zeugen oder auch des Gerichtsvollziehers sein soll (Letzteres nur bei Huffmon). Neben diesen beiden Autoren interpretieren u. a. die folgenden Jes 1,2a in diesem Sinn: Harvey, Rîb-Pattern, S. 178; Vermeylen, Du prophète Isaïe, S. 45 (Verweis auf Harvey) und 63; Bovati, Le langage juridique, S. 180; Kilian, Jesaja 1–12, S. 21; Tomasino, Isaiah 1.1–2.4, S. 85; Willis, First Pericope, S. 73; Wildberger (zu seiner Ansicht s. nachfolgende Ausführungen). Dagegen meint Höffken, Jesaja 1–39, S. 33, es gehe in Jes 1,2–3 nicht um eine Gerichtsrede, sondern um die Thematisierung der Unverständlichkeit des Verhaltens Israels.
364 Wildberger, Jes 1–12, S. 9.
365 Wildberger, Jes 1–12, S. 11.
366 Wildberger, Jes 1–12, S. 10.
367 Wildberger, Jes 1–12, S. 9; Dtn 32,1: הַאֲזִינוּ הַשָּׁמַיִם וַאֲדַבֵּרָה וְתִשְׁמַע הָאָרֶץ אִמְרֵי־פִי.
368 Zu verschiedenen Formen altorientalischer Staatsverträge vgl. jüngst Ch. Koch, Vertrag, Treueid und Bund. Zum hethitischen Vertragswesen führt Ch. Koch, ebd., S. 30, aus: „Trotz zahlreicher Abweichungen im Detail folgen die hethitischen Vasallenverträge im Wesentlichen einem einheitlichen Schema: Präambel – historischer Prolog – Stipulationen – Deponierungsklausel – Eidgötterliste (mit *evocatio*) – Segen und Fluch." (Hervorhebung von Ch. Koch.)
Zum Formular neuassyrischer Vertragstexte siehe Ch. Koch, ebd., S. 57, demzufolge diese „im Vergleich zu den hethitischen Vasallenverträgen folgende unterscheidende Charakteristika zu erkennen geben: 1. eine paritätisch formulierte Präambel, die in der Regel nahtlos in die Götterliste übergeht; 2. das Fehlen einer historischen Einleitung; 3. das Fehlen einer Segensformel; 4. eine gewisse Flexibilität in der Reihenfolge der einzelnen Elemente des Formulars."
Zu dem Vertragsformular der v. a. unter neuassyrischem, aber z. T. auch unter hethitischem Einfluss (vgl. Ch. Koch, ebd., S. 57) stehenden aramäischen Sfire-Inschriften schreibt Ch. Koch,

Fall des Jahwebundes Himmel und Erde als Zeugen des Bundes aufgefasst.[369] Zwar obliege diesen Zeugen eigentlich die Aufgabe, im Fall des Bundesbruchs die Verfehlung festzustellen und die vorgesehenen Sanktionen in Kraft zu setzen, doch sei die lediglich als rhetorisches Requisit noch stehengebliebene Form der Zeugenanrufung vom alttestamentlichen Gottesglauben her völlig ausgehöhlt, da JHWH zur Unterstützung seiner Anklage keiner Zeugen bedürfe.[370] Somit ordnet Wildberger Jes 1,2–3 in einen Gerichtskontext ein, weil Himmel und Erde, als die in Jes 1,2a angesprochenen kosmischen Elemente, im Buch Deuteronomium, nämlich in Dtn 4,26; 30,19; 31,28; 32,1, als Zeugen des Bundes zwischen JHWH und Israel benannt und daher einem Gerichtsverfahren im Fall eines Bundesbruchs beizuziehen seien. Der Aufruf von Himmel und Erde in Jes 1,2a zeige, dass Jes 1,2–3 ein solches Gerichtsverfahren schildere. Wildbergers Deutung von Jes 1,2a führt zu weitreichenden Konsequenzen. Zum einen legt er seiner Interpretation des weiteren Texts von Jes 1 die Annahme zu Grunde, der prophetische Autor beziehe sich in seinen Aussagen auf den Bund zwischen JHWH und seinem Volk, die Bundestheologie sei sein implizites Fundament.[371] Zum anderen setzt er voraus, dass dieses hineininterpretierte Fundament für den Fall des Bundesbruchs ein formalisiertes, jeweils von JHWH durch seinen Propheten eröffnetes Gerichtsverfahren bereitstelle, bei dem Himmel und Erde ursprünglich einmal die Rolle von Zeugen zugedacht gewesen sei. Beide Annahmen Wildbergers sind kritisch in Frage zu stellen.

Zur Annahme, Jes 1 setze die dtn Bundeskonzeption voraus, ist anzumerken, dass Wildberger zwar alttestamentliches und altorientalisches Vergleichsmaterial ins Feld führt, das tatsächlich die Thematik des Bundes betrifft und in diesem Zusammenhang auch Himmel und Erde erwähnt, er versäumt es jedoch, genauer zu untersuchen, ob der Jesaja-Text selbst die besondere Beziehung zwischen JHWH und Israel tatsächlich als Bundesverhältnis begreift. Denn angesichts der Tatsache, dass der Begriff des Bundes (בְּרִית) in Jes 1–12 überhaupt nicht, in Jes 13–39 vier Mal (Jes 24,5; 28,15.18; 33,8), wobei Jes 28,15.18 von einem Bund nicht mit JHWH, sondern mit dem Tod sprechen, in Jes 40–55 weitere vier Mal (Jes 42,6; 49,8; 54,10; 55,3) und in Jes 56–66 nochmals vier Mal (Jes 56,4.6; 59,21; 61,8) vorkommt, kann nicht als unproblematisch vorausgesetzt werden, dass die Rede von JHWHs „Söhnen" (V. 2b und 4), die sein Volk bilden, ihn aber verlassen haben

---

ebd., S. 56: „Das Vertragsformular der Sfire-Inschriften dürfte folgendermaßen ausgesehen haben: Präambel – Eidgötterliste – Vertragsflüche – Deponierungsklausel – Stipulationen."

369 Wildberger, Jes 1–12, S. 9.

370 Wildberger, Jes 1–12, S. 10.

371 Wildberger, Jesaja 1–12, S. 14; 22 f.; 24 f.; 30; 38 f.

(V. 2b – 3), auf dem Gedanken eines altorientalischen Bundes beruht. Neben dem Bundeskonzept sind hier durchaus auch andere Konzeptionen denkbar. So könnte die Bezeichnung Israels als JHWHs „Söhne" Ausdruck der Vorstellung sein, dass JHWH Israel von Anfang an als sein Volk erschaffen[372] und sich um es stets so gekümmert hat, wie es fürsorgliche Eltern tun würden.[373] Israels besondere Beziehung zu JHWH wäre dann nicht einem formellen Bundesschluss nach dem Muster altorientaltischer Staatsverträge zu verdanken, sondern JHWHs geschichtlichem Wirken, der sich durch Erwählung und permanente Zuwendung ein Volk heranbildet.[374] Ein Anhaltspunkt dafür, dass Jes 1,2 – 4 tatsächlich nicht im Bundesdenken, sondern im Gedanken der Erwählung und unablässigen Fürsorge wurzelt, dürfte im Bild des Ochsen, der um seinen Erwerber weiß, und des Esels, der die Krippe seines Herrn kennt, liegen (V. 3), insofern JHWH sich sein Volk erworben hat, indem er es geschichtsmächtig aus dem Herrschaftsbereich Ägyptens in seinen eigenen Machtbereich überführt und daraufhin umsorgt hat.[375] Somit lässt sich die besondere Beziehung zwischen JHWH und Israel auch ohne Annahme eines formellen Bundesschlusses begründen. Wollte man die Anrufung von Himmel und Erde in Jes 1,2a als Zeugenanrufung eines Bundesrechtsstreits verstehen, dann würde dies voraussetzen, dass der Autor von Jes 1,2a die recht spezielle, nach dem Vorbild altorientalischer Staatsverträge gestaltete Form von Bundesschluss, wie sie im Buch Dtn dokumentiert ist, nicht nur kannte, sondern auch bewusst als hermeneutische Grundlage des nachfolgenden JHWH-Wortes benutzte. Da jede explizite Bezugnahme auf einen Bundesschluss in Jes 1 fehlt, ist dies nicht wahrscheinlich.

Zur zweiten Annahme Wildbergers, die Anrufung Jes 1,2a sei darauf zurückzuführen, dass Himmel und Erde in Dtn 4,26; 30,19; 31,28; 32,1 als Zeugen des Bundes benannt seien, wies Williamson[376] zu Recht darauf hin, dass der Appell an Himmel und Erde per se weder auf den Bund zwischen JHWH und Israel noch auf ein darauf bezogenes Gerichtsverfahren verweist, sondern sowohl im Alten Testament als auch anderswo im Alten Orient in einer Vielzahl von Kontexten wie z. B.

---

372 Vgl. zur Erschaffung Israels durch die geschichtliche Tat der Herausführung aus Ägypten z. B. Jes 43,15 – 17; 44,1 – 2.21. Ferner Beuken, Jesaja 1 – 12, S. 70, demzufolge die Metapher „Söhne" für Israel ebenso wie die Metapher „Vater" für JHWH auf eine natürliche Verbundenheit zwischen JHWH und Israel hindeutet: Der Ursprung des Volkes liege in Gott.
373 Zur Fürsorge, die JHWH seinem Volk zuteil werden lässt, vgl. Dtn 32,9 – 15.
374 Vgl. hierzu ebenfalls Dtn 32,9 – 15.
375 Vgl. auch hier Dtn 30,9 – 15, aber auch Ex 15,13 – 17 (Erwählung durch Erlösung des Volkes, Ex 15,13b; Fürsorge durch machtvolles Geleiten zur heiligen Wohnung des Herrn und Einpflanzen am Ort des Gottesthrons, Ex 15,13c – 17; der ganze Vorgang wird als Erwerben des Volkes verstanden, vgl. Ex 15,16e: קָנִיתָ). Näheres unter Punkt 3.6.2.10.
376 Williamson, Covenant Lawsuit, S. 399.

in Exorzismen, Gebeten und Hymnen erscheint.[377] Daher müsse im jeweiligen Kontext untersucht werden, ob ein solcher Appell Charakteristika enthält, die auf einen Gerichtskontext hinweisen oder nicht.[378]

Dieser hier eingeforderten Behutsamkeit entsprechend hatte es bereits Kaiser[379] vermieden, die Anrufung von Himmel und Erde von vornherein auf den Aspekt eines möglichen gerichtlichen Zeugenaufrufs zu reduzieren und hob zu Recht hervor, dass ihr Grund im Inhalt des JHWH-Wortes liege, das dem Propheten aufgetragen ist. Dieses sei so unerhört, dass es der ganzen von Himmel und Erde[380] umspannten Welt (vgl. z. B. Gen 1,1), in der JHWHs Name bis dahin nur Israel bekannt sei, zu Gehör gebracht werden soll. Eigentliche Adressaten seien allerdings nicht Himmel und Erde, sondern die auf die Botschaft des Jesaja-Buches hörende Gemeinde, die sich über das Verhalten des Gottesvolkes entsetzen und die eigene Torheit erkennen soll, um zur rechten, die Bereitschaft zum Gehorsam einschließenden Erkenntnis ihres göttlichen Vaters zu gelangen.

Zwar schloss Kaiser nicht aus, dass eine an Himmel und Erde adressierte Zeugenanrufung im Rahmen eines kultischen Streitverfahrens gegen das Bundesvolk analog Dtn 4,26; 30,19 der mögliche traditionsgeschichtliche Hintergrund von Jes 1,2a sein könnte.[381] Ein anderer traditionsgeschichtlicher Haftpunkt ergebe sich jedoch aus der Anrufung von Himmel und Erde in Dtn 32,1, der nächsten Parallele zu Jes 1,2a. Zwar deute Dtn 31,28 den Höraufruf Dtn 32,1 nachträglich als Zeugenanrufung, doch ursprünglich bezwecke dieser, Himmel und Erde zum

---

377 Siehe dazu im Einzelnen Whedbee, Isaiah and Wisdom, S. 31–35; Davies, Prophecy and Ethics, S. 43–45 und Daniels, Prophetic Lawsuit, S. 355–360.

378 Vgl. dazu auch Houtman, Der Himmel, S. 117–137.

379 Kaiser, Jesaja 1–12, S. 27.

380 Zur Erläuterung dieses Merismus siehe unten Punkt 3.6.2.5.

381 Kaiser, Jesaja 1–12, S. 27–28. Zu Einzelheiten seiner Überlegungen: Der traditionsgeschichtliche Hintergrund von V. 2a sei schwer bestimmbar. Eine Möglichkeit sei, analog zu Dtn 4,26 und 30,19, wo Mose Himmel und Erde als Zeugen anrufe, und zu Ps 50,4, wo JHWH selbst dies tue, auch Jes 1,2a als Zeugenaufruf zu verstehen, der die Bezeugung der Wahrheit der erhobenen Anklage (V. 2b–3) bezwecke. Traditionsgeschichtlich verweise dies zurück auf das Formular altorientalischer Staatsverträge, das u. a. die Gottheiten von Himmel und Erde als Garanten einsetzte. Angesichts des Ausschließlichkeitsanspruchs des JHWH-Glaubens seien im israelitischen Bundesformular Himmel und Erde als die Teile, die die ganze bewohnbare Welt darstellten, an Stelle der ursprünglich vorgesehenen Gottheiten getreten. Der als Zeugenaufruf verstandene Appell an Himmel und Erde sei im Rahmen dieses Bundesdenkens als Element eines kultischen Streitverfahrens aufzufassen, in dem JHWH durch seine Propheten Anklage gegen sein Volk erhob. Dieser von Kaiser als möglich, aber nicht zwingend beurteilten Interpretation stehen die bereits gegen Wildberger erhobenen Einwendungen entgegen, insbesondere die Tatsache, dass ein Bundesschluss zwischen JHWH und Israel nach dem Muster altorientalischer Staatsverträge, wie er im Dtn vorgestellt wird, im Jesaja-Buch nirgends erwähnt ist.

Zuhören aufzufordern, damit sie am Ende in den Lobpreis JHWHs einstimmen (vgl. Dtn 32,3b). Entsprechend ginge es dann in Jes 1,2a darum, die Grundmächte der Welt das Wort Gottes hören und sein Urteil bestätigen zu lassen, wobei dieses Tun nicht innerhalb eines Gerichtsverfahrens verortet werden müsste. Der Unterschied zwischen beiden Deutungen liege vor allem im jeweiligen traditionsgeschichtlichen Hintergrund (Gerichtsverfahren gegenüber außergerichtlicher Rede), der sachliche Unterschied sei am Ende gering.[382] Der letztgenannte Punkt Kaisers übersieht jedoch die weitreichenden Auswirkungen, die die bundestheologische Interpretation des Appells an Himmel und Erde für die Jesaja-Auslegung hat, da sie die – bei Jesaja nirgends erwähnte – deuteronomische Bundestheologie als hermeneutischen Horizont postuliert.

Neben diesem nur für das Jesaja-Buch geltenden Argument gibt es weitere Gründe, die grundsätzlich dagegen sprechen, die auch in anderen sog. Gerichtsreden anzutreffende Anrufung kosmischer Größen in diesem Sinn auszulegen. Zum einen ist nämlich kritisch in Frage zu stellen, ob die bei synchroner Textlektüre aus Dtn 4,26; 30,19; 31,28; 32,1 abgeleitete Einsetzung von Himmel und Erde als Zeugen des Bundes[383] überhaupt auf ein Gerichtsverfahren im Fall eines Bundesbruchs abzielt oder nicht primär andersartige Zwecke verfolgt. Hierzu ist festzustellen, dass nirgends im Dtn oder Pentateuch eine rechtliche Regelung zu finden ist, die die Modalitäten eines solchen förmlichen Gerichtsverfahrens festlegt. An sich wäre es in einem Gesetzeskorpus, das den Fall eines Bundesbruchs mit zahlreichen Flüchen sanktioniert, zu erwarten, dass auch das Gerichtsverfahren geregelt wird, das der Inkraftsetzung und Vollstreckung verwirkter Sanktionen dienen soll. Nichts dergleichen findet sich im Dtn. Es kennt zwar sehr wohl prozessrechtliche Regelungen für Auseinandersetzungen zwischen Menschen (z. B. Dtn 19,15), ein gerichtliches Verfahren für Streitigkeiten zwischen JHWH und seinem Bundesvolk ist ihm aber fremd. Auch in den Erzähltexten des Alten Testaments finden sich zwar gelegentlich solche, die über Gerichtsverfahren unter menschlichen Streitparteien berichten (z. B. summarisch Ex 18,13–16 und in einem Einzelfall 1 Kön 3,16–28), doch nirgends wird konkret-narrativ der Ablauf eines Gerichtsprozesses JHWHs gegen Israel wegen Bundesbruchs erzählt. Der Grund hierfür dürfte darin liegen, dass man die Inkraftsetzung der für den Fall des Bundesbruchs angedrohten Sanktionen nicht mit der Vorstellung eines Gerichtsverfahrens verband, sondern diese entsprechend dem Tun-Ergehens-Zusammenhang als unmittelbare Folgen bundeswidrigen Handelns ansah.

---

382 Kaiser, Jesaja 1–12, S. 28 f.

383 Die Rolle von Himmel und Erde als Bundeszeugen wird u. a. von den folgenden Exegeten aus Dtn 4,26; 30,19; 31,28 und 32,1 hergeleitet: Wildberger, Jesaja 1–12, S. 9; Huffmon, Covenant Lawsuit, S. 292; Bovati, Le langage juridique, S. 180; Vermeylen, Du prophète Isaïe, S. 45 f.

Betrachtet man die Aussagen von Dtn 4,26; 30,19; 31,28, ergeben sich keine konkreten Hinweise auf ein Gerichtsverfahren. Alle drei Passagen verwenden das Verb עוד (Hi.) mit Himmel und Erde als direktem Objekt (אֶת־הַשָּׁמַיִם וְאֶת־הָאָרֶץ), um auszudrücken, dass diese in irgendeiner Weise Zeugen sein sollen:

Dtn 4,26:	[...] הַעִידֹתִי בָכֶם הַיּוֹם אֶת־הַשָּׁמַיִם וְאֶת־הָאָרֶץ
Dtn 30,19:	[...] הַעִידֹתִי בָכֶם הַיּוֹם אֶת־הַשָּׁמַיִם וְאֶת־הָאָרֶץ
Dtn 31,28:	[...] וְאָעִידָה בָּם אֶת־הַשָּׁמַיִם וְאֶת־הָאָרֶץ

Die Bedeutung des Verbs עוד im Hiphil-Stamm ist nach van Leeuwen[384] nur selten „Zeugnis ablegen" (1 Kön 21,10.13; Hi 29,11) oder „Zeuge sein" (Mal 2,14), häufiger dagegen „Zeugen heranrufen" (Jer 32,10.25.44; Jes 8,2) und „als Zeugen anrufen" (an den hier interessierenden Stellen Dtn 4,26; 30,19; 31,28). Am häufigsten aber bedeute das Verb im Hiphil „beteuern, ermahnen, warnen". Besonders Letzteres zeigt, dass עוד (Hi.) keineswegs immer im Kontext eines Gerichtsverfahrens steht. Auch wenn man die auf das Rechtswesen hindeutende Übersetzung „jemanden als Zeugen anrufen gegen jemanden" (הֵעִיד ב... אֶת־...) wählt, die für Dtn 4,26; 30,19; 31,28 allgemein angenommen wird, dann muss dies nicht unbedingt zum Zweck eines Gerichtsverfahrens geschehen, sondern kann andere rechtliche Gründe haben. In Bezug auf die genannten Stellen des Dtn fällt auf, dass eine Zeugen*aussage* nicht im Blick ist, sondern vielmehr die durch die schlichte Anwesenheit von Himmel und Erde erreichte Bezeugung eines bestimmten Vorgangs. Dieser Sinn wird durch die Verwendung des Verbs עוד (Partizip Hi.) in Dtn 32,46 bestätigt, wo Mose unmittelbar nach dem Ende des Mose-Lieds das Volk nochmals beschwört:

שִׂימוּ לְבַבְכֶם לְכָל־הַדְּבָרִים אֲשֶׁר אָנֹכִי מֵעִיד בָּכֶם הַיּוֹם

> „Richtet euer Herz auf die Worte, die ich heute gegen euch bezeuge..."
> oder: „...als Zeugen einsetze..."

Auch hier, wo exakt dieselbe Konstruktion (הֵעִיד ב...) mit direktem Objekt (אֶת־... bzw. אֲשֶׁר) wie in Dtn 4,26; 30,19; 31,28 verwendet wird, ist keine Zeugenaussage im Blick, schon gar nicht im Rahmen eines gerichtlichen Verfahrens, sondern die von Mose bezeugten Worte sollen ihrerseits durch ihren Inhalt vom Willen des Bundesherrn JHWH Zeugnis ablegen, indem sie das Volk ständig an seine Verpflichtung zur Bundestreue erinnern, insbesondere dann, wenn es im Begriff steht, den Bund zu brechen.

---

384 Van Leeuwen, Artikel עֵד Zeuge, Sp. 210.

Wenn also Mose in Dtn 4,23 – 26 vor dem künftigen Abfall Israels von JHWH zu Gunsten fremder Götter warnt und Himmel und Erde als Zeugen gegen das in der 2. Person Plural angesprochene Volk anruft (הַעִידֹתִי בָכֶם הַיּוֹם אֶת־הַשָּׁמַיִם וְאֶת־הָאָרֶץ), dann geht es ihm nicht darum, dass Himmel und Erde eine bestimmte Zeugenaussage machen sollen, wie es in einem Gerichtsverfahren zu erwarten wäre, sondern sie sollen wie die Worte des Mose-Liedes (vgl. neben Dtn 32,46 auch Dtn 31,21) ein Erinnerungszeichen in Bezug auf den wirksamen Abschluss des Bundes mit JHWH sein, das Israel ermahnt, wenn es im Begriff ist, ihn zu brechen. Entsprechendes gilt für Dtn 30,19. Dort wird zunächst die Tatsache hervorgehoben, dass Israel von Mose gewarnt wurde (הַחַיִּים וְהַמָּוֶת נָתַתִּי לְפָנֶיךָ), woraufhin Himmel und Erde als Zeugen angerufen werden.[385] Die allseitige Gegenwart von Himmel und Erde soll Israel unaufhörlich an Moses in Dtn 30,17 f. ausgesprochene Warnung vor einem Fremdgötterkult erinnern. In Dtn 31,28 wird Himmel und Erde ebensowenig wie an den anderen Stellen die Aufgabe übertragen, in einem künftigen Gerichtsverfahren eine Zeugenaussage zu machen, die sich dann unverständlicherweise nicht gegen den Schuldigen, sondern nur gegen die in V. 28 genannten Ältesten und Aufseher richten würde, sondern Himmel und Erde sollen diese für das Volk verantwortlichen Personen durch ihre beständige stille Gegenwart an die von Mose in Dtn 32,1 – 43 vorgetragenen Warnungen und Lehren erinnern (Dtn 31,28: „[...] ich werde diese Worte in ihre Ohren reden und ich werde Himmel und Erde als Zeugen gegen sie anrufen").[386] Dass die Rolle eines Zeugen nach israelitischer Auffassung nicht notwendig darin bestand, eine Aussage zu einem Sachverhalt zu machen, zeigt sich besonders deutlich dort, wo Sachen oder Tiere als Zeugen eingesetzt werden. Dies ist z. B. in Gen 31,44.48.52; Jos 22,27.28.34 der Fall. In Gen 31,44.48.52 schließen Jakob und Laban einen Bund (בְּרִית), der Zeuge (וְהָיָה לְעֵד) zwischen den beiden sein soll. Zum Zeichen des Bundesschlusses wird ein Steinhaufen errichtet, der ebenfalls zwischen den beiden Zeuge sein soll (V. 48: עֵד). In Jos 22,27.28.34 bauen die Ostjordanstämme (vgl. V. 21) am Jordan (vgl. V. 10) einen Altar, der Zeuge (עֵד) dafür sein soll, dass nicht nur die Westjordanstämme, sondern auch sie dem Herrn durch Brand-, Schlacht- und Heilsopfer dienen dürfen. Somit ist festzuhalten, dass bereits dort, wo Himmel und Erde im Rahmen der dtn Bundestheologie als Zeugen angerufen werden, es gar nicht darum geht, dass sie in einem *Gerichtsverfahren* eine Zeugenaussage machen sollen. Vielmehr werden sie zu dauernden Erinnerungszeichen eingesetzt, die das Volk Israel zur Bundestreue gegenüber JHWH ermahnen. Wenn es in Folge eines

---

385 Dtn 30,19: הַעִידֹתִי בָכֶם הַיּוֹם אֶת־הַשָּׁמַיִם וְאֶת־הָאָרֶץ הַחַיִּים וְהַמָּוֶת נָתַתִּי לְפָנֶיךָ הַבְּרָכָה וְהַקְּלָלָה וּבָחַרְתָּ בַּחַיִּים לְמַעַן תִּחְיֶה אַתָּה וְזַרְעֶךָ:

386 Dtn 31,28: הַקְהִילוּ אֵלַי אֶת־כָּל־זִקְנֵי שִׁבְטֵיכֶם וְשֹׁטְרֵיכֶם וַאֲדַבְּרָה בְאָזְנֵיהֶם אֵת הַדְּבָרִים הָאֵלֶּה וְאָעִידָה בָּם אֶת־הַשָּׁמַיִם וְאֶת־הָאָרֶץ:

Bundesbruchs zu den in Dtn 28,15 – 68 angedrohten Katastrophen kommt, dann brauchen diese Sanktionen nicht erst durch ein Gerichtsverfahren in Kraft gesetzt zu werden, sondern sie kommen unmittelbar zur Geltung, sei es durch das Handeln JHWHs (vgl. z. B. Dtn 28,21), sei es durch den Tun-Ergehens-Zusammenhang im Rahmen der von JHWH eingesetzten Weltordnung (vgl. z. B. Dtn 28,23.38 – 44). Wenn nun aber schon in Dtn 4,26; 30,19; 31,28 gar nicht an eine Zeugenaussage im Rahmen eines *Gerichtsverfahrens* gedacht ist, dann ist es erst recht nicht sinnvoll, die Anrufung von Himmel und Erde in Dtn 32,1 als Eröffnung eines Gerichtsverfahrens zu interpretieren, zumal, wie oben ausgeführt, der Text des Mose-Liedes selbst sich nicht als Gerichtsverfahren, sondern als Lehre (Dtn 32,2: לֶקַח) darstellt.[387] Daraus ergibt sich für Jes 1,2a die Konsequenz, dass auch dieser Höraufruf nicht unter Verweis auf die Parallelstelle Dtn 32,1 und die nachträglich ausdeutenden Stellen Dtn 4,26; 30,19; 31,28 als Zeugenanrufung in einem Gerichtsverfahren wegen Bundesbruchs ausgelegt werden kann.

Die inhaltliche Spannung zwischen der Anrufung von Himmel und Erde als Zeugen in Dtn 31,28 einerseits und der Anrufung von Himmel und Erde im Rahmen einer Lehre in Dtn 32,1 beruht darauf, dass das Mose-Lied ursprünglich offenbar unabhängig vom Deuteronomium überliefert wurde und als bereits bestehender Text in dieses integriert wurde.[388] Die literarische Unabhängigkeit des Mose-Liedes zeigt sich auch in seiner poetischen Form, die sich von seinem in Prosa verfassten Kontext abhebt, und in einer markanten inhaltlichen und sprachlichen Selbständigkeit, die „Hymnisches, Weisheitliches, Lehrhaftes, Prophetisches und Geschichtliches in sich vereinigt."[389] In seinem Wortschatz und seiner Ideenwelt steht das Mose-Lied Jeremia, Ezechiel, Deuterojesaja sowie den Deuteronomisten nahe.[390] Vom Buch Deuteronomium hebt es sich inhaltlich besonders dadurch ab, dass das Theologoumenon des Exodus aus Ägypten (vor dem Mose-Lied zuletzt in Dtn 29,15.24) fehlt.[391] Stattdessen erscheint die Vorstellung, dass JHWH Israel in der Wüste auffand, großzog, beschützte und leitete (Dtn 32,10 – 12). Damit geht einher, dass auch die Vorstellung eines Bundesschlusses zwischen JHWH und

---

387 Siehe dazu den oben erwähnten Hinweis O. Kaisers auf den gegenüber Dtn 4,26; 30,19; 31,28 andersartigen traditionsgeschichtlichen Hintergrund dieser Anrufung. Ihmzufolge werden Himmel und Erde ursprünglich deshalb zum Hören aufgefordert, um am Ende in den Lobpreis JHWHs einzustimmen (vgl. Dtn 32,3b). Erst nachträglich wird Dtn 32,1 durch Dtn 31,28 als Zeugenanrufung gedeutet. Vgl. Kaiser, Jesaja 1–12, S. 28.

388 So z. B. Rose, 5. Mose (Teilbd. 2), S. 566. Wichtiges Indiz einer selbständigen Überlieferung ist, dass in Qumran das Mose-Lied als Einzeltext gefunden wurde, s. Braulik, Deuteronomium II (16,18 – 34,12), S. 227.

389 So Braulik, Deuteronomium II (16,18 – 34,12), S. 226.

390 So Braulik, Deuteronomium II (16,18 – 34,12), S. 227.

391 So Braulik, Deuteronomium II (16,18 – 34,12), S. 227.

Israel keine Erwähnung findet. Dies ist umso auffälliger, als der Zusammenhang, in den das Mose-Lied eingebettet ist, mehrfach diesen Bund erwähnt. So werfen die Verse Dtn 31,16.20 einen Blick in die Zukunft, indem sie ankündigen, Israel werde im Verheißungsland den Bund mit JHWH brechen und fremden Göttern dienen. Als Folge des Bundesbruchs wird Unheil angekündigt (Dtn 31,17–18.21a). Obwohl also aus Sicht der Passagen, die das Mose-Lied vorbereiten, dessen Sinn darin besteht, zur Bundestreue zu ermahnen, greift das Lied selbst die Bundes-vorstellung nicht auf, sondern sieht das Verhältnis zwischen JHWH und Israel als Adoptivsohnschaft (Dtn 32,5.19), wobei der Akt der Adoption das Auffinden und Annehmen des Volkes in der Wüste ist (Dtn 32,10–12). Auf Grund dieses Bildes steht das Mose-Lied Jes 1,2–4 nahe, wo JHWH sein Volk ebenfalls als Söhne be-zeichnet. Weil aber im Mose-Lied ebensowenig wie in Jes 1 vom Bund zwischen JHWH und Israel die Rede ist, und weil Dtn 32,1–43 daneben auch aus den anderen erwähnten Gründen als Sondergut im Buch Deuteronomium erscheint, ist das Bild des Adoptivverhältnisses offenbar eine von der Bundestheologie unabhängige theologische Tradition, die mit dieser erst sekundär durch den Vorspann des Mose-Liedes in Dtn 31 verknüpft wurde. In Bezug auf die Auslegung von Jes 1 folgt aus alledem, dass diejenigen Ansätze der bisherigen Exegese, die Jes 1 unter Berufung auf die engen Parallelen zu Dtn 32 als Gerichtsrede im Rahmen eines Prozesses wegen Bundesbruchs interpretierten, als nicht sachgerecht zurückzuweisen sind. Insbesondere steht der an Himmel und Erde gerichtete Höraufruf in Jes 1,2a in einem anderen Kontext als die Anrufung von Himmel und Erde *als Zeugen* in Dtn 4,26; 30,19; 31,28. Schon Dtn 4,26; 30,19; 31,28 haben nicht den Kontext eines Gerichtsverfahrens im Blick, wohl aber den Bund zwischen JHWH und Israel. Dtn 32,1 ebenso wie Jes 1,2a beziehen sich dagegen aus den genannten Gründen ur-sprünglich nicht auf die dtn Bundestheologie. Damit entfällt die Möglichkeit, Jes 1,2–20* auf Grund der einleitenden Anrufung von Himmel und Erde als Ge-richtsrede im Rahmen eines Bundesrechtsstreits zu interpretieren. Diese Anrufung ist weder ein Hinweis auf einen Gerichtsprozess noch ein Hinweis auf einen Bundesschluss zwischen JHWH und Israel im Sinne des dtn-dtr Bundeskonzepts. Damit ist zwar ein wichtiger Anknüpfungspunkt vieler Interpretationen, die Jes 1,2–20* als Gerichtsrede deuten, widerlegt, es bleibt aber noch die grund-sätzliche Möglichkeit, Jes 1,2–20* ohne bundestheologische Rückkoppelung an das Dtn als Gerichtsprozess zwischen Vater/Mutter und Söhnen (vgl. Jes 1,2b) zu deuten. Um diese Möglichkeit auf ihre Stichhaltigkeit hin zu überprüfen, müssen die einzelnen Abschnitte von Jes 1,2–20 daraufhin untersucht werden, ob sie Teile eines Gerichtsverfahrens darstellen.

3.5.3.6.3.2 Jes 1,2–4

Prüft man Jes 1,2–4 im Hinblick auf die Möglichkeit einer prozessualen Redesituation, so fällt zuerst auf, dass der Abschnitt zwar eine Einheit bildet, weil er sich thematisch mit Israels Abfall von JHWH befasst und formal durch inkludierende Stichwortverbindungen zusammengebunden ist (vgl. dazu bereits oben Punkt 3.3), dass aber V. 4a auf Grund der gattungstypischen Interjektion הוֹי und der sich ohne finite Verbform anschließenden Benennung der Person(en), über die die Klage angestimmt wird, ein Weheruf[392] ist, der sich als eigenständige kleine Gattung von den Versen 2–3 absetzt. Da der Weheruf seinen Sitz im Leben ursprünglich in der Totenklage hatte (vgl. 1 Kön 13,30), ehe er von dort in den Bereich der Prophetie entlehnt wurde,[393] lässt sich zumindest Jes 1,4a nicht als Teil einer Gerichtsrede verstehen. Vielmehr geht es um eine vom Propheten vorweggenommene Totenklage in Anbetracht des Unheils, das über das sündige Volk hereinbrechen wird.

Blickt man auf den Beginn des Abschnitts Jes 1,2–4, um herauszufinden, ob die dort genannten Adressaten der Rede, Himmel und Erde, als Beteiligte eines Prozesses gesehen werden könnten, so ist festzustellen, dass diese nicht etwa zu einer Stellungnahme zum geschilderten „Fall", sondern lediglich zum Zuhören aufgefordert werden. Damit kann es sich nicht um eine gerichtliche Zeugenbefragung handeln, da der Zeuge stets eine Aussage zum Fall zu machen hat. Auch als Richter kommen die Angesprochenen nicht in Betracht, weil Jes 1,2–20* keine Passage enthält, die als ein von Himmel und Erde ausgesprochenes gerichtliches Urteil betrachtet werden könnte.[394] Um diesem Problem zu entgehen, nimmt Huffmon[395] an, der prophetische „lawsuit" ende nicht mit einem Urteil, sondern mit einer spezifischen Anklage („specific indictment"), und lässt dementsprechend die Gerichtsrede mit der Passage Jes 1,3b („Israel hat nicht erkannt, mein Volk hat nicht verstanden" יִשְׂרָאֵל לֹא יָדַע עַמִּי לֹא הִתְבּוֹנָן) enden, die er als Wiederholung der bereits in Jes 1,2bβ („sie aber sind abtrünnig geworden von mir" וְהֵם פָּשְׁעוּ בִי) formulierten Anklage betrachtet. Hiergegen ist jedoch zweierlei einzuwenden. Zum einen ist V. 3b keine Wiederholung des in V. 2b formulierten Vorwurfs des Abfalls von JHWH, sondern eine Erläuterung des tieferen inneren Grundes, der dazu geführt hat. Schon deshalb stellt V. 3b keine gerichtliche Anklage, sondern allenfalls deren Begründung dar. Zum anderen ist diese Begründung aber nicht, wie in einem Rechtsstreit zu erwarten wäre, rechtlicher Natur, da

---

392 Weitere Belege dieser Gattung finden sich z.B. in Jes 5,8.11.18; Jer 22,13; Am 5,18; 6,1. Außerhalb der Prophetie erscheint die Gattung in 1 Kön 13,30 als Ausdruck der Totenklage.

393 Vgl. z.B. Schmitt, Arbeitsbuch, S. 305.

394 Vgl. Nielsen, Yahweh as Prosecutor and Judge, S. 28.

395 Huffmon, Covenant Lawsuit, S. 285 f.

sie nicht auf die Verletzung von Rechtspflichten hinweist, sondern der Vorwurf des Nichterkennens und Nichtverstehens in V. 3 bringt mit Hilfe eines dem weisheitlichen Sprachgebrauch nahe stehenden Tiervergleichs Israels Torheit zum Ausdruck, die sich selbst bestraft, weil sie gegen die von Gott der Schöpfung eingestiftete Ordnung zu leben versucht.[396] Israels Abfall von JHWH wird somit nicht unter rechtlichen, sondern unter weisheitlichen Gesichtspunkten näher betrachtet. Daher verweist V. 3 ebensowenig wie V. 4 auf einen forensischen Kontext.

Dagegen erinnert V. 2b (בָּנִים גִּדַּלְתִּי וְרוֹמַמְתִּי וְהֵם פָּשְׁעוּ בִי) "Söhne habe ich großgezogen und erhöht, doch sie, sie sind abtrünnig geworden von mir") seinem Inhalt nach an den Tatbestand der Rechtsbestimmung Dtn 21,18–21, derzufolge ein störrischer und widerspenstiger Sohn, der weder auf Vater noch auf Mutter hört und sich auch nach Züchtigung als unbelehrbar erweist, zu den Ältesten der Stadt geführt und von allen Leuten der Stadt gesteinigt werden soll. Daher lässt sich V. 2b durchaus als Vorwurf eines rechtlich relevanten Vergehens verstehen. Eine wörtliche Bezugnahme ist allerdings nicht gegeben, die beiden Texte verwenden durchwegs unterschiedliche Formulierungen. Das in Jes 1,2b für Israels Fehlverhalten verwendete Verb פשע ב bezeichnet ein Handeln, das einen Treubruch gegenüber einem anderen darstellt. In säkularem Kontext erscheint es z. B. in 2 Kön 8,20.22 im völkerrechtlichen Sinn eines Abfalls einer Volksgruppe von dem die Oberherrschaft ausübenden König.[397] Dementsprechend bezeichnet die religiöse Verwendung von פשע ב den Bruch mit Gott. Dies wird besonders in Hos 7,13 ([...] שֹׁד לָהֶם כִּי־פָּשְׁעוּ בִי [...]) deutlich, wo in einem zunächst einmal präsentisch zu verstehenden Nominalsatz ausgesagt wird, dass Israels Anteil (vgl. לָהֶם) "Gewalttätigkeit" bzw. "Verheerung" (שֹׁד) ist, weil es mit dem Herrn gebrochen hat (כִּי־פָּשְׁעוּ בִי). Diesen Sinn hat פשע ב auch in Jes 1,2b.[398] Obwohl die Bedeutung von פשע ב rechtliche Implikationen[399] hat, ist zu bedenken, dass die Erwähnung eines materiell-rechtlichen Vergehens allein noch kein Indiz für die Situierung der Rede in einem Gerichtskontext ist, da auch außergerichtliche Reden häufig Verweise auf rechtliche Sachverhalte beinhalten. Jes 1,2b ist lediglich die Darstellung eines unerhörten, unrechten Verhaltens, ein deutlicher Hinweis auf die Lebenssituation der Rede findet sich in dieser Passage nicht. Da Jes 1,2a.3.4 eindeutig nicht zur Situation einer Gerichtsverhandlung passen, Jes 1,2b aber insbesondere mit V. 3 eng zusammenhängt, kommt eine solche auch für Jes 1,2b als vorausgesetzte Lebenssituation nicht in Betracht.

---

396 Zu diesem Verständnis von Torheit vgl. z. B. Spr 1,22–33.
397 So Seebass, Artikel פָּשַׁע, Sp. 797.
398 Siehe dazu im Einzelnen Seebass, Artikel פָּשַׁע, Sp. 797.
399 Stärker tritt der rechtliche Charakter beim Nomen hervor, vgl. dazu ausführlich Seebass, Artikel פָּשַׁע.

3.5.3.6.3.3 Jes 1,5 – 9

Jes 1,5 – 6 beschreibt den Zustand der Redeadressaten („ihr") im Bild eines ge-
schundenen Körpers, Jes 1,7 die Verwüstung des Landes. Beide Beschreibungen
können nicht zu einer Gerichtsrede gehören, weil sie allenfalls Verhältnisse nach
der Vollstreckung drakonischer „Strafen" in Form von Schicksalsschlägen betreffen könnten, eine Gerichtsrede dagegen naturgemäß stets vor Urteilsverkündung und Strafvollstreckung situiert ist. Gleiches gilt für die Verse 8 f., da dort das
Motiv des Übrigbleibens (V. 8: וְנוֹתְרָה בַת־צִיּוֹן „doch übrig geblieben ist die Tochter
Zion") bzw. Übriglassens (V. 9: לוּלֵי הוֹתִיר לָנוּ יְהוָה צְבָאוֹת שָׂרִיד „wenn nicht JHWH
Zebaoth übrig gelassen hätte für uns einen Entronnenen") an die in V. 5 – 7 geschilderte Verheerung anknüpft. Somit ist Jes 1,5 – 9 insgesamt mit der Situation
einer Gerichtsrede, die naturgemäß ein Urteil erst in der Zukunft erwartet, unvereinbar.

3.5.3.6.3.4 Jes 1,10 – 17

Laut seinem Einleitungsvers versteht sich der Abschnitt Jes 1,10 – 17 als göttliche
Weisung (V. 10b: תּוֹרַת אֱלֹהֵינוּ „die Weisung unseres Gottes"), die in einem ersten Teil
(V. 10 – 15) darüber belehrt, dass eine Sodom-und-Gomorra-Gesellschaft mit Opfern, Gebeten und Festversammlungen bei Gott nur Abscheu, nicht aber Wohl-
gefallen bewirken kann, und in einem zweiten Teil (V. 16 – 17) aufzeigt, welches
positive Tun in Gottes Augen gefordert wäre. Der Text selbst versteht sich somit in
erster Linie als Belehrung über falsches und richtiges Tun, nicht aber als ein
Gerichtsverfahren, dessen Ziel darin liegt, einen konkreten Sachverhalt der Vergangenheit einem rechtlichen Urteil zu unterziehen, um durch dieses die gestörte
rechtliche Ordnung wiederherzustellen. Als Weisung will er nicht in der Vergangenheit liegende Störungen der Rechtsordnung ausgleichen, sondern Maßstäbe
für künftiges Handeln setzen, die erst von den Adressaten in die Tat umgesetzt
werden müssen, ehe sie zu gerechteren Verhältnissen führen können.

Zwar betrifft Jes 1,10 – 17 insofern Sachverhalte der Vergangenheit, als die
Verse 11– 15a sich mit der Frage befassen, ob die Gott dargebrachten kultischen
Handlungen[400] in seinen Augen Gefallen gefunden haben, und darauf eine negative Antwort geben. Die Frage, ob vollzogene kultische Handlungen Gott gefällig
waren oder nicht, ist jedoch nicht rechtlicher, sondern kultischer Art. Sie kann
nicht mit rechtlichen Maßstäben, sondern allein durch Gott selbst beantwortet
werden, der sich unmittelbar (vgl. z. B. Gen 4,5) oder durch bevollmächtigte Diener

---

400 Genannt werden insbesondere die Opferarten זֶבַח (Schlachtopfer, V. 11a), עֹלָה (Ganzopfer, V.
11a), מִנְחָה (Speiseopfer, V. 13a) und קְטֹרֶת (Rauchopfer, V. 13a) sowie das Gebet (V. 15a: תְּפִלָּה).

(vgl. z. B. 1 Sam 1,17 oder eben Jes 1,10) mitteilt. Der Kontext einer solchen Mitteilung ist kein Gerichtsverfahren, sondern das religiöse Leben, insbesondere der Kult am Heiligtum (vgl. z. B. 1 Sam 1,17). Ihre Form ist nicht das Gerichtsurteil, sondern der Kultbescheid. Eine Anklage rechtlicher Art findet sich in V. 10–15a nicht, es wird nur die Sinnlosigkeit des kultischen Handelns deutlich gemacht.

Hinweise auf rechtliche Zusammenhänge finden sich erst in V. 15b–17. So begründet V. 15b die Ablehnung der zuvor genannten kultischen Begehungen durch JHWH mit dem Hinweis auf begangene Bluttaten. Dabei geht es nicht um deren gerichtliche Aufarbeitung, sondern um kultische Auswirkungen. Sie führen zu Unreinheit und machen den JHWH dargebrachten Kult unannehmbar. Dass dem so ist, zeigt die Art der Formulierung von V. 15b, die nicht auf eine Darstellung des Tathergangs abzielt, wie sie vor Gericht zu erwarten wäre, sondern auf das Ergebnis der blutigen Taten, nämlich die unrein machende Befleckung der Hände mit Blut (V. 15b: יְדֵיכֶם דָּמִים מָלֵאוּ „eure Hände sind voll Blut"). Dementsprechend fordert die erste der nachfolgenden Handlungsanweisungen die Beseitigung der kultischen Unreinheit: רַחֲצוּ „wascht euch!" (V. 16a). Auch die weiteren Anweisungen bezwecken die Wiederherstellung der Reinheit. Allerdings machen sie deutlich, dass die geforderte Waschung und Läuterung nicht etwa durch Vollzug eines kultischen Reinigungsrituals zu erfolgen hat, sondern durch ethische Läuterung, d. h. Beseitigung der am Handeln der Adressaten haftenden Bosheit (V. 16aβ–γ: הָסִירוּ רֹעַ מַעַלְלֵיכֶם „entfernt die Bosheit eurer Handlungen") und Unterlassung künftigen schlechten Tuns (V. 16bα: חִדְלוּ הָרֵעַ). Hieran anknüpfend stellt V. 17 klar, dass sich eine ethische Läuterung nicht in der Unterlassung von Bösem erschöpft, sondern positives Tun in Form ethisch guter Handlungen erfordert. Dass diese Forderung (V. 17) in engem Zusammenhang mit der in V. 16aα verlangten Waschung und Läuterung steht, hebt besonders die formale Gestaltung beider Verse hervor. Die in V. 16b und V. 17aα ausgedrückten zentralen Weisungen des Abschnitts bestehen jeweils aus einem Imperativ mit Infinitiv. Semantisch bilden beide Imperative und beide Infinitive einen Gegensatz. Dem Imperativ „hört auf!" (V. 16b: חִדְלוּ) steht der Imperativ „Übt ein!" (V. 17aα: לִמְדוּ) gegenüber. Dem Infinitiv „schlecht zu handeln" (V. 16b: הָרֵעַ) setzt V. 17aα den Infinitiv „gut zu handeln" (V. 17aα: הֵיטֵב) entgegen. Der Imperativ „entfernt die Bosheit [...]!" (הָסִירוּ רֹעַ) von V. 16aβ findet seinen Kontrast im Imperativ „Sucht das Recht!" (דִּרְשׁוּ מִשְׁפָּט) von V. 17aβ. Die beiden in V. 16aα enthaltenen Imperative verhalten sich komplementär zu den drei Imperativen von V. 17aγ–17bβ, indem V. 16aα den Redeadressaten durch objektlose Verben mit reflexiver Bedeutung ein konkretes Tun an der eigenen Person abverlangt (רַחֲצוּ הִזַּכּוּ), das ihr eigenes Leben fördert, indem es von Gott trennende Unreinheit überwindet, während V. 17aγ–17bβ ein konkretes Tun an hilfsbedürftigen Nächsten einfordert (אַשְּׁרוּ חָמוֹץ „geht mit einem Bedrückten einher!"; שִׁפְטוּ יָתוֹם „verhelft einer Waisen zum Recht!"; רִיבוּ אַלְמָנָה

„streitet für eine Witwe!"), das deren Leben fördert, indem es ihnen das von Gott erhoffte Recht verschafft und so die von den schwächsten Gliedern der Gesellschaft oft als strafende Trennung von Gott empfundene Benachteiligung, Ausbeutung und gesellschaftliche Ausgrenzung[401] überwinden hilft. Beide Male geht es um konkretes Tun, einmal an sich selbst (V. 16aα), das andere Mal am Nächsten (V. 17aγ – 17bβ). Zusammen genommen stellen die Verse 16 – 17 die (in V. 10 angekündigte) Weisung JHWHs dar, die zu befolgen ist, um die blutbefleckten Hände der Oberschicht und des Volkes zu reinigen und so den Grund für JHWHs Ablehnung jeglicher kultischer Verehrung zu beseitigen. Aus dem dargelegten Duktus des Abschnittes Jes 1,10 – 17 wird deutlich, dass diese Prophetenrede sich an keiner Stelle als gerichtsprozessuale Rede versteht, sondern ein negativer Kultbescheid mit anschließender Weisung zur Wiedererlangung der kultischen Reinheit ist. Zwar enthält die positive Handlungsanweisung von V. 17 mit מִשְׁפָּט („Recht"), שִׁפְטוּ („verschafft Recht") und רִיבוּ („streitet für") einige Stichworte, die das Rechtswesen betreffen und daher im Gerichtsverfahren eine Rolle spielen können, doch wird hier nur dazu aufgefordert, für das Recht – gegebenenfalls auch mit gerichtlichen Mitteln – einzutreten, ohne dass diese Weisung selbst sich bereits in einem Gerichtsverfahren verorten ließe.

3.5.3.6.3.5 Jes 1,18 – 20

Der Abschnitt Jes 1,18 – 20 wird von Wildberger[402] als eigenständige Gerichtsrede beurteilt, andere Exegeten wie z. B. Harvey,[403] Vermeylen[404] und Willis[405] betrachten ihn als Teil einer längeren Gerichtsrede (vgl. dazu bereits oben, Punkt 3.5.2). J. Begrich[406] hielt Jes 1,18 – 20 für eine besondere Form von Gerichtsrede, die er „Appellationsreden eines Beschuldigers" nannte. H. Wildberger[407] wandte gegen diese Benennung mit Recht ein, dass dieser Text keine Beschuldigungen formuliere, sondern von zwei Möglichkeiten spreche, die in der Gerichtsverhandlung zu klären seien, und schloss sich daher H. J. Boeckers[408] Ansicht an, der Jes 1,18 – 20 als „Appellation zur Einleitung eines Feststellungsverfahrens" be-

---

401 Vgl. dazu die in vielen Klagepsalmen thematisierten Erfahrungen notleidender Menschen: z. B. Ps 22,2 – 22; 7,2 – 6; 13,2 – 5; 10,1 – 15; 12,2 – 6.

402 Wildberger, Jesaja 1 – 12, S. 50 f.

403 Harvey, Rîb-Pattern, S. 177.

404 Vermeylen, Du prophète Isaïe, S. 43.

405 Willis, First Pericope, S. 72 – 74.

406 Begrich, Studien zu Deuterojesaja, 1938, S. 20 und 27.

407 Wildberger, Jesaja 1 – 12, S. 51.

408 Boecker, Redeformen des Rechtslebens im Alten Testament: WMANT 14, 1964, S. 68 f.

zeichnete. Diese und ähnliche Klassifizierungen der bisherigen Exegese sowie die im Lauf dieser Arbeit deutlich gewordene generelle Fragwürdigkeit der Gattung der Gerichtsrede geben Anlass, auch diesen Text daraufhin zu überprüfen, ob er eine Szenerie des Gerichts voraussetzt.

Wie schon Boeckers erwähnte Bezeichnung deutlich macht, kann Jes 1,18 – 20 nicht in einem Gerichtsverfahren selbst, sondern höchstens in dessen Vorfeld situiert sein, da die Formulierung וְנִוָּכְחָה ("und lasst uns rechten") erst dazu auffordert, eine entsprechende Auseinandersetzung zu beginnen. Die in der ersten Person Plural ("lasst uns") zusammengefassten Beteiligten sind zum einen JHWH als Sprecher (vgl. V. 18aβ) und zum anderen die in der zweiten Person Plural (vgl. V. 18bβ) angesprochenen Redeadressaten, die seit V. 10 (Anführer und Volk) unverändert geblieben sind. Hinweise auf eine Beteiligung unabhängiger Dritter wie Zeugen oder Richter zum Zweck der Streitlösung gibt es nicht. Da unsere Analyse der Abschnitte Jes 1,2 – 4.5 – 7.8 – 9.10 – 17 alle dort enthaltenen Elemente, die oft dem Schema der Gerichtsrede zugeordnet wurden, als nicht spezifisch forensisch erwiesen hat, kann Jes 1,18 – 20 nicht schon wegen seiner kontextuellen Einbindung als Teil eines Gerichtsverfahrens betrachtet werden. Eine Qualifikation dieses Textes als Gerichtsrede setzt voraus, dass er selbst eindeutig eine solche Zuordnung erlaubt bzw. verlangt.

Analysiert man Jes 1,18 – 20 unter dieser Fragestellung, so ist zuerst zu berücksichtigen, dass die Passage sich aus drei Teilen mit verschiedenen Aussagen zusammensetzt. V. 18a ist eine Aufforderung, eine Auseinandersetzung über das zu führen, was recht ist (וְנִוָּכְחָה "lasst uns rechten"). Auf diese Aufforderung folgt in V. 18b – wenn man der hier vorgeschlagenen Übersetzung folgt – eine Verheißung der Reinigung von Sünden: "Wenn eure Sünden wie Karmesinrot sind, wie Schnee sollen sie weiß werden. Wenn sie rot sind wie Scharlach, wie Wolle sollen sie sein." Diese Verheißung wird durch V. 19 f. nachträglich an Bedingungen geknüpft, indem dort eine Zwei-Wege-Lehre vorgestellt wird, deren erste Alternative unter der Voraussetzung, dass die Adressaten JHWH gegenüber willig sind und auf ihn hören, Wohlstand verheißt, deren zweite Alternative aber für den Fall, dass sie sich JHWH verweigern und widerspenstig sind, den Tod durch das Schwert ankündigt.

Keine der drei Sinneinheiten kann als Bestandteil eines Gerichtsverfahrens betrachtet werden. Zunächst zu V. 19 f. Gegenüberstellungen zweier gegensätzlicher Alternativen, von denen eine den Weg des Lebens und die andere den Weg des Todes darstellt (V. 19 f.), finden sich besonders in der Weisheitsliteratur (z. B. Ps 1,6; Spr 10,7.27; 12,3; 13,6; 19,16), auch in der Rechtsbelehrung des Deuteronomium (z. B. Dtn 30,15 – 18), für den forensischen Bereich sind sie dagegen untypisch, weil dort keine Ratschläge für in der Zukunft liegende Entscheidungen gegeben werden, sondern vergangenes Handeln und Entscheiden gerichtlich auf seine Rechtmäßigkeit hin überprüft wird. Aus demselben Grund ist auch die auf die

Zukunft ausgerichtete Verheißung von V. 18b für ein Gerichtsverfahren untypisch.[409]

Damit bleibt als einziger Haftpunkt für die Situierung des Abschnitts im Bereich des Gerichtswesens die Form וְנִוָּכְחָה (Ni. Impf. 1. Person Plural), die gerne als
Aufforderung zum Beginn einer gerichtlichen Auseinandersetzung gedeutet
wird.[410] DasVerb יכח, das im Niphal nur noch in Gen 20,16 (in der Bedeutung
„gerechtfertigt sein") und Hi 23,7 (in der Bedeutung „sich auseinandersetzen", mit
Präp. עִם) belegt ist, kommt sonst fast immer im Hiphil vor (54 von 59 Belegen) und
hat dort die Bedeutung „feststellen, was recht ist".[411] Dass die so bezeichnete
Aktivität in der Tat im Gerichtswesen eine Rolle spielt, zeigt sich deutlich in
Jes 29,21 und Am 5,10, wo das Partizip Hiphil מוֹכִיחַ eine im Tor, dem klassischen Ort
zur Lösung von Rechtsstreitigkeiten, stehende Person bezeichnet, die feststellt,
was recht ist.[412] Jedoch hat Mayer[413] zu Recht darauf hingewiesen, dass es sich
gerade beim מוֹכִיחַ in Am 5,10 nicht generell um die Funktion des Richters, dessen
Spruch die streitenden Parteien verpflichtet, handeln kann, weil es im Licht von
Am 5,7.12 gerade die Richter sind, die der Rechtsbeugung bezichtigt werden. Wenn
der im Tor auftretende מוֹכִיחַ laut Am 5,10 denjenigen verhasst ist (Am 5,10: שָׂנְאוּ
בַשַּׁעַר מוֹכִיחַ „Sie hassen denjenigen, der im Tor feststellt, was recht ist."), die nach
Am 5,12b selbst im Tor auftreten, jedoch nicht im Sinne des Rechts, sondern als das

---

409 Vertritt man die u. a. von Boecker, Redeformen, S. 68; Wildberger, Jesaja 1–12, S. 50; Kaiser,
Jesaja 1–12, S. 49 f., vorgeschlagene Übersetzung, die V. 18b als rhetorische Fragen auffasst (z. B.
Boecker, a.a.O.: „Wenn eure Sünden wie Scharlach sind, können sie dann weiß werden wie
Schnee? Wenn sie sich röten wie Purpur, können sie dann wie Wolle werden?"), dann wird man zu
keinem anderen Ergebnis kommen. Auch diese Version fragt, ob die Sünden der Adressaten getilgt
werden können. Die Antwort ist hier jedoch entsprechend der Implikation der beiden rhetorischen
Fragen negativ: Die Sünden können nicht weiß werden wie Schnee bzw. Wolle. Diese implizite
Negativaussage kann weder Anklage noch richterlicher Schuldspruch sein, da die Schuld der
Adressaten bereits feststeht und nicht erst verhandelt zu werden braucht. Es ist kein Sachverhalt
benannt, der erst durch Anklage und Urteil als rechtswidrig und strafbar zu qualifizieren wäre,
sondern es wird ungefragt vorausgesetzt, dass Israel Sünden begangen und Strafe verdient hat.
Weil das, was bei einem Gerichtsverfahren zu klären wäre, bereits feststeht, kann die betreffende
Rede nicht mehr Teil eines solchen sein. Sie ist vielmehr ein schlichter Hinweis darauf, dass
geschehene Schuld nicht einfach ungeschehen gemacht werden kann. Dadurch wird klargestellt,
dass die nachfolgende, an Bedingungen geknüpfte Möglichkeit, die Beziehung zu JHWH zu erneuern, ein Akt reiner Gnade ist. Ein Gnadenakt aber hat seinen Sitz im Leben nicht im Gerichtsverfahren, sondern ist ein außerhalb der Rechtsordnung gewährter Akt unverdienter Vergebung, die ein Souverän einem schuldig gewordenen Untergebenen zuspricht.
410 Vgl. z. B. Wildberger, Jesaja 1–12, S. 51 f.; Kaiser, Jesaja 1–12, S. 50; Childs, Isaiah, S. 20.
411 So Liedke, Artikel יכח, Sp. 730; Kutsch, „Wir wollen miteinander rechten", S. 152.
412 So Liedke, Artikel יכח, Sp. 730.
413 Mayer, Artikel יכח, Sp. 622.

Recht beugende Richter (Am 5,12: צֹרְרֵי צַדִּיק לֹקְחֵי כֹפֶר וְאֶבְיוֹנִים בַּשַּׁעַר הִטּוּ „Sie bedrängen den Gerechten, sie nehmen Bestechungsgeld an und die Armen im Tor drängen sie zur Seite."), dann kann מוֹכִיחַ keine Funktionsbezeichnung eines Richters im Gerichtsverfahren sein, sondern muss rein materiell eine Person bezeichnen, die getreu für das Recht eintritt. Weil dies auch außerhalb eines Gerichtsverfahrens vorkommt, wird die Wurzel יכח auch in anderen Lebenszusammenhängen als dem Gerichtswesen gebraucht. Sie verweist nicht per se auf einen Gerichtskontext.

Diese These lässt sich durch eine weitere Beobachtung bestätigen. Die Nähe der Wurzel יכח zum forensischen Bereich wird von Liedke[414] durch den Hinweis untermauert, dass יכח in Jes 2,4 (= Mi 4,3); 11,3.4; Hab 1,12; Hi 22,4; 23,4 parallel zur Wurzel שפט und in Hos 4,4; Mi 6,2; Hi 13,6; 14,2 parallel zur Wurzel ריב steht und daher wie diese Wurzeln als forensisches Vokabular gebraucht würden. Nun hat sich aber gezeigt, dass weder die Wurzel שפט noch die Wurzel ריב auf diesen Gebrauch reduziert werden können, sondern auch außerhalb des forensischen Bereichs verwendet werden, um Auseinandersetzungen (ריב) bzw. die Ordnung wiederherstellendes Handeln (שפט) zu bezeichnen.[415] Gleiches hat dann auf Grund des parallelen Gebrauchs auch für יכח zu gelten. Diese Annahme erhärtet sich, wenn man z. B. die genannte Jesaja-Stelle 2,4 genauer betrachtet. Denn dort ist die Bedeutung von יכח und שפט offensichtlich nicht in einem engen Sinne forensisch zu verstehen. Schon wegen der handelnden Personen – JHWH und die Völker – ist klar, dass es sich nicht um ein gewöhnliches, sondern allenfalls um ein kosmisches „Gerichtsverfahren" handeln kann. Der Zusammenhang mit Jes 2,3 weist jedoch in eine andere Richtung. Ziel der Wallfahrt der Völker zum Zion ist es, die Weisung und das Wort JHWHs (תּוֹרָה וּדְבַר־יְהוָה) zu hören und anzunehmen, um auf seinen Wegen wandeln zu können (נֵלְכָה בְּאֹרְחֹתָיו). Daher bezwecken die mit יכח und שפט umschriebenen Tätigkeiten JHWHs, den Völkern Recht schaffende sowie Streit vermeidende und schlichtende Weisungen zu erteilen, ohne dass es eines in einem formellen Gerichtsverfahren erlassenen Urteils bedürfte. Denn תּוֹרָה und דְּבַר־יְהוָה sind Begriffe, die sich nicht auf das rückwärtsgewandte rechtliche Prüfen und Aburteilen vergangener Handlungen, sondern auf die positive, gottgefällige Gestaltung der Zukunft beziehen. In diesem Kontext sollen JHWHs Festlegungen dessen, was das Recht ist, an das sich auch die großen Völker zu halten haben (וְהוֹכִיחַ לְעַמִּים רַבִּים), eine dauerhafte Friedensordnung errichten und so für die Zukunft gewährleisten, dass es keinen Krieg mehr gibt (Jes 2,4b). Somit bezeichnen die Verben יכח und שפט in Jes 2,4 mehr eine vorausschauende regierende

---

414 Liedke, Artikel יכח, Sp. 730 f.
415 Zu שפט vgl. Liedke, Artikel שפט *špṭ* richten, Sp. 1000 f. Zu ריב vgl. oben Punkt 3.5.2.

als eine forensische Tätigkeit, die Feststellung und Sanktionierung begangenen Unrechts kann lediglich eine Vorstufe für positive Anweisungen zur Gestaltung einer Zukunft sein, in der dem Unrecht kein Raum gegeben wird.

Die Annahme, dass יכח ebenso wie ריב und שפט eine über den forensischen Bereich hinausreichende Bedeutung hat, wird nicht zuletzt auch dadurch gestützt, dass die meisten Belege von יכח nicht in Texten des Rechtswesens, sondern in weisheitlichen Büchern stehen (als Verb 15mal in Hiob, 10mal in den Sprichwörtern, 7mal in den Psalmen).[416] Dort bezeichnet es häufig ein pädagogisches Einwirken im Sinne einer Zurechtweisung und steht dann meist parallel zu יסר / מוסר (so z. B. in Ps 6,2; 38,2; 50,8.21; 94,10; Hi 5,17; 13,10; Spr 9,7 f.; 15,12; 19,25; bei den Propheten findet sich diese Bedeutung in Jer 2,19).[417] Mayer[418] hat diese weisheitliche Verwendung der Wurzel יכח scharf vom sog. forensischen Gebrauch unterschieden. Demgegenüber meint Liedke[419] vorsichtiger, die Wurzel יכח bekomme (ausgehend von der Grundbedeutung „feststellen, was recht ist") die Bedeutung von „zurechtweisen", „zur Rede stellen", wenn sie gegenüber jemandem, der im Unrecht ist, gebraucht werde. In der Tat dürfte es sich nicht um zwei strikt zu trennende Verwendungsweisen handeln, sondern um Nuancierungen, die der Wurzel auf Grund ihres Kontextes zuwachsen. Besonders deutlich lässt sich dies an Hand der Belege Hi 13,3.10.15 zeigen. Sowohl Liedke[420] als auch Mayer[421] rechnen Hi 13,3 (וְהוֹכֵחַ אֶל־אֵל אֶחְפָּץ „mit Gott zu rechten wünsche ich") zur prozessualen Verwendung von יכח. Jedoch steht fest, dass die Auseinandersetzungen zwischen Hiob und seinen Freunden kein Prozess, sondern ein Streitgespräch unter Weisen sind, das sich an der Selbstverfluchung Hiobs (Hi 3) angesichts seines tragischen Schicksals entzündet. Hiobs Wunsch, mit Gott zu rechten (Hi 13,3), ist in diesen Kontext eingebunden und wird unmittelbar durch die implizite Unterstellung Zofars von Naama ausgelöst, Hiob habe Unrecht zu verantworten und sei dafür entsprechend dem Tun-Ergehens-Zusammenhang bestraft worden (vgl. Hi 11,13–15). Diese Argumentation wendet die weisheitliche Lehre, dass denjenigen, der Böses tut, Unheil ereilen wird (vgl. z. B. Spr 1,10–19), im Umkehrschluss auf Hiob an (vgl. Hi 4,7f.), indem sie postuliert, er müsse gesündigt haben, weil ihm Unglück widerfuhr.[422] Da Hiob sich aber keiner Schuld

---

416 Vgl. Liedke, Artikel יכח, Sp. 730.

417 Vgl. Mayer, Artikel יכח, Sp. 621 und 625.

418 Mayer, Artikel יכח, Sp. 625.

419 Liedke, Artikel יכח, Sp. 731.

420 Liedke, Artikel יכח, Sp. 731.

421 Mayer, Artikel יכח, Sp. 623.

422 Es ist speziell dieser Umkehrschluss, den Jesus Christus in der Erzählung von der Heilung des Blindgeborenen (Joh 9,1–7) zurückweist. Im Hintergrund der Frage der Jünger (Joh 9,2), ob der

bewusst ist (vgl. Hi 9,19 – 22; 13,15 – 18.23 f.), erweisen die Reden der Freunde sich als hohles Gerede, das an der Wirklichkeit vorbeigeht und zu deren Verständnis nichts beiträgt (vgl. Hi 13,1 – 2.4 – 5.12). Die Freunde zeigen sich in der praktischen Anwendung ihrer Weisheit als unweise (vgl. Hi 13,5). Daher will Hiob nun nicht mehr mit ihnen, sondern mit Gott selbst als einzig verbleibendem kompetenten Gesprächspartner rechten (Hi 13,3: וְהוֹכֵחַ אֶל־אֵל אֶחְפָּץ). Daraus folgt, dass Hiobs Auseinandersetzung mit Gott kein Gerichtsprozess, sondern die Fortführung des zuvor mit den Freunden geführten weisheitlichen Streitgesprächs ist. Materiell geht es allerdings (wie auch im Gerichtsprozess) darum, welche der Streitparteien im Recht ist. Diese Frage verweist jedoch nicht per se auf forensische Zusammenhänge, da sie sich in ganz unterschiedlichen Auseinandersetzungen im Rahmen verschiedenster Lebenszusammenhänge stellt, sei es vor Gericht, im weisheitlichen Streitgespräch, bei Meinungsverschiedenheiten in Familie und Sippe, etc. … Somit hat die Wurzel יכח in Hi 13,3 zwar die Bedeutung „deutlich machen, was recht ist",[423] doch die Auseinandersetzung, bei der Hiob Gott seine Schuldlosigkeit darlegt (vgl. Hi 13,18) und nach dem Grund des Unheils fragt (vgl. Hi 13,24), ist weisheitlicher Art. Inhaltlich erweist sich Hiobs Streit mit Gott (vgl. Hi 13,3) darüber, ob er zu Recht seine Unschuld beteuert (vgl. z. B. Hi 6,24 – 30; 7,20; 10,7), dadurch als weisheitlich, dass es nicht wie vor Gericht um einen Rechtsfall im Sinne eines Einzelsachverhaltes geht, der vorzutragen und abzuurteilen wäre (vgl. 1 Kön 3,16 – 21.27; 1 Kön 21,13b), sondern um eine Beurteilung von Hiobs gesamtem Lebenswandel unter dem Gesichtspunkt der Rechtschaffenheit. Dies ist kein forensisches, sondern ein weisheitliches Thema (vgl. z. B. Ps 1).

Blindgeborene oder seine Eltern gesündigt haben, steht das unten im Rahmen unserer Exegese von Jes 1,4a entfaltete alttestamentliche Sündenverständnis als einer das Leben hemmenden „Zielverfehlung" (Wurzel חטא, meist übersetzt mit „sündigen") und „Verkehrtheit" (עָוֺן, meist übersetzt mit „Sündenschuld"), deren Folgen auch nachfolgende Generationen belasten und so faktisch für Sünden der Vorfahren verantwortlich machen (vgl. Ex 34,7). Jesus bestreitet nicht die negativen Folgen und Spätfolgen der Sünde, sondern den Umkehrschluss seitens der Jünger, dass alles Leid direkt auf Sünde innerhalb der eigenen Sippe zurückzuführen und als Sündennachweis zu werten sei, sowie die weitere Konsequenz, dass ein Leidender folglich ein von Gott Verworfener sei (vgl. Dtn 21,22 f.). Durch die Heilung des Blindgeborenen weist Jesus nach, dass ein Leidender auch ein von Gott zu seiner Verherrlichung Erwählter sein kann (Joh 9,3; vgl. auch die GKL). Dadurch ermöglicht er dem Blindgeborenen den Eintritt in einen Weg des Glaubens. Dieser entwickelt sich stufenweise im Rahmen von Joh 9,1 – 41 und steht in „Gegensatz zum Unglauben der Gegner [Jesu, Anm. J. E.], der sich immer stärker manifestiert und bis hin zur Verstockung am Ende führt" (Rubel, Erkenntnis und Bekenntnis, S. 143). Zu Joh 9 insgesamt als „Testfall christlicher Identität" siehe Rubel, ebd., S. 136 – 173.

423 Vgl. Liedke, Artikel יכח, Sp. 731, der zu Hi 13,3 und vergleichbaren Stellen anmerkt, dass hier יכח „feststellen, was recht ist" zur Bedeutung „rechtfertigen" tendiert.

In Hi 13,10 bezieht sich יכח im Rahmen derselben Hiob-Rede auf ein zurechtweisendes Handeln Gottes an den Freunden:

הוֹכֵחַ יוֹכִיחַ אֶתְכֶם אִם־בַּסֵּתֶר פָּנִים תִּשָּׂאוּן

„Hart zurechtweisen wird er euch, wenn ihr insgeheim Partei ergreift."[424]

Diese Zurechtweisung betrifft nicht direkt Hiobs Streit mit Gott, sondern das Verhalten der Freunde. Hiob meint, Gott werde diese hart zurechtweisen (הוֹכֵחַ יוֹכִיחַ), wenn sie versuchten, im Namen Gottes die Wahrheit zu verfälschen (vgl. Hi 13,7.9), oder wenn sie sich gar überhöben, für Gott ungeachtet dessen Überlegenheit Partei zu ergreifen oder den Streit zu führen (vgl. Hi 13,8: הֲפָנָיו תִּשָּׂאוּן אִם־לָאֵל תְּרִיבוּן).[425] Gott würde es nicht dulden, wenn sie nur aus Rücksicht auf seine, Gottes, Person (הֲפָנָיו תִּשָּׂאוּן „werdet ihr für ihn Partei ergreifen?") Hiobs Lebenswandel als sündhaft beurteilten, ohne objektiv einen Verstoß gegen die Regeln weisheitlicher Lebensgestaltung nachweisen zu können. Diese Überzeugung beruht offenbar darauf, dass derlei Urteilen unweise und daher für Gott, den Ursprung aller Weisheit, eine Beleidigung wäre. Die Wurzel יכח drückt hier also das Zurechtweisen unweisen Verhaltens aus und steht daher im Rahmen weisheitlicher Auseinandersetzungen. Es geht um eine schiedsrichterliche Handlung, die typischerweise der Rolle des Weisheitslehrers zukommt, einer Rolle, die Gott hier als höchster aller Weisheitslehrer übernimmt. Von einer gerichtlichen Entscheidung oder Sanktion kann hier ebenfalls nicht die Rede sein.

Mit ähnlicher Nuancierung wie in Hi 13,3 wird יכח in Hi 13,15 verwendet. In der Erwartung, von Gott getötet zu werden (הֵן יִקְטְלֵנִי), erklärt Hiob: „Doch ich will meine Wege ihm ins Angesicht rechtfertigen" (אַךְ־דְּרָכַי אֶל־פָּנָיו אוֹכִיחַ). Zwar ist eine gewisse Nähe zur Situation vor Gericht gegeben, wo sich der Angeklagte angesichts drohender Strafe verteidigt, doch denkt Hiob an eine bilaterale Begegnung zwischen sich und Gott, Hinweise auf ein Gerichtsforum fehlen. Es geht um kein Verfahren, sondern um eine materielle Aussage: Hiob will vor Gott darlegen, dass seine Wege rechtens waren. Die Formulierung „meine Wege" (דְּרָכַי) als Ausdruck des Lebenswegs mit den ihn prägenden Maximen, Entscheidungen und Handlungen lässt mangels konkreter Tat weniger an eine Verteidigung vor Gericht als an eine weisheitliche Rechtfertigung des ganzen Lebenswegs Hiobs denken (vgl. Ps 1,6). Hiobs Erwartung, von Gott getötet zu werden, interpretiert dies nicht als

---

424 Elberfelder Übersetzung.
425 Zur Interpretation, dass der Grund der von Gott ausgehenden Zurechtweisung der Freunde darin liegt, dass ein Mensch sich nicht anmaßen darf, in parteiischer Weise, unter Missachtung der Objektivität, als Anwalt Gottes aufzutreten, siehe Groß, Hiob, S. 51 f.; Schökel, Job, S. 224; Horst, Hiob, S. 199.

gerichtliche Strafe, da es einen Prozess über ein etwaiges Verbrechen nie gab (vgl. Hi 13,23), sondern Hiob meint, Gott werde ihn töten, weil er ihn grundlos als Feind ansehe (vgl. V. 24).

Damit bestätigt die genauere Betrachtung der Verwendung von יכח in Jes 2,4 und Hi 13,3.10.15, dass diese Wurzel im materiellen Sinn und mit vielen Nuancierungen „festlegen, was recht ist" bedeutet, ohne dabei primär oder gar ausschließlich auf forensische Kontexte bezogen zu sein. Insbesondere kommen weisheitliche Auseinandersetzungen über Fragen der rechten Lebensführung für die mit יכח bezeichnete Tätigkeit in Betracht. Da, wie bereits dargelegt, in Jes 1,18 – 20 weder die Verheißung Jes 1,18b noch die weisheitliche und/oder paränetische Zwei-Wege-Lehre Jes 1,19 f. einen prozessualen Kontext nahe legen, ist es auf Grund der gewonnenen Erkenntnisse über den Gebrauch des Verbs יכח nicht mehr zu rechtfertigen, Jes 1,18 – 20 allein wegen der Form וְנִוָּכְחָה „lasst uns rechten" als Gerichtsrede zu bezeichnen. Diese Aufforderung hat hier keine prozessualen Implikationen, sondern lädt zu einem (weisheitlich orientierten) Streitgespräch darüber ein, ob JHWH im Recht ist, wenn er Israel seine Sünden vorhält (vgl. V. 18b).[426]

3.5.3.6.4 Fazit zu Jes 1,2 – 20

Jes 1,2 – 20 lässt sich somit weder als Ganzes noch in Einzelabschnitten der Situation einer Gerichtsrede zuordnen. Die Ergebnisse der Untersuchung über die Relevanz der Gattung der prophetischen Gerichtsrede für Jes 1,2 – 20 seien nun noch zusammengefasst.

3.5.4 Ergebnisse

Durch die in Forschungsbeiträgen von Williamson, Daniels und de Roche aufgezeigte grundsätzliche Problematik der Gattung der prophetischen Gerichtsrede (Rîb-Pattern) wurde es notwendig, deren Existenz kritisch zu überprüfen. Die Auswertung der in der bisherigen Forschung zur prophetischen Gerichtsrede festzustellenden Divergenzen sowie die Untersuchung der üblicherweise der Gattung der Gerichtsrede zugeschriebenen Texte Jer 2,4 – 37; Hos 4,1 – 3; Mi 6,1 – 8; Dtn 32,1 – 43; Ps 50; Jes 1,2 – 20* haben gezeigt, dass es aus mehreren Gründen nicht sinnvoll ist, weiterhin von der Existenz der Gattung einer prophetischen Ge-

---

426 So auch Kutsch, „Wir wollen miteinander rechten", S. 154.

richtsrede im Sinne des Rîb-Pattern auszugehen.[427] Die verschiedenen Definitionen dieser Gattung divergieren so weit, dass die Kriterien, die den unterschiedlichen Ansätzen gemeinsam sind, nicht über diejenigen Grundelemente hinausgehen, die jeder Art von Streitigkeit zu eigen sind (Vorwurf, Entgegnung, Streitbeilegung). Daher ist der gegebene Forschungskonsens nicht spezifisch genug. Darüber hinaus weist keiner der genannten Hauptbelege in puncto Inhalt, Redekonstellation und Struktur die einer Gerichtssituation eigenen Merkmale (trilaterale Struktur: zwei Parteien und institutioneller Richter) auf, so dass die auf dieser Basis postulierte Gattung keinen ursprünglich forensischen Sitz im Leben gehabt haben kann.[428] Soweit rechtliche Fragen und Inhalte (Vokabular) eine Rolle spielen, sind sie rein materieller Art, ohne dass es Gründe dafür gäbe, diese ausschließlich inhaltlichen Aspekte in einem formellen Gerichtsprozess zu verorten. In Jer 2,4–37; Hos 4,1–3; Mi 6,1–8; Dtn 32,1–43; Ps 50; Jes 1,2–20* geht es um unterschiedlich geartete Auseinandersetzungen zwischen JHWH und Israel ohne spezifisch forensischen Bezug. Das Postulat einer forensisch geprägten Gattung der prophetischen Gerichtsrede (Rîb-Pattern) ist aufzugeben. Damit entfällt auch deren Relevanz für Jes 1,2–20.

Im Einklang mit diesem die Gattung betreffenden Ergebnis ist die Frage, ob der Einzeltext Jes 1,2–20 die Situation eines Gerichtsverfahrens widerspiegelt, ebenfalls negativ zu beantworten. Unsere diesbezüglichen Ergebnisse seien wegen ihrer bedeutenden Auswirkungen auf die weitere Auslegung von Jes 1 gesondert zusammengefasst. Zuerst zeigte sich, dass die Anrufung von Himmel und Erde in Jes 1,2a nicht bundestheologisch als Zeugenanrufung im Rahmen eines Bundesrechtsstreits interpretiert werden kann. Die zur Begründung dieser Interpretation verwendete Argumentationskette, derzufolge Jes 1,2a entsprechend der Parallele Dtn 32,1 zu interpretieren sei, wo Himmel und Erde im Rahmen des – so die These – von einem Bundesrechtsstreit handelnden Mose-Liedes (Dtn 32,1–43*) als Zeugen angerufen würden und damit die ihnen vorher in Dtn 4,26; 30,19; 31,28 zugewiesene Rolle von Bundeszeugen erfüllten, erweist sich in mehreren Punkten als unzutreffend:

1. Die Anrufung von Himmel und Erde in Dtn 32,1 wird erst nachträglich durch Dtn 31,28 als Zeugenanrufung im Zusammenhang mit dem dtn Bundesschluss interpretiert. Das Mose-Lied ist ursprünglich eine vom Dtn unabhängige Überlieferung.

---

427 Die gattungsmäßig zu unterscheidenden deuterojesajanischen Gerichtsreden waren nicht Gegenstand der vorliegenden Untersuchung. Über sie wird daher keine Aussage gemacht.
428 Dadurch erklärt sich auch, warum ein Forschungskonsens über den ursprünglichen Sitz im Leben der prophetischen Gerichtsrede nie erzielt werden konnte.

2. Da Himmel und Erde weder in Jes 1 noch in der Parallelstelle Dtn 32,1 als gerichtliche Zeugen bezeichnet oder in einer entsprechenden Rolle dargestellt werden (keinerlei Zeugenaussage), besteht kein Anlass, ihnen eine solche Zeugenrolle zuzuschreiben.

3. Auch die Passagen Dtn 4,26; 30,19; 31,28, die Himmel und Erde ausdrücklich als Zeugen gegen (ב) das Volk (4,26; 30,19) bzw. die Ältesten und Aufseher (31,28) anrufen, tun dies nicht im Blick auf die Beweisführung im Rahmen eines nirgends erwähnten Bundesrechtsstreitverfahrens, sondern die Bundeszeugen sollen durch ihre permanente Gegenwart die Erinnerung an die Bundesverpflichtungen wach halten.

4. Weder Jes 1,2–20 noch das Mose-Lied bezeichnen die Beziehung JHWH-Israel als Bund oder nehmen in einer anderen markanten Weise auf die dtn-dtr Bundestheologie Bezug. Es besteht daher kein Anlass, die in den beiden Texten geschilderten Auseinandersetzungen zwischen JHWH und Israel bundestheologisch zu interpretieren, insbesondere geht es nicht um einen *Bundes*bruch oder *Bundes*rechtsstreit.

Darüber hinaus hat sich gezeigt, dass die dann noch verbleibende Möglichkeit, Jes 1,2–20* ohne Rückgriff auf das Szenario eines dtn Bundesrechtsstreits als Gerichtsrede zu deuten, ebenfalls keine hinreichenden Anhaltspunkte im Text findet. Zwar enthält Jes 1,2–20* einige Vokabeln, die *unter anderem* in forensischen Zusammenhängen Verwendung finden können, doch fehlt es durchgehend an den für ein Gerichtsverfahren typischen Elementen, die über die gewöhnlichen Merkmale jeder beliebigen Auseinandersetzung hinausgehen. Die Begriffe ב פשע „brechen mit" (Jes 1,2b), מִשְׁפָּט „Recht" (Jes 1,17aβ), שפט „Recht verschaffen" (Jes 1,17bα), ריב „streiten für" (Jes 1,17bβ) und יכח (im Hi. „festlegen, was recht ist", im Ni. „rechten": Jes 1,18aα), die oft als Nachweis der Situation eines Gerichtsprozesses gedeutet wurden, haben zwar rechtliche Implikationen, doch sind sie in ihren Bedeutungen keineswegs auf den formell-forensischen Bereich beschränkt, sondern werden auch in anderen Lebensbereichen sowohl zur Bezeichnung eines materiell-rechtlichen Sachverhalts, der außerhalb eines Gerichtsverfahrens zur Sprache kommt, als auch zur Bezeichnung über den rechtlichen Bereich hinausgehender (z. B. weisheitlicher) Sachverhalte gebraucht.

3.5.5 Ausblick

Die weitere Auslegung von Jes 1 hat sich somit sowohl von der Vorstellung, es gehe um einen forensisch geprägten Kontext, als auch von der Annahme, Jes 1 knüpfe an die deuteronomisch-deuteronomistische Bundestheologie an, zu lösen. Dies schließt nicht aus, dass sich im Einzelfall solche Einflüsse feststellen lassen, doch ist dies von Fall zu Fall nachzuweisen. In positiver Hinsicht hat sich gezeigt, dass sich Anstöße für die weitere Exegese eher aus dem weisheitlichen als dem forensischen Bereich ergeben könnten, da etwa die häufige weisheitliche Verwendung der Wurzel יכח (Jes 1,18) ebenso wie auch das Bild von Vater/Mutter und Söhnen mit dem anschließenden Tiervergleich in Jes 1,2 f. entsprechende Anknüpfungspunkte bieten. Zu bedenken ist dabei, dass der weisheitliche und der materiell-rechtliche Bereich, die sich als zusammengehörige Segmente einer allumfassenden göttlichen Weltordnung verstehen, miteinander eng verwandt sind. Da die Deutung des Höraufrufs Jes 1,2a als gerichtlicher Zeugenaufruf widerlegt ist, wurde für die Interpretation der Anrufung von Himmel und Erde am Beginn des Jesaja-Buchs ein Freiraum gewonnen, der es erlaubt, im Rahmen der Einzelauslegung von Jes 1,2a neue Akzente zu setzen. Ein wesentliches Anliegen wird es sein, zu zeigen, dass Himmel und Erde nicht lediglich übergroß dimensionierte schweigsame Statisten einer Familienstreitigkeit zwischen Israel und seinem Gott sind, sondern unter mehreren Gesichtspunkten sowohl im engeren als auch im weiteren Kontext eine gewichtige Rolle spielen.

3.6 Einzelexegetische Analyse von Jes 1,2 – 9: JHWHs Söhne und die Tochter Zion

3.6.1 Die Feinstruktur von Jes 1,2 – 9

Innerhalb der oben (Punkt 3.3) erarbeiteten synchronen Struktur von Jes 1 wurde vorgeschlagen, beim Punkt I „Jes 1,2 – 9: Die Verwüstung Israels in Folge seiner Abkehr von JHWH und seiner Unbelehrbarkeit" zwei Unterabschnitte zu bilden, deren erster wiederum zwei Einheiten umfasst, nämlich die JHWH-Rede der Verse 2 – 3 sowie den Wehe-Ruf von Vers 4, und deren zweiter in den Versen 5 – 9 schon eingetretene Konsequenzen des Treubruchs Israels gegenüber JHWH beschreibt. Da die Struktur von Jes 1,2 – 9 in der Forschung umstritten ist, aber im Rahmen von Punkt 3.3 nur überblickshaft erörtert wurde, ist eine genaue Untersuchung dieser Frage angezeigt. Auch diese Überlegungen betrachten den Text synchron.

3.6.1.1 Bisherige Forschung

Viele Exegeten, so z. B. H. Wildberger,[429] G. Fohrer,[430] R. Kilian,[431] J. N. Oswalt,[432] M. Sweeney,[433] W. Werner,[434] Z. Kustár[435] und W. A. M. Beuken,[436] unterteilen Jes 1,2 – 9 (offenbar im Anschluss an O. Eissfeldt[437]) in zwei Blöcke, nämlich das durch den Propheten eingeleitete JHWH-Wort der Verse 2 – 3 und das Scheltwort des Propheten in den Versen 4 – 9, das laut G. Fohrer[438] in einem „eher schimpfenden" Tonfall beginne, um dann aber mehr in eine Klage über das Volk überzugehen.

Auch O. Kaiser[439] schließt sich grundsätzlich dieser Aufteilung an. Jes 1,2 – 3 sei einerseits von der Überschrift Jes 1,1 und andererseits von dem mit הוֹי „Wehe" neu beginnenden Wehewort Jes 1,4 deutlich sowohl vom vorausgehenden als auch vom nachfolgenden Kontext getrennt.[440] Der Block Jes 1,4 – 9 sei durch den Neueinsatz in Vers 10 („Hört...") als für sich stehende Einheit ausgewiesen.[441] Im Abschnitt Jes 1,4 – 9 unterscheidet Kaiser allerdings drei Unterabschnitte. Die Verse 4 – 6 fassten in bildlicher Sprache (V. 5 – 6) den Zustand des Volkes ins Auge. Auch wenn die Verse 7 – 8 auf den ersten Blick als Sachhälfte hierzu erschienen, treffe dies nicht zu, da dieser Abschnitt nicht vom Volk, sondern vom Zustand des Landes und der Stadt Jerusalem handle. Vers 9 hebe sich hiervon ab, weil der Sprecher nicht mehr wie in V. 4 – 8 dem Volk gegenüberstehe, sondern sich mit ihm zusammenschließe.[442]

Eine etwas andere Einteilung nimmt J. T. Willis[443] vor. Ihmzufolge bildet der ganze Abschnitt Jes 1,2 – 20 die erste Perikope des Jesaja-Buches, in die die Verse 2 – 9 integriert seien. Jes 1,2 – 20 gehöre insgesamt zur Gattung „lawsuit" und lasse die Sinnabschnitte V. 2a; V. 2b – 4; V. 5 – 8; V. 9; V. 10 – 15; V. 16 – 17; V. 18 – 20 er-

---

429 Wildberger, Jesaja 1–12, S. 8 f.
430 Fohrer, Jesaja 1–23, S. 24 – 30.
431 Kilian, Jesaja 1–12, S. 21.
432 Oswalt, Isaiah 1–39, S. 84 – 87.
433 Sweeney, Isaiah 1–39, S. 63, 73, 75.
434 Werner, Israel in der Entscheidung, S. 60 f.
435 Kustár, Durch seine Wunden, S. 42.
436 Beuken, Jesaja 1–12, S. 68.
437 Eissfeldt, Einleitung in das Alte Testament, S. 414 f., vgl. Fohrer, Zusammenfassung, S. 251, der allerdings die 2. Auflage von Eissfeldts Einleitungswerk zitiert.
438 Fohrer, Jesaja 1–23, S. 28.
439 Kaiser, Jesaja 1–12, S. 27 und 32–33.
440 Kaiser, Jesaja 1–12, S. 27.
441 Kaiser, Jesaja 1–12, S. 32–33.
442 Kaiser, Jesaja 1–12, S. 33. In ähnlicher Weise beurteilt G.V. Smith, Isaiah 1–39, S. 101, die Struktur von Jes 1,2 – 9.
443 Willis, First Pericope, S. 73 – 74.

kennen. Abweichend von Kaiser[444] bezieht Willis also die Zitationsformel Jes 1,2a nicht nur auf V. 2b – 3, sondern auf V. 2 – 20 insgesamt, betrachtet V. 4 nicht als Neueinsatz, sondern als Abschluss von V. 2b – 3, und beurteilt V. 5 – 8 als nicht weiter zu unterteilende Sinneinheit.

Die Beobachtung, dass V. 4 thematisch enger mit Jes 1,2 – 3 verbunden ist als mit den nachfolgenden Versen 5 – 9, hatten bereits T. K. Cheyne[445] in seinem 1897 erschienenen Werk „Einleitung in das Buch Jesaja" sowie später auch K. Budde[446] gemacht. Cheyne hatte darauf hingewiesen, dass V. 5 nicht wie V. 4 einer künftigen Katastrophe entgegensehe, sondern auf eine solche bereits zurückblicke und daher den Gedankengang von V. 4 nicht fortführe. Jedoch relativiert er unversehens das Gewicht dieser Beobachtung wieder, indem er wenig später meint, die Schilderung von V. 2 – 4 lege die Annahme nahe, „dass der Verfasser einer Zeit gedenke, die jetzt lange vergangen ist", und mache „diesen Abschnitt deutlich zu einer nachdrucksvollen Vorrede zu den im Folgenden wiedergegebenen wirklich überlieferten Weissagungen."[447] Diese von Cheyne nicht weiter reflektierte Beurteilung von V. 2 – 4 ließe es wieder als denkbar erscheinen, V. 2 – 9 doch insgesamt der Hand eines einzigen späten Redaktors zuzuweisen, der sich teilweise älteren Materials bedient haben könnte.

U. Berges[448] trifft dieselbe Einteilung wie O. Kaiser, beurteilt aber Jes 1,5 – 6 als Bildhälfte, deren Sachhälfte sich in Jes 1,7 finde.[449] In der Begründung der Struktur von Jes 1,2 – 9 stützt er sich insbesondere auf Beobachtungen zu Sprecher und Sprechperspektive. Während Jes 1,2 – 3 als JHWH-Rede ausgewiesen sei,[450] wechsle ab Jes 1,4 – 8 die Perspektive. In dieser Scheltrede spreche eine „in den Prophetenmantel gehüllt[e]" Wir-Gruppe (vgl. Jes 1,9), die sich in einem äußeren Rahmen (Jes 1,4.8) der ‚objektiven' Perspektive der 3. Person, im Kern der Rede (Jes 1,5 – 7) aber der direkten Anrede bediene.[451] Gegen die These, Jes 1,4.8 bilde einen äußeren Rahmen um Jes 1,5 – 7, ist einzuwenden, dass es außer dem formalen Aspekt der Sprechperspektive der 3. Person zwischen Vers 4 und 8 keine weiteren Elemente gibt, die einen besonderen Verweisungszusammenhang herstellen würden. So bestehen zwischen den beiden Versen weder Stichwortbeziehungen noch inhaltliche Bezugnahmen. Zwar setzt der Gedanke des „Übrigbleibens" in V. 8 ein

444 Kaiser, Jesaja 1 – 12, S. 27.
445 Cheyne, Jesaja, S. 2.
446 Budde, Zu Jesaja 1 – 5, S. 21.
447 Cheyne, Jesaja, S. 3.
448 Berges, Das Buch Jesaja, S. 59 – 65.
449 Berges, Das Buch Jesaja, S. 63.
450 Berges, Das Buch Jesaja, S. 59.
451 Berges, Das Buch Jesaja, S. 60 f.

unheilvolles Ereignis voraus, doch wäre bei einer bewusst gestalteten Rahmung zu erwarten, dass bereits die Unheilsankündigung von V. 4 in irgendeiner Weise auf den in V. 8 erwähnten Rest Bezug nimmt. Weil dies nicht der Fall ist, bilden Jes 1,4.8 keinen Rahmen um die Verse 5 – 7, sondern V. 8 führt mit dem Thema „Zion als Rest" einen ganz neuen Gedanken ein.

Im Unterschied zu obigen Autoren hält H. G. M. Williamson Jes 1,4 für eine in sich selbständige Einheit[452] und kommt so zur Unterscheidung dreier Abschnitte, nämlich der Verse 2 – 3, des Verses 4 und der Verse 5 – 9.[453] Dass Jes 1,2 – 3 eine eigene Einheit bildet, begründet er mit einer Reihe von Argumenten:[454] Da der Ausruf הוֹי *weh!* so gut wie immer am Beginn eines neuen Abschnitts stehe,[455] markiere er eine Zäsur zwischen V. 3 und V. 4. Ferner wechsle nach V. 3 auch der Adressat, weil in V. 4 – 9 nicht mehr, wie noch in V. 2 – 3, Himmel und Erde, sondern das Volk angesprochen werde. Während der Prophet in V. 2 – 3 ein Gotteswort zitiere, gäben die V. 4 – 9 seine eigenen Worte wieder. Schließlich ändere sich ab V. 4 auch der Tonfall von scharfer Anklage (V. 2 – 3) hin zu vorwurfsvollem Tadel.

Dass V. 4 eine Einheit für sich bildet, begründet Williamson damit, dass es zwischen V. 4 und V. 5 zu einem ausgeprägten Stimmungsumschwung komme.[456] Der Wehe-Ruf sei ein scharfes Gerichtswort gegen das Volk. Mit V. 5 beginne dagegen eine persönlichere und intensivere Passage, die auf Grund des Wechsels von der Rede über das Volk in der dritten Person (V. 4) hin zur direkten Anrede in der zweiten Person (ab V. 5) eine größere Betroffenheit des Sprechers zeige. Zwar kämen Wehe-Rufe mit einer sich anschließenden Rede in der zweiten Person Plural gelegentlich vor (vgl. Jes 5,8), doch gehe es an diesen Stellen immer um eine nähere Begründung des Wehe-Rufs, nicht aber wie hier darum, das Mittel zur Abmilderung des Gerichts deutlich zu machen.[457]

Gegen diese Argumentation ist einzuwenden, dass der Aspekt der Begründung eines Strafgerichts und die Frage nach möglichen Mitteln zu dessen Abmilderung zu eng miteinander verwoben sind, als dass die Unterscheidung eine stichhaltige Basis für die These bilden könnte, eine Anrede in der zweiten Person Plural im Anschluss an einen Wehe-Ruf komme ausschließlich zum Zweck seiner

---

452 Williamson, Isaiah 1 – 5, S. 37.
453 Vgl. Williamson, Isaiah 1 – 5, S. 23, 37 und 54.
454 Zu den nachfolgend genannten Argumenten siehe Williamson, Isaiah 1 – 5, S. 23.
455 Eine nähere Erörterung dieser These findet sich auf S. 37 bei Williamson, Jesaja 1 – 5.
456 Williamson, Isaiah 1 – 5, S. 37. Auch Werner, Israel in der Entscheidung, S. 61, beobachtet den Wechsel der Sprechperspektive von der 3. Person in Jes 1,4 zur 2. Person in Jes 1,5 und stellt fest, dass Jes 1,5 – 8 eine Passage ist, die gegenüber dem Wehe-Ruf Vers 4 einen mehr klagenden Charakter hat. Er zieht daraus jedoch keine Konsequenzen für die Struktur von Jes 1.
457 Williamson, Isaiah 1 – 5, S. 37.

näheren Begründung vor. Denn gerade die rhetorische Frage „Auf was sollt ihr noch geschlagen werden?" עַל מֶה תֻכּוּ עוֹד und die sich prompt anschließende Festellung „Ihr werdet die Widerspenstigkeit vermehren." תּוֹסִיפוּ סָרָה in V. 5a weisen nicht nur darauf hin, dass Israel seine Haltung ändern müsste, um weitere drohende Gerichtsereignisse abzumildern, sondern nennen die unbelehrbare Widerspenstigkeit als letzte und tiefste Begründung für Gottes Strafhandeln. Dies gilt auch dann, wenn man wie Williamson[458] עַל מֶה mit „warum" übersetzt und V. 5aβ als Fortführung der Frage von V. 5aα liest („Why will you go on being beaten [and] persist in your defection?"). Denn auch bei diesem Verständnis ist die Frage wohl eine rhetorische, da die Abspenstigkeit des Volkes trotz vieler Versuche, es durch bis ins Äußerste gesteigerte Strafmaßnahmen (vgl. V. 5 – 7) eines Besseren zu belehren, nach wie vor anhält und daher eine Umkehr von diesem Weg des Starrsinns nicht zu erwarten ist. Damit sind die Prophetenworte aber nicht nur ein letzter Hinweis auf eine Möglichkeit, das Strafgericht abzumildern, sondern beinhalten gleichzeitig und sogar vorrangig eine Begründung des in Zukunft weiter drohenden Unheils.[459] Williamsons These, in der zweiten Person Plural gehaltene Fortsetzungen eines Wehe-Rufs dienten stets der Begründung, nicht aber wie in Jes 1,5 der Abmilderung eines Strafgerichts, erweist sich so als nicht stichhaltig.

Beachtenswert ist aber seine Beobachtung, dass der Wechsel zwischen der Rede in der dritten Person über das Volk in V. 4 zur Anrede in der zweiten Person Plural in V. 5 auch für die Struktur der Passage Jes 1,2 – 9 von Bedeutung ist. In der Tat ist es verwunderlich, dass V. 4b bereits eine in der dritten Person Plural formulierte Begründung (עָזְבוּ, נִאֲצוּ, נָזֹרוּ) des Wehe-Wortes V. 4a enthält, die dann ab V. 5 aber in der zweiten Person Plural fortgesetzt wird. Über die Frage der Bewertung dieser Beobachtung wird unten noch zu diskutieren sein.

Schließlich weist Williamson[460] zur Begründung der Eigenständigkeit von V. 4 noch darauf hin, dass kein anderes Wehe-Wort bei Jesaja in einer Art und Weise fortgesetzt wird, die der Fortsetzung des Wehe-Rufs V. 4 in den Versen 5 – 9 vergleichbar wäre. Demgegenüber gebe es bei Jesaja aber mehrere Belege kurzer, für sich stehender Wehe-Worte (z. B. Jes 5,18 – 19.20.21), die es rechtfertigen würden, dementsprechend auch Jes 1,4 als selbständige Einheit zu beurteilen. Da die Form des Wehe-Rufs die Gerichtsandrohung bereits beinhalte, bedürfe sie auch nicht

---

458 Williamson, Isaiah 1–5, S. 47.
459 Williamson, Isaiah 1–5, S. 47 f., betont im Rahmen der Diskussion seiner Übersetzung von Jes 1,5, dass auch seine Version den Aspekt der Widerspenstigkeit (*defection*) als Ursache der Bestrafung des Volkes beinhaltet. Offensichtlich hat er dabei aber nur die bereits erfolgte, nicht aber eine auch in Zukunft noch zu erwartende Bestrafung im Blick.
460 Williamson, Isaiah 1–5, S. 37.

notwendigerweise einer weitergehenden inhaltlichen Ergänzung. Diese Überlegung ist ebenfalls im Lauf der weiteren Untersuchung zu beachten.

Die verbleibenden Verse Jes 1,5 – 9 betrachtet Williamson als dritte Einheit innerhalb des übergreifenden Abschnitts Jes 1,2 – 9, da nach der Zäsur zwischen V. 4 und V. 5 erst wieder mit den Höraufrufen von V. 10 ein Neueinsatz gegeben sei.[461]

3.6.1.2 Inhaltlich-thematische Überlegungen zur Struktur von Jes 1,2 – 9

In Jes 1,2 – 9 lassen sich drei große thematische Blöcke unterscheiden. Der erste, V. 2 – 4, kündet von der Schuld Israels. Hier ist zuerst davon die Rede, dass JHWHs Söhne abtrünnig geworden seien (V. 2b: פָּשְׁעוּ). V. 4a spricht demgegenüber von Sünde und Sündenschuld (חֹטֵא und עָוֹן) sowie von „Übeltuenden" (מְרֵעִים) und „Verderbenbringenden" (מַשְׁחִיתִים). Wie sich im Rahmen der Einzelexgese zeigen wird, stehen besonders die beiden Sündenbegriffe חֹטֵא und עָוֹן in V. 4a in einem engen Zusammenhang mit dem in V. 2b erwähnten Treubruch gegen JHWH (Wurzel פשע ב),[462] während die Begriffe מְרֵעִים („Übeltuende") und מַשְׁחִיתִים („Verderbenbringende") Explikationen sind, die gewalttätiges und ungerechtes Handeln als konkreten Sündentatbestand angeben. Vers 4b bringt die Reihe der Vorwürfe mit der dreigliedrigen Feststellung zum Abschluss, das Volk habe JHWH verlassen (עָזְבוּ), ihn höhnisch verworfen (נִאֲצוּ) und sich abgewandt (נָזֹרוּ). Die Wurzeln עזב, נאץ (Pi.) und זור (II, Ni.) lassen besonders an den in V. 2b genannten Akt des Abfalls von JHWH denken, der hier unter dem Aspekt von Verhaltensweisen konkretisiert wird, die sich direkt gegen seine Person richten. Zusammen drücken die drei Wurzeln aus, dass Israel in vielfacher Weise schuldig wurde und daher unheilvolle Konsequenzen bevorstehen (vgl. V. 4).[463]

Der nächste Abschnitt, V. 5 – 7, hat gegenüber V. 2 – 4 einen anderen Inhalt und ein anderes Ziel. Der u. a. von Williamson[464] beobachtete Stimmungsumschwung zwischen V. 4 und 5 beruht darauf, dass der inhaltliche Schwerpunkt vom Vorwurf mannigfacher Schuld, die Unheil erwarten lässt, hin zur Schilderung des bereits eingetretenen Unheils, nämlich der schweren, über Volk („ihr") und Land (vgl. V. 7) hereingebrochenen Katastrophen, wechselt. Diese werden als unheilvolle Signale auf einem verkehrten Weg dargestellt, der dringend verlassen werde müsste, einer

---

461 Williamson, Isaiah 1– 5, S. 54.

462 Siehe dazu die Belege Ex 34,7; Lev 16,21; Nu 14,18; Jes 59,12; Jer 33,8; Ez 21,29; Mi 7,18 f.; Hi 7,20 f.; 13,23; Ps 32,1.5; 51,3 f.5 – 7; 59,4; Dan 9,24.

463 Vgl. Willis, First Pericope, S. 70, der feststellt: „Vv. 2 – 4 contain a general description of Judah's apostasy."

464 Vgl. Williamson, Isaiah 1– 5, S. 37 und bereits oben Punkt 3.6.1.1.

Notwendigkeit, die aber von den Adressaten völlig verkannt wird, vgl. V. 5aβ: תּוֹסִיפוּ סָרָה „ihr werdet die Widerspenstigkeit vermehren".[465] Vers 5a deutet vor der detaillierten Beschreibung des Unheils (ab V. 5b) an, wie die Misere zu verstehen ist. Dort findet sich mit dem Stichwort „Widerspenstigkeit" (סָרָה) ein Hinweis darauf, welche Art von Schuld die verheerend wirkenden Schläge herbeigeführt hat. Wie unten in der einzelexegetischen Untersuchung dargelegt wird, greift das Stichwort סָרָה („Widerspenstigkeit") die in V. 2–4 formulierten Vorwürfe insofern auf, als letztere auf diese grundlegende Fehlhaltung zurückgeführt werden. Die Frage „Wohin/Wozu sollt ihr noch geschlagen werden?" (V. 5a) erweist sich auf Grund des nachfolgenden Zusammenhangs als eine rhetorische, die verdeutlicht, dass Ausmaß und Schwere des eingetretenen Unheils die unverzügliche Überwindung der Widerspenstigkeit erfordern. Die Tatsache, dass sich die Verse 5–7 direkt an das Volk richten, belegt deren Absicht, ein allerletztes Mal an seine Einsicht zu appellieren. Diese Zielrichtung unterscheidet sich von der des Abschnitts V. 2–4, wo Himmel und Erde (vgl. V. 2a) die Adressaten der auf Treubruch lautenden Vorwürfe gegen ein Volk sind, das sich ungeachtet der ihm erwiesenen Wohltaten von JHWH völlig abgewandt hat (vgl. V. 4b) und daher nicht direkt angesprochen wird.[466] Somit heben sich V. 2–4 einerseits und V. 5–7 andererseits thematisch deutlich voneinander ab.

Der Abschnitt Jes 1,8–9 wendet sich einem neuen Thema zu, indem die Lage der nach den zuvor geschilderten Katastrophen übrig gebliebenen Tochter Zion bedacht wird. Im Motiv des Übrigbleibens setzt Jes 1,8–9 die Unheilsschilderung der Verse 5–7 voraus, wobei jedoch das Thema der Widerspenstigkeit hier nicht nochmals erwähnt wird. Vielmehr geht es um einen Rest, der nach dem durch Torheit herbeiprovozierten Unheil noch eine letzte Chance bietet (vgl. V. 8a: וְנוֹתְרָה בַת־צִיּוֹן und 9a: הוֹתִיר לָנוּ שָׂרִיד). Der in V. 9b formulierte Vergleich stellt das Schicksal Israels mit der restlosen Vernichtung Sodoms und Gomorras (vgl. Gen 19,28 f.) auf eine Ebene und beinhaltet so einen Rückbezug zur Unheilsschilderung der Verse 5–7, betont jedoch, dass anders als bei Sodom und Gomorra ein kläglicher Rest verschont geblieben ist (vgl. Jes 1,8–9a). Das ferner mit Sodom und Gomorra einhergehende Motiv übergroßer Schuld (vgl. Gen 18,20) stellt einen gewissen Rückbezug zu den Anklagen der Verse 2–4 her. Jes 1,8–9 behandelt folglich ein eigenes, neues Thema, das an die in Jes 1,2–4 und Jes 1,5–7 behandelten Themen anknüpft.

---

465 Anders Williamson, Isaiah 1–5, S. 47, der V. 5aβ als Fortsetzung der Frage V. 5aα interpretiert: „Why will you go on being beaten (and) persist in your defection?"

466 Näheres zur Frage der jeweiligen Adressaten unten unter Punkt 3.6.1.4.3.

Insgesamt legt die inhaltlich-thematische Textstruktur eine Einteilung in die Abschnitte Jes 1,2–4; 5–7 und V. 8–9 nahe.

3.6.1.3 Zusammengehörigkeit von Jes 1,4 und Jes 1,5–7 auf Grund eines durch den Wehe-Ruf markierten Neueinsatzes?

Gegen die Zusammenfassung von Jes 1,2–4 zu einem Abschnitt ließe sich einwenden, die Interjektion הוֹי „Wehe!", die in V. 4 einen Wehe-Ruf einleitet, sei der Beginn eines neuen, die Verse 4–9 umfassenden Abschnitts.[467] Wildberger[468] begründet dies damit, dass in V. 4 nicht mehr JHWH selbst das Wort führe, sondern über ihn in der dritten Person gesprochen werde. Dabei übersieht er jedoch zum einen, dass der syntaktisch von Vers 4b unabhängige Ausruf 4a noch nicht von JHWH in der dritten Person spricht und daher durchaus noch zur wörtlichen Rede der Verse 2b–3 gehören könnte, und zum anderen, dass es auf Seiten der Redeadressaten im Übergang von Vers 4 zu Vers 5 zu einem vergleichbaren Wechsel kommt. So sprechen die drei Verben von Vers 4b über das Volk in der dritten Person, während Vers 5 es direkt in der zweiten Person Plural anspricht. Dies wäre nichts Ungewöhnliches, wenn Vers 4b als Redeeinleitung zu Vers 5 zu lesen wäre (vgl. V. 2a), doch fehlt in 4b jeder Hinweis auf die Eröffnung einer nachfolgenden Rede. Somit ist Wildbergers Begründung einer Abtrennung von Jes 1,4 von Jes 1,2–3 nicht stichhaltig, so dass die oben ausgeführten inhaltlichen Argumente, die unten noch um formale Aspekte ergänzt werden, weiterhin für eine Zusammengehörigkeit von Jes 1,2–4 sprechen.

Williamson[469] begründet die von ihm angenommene Zäsur zwischen V. 2–3 und V. 4 damit, dass der Ausruf הוֹי so gut wie immer am Beginn eines neuen Abschnitts stehe. Gleichzeitig vermerkt er aber, dass „the use of 'people' and 'children' in this verse [i. e. V. 4, Anm. J. Eck] makes for a close association with the preceding verses". Diese enge Verbindung zu den vorhergehenden Versen schreibt Williamson[470] den Fähigkeiten des Redaktors zu, der überliefertes Material in Jes 1 zu einer Einheit zusammengebunden habe. Da es im gegebenen Stadium unserer Überlegungen darum geht, die Struktur des kanonischen Endtextes auf synchroner Ebene zu erfassen, lassen wir die Frage offen, ob Jes 1,4, wie Williamson meint, tradiertes älteres Material ist, das vom für Jes 1 verantwortlichen Redaktor

---

467 Vgl. dazu die Darstellung der allgemeinen Forschungsmeinung oben unter Punkt 3.6.1.1. Ferner Sweeney, Isaiah 1–39, S. 73.

468 Wildberger, Jesaja 1–12, S. 20; ebenso z. B. Kaiser, Jes 1–12, S. 27; Berges, Das Buch Jesaja, S. 59–60.

469 Williamson, Isaiah 1–5, S. 37; vgl. dazu bereits oben unter Punkt 3.6.1.1.

470 Williamson, Isaiah 1–5, S. 37.

geschickt eingearbeitet wurde, oder ob das הוֹי „Wehe" in Jes 1,4, wie Becker[471]
meint, lediglich einen rhetorischen, nicht aber einen literarischen Neueinsatz im
Rahmen einer späten, literarisch einheitlichen Komposition markiert.[472] Hinsichtlich der synchronen Textstruktur von Jes 1,2–9 ist festzuhalten, dass zwar die
Interjektion הוֹי „Wehe" in der Tat zumindest rhetorisch eine Zäsur setzt. Daraus
folgt jedoch noch nicht, dass Jes 1,4 mit dem nachfolgenden Abschnitt Jes 1,5–7,
der thematisch andere Schwerpunkte setzt, eine Einheit bildet. Vielmehr spricht
die oben aufgezeigte inhaltliche Zusammengehörigkeit von Jes 1,2–4 allein schon
dafür, Jes 1,2–3 und Jes 1,4 als Unterabschnitte einer übergeordneten Einheit
Jes 1,2–4 zum Thema „Israels Abfall von JHWH" aufzufassen. Dabei bietet
Jes 1,2–3 eine Analyse des bisher Geschehenen einschließlich des gegenwärtigen
Zustands, während Jes 1,4 ausgehend von einer theologischen Qualifikation der
Gegenwart als sündenverhaftet in die Zukunft blickt und das zu erwartende Unheil
mit dem Ausruf הוֹי „Wehe" beklagt. Diese These wird sich im Folgenden auf Grund
formaler Beobachtungen erhärten lassen.

3.6.1.4 Formale Beobachtungen zur Struktur von Jes 1,2–9
3.6.1.4.1 Inklusionen und konzentrische Struktur

An vier Stellen findet sich in Jes 1,2–9 eine Gottesbezeichnung. Der Gottesname
יהוה erscheint in V. 2a und 4b in einfacher Form, in der erweiterten Form יְהוָה צְבָאוֹת
(„JHWH der Mächte") steht er in V. 9a. In Vers 4b, der als synonymischer Parallelismus membrorum mit drei Stichoi ausgestaltet ist, wird dem im ersten Stichos
befindlichen Tetragramm (עָזְבוּ אֶת־יְהוָה) im zweiten Stichos die Gottesbezeichnung
קְדוֹשׁ יִשְׂרָאֵל („der Heilige Israels") zur Seite gestellt. Die so gebildete Inklusion um
die Verse 2a–4b wird durch eine weitere verstärkt und ergänzt, die durch das
Stichwort בָּנִים eine Verbindung zwischen V. 2b und 4aβ herstellt. Analog zur
Ausgestaltung der ersten Inklusion steht bei der zweiten das Stichwort בָּנִים zunächst für sich (V. 2b) und wird am Ende der inkludierten Textpassage im Rahmen
eines Parallelismus membrorum (V. 4aβ) zum bedeutungsverwandten Begriff זֶרַע
(„Same, Nachkommenschaft") in Parallele gesetzt. Dabei steht in Vers 4aβ der
Begriff זֶרַע vor dem Begriff בָּנִים, so dass die konzentrische Abfolge der inkludie-

---

471 Becker, Jesaja, S. 187.
472 Angemerkt sei hier nur, dass es wohl schwer fallen dürfte, jemals aus dem biblischen Text
allein heraus einen Redaktor, der tradiertes Material geschickt arrangiert, von einem den Stil
prophetischer Vorbilder imitierenden Autor scharf zu unterscheiden, zumal darüber hinaus auch
mit einer gemischten redaktionellen Arbeitsweise zu rechnen ist, bei der Redaktoren tradiertes
Material sehr frei benutzen, indem sie bestimmte größere oder kleinere Texte, Sätze oder Wendungen ganz oder teilweise übernehmen, neu komponieren, abändern oder weglassen.

renden Stichworte יְהוָה und בָּנִים im Fortgang der Verse 2 – 4 nicht gestört wird: יְהוָה in V. 2a, בָּנִים in V. 2b und בָּנִים in V. 4aβ, יְהוָה in V. 4b. Im Rahmen dieser konzentrischen Struktur tauschen die beiden Stichworte miteinander ihre jeweilige syntaktische Funktion. In V. 2a ist יְהוָה ausdrückliches Subjekt des Verbs דִּבֵּר, in V. 2b implizites Subjekt der Verben גִּדַּלְתִּי und וְרוֹמַמְתִּי, deren Objekt die „Söhne" (בָּנִים) sind. In V. 4b werden die unmittelbar vorhergehenden Stichworte „Same" und „Söhne", die in V. 4aβ der Charakterisierung des schuldbeladenen Volkes dienen, zum impliziten Subjekt der Verben עָזְבוּ und נִאֲצוּ, deren Objekt nun JHWH (אֶת־יְהוָה) bzw. der Heilige Israels (אֶת־קְדוֹשׁ יִשְׂרָאֵל) ist. Eine dritte Inklusion, die eine analoge Struktur aufweist, umschließt den Vers 3. An dessen Beginn steht das Verb יָדַע, das in verneinter Form nochmals am Ende von Vers 3bα erscheint (לֹא יָדַע) und am Ende von Vers 3bβ durch das bedeutungsverwandte Verb לֹא הִתְבּוֹנָן vertreten wird. Darüber hinaus besteht eine Stichwortverbindung zwischen den Versen 3b und 4a, die sich aus der zweimaligen Verwendung des Wortes עַם (V. 3bβ עַמִּי und 4aβ עַם) und den parallel dazu stehenden semantischen Entsprechungen יִשְׂרָאֵל (V. 3bα) und גּוֹי (V. 4aα) ergibt. Die dargelegten Verweisungszusammenhänge binden nicht nur die Passage Jes 1,2 – 4 formal zu einer Einheit zusammen, sondern dienen inhaltlich dazu, die in V. 2 – 4 entfaltete Opposition zwischen dem Handeln JHWHs und dem Verhalten Israels plastisch hervortreten zu lassen.

Die am Ende des Abschnitts Jes 1,2 – 9 erscheinende Gottesbezeichnung יְהוָה צְבָאוֹת enthält neben dem Tetragramm selbst keine weiteren Anhaltspunkte für spezielle Rückbezüge zu den Versen 2 und 4. Vielmehr verhält sich die Aussage von V. 9a, dass JHWH Zebaoth einen Entronnenen übrig gelassen hat, komplementär zu der von V. 8a, wonach die Tochter Zion übrig geblieben ist. Die Verbform וְנוֹתְרָה „sie ist übrig geblieben" (Ni. Perfekt 3. Person Singular Femininum der Wurzel יתר) in V. 8a ist eine passivische Form, die Vers 9a als unsichtbar rettendes Eingreifen Gottes deutet, indem dort dieselbe Wurzel יתר in ihrer kausativen Form הוֹתִיר „er hat übrig gelassen" (Hi. Perfekt 3. Person Singular Maskulinum) verwendet wird. JHWH Zebaoth ist somit Urheber der in V. 8a geschilderten Tatsache, dass Zion übrig geblieben ist. Daher ist in V. 9a der Name JHWH Zebaoth (יְהוָה צְבָאוֹת) in erster Linie der komplementäre Pol zur „Tochter Zion" (בַּת־צִיּוֹן), die er aus Gnade vor dem Untergang bewahrt hat (vgl. V. 9b).

Die Passage Jes 1,5 – 7 ist von keiner Inklusion ganz umschlossen. Jedoch sind die Verse 5 – 6 zum einen durch die Wurzel נכה, die sich als Verbform (תֻּכּוּ „ihr werdet geschlagen werden": Hophal Perfekt 2. Person Plural Maskulinum) in Vers 5aα und als nominale Form (מַכָּה „Schlagwunde") in Vers 6bβ findet, und zum anderen durch das in V. 5bα und 6a gebrauchte Stichwort רֹאשׁ „Kopf" formal miteinander verschränkt. Vers 7 ist durch das Stichwort שְׁמָמָה „Wüste" umrahmt, das am Anfang und Ende erscheint. Die Zusammengehörigkeit von V. 5 – 6 und V. 7 ergibt sich aus sachlichen Gründen. Erstere beschreiben den beklagenswerten

Zustand des Volkes (V. 5: Anrede in der 2. Person Plural) im Bild eines kranken, schwerverletzten Körpers, V. 7 schildert komplementär dazu die Verwüstung des Landes.[473]

Zusammenfassend ist festzuhalten, dass Jes 1,2–4 formal durch zahlreiche Stichwortverbindungen, u. a. durch יְהוָה und בָּנִים, zu einer Einheit zusammengebunden ist. Eine ähnliche Wirkung wird in Jes 1,8–9 durch das Stichwort יתר und das Namenpaar בַּת־צִיּוֹן / יְהוָה צְבָאוֹת erzielt. Das Mittelstück Jes 1,5–7 bildet eine sachliche Einheit, deren erster Unterabschnitt V. 5–6 durch den Begriff ראֹשׁ und die Wurzel נכה inkludiert ist. Der zweite Unterabschnitt V. 7 ist durch den Ausdruck שְׁמָמָה umfasst. Aus diesen Beobachtungen folgt, dass die oben nach inhaltlichen Gesichtspunkten getroffene Einteilung des Textes Jes 1,2–9 in die Abschnitte V. 2–4, V. 5–7 und V. 8–9 sich auch auf formaler Ebene durch vorhandene Verweisungszusammenhänge bestätigt.

3.6.1.4.2 Syntaktische Beobachtungen

Ein weiterer flankierender formaler Aspekt, der für obige Einteilung spricht, liegt in den syntaktischen Merkmalen von Jes 1,2–9. Jes 1,2–4 besteht fast ausschließlich aus Verbalsätzen mit Verbformen der Suffixkonjugation, lediglich Vers 4a ist eine nominale Konstruktion in Form eines vierfachen Vokativs (גּוֹי „Nation" und עַם „Volk", זֶרַע „Same" und בָּנִים „Söhne"), der mit je einem Attribut verbunden ist (חֹטֵא, כֶּבֶד עָוֹן, מְרֵעִים und מַשְׁחִיתִים). Im Abschnitt Jes 1,5–7 dominieren dagegen die Nominalsätze. Auf die rhetorische Frage von V. 5a, die ein Verbalsatz mit einer Verbform der Präfixkonjugation ist, folgen in V. 5b–6a drei Nominalsätze, Vers 6b besteht aus drei kurzen Verbalsätzen mit Verbformen der Suffixkonjugation, daran schließen sich in V. 7 wiederum vier Nominalsätze an. Die Verse 8–9 bestehen dagegen wieder ausschließlich aus Verbalsätzen mit Verbformen der Suffixkonjugation. Somit heben sich die Verse 5–7 als überwiegend in Nominalsätze gefasste Schilderung gegenwärtiger Zustände sowohl nach vorne von den Versen 2–4 als auch nach hinten von den Versen 8–9 ab.

3.6.1.4.3 Wechsel von Sprecher und Adressaten

In Vers 2a kündigt der Prophet ein Wort JHWHs an. Adressaten dieser Rede sind Himmel und Erde. Das JHWH-Wort folgt anschließend in V. 2b–3 und wird in der ersten Person Singular zitiert.

---

473 Vgl. Kaiser, Jesaja 1–12, S. 33.

Schwierig gestaltet sich die Frage, wer Adressat von Jes 1,4 ist. Zunächst ist hier festzustellen, dass der Wehe-Ruf Jes 1,4a keine Indizien dafür enthält, ob er sich in der 2. Person Plural direkt an das Volk richtet, oder ob die Wehklage über das Volk in der 3. Person Singular angestimmt wird, was zur Folge hätte, dass nach wie vor Himmel und Erde Redeadressaten wären. Auch aus den Gattungskennzeichen des prophetischen Wehe-Rufs lässt sich die Frage der Sprechrichtung nicht eindeutig beantworten. Einerseits sind prophetische Wehe-Rufe nicht selten an denjenigen selbst gerichtet, dessen künftiges Unheil zu beklagen ist (vgl. z. B. Jes 5,8; 29,1; 33,1; Ez 13,8; 34,2–3; Am 5,18; 6,1 f.; Hab 2,16 f.; Zef 2,5). Dies wäre im Fall von Jes 1,4 das Volk. Bedenkt man jedoch, dass die Partikel הוֹי ursprünglich vor allem zur Einleitung der Totenklage diente (vgl. 1 Kön 13,30; Jer 22,18),[474] also in einer Situation gebraucht wurde, in der derjenige, dessen Unheil beklagt wird, bereits verstorben ist und daher nicht mehr unmittelbarer Adressat sein kann, dann ist auch bei den prophetischen Wehe-Rufen damit zu rechnen, dass derjenige, dessen Unheil der Prophet beklagt, nicht selbst formeller unmittelbarer Adressat ist, sondern dass der Klageruf über ihn in der dritten Person angestimmt wird. In genau dieser Weise klagen z. B. Jes 5,11–12.18–19.20.21.22–23; 10,1–2; 28,1; 29,15; 30,1–2; 31,1; 45,9.10; Jer 23,1; Ez 13,3; Nah 3,1; Hab 2,12; Zef 3,1–2. Inhaltlich richtet sich die Botschaft solcher Wehe-Rufe meist zwar sehr wohl an die vom Unheil Betroffenen,[475] doch geschieht dies formal in einer Rede über sie in der dritten Person. Wie es sich mit Jes 1,4a verhält, ist mangels gattungsmäßiger Festlegungen aus dem Kontext zu erschließen.

Was aber der für die Auslegung von Jes 1,4 maßgebliche Kontext sein soll, hängt wiederum von der Vorentscheidung ab, ob dieser Wehe-Ruf als Abschluss von Jes 1,2–4 oder als Beginn von Jes 1,4–9 gesehen wird. Die meisten Ausleger[476] gingen bisher auf Grund des durch הוֹי „Wehe!" markierten Neueinsatzes ohne Weiteres davon aus, Jes 1,4 gehöre zu Jes 1,5–9 und bilde den Auftakt dieser Sinneinheit. Aus dem so hergestellten Zusammenhang mit Vers 5, der das Volk in

---

474 Näheres dazu bei Jenni, Artikel הוֹי, Sp. 475 f. Utzschneider, Arbeitsbuch, S. 134, geht davon aus, dass der prophetische Wehe-Ruf zwei ursprüngliche Sitze im Leben hat, nämlich die Totenklage und die Klage über den Untergang eines Gemeinwesens. In beiden Fällen betrauert der Wehe-Ruf das bereits Verlorene in der 3. Person.

475 Vgl. z. B. die fast durchgehend in der 3. Person formulierte Reihe von Wehe-Rufen Jes 5,8–30. Jes 5,8a–bα (הוֹי מַגִּיעֵי בַיִת בְּבַיִת שָׂדֶה בְשָׂדֶה יַקְרִיבוּ עַד אֶפֶס מָקוֹם) spricht zunächst von denen, die Haus an Haus und Feld an Feld reihen, in der dritten Person: יַקְרִיבוּ „sie bringen/reihen". Die zweite Verbform des Verses richtet sich jedoch direkt an sie: וְהוּשַׁבְתֶּם לְבַדְּכֶם „und ihr allein ansässig seid". So wird für den ganzen Abschnitt deutlich, dass die Botschaft ungeachtet der Sprechperspektive der 3. Person sehr wohl auf die Anwesenden gemünzt ist.

476 So z. B. Kaiser, Jesaja 1–12, S. 33, sowie die oben unter 3.6.1.1 genannten Exegeten. Anders schon Budde, Jesaja 1–5, S. 21.

der zweiten Person anspricht, ergab sich für viele[477] der Eindruck, auch der Wehe-Ruf V. 4a rede das Volk in der zweiten Person an. Nachdem einmal entschieden war, dass der Wehe-Ruf Jes 1,4a, der wohlgemerkt keine eigenen sprachlichen Hinweise auf die Adressaten enthält, auf Grund des Kontextes mit Jes 1,5 – 9 in der zweiten Person Plural direkt an das Volk gerichtet sei, legte es sich hinsichtlich des in der dritten Person Singular verfassten Verses 4b nahe, ihn als sekundäre Zufügung einzustufen, da „er sich störend zwischen V. 4a und V. 5 schiebt".[478] Dabei weist aber doch gerade die Tatsache, dass ein Ergänzer V. 4b in der dritten Person formuliert hat, darauf hin, dass bereits er V. 4a als in der dritten Person gehaltenen Wehe-Ruf auffasste.

Nun nötigt aber das Argument, dass der Ausruf הוֹי „Wehe!" in der Regel eine neue Redeeinheit eröffnet, nicht automatisch dazu, V. 4 zu den Versen 5 – 9 hinzuzurechnen. Wie oben bereits unter Punkt 3.6.1.3 deutlich wurde, genügt es, ihn als eigenständige Untereinheit von Jes 1,2 – 4 zu betrachten,[479] die im Anschluss an die Beschreibung der Störungen im Verhältnis JHWH – Israel (V. 2 – 3) einen performativen prophetischen Sprechakt setzt. Ausdrücklich gegen eine enge Zusammengehörigkeit von Vers 4 und Jes 1,5 – 9 sprechen die bereits erörterten inhaltlichen und formalen Gründe, die Jes 1,4 an Jes 1,2 – 3 zurückbinden. Besonders hervorzuheben ist hier, dass diese Rückbindung sowohl in Vers 4a (z. B. die Stichworte עַם in V. 3b; 4aα und בָּנִים in V. 2a; 4aβ) als auch in Vers 4b (z. B. die Stichworte יְהוָה in V. 2a; 4b und יִשְׂרָאֵל in V. 3b; 4b) nachweisbar ist.

Noch deutlicher wird die sachliche und stilistische Zusammengehörigkeit von Jes 1,2 – 3 und V. 4, wenn man im Blick auf die Frage der Adressaten von Jes 1,4 die beiden möglichen Alternativen vergleichsweise gegenüberstellt und die Adressaten einmal aus dem Kontext mit Jes 1,2 – 3 und das andere Mal aus dem Kontext mit Jes 1,5 – 9 ermittelt. Während die Verwendung von Verbformen der 3. Person in V. 4b als logische und harmonische Fortsetzung der Sprechperspektive von Jes 1,2 – 3 erscheint, da beide Textpassagen über Israel, nicht zu ihm sprechen, wirkt V. 4b im Fall der Annahme einer Einheit Jes 1,4 – 9 wegen der in V. 5 – 7 verwendeten 2. Person als störend. In inhaltlicher Hinsicht kommt der Vergleich zu einem ähnlichen Ergebnis. Auf der einen Seite lässt sich Jes 1,2 – 4 insgesamt dem Thema „Israels Verfehlungen gegen JHWH" zuordnen. Demgegenüber ist man bei der Annahme einer Einheit Jes 1,4 – 9 genötigt, zwischen V. 4 und V. 5 – 9 eine Trennlinie zu ziehen, da V. 4 angesichts der Verfehlungen Israels durch den Wehe-Ruf eine unbestimmte Erwartung künftigen Unheils zum Ausdruck bringt, wäh-

---

477 Anders Werner, Israel in der Entscheidung, S. 61; Budde, Jesaja 1 – 5, S. 21.

478 Kaiser, Jesaja 1 – 12, S. 33 f.; ebenso Becker, Jesaja, S. 188; Höffken, Jesaja 1 – 39, S. 35 f.; Marti, Jesaja, S. 4.

479 So bereits Williamson, Isaiah 1 – 5, S. 37 f.

rend die Verse 5 – 7 bereits eingetretene Katastrophen als durch Widerspenstigkeit verursachte Schläge (V. 5a) interpretieren. Damit zeigt sich, dass der Wehe-Ruf Jes 1,4 offensichtlich nicht das Volk direkt in der 2. Person Plural anspricht, sondern eine Wehklage über das abwesende Volk (vgl. V. 4b) in der 3. Person Singular ist, da sowohl der vorausgehende (V. 2 – 3) als auch der unmittelbar nachfolgende (V. 4b) Kontext in der dritten Person Singular über das Volk sprechen. Adressaten der ganzen Einheit Jes 1,2 – 4 sind somit Himmel und Erde (V. 2a).

Auch hinsichtlich des Sprechers wirft Vers 4 Fragen auf. Es ist unklar, ob der Prophet hier noch JHWH zitiert oder selbst im Auftrag JHWHs das Wort führt. Für Letzteres spricht die Tatsache, dass in V. 4 kein „Ich" mehr spricht, sondern der Name JHWHs wieder in der 3. Person erscheint (V. 4b). Denkbar wäre allerdings auch, dass JHWH hier über sich selbst in der 3. Person spricht[480] (vgl. z.B. Jes 66,14.20). Da vor der JHWH-Rede Jes 1,2b – 3 schon der Höraufruf Jes 1,2a vom Propheten gesprochen wurde, könnte zwar mit dem Neueinsatz des הוֹי „Wehe!" wiederum der Prophet zu Wort kommen, doch verweist die Art, wie V. 4a von „Söhnen" spricht, eher auf den gleichen Sprecher, der schon in V. 2b von „Söhnen" erzählte. Letztlich bleibt eine Unschärfe hinsichtlich des Sprechers von Vers 4 bestehen. Dies dürfte ein bewusst gewollter Effekt sein. Denn indem es nicht möglich ist, genau zu unterscheiden, ob gerade JHWH oder sein Prophet spricht, werden beide als eine untrennbare Einheit ausgewiesen, die dem treulosen Volk gegenübersteht. Letzteres gilt umso mehr, als auch Jes 1,5 – 7 nicht erkennen lässt, ob der Prophet oder JHWH selbst der Sprecher ist. Allerdings ändert sich der Adressat. Die in der 2. Person Plural angesprochene, von Unglück heimgesuchte Personengruppe („ihr") kann nicht mehr Himmel und Erde, sondern muss das Volk sein, dessen Unheil bereits durch den Wehe-Ruf von Vers 4 heraufbeschworen wurde.

Ob sich die direkte Anrede des Volkes in Jes 1,8 fortsetzt, ist nicht klar erkennbar, da lediglich über Zion in der 3. Person gesprochen wird. Vers 9 ist im Namen eines Kollektivs in der 1. Person Plural formuliert. Da Vers 9 an das in Vers 8 erwähnte Übrigbleiben Zions anknüpft, umfasst die Wir-Perspektive zumindest auf der Ebene des kanonischen Endtextes sowohl Vers 8 als auch Vers 9. Damit wird die oben getroffene Einteilung von Jes 1,2 – 9 auch durch die dargelegten Wechsel in der Sprechperspektive bestätigt.

---

480 Siehe dazu König, Stilistik, Rhetorik, Poetik, S. 154.

3.6.1.5 Ergebnis: Die Feinstruktur von Jes 1,2 – 9

Die obigen Untersuchungen haben ergeben, dass sich als Feinstruktur des synchron betrachteten Textes Jes 1,2–9 folgende Abschnitte unterscheiden lassen:

1. Jes 1,2 – 4:   Israels Abfall von JHWH
   - a) Jes 1,2a: Höraufruf an Himmel und Erde
   - b) Jes 1,2b – 3:   Bericht JHWHs über seine treulosen Kinder
   - c) Jes 1,4:   Wehklage über unheilbringende Sündenschuld des Volkes
2. Jes 1,5 – 7:   Aufforderung an das Volk, sein gegenwärtiges Leiden als Folge seiner Widerspenstigkeit zu erkennen
3. Jes 1,8 – 9:   Dank der Gemeinde in Zion an JHWH für Verschonung

3.6.2 Einzelexegese von Jes 1,2 – 4: Undank, Torheit und Treubruch Israels

(2a)	שִׁמְעוּ שָׁמַיִם	Hört, Himmel,
	וְהַאֲזִינִי אֶרֶץ	und lausche, Erde!
	כִּי יְהוָה דִּבֵּר	Denn JHWH hat geredet:
(2b)	בָּנִים גִּדַּלְתִּי	Söhne habe ich großgezogen
	וְרוֹמַמְתִּי	und erhöht,
	וְהֵם פָּשְׁעוּ בִי:	aber sie, sie haben mit mir gebrochen.
(3a)	יָדַע שׁוֹר קֹנֵהוּ	Erkannt hat das Rind seinen Erwerber,
	וַחֲמוֹר אֵבוּס בְּעָלָיו	und der Esel die Krippe seines Herrn;
(3b)	יִשְׂרָאֵל לֹא יָדַע	Israel hat nicht erkannt,
	עַמִּי לֹא הִתְבּוֹנָן:	mein Volk hat nicht verstanden.
(4aα)	הוֹי גּוֹי חֹטֵא	Weh, sündige Nation,
	עַם כֶּבֶד עָוֹן	Volk, schwer von Sündenschuld,
(4aβ)	זֶרַע מְרֵעִים	Same bestehend aus Übeltätern,
	בָּנִים מַשְׁחִיתִים	Söhne, die Verderben bringen!
(4b)	עָזְבוּ אֶת־יְהוָה	Sie haben verlassen JHWH,
	נִאֲצוּ אֶת־קְדוֹשׁ יִשְׂרָאֵל	sie haben höhnisch verworfen den Heiligen Israels,
	נָזֹרוּ אָחוֹר:	sie haben sich abgekehrt nach hinten!

3.6.2.1 Zur Form von Jes 1,2a

Die Form von Jes 1,2a (wie auch die der Verse 2b; 3 und 4b) ist durch drei Verben geprägt, die grammatikalisch drei kurze Sätze und stilistisch drei Kola eines Parallelismus membrorum bilden. Die ersten beiden (שִׁמְעוּ שָׁמַיִם und וְהַאֲזִינִי אֶרֶץ) sind um einen Vokativ erweiterte Imperative (שִׁמְעוּ und הַאֲזִינִי) und haben eine streng parallele Struktur: Auf das Prädikat folgt das grammatikalische Subjekt im Vokativ. Während sie auf diese Weise ein Paar bilden, steht das dritte Kolon (כִּי יְהוָה דִּבֵּר) als Aussagesatz mit vorangestelltem Subjekt für sich. Seine Glieder sind im Verhältnis zu den ersten beiden Kola in chiastischer Reihenfolge angeordnet, da das Subjekt die betonte Satzanfangsstellung vor dem Prädikat einnimmt. V. 2a enthält in שִׁמְעוּ שָׁמַיִם und וְהַאֲזִינִי אֶרֶץ eine doppelte Assonanz von שׁ und א, die dazu beiträgt, dass der Höraufruf die Aufmerksamkeit der Anwesenden auf sich zieht. Die strenge Regelmäßigkeit und stilistische Formung der ersten beiden Kola lassen im dritten Kolon die plötzliche Umkehrung der Satzstellung,[481] den Wechsel der Satzart und das voranstehende Subjekt, den Gottesnamen, umso stärker hervortreten. Die Struktur von V. 2a nimmt auf diese Weise schon durch formale Mittel eine Gegenüberstellung vor. Auch semantisch steht dem Paar der ersten zwei Kola, die beide mit einem Verb der auditiven Sinneswahrnehmung beginnen, das dritte Kolon, das mit einem Verb des Sagens endet, alleine gegenüber. Die drei Verben umfassen die ganze Konstellation, indem das Paar שִׁמְעוּ und הַאֲזִינִי auf der einen Seite, das einzelne Verb דִּבֵּר auf der anderen Seite steht. Die Partikel כִּי stellt eine Korrespondenz zwischen den beiden Imperativen und der indikativischen Aussage des dritten Kolons her: Erstere fordern dazu auf, das wahrzunehmen, d. h. zu hören (שִׁמְעוּ und הַאֲזִינִי), was ein anderer gesprochen hat (דִּבֵּר). Jedoch stehen sich die beiden Seiten nicht einfach als Gesprächspartner komplementär gegenüber, sondern der Akt des Sprechens ist bereits abgeschlossen (Suffixkonjugation: דִּבֵּר), als die Hörer zum Zuhören aufgefordert werden. Die Kommunikation weist also eine gewisse Gebrochenheit auf, die durch den im Hintergrund bleibenden Sprecher der Rede, den Propheten, überbrückt wird.[482]

Die Subjekte von Vers 2a fügen sich in den von den Verben gebildeten Rahmen. Dem Paar Himmel und Erde, das sich komplementär ergänzt und den ganzen Kosmos umfasst, steht der göttliche Name JHWH gegenüber, JHWH selbst ist jedoch jenseits des Kosmos und für diesen unerreichbar, da er ja sein Wort bereits gesprochen hat, ohne dass Himmel und Erde es wahrgenommen haben. Der Prophet agiert als Mittler. Nur er hat es gehört und verkündet es nun dem Kosmos. Im Rückblick auf unsere Analyse der prophetischen Buchüberschriften macht die aus der formalen Gestaltung von Jes 1,2a gewonnene Situationsanalyse deutlich, dass der Prophet, der in Jes 1,1 als einer vorgestellt wird, der eine Schauung geschaut hat (חֲזוֹן [...] אֲשֶׁר חָזָה), eine Person ist, die ihren geistigen Standort jenseits des Komos hat, weil sie vor den Thron JHWHs berufen wurde (Jes 6) und von dort aus befähigt wurde, JHWHs Wort zu überbringen. Dieses Propheten- und Wortverständnis unterscheidet sich deutlich von demjenigen des Wortereignis-Typs (z. B. Hos 1,1; Zef 1,1: [...]-דְּבַר־יְהוָה אֲשֶׁר הָיָה אֶל), bei dem die innerhalb des Kosmos stehende Person des Propheten vom wirkmächtigen Wort JHWHs ergriffen und gelenkt wird. Der Unterschied zwischen beiden liegt nicht in der Wirkmächtigkeit

---

481 Vgl. Watts, Isaiah 1– 33, S. 17.
482 Vgl. dazu auch Wildberger, Jesaja 1–12, S. 11.

des Gotteswortes – davon gehen beide Konzepte aus – sondern in der Stellung des Propheten gegenüber dem Wort und dem Kosmos.

3.6.2.2 Vorstellung Jesajas als Prophet in der Nachfolge des Mose

Seine engste Parallele findet Jes 1,2a in der Eröffnung des Mose-Lieds Dtn 32,1:[483]

הַאֲזִינוּ הַשָּׁמַיִם וַאֲדַבֵּרָה וְתִשְׁמַע הָאָרֶץ אִמְרֵי־פִי׃

Lauscht, Himmel, ich will reden, hören soll die Erde auf die Worte meines Mundes!

Die Übereinstimmung in den beiden Subjekten der Höraufrufe und die Verwendung derselben synonymen Verben für „hören" lässt eine direkte Abhängigkeit beider Texte als gut möglich erscheinen.[484] Gestützt wird diese Annahme durch die Tatsache, dass Himmel und Erde nur hier und nirgends sonst im AT Adressaten eines zweigliedrigen Höraufrufs mit diesen beiden Verben sind. Für eine direkte Anspielung spricht weiter, dass Jes 1,2a durch die beiden Assonanzen von שׁ und א gegenüber Dtn 32,1 stilistisch verfeinert wirkt.[485] Nachdem bereits die Überschrift Jes 1,1 Jesaja als Seher vorstellt, wobei seine in Jes 6,1–5 berichtete unmittelbare Schau des thronenden JHWH Moses Vision des Engels des Herrn im brennenden, aber nicht verbrennenden Dornbusch (Ex 3,2) noch etwas zu übertreffen scheint, folgt in Jes 1,2a seine Präsentation als Verkünder von JHWHs Botschaft in Anspielung auf das Mose-Lied. Damit wird Jesaja einerseits als legitimer Nachfolger Moses[486] mit unmittelbar von JHWH verliehener Autorität vorgestellt, andererseits wird deutlich, dass das Jesaja-Buch zu seinem Verständnis die prophetische Verkündigung seit Mose voraussetzt. Wie der Bezug zu Dtn 32,1 zeigt, geht es um die Geschichte der Erwählung Israels durch JHWH und deren Scheitern, die Jesaja allerdings ohne Rückgriff auf das Bundeskonzept des Dtn in eigenständiger Weise verkündet.[487]

Aus dem an das ganze Universum (s. dazu gleich unten) gerichteten Höraufruf ergeben sich unmittelbar Konsequenzen für die Rolle des Propheten. Er wird als

---

483 So u. a. schon Wildberger, Jesaja 1–12, S. 9.
484 So schon Williamson, Isaiah 1–5, S. 31 f.
485 Vgl. Williamson, Isaiah 1–5, S. 31 f.
486 Vgl. Berges, Jesaja. Der Prophet und das Buch, S. 55 f.
487 Vgl. dazu Becker, Jesaja, S. 185 f., der auf Grund der vorhandenen sprachlichen und motivischen Berührungen zwischen Jes 1 und dem Dtn davon ausgeht, dass Jes 1 das Dtn kennt und sich mit dessen Gedankengut auseinandersetzt: „Natürlich ist Jes 1* nicht „dtr" im klassischen Sinn; weder enthält es typisch dtr Phraseologie, noch kann man in sachlicher Hinsicht von spezifisch *dtr* Gedankengut sprechen" (a. a. O., S. 186). Ferner siehe zum Fehlen des Bundeskonzepts bei Jesaja bereits oben Punkt 3.5.3.6.3.1.

von seinem Volk letztlich unabhängiger Gesandter JHWHs gezeigt, dessen Aufgabe es ist, als Mittler zwischen seinem Herrn und dem Universum das Gotteswort zu verkünden. Seine Sendung ist weder auf Israel noch auf die Menschen beschränkt, sondern richtet sich an die ganze Welt. Dass es zu dieser Universalisierung des prophetischen Auftrags kommt, lässt sich vor allem vor dem Hintergrund der u. a. in Jes 1,2b – 4 geschilderten Abwendung Israels von JHWH verstehen.[488] Was Jesaja selbst betrifft, so fällt auf, dass seine Person nach der Vorstellung in Jes 1,1 völlig hinter der verkündeten Botschaft und seinem Botenamt zurücktritt. Jes 1 enthält kein in der ersten Person Singular verfasstes Wort des Propheten, sondern allein JHWH spricht in der ersten Person Singular, und zwar in nicht geringem Umfang: Jes 1,2b – 3; 11 – 15; 24 – 26. Ein Indiz, warum dem so ist, enthält in Jes 1,20b die Aussage כִּי פִּי יְהוָה דִּבֵּר „denn der Mund JHWHs hat gesprochen", die in leichter Modifikation auf das dritte Kolon von Jes 1,2a כִּי יְהוָה דִּבֵּר „denn JHWH hat gesprochen" zurückgreift. Die Formulierung כִּי פִּי יְהוָה דִּבֵּר „denn der Mund JHWHs hat gesprochen" kommt sonst nur noch in Jes 40,5; 58,14 sowie im AT außerhalb Jesajas nur in der von Jesaja beeinflussten Stelle Mi 4,5 vor.[489] Sie ist damit ein Spezifikum der Prophetie des Jesaja-Buches, also für dessen Prophetenverständnis bedeutsam. Indem Jesaja als Sprecher im Auftrag JHWHs (Jes 1,1 f.) hinter diesem völlig zurücktritt, handelt er als Person, die sich als Werkzeug oder Organ ihres Senders versteht. Genau dieses Verständnis prophetischer Verkündigung als Hörbarmachen der Worte JHWHs durch ein Organ spiegelt sich in der Formel כִּי פִּי יְהוָה דִּבֵּר „denn der Mund JHWHs hat gesprochen". Der Prophet selbst sieht sich als Mund JHWHs, der seine Bedeutung allein aus der von ihm hörbar gemachten Botschaft bezieht. Ein Blick auf Jesajas Inauguralvision Jes 6 stützt diese These. Dort vollzieht ein an JHWHs Thron dienender Seraph an ihm einen Entsündigungsritus, um seine Sünde und Sündenschuld[490] zu sühnen (vgl. Jes 6,7) und seine unreinen Lippen (vgl. Jes 6,5) zu reinigen. Dieser Ritus besteht darin, dass der Seraph eine vom Altar des Tempels genommene Glühkohle gegen Jesajas „Mund" פִּי schlagen lässt (Jes 6,7: וַיַּגַּע עַל־פִּי וַיֹּאמֶר הִנֵּה נָגַע זֶה עַל־שְׂפָתֶיךָ). So wird Jesajas Mund durch die heilige Flamme von JHWHs Altar aus dem Bereich des Profanen ausgesondert, gereinigt und zu seinem Dienst befähigt. Der Mund gehört folglich nicht mehr dem Propheten persönlich, sondern JHWH, und der Prophet, dessen ganzes Leben in seinem Amt aufgeht,[491] wird zum פִּי יְהוָה „Mund

---

488 Näheres dazu unter Punkt 3.6.2.6.3.

489 So Williamson, Isaiah 1– 5, S. 32 Anm. 35.

490 Bzw. „Zielverfehlung" und „Verkehrtheit", s. in der Einzelexegese von Jes 1,4 die Erörterung von חטא und עָוֹן.

491 Vgl. die Einbeziehung seiner Familie in den prophetischen Dienst Jes 7,3; 8,1– 4 sowie seine Zeichenhandlung Jes 20,1– 6.

JHWHs". Daraus folgt weiter, dass er sein prophetisches Charisma nicht nach eigenen Vorstellungen entfaltet, sondern es für einen von Gott verliehenen Dienst zur Verfügung stellt, den vor ihm bereits andere Diener, d. h. Propheten, wahrgenommen haben, vgl. dazu die oben erläuterten Anklänge an Mose. Eine Rückbindung an deren früheres Tun und frühere Botschaften wird so zu einem wesentlichen Nachweis der Legitimation. Dies gilt besonders für Jesaja, dem JHWH nach Jes 6,9 – 11 den befremdlichen Autrag gegeben hat, das Herz „dieses Volkes da" zu verfetten, seine Ohren schwer zu machen und seine Augen zu verkleben, bis das Land verödet ist. Dieser Aspekt wird in den unten folgenden Überlegungen (Punkt 3.6.2.6.4 – 6) noch eine wichtige Rolle spielen, deren Ausgangspunkt eine durch Jesajas Auftrag aufgeworfene Frage ist. Nach Jes 6,9 – 11 ist er zum Volk Israel gesandt, in Jes 1,2 – 4 aber wendet er sich an Himmel und Erde. Warum spricht er zuerst Himmel und Erde und nicht direkt Israel an, um dessen Verhalten es ja im Folgenden geht (vgl. V. 2b)? Ehe diese Frage ausführlicher erörtert wird, ist jedoch zuerst die Szenerie und Motivik von Jes 1,2a darzustellen.

3.6.2.3 Vorstellung JHWHs als Herr des Kosmos

In Jes 1,2a wird der Name Gottes zum ersten Mal im Jesaja-Buch erwähnt. Mit dem Namen wird auch das Thema eingeführt, das die göttliche Person wesentlich charakterisiert. Der an den ganzen Kosmos gerichtete Höraufruf des Propheten macht deutlich, dass JHWH, der Herr des Propheten, der Herrscher des Alls ist.[492] Er schickt seinen Boten, der seine Befehle an Himmel und Erde übermittelt, und diese gehorchen, wobei in Jes 1,2a beides, der Befehl und der Gehorsam, sich in den Imperativen שִׁמְעוּ „Hört! / Gehorcht!" und הַאֲזִינִי „Lausche!" niederschlägt. Da Himmel und Erde auf JHWH hören, hat sein Wort grenzenlose und allumfassende Bedeutung. Er gebietet sowohl über den Bestand von Himmel und Erde (vgl. Jes 34,1 – 4) als auch über alle Dinge, die dort geschehen (vgl. Jes 55,9 – 11). Gesprochen wird dieses Wort vom Propheten, der als sein Mund fungiert.

3.6.2.4 Zur Formel des zweigliedrigen Höraufrufs: שִׁמְעוּ „hört!" und הַאֲזִינִי „lausche!"

Der Prophet tritt mit dem zweigliedrigen Höraufruf שִׁמְעוּ „hört!" und הַאֲזִינִי „lausche!" auf. Die Zusammenhänge des AT, wo solche Höraufrufe vorkommen, sind

---

492 Vgl. Groenewald, Isaiah 1:2 – 3, S. 2: „The book of Isaiah begins with a picture of the world in which Yahweh is the creator and the preserver of all things and thus occupies the supreme position over all that He has made." Der schöpfungstheologische Aspekt dieser Deutung ist allerdings im Text von Jes 1 nicht explizit, wenn auch wahrscheinlich vorausgesetzt.

vielfältig. Ihre Form kann ein, zwei oder mehr Verben des Hörens umfassen. Die in Jes 1,2a belegte Variante findet in unterschiedlichen Kontexten Verwendung. Sie kann dazu einladen, den Lobpreis zur Ehre JHWHs zu hören. So fordert etwa das Debora-Lied in Ri 5,3 Könige und Fürsten dazu auf, das Lob auf JHWHs universale Macht zu hören, die sich nach Ri 5,4 f. bei seinem Einherschreiten offenbart, indem Erde und Berge erbeben und Himmel und Wolken triefen. Dieses Lied dient der eindrücklichen Vergegenwärtigung von JHWHs Herrschaft. Dadurch berührt sollen die angesprochenen Könige und Fürsten seine Souveränität lobpreisend anerkennen (vgl. Ri 5,10 f.), sich in seine göttliche Welt- und Geschichtsordnung einfügen und ihm dienen (vgl. Ri 5,23 – 24.31). Wo sich der Höraufruf nicht an Menschen, sondern an JHWH richtet, dort geht es um das komplementäre Gegenstück zur lobpreisenden Anerkennung der göttlichen Herrschaft, nämlich um die an Gott gerichtete Bitte, auf das Flehen des Beters zu hören und seine Herrschaft zu dessen Gunsten auszuüben (Ps 17,1; 39,13; 54,4; 84,9; 143,1).

Neben diesen Verwendungen im Verhältnis zwischen Gott und Mensch findet sich unser Höraufruf auch in den Bereichen Weisheit und Rechtsbelehrung, also im Verhältnis der Menschen untereinander. So eröffnet Ps 49,2 eine weisheitliche Lehrrede, und bei Hiob 33,1; 34,2; 34,16 finden sich im Rahmen der Elihu-Reden drei mit שמע und אזן gebildete Höraufrufe, die eindringlich um Aufmerksamkeit bitten, um Erkenntnis der rechten Ordnung von Welt und Gesellschaft vermitteln zu können, so z. B. Hi 34,4: מִשְׁפָּט נִבְחֲרָה־לָּנוּ נֵדְעָה בֵינֵינוּ מַה־טּוֹב ("Das Recht wollen wir erwählen für uns, erkennen wollen wir untereinander, was gut ist.") Im Rahmen des archaischen Sippenrechts leitet auch der Höraufruf in Gen 4,23 eine Belehrung ein, die grundlegendes Wissen über die geltende gesellschaftliche Ordnung, hier in Bezug auf die Blutrache, vermitteln will. Die prophetischen Verwendungen des mit שמע und אזן gebildeten Höraufrufs in Num 23,18; Jes 1,10; 28,23; 32,9; Jer 13,15; Hos 5,1 (erweiterte Form) und Joël 1,2 sind durchwegs an Menschen der zeitgenössischen Gesellschaft adressiert und leiten eine prophetische Botschaft ein, die häufig grundlegende Kritik an Missständen in den Bereichen Recht, Ethik und Kult übt. Auch hier geht es, sachlich ähnlich wie bei den weisheitlichen Verwendungen, um Fragen des rechten Lebens im Rahmen einer gottgegebenen Weltordnung, wenn auch unter Einsatz der andersartigen prophetischen Rhetorik und mit dem Ziel, durch die Verkündung der von Gott empfangenen Botschaft aktiv die Gottesherrschaft zu vergegenwärtigen. In den Prophetentexten, die mit unserem Typ Höraufruf eingeleitet werden, kommen so das in Lobpreis und Klage verfolgte epikletisch-anamnetische Ziel und das weisheitliche Anliegen der Vermittlung einer Lebenspraxis gemäß der göttlichen Welt- und Gesellschaftsordnung zusammen. Vergleicht man den Höraufruf Jes 1,2a (ähnliches gilt für Dtn 32,1) mit den genannten prophetischen Belegen Jes 1,10; 28,23; 32,9; Jer 13,15; Hos 5,1; Joël 1,2 und dem sie umgebenden Kontext, so ist zunächst die Gemeinsamkeit festzustellen, dass auch bei Jes 1,2a der nachfolgende Text (Jes 1,2b – 4.5a) grundlegende Kritik an Haltungen und Verhaltensweisen des Volkes Israel enthält. Allerdings unterscheidet sich die hier geübte Kritik von derjenigen der anderen Prophetentexte dadurch, dass es nicht so sehr um konkrete Missstände in der Gesellschaft, sondern ganz grundsätzlich um Israels Beziehung zu JHWH geht, ohne dass konkrete Umstände genannt würden.

Eine zusätzliche Besonderheit von Jes 1,2a liegt darin, dass sich der Höraufruf an die kosmischen Elemente Himmel und Erde richtet, was sonst nur noch in Dtn 32,1 der Fall ist.[493] Der grundsätzlich-theologische Charakter der Aussagen über die Beziehung zwischen JHWH und Israel, wie er sich in Jes 1,2 – 4 in der generellen Feststellung eines undankbaren Treubruchs seitens Israels (V. 2b und 4b), einer törichten, die grundlegenden Regeln der Schöpfung missachtenden Verblendung (V. 3) und einer sich in gewalttätigem Verhalten offenbarenden Verstrickung in Sünde und Schuld (V. 4a) zeigt, verweist auf zeitenübergreifende kosmische Dimensionen der göttlichen Weltordnung. Jes 1,2 – 4 behandelt nicht tagesaktuelle Missstände in Israels Gesellschaft, sondern die Summe einer ganzen Epoche (vgl. die Königschronologie in Jes 1,1), einer Epoche von Missständen, die durch fundamentale Ignoranz und Missachtung der göttlichen Souveränität und Güte charakterisiert ist. Eine weitere Sinndimension der an kosmische Elemente gerichteten Höraufforderung liegt darin, dass die auf besonderer Erwählung beruhende verbindliche, familienähnliche Beziehung eines Volkes mit JHWH (vgl. V. 2b), dem Herrn des Kosmos, von vornherein nicht mit Beziehungen geschichtlich-vergänglichen Charakters vergleichbar ist, da sie dank des in der Rolle von Adoptiveltern stehenden Gottes mit derselben Festigkeit ausgestattet ist, die auch seiner Herrschaft über den ganzen Kosmos zu eigen ist (vgl. Jes 40,21 – 28). Die von JHWH erwählten Adoptivkinder stehen so auf einer Ebene mit all den kosmischen Größen der Welt, die seinen Befehlen gehorchen. Auf diese Weise entspricht der an Himmel und Erde gerichtete Höraufruf dem epochalen Gewicht der in theologischer Komprimierung geschilderten Vorkommnisse zwischen JHWH und Israel, die die Fundamente des Kosmos in Frage stellen. Die eben entworfene gedankliche Linie soll nachfolgend vertieft werden. Zu diesem Zweck soll zunächst genauer erarbeitet werden, was mit „Himmel" und „Erde" gemeint ist.

---

493 In dieser Hinsicht ist eine Ähnlichkeit mit Mi 6,2, einem der oben erörterten Belege der sog. prophetischen Gerichtsrede, gegeben, der sich mit einem einfachen Höraufruf (וְשִׁמְעוּ) an die kosmischen Elemente הָרִים („Berge"), אֵתָנִים („Uralte") und מֹסְדֵי אָרֶץ („Fundamente der Erde") wendet (ähnlich ferner Jes 49,1; Mi 1,2).

3.6.2.5 Zur Bedeutung von „Himmel" und „Erde" und ihrer Rolle im Jesaja-Buch

Himmel (שָׁמַיִם) und Erde (אֶרֶץ) bezeichnen als zwei voneinander getrennte, doch aufeinander bezogene Bereiche den ganzen Kosmos (vgl. z. B. Gen 1,1.2a; Jes 13,13; 37,16; 42,5; 44,23 f.; 45,12.18; Jer 10,12; 32,17; 51,15; Ps 89,12; 102,26; 115,15; Dtn 4,39; 2 Kön 19,15) und bilden so einen Ausdruck *per merismum*,[494] dessen Bedeutung nicht nur die genannten Sphären selbst umfasst, sondern auch alles, was von ihnen umschlossen wird.[495] Ein Merismus liegt nicht nur dann vor, wenn Himmel (שָׁמַיִם) und Erde (אֶרֶץ) durch ו copulativum zu einem Paar zusammengebunden sind (z. B. שָׁמַיִם וְאֶרֶץ),[496] sondern auch, wenn sie, wie in Jes 1,2a, durch das Stilmittel eines synthetischen Parallelismus membrorum aufeinander bezogen sind und ein sich komplementär ergänzendes Paar bilden.[497] Somit richten sich in Jes 1,2a die Aufforderungen zum Hören (שִׁמְעוּ ... וְהַאֲזִינִי) an den ganzen Kosmos. Himmel und Erde sind „Repräsentanten des Kosmos zur Beschreibung des ganzen Kosmos",[498] wobei die sprachliche Form des Begriffspaares und das Fehlen eines einzigen Begriffs für „Kosmos" im Hebräischen darauf hinweisen, dass der Kosmos nicht als monolithischer Block, sondern als durchaus prekäres Gleichgewicht zweier komplementärer Pole verstanden wird.[499]

Eine Besonderheit der Verwendung des Merismus in Jes 1,2a liegt darin, dass Himmel und Erde als Personen angesprochen werden und die Fähigkeit des Zuhörens besitzen.[500] Dem modernen Menschen, der den Kosmos als Raum betrachtet, ist es fremd, sich die Welt als Gebilde vorzustellen, das von zwei personhaften Wesen, nämlich Himmel und Erde, umschlossen und auf diese Weise

---

494 Vgl. Williamson, Isaiah 1 – 5, S. 32.

495 Eine ausführliche Definition des Merismus wurde von A. M. Honeyman erarbeitet. Sie ist bei Houtman, Der Himmel, S. 26, wiedergegeben. Vgl. auch Schökel, Hebrew Poetics, S. 83: „Merismus reduces a complete series to two of its constituent elements, or it divides a whole into two halves. 'Mountains and valleys' represent the whole of the countryside. 'Heaven and earth' is the universe. The two elements must represent the totality."

496 Vgl. Houtman, Der Himmel, S. 26 – 31.

497 Vgl. Houtman, Der Himmel, S. 33 – 35.

498 So Houtman, Der Himmel, S. 33. Soweit die Ausleger auf die Bedeutung des Parallelismus Himmel//Erde näher eingehen, herrscht hierüber Einigkeit, vgl. Williamson, Isaiah 1 – 5, S. 32; Schökel, Hebrew Poetics, S. 83 (s. das Zitat in Fußnote 90); Auvray, Isaïe 1 – 39, S. 38; Beuken, Jesaja 1 – 12, S. 70; Procksch, Jesaja I, S. 29.

499 Zum israelitischen Verständnis der kosmischen Weltordnung als Gleichgewicht zweier aufeinander bezogener Pole, das sich im Begriffspaar „Himmel" und „Erde" dokumentiert, und zu den altorientalischen Grundlagen dieses Denkens siehe Houtman, Der Himmel, S. 75 – 84.

500 Zum personenhaften Charakter von Himmel und Erde sowie zu den altorientalischen Hintergründen siehe Houtman, Der Himmel, S. 134 – 137. Die nachfolgenden Ausführungen nehmen auf Houtman Bezug.

konstituiert wird. Auch der die Alleinverehrung JHWHs praktizierende Israelit der biblischen Zeit ist sonst mit derartigen Personifikationen zurückhaltend. Nicht selten vermeiden es Texte des AT, Himmel und Erde als Personen darzustellen, um nicht den Eindruck zu erwecken, es handle sich um göttliche Wesen (vgl. z. B. Gen 1,1–2,4a; Ps 8,2.4; Jes 40,22). Wie die folgende Abbildung aus Ägypten illustriert, war es in Israels Umwelt der Normalfall, Himmel und Erde als Gottheiten zu sehen (in Ägypten: Geb und Nut):

Abbildung 1: Geb, Nut und Duat. Papyrus, Neues Reich (1570–1050 v. Chr.)

Ungeachtet der generellen alttestamentlichen Tendenz, Personifikationen kosmischer Größen zu vermeiden, gibt es durchaus Bibeltexte, die Himmel, Erde oder andere Naturelemente als Personen anreden. Außer in Jes 1,2a ist dies z. B. noch in Dtn 32,1; Jes 34,1–4; 44,23; 45,8; 49,13; Jer 51,48; Hos 2,23; Hag 1,10; Ps 50,4; 69,35; 96,11; 97,4–6; Dan 3,58.74; 1 Chron 16,31 der Fall. Die meisten dieser mit Ausnahme von Hag 1,10 poetischen Texte enthalten Aufforderungen zum Gotteslob. So wird in 1 Chron 16,31; Jes 44,23; 49,13; Jer 51,48; Ps 69,35; 96,11; 97,4–6; und Dan 3,58.74 den Himmeln und der Erde befohlen, um JHWHs willen zu jauchzen, zu frohlocken, sich zu freuen, zu jubeln, ihn zu preisen, etc.[501] Manchmal sind dagegen

---

501 Neben Himmel und Erde finden sich weitere Konstellationen kosmischer Elemente, die das Gotteslob anstimmen. So wird in Ps 19,2 JHWH vom Himmel und dem Firmament gelobt, in Ps 89,6 von den Himmeln in der Versammlung der Heiligen, in Ps 148,4 von den Himmeln der Himmel und

Himmel und Erde von kosmischen Gerichtsereignissen betroffen. Beispielsweise prophezeien Jes 13,13; Joël 2,10 und Joël 4,16, dass am Tag JHWHs der göttliche Grimm (Jes 13,13) bzw. das heranstürmende Heer des Herrn (vgl. Joël 2,2.4.11) oder das Dröhnen der Stimme JHWHs (Joël 4,16) Himmel und Erde erbeben lassen. Jes 34,1 fordert die Völker und die Erde samt dem, was sie erfüllt, zum Zuhören auf, um ihnen JHWHs Zorn über alle Völker und deren Bestimmung zum Untergang und Schlachtopfer zu verkünden (V. 2–3). Der Himmel rollt sich dabei wie eine Buchrolle zusammen, und an ihm erscheint das Schwert des Herrn (V. 4–5). Auch wenn z. B. in Jes 13,13 und Joël 2,10; 4,16 Himmel und Erde nicht zwingend als personale Wesen interpretiert werden müssen, so ist doch eine Tendenz zur Personifikation erkennbar.

An anderen Stellen spielen Himmel und Erde eine positive Rolle bei JHWHs heilvollem Handeln. In Jes 45,8 fungieren sie als personifizierte Heilswerkzeuge, indem sie Gerechtigkeit und Heil hervorbringen. Ähnliches gilt für Hos 2,23 f., wo der Himmel die höchste und die Erde die zweithöchste Instanz einer Kette von Mittlerinstanzen sind, durch die JHWH eine von Jesreel ausgehende Bitte um Fruchtbarkeit erhört. Mit negativem Vorzeichen findet sich diese Vorstellung in Hag 1,10, wo auf Geheiß JHWHs der Himmel den Tau und die Erde den Ertrag zurückhält, weil die aus dem Exil Heimgekehrten sich zu wenig um den Wiederaufbau des in Trümmern liegenden Tempels mühen. Als Diener JHWHs erscheinen implizit der neu erschaffene Himmel und die neu erschaffene Erde in Jes 66,22, die beide vor JHWH stehen (עֹמְדִים לְפָנַי) und dadurch ihre Bereitschaft dokumentieren, seine Befehle auszuführen.[502] Zwischen der aktiven Beteiligung von Himmel und Erde an JHWHs Heilshandeln und ihrer oben erwähnten Aufgabe, das Gotteslob anzustimmen, besteht ein enger Zusammenhang. Denn kultische Verehrung und Lobpreis dienen dazu, die Anerkennung seiner göttlichen Souveränität im gesamten Kosmos zu fördern und dem heilvollen Schöpferhandeln, das Chaos besiegt und lebensfördeliche Ordnung schafft, immer mehr Raum zu geben. Der obige Überblick über Kontexte, in denen Himmel und Erde als oder wie Personen auftreten, hat gezeigt, dass dies immer im Rahmen der universalen Herrschaftsausübung JHWHs geschieht, sei es in Form von Lobpreis, als seine Diener oder als Betroffene eines kosmischen Gerichtsgeschehens. Da all diese Aspekte ausweislich obiger Belege im Jesaja-Buch eine Rolle spielen, ist der am Buchanfang ste-

---

allen Wassern über den Himmel, wobei in V. 7 des letztgenannten Psalms die „Bewohner der Erde" sich dem Himmel anschließen. In Ps 66,1; 98,4; 100,1 jubelt und jauchzt die ganze Erde (כָּל־הָאָרֶץ).

502 Zu עמד als Ausdruck des dienstfertigen Bereitstehens vor Gott vgl. z. B. die Seraphim in Jes 6,2, das Himmelsheer in 1 Kön 22,19 und Abrahams Stehen vor den „drei Männern" in Gen 18,8 sowie Hartenstein, Unzugänglichkeit, S. 184, und Beuken, Jesaja 1– 12, S. 169.

hende Höraufruf Jes 1,2a am besten als Aufforderung an den Kosmos zu verstehen, sich der kosmischen Herrschaft JHWHs zu unterwerfen. Ein weiterer Aspekt, der besonders dort zu Tage tritt, wo Himmel und Erde von kosmischen Gerichtsereignissen betroffen sind (z. B. Jes 13,13; 34,1–5), liegt in der transformierenden Kraft des Wortes JHWHs. Wenn Himmel und Erde einschließlich allem, was sie erfüllt (vgl. Jes 34,1–5), aufgefordert werden, auf das zu hören, was JHWH gesprochen hat, dann bedeutet dies, dass sie sich durch sein Wort (vgl. Jes 55,10–11) zu einem neuen Himmel und einer neuen Erde umformen lassen sollen (vgl. Jes 65,17), um in einem erneuerten Universum als Diener vor seinem Angesicht zu stehen (vgl. Jes 66,22). Die Notwendigkeit einer solchen Erneuerung von Himmel und Erde zeigt sich schon gleich am Beginn des Jesaja-Buchs darin, dass durch Israels Treubruch (Jes 1,2–4) das Volk von Schlägen (Jes 1,5 f.) und das Land von Verwüstung (Jes 1,7) heimgesucht werden und so zu Orten der Gottverlassenheit werden, in denen die von JHWH Himmel und Erde eingestiftete kosmische Ordnung, die das Leben aufblühen lassen soll, zusammengebrochen ist. Der erneuerte, JHWH dienende Kosmos (Jes 65,17; 66,1; 66,22) soll dem Zugriff solch chaotischer Verwüstung für immer entzogen werden, indem der Möglichkeit eines Treubruchs gegenüber JHWH innerhalb des Kosmos endgültig kein Raum mehr gegeben wird (Jes 66,24).

Damit ist deutlich geworden, dass der Höraufruf an Himmel und Erde in Jes 1,2a der Beginn einer das ganze Jesaja-Buch umgreifenden Linie ist, die JHWH in immer weiträumigeren Dimensionen als Herrn des Kosmos aufscheinen lässt. So klar diese buchübergreifende Bedeutung von Himmel und Erde ist, so schwierig ist es andererseits, die Rolle der Redeadressaten von Jes 1,2a für das erste Kapitel genauer zu erfassen. Darauf ist in Folgendem näher einzugehen.

3.6.2.6 Warum sind Himmel und Erde Adressaten von Jes 1,2a?

Setzt man nach dem Höraufruf an Himmel und Erde (Jes 1,2a) die Lektüre des ersten Jesaja-Kapitels fort, so wird sich spätestens an seinem Ende die Frage stellen, warum schon dieses Kapitel mit einem kosmischen Höraufruf eröffnet wurde und nicht beispielsweise erst das nächste, bei dem sich aus dem Thema der Völkerwallfahrt zum Zion (Jes 2,2–4) ein universaler Horizont viel leichter erkennen ließe. Warum sollen Himmel und Erde zuhören und sich das Scheitern der Beziehung zwischen JHWH und Israel berichten lassen?

3.6.2.6.1 Lösungsansätze der bisherigen Forschung

Bisher hatte man meist versucht, diese Frage mittels der These zu beantworten, der Anfang von Jes 1 sei nach dem Muster einer prophetischen Gerichtsrede gestaltet, die mit einem Zeugenaufruf beginne. Himmel und Erde seien in Jes 1,2a Zeugen eines Gerichtsverfahrens zwischen JHWH und Israel. Im Rahmen der Überlegungen zum sog. Rîb-Pattern hatte sich gezeigt, dass diese Auffassung dem Sachgehalt des Textes letztlich nicht gerecht wird. Denn die Interpretation von Himmel und Erde als Gerichtszeugen erschöpfte sich darin, ihnen eine Rolle von schweigenden, d. h. letztlich überflüssigen Statisten zuzuweisen. Zwar geht es in Jes 1,2– 4.5 – 7.10 – 17.18 – 20.21– 26 u. a. um verschiedenartige Auseinandersetzungen zwischen JHWH und Israel, doch ein forensischer Lebenskontext ist nicht gegeben. Es bedarf einer anderen Antwort auf die Frage nach dem Bezug der Anrede von Himmel und Erde zum Abschnitt Jes 1,2– 4. Ein erster Ansatz zeigte sich schon bei unseren Überlegungen zum Höraufruf, als das kosmische Gewicht der Beziehung zwischen JHWH und Israel dargelegt wurde. Jedoch bedarf der Ansatz noch weiterer und konkreterer Bezugspunkte im Text.

Diese Suche wird dadurch erschwert, dass Himmel und Erde als die Adressaten von Jes 1,2– 4 weder hier noch an anderer Stelle in Jes 1 auf das an sie gerichtete Wort reagieren, ja im weiteren Verlauf des Kapitels überhaupt nicht mehr in Erscheinung treten. Aus diesem Grund meint Bovati,[503] ihre Anrufung sei eine rhetorische Fiktion, ein artificium, dessen Funktion darin liege, einerseits die Position des Redners durch Beiziehung einer (mutmaßlich) zustimmenden dritten Partei zu stärken und andererseits den eigentlich gemeinten Gegner, das Volk Israel, durch die indirekte Ansprache, die den Vorwurf des Nichthörens beinhalte, zum Verstehen zu bewegen. Demgegenüber argumentiert Williamson,[504] dass der Höraufruf sich notgedrungen an Himmel und Erde richte, weil Israel, der eigentlich zu erwartende erstrangige Adressat eines prophetischen Werks, laut V. 3 weder erkannt noch verstanden habe, also offensichtlich nicht in der Lage sei zu hören. Da die in V. 3 vorgenommene Qualifikation von Israels Verhalten als widernatürlich mit der Tatsache harmoniere, dass Himmel und Erde als seit Anfang der Schöpfung anwesende Beobachter der Geschichte fähig seien, die Widernatürlichkeit und Beispiellosigkeit dieses Verhaltens zu bestätigen, ergebe deren Anrufung einen guten Sinn.[505] Wie bei Jer 2,12 sei die erwartete Reaktion ein Ausdruck des Erstaunens und Erschreckens.

Die beiden Positionen unterscheiden sich darin, dass Bovati Israel als eigentlichen Adressaten von V. 2a betrachtet, der aber nicht bereit ist zuzuhören, während Williamson (und ähnlich Houtman[506]) davon ausgeht, dass Himmel und Erde ein Urteil über Israels Verhalten abgeben sollen. Bovatis Interpretation bleibt

---

503 Bovati, Le langage juridique, S. 183.
504 Williamson, Isaiah 1– 5, S. 31.
505 Vgl. dazu auch Houtman, Der Himmel, S. 125.
506 Vgl. Houtman, Der Himmel, S. 125.

eine Antwort auf die Frage schuldig, warum ausgerechnet Himmel und Erde und nicht irgendwelche anderen Größen (vgl. z. B. Mi 6,2: Berge und Fundamente der Erde; Jer 2,4: Haus Jakob und alle Geschlechter des Hauses Israel) angesprochen werden, um Israel zum Hinhören zu bewegen. Andererseits ist gegen Williamson und Houtman einzuwenden, dass nirgends in Jes 1 von einem tatsächlich von Himmel und Erde abgegebenen Urteil die Rede ist. Houtman[507] führt hierzu zwar an, der ganze Kosmos stehe angesichts der unnatürlichen Handlungsweise Israels sprachlos da, doch bleibt hier die Frage, warum eine solch beredte Sprachlosigkeit, die die Unnatürlichkeit des kritisierten Verhaltens bestätigt, im Text des Propheten keinen expliziten Niederschlag findet. Eine Bemerkung wie etwa „sie hören es und sind stumm" würde sicherstellen, dass das Schweigen der kosmischen Elemente ein beredtes ist, das die Aussage des Textes unterstützt.

3.6.2.6.2 Israel als zu erwartender Adressat des Höraufrufs

Ungeachtet dieser Anfragen ist die Beobachtung Bovatis, Houtmans und Williamsons, dass die Anrede von Himmel und Erde vor dem Hintergrund der Abwendung Israels von JHWH zu verstehen ist, bedeutsam. Als primärer Adressat der sich an den Höraufruf anschließenden prophetischen Rede käme unter normalen Umständen nur Israel in Frage. Dies lässt sich durch einige über das bereits Gesagte hinausgehende Beobachtungen untermauern. So ist der besondere Charakter der Beziehung zwischen Israel und JHWH gleich zu Beginn der in V. 2b einsetzenden Rede durch das betont vorangestellte Wort בָּנִים „Söhne" hervorgehoben. Diese als Adoptivsohnschaft[508] zu verstehende Stellung legt es nahe, dass Israel bevorzugter Empfänger der Worte JHWHs ist. Der diesbezügliche Vorrang wird nicht nur durch die Texte der Tora bestätigt, die von Israels Sonderstellung als „Privateigentum" (סְגֻלָּה) JHWHs und der damit zusammenhängenden Offenbarung der in Gesetzesform gegossenen Worte JHWHs am Sinai erzählen (vgl. z. B. Ex 19 – 24) oder ihm wie Num 11,29 im Rahmen der Wüstenwanderung die Berufung zum prophetischen Volk zusprechen, sondern auch durch Texte des Jesaja-Buches wie etwa Jes 1,10; 6,9; 7,13; 28,14; 46,3.12; 48,1.12.16; 51,1.7; 55,2.3; 66,5[509], wo

---

507 Houtman, Der Himmel, S. 125.

508 Vgl. z. B. Alonso Schökel, Profetas I, S. 118, mit Verweis auf Ex 4,23; Hos 11; Fohrer, Zusammenfassung, S. 256, ebenso mit Verweis auf Ex 4,22 f.

509 Siehe hierzu den durch Jes 66,6 hergestellten Zusammenhang mit Jerusalem. Entsprechendes gilt für Jes 42,18: הַחֵרְשִׁים שְׁמָעוּ וְהַעִוְרִים הַבִּיטוּ לִרְאוֹת („Hört, ihr Tauben! Und ihr Blinden, schaut her, um zu sehen!"). Dass hier ebenfalls das Gottesvolk angesprochen ist, ergibt sich aus dem Zusammenhang mit dem blinden und tauben Knecht aus Jes 42,19 f., der als Kollektivum für Israel steht (vgl. V. 22 וְהוּא עַם־בָּזוּז וְשָׁסוּי wörtl. „er aber ist ein geplündertes und ausgeraubtes Volk"; ferner

sich die Aufforderung, das prophetische Wort zu hören (Imperativ von שׁמע), stets entweder an das ganze Volk Israel oder an bestimmte Israeliten richtet. Nur in Jes 1,2a und 49,1 werden außerhalb des Gottesvolks stehende Größen[510] aufgefordert, die Worte JHWHs bzw. seines Knechtes (vgl. Jes 49,3) zu hören.

Wie ungewöhnlich die Anrede von Himmel und Erde ist, zeigt auch ein Blick zurück auf die Buchüberschrift Jes 1,1. Diese gibt explizit „Juda und Jerusalem" als Gegenstand der „Vision" Jesajas an. Die Frage, warum der Prophet im nächstfolgenden Vers dann nicht die von der Vision unmittelbar Betroffenen anspricht, drängt sich auf. Die Spannung zwischen Jes 1,2a und der prophetischen Sendung zu „diesem Volk da" (Jes 6,9 – 10) wurde bereits erwähnt. Es ist daher signifikant und überraschend, dass sich Jes 1,2a nicht an Israel oder einzelne Angehörige des Volkes Israel, sondern an Himmel und Erde wendet. Ein erster wesentlicher Grund hierfür ist zunächst der Inhalt dessen, was in Jes 1,2 – 4 berichtet wird.

3.6.2.6.3 Israels Abwendung von JHWH als Grund der Anrede anderer Adressaten

Wie von Williamson und Houtman vorgetragen, geben die in Jes 1,2b – 4 geschilderten Vorkommnisse JHWH Anlass, das prophetische Wort an andere Adressaten zu richten. In Jes 1,2b macht die Wurzel פשׁע mit ihrem parallel zu בָּנִים betont vorangestellten Subjekt וְהֵם „sie aber" deutlich, dass es zwischen JHWH und seinen Söhnen zu einem Bruch gekommen ist, der offensichtlich die früher gepflegte Kommunikation völlig beendet hat. Die Bedeutung dieses Bruchs wird durch das Bildwort in V. 3 veranschaulicht, demzufolge Israels Verhalten nach natürlichen Maßstäben widersinnig und töricht ist, so dass jeder weiteren Kommunikation der Boden entzogen ist. Auch die in V. 4b verwendeten Verben עָזְבוּ „sie haben verlassen", נִאֲצוּ „sie haben verworfen/missachtet" und נָזֹרוּ „sie haben sich abgewandt", die zur weiteren Begründung des Wehe-Rufs V. 4a dienen, fassen eine Situation ins Auge, in der es nicht mehr möglich ist, den anderen mit Worten zu erreichen. In Folge der Unansprechbarkeit Israels richtet JHWH nun sein Wort an diejenigen, die ihn nach wie vor als Schöpfer/Erwerber und Herrn (vgl. V. 3: קֹנֵה und בַּעַל) anerkennen: Himmel und Erde. Somit gibt es in Anbetracht des auf

---

vgl. den sowohl auf V. 19 f. als auch auf V. 18 zurückgreifenden Vers 23: מִי בָכֶם יַאֲזִין זֹאת יַקְשִׁב וְיִשְׁמַע לְאָחוֹר „Wer von euch wird dies zu Ohren nehmen, wird achtgeben und für die Zukunft hören?"). Zu Jes 42,18 s. z.B. Childs, Isaiah, S. 333.

510 Nicht ganz klar ist, ob die in Jes 33,13 („Hört, ihr Fernen, was ich getan habe" שִׁמְעוּ רְחוֹקִים אֲשֶׁר עָשִׂיתִי) Angesprochenen zum Gottesvolk gehören. Wahrscheinlich dürften mit den „Fernen" in der Diaspora lebende Angehörige des Gottesvolkes gemeint sein, da sie von der in Jes 33,12 berichteten Verbrennung der Völker offenbar nicht betroffen sind.

Jes 1,2a folgenden Textes plausible Gründe, weshalb sich die Prophetenworte nicht mehr an Israel, sondern an andere richten.

3.6.2.6.4 Das Problem der Spannung zwischen Jesajas Sendung zu Israel (Jes 6,8 – 11) und seiner an Himmel und Erde gerichteten Verkündigung (Jes 1,2a)

Anfragen gegen die obige Erklärung, Himmel und Erde seien wegen der Abwendung Israels von JHWH (Jes 1,2b – 4) die neuen Adressaten seiner Verkündigung, ergeben sich aus Jes 6,8 – 11. Dort wird der Prophet ausdrücklich zu Israel gesandt (Jes 6,9 f.), und zwar gerade mit dem Ziel, das Nichtverstehen und Nichthören des Volkes zu bewirken:

Jes 6,9 – 10:

9 וַיֹּ֕אמֶר לֵ֤ךְ וְאָֽמַרְתָּ֙ לָעָ֣ם הַזֶּ֔ה
שִׁמְע֤וּ שָׁמֹ֙ועַ֙ וְאַל־תָּבִ֔ינוּ
וּרְא֥וּ רָא֖וֹ וְאַל־תֵּדָֽעוּ׃
10 הַשְׁמֵן֙ לֵב־הָעָ֣ם הַזֶּ֔ה
וְאָזְנָ֥יו הַכְבֵּ֖ד
וְעֵינָ֣יו הָשַׁ֑ע
פֶּן־יִרְאֶ֣ה בְעֵינָ֡יו
וּבְאָזְנָ֣יו יִשְׁמָ֗ע
וּלְבָב֥וֹ יָבִ֛ין וָשָׁ֖ב וְרָ֥פָא לֽוֹ׃

9 Und er sagte: Geh, und du sollst reden zu diesem Volk da:
Hört aufmerksam zu, aber ihr werdet nicht verstehen,
und seht genau hin, aber ihr werdet nicht erkennen.
10 Mach fett das Herz dieses Volkes da
und seine Ohren mach schwer
und seine Augen verklebe,
damit es nicht sieht mit seinen Augen
und mit seinen Ohren nicht hört;
und sein Herz wird weder erkennen noch umkehren noch Heilung finden für sich.

Wenn es der Auftrag des Propheten ist, dem Volk Botschaften, die es nicht verstehen wird, zu verkünden, um sein Herz fett, seine Ohren schwer zu machen und seine Augen zu verkleben, damit es weder sieht noch hört noch Heilung findet, dann müsste ihm der Prophet ungeachtet der in Jes 1,2 – 4 geschilderten Situation eines Treubruchs dennoch JHWHs Botschaften verkünden, um es gerade dadurch entsprechend Jes 6,10 zu verstocken. Die Anrede von Himmel und Erde in Jes 1,2a steht somit in einer gewissen Spannung zum Verkündigungsauftrag des Propheten.

Eine Lösungsmöglichkeit läge darin, Jes 1,2 – 4 als Text zu betrachten, der sich gemäß der Sicht der verantwortlichen Redaktoren auf eine Zeit bezieht, in der Jesaja den Verstockungsauftrag noch nicht hatte und sich daher auch an andere Größen als Israel wenden konnte. Jedoch ist Jes 6 vor allem wegen der Entsündigungsszene Jes 6,5 – 7, die eine Indienstnahme des Propheten erst ermöglicht,[511] wegen der zunächst ohne Nennung eines Auftrags in Jes 6,8 – 9aα erfolgenden Sendung des Propheten, die einer generellen Aufnahme unter JHWHs Diener gleicht,[512] und wegen der Terminologie, die sich an das Gattungsformular der Berufungserzählungen anlehnt,[513] als Bericht über die Erstberufung Jesajas anzusehen.[514] Der Verstockungsauftrag ist Teil der Berufung des Propheten und ihm von Anfang an aufgegeben. Das in Jes 1,3 konstatierte Nichterkennen und Nichtverstehen Israels dürfte keinen Anlass geben, sich anderen, hörwilligen Adressaten zuzuwenden, da ja laut Jes 6,9 das Nichtverstehen (שִׁמְעוּ שָׁמוֹעַ וְאַל־תָּבִינוּ) und Nichterkennen (וּרְאוּ רָאוֹ וְאַל־תֵּדָעוּ) die bewusst in Kauf genommene Folge der prophetischen Verkündigung ist. Sie müsste dem Propheten ein Zeichen dafür sein, dass er seinen Auftrag ganz im Sinne JHWHs ausführt, und ihn zum Fortfahren ermutigen, bis das von JHWH vorgegebene Ziel der Verwüstung des Landes und des Untergangs des Volkes (Jes 6,11) erreicht ist. Dieses ist aber nach Jes 1,8 f. gerade noch nicht erreicht, da die Tochter Zion und mit ihr die Rede-Adressaten übrig geblieben sind. Lässt sich die Spannung zwischen Jes 1,2a und 6,9 erklären oder deuten? Diese inhaltliche Frage liegt parallel zu einer anderen Frage, die den Aufbau des Buches betrifft: Warum erzählt das Jesaja-Buch die Inaugural-Vision des Propheten erst im sechsten Kapitel und nicht schon zu Beginn des Jesaja-Buches, wie es bei den späteren Schriftpropheten Jeremia und Ezechiel der Fall ist?

---

511 Vgl. dazu Kaiser, Jesaja 1– 12, S. 125, der darauf hinweist, dass „Jes 6 mit seinem Reinigungsakt initiatorischen Charakter besitzt".

512 Vgl. Kaiser, Jesaja 1– 12, S. 124: „Aber anders als in 1 Kön 22 [...] bleibt vor allem die von JHWH an seinen Thronrat gerichtete Frage ganz auf die Bereitschaft, sich senden zu lassen, beschränkt, während der Inhalt der Sendung ausgespart bleibt."

513 Insbesondere findet sich in Jes 6,8 – 9a die aus den Verben שלח und הלך bestehende Sendungsformel, die vor allem in Berufungsberichten begegnet, die dem klassischen Gattungsformular entspricht, vgl. z. B. die Sendungsformeln der Berufungen Moses (Ex 3,10: וְעַתָּה לְכָה וְאֶשְׁלָחֲךָ אֶל־פַּרְעֹה – „geh und ich sende dich zum Pharao!"), Gideons (Ri 6,14: לֵךְ בְּכֹחֲךָ זֶה – „geh mit dieser deiner Kraft!" ... הֲלֹא שְׁלַחְתִּיךָ – „habe ich dich etwa nicht gesandt?") und Jeremias (Jer 1,7: עַל־כָּל־אֲשֶׁר אֶשְׁלָחֲךָ תֵּלֵךְ – „überall, wohin ich dich sende, sollst du gehen"). Die auf einen namentlichen Anruf antwortende Wendung הִנֵנִי („hier bin ich", Jes 6,8) findet sich auch in der nichtpriesterschriftlichen Mose-Berufung (Ex 3,4b). S. zum Ganzen Eck, Bilden Jes 6,1– 11 und 1 Kön 22,19 – 22 eine Gattung? (Teil 2), S. 24.

514 Zur ausführlichen Begründung und Auseinandersetzung mit anderen Forschungsmeinungen s. Eck, Bilden Jes 6,1– 11 und 1 Kön 22,19 – 22 eine Gattung? (Teile 1 und 2). Vgl. ferner Kaiser, Jesaja 1– 12, S. 123 – 125.

Diesen Fragen soll im Folgenden unter zweierlei Gesichtspunkten weiter nachgegangen werden. Zum einen ist zu prüfen, ob sie durch literarkritische Überlegungen an Schärfe verlieren. Im Anschluss daran ist zu erörtern, inwiefern die am Buchanfang durch die Anrufung von Himmel und Erde eingeführte universale Perspektive ein wichtiger hermeneutischer Schlüssel ist, unter dem die nachfolgenden, das Schicksal Israels betreffenden Prophetenworte, insbesondere auch der Berufungsbericht Jes 6, zu lesen sind.

3.6.2.6.5 Entschärfung der Spannung zwischen Jes 1,2a und Jes 6,9 durch literarkritische Überlegungen?

Eine Möglichkeit, das Problem zu klären, liegt darin, es durch literarkritische Ausscheidung von Textteilen zu entschärfen. Hier gibt es plausible Überlegungen, die dafür sprechen, dass Jes 1,2a von einer anderen Hand stammt als Jes 1,2b – 4. So hat Williamson[515] (jedoch ohne expliziten Bezug auf das hier interessierende Problem) darauf hingewiesen, dass V. 2a die einzige Stelle sei, wo die Wendung „denn JHWH hat gesprochen" כִּי יְהוָה דִּבֵּר vor dem Text stehe, auf den sie sich beziehe. Demgegenüber erscheine sie in Jes 1,20 entsprechend der sonst üblichen Verwendungsweise am Schluss des betreffenden Textabschnitts. Beide Vershälften von Jes 1,2a, d. h. sowohl der Höraufruf (V. 2aα) als auch die Zitationsformel (V. 2aβ), hätten in Kapitel 1 die Funktion von Struktursignalen, indem in Jes 1,10 durch einen weiteren Höraufruf und in Jes 1,20 durch eine weitere, mit Jes 1,2a eine Inklusion bildende Zitationsformel jeweils Abschnitte gekennzeichnet seien.[516] Da Jes 1,2a somit offensichtlich durch das Interesse, textgliedernde Struktursignale zu setzen, motiviert ist und gleichzeitig in keinem engen Zusammenhang zu den nachfolgenden Versen zu stehen scheint, meint Williamson, es sei naheliegend, V. 2a dem Endredaktor von Kapitel 1 zuzuschreiben.[517] Eine weitere Stärkung seiner Argumentation erreicht Williamson, indem er darauf hinweist, dass der verbleibende Texttorso Jes 1,2b – 3 ursprünglich zwischen Jes 30,8 und Jes 30,9 gestanden haben könnte.[518] Da Williamsons letztgenannte Überlegung zwar möglich erscheint, aber nicht positiv nachgewiesen werden kann, soll sie hier unkommentiert bleiben. Zuzustimmen ist dagegen seiner literarkritischen Überlegung zu Jes 1,2a.10.20. Die Anrede von Himmel und Erde einschließlich der Wendung

---

515 Vgl. Williamson, Isaiah 1–5, S. 29–30.
516 Vgl. Williamson, Isaiah 1–5, S. 29.
517 Vgl. Williamson, Isaiah 1–5, S. 29.
518 Vgl. Williamson, Isaiah 1–5, S. 29–30. Zur von Williamson in Anknüpfung an Barth, Jesaja-Worte, S. 220, vertretenen Form der sog. Relozierungshypothese siehe oben den Überblick über bisherige Forschungsfragen unter Punkt 1.2.

„denn JHWH hat gesprochen" כִּי יְהוָה דִּבֵּר in V. 2a erscheint in der Tat als Zufügung des Endredaktors, die vor allem buchübergreifenden Interessen dient. Unsere obigen Ausführungen zur theologischen Bedeutung des Höraufrufs und der sich durch das ganze Buch erstreckenden Rolle des Merismus „Himmel" und „Erde" bestätigen dies.

Dennoch verbleibt eine wichtige Frage: Kann die Passage Jes 1,2b – 4 ohne den in Jes 1,2a enthaltenen Hinweis auf den göttlichen Sprecher der nachfolgenden Worte jemals an ihrer jetzigen Stelle gestanden haben? Dies ist mit einem klaren Nein zu beantworten. Denn Sprecher der Aussage „Söhne habe ich großgezogen und erhöht, doch sie, sie haben mit mir gebrochen" (Jes 1,2b) kann nur JHWH sein, der aber in der Überschift Jes 1,1 keinerlei Erwähnung findet. Der Hörer oder Leser einer etwaigen älteren, aus den Versen 1.2b – 4 bestehenden Eröffnung von Jes 1 wäre dann darauf angewiesen gewesen, aus dem Inhalt von Jes 1,2b – 4 zu erschließen, dass nicht der in Jes 1,1 vorgestellte Prophet Jesaja, sondern JHWH der Sprecher der ersten Rede des Buches ist. Ein solch abrupter Übergang ist gerade am Buchanfang nicht vorstellbar. Daher kann Jes 1,2 – 4 in seiner jetzigen Position nie ohne den Höraufruf Jes 1,2a existiert haben.[519] Folglich konzipierte der verantwortliche Autor diese Einheit von Anfang an als Rede an Himmel und Erde. Im Bewusstsein dieses Befundes löst Williamson durch die oben zitierte Hypothese, Jes 1,2b – 3 habe sich vermutlich bis zur Erstellung von Jes 1 zwischen Jes 30,8 und Jes 30,9 befunden, zwar das Problem, dass Jes 1,2b – 3 einer den Sprecher JHWH nennenden Einleitung bedarf, doch trägt dieser Vorschlag nichts zur Lösung des hier interessierenden Problems bei, warum sich das erste Wort des Jesaja-Buches entgegen dem Verstockungsauftrag Jes 6,9 – 10 nicht an JHWHs Volk, sondern an Himmel und Erde wendet, obwohl diese im übrigen Kapitel Jes 1 keine ersichtliche Rolle mehr spielen. Die Einsicht, dass Jes 1,2a höchstwahrscheinlich vom Redaktor des ersten Jesaja-Kapitels im Blick auf das ganze Buch verfasst wurde, löst das

---

519 Diese Ansicht teilt auch Williamson, der Jes 1 insgesamt als redaktionelle Einheit betrachtet, die am Ende der Redaktionsgeschichte des Jesaja-Buches unter Verwendung älteren Materials eigens als Bucheröffnung geschaffen wurde, vgl. dazu oben Punkt 1.2 und Williamson, Isaiah 1 – 5, S. 3: „Chapter 1 functions as an introduction to the book as a whole. Though it includes material of different dates, including a good deal from Isaiah himself, it has been assembled and edited as a unity at a late stage in the development of the book." Ferner ebd., S. 9: „There never was a part of ch. 1 less than the whole which preceded ch. 2 as an opening of the book in its supposed 'original' form. If, as will be maintained below, there is authentic Isaianic material here, then it will be necessary to speculate from where else in the book it may have been extracted if we wish to recover its possible historical context." Seine oben erwähnten Überlegungen, denen zufolge der ursprüngliche Ort der Verse 2b – 3 zwischen Jes 30,8 und Jes 30,9 gelegen haben könnte, beziehen sich also auf ein früheres redaktionsgeschichtliches Stadium des Jesaja-Buches, in dem das heutige Kapitel 1 noch nicht existierte.

Problem nicht, sondern verschiebt es nur auf die Ebene der betreffenden späten Redaktion des Jesaja-Buches. Nichtsdestotrotz ist damit eine wichtige Erkenntnis gewonnen worden.

3.6.2.6.6 Jes 1–5 als hermeneutischer Schlüssel zu Jes 6 – Jesaja als Sprecher seiner Vorgänger (v. a. Amos und Mose) – Jes 1,2a als Bezugnahme auf Mose

Denn die Tatsache, dass Jes 1,2a von einer Hand verfasst wurde, die mindestens zwei Jahrhunderte nach Jesajas Tod wirkte, bedeutet eine große zeitliche Distanz zwischen dem Redaktor und Jesajas historischem Leben und Wirken. Das Interesse eines so späten Redaktors richtet sich notgedrungen nicht mehr auf die Person des Propheten, sondern auf die überlieferten Worte/Botschaften und ihre Wirkung im Lichte der Geschichte Israels. Während die Person des Propheten im Laufe der Zeit verblasst ist, stellt sich die Kraft seiner Botschaft in den großen zeitlichen Dimensionen der wechselhaften Geschichte des Volkes JHWHs dar. Der Blick auf über zwei Jahrhunderte seit Jesaja, die das Ende der beiden israelitischen Königreiche, der Assyrer, den Aufstieg Babylons, das babylonische Exil, den Niedergang Babylons und mindestens den Aufstieg des Perserreichs gesehen haben, hat einen so weiten Horizont, dass jenseits des Zeitraums seit Jesaja auch die lange Vorgeschichte vor Jesaja mit bedacht und damit die ganze Geschichte des Volkes Israel reflektiert wird (vgl. Jes 63,11). Gleichzeitig weitet sich der Horizont auch in die andere Richtung, indem sich der Blick in die ganz ferne Zukunft wendet (vgl. Jes 2; 4). Dies ist der Rahmen, in dem sich das Interesse des späten Redaktors von Jes 1,2a bewegt, und in dem die Frage nach der Biographie des Propheten aufgeht.

Innerhalb dieses Vergangenheit und Zukunft betrachtenden Rahmens wird die Geschichte des Volkes Israel zum Strukturprinzip, das die Anordnung der Texte im Jesaja-Buch maßgeblich bestimmt und Vorrang vor ihrer biographischen Abfolge im Leben des Propheten hat. Erkennbar wird das die Ordnung des Buches bestimmende Interesse, Jesajas Wirken zur israelitischen Geschichte in Beziehung zu setzen, u. a. an der Königschronologie von Jes 1,1,[520] von der wir oben (Punkt 3.1.3.12) zeigen konnten, dass sie ein späterer Zusatz aus derselben Epoche wie Jes 1,2a ist. Sie besagt, dass Jesaja seine „Schauung" חֲזוֹן „in den Tagen Usijas, Jotams, Ahas' und Hiskijas" schaute. Das Wirken Jesajas ist hier nicht nach biographischen Kriterien, sondern nach Kriterien der Geschichte Judas gegliedert. Dass letztere im Zweifel den Vorrang haben, lässt sich an zwei feinen Ungenau-

---

520 Vgl. dazu Schmid, Herrschererwartungen, S. 44.

igkeiten erkennen. Wie unsere Untersuchung der Wurzel „schauen" חזה gezeigt hat, ist diese ein Hinweis auf eine visionäre Erfahrung, die bei Jesaja ausschließlich in seiner Berufungsvision Jes 6 greifbar wird. Hierbei handelt es sich jedoch um eine einmalige Erfahrung, was in einem gewissen Widerspruch zur Darstellung von Jes 1,1 steht, so dass K. Schmid[521] zu Recht bemerkt: Jesajas „Offenbarungsempfang ist also nach der Vorstellung von 1,1 gestaffelt über die Regierungszeiten dieser vier Könige erfolgt." Die Berufungsvision ist hier nicht als biographisches Faktum (einmaliges persönliches Erlebnis), sondern in ihrer Bedeutung für die Geschichte Israels (Offenbarungsempfang während der Regierungszeiten mehrerer Könige) dargestellt. Die Person Jesajas wird nicht als individuelle Persönlichkeit, sondern in ihrer Bedeutung für die Geschichte Israels wahrgenommen, indem die Dauer seiner „Schauung" nicht auf den Zeitpunkt der Inauguralvision begrenzt, sondern auf einen langen geschichtlichen Zeitraum der späten Königszeit ausgedehnt wird.

Nun könnte man zu Recht davon ausgehen, dass Jesajas religiöses Leben durch eine so enge Verbindung zu JHWH gekennzeichnet war, dass auch biographisch sein ganzes, in die späte Königszeit fallendes Leben ohne Weiteres als ein fortwährender Offenbarungsempfang bezeichnet werden kann. Bei näherem Hinsehen ist dies jedoch nicht das Interesse des Textes. Dies lässt sich an der zweiten oben angekündigten Ungenauigkeit in der Königschronologie von Jes 1,1 erkennen. K. Schmid[522] bemerkt zur Ausgestaltung der Chronologie in den ersten Kapiteln des Jesaja-Buches:

> Der explizite Leitfaden im Korpus des Jesajabuches setzt sich nach Jes 1,1 mit dem Todesjahr des Königs Usia fort (6,1), so dass von daher deutlich wird, dass das Textgut von Jes 1–5 in der Logik des Buches in die Zeit der Regentschaft Usijas (773–736[?]) gehört. Gemäß der jetzigen Buchkomposition ist deutlich: Es gab eine Verkündigungsphase „Jesajas", die noch nicht unter dem Zeichen des Verstockungsauftrags stand.

Wie Schmid durch die Verwendung der Anführungszeichen deutlich macht, handelt es sich bei der nach der Chronologie der Überschrift und des Buches vorausgesetzten Verkündigungsphase „Jesajas", die nicht unter dem Zeichen des sog. Verstockungsauftrags (Jes 6,9–11) stand, um eine Fiktion, da laut Jes 6 Jesaja erst mit dieser Inauguralvision in die Schar der Diener am Thron JHWHs aufgenommen und zum Propheten JHWHs berufen wird (vgl. Jes 6,6–9aα).[523] Diese aber ist auf das Todesjahr des Königs Usija datiert, einen Zeitpunkt, zu dem bereits seit

---

521 Schmid, Herrschererwartungen, S. 44.
522 Schmid, Herrschererwartungen, S. 44 f.
523 Näheres dazu, mit Literaturangaben, oben unter Punkt 3.6.2.6.4.

längerer Zeit sein Sohn Jotam die Regierung übernommen hatte, da Usija an Aussatz erkrankt war (vgl. 2 Kön 15,5). Hier stellt sich die Frage, warum die Königschronologie in Jes 1,1 die Zeit König Usijas überhaupt zum Zeitraum des prophetischen Wirkens Jesajas hinzurechnet, da dieser ja erst in Usijas Todesjahr berufen wurde, als Jotam bereits die Regierung übernommen hatte. Auch hier liegt der Grund darin, dass das Jesaja-Buch versucht, Jesajas Wirken im Lichte der Geschichte seines Volkes zu verstehen. Dies bedeutet im Blick auf den prophetischen Auftrag Jesajas nach Jes 6,9 – 11, dass dieser in seine Vorgeschichte eingebunden wird, die es ermöglicht ihn zu verstehen.

Dass die Berufung Jesajas Jes 6 nach einer erklärenden Vorgeschichte verlangt, ergibt sich nicht nur aus der theologischen Frage, wie Gott es wollen kann, dass sein erwähltes Volk durch die Verkündigung seines Propheten auf einem Weg verfestigt wird, der es in den Abgrund der Vernichtung führt, sondern auch unmittelbar aus dem Text von Jes 6 selbst, da dieser Geschehnisse voraussetzt, die er nicht erzählt. Es ist ihm nämlich nicht zu entnehmen, wie es dazu kam, dass Jesaja bei seiner Berufung ein Mann mit unreinen Lippen war, der inmitten eines Volkes mit unreinen Lippen wohnte (vgl. Jes 6,5), so dass er erst von seiner Sündenschuld befreit werden musste (vgl. Jes 6,6 f.). Sowohl die Frage nach Hintergrund und Motivation des unheilvollen Auftrags (Jes 6,9 – 11) als auch die nach der Ursache der unreinen Lippen des Volkes (Jes 6,5: עַם־טְמֵא שְׂפָתַיִם) verweisen auf die vorhergehenden Kapitel 1 – 5.[524]

Bei der Unreinheit handelt es sich um ein Kulthindernis (vgl. Lev 10,10),[525] das unfähig macht, in Kommunikation mit JHWH zu treten. Ihre Ursache sind „Sünde/ Verfehlung" (Wurzel חטא) und „Sündenschuld/Verkehrtheit" (עָוֹן). Hinsichtlich der Unreinheit der Lippen des Propheten geht dies aus Jes 6,7 hervor, da dort der Entsündigungsritus von den Deuteworten begleitet wird: [...] וְסָר עֲוֹנֶךָ וְחַטָּאתְךָ תְּכֻפָּר („[...] nun ist gewichen deine Sündenschuld und deine Sünde gesühnt"). Folglich

---

524 Vgl. Beuken, Manifestation, S. 73, in Bezug auf Jes 6,8 – 13: „[...] it is clear that the people's unwillingness and incapacity to hear, to see, and to convert cannot be understood without the preceding series of accusations in chapters 1–5."

525 Gegen Beuken, Jesaja 1–12, S. 173, der meint, es gehe hier um keinen spezifisch kultischen Missstand, sondern gegenüber JHWH, der sich von seinem Wesen her als „heilig" definiere, erscheine der Mensch als unrein. Folgendes steht dem entgegen. Wäre der Mensch per se in Jes 6,5 Gott gegenüber als unrein qualifiziert, dann wäre der Entsündigungsritus Jes 6,6 f. mit dem Zuspruch וְסָר עֲוֹנֶךָ וְחַטָּאתְךָ „gewichen ist deine Sündenschuld und deine Sünde ist gesühnt/bedeckt" sinnlos, da die beiden Sündenbegriffe sich nirgends auf das menschliche Wesen per se, sondern immer auf sekundär (i.d.R. durch bewusstes oder unbewusstes Verhalten) hinzukommende Aspekte des Menschseins beziehen. Vgl. Hartenstein, Unzugänglichkeit, S. 196 – 205, demzufolge die Entsündigung die „Wiederherstellung der kultischen Kommunikationsfähigkeit des Propheten" (S. 204) bezweckt.

ist auch die Unreinheit des Volkes durch Sünde (Wurzel אטח) und Sündenschuld
(עָוֹן) bedingt. Im Einzelnen ergibt sich die Schuld Israels aus Jes 1–5. Der Zusammenhang zwischen den hier dargestellten Verfehlungen und der Unreinheit
der Lippen des Volkes nach Jes 6,5 wird durch das parallele Vorkommen von
Derivaten der Wurzel אטח und des Begriffs עָוֹן in Jes 1,4; 5,18 und 6,7 unterstrichen,
eine Parallele, die sich in Jes 1–12 nur an diesen drei Stellen und in Jes 1–39 sonst
nur noch in Jes 27,9 sowie 13,9.11 findet. Die Schwere der Schuld wird sowohl in
Jes 1,4 als auch in 5,18 f. dadurch hervorgehoben, dass es jeweils um ein ver-
ächtliches Verhalten gegen den „Heiligen Israels" (Jes 1,4 und 5,19: קְדוֹשׁ יִשְׂרָאֵל)
geht. Gleichzeitig stellt diese Gottesbezeichnung eine Stichwortbeziehung zum
Trishagion in Jes 6,3 her. Formal wird der Zusammenhang zwischen Jes 1,4 und 5,18
deutlich, indem Jes 1,4 der erste Wehe-Ruf im Jesaja-Buch ist, der in der Reihe der
Wehe-Rufe Jes 5,8 – 23 seine Fortsetzung findet. Die Unreinheit der Lippen Israels
laut Jes 6,5 bewirkt, dass es daran gehindert ist, JHWHs Heiligkeit und Herrlichkeit
in Gemeinschaft mit den Seraphim zu loben (Jes 6,3: קָדוֹשׁ, כָּבוֹד) bzw. überhaupt in
kultische Kommunikation mit ihm zu treten. Dieser Sachverhalt erfährt in Jes 6
keine nähere Erläuterung, ist aber in Jes 1,11–15 breit entfaltet. JHWH weist hier
alle Formen des Kultes als unannehmbar zurück, weil die Hände des Volkes voll
Blut sind (Jes 1,15b: יְדֵיכֶם דָּמִים מָלֵאוּ).[526] Dieses Blut stammt nicht, wie es zunächst
scheint, von den in Jes 1,11 aufgezählten Opfertieren, sondern rührt von den in
Israel begangenen Gewalttaten her (vgl. Jes 1,16 f.). Um die Beziehung zu JHWH
wieder ins Reine zu bringen, fordert Jes 1,16 – 17 dazu auf, sich vom Bösen ab- und
dem Guten zuzuwenden. All dies bestätigt, dass die Unreinheit der Lippen des
Volkes in Jes 6,5 auf den in Jes 1–5 genannten Verfehlungen beruht. Gleichzeitig
enthalten Jes 1–5 den Nachweis, dass eindringliche Aufforderungen zur Bekehrung (Jes 1,16 – 17.18 – 19) sowie Warnungen vor schweren unheilvollen Konsequenzen ausgesprochen wurden (Jes 1,4.20.28 – 31), ehe es zum sog. Verstockungsauftrag in Jes 6,9 – 11 kam. Jes 1–5 enthält somit die mit überlieferten
Worten oder im Geiste Jesajas formulierte Vorgeschichte der Berufungserzählung
Jesajas. Ihr Ziel ist es, die theologische Quintessenz der Geschichte der Beziehung
zwischen JHWH und seinem Volk wiederzugeben, bis es zum Auftreten Jesajas
kam.

Neben der oben erwähnten Datierung in Jes 6,1, die – synchron gelesen – den
vorausgehenden Textbestand der Regierungszeit Usijas zuweist, und den Ver-

---

526 Vgl. dazu Hartenstein, Unzugänglichkeit, S. 201, unter Bezugnahme auf den in Jes 1,15 f.
gegebenen Hintergrund: „Das Gotteslob des Propheten und seines Volkes ist aufgrund seines
JHWHs Heilsetzungen widersprechenden Alltagshandelns längst ‚unrein' geworden, *so daß
JHWH sich im Heiligtum unzugänglich macht und zugleich seinem richtenden Zorn freien Lauf läßt."*
(Hervorhebung gemäß Original)

weisungszusammenhängen zwischen Jes 6 und Jes 1–5 gibt es weitere Indizien, die diese These bestätigen. Hier ist nochmals die Erwähnung Usijas in der Königschronologie von Jes 1,1 zu nennen, die Jesaja mit dem etwas älteren Propheten Amos (Am 1,1) sowie auch mit Hosea (Hos 1,1) parallelisiert und auf diese Weise deutlich macht, dass JHWH schon vor der Verstockung bewirkenden Berufung Jesajas sein Volk durch andere Propheten auf einen Weg des Hörens auf JHWH (vgl. Jes 1,18–20) zu bringen versucht hatte. Dass Jesaja in seinem zu Blindheit, Taubheit und Herzensverfettung führenden Wirken (Jes 6,10) der Sache nach nur das fortsetzte, was vor ihm bereits Amos getan hatte, kommt deutlich in der Verwendung der Wurzel פשע in Jes 1,2b, die angesichts der sachlichen Hintergründe an die vielfache Verwendung des korrespondierenden Nomens פֶּשַׁע in Am 1,2–2,8 erinnert (näheres dazu unter Punkt 3.6.2.9), sowie in den u. a. von U. Becker[527] festgestellten ausgeprägten Gemeinsamkeiten zwischen Jes 1,11–17 und der Kultkritik des Amos in Am 4,4 f.; 5,4–7.21–24 zum Ausdruck. Weitere Berührungen Jesajas mit Amos finden sich vor allem in den sozialkritischen Texten in Jes 1–5, die im Rahmen dieser Arbeit nicht im Einzelnen untersucht zu werden brauchen.[528]

Durch die Intention, in Jes 1–5 den schon vor Jesaja gegebenen geschichtlichen Horizont darzulegen, erklären sich auch die zahlreichen Berührungen zwischen Jes 1 und der Mose-Überlieferung. Diese hat wiederum U. Becker[529] in der folgenden Übersicht eindrucksvoll zusammengestellt:

> Zu Jes 1,2a: Dtn 4,26; 30,19; 31,28; 32,1.
> Zu Jes 1,2b: Dtn 21,18–21; 30,17; 31,29; 32,5–6.20–21.
> Zu Jes 1,5–6: Dtn 28,58–61 (vgl. 21,18–21).
> Zu Jes 1,7: Lev 26,33; Dtn 28,51.
> Zu Jes 1,10: Dtn 29,22 (Sodom und Gomorra).
> Zu Jes 1,11–15: vgl. die Opfer- und Kultgesetze (Dtn 16,1–17,1 u. a.).
> Zu Jes 1,17: Dtn 10,18; 16,11 u. a.
> Zu Jes 1,18–20: Lev 26,14–33 (bes. V. 25.33); Dtn 1,26; 28,1 f.15; 30,15–19 (vgl. auch 1 Sam 12,14 f.; Jer 12,16 f.).

Hinzu kommen noch Verweisungszusammenhänge zwischen der Kundschaftererzählung (Num 13 f.) und der Erzählung vom Aufruhr der Rotte Korach (Num 16), die unten bei der Einzelexegese von Jes 1,4b erläutert werden. Durch diese Parallelen bzw. Berührungen soll die Eröffnung des Jesaja-Buches verdeutlichen,

---

527 Becker, Jesaja, S. 183 f. mit näheren Erläuterungen.
528 Zu Berührungen zwischen Jes 5,25; 9,10.16.20; 10,4 und Amos siehe Schmid, Jesaja 1–23, S. 111–113.
529 Becker, Jesaja, S. 185.

dass JHWH schon seit Mose durch Berufung von Propheten (vgl. Dtn 18,15–22) versucht hat, Israel auf den Weg der Gerechtigkeit im Lichte der Weisungen JHWHs zu führen,[530] und dass Jesaja nach dem Vorbild Moses und seiner Nachfolger wirkt. Besonders der Höraufruf an Himmel und Erde (Jes 1,2a), der markant an das Mose-Lied Dtn 32,1 erinnert, sowie die Ähnlichkeiten zwischen Jes 1,2b und Dtn 32,5–6.20–21 lassen von Anfang an im Hintergrund von Jes 1 das Vorbild des Mose anklingen.

Dass der Parallele zu Mose wesentliche Bedeutung für das Verständnis von Jes 1–6 zukommt, machen einige weitere Überlegungen deutlich. Betrachtet man das Ziel der in Jes 1–6 durchlaufenen Entwicklung, so erfährt das Volk JHWHs ein ähnliches Schicksal wie der Pharao in Ägypten. Nimmt man als Ausgangspunkt der Analyse die Beobachtung, dass Jesajas Inauguralvision Jes 6 im Vergleich zur bucheröffnenden Stellung der Berufungsberichte Jeremias und Ezechiels ungewöhnlich weit hinten plaziert ist, so relativiert sich die Einzigartigkeit dieses Befunds, wenn man in der älteren Geschichte verankerte Berufungserzählungen wie die Gideons in Ri 6,11–24 und Moses (JE) in Ex 3,1–4,17 zum Vergleich heranzieht. Auch diese stehen nicht am Anfang des erzählten Geschehens, sondern haben eine mehr oder weniger ausführliche Vorgeschichte, in der jeweils die Verhältnisse geschildert werden, unter denen das Volk lebt bzw. zu leiden hat. So berichtet die Mose-Erzählung zuerst Israels Leiden unter der ägyptischen Knechtschaft, Ex 1,8–2,25, beispielhaft zugespitzt in Moses Kindheitserzählungen, ehe es zu dessen Berufung kommt. Diese thematische Abfolge entspricht auch dem Richter-Schema, wo zuerst die Not des von Feinden bedrängten Volkes geschildert wird, ehe es zur Einsetzung von Richtern kommt. Allerdings hat sich dort der inhaltliche Akzent schon verändert, da das Volk zuerst frevelt, ehe es in Feindeshand fällt, leiden muss und schließlich umkehrt, was dann der Anlass für die Richterberufung ist. In der Gideon-Erzählung (Ri 6) ist diese die Verse 1–10 umfassende Vorgeschichte der Richterberufung nicht nur schematisch, sondern recht ausführlich dargestellt. Erst nach Israels Abfall von JHWH, dem dadurch verursachten Leiden unter den Midianitern und der Umkehr zu JHWH wird in V. 11–24 entsprechend der klassischen Gattung Gideons Berufung berichtet, die wie auch die Mose-Berufung nach Ex 3,1–4,17 (hier: 3,2ff.) den Charakter einer Vision hat (Ri 6,12.22). Im Richterbuch fällt also das Volk dadurch, dass es sich vom Herrn abwendet, in der ägyptischen Knechtschaft vergleichbare Verhältnisse zurück, aus denen es durch die Berufung des Richters befreit wird. Im Jesaja-Buch ist diese Reihenfolge [Ergehen des Volkes] – [Berufung des Mose/Retters] mit umgekehrtem

---

530 Zu Recht und Gerechtigkeit als gewichtigem Kriterium für die Beurteilung des Lebens Israels im Jesaja-Buch siehe Asurmendi, Droit et justice.

Vorzeichen aufgegriffen. In Ägypten ist Israel in der Fremde (Ex 1,1), im Jesaja-Buch ist es im Verheißungsland (vgl. Jes 1,1). In Ägypten leidet Israel unter Knechtschaft (Ex 1,8 – 2,25). Im Jesaja-Buch dagegen sind das Volk und vor allem die Oberschicht im Verheißungsland zu „ägyptischen" Sklavenhaltern geworden, die sich gegen Recht und Gerechtigkeit vergehen, und unter deren Knechtschaft die Schwächeren leiden müssen (Jes 1,10.16 – 17.21 – 23; 3,12 – 15; 5,7.23). Da Letztere immer schon von JHWH besonders geliebt wurden (vgl. Jes 1,17.23; 3,14 – 15; 5,7; 66,2) – dies ist der Grund seiner Zuwendung zu den Israeliten in Ägypten (vgl. Ex 2,23 – 25; 3,7 – 8.9.17 – 18) – greift JHWH wieder zu ihren Gunsten ein, indem er alles Hohe und Erhabene (Jes 2,6 – 22; 5,13 – 16), insbesondere die Oberschicht (Jes 3; 5,8 ff.) erniedrigt. Dass JHWH tatsächlich jetzt an Israel so handelt, wie er damals an Ägypten handelte, zeigt sich am deutlichsten im Verstockungsauftrag Jes 6,9 – 11. So wie JHWH in Ex 4 – 12 das Herz des Pharao verstockt hat, um ihn zu besiegen, verfettet er jetzt das Herz des treubrüchig gewordenen Volkes Israel. Vokabularmäßig ähneln sich die Wendungen חִזֵּק אֶת־לֵב פַּרְעֹה („das Herz des Pharao fest machen", חזק Piel in Ex 4,21; 9,12; 10,20.27; 11,10; 14,4.8; sowie in Bezug auf das Herz der Ägypter 14,17) und הַשְׁמֵן לֵב־הָעָם הַזֶּה („mach fett das Herz dieses Volks da" Jes 6,10) vor allem in ihrer Bezugnahme auf das Herz, aber auch in den vergleichbaren Vorstellungen, dass JHWH das menschliche Herz fest (חזק Hi.) bzw. fett (שמן) machen und es dadurch unumkehrbar einen bereits eingeschlagenen unheilvollen Weg bis zum Ende verfolgen lassen kann. Eine besonders enge Beziehung zwischen der Verstockung des Pharao und derjenigen Israels zeigt sich in einer ihrer Folgen. Sowohl der Pharao (Ex 7,13.22: וְלֹא־שָׁמַע) als auch das Volk Israel (Jes 6,10: וּבְאָזְנָיו יִשְׁמָע [...] פֶּן) hören auf die Boten JHWHs nicht, weil ihr Herz „fest gemacht" bzw. „verfettet" ist. Eine weitere vokabularmäßige Ähnlichkeit zwischen JHWHs Vorgehen gegen Ägypten in der Exodus-Erzählung und demjenigen gegen Israel in Zusammenhang mit Jesajas Verstockungsauftrag liegt in der Wendung „die Hand ausstrecken" נטה יד. In Ex 7,5 kündigt JHWH an, er werde seine Hand gegen Ägypten ausstrecken und die Söhne Israels aus der Mitte der Ägypter herausführen,[531] damit letztere dadurch erkennen, dass er der Herr ist:

וְיָדְעוּ מִצְרַיִם כִּי־אֲנִי יְהֹוָה בִּנְטֹתִי אֶת־יָדִי עַל־מִצְרָיִם
וְהוֹצֵאתִי אֶת־בְּנֵי־יִשְׂרָאֵל מִתּוֹכָם:

---

531 Das Motiv des Ausstreckens der Hand und/oder des Armes, sei es durch JHWH selbst (Dtn 4,34; 5,15; 26,8; Ps 136,12: בְּיָד חֲזָקָה וּבִזְרוֹעַ נְטוּיָה, vgl. Dtn 7,19; 11,2), sei es durch seine Werkzeuge Mose und Aaron (Ex 7.5.19; 8,1 – 2.13; 9,22; 10.12.21 – 22; 14,16.21.26 – 27), kommt in den Exodus-Traditionen in vielfältigen Varianten vor.

Bei Jesaja kommt „die Hand ausstrecken" יָד נטה im Rahmen des Kehrversgedichts von JHWHs ausgestreckter Hand (Jes 5,25; 9,11.16.20; 10,4: יָדוֹ נְטוּיָה) vor, das Jes 6 zusammen mit einer Reihe von Wehe-Rufen (Jes 5,8 – 23; 10,1 f.) umrahmt.[532] Ähnlich wie JHWH in der Exodus-Tradition den unterdrückten Israeliten gegen den übermächtigen Unterdrücker in Person des Pharao zu ihrem Recht verhilft, indem er zu ihren Gunsten die Hand ausstreckt, verschafft JHWH in Jes 5,25 mit seiner ausgestreckten Hand der Gerechtigkeit den Sieg über das aus mächtigen Unterdrückern bestehende Volk, das laut Jes 5,8 – 23 auf JHWH nicht achtet (V. 12), aus Stolz die göttliche Gerechtigkeit ignoriert (V. 15 f.), JHWH verspottet (V. 18 f.), alle Werte verkehrt (V. 20) und den Gerechten unterdrückt (V. 23). Im Blick auf diese Vergehen verkündet Jes 5,25, dass JHWHs Zorn gegen sein Volk entbrannt und seine Hand gegen sie ausgestreckt ist (וַיֵּט יָדוֹ עָלָיו), und schließt die Gerichtsankündigung erstmals mit dem Kehrvers בְּכָל־זֹאת לֹא־שָׁב אַפּוֹ וְעוֹד יָדוֹ נְטוּיָה („bei dem hat sich sein Zorn nicht gewandt und seine Hand ist noch ausgestreckt").

Auch das Motiv des Erkennens, dass JHWH der Herr ist (Ex 7,5), spielt im Kontext von Jes 5,25 eine Rolle. Denn wenig vorher, in Jes 5,18 f., spricht der Prophet ein Wehe-Wort über diejenigen aus, die „mit Stricken des Nichts" Sünde und Schuld herbeiziehen, indem sie voller Spott das Herannahen des Werkes und Ratschlusses des Heiligen Israels herbeiwünschen, um zu „erkennen" (וְנֵדְעָה). JHWHs Antwort auf diesen Spott liegt nach Jes 5,25 darin, dass er die Spötter über den Ernst der von ihnen heraufbeschworenen Situation belehrt, indem er seine Hand gegen das Volk ausstreckt, so dass die Spötter in der Tat am Ausmaß des für sie bestimmten Unheils die von ihnen spöttisch „gewünschte" Erkenntnis der Größe Gottes gewinnen können.

Der wesentliche Schritt zur Vervollkommnung des aus Torheit herbeizitierten Unheils erfolgt nach dem ersten Kehrvers des Gedichts von JHWHs ausgestreckter Hand (Jes 5,25) in Jes 6 durch die Berufung Jesajas, dessen Verkündigung das Herz des Volkes verfetten, seine Ohren schwer machen und seine Augen verkleben wird. So wie Mose für die Ägypter kein Retter war, sondern durch sein Eintreten für Unterdrückte den Untergang des Pharao herbeiführte, so wird auch Jesaja durch sein Eintreten für die von JHWH geforderte Gerechtigkeit, in der sich die göttliche Heiligkeit offenbart (vgl. Jes 5,15), eine Abkehr des von Ungerechtigkeit beherrschten Volks von seinem unheilvollen Weg endgültig verhindern. Während allerdings in Ex 7,5 die Ägypter letztlich zur Erkenntnis JHWHs geführt werden sollen, scheidet diese Möglichkeit einer Wendung zum Besseren aus (Jes 6,9 – 11), da JHWH sich seinem Volk schon seit Ägypten immer wieder offenbart hat. Dass Letzteres geschehen ist, dokumentiert die in Jes 1 – 5 enthaltene Vorgeschichte von

---

532 Näheres dazu bei Schmid, Jesaja 1 – 23, S. 83, 110 – 113.

Jes 6. Indem diese mittels der Jesaja-Botschaft selbst erzählt wird (vgl. Jes 1,1), verdeutlichen die für die Endfassung des Buchanfangs verantwortlichen späten Redaktoren, dass Jesaja – trotz seines Umkehr verhindernden Verstockungsauftrags Jes 6,9–11 – auf der Basis des überlieferten Allgemeinguts der vor ihm aufgetretenen Propheten steht. In diesen Zusammenhang wird seine Person sehr behutsam und langsam eingeführt. Das Ich Jesajas meldet sich erstmals kurz zu Beginn des Weinbergllieds Jes 5,1[533] und stellt sich als glühender Verehrer JHWHs vor, es tritt aber sofort in Jes 5,2 hinter dem Ich Gottes zurück. Das Thema dieses ersten in der ersten Person Singular erzählten Auftritts Jesajas ist Recht und Gerechtigkeit, ein Thema, das den Hörern oder Lesern z. B. von Amos her bekannt ist. Jesajas Name erscheint außerhalb der beiden Überschriften Jes 1,1; 2,1, die die Funktion haben, die nachfolgenden, von ihrem Inhalt her als traditionelles prophetisches Gedankengut erkennbaren Texte mit Jesajas Person zu verbinden, erstmals nach seiner Inauguralvision in Jes 7,3.

Somit steht die Anrufung von Himmel und Erde zu Beginn des Jesaja-Buches nicht im Widerspruch zum Auftrag Jesajas, seine Botschaft dem Volk Israel zu verkünden, sondern blendet in Anlehnung an Dtn 32,1 die Gestalt Moses ein, seit dessen Auftreten JHWH sein Volk zu seinen Adoptivsöhnen erwählt hatte. Insbesondere durch die Anklänge an Amos wird deutlich, dass JHWH seit Mose immer wieder Propheten berufen hatte, um Israel auf den Weg der Gerechtigkeit zu führen.

3.6.2.6.7 Die Bedeutung des Himmel und Erde befohlenen Hörens im Kontext von Jes 1; 2,2–4

Das Verb שמע „hören" kommt in Jes 1 vier Mal vor, und zwar immer an markanter Stelle. Derselbe zweigliedrige Höraufruf (synomymischer Parallelismus) wie in Jes 1,2a begegnet nochmals in Jes 1,10. Subjekt sind hier nicht mehr Himmel und Erde, sondern die קְצִינֵי סְדֹם „Anführer Sodoms" und das עַם עֲמֹרָה „Volk von Gomorra". Formal verweist dies auf die Orte, deren Untergang Gen 19 berichtet. Dank des Bezugszusammenhangs, der auf Grund der Sodom-und-Gomorra-Motivik[534] in Jes 1,7b.9 und des in Jes 1,3.4 zweimal für Israel gebrauchten Stichworts עַם „Volk" besteht, ist jedoch klar, dass tatsächliche Subjekte des Höraufrufs das schon in

---

[533] Eventuell könnten vorher bereits die Formen der ersten Person Singular in Jes 3,12.15 wegen der Rede über JHWH in den dazwischen liegenden Versen 13 f. die Person Jesajas meinen, doch zumindest auf redaktioneller Ebene wird die ganze vorherige Rede durch V. 15 נְאֻם־אֲדֹנָי יהוה צְבָאוֹת als Spruch JHWHs ausgewiesen.

[534] Zu innerbiblischen Parallelen dieses Motivs in Jer 23,14 und Ez 16,44 ff. siehe Fischer, Tora für Israel, S. 19 f.; zu religionsgeschichtlichen Hintergründen siehe die Hinweise ebd., S. 21 f.

V. 5 – 9 angesprochene Volk und seine Anführer sind. Zum dritten Mal erscheint שמע „hören" – diesmal verneint und ohne paralleles Synonym – mit JHWH als Subjekt in Jes 1,15 als Resümee der zuvor durch V. 10 eingeleiteten Kultkritik (V. 11 – 15): אֵינֶנִּי שֹׁמֵעַ יְדֵיכֶם דָּמִים מָלֵאוּ „Ich bin kein Hörender – eure Hände sind voll Blut!" Subjekt des vierten Belegs von שמע „hören" in Jes 1,19 sind die Adressaten von Jes 1,18 – 20, also wieder das schon in Jes 1,10 angesprochene Volk samt Anführern. Unter der Bedingung, dass sie zum Hören bereit sind, verheißt JHWH ihnen anstelle der zurückliegenden Katastrophen ein heilvolles Leben im Land: אִם־תֹּאבוּ וּשְׁמַעְתֶּם טוּב הָאָרֶץ תֹּאכֵלוּ „Wenn ihr willig seid und hört, werdet ihr die Güter des Landes essen." Diese vier Belege des Verbs שמע „hören" (Jes 1,2a.10.15.19) stehen zueinander in einem vielschichtigen Verweisungszusammenhang.

Jes 1,2a und V. 10 sind schon formal wegen des jeweils zweigliedrigen Höraufrufs und der Tatsache, dass hier wie dort derselbe Sprecher auftritt, eng aufeinander bezogen. Es ist beide Male der Prophet, der ankündigt, Worte JHWHs zu zitieren (V. 2a: כִּי יְהוָה דִּבֵּר „denn JHWH hat gesprochen"; V. 10: דְּבַר־יְהוָה „Wort JHWHs" und תּוֹרַת אֱלֹהֵינוּ „Weisung unseres Gottes"). Gleichzeitig stehen sich die Subjekte beider Höraufrufe als Gegensätze gegenüber. Wie unsere bisherigen Ausführungen zu Jes 1,2a gezeigt haben, sind Himmel und Erde der kosmische Herrschaftsbereich JHWHs, der auf ihn hört, ihm gehorcht und so durch die von ihm vermittelte heilvolle Ordnung zu einem Ort wird, wo das Gute, insbesondere die Gerechtigkeit, aufblüht und das Leben zur Fülle gelangt. Prägnant ist das positive Zusammenwirken zwischen JHWHs königlicher Herrschaft und dem auf ihn hörenden Kosmos in Jes 6,3, dem Ruf der Seraphim bei JHWHs Thron, auf den Punkt gebracht:

קָדוֹשׁ קָדוֹשׁ קָדוֹשׁ יְהוָה צְבָאוֹת מְלֹא כָל־הָאָרֶץ כְּבוֹדוֹ

Heilig, heilig, heilig, JHWH der Heere, das Erfüllende der ganzen Erde ist seine Herrlichkeit!

Die Fülle der Erde, insbesondere alles Lebendige, steht in einer sie belebenden Wechselbeziehung zu JHWH, indem sie von dem der göttlichen Heiligkeit entspringenden Glanz seiner Herrlichkeit erfüllt wird, ferner indem sie dies im Akt des Lobpreises bekundet, den die Seraphim exemplarisch und an der Spitze aller Geschöpfe vollziehen, und indem sie dadurch selbst zur Verkörperung, zur Anamnese der göttlichen Herrlichkeit wird. Dass der Höraufruf an Himmel und Erde Jes 1,2a in diesem Sinne fruchtbar wird, zeigt sich bereits im nächsten Kapitel im Rahmen der sog. Völkerwallfahrt zum Zion (Jes 2,2 – 4). Die Tatsache, dass der nicht allzu hohe Zionsberg mit dem Haus des Herrn in künftiger Zeit über alle Berge und Hügel erhaben sein wird und alle Völker zu ihm strömen werden (Jes 2,2), zeigt, dass sowohl die vertikalen kosmischen Dimensionen der Erde, die hier durch die Berge vertreten sind, als auch die ganze Erde in ihrer horizontalen

Ausdehnung sich vor JHWH verneigen, ihm huldigen und ihn als Herrscher an- erkennen. Selbst die herbeiströmende Völkerwelt, die in geschichtlicher Zeit JHWHs Herrschaft immer in Frage stellte (vgl. z. B. Ps 2,1–3), wird künftig danach streben, über JHWHs Wort und Weisung belehrt zu werden und danach zu leben (Jes 2,3). Der Ertrag dieser Bereitschaft, sich von JHWH regieren zu lassen, sind die Aufrichtung des Rechts unter den Völkern und ewiger Friede (Jes 2,4). Auf diese Weise verdeutlicht Jes 2,2–4, dass der ganze Kosmos dem Höraufruf des Propheten (Jes 1,2a) folgen und als Frucht dieses Wegs unter JHWHs Regierung Recht und ewigen Frieden hervorbringen wird. Bei Deutero-Jesaja bringt z. B. Jes 45,8 diese Rolle des Kosmos als Heilswerkzeug JHWHs, das auf ihn hört und dadurch Ge- rechtigkeit und Heil hervorbringt, auf den Punkt.

Genau in diesem Sinne verfolgt auch der Höraufruf Jes 1,10 die Intention, dem Volk, das wie Sodom und Gomorra auf einen in die völlige Vernichtung führenden Weg geraten ist (vgl. Jes 1,5–7), in einer Form, die an eine priesterliche Weisung des Kultes erinnert,[535] den Weg aufzuzeigen, der es wieder in eine heilvolle Zukunft führen wird. Das Sodom-und-Gomorra-Motiv steht dabei – wie auch die dargelegte Parallele zwischen dem Schicksal Israels und dem ägyptischen Pharao – für einen Weg der Anti-Schöpfung, d. h. der Aufhebung jeglicher die Schöpfung erhaltenden Ordnung, der zurück in Chaos, Tod und Vernichtung führt. Die Tatsache, dass der Prophet sich zuerst an Himmel und Erde wendet, ehe er Israel mit der Anrede „Sodom-und-Gomorra-Volk" anspricht, impliziert, dass der von JHWH regierte Bereich des Kosmos ein Ort ist, der von dem ausweislich Jes 1,7 verwüsteten Ort, wo Israel sich nach seiner Abwendung von JHWH (Jes 1,2b–4) aufhält, getrennt ist. Die Aufforderung zum Hören auf JHWHs Wort und Weisung will dagegen das Gottesvolk aus Krankheit (Jes 1,5 f.) und Verwüstung (Jes 1,7) wieder zurück in den von lebensförderlicher göttlicher Ordnung beherrschten Bereich des Kosmos zu- rückführen, damit sein Leben und das seines Landes neu aufblühen können. Das letztgenannte Ziel kommt im vierten Beleg des Verbs שמע „hören", nämlich Jes 1,19, klar zum Ausdruck: אִם־תֹּאבוּ וּשְׁמַעְתֶּם טוּב הָאָרֶץ תֹּאכֵלוּ „Wenn ihr willig seid und hört, so werdet ihr die Güter des Landes essen." Die Bedingung dieser Heilsverheißung liegt im „Hören". Ein bloß akustisches Hören ist hier nicht ge- meint, sondern das Befolgen der zehn in Jes 1,16–17.18a aufgezählten Weisun- gen,[536] die das Ablassen von bösem Handeln (V. 16) und das Erlernen guten

---

535 Vgl. z. B. Kaiser, Jesaja 1–12, S. 39, der von einer „prophetischen Opferbelehrung oder Op- fertora" spricht.

536 Die betreffenden Imperative in Jes 1,16–17.18a sind: חִדְלוּ /הָסִירוּ רֹעַ מַעַלְלֵיכֶם מִנֶּגֶד עֵינָי /הִזְכוּ /רַחֲצוּ. לְכוּ־נָא וְנִוָּכְחָה /רִיבוּ אַלְמָנָה /שִׁפְטוּ יָתוֹם /אַשְּׁרוּ חָמוֹץ /דִּרְשׁוּ מִשְׁפָּט /לִמְדוּ הֵיטֵב /הָרַע. Die Tatsache, dass der zehnte Imperativ am Beginn der Sinneinheit Jes 1,18–20 steht, spricht dafür, dass die Zahl zehn redaktionell im Blick auf die zehn Verfehlungen Israels in Jes 1,2–4 hergestellt wurde. Siehe dazu

Handelns (V. 17aα: לִמְדוּ הֵיטֵב), insbesondere die Unterstützung des Rechts (V. 17)
einfordern. Dies stellt eine Konkretisierung der Aufforderung aus Jes 1,10 dar, die
befiehlt, JHWHs Wort und Weisung zu hören. Ehe jedoch dem Volk in Jes 1,16 –
17.18a zehn konkrete Handlungsanweisungen gegeben werden, die der Überwindung der in Jes 1,2 – 4 aufgezählten zehn Verfehlungen Israels[537] dienen, ist es
notwendig, ein grundlegendes Missverhältnis im Verständnis und der Praxis des
Kultes aufzudecken und zu korrigieren. Dies geschieht in der Zurückweisung aller
Formen kultischen Handelns (Jes 1,11 – 15), die ihren prägnantesten Ausdruck in
V. 15aδ: אֵינֶנִּי שֹׁמֵעַ „ich bin kein Hörender" findet. Zwar bezieht sich diese Aussage
von ihrem unmittelbaren Kontext her nur auf die in V. 15 erwähnten Gebete, doch
resümiert sie den ganzen Abschnitt, indem sie deutlich macht, dass die Versuche
des Volkes, JHWH mittels kultischer Kommunikation zu erreichen, zum Scheitern
verurteilt sind. Der Grund für die Unerreichbarkeit JHWHs liegt darin, dass seine
Kinder – anders als Himmel und Erde – aus törichter Widerspenstigkeit (Jes 1,5a:
סָרָה) heraus nicht auf ihn hören (vgl. Jes 1,19), was im Sinne des Mahnspruches Spr
4,1 שִׁמְעוּ בָנִים מוּסַר אָב וְהַקְשִׁיבוּ לָדַעַת בִּינָה („Hört, Söhne, die Zucht des Vaters und
merkt auf, um Einsicht zu kennen!"[538]) dazu führen muss, dass es ihnen entsprechend der Feststellung von Jes 1,3 (לֹא יָדַע [...] לֹא הִתְבּוֹנָן) an Einsicht und
Verstand mangelt und sie daher vor keiner Torheit gefeit sind. Der Weg dieser
Torheit, die sich weigert, dem Himmel und Erde gebietenden Wort JHWHs zu
folgen, ist durch gewalttätiges, bösartiges Tun (Jes 1,4: זֶרַע מְרֵעִים „Brut, die böse
handelt", בָּנִים מַשְׁחִיתִים „Söhne, die Verderben bringen"; vgl. Jes 1,16: חִדְלוּ הָרֵעַ „Hört
auf, böse zu handeln!"), insbesondere durch die Missachtung des Rechts und die
Unterdrückung Schwächerer (vgl. V. 17), gekennzeichnet und stellt den Kern des in
Jes 1,2b konstatierten Treubruchs dar. Diejenigen, die den in Jes 1,11 – 15 beschriebenen Kult praktizieren und so in Kommunikation mit JHWH treten wollen,
sind also abtrünnige Kinder, die JHWHs Weisungen missachten. Dies bedeutet,
dass diese „Anbeter" JHWHs den Kult als Mittel verstehen, ihren Gott zum Hören
zu bewegen, obwohl sie selbst ihm längst die Treue gebrochen haben und seinen
Botschaften gegenüber taub sind.[539] Ein solcher Kult ist eine verkehrte Welt, da
derartige „Verehrer" sich selbst die Position Gottes anmaßen, indem sie durch ihre

---

oben Punkt 3.3 (synchrone Textstruktur von Jes 1,2 – 31) und 3.6.2.7 (literarkritische Konsequenzen).
537 Es handelt sich um die folgenden zehn Aussagen: פָּשְׁעוּ בִי (V. 2b)/ לֹא יָדַע /לֹא הִתְבּוֹנָן (V. 3b)/
חֹטֵא/ עָוֹן כֶּבֶד /מְרֵעִים /נָאֲצוּ /עָזְבוּ /נָזֹרוּ (V. 4b). Siehe auch unten Punkt 3.6.3.4 („Zur (V. 4a)/ מַשְׁחִיתִים
Widerspenstigkeit סָרָה in Jes 1,5aβ").
538 Elberfelder Übersetzung.
539 Zum Zusammenhang zwischen Widerspenstigkeit und Zurückweisung des Kultes siehe auch
Punkt 3.6.3.4.

im Kult vorgetragenen Anliegen bestimmen wollen, was geschehen soll, und Gott als mächtiges Werkzeug in ihren Händen verstehen, der die Pläne seiner „Verehrer" in die Tat umsetzen soll. Diese Art einer pervertierten Gottesbeziehung ist dem oben erläuterten Verhältnis zwischen JHWH und seinem Propheten diametral entgegengesetzt. Das Selbstverständnis solcher „Verehrer" gleicht dem eines Anti-JHWH, wie er in der Exodus-Tradition durch den ägyptischen Pharao,[540] oder in Jes 13 f. durch den König von Babel[541] verkörpert wird. Dieser verkehrten kultischen Welt erteilt JHWH durch den Mund seines Propheten eine endgültige Absage (V. 15aδ: אֵינֶנִּי שֹׁמֵעַ). Gleichzeitig verlangt er von seinem Volk in Jes 1,16 die Korrektur der Perversion der Verhältnisse, indem er Läuterung und das Ablassen von bösem Handeln befiehlt. Dadurch wird der Weg frei zum aktiven Tun des Guten (V. 17), insbesondere zur Herstellung rechter Verhältnisse, die auch das Leben der Schwachen achten. Um dies tun zu können, bedarf es der grundlegenden Bereitschaft zum Hören auf JHWHs Wort und Weisung (Jes 1,10.19), einer Bereitschaft, die seinem ganzen kosmischen Herrschaftsbereich zu eigen ist. Das bei Jesaja nur in 1,10 und 2,3 belegte parallele Paar דְּבַר־יְהוָה „Wort JHWHs" und תּוֹרָה „Weisung"[542] sowie die Tatsache, dass die in Jes 1,17 verkündete Aufforderung an das Sodom-und-Gomorra-Volk, das Recht zu suchen, genau dem entspricht, was in Jes 2,4 die zum Zion pilgernden Völker bereits tun, unterstreichen, dass die gesamte Passage Jes 1,10–20 die Absicht verfolgt, Israel auf einen Weg zurückzubringen, auf dessen zu ewigem Frieden führenden Bahnen sich der ganze Kosmos bereits bewegt (Jes 2,2–4). Dazu fordert Jes 2,5 dann auch ganz explizit auf, und zwar unter Verwendung derselben einladenden Floskel לְכוּ „Kommt!" wie Jes 1,18. Das Motiv des Hörens auf JHWH (Jes 1,2a.10.19) ist der Schlüssel zu diesem Weg.

---

540 Ein Hinweis darauf, dass ein solches Verständnis von Kult auch die Haltung des ägyptischen Pharao bestimmt, ist die Tatsache, dass er magische Riten praktizierende Weise und Zauberer heranzieht, um die von JHWH durch Mose und Aaron gewirkten Wunder nachzuahmen (Ex 7,8–13.14–25; 7,26–8,3) und so seine Überlegenheit gegenüber JHWH zu zeigen. Die Riten der Weisen und Zauberer dienen hier nicht der Verehrung Gottes, sondern dazu, die Absichten des sich als Gott gebärdenden Pharao zu verwirklichen. So wie bei Jesaja 1,10–17 die „Anführer Sodoms" samt dem dazugehörigen Volk ihren Kult praktizieren, ohne sich für die Not der Armen und Schwachen zu interessieren (Jes 1,16 f.), ist es auch dem Pharao gleichgültig, dass er durch die von seinen Weisen und Zauberern gewirkten „Wunder", d. h. das ganze Land heimsuchende Plagen in Form von verseuchtem Wasser (Ex 7,21 f.) und Massen von Fröschen (Ex 8,3), sein eigenes Volk in größte Not bringt.

541 Näheres dazu unten im Rahmen der Exegese von Jes 1,4a.

542 So schon Williamson, Isaiah 1–5, S. 82 Anm. 21. Zum Verweiszusammenhang zwischen Jes 1,10 und 2,3 siehe auch Fischer, Tora für Israel, S. 23.

3.6.2.7 Literarkritische Konsequenzen für Jes 1 (einschließlich Ausblick auf Jes 2,1 – 5)

Dass Jes 1,2a auf die Hand einer späten Redaktion zurückgeht, wurde unter Punkt 3.6.2.6.5 bereits dargelegt. Die obigen Überlegungen zum Motiv des Hörens haben gezeigt, dass der zweite Höraufruf Jes 1,10 nicht nur dieselben Imperative wie Jes 1,2a verwendet, sondern auch inhaltlich Teil eines in sich stimmigen Konzeptes ist, das den auf der Seite des Lebens stehenden kosmischen Bereich, der von JHWH regiert wird (Jes 1,2a), der dem Leben entgegengesetzten Todessphäre gegenübergestellt, die durch die Namen Sodom und Gomorra repräsentiert ist. Dabei bewegen sich die in Jes 1,10 angesprochenen Adressaten auf Grund ihres Abfalls von JHWH in der Sphäre des Todes. Außerdem wurde deutlich, dass die beiden Objekte in Jes 1,10 דְּבַר־יְהוָה „Wort JHWHs" und תּוֹרָה „Weisung", die bei Jesaja nur noch in 2,3 als paralleles Paar vorkommen, dem Volk JHWHs einen der Völkerwallfahrt zum Zion entsprechenden Weg der Rückkehr aus dem Chaos in den von JHWH regierten kosmischen Bereich weisen wollen. Literarkritisch bedeutet dies, dass Jes 1,10 bereits im Blick auf Jes 2,3 verfasst wurde. Aus alledem ergibt sich, dass Jes 1,10 höchstwahrscheinlich vom gleichen Redaktor stammt wie Jes 1,2a.[543] Bestätigt wird diese Annahme durch die Tatsache, dass Jes 1,11 mit יֹאמַר יְהוָה („spricht JHWH") nochmals eine eigene JHWH-Spruch-Formel enthält, obwohl bereits Jes 1,10 ein JHWH-Wort ankündigt.[544]

Die bisherigen Ausführungen haben gezeigt, dass das Konzept des Hörens auf JHWH nicht nur in den die Abschnitte Jes 1,2 – 4 und V. 10 – 17 einleitenden Aufrufen (V. 2a und 10), sondern auch in den Versen 18 – 20 verankert ist. Dabei greift der Abschnitt Jes 1,18 – 20 inhaltlich wie formal sowohl auf die Einleitungsverse 2a und 10 als auch auf die Hauptcorpora (V. 2b – 4.11 – 17) der beiden vorhergehenden Abschnitte zurück. Letzteres wird durch die folgenden, teilweise bereits im Rahmen der Struktur von Jes 1 erörterten Beobachtungen verdeutlicht. חַטָאֵיכֶם „eure Sünden" (V. 18) knüpft an V. 4a an. V. 19 טוּב הָאָרֶץ תֹּאכֵלוּ „ihr werdet die Güter des Landes essen" wendet die Aussage von V. 7a (Stichworte אֶרֶץ „Land", אכל „essen") ins Positive. V. 20 greift inhaltlich mit dem Motiv der Widerspenstigkeit die Aussage von V. 5a[545] auf. Außerdem führt V. 20b חֶרֶב תְּאֻכְּלוּ „vom Schwert werdet ihr verzehrt werden" die Aussage von V. 6 – 7 fort, indem das Schwert die Beschreibung des verwundeten Körpers und das Stichwort אכל „essen" die Situation des von Fremden verzehrten verwüsteten Landes in Erinnerung rufen. Formal führt V. 18 – 20 nicht nur die Sprechperspektive der zweiten Person Plural aus V. 10 – 17 fort,

---

543 So auch Williamson, Isaiah 1– 5, S. 82.
544 So schon Williamson, Isaiah 1– 5, S. 82.
545 Näheres dazu unten im Rahmen der Exegese von Jes 1,5.

sondern integriert mittels der Form וְנִוָּכְחָה „lasst uns das Rechte finden" auch die schon in V. 9 erstmals eingetragene Wir-Perspektive. Letzteres ist insbesondere deshalb bemerkenswert, als V. 9 nicht nur selbst, wie sich in der weiteren Exegese zeigen wird, eine spätere Hinzufügung ist, sondern auch von einer Gruppe gesprochen wird, die sich von dem in Jes 1,10 angesprochenen Sodom-und-Gomorra-Volk durch seine Haltung der demütigen Dankbarkeit gegenüber JHWH unterscheidet,[546] so dass der Imperativ לְכוּ־נָא וְנִוָּכְחָה „Kommt und lasst uns das Rechte finden" das Sodom-und-Gomorra-Volk von V. 10 dazu einlädt, sich dem positiven Weg der bereits in Jes 1,9 vorgestellten Gruppe anzuschließen. Diese Interpretation harmoniert mit der Tatsache, dass Jes 1,18 – 20 insgesamt eine Zwei-Wege-Lehre ist. Formal setzt Jes 1,18 – 20 den vorhergehenden Abschnitt Jes 1,11 – 17 noch aus einem anderen Grund voraus. Denn wie bereits oben im Rahmen der Erörterung des Motivs des Hörens erwähnt, erweitert der Imperativ לְכוּ־נָא וְנִוָּכְחָה „Kommt und lasst uns rechten" die Reihe von neun Imperativen aus Jes 1,16 f., wobei hier ursprünglich die Zahl neun als Potenz von drei den Weg zur Vollkommenheit symbolisieren dürfte, zur Vollzahl von zehn. Die Zahl von zehn Imperativen zur Abkehr vom Bösen korrespondiert mit der Zahl von zehn Vergehen in Jes 1,2b – 4: נֵאֲצוּ, עָזְבוּ (V. 2b), פָּשְׁעוּ בִי, לֹא יָדָע (V. 3b), לֹא הִתְבּוֹנָן, חֹטֵא, כֶּבֶד עָוֹן, מְרֵעִים, מַשְׁחִיתִים (V. 4a), נָזֹרוּ (V. 4b). Wenn man nicht wie Becker[547] Jes 1 insgesamt als eine späte, literarisch einheitliche Komposition betrachten will, folgt aus alledem, dass auf Grund der Rolle des Motivs des Hörens die Passagen Jes 1,2a, V. 10 sowie V. 18 – 20 insgesamt zu einer zusammenhängenden späten Schicht gehören. Die Aussage in V. 15aδ: אֵינֶנִּי שֹׁמֵעַ „ich bin kein Hörender" könnte zwar von vornherein zu dieser Schicht gehört haben, mit der Konsequenz, dass dann Jes 1,10 – 20 insgesamt zu dieser späten Schicht zu rechnen wäre. Da Jes 1,11 – 17 aber abgesehen von der recht häufigen Wurzel רעע (als Verb und als Nomen in V. 16, vgl. V. 4a מְרֵעִים) eher wenig Anknüpfungspunkte in Jes 1,2b – 4 hat – insbesondere fehlt das Bild der Adoptivsohnschaft, ferner unterscheidet sich die Form der Komposition deutlich – und da der Imperativ לְכוּ־נָא וְנִוָּכְחָה „Kommt und lasst uns das Rechte finden" (V. 18) sich formal von der vorhergehenden Reihe deutlich unterscheidet, ist es wahrscheinlicher, dass der schon im überlieferten Material vorhandene V. 15aδ: אֵינֶנִּי שֹׁמֵעַ „ich bin kein Hörender" die Einfügung der Passagen Jes 1,2a.10.18 – 20 motiviert hat. Eine verbindliche Aussage über den Ursprung von Jes 1,11 – 17 wird jedoch im Rahmen dieser Untersuchung nicht möglich sein, da hierfür auch eine ausführliche Einzelexegese mit Motivkritik von Jes 1,10 – 17 erforderlich wäre. Da

---

546 Näheres dazu unten im Rahmen der Exegese von Jes 1,9.
547 Becker, Jesaja, S. 191. Warum diese Sicht auf Grund des in Jes 1,7a greifbaren älteren Materials letztlich nicht überzeugen kann, wird unter Punkt 3.6.5.4 ausgeführt.

in Jes 1,10 das Sodom-und Gomorra-Motiv fest verankert ist, dürfte dieselbe Redaktionsschicht auch die Passagen Jes 1,7b, dessen sekundärer Charakter allgemein anerkannt ist,[548] und Jes 1,9 eingefügt haben.[549] Motiviert sein dürfte die Eintragung dieses Motivs durch die Formulierung בָּנִים מַשְׁחִיתִים „Söhne, die Verderben bringen" in Jes 1,4a. Da der Imperativ לְכוּ־נָא וְנִוָּכְחָה „Kommt und lasst uns das Rechte finden" (V. 18) in Jes 2,5 aufgegriffen wird, um Israel vor dem Hintergrund seiner in Jes 1 beschriebenen, Unheil bringenden Abkehr von JHWH nochmals dazu zu ermuntern, in Treue zu JHWH den göttlichen Heilswegen zu folgen, wie es künftig der ganze Kosmos tun wird (Jes 2,2 – 4), und da dieser Imperativ Jes 2,5 schon von Wildberger und vielen anderen als sekundär beurteilt wurde,[550] legt es sich nahe, auf Grund des in Jes 1,2a greifbaren universalen Konzepts von Prophetie auch diesen Vers derselben literarischen Schicht zuzurechnen. Damit ist bis jetzt eine zusammenhängende Redaktionsschicht greifbar geworden, die Jes 1,2a.7b.9.10.18 – 20 und Jes 2,5 umfasst. Ferner gehört auch die oben im Rahmen der Exegese von Jes 1,1 als sekundär qualifizierte Königschronologie zu dieser Schicht. Denn angesichts der oben dargelegten buchübergreifenden Bedeutung der Anrufung von Himmel und Erde als zweier den Kosmos repräsentierender Elemente, die sich durch JHWHs Wort erneuern lassen und in Unterstützung seiner universalen Herrschaft Gerechtigkeit und Heil hervorbringen, stellt sich die universale Perspektive als heilvoll und zukunftsweisend dar, während die geschichtliche Epoche der Könige als zu überwindende Zeit des Unheils, als Sodom-und-Gomorra-Zeit erscheint. Dieses Konzept entspricht der nachexilischen Sicht des ganzen Jesaja-Buches, insbesondere des Jesaja-Schlusses, auf dessen enge Beziehungen zu Jes 1 schon oft hingewiesen wurde, da nach der Katastrophe des Exils selbst die an sich positive Gestalt Hiskijas nichts mehr an einer grundsätzlich negativen Beurteilung des geschichtlichen Königtums Israels ändern konnte (vgl. in diesem Sinne Jes 39,8). Akzeptiert man diese grundlegende Unterscheidung zwischen der kosmischen, in die Zukunft weisenden Heilsperspektive und der dem Paradigma von Sodom und Gomorra unterstehenden geschichtlichen Zeit der Könige als hermeneutisches Prinzip, dann legt es sich ferner nahe, die zweite Überschrift im Jesaja-Buch Jes 2,1 ebenfalls insgesamt der Hand der von uns vorgeschlagenen späten Redaktionsschicht zuzuweisen. Denn durch diese Überschrift wird die künftige Zeit des Heils des ganzen Kosmos (Jes 2,2 – 4), die dank JHWHs Wort an Himmel und Erde (Jes 1,2a) sich schon jetzt zu ver-

---

548 Zum Nachweis siehe unter die Exegese von Jes 1,7b sowie schon oben die Anmerkungen zur Textkritik.

549 Zur eingehenden Begründung siehe unten die diachronen Überlegungen zu Jes 1,7b.9 unter Punkt 3.6.7.4.

550 Wildberger, Jesaja 1–12, S. 77.

wirklichen beginnt, in qualitativer Hinsicht grundlegend von der früheren unheilvollen Epoche der Königszeit geschieden.[551] Vor dem Hintergrund dieser Intention erklärt sich auch, warum Jes 2,1 keine Königschronologie enthält. Wie oben
unter Punkt 3.2 bereits bemerkt, spricht Jes 2,2–4 über eine künftige Zeit, in der es
keine Könige mehr gibt, sondern JHWH selbst vom Zion aus herrscht (Jes 2,3 f.). Es
handelt sich hierbei um einen am Buchanfang verankerten Vorausblick auf die am
Buchschluss dargestellte universale Königsherrschaft JHWHs (vgl. Jes 66,1 sowie
die Parallelen zu Jes 2,2–4 in Jes 60; 66,12). Ferner weist sich Jes 2,1 auch von
seinem Vokabular her als Rückgriff auf die beiden Verse Jes 1,1.2a aus. Denn zum
einen wird angesichts des universalen Horizonts der Völkerwallfahrt zum Zion
(Jes 2,2–4) mit dem Titelprädikat von Jes 2,1 הַדָּבָר „das Wort" die in Jes 1,2a an
Himmel und Erde gerichtete Ankündigung des Propheten, eine Rede JHWHs zu
verkünden (כִּי יְהוָה דִּבֵּר „denn JHWH hat geredet"), in Erinnerung gerufen. Zum
anderen wird der Prophet wegen des gegenüber Jes 1 ganz anderen Zeitbezugs der
nachfolgenden Botschaft noch einmal als von JHWH berufener Offenbarungsempfänger ausgewiesen, indem das Verb und die Ortsangabe aus Jes 1,1 (אֲשֶׁר חָזָה
יְשַׁעְיָהוּ בֶּן־אָמוֹץ עַל־יְהוּדָה וִירוּשָׁלָ͏ִם „das Jesaja, der Sohn des Amoz, schaute über Juda
und Jerusalem") wiederholt werden. Darüber hinaus weist die Ortsangabe „Juda
und Jerusalem" darauf hin, dass der frühere Schauplatz unheilvoller Zustände und
Vorkommnisse (Jes 1) künftig zum Ort des eschatologischen Heilsgeschehens wird.

Ebenfalls zu dieser späten Redaktionsschicht dürfte Jes 1,27–28 gehören,[552] da
der vorhergehende Abschnitt Jes 1,21–26 ausweislich unserer Überlegungen zur
Struktur von Jes 1 (Punkt 3.3) formal und inhaltlich eine in sich geschlossene
Einheit bildet, während Jes 1,27–28 nicht nur mittels der Stichworte מִשְׁפָּט
(„Recht") und צְדָקָה („Gerechtigkeit") auf Jes 1,17.21–26 zurückgreift (so V. 27),
sondern durch die Begriffe פֹּשְׁעִים וְחַטָּאִים (,,Treubrüchige und Sünder") sowie עֹזְבֵי
יְהוָה („diejenigen, die JHWH verlassen") besonders auch auf den Wehe-Ruf Jes 1,4
Bezug nimmt (so V. 28).[553] Dabei wird jedoch abweichend von Jes 1,4 eine Un-
terscheidung zwischen denjenigen, die sich auf Recht und Gerechtigkeit besinnen
(V. 27), und denjenigen, die JHWH samt der von ihm vertretenen Sache der Gerechtigkeit verraten (V. 28), eingeführt. Diese Unterscheidung findet sich nicht in
Jes 1,4, sondern entspricht der Zwei-Wege-Lehre von Jes 1,18–20. Die Entsprechung zwischen V. 18 חֲטָאֵיכֶם „eure Sünden" und V. 28 חַטָּאִים „Sünder" unter-

---

551 Siehe dazu auch unten Punkt 3.6.8.2.
552 Zur literarkritischen Unterscheidung zwischen Jes 1,21–26 und Jes 1,27–31 siehe schon
Wildberger, Jesaja 1–12, S. 57, 66 f., 69–74; Barth, Jesaja-Worte, S. 292 Anm. 44; Vermeylen, Du
prophète Isaïe, S. 105–108; Blum, Jesajas prophetisches Testament (Teil 1), S. 564 f.; Sweeney,
Isaiah 1–39, S. 86 f.; Berges, Das Buch Jesaja, S. 69 f.; Steck, Zur konzentrischen Anlage, S. 97.
553 Näheres zu diesen Bezügen findet sich oben unter Punkt 3.3.

streicht nicht nur den Zusammenhang zwischen den beiden Abschnitten, sondern deutet auch ein Fortschreiten in dem von der Zwei-Wege-Lehre Jes 1,18 – 20 geforderten Entscheidungsprozess an. Während in V. 18 חַטָּאיכֶם „eure Sünden" noch ein Makel ist, der durch Hören auf JHWH (vgl. V. 19) überwunden werden kann und soll, spricht V. 28 חַטָּאים „Sünder" bereits von einem verfestigten Zustand, der nicht mehr ohne weiteres revidierbar ist. Dieser Unterschied zwischen Jes 1,18 – 20 und Jes 1,27 – 28 dürfte allerdings nicht literarkritisch durch das Wirken einer anderen Hand zu erklären sein, da er durch den Fortgang der zwischen Jes 1,20 und V. 27 liegenden Entwicklung bedingt ist. Das von JHWH in Jes 1,24 – 26 angekündigte Reinigungsgericht, das Zion wieder zum Wohnort der Gerechtigkeit macht, damit der in Jes 2,2 – 4 verheißene Heilszustand Wirklichkeit werden kann, bezeichnet den Zeitpunkt, nach dem eine Umkehr zu JHWH im Sinne von Jes 1,18 – 20 nicht mehr möglich ist. Wer im Moment des Gerichts noch Sünder ist, verfällt dem Untergang, wer zur Umkehr zu Recht und Gerechtigkeit entschieden ist, wird gerettet. Daher ist Jes 1,27 – 28 genau die Weiterführung der gedanklichen Linie von Jes 1,2a.7b.9.10.18 – 20, die den Weg aufzeigt, auf dem Zion für die in Jes 2,2 – 4 beschriebene Heilszeit unter JHWHs Herrschaft gerüstet wird.[554]

Was Jes 1,29 – 30 betrifft, so erscheint die in der Baum- und Gartenmetaphorik anklingende Fremdgötterthematik, die tritojesajanische Bezüge (Jes 57,4b – 5; 65,3) aufweist,[555] in Jes 1 eher als ein Fremdkörper, da der Treubruch gegen JHWH (Jes 1,2 – 4) ausweislich Jes 1,16 f. und Jes 1,21 – 26.27 in erster Linie in der Missachtung von Recht und Gerechtigkeit wurzelt. Ob allerdings die in einer sehr späten Zeit wirkende, oben transparent gemachte Redaktionsschicht selbst auch ein Interesse hatte, die vor allem in den späteren Schichten des Jesaja-Buches häufig anzutreffende Fremdgötter-Thematik in Jes 1 einzutragen, müsste endgültig in einer vom Jesaja-Schluss herkommenden Untersuchung entschieden werden.[556] Für die Annahme, dass V. 29 – 30 ein wohl nochmals späterer Zusatz ist, spräche

---

554 Zur Einordnung dieser Redaktionsschicht in einen größeren Kontext, nämlich denjenigen der von O. H. Steck so genannten „Umkehr-Redaktion" von Jes 56,9 – 59,21, siehe Berges, Das Buch Jesaja, S. 69 f., mit den dort genannten Verweisen auf Steck. Zum Zusammenhang zwischen Jes 1,21 – 26.27 – 28 und Jes 2,2 – 4.5 vgl. Berges, ebd., S. 68 – 76. Anders beurteilt Berges, ebd., S. 72, die Überschrift Jes 2,1, indem er meint, diese verdunkle die Verknüpfung von Jes 1,21 – 26.27 – 28 und Jes 2,2 – 4. Uns scheint dem, wie oben dargelegt, nicht so zu sein. Vielmehr soll durch Jes 2,1 ein anderer zeitlicher Horizont, nämlich der einer eschatologischen Zeit, eröffnet werden. Dies harmoniert auch mit der Überschrift Jes 13,1, die ebenfalls bewusst auf eine historische Fixierung, wie sie in Jes 1,1; 6,1; 7,1; 14,28 vorgenommen wird, verzichtet, da in Jes 13,2 – 14,27 das Szenario eines eschatologischen Gerichts entworfen wird.
555 Siehe dazu schon oben Punkt 3.3.
556 Siehe dazu auch die unten im Rahmen der Exegese von Jes 1,4b unter Punkt 3.6.2.12.2 notierten Beziehungen zwischen Jes 1,4.28 – 31 und Jes 58; 65.

allerdings der plötzliche Wechsel in die direkte Anrede in der zweiten Person Plural. Im Duktus der oben erläuterten gedanklichen Linie zwischen Jes 1,18 – 20 und V. 27 – 28 lässt sich ein gezielter Einsatz verschiedener Sprechperspektiven beobachten. Jes 1,18 – 20 fordert das direkt in der zweiten Person Plural angesprochene Volk letztmalig zur Entscheidung auf. Die Schlussformel כִּי פִּי יְהוָה דִּבֵּר „denn der Mund JHWHs hat gesprochen" unterstreicht diese Endgültigkeit. Danach wird Jerusalem/Zion in der zweiten Person Singular angesprochen. Auch hier geht es darum, die verwahrloste Stadt auf die Wiedererrichtung der auf Gerechtigkeit ausgerichteten Herrschaft JHWHs vorzubereiten, indem ihr ein Reinigungsgericht verheißen wird (Jes 1,24 – 26). Danach wird in Jes 1,27 – 28 sowohl über Zion als auch über das Volk in der dritten Person gesprochen. Alles Wesentliche ist ihnen bereits mitgeteilt worden. Die Sprechrichtung ist nun wieder dieselbe wie in Jes 1,2 – 4.[557] Dies bedeutet, dass die in Jes 1,2a mit Himmel und Erde aufgerufene Allgemeinheit davon in Kenntnis gesetzt wird, dass die Scheidung zwischen dem, was rechtschaffen ist, und denen, die JHWH die Treue gebrochen haben, jetzt vollzogen werden kann, damit JHWHs universale, dem in Jes 2,2 – 4 dargestellten Ziel entgegen strebende Herrschaft offenbar wird. Daher ist Jes 1,29 – 30 eher als nochmals späterer Zusatz anzusehen. Demgegenüber fügt sich nach Streichung von Jes 1,29 – 30 der letzte Vers 31 gut in den Duktus von Jes 1 ein.[558] Für eine ursprüngliche Zusammengehörigkeit von Jes 1,28 und V. 31 könnte sprechen, dass aus Jes 1,28 das Stichwort פֹּשְׁעִים „Treubrüchige" und aus Jes 1,31 die Wurzel כבה „löschen" sowie das Motiv des Feuers in Jes 66,24 wiederkehren.

Die obigen literarkritischen Überlegungen kommen zum Schluss, dass in Jes 1,1 – 2,5 eine späte, in der nachexilischen Zeit anzusetzende Redaktionsschicht zu identifizieren ist, die bereits im Wesentlichen das ganze Jesaja-Buch vor Augen hat. Diese Schicht hat den folgenden Umfang:

Jes 1,1b (Königschronologie).2a.7b.9.10.18 – 20.27 – 28.31; 2,1.5.

Jes 1,29 – 30 dürfte eine nochmals spätere Ergänzung sein.

3.6.2.8 Zu Form und Sprache von Jes 1,2b – 4

Über die zur Frage der Feinstruktur von Jes 1,2 – 9 erörterten formalen Charakteristika (siehe v. a. Punkt 3.6.1.3 – 4) hinaus sollen Form und Sprache von Jes 1,2b – 4 nun noch eingehender analysiert werden. Die Passage Jes 1,2b – 4 besteht aus vier kleinen Unterabschnitten. Der erste, V. 2b, ist ein persönlicher Erfahrungsbericht

---

557 Zur Sprechrichtung von Jes 1,4 siehe oben Punkt 3.6.1.4.3.
558 Berges, Das Buch Jesaja, S. 72 betrachtet Jes 1,29 – 31 insgesamt sowie auch Jes 2,1 als gegenüber V. 27 f. späteren Zusatz.

JHWHs in der 1. Person Singular über seine Bemühungen zu Gunsten seiner Söhne und deren Reaktion. Der nächste, V. 3, bewertet diese Erfahrungen in einem Tiervergleich. Aus der negativen Bewertung resultiert im dritten Unterabschnitt, V. 4a, eine Unheilsankündigung, die die Form eines expressiven Wehe-Rufs hat. Der vierte Unterabschnitt, V. 4b, greift in objektivierter Form, nämlich durch eine Rede über JHWH in der 3. Person, den Vorwurf von V. 2bβ, Israel habe mit dem Herrn gebrochen, und die in V. 4a enthaltenen Schuldzuweisungen mittels dreier Verben auf, die Israels Verfehlungen umschreiben und so die Unheilsansage näher begründen.

Jes 1,2b beginnt mit betont vorangestelltem Objekt בָּנִים („Söhne"). Dadurch stehen die Söhne in Parallele zu JHWH, dem Subjekt von V. 2ay (כִּי יְהוָה דִּבֵּר), dem die Rolle der Eltern zukommt. Diese Parallelisierung von JHWH und seinen Söhnen schafft eine Brücke über die Zäsur, die durch den Wechsel von der Prophetenrede in der 3. Person (V. 2a) zur JHWH-Rede in der 1. Person (V. 2b) entstanden ist. Die Einheit V. 2b enthält drei Verben, deren beiden erste (גִּדַּלְתִּי וְרוֹמַמְתִּי) grammatikalisch durch die Form der ersten Person Singular einander zugeordnet sind und dem dritten Verb (פָּשְׁעוּ), das in der dritten Person Plural steht, gegenüberstehen. In Vers 2bβ ist das Subjekt הֵם, das sich auf das Objekt בָּנִים aus 2bα bezieht, doppelt betont, da es zum einen – wie vorher bereits בָּנִים – durch die Stellung vor dem Verb und zum anderen auch qua selbständiges Personalpronomen besonders hervorgehoben ist. Dadurch wird der scharfe Gegensatz zwischen JHWHs Handeln an den Söhnen (V. 2bα) und deren Erwiderung nach V. 2bβ effektvoll akzentuiert. Verstärkt wird diese Opposition, indem V. 2b mit בָּנִים „Söhne" beginnt und mit dem gleich anlautenden Ausdruck בִי „gegen mich" schließt. Inhaltlich besteht sie darin, dass JHWHs elterliche Fürsorge, die sich auf das Großziehen und Emporbringen (2aα – β: גִּדַּלְתִּי וְרוֹמַמְתִּי) der Söhne richtet, von diesen durch den Bruch mit ihm (פָּשְׁעוּ) quittiert wird.

Die Ungeheuerlichkeit dieses Verhaltens führt Vers 3, der nächste Unterabschnitt, in einer Gegenüberstellung vor Augen, die einerseits die natürlich-instinkthafte Kenntnis von Rind und Esel, andererseits Israels bestürzende Unkenntnis betrachtet. Vers 3 enthält – wie auch V. 2a, 2b und 4b – drei Verben, jedoch bilden hier nicht mehr wie in V. 2a, 2b und 4b die ersten beiden ein Paar, das dem dritten gegenübersteht, sondern das erste, auf Rind und Esel bezogene Verb (יָדַע) steht für sich, während die anderen beiden (לֹא יָדַע und לֹא הִתְבּוֹנָן) auf Grund der Verneinung durch לֹא, ihres Bezugs auf Israel und ihrer Stellung hinter dem Subjekt ein Paar bilden. Diese Konstellation wird noch deutlicher, wenn man die Abfolge der Satzglieder betrachtet. In V. 3a steht das Prädikat an erster Stelle, gefolgt vom ersten Subjekt und einem Objekt, woran sich das zweite Subjekt mit einem Objekt und einer Genetivergänzung anschließt. In V. 3b und 3c steht jeweils das Subjekt an erster Stelle, gefolgt vom verneinten Prädikat, ein Objekt ist nicht vorhanden. Vers 3b und 3c bilden einen exakt durchgehaltenen synonymischen Parallelismus membrorum. Durch das enklitische Personalpronomen von עַמִּי („mein Volk") in Vers 3c, das das Ich des Sprechers von Vers 2b in Erinnerung ruft, wird Vers 3 insgesamt mit Vers 2b zu einer Einheit zusammengebunden. Darüber hinaus haben Vers 2b und 3 gemeinsam, dass die Elemente, die Israel bezeichnen (עַמִּי, יִשְׂרָאֵל, הֵם, בָּנִים), durchwegs betont vor dem Verb stehen. Während V. 2b von der Opposition בָּנִים und בִי umfasst wird, bildet um V. 3 der Gegensatz zwischen יָדַע „hat erkannt" und לֹא יָדַע „hat nicht erkannt"/ לֹא הִתְבּוֹנָן „hat nicht verstanden" einen Rahmen. Dies entspricht der Tatsache, dass in V. 2b die beiden Handlungsträger Israel und JHWH im Vordergrund stehen, deren Gegnerschaft sich aus ihrem jeweiligen Handeln ergibt, während V. 3 eine wahrnehmende und verständige Haltung mit einer blinden und unständigen Haltung kontrastiert. In den beiden Versen stehen also die entsprechenden Gegensatzpole am Beginn und am Schluss. Dadurch wird die gemeinsame zentrale Aussage schlaglichtartig umrissen: Israel hat mit JHWH gebrochen und sich durch Missachtung natürlicher Einsichten als grob unverständig erwiesen.[559] Sowohl die Kombination der in Jes 1,2b – 3 angesprochenen Themen als auch das Stilmittel des Tiervergleichs zeigen, dass diese Passage vom weisheitlichen Denken geprägt ist.[560] Insbesondere das im Großziehen und Emporbringen von Kindern angesprochene Bemühen um Erziehung und die Naturbeobachtung mit dem Ziel, durch das Verstehen ihrer göttlichen Ordnung auch Regeln für das richtige Verhalten im menschlichen Leben zu erkennen, sind typisch weisheitliche Topoi.

An der Form von Vers 4a ist auffällig,[561] dass er im Unterschied zu V. 2a, 2b, 3 und 4b, wo sich je drei finite Verbformen finden, überhaupt keine finite Verbform, sondern nur drei Partizipien und ein Adjektiv enthält. Vers 4aα besteht aus zwei Dreiergruppen, Vers 4aβ aus zwei Zweiergruppen. Die erste Dreiergruppe enthält den Binnenreim הוֹי גּוֹי, die zweite Dreiergruppe den Stabreim עָוֹן ... עַם,[562] der das buchstäblich bedeutungsschwere Wort כֶּבֶד umfasst. Inhaltlich schließt sich in beiden Dreiergruppen jeweils an ein Nomen, das das Volk bezeichnet (גּוֹי und עַם), ein Attribut an, das seine Sündenschuld umschreibt: חֹטֵא und כֶּבֶד עָוֹן. Bedenkt

---

559 Vgl. Kaiser, Jesaja 1–12, S. 30: „Ein Volk, das seinen Gott und Vater nicht kennt und anerkennt, ist vernunftloser als das Vieh, das seinen Besitzer und Herrn sehr wohl von jedem anderen Menschen zu unterscheiden weiß und ohne Umstände vom Acker oder Ausritt den Weg zum Verschlag und zur Krippe seines Herrn zurückfindet. Israels Einsichtslosigkeit ist wirklichkeitsfremd, vgl. 29,9 f.; 5,13; 6,9 und 32,3 f., und setzt die eigene Existenz aufs Spiel."
560 So schon Wendel, Jesaja und Jeremia, S. 44.
561 Zur Stilanalyse von Jes 1,4 siehe auch Seybold, Poetik der prophetischen Literatur, S. 78 – 81. Dort finden sich insbesondere auch Ausführungen zu lautmalerischen Effekten und Rhythmik (S. 79 f.).
562 Vgl. Seybold, Poetik der prophetischen Literatur, S. 79.

man, dass das Adjektiv כָּבֵד „schwer" aus der Wurzel כבד abgeleitet ist, deren nominales Derivat כָּבוֹד „Schwersein" sonst besonders dazu verwendet wird, Gottes Ehre und Herrlichkeit auszudrücken (vgl. z. B. Jes 6,3), während hier in V. 4aα durch die Verbindung des Adjektivs כָּבֵד mit dem Nomen עָוֺן genau das Gegenteil, nämlich besonders gravierende Sündenschuld, gesagt werden soll, dann wird deutlich, dass die dreigliedrige Struktur der beiden Stichoi

הוֹי גּוֹי חֹטֵא

עַם כֶּבֶד עָוֺן

in negativer Analogie zum dreifachen „heilig" (קָדוֹשׁ קָדוֹשׁ קָדוֹשׁ) in Jes 6,3[563] zahlensymbolisch die vollkommene Sündhaftigkeit des Volkes Israel hervorhebt, die Gottes vollkommener Heiligkeit entgegengesetzt ist. Dabei beinhaltet die Bezeichnung des Volkes als כֶּבֶד עָוֺן „schwer von Sündenschuld" eine durch die Wurzel כבד vermittelte antagonistische Stichwortbeziehung zur Verwendung des Gottesattributs כָּבוֹד „Ehre, Herrlichkeit" in Jes 6,3. Die dort zu findende Aussage, dass מְלֹא כָל־הָאָרֶץ כְּבוֹדוֹ „die Fülle der ganzen Erde seine Herrlichkeit" ist, scheint für das mit Sündenschuld belastete Israel wegen des in Jes 1,2 – 4 konstatierten Bruchs mit JHWH gerade nicht zu gelten.

In den beiden Zweiergruppen von Vers 4aβ, nämlich זֶרַע מְרֵעִים und בָּנִים מַשְׁחִיתִים, findet sich dreimal die Endung ־ים, wobei die Wirkung dieses Binnenreims durch das doppelte lange i von מַשְׁחִיתִים verstärkt wird. Durch den Anlaut מ des jeweils zweiten Wortes werden die beiden Zweiergruppen formal noch enger aufeinander bezogen. Damit stehen sich in dem stilistisch kunstvoll durchformten Versteil 4a ein aus je drei Elementen bestehendes Paar (4aα) und ein aus je zwei Elementen bestehendes Paar (4aβ) gegenüber. Die beiden Zweiergruppen in V. 4aβ sind auch in ihrer semantischen Struktur parallel aufgebaut, indem hier wie dort ein Ausdruck für Nachkommenschaft an erster Stelle steht, auf den ein Partizip eines Verbs folgt, das bösartiges Handeln bezeichnet. Obwohl Vers 4a aus zwei recht unterschiedlich gestalteten Hälften (4aα und 4aβ) besteht, bildet er eine Einheit. Denn V. 4aα nimmt das Volk als Kollektiv mit der auf ihm lastenden Sündenschuld in den Blick, V. 4aβ dagegen die Vielzahl der Individuen mit ihrem verwerflichen Handeln, dessen Dauerhaftigkeit durch die Verwendung von Partizipien zum Ausdruck kommt. Der Blick auf das Kollektiv und der Blick auf die Vielzahl der Einzelnen ergänzen sich komplementär.[564] Die Satzart von Vers 4a ist

---

563 Zum Spiel mit dreigliedrigen und zweigliedrigen Formen und Strukturen in Jes 6,1 – 5 siehe Eck, Jes 6,1 – 11 und 1 Kön 22,19 – 22 (Teil 1), S. 61 f. Auch Seybold, Poetik der prophetischen Literatur, S. 79, vermerkt für Jes 1,4 eine stilistische Nähe zu Jes 6,3.
564 Vgl. dazu auch Seybold, Poetik der prophetischen Literatur, S. 80 f.

weder als identifizierender Nominalsatz noch als Verbalsatz zu qualifizieren, es handelt sich um einen expressiven Ausruf.

Die obige formale Analyse der Verse 2a und 2b – 4a hat gezeigt, dass Vers 4a völlig anderen Aufbauprinzipien folgt als die übrigen Einheiten dieses Blocks. Dies liegt nicht zuletzt daran, dass V. 4a als prophetischer Wehe-Ruf sich auch gattungsmäßig von seinem Kontext unterscheidet. Zur Gattung des prophetischen Wehe-Rufs wurde oben unter Punkt 3.6.1.4.3 bereits ausgeführt, dass es sich um einen der Totenklage entlehnten Trauerruf handelt, der von den Propheten zur Unheilsankündigung herangezogen wurde und entweder über die vom Unheil Betroffenen in der 3. Person klagen oder ihnen direkt in der 2. Person das Unheil verkündigen kann. Hinsichtlich Jes 1,4 wurde herausgearbeitet, dass hier eine Wehklage in der 3. Person über das Volk Israel angestimmt wird, deren unmittelbar angesprochene Zuhörer Himmel und Erde (Jes 1,2a) sind. Entsprechend der dem Wehe-Ruf ursprünglich zu eigenen Situation der Trauer über jemand, der nicht mehr da, nicht mehr erreichbar ist, wendet sich Jes 1,4a nicht unmittelbar mit einer Unheilsandrohung an Israel, sondern ist ein in Gegenwart von Himmel und Erde vollzogener expressiver Ausdruck von Schmerz und Trauer über das in Schuld verstrickte Volk, dem Unheil bevorsteht. Die Analogie zur ursprünglichen Trauersituation impliziert, dass auch hier der Trauerfall bereits eingetreten ist. Vergleicht man jedoch V. 4a z. B. mit der auf einen Todesfall bezogenen zeremoniellen Verwendung des Wehe-Rufs in 1 Kön 13,30:

וַיַּנַּח אֶת־נִבְלָתוֹ בְּקִבְרוֹ וַיִּסְפְּדוּ עָלָיו הוֹי אָחִי

„Und er legte seinen Leichnam in sein Grab und sie trauerten um ihn: Weh, mein Bruder!",

dann fällt auf, dass Jes 1,4a die verunglückte(n) Person(en) nicht nur benennt wie 1 Kön 13,30 (אָחִי „mein Bruder!"), sondern gleichzeitig als sündig qualifiziert: הוֹי גּוֹי חֹטֵא / עַם כֶּבֶד עָוֺן „Weh, sündige Nation, Volk schwer von Sündenschuld!" Wäre in Jes 1,4a der Trauerfall analog zu dem in 1 Kön 13,30 beklagten Tod eines Einzelnen schlicht und einfach der bereits geschehene Untergang des Volkes, dann wäre seine Qualifizierung als sündig überflüssig, da nicht sein Vorleben, sondern sein Untergang Trauergegenstand wäre. Daraus folgt im Umkehrschluss, dass hier nicht der Untergang, sondern gerade die Sündigkeit des Volkes das zu beklagende Ereignis ist. Weil diese aber negative Konsequenzen nach sich zieht, ja weil in einem schweren Fall wie dem vorliegenden der sichere Untergang bevorsteht, deshalb ist die Sünde wie ein Todesfall zu betrauern. Dabei ist die eigentliche Wurzel des Unglücks, die schlimmer als die nur als Folge eintretende Katastrophe selbst ist, das durch Sünde und Schuld bedingte Zerbrechen der Beziehung zwischen JHWH und Israel. Resümierend ist festzuhalten, dass V. 4a Ausdruck der

Trauer über die Verstrickung des Volkes in Sünde und Sündenschuld ist, die unausweichlich zu einer noch bevorstehenden Katastrophe führen wird.

Auf Grund dieser Intention fügt sich der Wehe-Ruf an seinem Ort im aktuellen Text logisch in das Gefüge des Abschnitts Jes 1,2–4 ein, obwohl er sich grammatikalisch und gattungsmäßig (nominal konstruierter Wehe-Ruf) von seiner Umgebung (verbale Aussagesätze) deutlich abhebt. Denn die Trauer über Israels Sündenschuld und die bevorstehenden Folgen setzt den Treubruch als Ursache der Schuld (Jes 1,2b: פָּשְׁעוּ בִי), ferner aber auch das in V. 3b festgestellte absolute Nichterkennen und Nichtverstehen voraus, das Israel für die Erkenntnis JHWHs als seines Gottes und die Einsicht in die Verkehrtheit seines eigenen Verhaltens unempfänglich macht. Der in V. 3 veranschaulichte Mangel an Erkenntnis und Verstehen, und die Tatsache, dass der Wehe-Ruf V. 4a die Klage über die Sündenschuld in die Form der Totenklage kleidet, implizieren bereits die Unumkehrbarkeit des Bruchs Israels mit JHWH und der dadurch bedingten künftigen katastrophalen Folgen. Jes 1,4b bestätigt dies durch die dreimalige Feststellung der Abkehr Israels von JHWH in Form verbaler Aussagesätze. Der Wehe-Ruf V. 4a ist demgegenüber ein expressives Moment, das die aktuelle Reaktion der Trauer seitens JHWHs und seines Propheten verdeutlicht. Damit wird JHWH als Gott vorgestellt, der seine Bindung an das von ihm adoptierte und großgezogene Volk auch dann noch durch Trauer zum Ausdruck bringt, wenn es sich ohne Grund von ihm abgewandt hat. Somit drückt nicht nur V. 2α-β (גִּדַּלְתִּי וְרוֹמַמְתִּי), sondern auch V. 4a die Festigkeit der freiwilligen Bindung JHWHs an Israel aus, die in Gegensatz zu dessen Verhalten steht.

Die drei Verben von Jes 1,4b beschreiben Israels Bruch mit JHWH genauer. Betrachtet man die Entwicklung, die sich in der Reihe der in V. 2a, 2b, 3 und 4b verwendeten Verben abzeichnet, so lässt sich ein zunehmendes Übergewicht negativer Verhaltensweisen feststellen. Zunächst (V. 2a) stellen die Verben שִׁמְעוּ („hört hin!"), הַאֲזִינִי („merke auf!") und דִּבֶּר („er hat gesprochen") eine positive Situation vor, in der Himmel und Erde aufgefordert werden, auf die vom Propheten vermittelten Worte JHWHs, ihres Herrn, zu hören. Dabei dürfte eine Vorstellung vom Verhältnis JHWHs zu Himmel und Erde im Hintergrund stehen, wie es in Jes 48,13 zum Ausdruck gebracht ist:

אַף־יָדִי יָסְדָה אֶרֶץ וִימִינִי טִפְּחָה שָׁמָיִם קֹרֵא אֲנִי אֲלֵיהֶם יַעַמְדוּ יַחְדָּו

(„Ja, meine Hand hat die Erde gegründet, und meine Rechte hat die Himmel ausgespannt; ich rufe ihnen zu, und zusammen stehen sie [dienstfertig] bereit.")

So wie die Wurzel עמד z. B. in Gen 18,8 Abrahams dienstbereites Stehen vor seinen Gästen, in 1 Kön 22,19 das dienstfertige Stehen des Himmelsheeres zur Rechten und Linken des Thrones JHWHs und in Jes 6,2 das dienende Stehen von Seraphim beim Thron des Gottkönigs bezeichnet, so drückt sie auch in Jes 48,13 die Bereitschaft von Himmel und Erde aus, auf den Ruf ihres Schöpfers zu hören und ihm zu dienen. Jes 1,2a setzt dementsprechend implizit voraus, dass Himmel und Erde der Aufforderung, auf JHWHs Wort zu hören, Folge leisten werden. Die Verben stehen hier in positiver Korrespondenz zueinander, JHWH wird – dank der Mittlerrolle des Propheten[565] – willige Zuhörer finden. Auf das einfache Sprechen JHWHs (דִּבֶּר), das zweifach bei Himmel und Erde Gehör finden soll (שִׁמְעוּ und הַאֲזִינִי), folgt im nächsten Unterabschnitt V. 2b eine zweifache, im Vergleich zum Sprechen intensivere Bemühung JHWHs um seine Söhne. Er selbst berichtet, dass er sie großgezogen und emporgebracht hat (גִּדַּלְתִּי וְרוֹמַמְתִּי). Diese beiden Verben implizieren eine fortwährende Zuwendung von langer Dauer und unter Einsatz erheblicher Mittel. Die Begünstigten dieser Anstrengungen, die Söhne, quittieren JHWHs Wohltaten jedoch nicht wie der ganze Kosmos mit dankbarem Hinhören auf seine Stimme, sondern brechen ihm die Treue. In V. 2b folgt also auf zwei Verben der positiven Zuwendung seitens JHWHs ein Verb der negativen Zurückweisung seitens der Söhne. Der nächste Vers, Jes 1,3, beschreibt die innere Haltung, die diesem völlig unverständlichen Verhalten zu Grunde liegt. Das erste Verb (יָדַע) gibt durch den Vergleich mit Rind und Esel an, welche Haltung JHWH gegenüber angemessen gewesen wäre – nämlich ihn als Herrn zu erkennen und anzuerkennen. Dem selbstverständlich vorausgesetzten Zuhören der kosmischen Elemente Himmel und Erde entspricht bei den Nutztieren eine ebenso selbstverständliche Erkenntnis ihres Herrn. Dieser einfachen positiven Haltung, die ein intaktes Verhältnis zum Herrn gewährleistet, steht auf Seiten Israels eine zweifache negative Haltung gegenüber, nämlich sein Nichterkennen und Nichtverstehen (לֹא יָדַע und לֹא הִתְבּוֹנָן). Auf syntaktischer Ebene wird durch das auffällige Fehlen eines direkten Objektes in V. 3b[566] zum Ausdruck gebracht, dass Israel durch den Bruch mit JHWH in ein absolutes Nichterkennen und Nichtverstehen verfällt. Damit ist die weisheitliche Überzeugung vorausgesetzt, dass alles Erkennen und Verstehen von JHWH ausgeht (vgl. z. B. Spr 2,6: כִּי־יְהוָה יִתֵּן חָכְמָה מִפִּיו דַּעַת וּתְבוּנָה „Denn der Herr gibt Weisheit. Aus seinem Mund [kommen] Erkenntnis und Verständnis."[567]) und folglich demjenigen, der mit ihm bricht, der ihn nicht erkennt, jede Erkenntnis und jeder Verstand abhanden kommt. Wer aber ohne Erkenntnis und Verstand ist, dem fehlt auch jede Weisheit und damit die Fähigkeit, das Leben gemäß der ihm innewohnenden göttlichen Ordnung in einer gedeihlichen Weise zu führen. Wo es daran mangelt, droht Unheil. Daher ist es

---

565 Der aber nicht in der Mitte seines Volkes, sondern in Gegensatz zu diesem steht und von ihm nicht gehört wird. Vgl. demgegenüber Dtn 17,15.

566 Vgl. Beuken, Jesaja 1–12, S. 71.

567 Elberfelder Übersetzung.

stimmig, dass im Anschluss an V. 3b ein Wehe-Ruf Unheil ankündigt (V. 4a). Im nächstfolgenden Verbalsatz, V. 4b, finden sich wiederum drei Verben, die in dreifacher Weise Israels Aufkündigung seiner Beziehungen zu JHWH zum Ausdruck bringen (עָזְבוּ, נִאֲצוּ und נָזֹרוּ). Somit ist zu resümieren, dass die vier Verbalsätze in Jes 1,2 – 4 (V. 2a, 2b, 3, 4b) jeweils drei Verben haben, die in zunehmender Dichte die Unerhörtheit von Israels Verhalten gegenüber JHWH verdeutlichen. So nehmen in V. 2b eines, in V. 3 zwei und in V. 4b drei der Verben auf Israels Abfall von JHWH Bezug. Die am Anfang überwiegenden Verben, die sich einerseits auf JHWHs positive Sorge für Welt und Geschöpfe beziehen (דִּבֶּר in V. 2a und גִּדַּלְתִּי וְרוֹמַמְתִּי in V. 2b) und andererseits angemessene positive Reaktionen darauf in den Bereichen des Kosmos (שִׁמְעוּ und הַאֲזִינִי in V. 2a) und der Tierwelt vor Augen stellen (יָדַע in V. 3a), werden dagegen nach und nach weniger. Während V. 2a drei solche Verben enthält (דִּבֶּר und הַאֲזִינִי und שִׁמְעוּ) sind es in V. 2b nur mehr zwei (גִּדַּלְתִּי וְרוֹמַמְתִּי), in V. 3 findet sich noch eines (יָדַע), in V. 4b keines mehr. Innerhalb von V. 4b lässt sich überdies die Tendenz einer zunehmenden Isolation Israels feststellen. Während die ersten beiden negativen Verhaltensweisen (עָזְבוּ „sie haben verlassen", נִאֲצוּ „sie haben verworfen/missachtet") noch ausdrücklich auf JHWH als direktes Objekt bezogen sind, der ja trotz des ihm gegenüber praktizierten negativen Verhaltens die Macht hätte, das Negative in Positives zu verwandeln, fällt dieser letzte positive Bezugspunkt im dritten Gliedsatz von V. 4b weg, so dass Israel schließlich völlig isoliert gewissermaßen auf das Nichts ausgerichtet bleibt (נָזֹרוּ אָחוֹר „sie haben sich abgewandt nach hinten").

3.6.2.9 Zu Jes 1,2b: Der Treubruch der Adoptivkinder JHWHs
3.6.2.9.1 JHWHs elterliche Fürsorge für sein Volk in Jes 1,2b

בָּנִים גִּדַּלְתִּי וְרוֹמַמְתִּי
וְהֵם פָּשְׁעוּ בִי:

Wenn JHWH in Jes 1,2b seine Rede mit dem Wort בָּנִים („Söhne, Kinder") eröffnet und erzählt, dass er diese großgezogen und emporgebracht hat,[568] dann besitzt diese Aussage in gewisser Weise den Charakter eines Rätsels, weil zunächst verschwiegen wird, welche Personengruppe genau gemeint ist. Erst Vers 3b bringt den Namen Israels ins Spiel. In diesem Zusammenhang ist hervorzuheben, dass

---

568 Zu den vor allem mütterlichen Aspekten dieser Aussage siehe Kessler, Söhne habe ich großgezogen.

Menschen im Alten Testament nur selten als Kinder JHWHs bezeichnet werden.[569] Dies kommt im Wesentlichen nur beim König, der gelegentlich als Sohn Gottes bezeichnet wird,[570] und manchmal beim Volk Israel vor.[571] Somit lässt JHWHs Wort, Kinder großgezogen und emporgebracht zu haben, zwar durchaus bereits an Israel denken, doch ist dies keineswegs der einzige Personenkreis, der gemeint sein könnte. Vielmehr ist in V. 2b die Frage, wer die „Söhne/Kinder" JHWHs konkret sind, durchaus offen. Denkbar wäre auch, dass sich dahinter keine Menschen, sondern himmlische Wesen wie etwa die an einigen Stellen des AT erwähnten „Gottessöhne" (בְּנֵי־הָאֱלֹהִים)[572] verbergen. Dies gilt umso mehr, als der in Jes 1,3 enthaltene Vorwurf, die Söhne hätten weder erkannt noch verstanden, in ganz ähnlicher Weise in Ps 82,5 von Gott, der in der Versammlung der Götter steht (Ps 82,1), gegen die dort anwesenden Götter, die er nachfolgend (Ps 86,6) als „Söhne des Höchsten" (בְּנֵי עֶלְיוֹן) bezeichnet, erhoben wird: „Sie haben nicht erkannt und verstehen nicht" לֹא יָדְעוּ וְלֹא יָבִינוּ. Auch der an Himmel und Erde adressierte Höraufruf in Jes 1,2a, der einen kosmischen Horizont eröffnet, lässt

---

569 Vgl. Kühlewein, Artikel בֵּן *bēn* Sohn, Sp. 323. Bzgl. Israel/Jakob wird der Charakter dieses Verhältnisses besonders durch Dtn 32,10 verdeutlicht: יִמְצָאֵהוּ בְּאֶרֶץ מִדְבָּר וּבְתֹהוּ יְלֵל יְשִׁמֹן יְסֹבֲבֶנְהוּ יְבוֹנְנֵהוּ יִצְּרֶנְהוּ כְּאִישׁוֹן עֵינוֹ „Er fand ihn im Land der Wüste und in der Öde, im Geheul der Wildnis. Er umgab ihn, gab acht auf ihn, er behütete ihn wie seinen Augapfel." (Elberfelder Übersetzung) Die besondere Beziehung zwischen JHWH und Israel wird durch das Auffinden Jakobs in der Wüste und die ihm von JHWH zugewandte Fürsorge begründet. Vor diesem Hintergrund liegt es nahe, auch Dtn 32,6b (הֲלוֹא־הוּא אָבִיךָ קָּנֶךָ הוּא עָשְׂךָ וַיְכֹנְנֶךָ) entsprechend zu verstehen. קָנֶךָ „er hat dich erworben" würde dann bedeuten, dass JHWH einiges aufwenden musste, um Jakob dem Zugriff chaotischer Wüstenmächte zu entreißen und in sein Eigentum zu überführen. Bei der häufigen Übersetzung mit „er hat dich geschaffen" kommt der Aspekt des Herauslösens aus einer von Chaos beherrschten Umgebung nicht besonders gut zum Ausdruck – unbeschadet der Tatsache, dass etwa der erste Schöpfungsbericht die Scheidung (Wurzel בדל) zwischen chaotischen Elementen und komischen Schöpfungswerken als konstitutives Schöpfungshandeln betrachtet, vgl. z. B. die Scheidung zwischen Licht und Finsternis in Gen 1,4, es also im biblischen Denken einen engen inneren Zusammenhang zwischen „erschaffen" und „erwerben" (Wurzel קנה) gibt, da Letzteres insbesondere auch das Überführen einer Person oder Sache aus der Besitzsphäre des Chaotischen hinein in die kosmische Besitzsphäre Gottes bezeichnen kann. עָשְׂךָ „er hat dich gemacht" wäre dann nicht als Erschaffung von Existenz, sondern im Sinne von „er hat dich zu dem gemacht, was du bist" bzw. „du verdankst ihm dein Leben, weil er dich aus der Hand lebensfeindlicher Mächte befreit hat" zu verstehen. Dies würde auf einer Linie mit וַיְכֹנְנֶךָ „er hat dich aufgestellt" liegen, das ebenfalls keine Aussage über die Erschaffung von Existenz enthält, sondern ein Handeln bezeichnet, das Vorhandenes zu voller Entfaltung bringt.

570 So z. B. Ps 2,7; 2 Sam 7,14; vgl. ferner die Bezeichnung JHWHs als „Vater" des davidischen Königs in 2 Sam 7,14 und Ps 89,27 f.

571 Vgl. Hos 2,1; 11,1; Ex 4,22 f.; Dtn 14,1; 32,5.19 f.

572 So z. B. in Gen 6,2.4; Hi 1,6; 2,1; 38,7. בְּנֵי אֵלִים „Göttersöhne" in Ps 29,1; 89,7. Vgl. Ps 82,6: „Götter seid ihr und Söhne des Höchsten allesamt" אֱלֹהִים אַתֶּם וּבְנֵי עֶלְיוֹן כֻּלְּכֶם.

einen Bericht über kosmische Vorgänge erwarten. Dieser Erwartung würde es mehr entsprechen, wenn es sich bei JHWHs Söhnen um überirdische Wesen handelte.

Warum wird der Name „Israel" zunächst verschwiegen und nur allgemein von „Söhnen/Kindern" gesprochen? Warum bleibt die Identität der Kinder JHWHs zunächst ein Rätsel? Rhetorisch verfolgt ein Rätsel das Ziel, bei den Hörern Interesse zu wecken, indem es einen Sachverhalt schildert und dabei eine wesentliche Frage offen lässt, die erst später aufgelöst wird. Ähnliches ist hier der Fall. Die Unerhörtheit des in Jes 1,2b geschilderten Geschehens provoziert die Frage, wer denn die dort genannten treulosen Kinder sind. Eine Antwort darauf erfolgt erst am Ende der Schilderung des Geschehens (V. 3b). Diese rhetorische Strategie ist zusätzlich mit einer Intention verbunden, die über das Ziel, Interesse zu wecken, hinausgeht. Nachdem der die Position JHWHs vertretende Sprecher in Jes 1,2b den vorgefallenen Sachverhalt erzählt hat, stellt er diesen in Jes 1,3a zuerst dem Verhalten von Tieren gegenüber, ehe er in Jes 1,3b mit der Beurteilung des Verhaltens der Söhne als unverständlich auch deren Identität auflöst. Ziel dieses Vorgehens ist es offenbar, das Augenmerk zunächst ohne Ansehen der Person allein auf die Sache selbst zu legen. Das Geschehene soll an den allgemeinen Maßstäben gemessen werden, die im ganzen von Himmel und Erde umspannten Raum gelten (vgl. V. 2a), unter den Menschen ebenso wie bei den Tieren (vgl. V. 3a). Eine nicht sachlich begründete Parteinahme der Textrezipienten[573] für oder gegen Israel soll vermieden werden. Gleichzeitig wird aber durch den Kontrast zwischen JHWHs Bemühungen um seine Kinder und deren unmotiviertem Treubruch in V. 2b sowie durch den Vergleich dieses Verhaltens mit demjenigen der Tiere in V. 3a zu einer bestimmten sachlichen Beurteilung hingeführt, nämlich zur Feststellung des Unverstands und der Torheit der Kinder. Dies bewirkt, dass der Leser oder Hörer auf Grund seines eigenen Urteilsvermögens bereits am Ende von V. 3a das Verhalten der Kinder so sieht, wie es Vers 3b dann ins Wort fasst. Die Aussage, dass JHWHs Kinder nicht erkannt und nicht verstanden haben (לֹא יָדַע und לֹא הִתְבּוֹנָן), ist eine Einschätzung, der man sich nach dem vorher Gesagten nicht entziehen kann. Erst hier, wo die Beurteilung des Sachverhalts nicht mehr modifizierbar ist, wird die Identität der Kinder JHWHs offengelegt und Israels Name genannt.

Damit wird der hebräischsprachige Leser oder Hörer des Textes unvermittelt in eine ihn selbst betreffende Entscheidungssituation hineingeführt. Er ist Angehöriger eines Volkes, das in besonderer Weise JHWHs Zuwendung erfahren hat. Er wird nun Zeuge einer an Himmel und Erde gerichteten Rede, die ihm deutlich

---

573 D. h. die hebräischsprachigen Leser oder Hörer des Textes, die nicht unmittelbare Redeadressaten sind, weil sich der Text unmittelbar an Himmel und Erde wendet (vgl. Jes 1,2a).

macht, dass sein eigenes Volk mit JHWH gebrochen hat und sich daher sowohl in JHWHs als auch seinen eigenen Augen als Volk ohne Erkenntnis und Verstand erwiesen hat. Die ihm abverlangte innere Entscheidung liegt darin, dass er nur entweder sich seinem Gott JHWH verpflichtet wissen kann, sich dann aber vom eigenen Volk, das mit JHWH gebrochen hat, distanzieren muss, oder am Weg, den sein Volk beschritten hat, festhalten und sich mit ihm weiterhin in ungebrochener Einheit sehen kann, was aber dem verkündeten Gotteswort zufolge einem Bruch mit JHWH gleichkommt. Für die vom Leser oder Hörer zu treffende innere Wahl zwischen seinem eigenen Volk und JHWH ergibt sich aus der Darstellung des Sachverhalts und den auch in der Tierwelt eingehaltenen Grundregeln des Lebens (Jes 1,2b – 3a), dass die einzige der beiden Alternativen, die im gesamten von Himmel und Erde umspannten Raum als vernünftig zu beurteilen ist, darin liegt, demjenigen treu zu bleiben, der das eigene Leben unermüdlich und selbstlos gefördert hat. Während Jes 1,3b die implizit schon deutlich gewordene negative Beurteilung des Verhaltens Israels explizit ins Wort fasst, wird die vom Leser oder Hörer geforderte positive Entscheidung, JHWHs Verdienste anzuerkennen und ihm bedingungslos treu zu bleiben, nicht ins Wort gebracht. Dieser Schritt ist vom Textrezipienten selbst zu vollziehen. Seine Situation ähnelt dabei derjenigen Jesajas bei seiner Berufung (vgl. Jes 6,5 – 8).

Die zu Beginn dieses Punktes erwähnten Stellen, die den König oder das Volk Israel als Sohn JHWHs bezeichnen, meinen keine physische oder mythische Sohnschaft, wie sie etwa die ägyptische Religion in Bezug auf den Pharao kannte, sondern es geht um die Vorstellung einer Adoption oder eines besonderen Sorgeverhältnisses.[574] Dies macht auch die nicht auf leibliche Verwandtschaft, sondern auf die besondere Fürsorge für Kinder abzielende Situation von Jes 1,2b deutlich. Dementsprechend könnte das Fehlen des possessiven Personalsuffixes – בָּנִים „Söhne" anstatt בָּנַי „meine Söhne" – dadurch motiviert sein, dass der Eindruck einer leiblichen Sohnschaft vermieden werden soll.[575] Gleichzeitig könnte es aber auch eine Distanzierung zum Ausdruck bringen, die durch den Bruch der Söhne mit ihrem Ziehvater begründet ist. Der Wechsel vom unpersönlichen בָּנִים „Söhne" in Jes 1,2b zum persönlichen Bekenntnis עַמִּי „mein Volk" in Jes 1,3b ergibt hierbei einen guten Sinn. Denn während Jes 1,2b schildert, wie zwischen JHWH und den Söhnen eine unüberbrückbare Distanz entstand, bringt Jes 1,3b עַמִּי לֹא הִתְבּוֹנָן „mein Volk hat nicht verstanden" zum Ausdruck, dass diese Distanz mit dem eigentlichen, durch göttliches Handeln begründeten und damit nicht einfach

574 Vgl. Kühlewein, Artikel בֵּן bēn Sohn, S. 323 f.; Alonso Schökel, Profetas I, S. 118; Fohrer, Zusammenfassung, S. 256; von Loewenclau, Jesaja 1,2 – 3, S. 301.
575 So Schmid, Jesaja 1 – 23, S. 49; Fohrer, Zusammenfassung, S. 256.

umkehrbaren Sein Israels unvereinbar ist. Ungeachtet der durch Israels Handeln begründeten negativen Fakten bekennt sich hier JHWH nochmals zu der Ordnung der Dinge, die ihrem von ihm, Gott selbst, geprägten Wesen entspricht. Er nennt Israel „mein Volk", obwohl es die gottgegebene Ordnung der Dinge und damit auch sein eigenes Wesen nicht verstanden hat.

Um zu erkennen, welche Charakteristika einerseits JHWHs verdienstvolles Handeln an den „Söhnen" und andererseits deren törichter Treubruch aufweisen, ist nach dem Sinn der beiden Verben גִּדַּלְתִּי וְרוֹמַמְתִּי „ich habe großgezogen und emporgebracht" sowie nach dem des Verbs פשע zu fragen. Den Hintergründen der letztgenannten Wurzel ist der nächstfolgende Punkt gewidmet. Nun zunächst zu den Verben גדל und רום. Die Wurzel גדל bezeichnet im Qal häufig das Wachsen und Großwerden von Kindern,[576] kann aber auch ein Sich-groß-Erweisen im materiellen oder immateriellen Sinne bedeuten.[577] Das Subjekt, das sich als groß erweist, können insbesondere auch Gott (2 Sam 7,22; Ps 35,27; 40,17; 70,5; 104,1), seine Kraft (Num 14,17), sein Name (2 Sam 7,26) und seine Werke (Ps 92,6) sein.[578] Im hier besonders interessierenden Piel-Stamm, dem die Form גִּדַּלְתִּי angehört, bedeutet die Wurzel „zunächst allgemein, jemanden oder etwas in den Zustand versetzen, der durch das Adjektiv *gādōl* beschrieben wird."[579] Konkret meint dies häufig das Großziehen von Kindern, vgl. Jes 23,4; 49,21; 51,18. Auch in Jes 1,2b ist dies die Hauptbedeutung der Form גִּדַּלְתִּי, da ein entsprechender Kontext durch das Objekt בָּנִים („Söhne, Kinder") vorgegeben ist. Angesichts der hohen Kindersterblichkeit in antiker Zeit ist bereits das erfolgreiche Großziehen von Kindern im bloßen Sinne der Sicherung ihres Überlebens keine Selbstverständlichkeit.[580] Doch wenn JHWH selbst diese Aufgabe übernimmt, liegt der Erfolg des Großziehens nicht lediglich im Überleben der Kinder, sondern er beinhaltet auch hohes Ansehen, Tüchtigkeit und Gelingen eines in Gottesfurcht begangenen Lebensweges. Dieser Bedeutungsaspekt des Piel-Stamms der Wurzel גדל wird durch Belegstellen bezeugt, die ausdrücken, dass JHWH eine Person „groß macht". So kündigt JHWH in Jos 3,7 Josua gegenüber an, er werde beginnen, ihn in den Augen ganz Israels groß zu machen (Infinitiv Piel von גדל: ... אָחֵל גַּדֶּלְךָ), ehe er ihm befiehlt, den Durchzug der

---

576 Vgl. Gen 21,8.20 (Isaak und Edom); 25,27 (Jakob und Esau); 38,11.14 (Judas Sohn Schela); Ex 2,10 f. (Mose); Ri 11,2 (Söhne Jiftachs); Ri 13,24 (Simson); Ruth 1,13; 1 Sam 2,21.26; 3,19 (Samuel); 2 Sam 12,3 (Lamm zusammen mit Kindern); 1 Kön 12,8.10 und par. 2 Chron 10,8.10 (Rehabeam); 2 Kön 4,18 (Kind der Schunemiterin); Hiob 31,18 (Waisenkind).
577 Vgl. dazu im Einzelnen Jenni, Artikel גָּדוֹל, Sp. 404 f., und Mosis, Artikel גָּדַל, Sp. 939 – 941.
578 Vgl. etwa 2 Sam 7,22.26 (JHWH / sein Name); 1 Chron 17,24 (JHWHs Name); Ps 35,27 (JHWH); ebenso 40,17; 70,5; 104,1; ferner Ps 92,6 (JHWHs Werke). Siehe dazu Jenni, Artikel גָּדוֹל, Sp. 405.
579 Mosis, Artikel גָּדַל, Sp. 941.
580 Vgl. Schmid, Jesaja 1– 23, S. 49.

Bundeslade durch den Jordan anzuordnen, und dieses an den Durchzug durch das Rote Meer erinnernde Unternehmen auf wunderbare Weise gelingen lässt (Jos 3,8 – 17). Unter Rückbezug hierauf erzählt Jos 4,14, wieder mittels einer Piel-Form des Verbs גדל: „An jenem Tag machte JHWH Josua in den Augen ganz Israels groß" (בַּיּוֹם הַהוּא גִּדַּל יְהוָה אֶת־יְהוֹשֻׁעַ בְּעֵינֵי כָּל־יִשְׂרָאֵל). Der sachliche Inhalt dieser Größe besteht darin, dass die Israeliten vor Josua dieselbe Ehrfurcht haben wie vor Mose (Jos 4,14b: ausgedrückt durch Wurzel ירא „fürchten"). In Gen 12,2 ergeht unter anderem JHWHs Zusage an Abraham, seinen Namen groß zu machen (וַאֲגַדְּלָה שְׁמֶךָ Piel Imperfekt). Konkret verbindet sich dies mit der Verheißung, ihn zu einem großen Volk und zum Segen für die Geschlechter der Erde zu machen (vgl. Gen 12,2: וְאֶעֶשְׂךָ לְגוֹי גָּדוֹל וַאֲבָרֶכְךָ וַאֲגַדְּלָה שְׁמֶךָ וֶהְיֵה בְּרָכָה und V. 3). Dass ein durch die Wurzel גדל ausgedrücktes gedeihliches Wachsen oft in engem Zusammenhang mit dem auf einer Person ruhenden Segen Gottes steht, zeigt nicht nur Gen 12,2–3, sondern wird auch an einigen anderen Stellen deutlich, die erzählen, dass eine Person groß wurde bzw. heranwuchs und dabei Gottes besondere Zuwendung erfuhr. So berichtet Abrahams Knecht in Gen 24,35, Abraham, sein Herr, sei von JHWH sehr gesegnet worden, so dass er groß wurde: וַיהוָה בֵּרַךְ אֶת־אֲדֹנִי מְאֹד וַיִּגְדָּל In Bezug auf den heranwachsenden Simson bemerkt Ri 13,24b: וַיִּגְדַּל הַנַּעַר וַיְבָרְכֵהוּ יְהוָה („Der Knabe wurde groß und der Herr segnete ihn."). Auch in Gen 21,20 begleitet Gottes Zuwendung das Großwerden eines Knaben, nämlich Edoms: וַיְהִי אֱלֹהִים אֶת־הַנַּעַר וַיִּגְדָּל וַיֵּשֶׁב בַּמִּדְבָּר („Und Gott war mit dem Knaben, und er wurde groß und wohnte in der Wüste."). Über Samuel notiert 1 Sam 2,26: וְהַנַּעַר שְׁמוּאֵל הֹלֵךְ וְגָדֵל וָטוֹב גַּם עִם־יְהוָה וְגַם עִם־אֲנָשִׁים („Der Knabe Samuel aber wurde immer größer und war beliebt bei JHWH und auch bei den Menschen."). Ferner vermerkt 1 Sam 3,19: וַיִּגְדַּל שְׁמוּאֵל וַיהוָה הָיָה עִמּוֹ („Samuel wurde groß, und JHWH war mit ihm [...]."). Somit liegt auf der Hand, dass in Jes 1,2b JHWHs Aussage בָּנִים גִּדַּלְתִּי „Söhne habe ich großge-macht" nicht nur das materielle Großziehen meint, sondern auch, dass JHWHs Segen auf ihnen ruhte und sie dadurch Tatkraft entfalteten, große Dinge voll-brachten, fruchtbar waren und Ansehen erlangten.

Der bereits in גִּדַּלְתִּי mitschwingende Aspekt des Aufstiegs zu Größe und Be-deutsamkeit kommt durch die zweite Verbform von Jes 1,2b רוֹמַמְתִּי (Polel Affor-mativkonjugation 1. Pers. Sing. communis: „ich habe emporgebracht") noch stärker zum Ausdruck und erhält weitere Nuancen. Die konkrete Bedeutung der Wurzel רום ist im Qal „hoch/erhaben sein" und im Polel „in die Höhe bringen".[581] Anders als die Wurzel גדל ist das Verb רום nur selten im Sinn von „Kinder em-porbringen" verwendet. Lediglich in Jes 23,4 steht es in einem ähnlichen Zu-sammenhang wie in Jes 1,2. Dort spricht das Meer über sich selbst: „Ich habe keine

---

581 Vgl. HAL, Stichwort רום.

Wehen gehabt und nicht geboren und keine jungen Männer großgezogen noch Jungfrauen auferzogen.“[582] (לֹא־חַלְתִּי וְלֹא־יָלַדְתִּי וְלֹא גִדַּלְתִּי בַּחוּרִים רוֹמַמְתִּי בְתוּלוֹת) Die hier mit den Verben גדל und רום verbundenen Objekte בַּחוּרִים und בְּתוּלֹת zeigen an, dass es wahrscheinlich nicht nur um die Erziehung der Kinder und die materielle Seite des Großziehens allein geht, sondern auch um die Vermittlung eines angemessenen, möglichst angesehenen Status in der Gesellschaft.[583] Denn die Ausdrücke בַּחוּרִים „junge Männer“ und בְתוּלוֹת „Jungfrauen“ beziehen sich nicht auf Menschen, die noch voll in der Phase des körperlichen und geistigen Heranwachsens stehen und umfassender elterlicher Fürsorge bedürfen, sondern בַּחוּר bezeichnet einen kraftvollen, ausgewachsenen, noch nicht verheirateten jungen Mann[584] und בְּתוּלָה ein erwachsenes, noch unverheiratetes Mädchen.[585] Beide sind so weit gereift, dass sie in der Gesellschaft und als Eltern einer künftigen Familie Verantwortung übernehmen und das Leben an die nächste Generation weitergeben können. Während die Verben חיל „Wehen haben“ und ילד „gebären“ den Anfang einer neuen Generation markieren, schließen die Verben גדל und רום auch die letzte Phase des Großziehens ein, eine Phase, in der die Vorbereitung der neuen Generation auf die Übernahme der vollen gesellschaftlichen Verantwortung und das Eintreten in einen gesellschaftlichen Status im Mittelpunkt stehen. Die Heranwachsenden sollen eine mit Einfluss und Respekt verbundene Position einnehmen und das Gemeinwohl fördern können. Dieser am Ende des Großziehens von Kindern stehende Aspekt wird besonders durch die Wurzel רום ausgedrückt. Einige weitere Belege von רום Polel „in die Höhe bringen“ können diese These erhärten.

Der Polel-Stamm von רום „in die Höhe bringen“ begegnet u. a. noch in Ps 27,5, wo der Beter die Zuversicht ausdrückt, dass JHWH ihn auf einen sicheren Felsen emporheben werde (בְּצוּר יְרוֹמְמֵנִי). Vordergründig beschreibt diese Aussage einen konkret-praktischen Vorgang. Ein Fels, der steil emporragt und daher von der unter ihm liegenden Oberfläche aus nicht leicht betreten werden kann, bietet Schutz vor Verfolgern, wilden Tieren oder heranbrausenden Wasserfluten. Der Beter wünscht sich, an solch einem sicheren Ort vor seinen Feinden geborgen zu sein (vgl. Ps 27,6). Der Kontext der Aussage בְּצוּר יְרוֹמְמֵנִי „auf einen Felsen hebst du mich“ zeigt, dass es nicht um irgendeinen, sondern um den Felsen geht, auf dem

---

582 Elberfelder Übersetzung.
583 Siehe dazu schon von Loewenclau, Jesaja 1,2 – 3, S. 302.
584 Vgl. HAL, Stichwort בַּחוּר.
585 Vgl. HAL, Stichwort בְּתוּלָה.

JHWHs Heiligtum steht.[586] Gleichzeitig ergibt sich aus der Situation des Gebetes und dem Bezug zum Heiligtum, dass mit „Fels" (צוּר) nicht lediglich ein realer Ort gemeint ist, sondern vor allem im geistigen Sinn ein geschützter Bereich der Gottnähe,[587] der Sicherheit vor allen sichtbaren und unsichtbaren lebensbedrohlichen Gefahren bietet. יְרוֹמְמֵנִי hat hier also sowohl den konkreten Sinn von „in die Höhe heben" als auch den theologischen Sinn von „zur Nähe Gottes emporheben", was nicht nur sicheren Schutz, sondern souveräne Überlegenheit den Feinden gegenüber zur Folge hat, vgl. Ps 27,6:

עַתָּה יָרוּם רֹאשִׁי עַל אֹיְבַי סְבִיבוֹתַי

„Nun aber wird sich mein Haupt über die mich umringenden Feinde erheben".

Eine weitere konkrete Verwendung von רום (Polel) ist in der hymnischen Beschreibung von Ps 107,25 enthalten, wo JHWH durch sein Wort einen Sturmwind aufstehen lässt, der die Wellen des Meeres „hoch auftürmt": וַיֹּאמֶר וַיַּעֲמֵד רוּחַ סְעָרָה וַתְּרוֹמֵם גַּלָּיו Der Polel-Stamm von רום mit seiner Grundbedeutung „in die Höhe bringen" bezeichnet hier das vom Sturmwind veranlasste Anwachsen der Wellen zu einer mächtigen, bis zum Himmel emporsteigenden Naturerscheinung (vgl. V. 26a), die den Seeleuten Furcht und Ratlosigkeit einflößt (vgl. V. 26b – 27) und sie so zur flehentlichen Anrufung JHWHs um Rettung bewegt (vgl. V. 28). Das Aufsteigen der Wellen zu übermächtiger Höhe ist ein im Hintergrund durch JHWH in Bewegung gesetzter Vorgang, der letztlich seiner Verherrlichung dient (vgl. Ps 107,28 – 32).

Das in den beiden obigen Belegen greifbar gewordene Verständnis von רום (Polel) als eines durch Gottes Nähe oder Wirken veranlassten Geschehens, das ausgewählte Schöpfungswerke zu überlegener, letztlich von Gott verliehener Größe heranwachsen lässt, ist in einem weiteren Beleg, nämlich 1 Sam 2,7b, noch unmittelbarer erkennbar. Dieser zum Gebet der Hanna (1 Sam 2,1–10) gehörige Text sagt, dass JHWH erniedrigt und erhöht (מַשְׁפִּיל אַף־מְרוֹמֵם). Was unter מְרוֹמֵם (Polel Partizip) „er erhöht" zu verstehen ist, expliziert der nachfolgende V. 8, der nochmals eine Form von רום enthält, und zwar ein Hiphil *jiqtol:* JHWH erhöht den

---

586 Vgl. vorher Ps 27,5: בְּסֵתֶר אָהֳלוֹ [...] כִּי יִצְפְּנֵנִי בְּסֻכֹּה („Ja, er wird mich bergen in seiner Hütte [...] im Versteck seines Zeltes [...]") und nachher V. 6: וְאֶזְבְּחָה בְאָהֳלוֹ („[...] opfern werde ich in seinem Zelt [...]").

587 Vgl. dazu die zahlreichen Wendungen, die Gott als „mein/ihr/... Fels" bzw. „Fels meines/ unseres/... Heils/Rettung/..." o. ä. bezeichnen, z. B.: Dtn 32,4.15.18.30; 1 Sam 2,2; 2 Sam 22,3.32.47; 23,3; Ps 62,3.7.8; 71,3; 78,35; 89,27; 95,1. Ein ähnlicher doppelter Sinn wie in Ps 27,5 begegnet in Jes 30,29: לָבוֹא בְהַר־יְהוָה אֶל־צוּר יִשְׂרָאֵל „[...] um auf den Berg des Herrn zu gelangen, zum Felsen Israels." Auch hier meint „zum Felsen Israels kommen" das Hinziehen sowohl zum Ort des Heiligtums auf dem Berg als auch in die Nähe JHWHs.

Armen aus dem Schmutz (מֵאַשְׁפֹּת יָרִים אֶבְיֹון), nicht nur, um ihm einen Platz unter den Edlen zuzuweisen, sondern er lässt die Geringen sogar „den Thron der Ehre" erben (וְכִסֵּא כָבֹוד יַנְחִלֵם). Diese Zusage, die durch den Hinweis auf JHWHs Schöpfermacht in V. 8b beglaubigt wird, übersteigt das, was ein Mensch an Ansehen erreichen kann, bei weitem. Die mit dem Begriff כָּבֹוד bezeichnete Ehre ist ein Attribut, das zuallererst Gott selbst zusteht (vgl. z. B. Jes 6,3; 35,2; 40,5; 42,12; 43,7; Ps 29,1– 3.9; 47,9) und von Gott dem Menschen verliehen werden kann (vgl. z. B. Ps 8,6; 84,12). Das Wort כִּסֵּא meint den Sitz eines Vornehmen (vgl. z. B. 1 Sam 4,13.18), vor allem aber den königlichen Thron, insbesondere den überirdischen Königsthron JHWHs (vgl. z. B. Jes 6,1; 1 Kön 22,19; Ps 47,9; 89,15; 93,2) und den Thron des von ihm eingesetzten irdischen Königs (vgl. z. B. 2 Sam 7,8 – 16; Ps 89,5.30.37). In 1 Sam 2,8 bezieht sich also die Wendung כִּסֵּא כָבֹוד („Thron der Ehre") auf einen hohen gesellschaftlichen Rang, den Gott verleiht.[588] Die beiden Polel-Formen der Wurzel רום in 1 Sam 2,7 f. bezeichnen somit einen von Gott selbst veranlassten Aufstieg zu höchster Ehre.

Dass sich im Polel von רום der Aspekt „konkret materiell in die Höhe bringen" mit dem immateriellen Aspekt „zu Ehren bringen" verbindet, zeigt weiter seine häufige Verwendung in hymnischen Texten, um Gottes „alleinige souveräne Erhabenheit" zu bezeichnen.[589] Besonders instruktiv ist hier Ps 34,4 wegen des Gebrauchs des auch in Jes 1,2b verwendeten Wortpaares גדל und רום: גַּדְּלוּ לַיהוָה אִתִּי וּנְרֹומְמָה שְׁמֹו יַחְדָּו („Erhebt den HERRN mit mir, lasst uns miteinander erhöhen seinen Namen!"[590]). Weitere Belege hymnischer Verwendung von רום (Polel) mit der Bedeutung „erheben, preisen" sind Ex 15,2; Jes 25,1; Ps 30,2; 99,5.9; 107,32; 118,28; 145,1.[591] Es geht bei רום (Polel) also darum, eine Person auch im übertragenen Sinn „emporzuheben", indem ihr ein hoher Status vermittelt wird.

Damit ist festzuhalten, dass גִּדַּלְתִּי וְרֹומַמְתִּי in Jes 1,2b nicht nur das materielle Großziehen von Kindern meint, sondern auch aussagt, dass JHWH seinen Kindern besondere Macht, Ansehen und Ehre vermittelt hat.[592] Dies gilt umso mehr, als er selbst Subjekt von גִּדַּלְתִּי וְרֹומַמְתִּי ist und nicht nur, wie bei einigen der oben diskutierten Belege beider Verben, mittelbar wirkt. Dass dieses göttliche Handeln

---

[588] Vgl. dazu auch die als JHWH-Wort ausgestaltete Verheißung über Eljakim in Jes 22,23, die diesem ankündigt, JHWH werde ihn rufen, mit den Kleidern des Verwalters (סֹבֵן) Schebna bekleiden und ihm dessen hohes Amt im Haus David übergeben, so dass Eljakim seinem Vaterhaus zum Thron der Ehre werde (וְהָיָה לְכִסֵּא כָבֹוד לְבֵית אָבִיו). Näheres zu dieser Stelle findet sich z. B. bei Beuken, Jesaja 13 – 27, S. 279 f.

[589] Vgl. Stähli, Artikel רום, Sp. 760.

[590] Elberfelder Übersetzung.

[591] Vgl. Stähli, Artikel רום, Sp. 760.

[592] Vgl. Alonso Schökel, Profetas I, S. 118: „Dios lo ha educado [a Israel] a través de la historia y le ha asignado un puesto o función en la historia".

menschliche Dimensionen weit übersteigt, wird nicht zuletzt auch durch die vorhergehende Anrede von Himmel und Erde (Jes 1,2a) deutlich, mittels derer der Prophet JHWH als Herrn des Kosmos präsentiert. Auf Grund der kosmischen Dimensionen seines Handelns werden auch die Kinder, die er großzieht und emporbringt, eine entsprechende Größe erreichen, sofern sie ihrem Gott treu bleiben. JHWHs elterliche Sorge für die Kinder impliziert deren Teilhabe an seiner Größe.

Der Leser des Jesaja-Buches erhält durch Jes 1,2 eine wichtige Information, um später Jesajas Inauguralvision Jes 6 verstehen zu können, die außer den in Jes 6,5 erwähnten „unreinen Lippen" (עַם־טְמֵא שְׂפָתַיִם) des Volkes keine Gründe für dessen Verwerfung durch den Verstockungsauftrag Jes 6,9–11 nennt. Während Jes 1,2 JHWHs Größe durch einen kosmischen Höraufruf zum Ausdruck bringt, verwendet Jes 6,1 eine Form der Wurzel רום, nämlich das Qal Partizip רָם „hoch", um die Größe des göttlichen Königsthrons – und damit des darauf thronenden Königs – auszudrücken: וָאֶרְאֶה אֶת־אֲדֹנָי יֹשֵׁב עַל־כִּסֵּא רָם וְנִשָּׂא „[...] da sah ich den Herrn, auf einem hohen und emporragenden Thron sitzend [...]". Auch wenn offensichtlich das Wortpaar רָם וְנִשָּׂא primär darauf abzielt, den Größen, die in Jes 2,11–14.17 mit denselben beiden Lexemen negativ als „hochmütig" und „erhaben" charakterisiert sind, den in Wahrheit allein erhabenen Gottkönig JHWH entgegenzusetzen,[593] so wird der aufmerksame Leser doch gleichzeitig auf Grund der positiven Bedeutung, die רָם in Jes 6,1 hat, an die bis zu dieser Stelle einzige positiv besetzte frühere Verwendung der Wurzel רום in Jes 1,2 erinnert. Freilich könnte es sich hier um eine unbewusste Wortwiederholung handeln. Bei genauerem Hinsehen erscheint dies jedoch als nicht besonders wahrscheinlich. Denn zum einen beziehen sich beide Verwendungen auf JHWH. So ist in Jes 1,2b JHWH Subjekt von רוֹמַמְתִּי, während in Jes 6,1 JHWHs Thron das Bezugswort des Partizips רָם ist. Beide Stellen verweisen indirekt auf JHWHs Größe. Beim Verb רוֹמַמְתִּי „ich habe emporgebracht" (Jes 1,2b) ergibt sich dies daraus, dass derjenige, der zu besonderer Größe emporbringt, noch viel größer sein muss als die emporgebrachten Kinder. In Jes 6,1 verweist der hohe Thron auf die Größe des Königs, der den Thron um vieles überragt. Zum anderen blendet das Bild des thronenden Gottkönigs (Jes 6,1) eine Szenerie ein, die sich logisch mit dem Thema der universalen Herrschaft JHWHs verbindet, das bereits durch den Höraufruf Jes 1,2a eingespielt wurde, indem dort Himmel und Erde als Untertanen JHWHs dargestellt wurden. Die Kluft zwischen den kosmischen Dimensionen, die der Höraufruf Jes 1,2a in den Blick nimmt, und dem Ambiente des Sippenlebens, das der Hinweis auf Rind und Esel in Jes 1,3 vermittelt, wird nachträglich durch die Darstellung JHWHs als König der ganzen Erde einschließlich Israels in Jes 6 geschlossen. Auffällig ist dabei allerdings, dass

---

593 Siehe dazu Hartenstein, Unzugänglichkeit, S. 42–44.

in Jes 6,3 zwar JHWHs Souveränität über die Fülle der Erde durch die überirdischen Seraphim (V. 2) verkündet wird, der Himmel aber keine ausdrückliche Erwähnung findet. Bedenkt man, dass bei Protojesaja der Himmel nur in späten Texten, ab Jes 40 aber sehr häufig vorkommt, dann bestätigt dies unsere oben im Rahmen der Exegese von Jes 1,2a dargelegte These, dass Jes 1,2a sowohl für den unmittelbaren Kontext im Bereich Jes 1– 6 Bedeutung hat als auch eine am Buchanfang stehende Klammer ist, die das ganze Buch umgreift. Zusammenfassend ist festzuhalten, dass die in Jes 6 zu findende Darstellung JHWHs als König auf Jes 1,2 zurückverweist und nachträglich konkretisiert, dass die besondere Zuwendung, die JHWH seinen Kindern schenkt, mit einem Anteil der Kinder an seinem göttlichen Königtum verbunden ist. Darin liegen ganz konkret die Größe, die Macht und das Ansehen, die in den Verben גִּדַּלְתִּי וְרוֹמַמְתִּי bereits impliziert sind. Wie die Antwort der Kinder auf JHWHs besondere Liebe und Fürsorge ausfällt, bringt das Verb פָּשַׁע ב zum Ausdruck. Dessen Bedeutung wird nachfolgend ausführlich untersucht.

3.6.2.9.2 Zum Verb פָּשַׁע ב in Jes 1,2b

Wie unter Punkt 3.5.3.6.3.2 bereits erwähnt, bezeichnet das Verb פָּשַׁע ב ein Handeln, das einen Treubruch gegenüber einem anderen darstellt. Während L. Köhler[594] vorschlug, das Verb פָּשַׁע mit „sich empören, sich auflehnen gegen" und das Substantiv פֶּשַׁע mit „Protest, Bestreitung" zu übersetzen, zeigte R. Knierim[595] auf, dass das Substantiv bereits in den alten Belegen stets einen Treubruch, häufig eine verbrecherische Tat (z. B. 1 Sam 24,10 – 14; Am 1,3.6.9.11.13; 2,(4.)6) und das Verb in 2 Kön 8,20.22 nicht nur einen Akt der Auflehnung gegen den König, sondern den vollendeten Abfall von ihm bezeichnet. Daher lauten die von ihm gewählten Übersetzungen „Verbrechen" für das Substantiv und „brechen mit" für das Verb.[596] In der Tat bezeichnen die auf politische Vorgänge des 9. Jh. bezogenen Belegstellen des Verbs פָּשַׁע in 1 Kön 12,19; 2 Kön 1,1; 3,5.7; 8,20.22 den eigenmächtigen Abfall von Teilen eines Königreichs mit der Folge, dass der betreffende König über Territorium und Bevölkerung der abtrünnigen Reichsteile keine Herrschaft mehr ausübt und nur durch einen Kriegszug versuchen kann, sie wiederherzustellen (vgl. 1 Kön

---

594 Vgl. Köhler, Zu Ex 22,8, S. 213 – 218.

595 Knierim, Artikel פֶּשַׁע, Sp. 489 – 494.

596 Auf die Problematik, dass die Übersetzung des Substantivs mit „Verbrechen" etwas zu eng gefasst ist, da sie weisheitliche Verwendungen wie Spr 10,12; 17,9; 19,11 nicht abdeckt, die auf einen törichten Bruch mit den weisheitlichen Lebensregeln abzielen, braucht hier, wo es auf die Bedeutung des Verbs ankommt, nicht näher eingegangen zu werden. Zur Diskussion s. Seebass, Artikel פֶּשַׁע, Sp. 794, 799 – 802.

12,21; 2 Kön 3,6 ff.; 8,21). Dass es sich dabei nicht nur um eine Rebellion, sondern um einen dauerhaften Abfall handelt, zeigt u. a. die Aussage von 1 Kön 12,19:

וַיִּפְשְׁעוּ יִשְׂרָאֵל בְּבֵית דָּוִד עַד הַיּוֹם הַזֶּה׃

„So brach Israel mit dem Haus Davids bis zum heutigen Tag."

Es ist damit keine über Jahrhunderte anhaltende Rebellion gemeint, sondern Israel hat sich der Herrschaft des Hauses David gänzlich entzogen und ein eigenes Königtum eingesetzt (vgl. 1 Kön 12,20). Auch die Formulierung von 2 Kön 8,20.22 פָּשַׁע מִתַּחַת יַד־ – wörtlich „aus [der Position] unter jemands Hand herausbrechen" – und die laut V. 20 mit dieser Handlung einhergehende Einsetzung eines edomitischen Königs (וַיַּמְלִכוּ עֲלֵיהֶם מֶלֶךְ) zeigen, dass es Edom darum geht, sich dem Joch der Oberherrschaft des judäischen Königs endgültig zu entziehen.[597] Die hier deutlich gewordene Grundbedeutung „brechen mit" harmoniert auch mit den weisheitlichen Belegen Spr 18,19 und 28,21. Beide beziehen sich auf ein Verhalten, das den Bruch einer Treueverpflichtung darstellt. So meint der auf den Bereich von Sippe und Familie bezogene Beleg Spr 18,19 אָח נִפְשָׁע einen Bruder, an dem in einer Weise gehandelt wurde, die das durch Familienbande begründete Treueverhältnis zerstört. Auch Spr 28,21 hat einen Treubruch im Blick. Denn die Wendung נכר פָּנִים „die Person ansehen", die in Dtn 1,17 und Spr 24,23 ein Fehlverhalten einer mit Rechtsentscheidungen betrauten Person bezeichnet, setzt voraus, dass derjenige, der sich des Ansehens der Person schuldig macht, in einer Position steht, die ihn zu Unbestechlichkeit und Unabhängigkeit verpflichtet, so dass er einer amtlichen Treupflicht unterliegt. Es geht also besonders um öffentliche Aufgaben wie das Amt eines Richters, das Fällen von Entscheidungen in königlichem Auftrag, o. ä. (vgl. dazu Jes 1,23). An die einen solchen Rahmen voraussetzende Feststellung, dass ein Ansehen der Person nicht gut sei, schließt sich in Spr 28,21b die sowohl Amtsträger als auch mit ihnen verkehrende Personen warnende Aussage an, dass ein Mann ohne Rücksicht auf seine Amtspflicht für lediglich einen Bissen Brot einen Treubruch begehen kann. Damit qualifiziert Spr 28,21 Bestechlichkeit als Fall treubrecherischen Verhaltens (Verb יִפְשַׁע), das לֹא־טוֹב („nicht gut"), d. h. eine gemeinschaftsschädigende Torheit ist. Während das oben erörterte Beispiel des Abfalls eines Reichsteils von der Herrschaft des Königs einen Loyalitätsbruch im makropolitischen Rahmen darstellt, geht es im Fall des Ansehens der Person seitens einzelner Amtsträger um einen Loyalitätsbruch im mikropolitischen Rahmen. In beiden Fällen bezeichnet das Verb פשע („brechen mit") ein Verhalten, das der Pflicht aus einem Treueverhältnis diametral entgegengesetzt ist und dieses

---

597 Vgl. Knierim, Artikel פֶּשַׁע, Sp. 490.

faktisch zunichte macht. Für die Auslegung von Jes 1,2b folgt aus alledem, dass פָּשְׁעוּ בִי „sie haben mit mir gebrochen" einen Treubruch seitens Israels meint, durch den es sich der Herrschaft seines Gottes JHWH, der nach Jes 6,5 ein göttlicher König ist, dauerhaft entzieht.

Nachdem der grundsätzliche Sachverhalt, den das Verb פשׁע ב „brechen mit" bezeichnet, geklärt ist, verbleiben zwei wesentliche Fragen, nämlich, erstens, die nach den Folgen und, zweitens, die Frage, welche konkreten Handlungen hinter der Aussage stehen, dass Israel mit JHWH gebrochen hat. Was die Folgen treubrecherischen Handelns betrifft, so führt der Abfall eines Volksstamms vom regierenden König zur Umwälzung der politischen Ordnung und daher häufig zum Krieg (vgl. 2 Kön 3,5.7; 8,20).[598] Noch schwerwiegender sind die Folgen, wenn Menschen mit Gott brechen. So kündigt Jes 1,28 denjenigen, die mit JHWH brechen (פֹּשְׁעִים), zusammen mit den Sündern (חַטָּאִים) die Zerschmetterung (שֶׁבֶר) an (vgl. Jes 66,24). Im näheren Kontext von Jes 1,2b qualifiziert Jes 1,3 Israels Treubruch gegenüber JHWH als Handeln ohne Einsicht und Verstand. Als Folge kündigt der Wehe-Ruf Jes 1,4 zunächst nicht näher beschriebenes Unheil an, das dann der Abschnitt Jes 1,5 – 7 schon aus darauf zurückblickender Perspektive als kaum zu überbietende Schläge gegen das Volk und Verwüstung des Landes konkretisiert. Diese unheilvollen Folgen beruhen nicht allein auf dem in Jes 1,2b genannten Vergehen (הֵם פָּשְׁעוּ בִי „sie aber haben mit mir gebrochen"), sondern auf dem ganzen in Jes 1,2 – 4 genannten Bündel von Fehlverhalten. Da jedoch das Verb פשׁע ב „brechen mit" an der Spitze der Reihe von Verfehlungen steht und als deren einzige mittels eines Tiervergleichs beurteilt wird, der die Widersinnigkeit dieses Verhaltens belegt, hat es den prominentesten Platz im „Sündenregister" von Jes 1,2 – 4 und gibt an, worum es insgesamt geht. Somit sind die oben genannten Konsequenzen der Verfehlungen Israels unmittelbare oder mittelbare Folgen des Treubruchs (Verb פשׁע ב), der viele Aspekte umfasst, die in Jes 1,2 – 4 noch mit einer Reihe anderer Begriffe benannt werden.

Nun zur zweiten Frage, was sich Israel konkret hat zu Schulden kommen lassen. Der Rahmen des schuldhaften Verhaltens lässt sich dem Tiervergleich in Jes 1,3 entnehmen. JHWHs Kinder haben gegen Regeln ihres Herrn verstoßen, die Rind und Esel um ihres eigenen Lebens willen als selbstverständlich praktizieren,

---

598 Entspricht der Bruch einer Volksgruppe mit ihrem König dem Willen JHWHs, wie etwa Israels Abfall vom davidischen Königshaus in 1 Kön 12,15 – 24, der Folge von Salomos Untreue gegenüber JHWH ist (vgl. 1 Kön 11,29 – 39), dann wendet JHWH die zu erwartenden chaotischen Folgen der politischen Abspaltung ab (vgl. 1 Kön 12,24). Ist dies nicht der Fall, wie etwa bei Moabs Bruch mit Israel (2 Kön 1,1; 3,5 – 27), dann zieht die Erschütterung der politischen Ordnung regelmäßig chaotische Kriegszustände nach sich, die in die Verwüstung des Landes und seiner Städte münden können (vgl. 2 Kön 3,24 f.).

weil sie wissen, wer ihnen das tägliche Futter in die Krippe legt (vgl. 1,3: אֵבוּס בְּעָלָיו).
Israels Bruch mit JHWH stellt demnach eine fundamentale Störung der natürlichen Ordnung dar, einer Ordnung, die die unverzichtbaren Grundlagen des Lebens
gewährleistet, den Prinzipien des Erkennens (Wurzel ידע) und Verstehens (Wurzel
בין) folgt und in JHWHs von Himmel und Erde umspanntem Herrschaftsbereich
gilt. Für die Frage nach Israels konkreten Taten bedeutet dies, dass grundsätzlich
Handlungen in allen Lebensbereichen zwischen Himmel und Erde in Betracht
kommen, die durch ihre faktische Bedeutung JHWHs Herrschaftsordnung leugnen. Einen konkreteren Hinweis auf ihre Qualität bietet Jes 1,4a in der Bezeichnung der Kinder JHWHs als זֶרַע מְרֵעִים „Same bestehend aus Übeltätern" und בָּנִים
מַשְׁחִיתִים „Söhne, die Verderben bringen!". Näheres zu diesen Begriffen wird im
Rahmen der Exegese von Jes 1,4a erarbeitet, doch ohne Weiteres lässt sich erkennen, dass JHWHs Kinder sich gewalttätigen und zerstörerischen Handelns
schuldig gemacht haben. Dies schließt insbesondere ethische Vergehen in Politik
und Gesellschaft ein. Demgegenüber verweisen die in Jes 1,4b genannten Verfehlungen gegen JHWH auch in den kultischen Bereich (vgl. z. B. עזב in Dtn 31,16;
Jos 24,16), wobei allerdings – abweichend von Dtn 31,16; Jos 24,16 – ein Fremdgötterkult explizit nicht erwähnt ist. Nimmt man die beiden genannten konkre-
tisierenden Hinweise auf Ethik und Kult aus Jes 1,4a.b zusammen, so ergibt sich
daraus ein direkter Verweis auf Jes 1,10 – 17, wo die Kritik am kultischen Leben mit
der Kritik an ethischen Missständen verbunden ist. Wie oben im Rahmen der
Erörterung des Motivs des Hörens in Jes 1,2a.10.15.19 bereits ausgeführt wurde, hört
JHWH die an ihn gerichteten Gebete nicht (V. 15: אֵינֶנִּי שֹׁמֵעַ), weil das Volk seine
göttlichen Weisungen, die das Ziel haben, Recht und Gerechtigkeit hervorzu-
bringen, ignoriert (vgl. V. 18, ferner סָרָה „Widerspenstigkeit" in Jes 1,5a sowie auch
Jes 5,24). Deutlich tritt dieses Ziel der Herrschaft JHWHs u. a. im Weinberglied
Jes 5,1 – 7 zu Tage, das verdeutlicht, dass alle Anstrengungen des Weinbergbesit-
zers (V. 2 – 4a) alias JHWH bezweckten, den Weinberg alias Israel fruchtbar zu
machen, damit er Recht (מִשְׁפָּט) und Gerechtigkeit (צְדָקָה) hervorbringe (V. 7). Im
Gegensatz zu dieser Grundorientierung der Gottesherrschaft missachtet das in
Jes 1,10 – 17 angesprochene Volk aber die Prinzipien des guten, fürsorglichen
Handelns (Jes 1,17aα: הֵיטֵב) und das dem Schutz der Schwächeren dienende Recht
(Jes 1,17aβ: מִשְׁפָּט), um stattdessen einem bösartigen und gewalttätigen Handeln
(Jes 1,16: הָרֵעַ, רֹעַ מַעַלְלֵיכֶם), das dem Ausbau der eigenen Macht und des eigenen
wirtschaftlichen Wohlergehens (vgl. Jes 1,21 – 23) zu Lasten Hilfloser (vgl.
Jes 1,17.23b) dient, den Vorrang einzuräumen. Die durch diese rechtswidrigen
Taten mit Blut befleckten Hände der in Jes 1,10 – 17 angesprochenen kultischen
„Verehrer" JHWHs sind nicht nur Beweisstück einer unethischen Lebenspraxis,
die es dem über Himmel und Erde gebietenden Gott JHWH versagen will, seine auf
Recht und Gerechtigkeit ausgerichtete Herrschaft auszuüben, sondern gleichzeitig

auch einer Schuld, die kultische Ehrungen JHWHs unannehmbar macht, da verflucht ist, wer um eines eigenen materiellen Vorteils willen unschuldiges Blut vergießt (vgl. Dtn 27,25). In diesem Sinne qualifiziert Jes 1,15 יְדֵיכֶם דָּמִים מָלֵאוּ „Eure Hände sind voll Blut!" die kultischen Begehungen angesichts des Unrechts, auf das nachfolgend in Jes 1,16 f. Bezug genommen wird, als unannehmbar. Auf diese Weise liegt die Schuld des in Jes 1,10 – 17 angesprochenen Volkes sowohl in der praktischen Ablehnung der Gottesherrschaft (vgl. Jes 1,16 f.) als auch in der Darbringung kultischer Opfer und Ehrungen, die JHWH wegen der auf den Kultbeteiligten lastenden Blutschuld unwillkommen sind (Jes 1,11 – 15). Beides, die faktische Leugnung von JHWHs göttlicher Souveränität und die Missachtung der Heiligkeit seiner Person durch den Versuch einer mit Blutschuld befleckten Gesellschaft, eine kultische Kommunikation zu erzwingen, sind wesentliche Elemente dessen, was Israels Treubruch nach Jes 1,2b konkret ausmacht. Ein dritter, damit zusammenhängender Aspekt, der im Rahmen der obigen Überlegungen zum Motiv des Hörens in Jes 1,2a.10.15.19 dargelegt wurde, liegt im Missbrauch des Kultes zum Zweck der Stabilisierung der ungerechten Herrschaft, indem diejenigen unter seinen „Verehrern", die als „Anführer Sodoms" (Jes 1,10: קְצִינֵי סְדֹם) in der ethisch verwahrlosten Gesellschaft Israels Verantwortung tragen, JHWH zum Einschreiten zu Gunsten ihrer unheiligen Anliegen zu bewegen versuchen (vgl. die Zurückweisung solchen Tuns durch Jes 1,15: אֵינֶנִּי שֹׁמֵעַ „ich bin kein Hörender"). Somit resümiert das Verb פשע ב in Jes 1,2b den auf lebenspraktischem Weg vollzogenen treuwidrigen Bruch des Volkes mit seinem Gott JHWH, der es voll väter- und mütterlicher Fürsorge[599] großgezogen und ihm zu einem hohen, ehrenvollen Rang verholfen hat. Israels ethisch verwahrlostes und dadurch auch kultisch verfehltes gesellschaftliches Leben, das JHWHs Souveränität und Heiligkeit missachtet, ist ein kollektiver treu- und rechtsbrecherischer Akt, der eine fundamentale Erschütterung tragender und lebenswichtiger Ordnungsstrukturen bedeutet und entsprechend unheilvolle Konsequenzen nach sich zieht.

Dass die Wurzel פשע tatsächlich besonders die in Jes 1,10 – 17.21 – 26 kritisierten sozialen und ethischen Missstände erfasst, so dass ein enger Zusammenhang zwischen diesen und der Aussage von Jes 1,2b anzunehmen ist, zeigt auch die Verwendung des wurzelverwandten Nomens פֶּשַׁע „Treubruch, Verbrechen" in den Völkersprüchen des Amos. Besonders relevant ist die Israel-Strophe (Am 2,6 – 8), die ähnliche Tatbestände wie die in Jes 1,16 – 17.21 – 23 genannten als Verbrechen qualifiziert. Da die Juda-Strophe (Am 2,4 f.) erst später dem Text hinzugefügt wurde[600] und zur Konkretisierung des Begriffs פֶּשַׁע „Treubruch, Ver-

---

599 Zu mütterlichen Aspekten dieser Fürsorge siehe Kessler, Söhne habe ich großgezogen.
600 Vgl. dazu Jeremias, Amos, S. 10 f., 28 f.

brechen" nicht wesentlich ist, bleibt sie unberücksichtigt. Für uns bedeutsam sind dagegen auch die Fremdvölkerstrophen (Am 1,3 – 2,3), da sie kosmische Dimensionen und damit das schwere Gewicht eines als פֶּשַׁע qualifizierten Handelns sichtbar machen.

Exkurs: Das Nomen פֶּשַׁע „Verbrechen, Treubruch" in den Völkersprüchen des Amos

a. Zur Bedeutung des Nomens פֶּשַׁע

R. Koch[601] charakterisiert das Nomen פֶּשַׁע als „Schlüsselwort der alttestamentlichen Sündentheologie, das wesentlich ein ‚Verhältnis' in Form eines ‚Verbrechens' an einem Gemeinschaftsverhältnis" ausdrücke. In diesem Sinne bezeichnet es schwerwiegende unethische Handlungen. Eine konkretere Vorstellung dessen, was פֶּשַׁע-Handlungen sind, lässt sich aus den Belegen bei Amos (Am 1,3.6.9.11.13; 2,4.6) gewinnen. In seinem Amos-Kommentar geht G. Fleischer[602] von der Übersetzung „Frevel, Abfall" aus und legt dar, dass der Begriff „im weltlichen Bereich den Loyalitätsbruch, den Abfall vom zuständigen Souverän, im theologischen Bereich den Abfall von JHWH" meine. Diese Grundbedeutung sei im Amosbuch dahingehend konkretisiert, dass der Begriff menschenverachtendes Handeln bezeichne, das unabhängig davon, ob es von Angehörigen Israels oder fremden Völkern begangen wird, stets mit JHWHs Willen unvereinbar sei und von ihm geächtet werde.

b. Das Nomen פֶּשַׁע in den Fremdvölker-Strophen

Die Handlungen, die die Fremdvölker-Sprüche Am 1,3.6.9.11.13; 2,1 als פֶּשַׁע beurteilen, sind Kriegsverbrechen.[603] Der Vorwurf, Damaskus habe Gilead mit eisernem Dreschschlitten gedroschen (Am 1,3: עַל־דּוּשָׁם בַּחֲרֻצוֹת הַבַּרְזֶל), bezeichnet eine breitflächige, unterschiedslos dreinschlagende Welle tödlicher Brutalität gegen das genannte Land.[604] Vergleichbar ist das in Am 1,11 genannte Vergehen, das im erbarmungslosen Verfolgen des Bruders mit dem Schwert und zornigen Zerreißen von Menschen im Rahmen einer brutalen Kriegsführung besteht. Am 1,6.9 verurteilt die Verschleppung ganzer Gemeinwesen (עַל־הַסְגִּירָם /עַל־הַגְלוֹתָם גָּלוּת שְׁלֵמָה wörtl. etwa „wegen ihres Verschleppens/Auslieferns ganzer Verschleppungen"). Diese unterscheidet sich von der im Alten Orient häufig praktizierten Exilierung

---

601 Vgl. Koch, Die Sünde, S. 27.
602 Fleischer, Amos, S. 152.
603 Zu den verschiedenen Handlungen siehe im Einzelnen Jeremias, Amos, S. 13 – 17.
604 Vgl. Jeremias, Amos, S. 13 f.

der Oberschicht eines besiegten Landes in das Land des siegreichen Kriegsherrn (vgl. 2 Kön 18,11; 24,16) dadurch, dass Gaza bzw. Tyrus die Bevölkerungen besiegter Orte *als Ganze* an eine *fremde* Macht veräußerte, und zwar an Edom, das für seinen Kupferbergbau zahlreiche Sklaven benötigte.[605] Als weitere Greueltaten, die einen פֶּשַׁע darstellen, nennen Am 1,13 die brutale Ermordung Schwangerer und Am 2,1 die völlige Verbrennung der Gebeine eines Königs, was wohl die völlige Auslöschung seiner Existenz bezweckte.[606]

Insgesamt bezeichnet das Nomen פֶּשַׁע in Am 1,3 – 2,3 Kriegsverbrechen, die gegen ein ethisches Minimum verstoßen, das auch in Kriegszeiten unter verfeindeten Völkern unbedingt einzuhalten ist. Dies fordert JHWH offenbar nicht nur im Verhältnis der Völker zu Israel, sondern universal unter allen Völkern.[607] Zwar sind die Opfer der meisten in Am 1,3 – 2,3 geschilderten Taten Israeliten,[608] doch die Forderung nach universaler Einhaltung ethischer Mindeststandards folgt eindeutig aus Am 2,1, wo JHWH sich gegen Moab wendet, weil es sich an den Gebeinen eines edomitischen Königs vergangen hat. Israeliten sind hiervon nicht betroffen. Das Nomen פֶּשַׁע bezeichnet in diesem Kontext einen fundamentalen Verstoß gegen die Grundordnung des Kosmos. Indem die aufgeführten Völker derartige Verbrechen begehen, brechen sie den Frieden mit JHWH und veranlassen ihn dazu, die für den Kosmos bedrohlichen Störer zu vernichten (vgl. Am 1,4 – 5.7 – 8.10.12.14 – 15; 2,2 – 3). In Am 1,9.11 sind die betreffenden Taten gleich-

---

605 Vgl. Jeremias, Amos, S. 15.

606 Zu Letzterem siehe Jeremias, Amos, S. 16.

607 Vgl. Jeremias, Amos, S. 17 f.: „Jedoch sind die Völkerworte mehr als nur eine Folie für die Israelstrophe. Sie zeigen zwar noch nicht, daß Jahwe ein Gott der ganzen Welt ist – das war für die Generation des Amos noch kein Thema. Wohl aber zeigen sie, daß Jahwe mehr und anderes ist als ein Nationalgott, daß er vielmehr wie Israels Schuld so auch die Schuld seiner Nachbarn ahndet. Dabei wird ihnen – wie den Völkern von Paulus in Röm 1–3 – ein Rechtsbewusstsein zuerkannt, das ihnen unabhängig von spezifischen Gotteserfahrungen zugeschrieben wird und das wir heute mit dem Begriff der Menschenrechte umschreiben würden."

608 Am 1,3.13 nennen ausdrücklich Gilead als Opfer der dort erwähnten Verbrechen. Am 1,6 nennt die Volkszugehörigkeit der von den Philistern (Gaza) verschleppten Bevölkerung zwar nicht, aus der Lage Gazas zwischen Edomitern und Israeliten ergibt sich jedoch, dass die Opfer, die nach Edom verschleppt wurden, offensichtlich Israeliten waren. Auch Am 1,9 gibt nicht an, welcher Nationalität die Verschleppten waren, die Tyrus an Edom auslieferte, aber die Aussage, dass „sie nicht an den Bruderbund dachten" (וְלֹא זָכְרוּ בְּרִית אַחִים), setzt die Partner dieses Bundes als bekannt voraus und macht nur Sinn, wenn die israelitischen Adressaten der Prophetenrede selbst sich als „Brüder" von Tyrus verstehen, so dass dieser Bruderbund offenbar zwischen Tyrus und Israel besteht (vgl. 1 Kön 5,15; 9,13). Folglich mussten auch die Opfer des Verbrechens, das Tyrus unter Verletzung dieses Bundes begangen hatte, Israeliten gewesen sein. Auch die Aussage von Am 1,11, dass Edom seinem Bruder (d. h. Jakob, vgl. Gen 25,30) mit dem Schwert nachjagte, kann sich nur auf Israeliten beziehen.

zeitig Bruch eines zwischen Tyrus (V. 9) bzw. Edom (V. 11) und Israel bestehenden Treueverhältnisses, das durch die Begriffe „Bruderbund" (V. 9: בְּרִית אַחִים) und „sein Bruder" (V. 11: אָחִיו) in Erinnerung gerufen wird.

c. Das Nomen פֶּשַׁע in der Israel-Strophe (Am 2,6 – 8)

In der Israel-Strophe (Am 2,6 – 8) sind mit פֶּשַׁע unsoziale, gemeinschaftsschädigende Verhaltensweisen innerhalb der (nord-)israelitischen Gesellschaft gemeint, die teilweise den in Jes 1,17.21 – 23 kritisierten Missständen ähneln.

α) Die פֶּשַׁע-Handlung in V. 6b

עַל־מִכְרָם בַּכֶּסֶף צַדִּיק וְאֶבְיוֹן בַּעֲבוּר נַעֲלָיִם

„weil sie den Gerechten für Geld und den Armen für ein Paar Schuhe verkaufen"[609]

Der erste Vorwurf (V. 6b) betrifft Fälle ungerechter bzw. unbarmherziger Anwendung der an sich legalen Schuldsklaverei (vgl. z. B. Ex 21,1 – 11; 22,2).[610] Diese sah vor, dass ein zahlungsunfähig gewordener Schuldner sich selbst an seinen Gläubiger verkaufen soll, um seine Schuld durch Sklavendienst abzuarbeiten und spätestens im siebten Jahr wieder freigelassen zu werden (vgl. Dtn 17,12). Dagegen geht es bei Am 2,6b wohl um den Weiterverkauf von in Schuldsklaverei gefallenen Gerechten (צַדִּיק) und Armen (אֶבְיוֹן),[611] die dadurch zu permanenten Sklaven wurden. Da der für den Schuldsklaven verlangte Verkaufspreis mindestens dessen Schuld decken musste, zeigt der in Am 2,6b genannte niedrige Preis von nur einem Paar Sandalen, dass auch die Schuld des verkauften Armen diesen Wert nicht überstieg. Die Kritik des Gotteswortes richtet sich somit gegen die habgierige und unbarmherzige Haltung der Gläubiger, die den Armen trotz geringer Schuld gegen einen Spottpreis zum permanenten Sklaven machten, möglicherweise um so nicht nur die Schuld einzutreiben, sondern auch noch die dem Schuldsklaven zu gewährende Verköstigung einzusparen.[612] Der in Am 2,6b erhobene Vorwurf richtet sich formal gegen Israel insgesamt (vgl. Am 2,6aβ), da die durch das Personalsuffix der 3. Person Plural implizierte Tätergruppe (עַל־מִכְרָם „wegen ihres Verkaufens") nicht näher eingegrenzt wird.

---

609 Elberfelder Übersetzung.
610 Vgl. dazu Wolff, Dodekapropheton 2, S. 200 f.; Fleischer, Amos, S. 159; Jeremias, Amos, S. 21 f.
611 Vgl. Fleischer, Amos, S. 159.
612 Zu letzterem Punkt vgl. Fleischer, Amos, S. 159.

β) Die פֶּשַׁע-Handlungen in V. 7a

הַשֹּׁאֲפִים עַל־עֲפַר־אֶרֶץ בְּרֹאשׁ דַּלִּים
וְדֶרֶךְ עֲנָוִים יַטּוּ

„Sie treten nach dem Kopf der Geringen *wie* auf den Staub der Erde,
und den Rechtsweg der Elenden beugen sie."[613]

Was Am 2,7a betrifft, so kann im Rahmen dieser Arbeit auf die textlichen Probleme nicht näher eingegangen werden,[614] doch ist bei allen diskutierten Textvarianten klar, dass es um brutale Unterdrückung Wehrloser geht (vgl. Spr 22,22), unabhängig davon, ob man הַשֹּׁאֲפִים als Qal Partizip der Wurzel שׁאף „schnappen/ lechzen nach" oder der Wurzel (I) שׁוף „zermalmen, treten" (nur in Gen 3,15 belegt) liest,[615] und ob man עַל־עֲפַר־אֶרֶץ „auf den Staub der Erde" als eigentlich zu V. 8 gehörige Glosse versteht.[616] Die Gewalttäter, die nach dem Kopf der Geringen (דַּלִּים) treten bzw. schnappen, sind auf Grund ihres Gegensatzes zu den als „gering" charakterisierten Opfern offensichtlich mächtige, hochgestellte Personen. Der Kontext mit V. 6b (בַּכֶּסֶף) „für Geld" und בַּעֲבוּר נַעֲלָיִם „wegen eines Paars Schuhe") legt dabei nahe, dass sie aus Gier nach Einfluss und Besitz handeln.

Der Charakter der nächsten Tat – וְדֶרֶךְ עֲנָוִים יַטּוּ wörtlich „sie lassen abbiegen/ beugen/wenden den Weg der Elenden" – ist umstritten. Wahrscheinlich geht es um ein Beugen der Wege des Rechtes, da die Formulierung von Am 2,7aβ eine enge Parallele in Spr 17,23 findet:

שֹׁחַד מֵחֵיק רָשָׁע יִקָּח לְהַטּוֹת אָרְחוֹת מִשְׁפָּט:

„Bestechung aus dem Gewandbausch nimmt der Gottlose an, um die Pfade des Rechts zu beugen."[617]

Beide Passagen sprechen vom unethischen „Beugen" (Hiphil von נטה) eines Weges, wobei Spr 17,13 sich ausdrücklich auf die „Pfade des Rechts" bezieht (zur parallelen Verwendung von דֶרֶךְ und אֹרַח in der Bedeutung „richtiger, gottgefälliger Weg" vgl. z. B. Jes 2,3; 30,11). Entsprechend dürfte Am 2,7aβ auf Rechtsbeugung zu Lasten Armer im Rahmen der Torgerichtsbarkeit abzielen (vgl. Spr 22,22; Ex 23,7 f.), was auch auf einer Linie mit den in Am 5,12 formulierten Vorwürfen

---

613 Elberfelder Übersetzung.
614 S. Wolff, Dodekapropheton 2, S. 163; Fleischer, Amos, S. 160; Rudolph, Joel Amos Obadja Jona, S. 138 f.
615 Vgl. dazu Wolff, Dodekapropheton 2, S. 163; Rudolph, Joel Amos Obadja Jona, S. 138.
616 So Rudolph, Joel Amos Obadja Jona, S. 138; Fleischer, Amos, S. 160; dagegen Wolff, Dodekapropheton 2, S. 163: schon in LXX vorgefundener Zusatz zu V. 7.
617 Elberfelder Übersetzung.

liegt.[618] Dagegen meint Rudolph,[619] es gehe um Mächtige, die elenden Menschen auf der Straße in den Weg treten, um sie zum Ausweichen zu zwingen. Angesichts der Schwere der sonst in Am 1,2 – 2,16 mit dem Nomen פֶּשַׁע bezeichneten Vergehen ist diese Deutung jedoch unwahrscheinlich, da derartiges Benehmen ungeachtet seiner Grobheit wohl auch aus Sicht des hinsichtlich Ehrverletzungen sehr sensiblen altorientalischen Menschen eher eine Bagatelle darstellt.

γ) Die פֶּשַׁע-Handlung in V. 7b

וְאִישׁ וְאָבִיו יֵלְכוּ אֶל־הַנַּעֲרָה
לְמַעַן חַלֵּל אֶת־שֵׁם קָדְשִׁי

„Und ein Mann und sein Vater gehen zu demselben Mädchen,
um meinen heiligen Namen zu entweihen."[620]

Die in Am 2,7b mit dem Verb הלך אל umschriebene Handlung bezeichnet im gegebenen Kontext den Geschlechtsverkehr.[621] Hier ist nicht etwa gemeint, dass Vater und Sohn zu einer Kultprostituierten gehen. Zwar legt die Formel לְמַעַן חַלֵּל אֶת־שֵׁם קָדְשִׁי „um meinen heiligen Namen zu entweihen" (vgl. z. B. Ez 20,39; Lev 20,3; 22,2.32) einen kultischen Kontext nahe, doch ist sie ausweislich ihrer Verwendung bei Ezechiel und im Buch Leviticus wahrscheinlich ein späterer Zusatz aus der Exilszeit, der möglicherweise als Überleitung zu dem im Bereich des Kultes verorteten Vers 8 eingefügt wurde.[622] Auszuschließen ist ein Bezug zur Kultprostitution wegen des Ausdrucks נַעֲרָה für die Frau, mit der Vater und Sohn geschlechtlich verkehren. Dieser Jugendlichkeit implizierende Begriff ist im AT nie Bezeichnung einer Kultprostituierten,[623] sondern bedeutet allgemein „junges Mädchen" im heiratsfähigen Alter (vgl. z. B. Gen 24,14.57; 34,3) und im Besonderen auch „Dienerin", wobei es häufig um die Dienerin einer Frau (vgl. z. B. Gen 24,61; Ex 2,5; 1 Sam 25,42; 2 Kön 5,2; Spr 31,5; Est 2,9; 4,4.16) bzw. um eine reine Arbeitskraft eines Dienstherrn (Rut 2,8.22 f.) geht.[624] Angesichts der Tatsache, dass

---

618 Vgl. Wolff, Dodekapropheton 2, S. 202; Fleischer, Amos, S. 160.

619 Rudolph, Joel Amos Obadja Jona, S. 138 f.; 142.

620 Elberfelder Übersetzung.

621 Vgl. Wolff, Dodekapropheton 2, S. 202: „Denn הלך אל heißt hier nicht weniger als ‚geschlechtlich verkehren'." Allerdings ist הלך אל in dieser Bedeutung sonst nicht mehr belegt. Vergleichbare Ausdrucksweisen finden sich in Gen 16,4 (וַיָּבֹא אֶל־הָגָר „er ging zu Hagar ein") und Jes 8,3 (וָאֶקְרַב אֶל־הַנְּבִיאָה „und ich näherte mich der Prophetin").

622 Näheres dazu bei Fleischer, Amos, S. 161.

623 Vgl. Rudolph, Joel Amos Obadja Jona, S. 143.

624 Vgl. Fleischer, Amos, S. 161.

die Verse 6b und 7a Fälle von Unterdrückung und Machtmissbrauch gegenüber Schwächeren und Wehrlosen im Auge haben, ist Ähnliches auch in V. 7b zu vermuten. Dann wäre נַעֲרָה eine junge Magd, eventuell eine Schuldsklavin, die sowohl von ihrem Herrn als auch dessen Sohn zum Geschlechtsverkehr gewaltsam genötigt wird.[625] Jedoch wäre bei dieser Auslegung zu erwarten, dass der Text in irgend einer Weise den Aspekt der Gewaltanwendung hervorhebt, beispielsweise durch eine der Formulierung von Gen 34,2 (וַיִּשְׁכַּב אֹתָהּ וַיְעַנֶּהָ „er legte sich zu ihr und tat ihr Gewalt an")[626] entsprechende Wendung. Auf Seiten des Opfers, d. h. der jungen Frau, wäre zu erwarten, dass deren Wehrlosigkeit besonders betont wird.[627] Tatsächlich enthält Am 2,7b aber weder einen expliziten Hinweis auf Gewaltanwendung durch den Mann oder dessen Vater noch eine Hervorhebung der Wehrlosigkeit der Frau. Das, was der Text als Fall eines פֶּשַׁע bezeichnet, ist die schlichte Tatsache, dass ein Mann und sein Vater zu einer jungen Frau/Dienerin gehen, die durch den bestimmten Artikel als ein- und dieselbe, beiden bekannte Person ausgewiesen ist. Gründe für die Qualifizierung dieses Verhaltens als groben Verstoß gegen die sittliche Ordnung lassen sich auf mehreren Ebenen erkennen. Offenbar haben weder der Mann noch sein Vater die Absicht, eine Ehe mit dieser Frau zu schließen. Vergleicht man die Wendung הלך אל „zu (einer Frau) gehen" mit den in Hos 1,2 (לֵךְ קַח־לְךָ „geh, nimm für dich") und Jes 8,3 (וָאֶקְרַב אֶל־הַנְּבִיאָה „und ich nahte der Prophetin") verwendeten Formulierungen, dann fällt auf, dass in Hos 1,2 das Verb הלך mit einem Verb des Nehmens (לקח) plus reflexiver Präpositionalkonstruktion (לְךָ) verbunden ist, um den Aspekt der Eheschließung auszudrücken, während in Jes 8,3 ein solches Verb des Nehmens fehlt, was der Tatsache entspricht, dass es hier um keine Eheschließung, sondern die Zeugung eines zweiten Sohnes geht, da der Prophet ausweislich des in Jes 7,3 erwähnten ersten Sohnes namens Schear-Jaschub mit der Prophetin bereits verheiratet ist. Dementsprechend ist auch in Am 2,7b eine Eheschließung nicht im Blick. Das Verhalten des Mannes und seines Vaters ist ein gravierendes Vergehen, weil der Vater als aktuelles und der Sohn als künftiges Familienoberhaupt ihre Autorität für ihre Suche nach sexuellen Erlebnissen missbrauchen und dabei im Widerspruch zu einer ihrer zentralen Aufgaben handeln. Dem Haupt der Sippe obliegt es, im familiären Bereich für Gerechtigkeit im Sinne gemeinschafts- und lebensförderlicher Verhältnisse zu sorgen, die auch dem schwächsten Glied ein gedeihliches Leben ermöglichen. In Gegensatz zu dieser Verantwortung steht, dass beide Männer leichtfertig in Kauf nehmen, der jungen Frau die für ihr Ansehen wesentliche

---

625 Vgl. Fleischer, Amos, S. 161; Rudolph, Joel Amos Obadja Jona, S. 143.
626 Vgl. auch die Verwendung von ענה [את] (Pi.) „(einer Frau) Gewalt antun" in Dtn 21,14; 22,24.29; Ri 19,24 und 2 Sam 13,14.
627 Vgl. Wolff, Dodekapropheton 2, S. 203.

Perspektive einer Ehe und daraus hervorgehender Kinder zu nehmen. Denn da Jungfräulichkeit in der Regel Voraussetzung einer Eheschließung war (vgl. Dtn 22,13 – 21), konnte eine junge Frau, die im Rahmen eines sippeninternen Abhängigkeitsverhältnisses zu vorehelichem Geschlechtsverkehr genötigt wurde, nicht mehr damit rechnen, später noch von einem Mann als Ehefrau angenommen zu werden. Auch die von Ex 22,15 bestimmte Pflicht eines Mannes, ein noch nicht verlobtes Mädchen, das er zum Geschlechtsverkehr verführt hat, zur Frau zu nehmen, wird durch das ungeordnete Parallelverhältnis von Sohn und Vater praktisch uneinklagbar, da schwer feststellbar ist, welchem der beiden Männer die Pflicht obliegt. Wegen der Möglichkeit, dass die junge Frau Kinder zur Welt bringt, deren genaue Abstammung ungewiss ist, gefährdet das Verhalten des Mannes und seines Vaters die für die Erhaltung der lebensnotwendigen Güter erforderliche Ordnung in Sippe und Familie. Insbesondere kann die Geburt eines Sohnes, dessen Vater nicht eindeutig bestimmbar ist, zu permanenter Ungewissheit darüber führen, ob der Neugeborene der Erstgeborene des Mannes mit allen dazugehörigen Privilegien oder ein jüngerer Halbbruder des Mannes, d. h. der jüngste Sohn des Familienvaters, ist. Da in alttestamentlicher Zeit ein genetischer Vaterschaftsnachweis nicht möglich ist, kann solche Ungewissheit zu permanenten Kämpfen um das Erstgeburtsrecht führen, die den Bestand der Sippe gefährden.[628]

Somit richtet sich die in Am 2,7b geäußerte Kritik gegen ein unsittliches Verhalten von Verantwortungsträgern innerhalb der Sippe, das um egoistischer Genusssucht willen sowohl die Zukunftsperspektiven einer einzelnen Schutzbefohlenen als auch die für den Frieden innerhalb der ganzen Sippe notwendige sittliche Ordnung massiv beeinträchtigt. Die Fokussierung des Textes auf das Faktum ungeordneter sexueller Verhältnisse und die fehlende Thematisierung der vermutlich gegen die junge Frau begangenen Nötigung zeigen, dass der wesentliche Aspekt, der die Handlung zu einem פֶּשַׁע macht, nicht erst in der Gewaltanwendung oder Nötigung liegt, sondern schon in der groben Störung der Ordnung eines Gemeinwesens durch Verletzung bestehender Schutz- und Treuepflichten.

δ) Die פֶּשַׁע-Handlungen in V. 8

וְעַל־בְּגָדִים חֲבֻלִים יַטּוּ אֵצֶל כָּל־מִזְבֵּחַ וְיֵין עֲנוּשִׁים יִשְׁתּוּ
בֵּית אֱלֹהֵיהֶם

---

[628] Dass Auseinandersetzungen um das Erstgeborenenrecht durchaus vorkamen, zeigen die Erzählungen über Jakob und Esau, vgl. Gen 27,1 – 45.

„Und auf gepfändeten Kleidern strecken sie sich aus neben jedem Altar, und Wein von
Strafgeldern trinken sie
im Haus ihres Gottes."

Willkürlichen Machtmissbrauch beim Umgang mit gepfändetem Gut und Bußgeldern kritisiert Am 2,8 (בְּגָדִים חֲבֻלִים „gepfändete Kleider", יֵין עֲנוּשִׁים „Wein von
Bußgeldern"). Wer Kleider als Pfand entgegennahm, entzog seinem Schuldner ein
in alttestamentlicher Zeit teures und kostbares lebensnotwendiges Gut. Daher
unterlag die Pfändung von Kleidung (sowie anderer lebenswichtiger Güter, vgl.
z. B. Dtn 24,6) einigen Beschränkungen. Kleidung einer Witwe durfte überhaupt
nicht gepfändet werden (Dtn 24,17). Bei anderen Personen war die Pfändung eines
Mantels, der nicht nur als Bekleidung, sondern auch als Decke zum Schlafen
benutzt wurde, ausschließlich tagsüber zulässig (vgl. Ex 22,25 f.; Dtn 24,12 f.). Die
Vorschrift des Bundesbuchs (Ex 22,25 f.) spiegelt dabei wirtschaftliche Verhältnisse wider, unter denen man den Kredit noch nicht als Mittel normalen Wirt-
schaftens, sondern allein als ultima ratio im Falle wirtschaftlicher Not ansah.
Diese Sicht kommt bereits unmittelbar davor im Verbot des Darlehenszinses (Ex
22,24) zum Ausdruck, das fraglos voraussetzt, dass derjenige, der ein Darlehen
benötigt, ein Elender sei, und zeigt sich in Ex 22,25 f. durch die offenbar dem
damaligen Leser ohne Begründung einleuchtende Annahme, dass derjenige, der
einen Mantel als Pfand gibt, nur diesen einzigen besitzt. In Dtn 24,12 f. haben sich
die Verhältnisse bereits etwas gewandelt, da hier die Verpflichtung, den Mantel bei
Sonnenuntergang zurückzugeben, nur dann besteht, wenn der Schuldner ein
armer Mann ist (וְאִם־אִישׁ עָנִי הוּא). Vor dem Hintergrund der genannten Rechtssätze
wird deutlich, dass Am 2,8a auf Verstöße rücksichtsloser Gläubiger gegen ihnen
auferlegte Verpflichtungen abzielt, die in Not geratene Menschen schützen und
die existenznotwendige Kleidung sichern sollten.[629]

Am Schluss der Reihe von Schuldvorwürfen steht in Am 2,8b die Anklage, dass
Israel „Wein von Bußgeldern" (יֵין עֲנוּשִׁים) trinkt. Solche Bußgelder wurden insbesondere Männern auferlegt, die sich gegen Frauen vergangen hatten (vgl. Ex
21,22: bei einer Rauferei unter Männern durch Stoßen einer schwangeren Frau
verursachte Fehlgeburt; Dtn 22,19: Rufschädigung einer jungen Frau), und dienten
der Entschädigung (vgl. Dtn 22,19).[630] Am 2,8b dürfte Fälle von Veruntreuung im
Auge haben, bei denen evtl. rechtmäßig eingetriebene Bußgelder nicht zur Wie-
dergutmachung eines Schadens, sondern für Trinkgelage verwendet wurden.[631]

---

629 Vgl. zu Am 2,8a Wolff, Dodekapropheton 2, S. 203.
630 Vgl. Wolff, Dodekapropheton 2, S. 203 f.
631 Vgl. Fleischer, Amos, S. 162.

ε) Zur theologischen Bedeutung der פֶּשַׁע-Tatbestände in der Israel-Strophe

In der Israel-Strophe (Am 2,6 – 8) stellt sich die Bedeutung von פֶּשַׁע als der innergesellschaftlichen Grundordnung diametral entgegengesetztes Handeln dar, das insbesondere dem Schutz Schwächerer dienende Pflichten um eines rücksichtslosen Egoismus willen verletzt. Die Täter solcher unethischen Handlungen sind einflussreiche und/oder mit besonderer Verantwortung ausgestattete Personen. Sie missbrauchen ursprünglich für den Schutz Wehrloser bestimmte rechtliche Institutionen[632] wie die Schuldsklaverei (V. 6b), das Gerichtswesen (V. 7aβ), das Pfandrecht (V. 8a) und die Bußgelder (V. 8b) für egoistische Zwecke. Indem die Mächtigen das Recht als Waffe gegen Schwächere benutzen, die nach JHWHs Absicht durch es geschützt werden sollten, werden sie zu Feinden nicht nur der Schwachen, sondern auch ihres Schutzherrn JHWH.[633] Theologisch liegt die Bedeutung des Nomens פֶּשַׁע in der Israel-Strophe also darin, dass das betreffende Handeln die gerechten Ziele der von JHWH gestifteten Gesellschaftsordnung pervertiert und eine widergöttliche Dynamik in Gang setzt, die dann die ganze Gesellschaft beherrscht.

d. Die Folgen von פֶּשַׁע-Handlungen in den Fremdvölker-Strophen und der Israel-Strophe

Da die פֶּשַׁע-Handlungen der Fremdvölker-Strophen (Am 1,3 – 2,3) menschenverachtende Kriegsverbrechen sind, die gegen ein universal gültiges ethisches Minimum verstoßen, erschüttern sie die im ganzen Kosmos geltende göttliche Grundordnung, über die JHWH wacht. Er geht dagegen mit kosmischen Waffen vor, indem er Feuer (Am 1,4.7.10.12.14; 2,2), Kampfgetöse (Am 1,14; 2,2) und Sturm (Am 1,14) sendet.

In der Israel-Strophe besitzen die Täter der פֶּשַׁע-Handlungen gesellschaftliche Schlüsselpositionen und stehen daher für den (nord-)israelitischen Staat insgesamt. Dementsprechend wendet sich JHWH zunächst undifferenziert gegen (Nord-)Israel als Ganzes (vgl. Am 2,6a: „Israel"). Betrachtet man das in Am 2,13 – 16 angekündigte Gerichtsgeschehen jedoch genauer, dann stellt man fest, dass es die

---

632 Die in Am 2,6 – 8 genannten Rechtsinstitute dienten in folgender Weise dem Schutz der Schwachen: Ziel der Regeln über die Schuldsklaverei ist es, zu verhindern, dass Arme im Fall notbedingter Überschuldung lebenslang in Sklaverei verfallen. Ziel der Institution des Gerichts ist es, besonders den Schwachen ihr Recht zu garantieren, da diese sich anders als Mächtige nicht aus eigener Kraft zu Recht verhelfen können. Ziel der einschränkenden Regelungen des Pfandrechts ist es, Armen im Fall notbedingter Kreditaufnahme die weitere Nutzbarkeit lebensnotwendiger Güter zu gewährleisten.

633 Zum Auftreten JHWHs als Beschützer der Armen und Schwachen vgl. z. B. auch Am 5,4 – 15.

Starken und Mächtigen sind, die von den Folgen des Gerichts getroffen werden, nämlich der Schnelle, der Starke, der Held (V. 14), der Bogenschütze, der Schnellfüßige und der Reiter (V. 15) sowie „der Beherzteste der Helden" (V. 16). Auch hier kämpft JHWH gegen die Täter der in Am 2,6 – 8 genannten פֶּשַׁע-Handlungen, die dem mit seiner Herrschaft verfolgten Ziel der Gerechtigkeit zuwiderlaufen und so seinen Herrschaftsanspruch faktisch bestreiten, unter Einsatz kosmischer Kräfte, indem er ein Erdbeben bewirkt (Am 2,13).

Auswertung des Exkurses

Das begriffliche Verständnis des Nomens פֶּשַׁע „Verbrechen, Treubruch" in den Völkersprüchen des Amos, insbesondere die dort anzutreffenden Arten von Tatbeständen und die kosmischen Implikationen, bestätigen die oben entworfene Auslegung des Verbs ב פשׁע („brechen mit") in Jes 1,2b. Insbesondere die Annahme, dass hinter der Aussage וְהֵם פָּשְׁעוּ בִי (Jes 1,2b: „sie aber haben mit mir gebrochen") konkret die innergesellschaftlichen ethischen Missstände stehen, die in Jes 1,15b – 17 kritisiert werden, ist durch die Verwendung des Nomens פֶּשַׁע in der Israel-Strophe des Amos gedeckt. Die in Jes 1,16 f. gegebenen Handlungsanweisungen zielen auf die Überwindung von Unrechtstatbeständen, die den in Amos' Israel-Strophe beschriebenen vergleichbar sind. So können alle in Am 2,6 – 8 genannten Delikte unter die bei Jesaja verkündeten ethischen Imperative הָסִירוּ רֹעַ מַעַלְלֵיכֶם מִנֶּגֶד עֵינָי „Entfernt die Bosheit eurer Handlungen aus [dem Blick] meiner Augen!" (Jes 1,16a), חִדְלוּ הָרֵעַ „Hört auf, schlecht zu handeln!" (Jes 1,16b) und לִמְדוּ הֵיטֵב „Übt ein, gut zu handeln!" subsumiert werden. Wenn sich Am 2,6b gegen eine den Gerechten ebenso wie den Armen treffende unbarmherzige bzw. ungerechte Praxis der Schuldsklaverei wendet und Am 2,7a die Unterdrückung der Geringen einschließlich Rechtsbeugung anprangert, dann sind dies Übel, wie sie die Aufforderungen „Sucht das Recht!" (Jes 17aβ: דִּרְשׁוּ מִשְׁפָּט), „Geht mit dem Bedrückten einher!" (Jes 1,17aγ: אַשְּׁרוּ חָמוֹץ), „Verhelft der Waisen zum Recht!" (Jes 17bα: שִׁפְטוּ יָתוֹם) und „Streitet für die Witwe!" (Jes 17bβ: רִיבוּ אַלְמָנָה) beseitigen wollen. Um die Wahrung der Rechte sozial Schwächerer und Notleidender geht es auch in Am 2,7b – 8, wobei die Verurteilung der sexuellen Ausbeutung einer Schutzbefohlenen (Am 2,7b) und des Missbrauchs von Strafgeldern (Am 2,8b) besonders den Schutz von Frauen einfordert, den auch Jesajas Aufruf zum Einsatz für Witwen (Jes 1,17bβ) im Blick hat. Auch die in Jes 1,21 – 23 gegen die Oberschicht erhobenen Vorwürfe des Mordes (V. 21b), Diebstahls (V. 23a), der Bestechlichkeit (V. 23a) sowie der Rechtsbeugung zu Lasten von Waisen und Witwen (V. 23b) verweisen auf ähnliche ethische Vergehen wie Am 2,6 – 8. Angesichts der Parallelität der bei Amos und Jesaja angeklagten Taten spricht die Tatsache, dass Amos diese als פֶּשַׁע „Verbrechen, Treubruch" bezeichnet, dafür, dass in Jes 1,2b das korrespondierende Verb ב פָּשַׁע („brechen mit") bereits die in Jes 1,15b – 17.21– 23 kritisierten Tatbestände ethischer Vergehen im Blick hat und in ihnen das Faktum eines Bruchs mit JHWH sieht, dessen Kernpunkt darin besteht, dass die Oberschicht das Volk JHWHs unter Missbrauch kultischer Vollzüge (Jes 1,11– 15) dazu verführt, die auf Gerechtigkeit ausgerichtete Gottesherrschaft in ihr Gegenteil zu pervertieren (vgl. Jes 1,21).

Die Richtigkeit dieser Argumentation wird ferner dadurch bestätigt, dass sowohl bei Amos als auch bei Jesaja die mit der Wurzel פָּשַׁע bezeichneten innergesellschaftlichen Vergehen in einem kosmischen Kontext stehen und eine empfindliche Störung der kosmischen Ordnung bedeuten. Bei Amos wird dieser universale Bezug der innerisraelitischen Verfehlungen durch ihre Parallelisierung mit Kriegsverbrechen der Völkerwelt hergestellt. Der in (Nord-)Israels JHWH-feindlichen innenpolitischen Taten liegende Treubruch hat dasselbe Gewicht wie die eine universale ethische Grundordnung leugnenden Kriegsverbrechen der Fremdvölker. Daher sind auch die Folgen der verschiedenen Verbrechen gleich dimensioniert. Sowohl in den Fremdvölker-Strophen als auch in der Israel-Strophe sind die פֶּשַׁע-Handlungen Tatbestände, die JHWHs Einschreiten zur Wiederherstellung seiner den Kosmos ordnenden Herrschaft erfordern (vgl. Am 1,4 – 5.7 – 8.10.12.14 – 15; 2,2 – 3). Dies geschieht durch Loslassen chaotischer Zerstörungskräfte gegen die Störer (Feuer: Am 1,4.7.10.12.14; 2,2, Kampfgetöse: Am 1,14; 2,2, Sturm: Am 1,14; Erdbeben: Am 2,13). Bei Jesaja unterstreicht die Anrufung von Himmel und Erde (Jes 1,2a) die kosmische Bedeutung des Treubruchs Israels gegenüber JHWH (Jes 1,2b). Dessen Folgen sind ähnlicher Art wie bei Amos, nämlich das Volk wird von kriegerischen Schlägen (vgl. Jes 1,5 f.) getroffen, die laut Jes 1,7a das Land zu Wüste machen, wobei die Städte niederbrennen und Fremde den Ackerboden „verzehren". Angesichts der kosmischen Ausmaße[634] der von Amos und Jesaja genannten unheilvollen Auswirkungen treubrüchigen Handelns (Wurzel פָּשַׁע) lässt sich bei Jesaja ein Bogen von der Mitteilung des Treubruchs Israels an den Kosmos (Jes 1,2) über die in Jes 1,5 – 7.8 beschriebenen katastrophalen Folgen, die Zeichen einer durch Kult nicht abzuwendenden (vgl. Jes 1,10 – 15) Erschütterung des Kosmos sind, hin zu dem in Jes 1,15b – 17.21– 23 kritisierten innergesellschaftlichen Unrecht schlagen, das die eigentliche Substanz des Bruchs Israels mit JHWH im Sinne von Jes 1,2b darstellt. Somit gilt für die Auslegung von Jes 1,2b, dass die Aussage „sie aber haben mit mir gebrochen" (וְהֵם פָּשְׁעוּ בִי) die gesamte unheilvolle Schieflage des Verhältnisses

---

634 Ein für diesen Gesichtspunkt unerheblicher Unterschied zwischen den Völkersprüchen des Amos und Jes 1 liegt allerdings darin, dass bei Amos JHWH selbst aktiv gegen die verbrecherischen Völker vorgeht, während Jesaja die Folgen des Treubruchs Israels nur als Resultat beschreibt, ohne ihren Urheber zu nennen.

zwischen JHWH und seinem Volk, wie sie in Jes 1 beschrieben ist, einschließlich ihrer störenden Auswirkungen auf die kosmische Ordnung zusammenfasst. Formal bestätigt wird diese Interpretation durch die mittels der Wurzel פשע gebildete Inklusion zwischen Jes 1,2b und V. 28, die einen Rahmen um alle in Jes 1 genannten ethischen Vergehen bildet. Dabei hebt Vers 28 nochmals die unheilvollen Folgen hervor, indem er den Treubrüchigen den Untergang ankündigt, der ausweislich Jes 1,31 in Steigerung zu der in Jes 1,5 – 7.8 geschilderten Katastrophe dann endgültig sein wird. Ungeachtet der dunklen Farbe dieses Schlussverses des Kapitels liegt die positive Kehrseite darin, dass dem Loskauf Zions durch das Recht (Jes 1,27) und dem Ziel, Zion als Wohnsitz der Gerechtigkeit zu etablieren (Jes 1,26), keine Beeinträchtigung durch Treubrüchige mehr droht, die die auf Gerechtigkeit gegründete Gottesherrschaft in ihr Gegenteil verkehren.

3.6.2.9.3 Ausblick auf die Rolle treubrüchigen Handelns am Ende des Jesaja-Buchs: Jes 59,13 und 66,24

Der oben erarbeitete Zusammenhang zwischen dem Bruch mit JHWH (Jes 1,2b: פשע) und ethisch verfehlten Haltungen, die Wahrheit und Gerechtigkeit zuwiderlaufen, entspricht auch der Rolle, die mit der Wurzel פשע bezeichnetes Verhalten am Ende des Jesaja-Buches spielt. Wesentliche Aussagen zu diesem Thema finden sich in Jes 59,13 – 18. Jes 59,13 – 18:

> 13 פָּשֹׁעַ וְכַחֵשׁ בַּיהוָה וְנָסוֹג מֵאַחַר אֱלֹהֵינוּ
> דַּבֶּר־עֹשֶׁק וְסָרָה הֹרוֹ וְהֹגוֹ מִלֵּב דִּבְרֵי־שָׁקֶר׃
> 14 וְהֻסַּג אָחוֹר מִשְׁפָּט וּצְדָקָה מֵרָחוֹק תַּעֲמֹד
> כִּי־כָשְׁלָה בָרְחוֹב אֱמֶת וּנְכֹחָה לֹא־תוּכַל לָבוֹא׃
> 15 וַתְּהִי הָאֱמֶת נֶעְדֶּרֶת וְסָר מֵרָע מִשְׁתּוֹלֵל
> וַיַּרְא יְהוָה וַיֵּרַע בְּעֵינָיו כִּי־אֵין מִשְׁפָּט׃
> 16 וַיַּרְא כִּי־אֵין אִישׁ וַיִּשְׁתּוֹמֵם כִּי אֵין מַפְגִּיעַ
> וַתּוֹשַׁע לוֹ זְרֹעוֹ וְצִדְקָתוֹ הִיא סְמָכָתְהוּ׃
> 17 וַיִּלְבַּשׁ צְדָקָה כַּשִּׁרְיָן וְכוֹבַע יְשׁוּעָה בְּרֹאשׁוֹ
> וַיִּלְבַּשׁ בִּגְדֵי נָקָם תִּלְבֹּשֶׁת וַיַּעַט כַּמְעִיל קִנְאָה׃
> 18 כְּעַל גְּמֻלוֹת כְּעַל יְשַׁלֵּם חֵמָה לְצָרָיו גְּמוּל לְאֹיְבָיו
> לָאִיִּים גְּמוּל יְשַׁלֵּם׃

13 Brechen mit dem HERRN und *ihn* verleugnen und zurückweichen von unserem Gott, reden von Unterdrückung und Abfall, mit Lügenworten schwanger werden und *sie* aus dem Herzen sprechen.
14 So ist das Recht zurückgedrängt, und die Gerechtigkeit steht ferne.
Denn die Wahrheit ist gestürzt auf dem *Markt*platz, und die Geradheit findet keinen Eingang.
15 So geschieht es, dass die Wahrheit fehlt, und wer sich vom Bösen fernhält, wird beraubt.
Und der HERR sah es, und es war böse in seinen Augen, dass es kein Recht gab.

¹⁶ Er sah, dass kein Mann da war, und er wunderte sich, dass es keinen gab, der Fürbitte tat. Da half ihm sein Arm, und seine Gerechtigkeit, sie unterstützte ihn.

¹⁷ Er zog Gerechtigkeit an wie einen Panzer und *setzte* den Helm des Heils auf sein Haupt, und er zog Rachegewänder an als Kleidung und hüllte sich in Eifer wie in einen Mantel.

¹⁸ Gemäß den Taten, wie es angemessen ist, wird er vergelten: Zorn seinen Gegnern, Vergeltung seinen Feinden;

den Inseln wird er *ihr* Tun vergelten.⁶³⁵

Dieser Beleg macht deutlich, dass das an erster Stelle genannte Delikt des Bruchs mit dem Herrn (V. 13: פֶּשַׁע), das durch die vorhergehende zweimalige Verwendung des Nomens פֶּשַׁע in V. 12 besonders hervorgehoben ist, regelmäßig mit Verfälschungen der Wahrheit sowohl Gott (כַּחֵשׁ בַּיהוָה „JHWH verleugnen") als auch den Menschen gegenüber (הֹרוֹ וְהֹגוֹ מִלֵּב דִּבְרֵי־שָׁקֶר „mit Lügenworten schwanger werden und sie aus dem Herzen sprechen") sowie mit ungerechter Unterdrückung (דַּבֶּר־עֹשֶׁק) einhergeht.⁶³⁶ Der am Beginn von Jes 53,13 f. stehende Bruch mit dem Herrn wird so zum Ursprung eines totalen Verfalls der für jede menschliche Gemeinschaft konstitutiven Werte מִשְׁפָּט וּצְדָקָה (Recht und Gerechtigkeit) sowie אֱמֶת וּנְכֹחָה (Wahrheit/Treue und Geradheit). Dieser Zusammenbruch der zentralen geistigen Ordnungsstrukturen schlägt sich in einer sich ausbreitenden verqueren Gewaltanwendung vornehmlich gegen diejenigen nieder, die an gemeinschaftsförderlichen Werten festhalten (V. 15: וְסָר מֵרָע מִשְׁתּוֹלֵל „und ein sich des Bösen Enthaltender wird beraubt"). Die Vorherrschaft lebensfeindlicher, wahrheitsabgewandter und gewaltgeladener Zustände veranlasst JHWH (vgl. Jes 59,16–18), seinen Arm zu erheben, um mit Eifer (V. 17: קִנְאָה) und Zorn (V. 18: חֵמָה) gegen das heillose Chaos anzukämpfen und unter Anwendung seiner „Gerechtigkeit" (V. 16: וְצִדְקָתוֹ, ferner V. 17: וַיִּלְבַּשׁ צְדָקָה „er zog Gerechtigkeit an"), von „Rache" (V. 17: בִּגְדֵי נָקָם „Gewänder der Rache"), die als die gestörte Ordnung wiederherstellender Ausgleich zu verstehen ist, und von „Vergeltung" (V. 18: גְּמֻל) für Rettung (V. 17: כּוֹבַע יְשׁוּעָה „Helm der Rettung") zu sorgen und so den Zustand eines heilvollen Friedens wiederherzustellen (vgl. das zweimalige Verb יְשַׁלֵּם in V. 18). Damit zeigt sich, dass der am Anfang der Passage stehende Bruch mit JHWH die göttliche Lebensordnung in einer Weise erschüttert, die sein Einschreiten erforderlich macht. Er führt daher einen geistigen Kampf, der die Erlösung Zions zum Ziel hat (Jes 59,20).⁶³⁷

Von Jes 59,13 aus lässt sich zwanglos ein Bogen zum nächsten und letzten Beleg des Verbs פשע im Jesaja-Buch schlagen, nämlich 66,24 (Qal Partizip Plural Maskulinum). Dieser düster triumphierende Schlussvers des Buches kündigt an,

---

635 Elberfelder Übersetzung.

636 An welche Art von Zusammenhängen der Autor von Jes 53,13 hier gedacht haben könnte, lässt sich durch das Beispiel der Erzählung von Nabots Weinberg (1 Kön 21) veranschaulichen.

637 Vgl. dazu Zapff, Jesaja 56–66, S. 379 f.

dass im Zuge der Erschaffung eines neuen Himmels und einer neuen Erde (Jes 65,17; 66,22) alles Fleisch, das zur Anbetung JHWHs bereit ist (vgl. V. 23), nach Vollzug des göttlichen Gerichts (vgl. Jes 65,6–7.13–15; 66,5–6.15–17) hinausgehen wird, um sich die Leichen derer anzusehen, die mit JHWH gebrochen haben (Jes 66,24: וְרָאוּ בְּפִגְרֵי הָאֲנָשִׁים הַפֹּשְׁעִים בִּי). Die bisherige Analyse der Wurzel פשׁע, insbesondere auch der Beleg Jes 59,13 mit Kontext, hat gezeigt, dass dieses Handeln gegen JHWH die Weltordnung erschüttert und eine zunehmende Vorherrschaft chaotischer Verhältnisse bedingt. Ein permanenter und dauernder Bruch mit JHWH führt in letzter Konsequenz dazu, dass der durch göttlichen Schöpfungsakt errichtete Kosmos zerbricht und in den lebensfeindlichen Urzustand zurückfällt. Die in Jes 65,17; 66,22 verheißene Neuschöpfung markiert den Beginn einer Zeit, in der Todesmächte keinen Wirkungsbereich mehr haben und daher ein permanenter Frieden herrscht, unter dem das Leben in einer Weise, die an den paradiesischen Zustand vor dem Sündenfall (Gen 3) und vor dem dadurch bedingten Überhandnehmen der Bosheit (vgl. Gen 6,5) erinnert, zu seiner vollen Blüte gelangen kann (vgl. Jes 65,18–25). Ehe dieser neue paradiesische Zustand eintritt, bedarf es eines von JHWH durchzuführenden Gerichtes, das alle Kräfte beseitigt, die die göttliche Ordnung zerstören. Daher sind die im Anschluss an die Ankündigung der Erschaffung eines neuen Himmels und einer neuen Erde (Jes 65,17) gegebenen Heilsverheißungen (Jes 65,18–25; 66,7–14bα.18–23) Konsequenz einer Scheidung derjenigen, die JHWHs Knechte sind (vgl. Jes 65,8–10.13–16; 66,14), weil sie ihn als universalen Gottkönig anerkennen (vgl. Jes 66,1–2a.23) und auf sein Wort achten (Jes 66,2b.5a), von JHWHs Gegnern, die seine göttliche Fürsorgebereitschaft ignorieren (Jes 65,1–2.11–12) und seine Universalherrschaft bestreitenden religiösen Vorstellungen nachhängen (vgl. Jes 65,2b–7.11–12; 66,3–4[638] und 66,17.24a). Unter den der Erschaffung eines neuen Himmels und einer neuen Erde vorausgehenden Texten sind einige, die JHWH als Krieger darstellen, nämlich die oben diskutierte Passage Jes 59,16–18, wo JHWHs Rache und Vergeltung seine Feinde innerhalb seines Volkes trifft, sowie auch 63,1–6, wo er an den Völkern Rache und Vergeltung übt.[639] Die Tatsache, dass dieses Gerichtshandeln der Neuerschaffung von Himmel und Erde unmittelbar vorausgeht, entspricht einer Tendenz, JHWHs Einschreiten als Neuauflage eines urzeitlichen Chaoskampfes darzustellen.[640] Der Errichtung der für die

---

638 Vgl. Jes 66,3: [...] גַּם־הֵמָּה בָּחֲרוּ בְּדַרְכֵיהֶם וּבְשִׁקּוּצֵיהֶם נַפְשָׁם חָפֵצָה [...]; ferner 66,4: [...] וּבַאֲשֶׁר לֹא־חָפַצְתִּי בָּחָרוּ.

639 Vgl. hierzu Zapff, Jesaja 56–66, S. 402–405.

640 Siehe dazu insbesondere Jes 51,9 f. Wie M. Bauks, „Chaos" als Metapher, S. 455–457, darlegt, ist in Jes 51,9 f. entsprechend einem deuterojesajanischen Leitmotiv „Gott als Kämpfer der Urzeit und König der Jetztzeit mit dem Motiv des Garanten von Israels zukünftigem Heil in der Ge-

Neuschöpfung geltenden göttlichen Ordnung geht somit ein Kampf mit allen Mächten voraus, die sich gegen eine Integration in die Ordnung des Schöpfers auflehnen. Diejenigen, die mit JHWH gebrochen haben (Jes 66,24: הַפֹּשְׁעִים בִּי), haben sich auf die Seite lebensfeindlicher Mächte gestellt und müssen zusammen mit diesen besiegt werden. Die Besichtigung der Leichen der von JHWH Abgefallenen am Ende des Jesaja-Buches ist von diesem Kontext her betrachtet kein Ausdruck blutrünstiger Sensationslust, sondern eine Vergewisserung darüber, dass chaotische Todesmächte endgültig keine Macht mehr gegen das unter JHWHs Herrschaft (vgl. Jes 66,23) aufblühende Leben haben. Der Buchschluss greift somit u. a. auf zwei zentrale Motive aus Jes 1 zurück, nämlich zum einen auf den oben ausführlich diskutierten Höraufruf an Himmel und Erde (Jes 1,2a), die durch das Hören des im Jesaja-Buch dokumentierten Wortes JHWHs in positiver Weise zu einer neuen Schöpfung (Jes 65,17; 66,22) umgeformt werden,[641] und zum anderen auf das Motiv des Treubruchs gegen JHWH (Wurzel פשע, Jes 1,2b.28),[642] der gemäß der Ankündigung von Jes 1,28.31 für immer in dem von Himmel und Erde umspannten Bereich des Kosmos vernichtet wird, so dass der vollen Entfaltung der auf Gerechtigkeit gegründeten Gottesherrschaft keine Hemmnisse mehr entgegenstehen.

3.6.2.9.4 Fazit zu Jes 1,2b

Wenn JHWH, der Gebieter von Himmel und Erde, „Söhne" adoptiert, dann stellt dies einen für den ganzen Kosmos bedeutsamen Akt dar. Die Aussage vom Großziehen und Emporbringen dieser Kinder beinhaltet väter- und mütterliche

---

schichte" verknüpft (ebd., S. 457). Dabei entspricht in Jes 51,9 die Formulierung עוּרִי כִּימֵי קֶדֶם דֹּרוֹת עוֹלָמִים הֲלוֹא אַתְּ־הִיא הַמַּחְצֶבֶת רַהַב מְחוֹלֶלֶת תַּנִּין: („Wach auf wie in den Tagen der Vorzeit, wie bei den längst vergangenen Generationen! Bist du es nicht, der Rahab zerhauen, das Seeungeheuer durchbohrt hat?" Elberfelder Übersetzung) der biblischen Variante des im Alten Orient verbreiteten Chaoskampf-Motivs, die besagt, dass JHWH aus einem urzeitlichen Kampf gegen die Weltordnung bedrohende Chaoswesen als Sieger hervorging und dadurch sein Gottkönigtum begründete (vgl. dazu Bauks, ebd., S. 450, 461). Jes 51,10 setzt das Motiv des urzeitlichen Sieges JHWHs zu seiner geschichtlichen Heilstat im Rahmen des Exodus in Beziehung, indem auf das Austrocknen des Meeres und die Umformung der Meerestiefen in einen Weg, auf dem die Befreiten hindurchziehen können, hingewiesen wird. Da JHWH sich sowohl in der Urzeit als auch in geschichtlicher Zeit im Kampf mit Urgewalten als siegreich erwiesen hat, erwächst auch für die Jetztzeit die Zuversicht, dass er diejenigen, die ihm angehören, feindlichen Mächten entreißen wird (vgl. Jes 51,11; ferner Bauks, ebd., S. 461: „Gemäß dieser Konzeption [d. h. des in historisierter Form vorliegenden, auf das Exodusmotiv hin umgedeuteten Chaoskampfmotivs, Anm. J. E.] liegt im historischen Rückblick die Grundlage für das göttliche Handeln in der Jetztzeit.").

641 Näheres dazu oben unter Punkt 3.6.2.5.
642 Siehe dazu schon Gärtner, Jesaja 66, S. 47 Anm. 169.

Fürsorge unter Aufwendung beträchtlicher Mittel, aber auch die Vermittlung von Ansehen und Ehren in den Augen aller zwischen Himmel und Erde beheimateten Geschöpfe. Israel erwidert diese besondere Erwählung und Zuwendung in negativer Weise, indem es JHWH die Treue bricht. Der Treubruch ist der das Kapitel Jes 1 rahmende Leitbegriff, der alle zwischen V. 2 und 28 eingeschlossenen Arten von Vergehen beinhaltet. Die rechtsbrecherische Aufkündigung der fürsorglichen Herrschaftsbeziehung zwischen JHWH und seinen Kindern impliziert nicht nur die Zurückweisung von JHWHs göttlicher Person unter Missachtung seiner Heiligkeit (vgl. Jes 1,4b), sondern und vor allem die fundamentale Zurückweisung seiner auf Recht und Gerechtigkeit gegründeten Herrschaft durch eine Praxis gesellschaftlichen Lebens, die sich alle Formen von Unrecht, insbesondere Gewaltanwendung, egoistische Bereicherung und Unterdrückung Schwächerer um eigener Vorteile willen, zu Leitprinzipien erkoren hat (vgl. Jes 1,15b – 17.21 – 23). Diese praktische Zurückweisung der Gottesherrschaft kulminiert im Versuch, den Kult zur Stützung der auf Unrecht gegründeten Herrschaftsverhältnisse zu missbrauchen (vgl. Jes 1,11 – 15). Dieses primär ethische Verständnis des Treubruchs gegen JHWH (Wurzel פשׁע) wird durch die entsprechende Verwendung des wurzelverwandten Nomens פֶּשַׁע „Verbrechen, Treubruch" bei Amos (1,3 – 2,8) gestützt. Treubrecherisches Handeln bewirkt stets eine Erschütterung der zur Entfaltung des Lebens dienenden Grundordnung des Kosmos. Dies hat unheilvolle Konsequenzen, die auf den Täter oder die Tätergesellschaft zurückfallen. Die Ankündigung des Untergangs der Treubrüchigen in Jes 1,28.31 eröffnet die Perspektive auf den Jesaja-Schluss, der eine erneuerte Schöpfung verheißt, in der die auf Gerechtigkeit gegründete kosmische Ordnung nicht mehr durch den Bruch mit Gott gefährdet werden kann, da Treubrüchige für immer dem Tod gehören.

3.6.2.10 Zu Jes 1,3: Der Hausverstand der Haustiere und der Unverstand des Volkes JHWHs

יָדַע שׁוֹר קֹנֵהוּ
וַחֲמוֹר אֵבוּס בְּעָלָיו

יִשְׂרָאֵל לֹא יָדַע
עַמִּי לֹא הִתְבּוֹנָן:

3.6.2.10.1 Das Verb יָדַע (erkennen) mit Tieren als Subjekt

Im Anschluss an die Feststellung des Bruchs Israels mit JHWH (Jes 1,2b) beurteilt Vers 3 dieses Verhalten in einem Tiervergleich, der die darin liegende Torheit verdeutlicht.[643] Die erste Form von יָדַע in Jes 1,3 drückt als Qal Perfekt aus, dass Rind und Esel jemanden bzw. etwas erkannt haben und daher kennen. Das Verb יָדַע (Qal „merken, erkennen, kennen, wissen") bezeichnet primär „die dem Menschen durch seine Sinne vermittelte Wahrnehmung".[644] Wird diese Wahrnehmung mittels Nachfragen, Nachdenken, Prüfen, Überlegen innerlich vertieft und verarbeitet, so weitet sie sich zu einem Erkenntnisprozess aus, der ebenfalls zum Bedeutungsspektrum von יָדַע gehört.[645] Ferner bezeichnet das Verb auch das aus Wahrnehmung, Erfahrung und Erkenntnis gewonnene, lehr- und lernbare Wissen sowie das sachgemäß unterscheidende Urteilsvermögen.[646] Untrennbar mit dieser kognitiven Seite der Bedeutung von יָדַע verbunden ist deren andere Seite, der kontaktive Aspekt, der besagt, dass „erkennen" im Sinne von יָדַע nicht lediglich ein theoretischer Akt ist, sondern die Verwirklichung des theoretisch Erkannten in der Praxis einschließt.[647] Das enge Ineinandergreifen von sinnlich-praktischem Erfahren, Erkennen durch Verstandestätigkeit und erkenntnisgeleitetem praktischen Verhalten zeigt sich auf je verschiedene Weise, wenn יָדַע als Ausdruck für technisches Können, zur Bezeichnung einer intensiven fürsorglichen Zuwendung im Sinn von „sich kümmern um" ebenso wie zur Umschreibung des Ge-

---

643 Zum weisheitlichen Hintergrund von Jes 1,3 siehe schon Kaiser, Jesaja 1–12, S. 30; von Loewenclau, Jesaja 1,2–3, S. 298–301.

644 Schottroff, Artikel ידע, Sp. 686.

645 Vgl. Schottroff, Artikel ידע, Sp. 687.

646 Vgl. Schottroff, Artikel ידע, Sp. 687 f.

647 Vgl. Schottroff, Artikel ידע, Sp. 689 f. Schottroff betont unter Berufung auf Baumann, dass die Bedeutung von ידע nur unzureichend bestimmt wäre, wollte man sie allein auf die kognitive Seite der Erkenntnis beschränken, ohne zugleich den der Bedeutung eigenen kontaktiven Aspekt zu berücksichtigen, d. h. den Sachverhalt, dass ידע nicht nur ein theoretisches Verhalten, einen reinen Denkakt bezeichne, sondern dass Erkenntnis, wie ידע sie meine, sich im praktischen Umgang mit den Objekten des Erkennens verwirkliche.

schlechtsverkehrs verwendet wird.[648] Stets geht es um ein intensives ganzheitliches, d. h. Erfahrung, Wissen und Handeln umfassendes Vertrautsein mit einer Sache oder Person.

Dass Tiere wie in Jes 1,3 Subjekte des Verbs יָדַע sind, kommt nicht häufig vor. Im Alten Testament findet sich dazu nur noch eine weitere Stelle: Jer 8,7.[649] Während Jes 1,3 sagt, dass das Rind seinen Erwerber „kennt" (יָדַע) und der Esel die Krippe seines Herrn, spricht Jer 8,7 davon, dass der Storch am Himmel seine bestimmten Zeiten kennt (חֲסִידָה בַשָּׁמַיִם יָדְעָה מוֹעֲדֶיהָ), Turteltaube, Schwalbe und Drossel die Zeit ihres Kommens einhalten (שָׁמְרוּ). Beide Stellen setzen das Verhalten der Tiere in Gegensatz zu demjenigen Israels, wobei allerdings in Jes 1,3b die Feststellung des Nichterkennens und Nichtverstehens (יִשְׂרָאֵל לֹא יָדַע עַמִּי לֹא הִתְבּוֹנָן) absolut ist, während sich Jer 8,7b auf ein Objekt bezieht: וְעַמִּי לֹא יָדְעוּ אֵת מִשְׁפַּט יְהוָה „mein Volk aber hat das Recht JHWHs nicht erkannt." In Jer 8,7 wird besonders deutlich, dass sich das Erkennen (ידע) der Tiere nicht auf das – modernem Verständnis nach instinkthafte[650] – Wissen um die Existenz einer festen Weltordnung, die grundlegende Dimensionen ihres Lebens bestimmt,[651] beschränkt, sondern gleichzeitig unproblematisch mit dem Handeln gemäß diesem Wissen zusammenfällt. Die Aussage, dass der Storch seine bestimmten Zeiten kennt, beinhaltet dem hebräischen Sprachempfinden nach schon deren Einhaltung. Daher kann das zweite Kolon parallel dazu die Einhaltung (שמר) naturgegebener Fristen durch andere Tiere konstatieren, ohne dass dies für die Störche noch gesondert gesagt werden müsste. Damit verwirklichen die Tiere in ihren Lebensbereichen das, was den Kern des Verbs ידע „erkennen" ausmacht, nämlich die Einheit von kognitivem Erkennen und Wissen mit dem als Konsequenz geforderten praktischen Verhalten.[652]

Ähnlich wie Jer 8,7 bei den Tieren das Kennen und Einhalten einer natürlichen Ordnung konstatiert und demgegenüber das – die Missachtung einschließende –

---

648 Vgl. Schottroff, Artikel ידע, Sp. 690 f.

649 Vgl. dazu die 952 Treffer der Bibleworks-Lemma-Suche nach dem Verb ידע im hebräischen Text von Groves-Wheeler Westminster Morphology and Lemma Database (WTM = Westminster Hebrew OT Morphology). Der Unterschied zwischen dieser Zahl und den bei Schottroff, Artikel ידע, Sp. 685, angegebenen 994 Belegen des Verbs beruht vor allem darauf, dass Schottroffs Zahl auch 47 aramäische Belege enthält, die bei der Bibleworks-Suche nicht berücksichtigt sind. Nach deren Abzug gibt Schottroff 5 Belege des hebräischen Verbs weniger an als die Bibleworks-Suche. Dies dürfte auf unterschiedlicher Beurteilung textkritischer Problemstellen beruhen.

Auf die Ähnlichkeit zwischen Jes 1,2b – 3 und Jer 8,7 wies bereits Vermeylen, Du prophète Isaïe, S. 63 f., hin.

650 Vgl. Höffken, Jesaja 1 – 39, S. 34; Kilian, Jesaja 1 – 12, S. 21.

651 Zu dieser weisheitlichen Dimension des Tiervergleichs vgl. Wildberger, Jesaja 1 – 12, S. 14 f.

652 Vgl. Schottroff, Artikel ידע, Sp. 689 f.

Nichterkennen der gottgegebenen Rechtsordnung auf Seiten Israels bemängelt, so drückt auch Jes 1,3 das Anerkennen bzw. die Negierung grundlegender natürlicher Ordnungsstrukturen aus.[653] Anders als in Jer 8,7 zielt das Verb יָדַע „erkennen" in Jes 1,3 aber nicht primär auf Sachinhalte wie Zeiten und Fristen bzw. das Recht JHWHs, sondern das Objekt des Erkennens ist bei den drei verschiedenen Subjekten von יָדַע jeweils andersartig. Beim Rind ist es eine Person, nämlich sein Erwerber (קֹנֵהוּ), beim Esel dagegen eine Sache, eine Krippe, die aber zur Besitzsphäre seines Herrn gehört (אֵבוּס בְּעָלָיו) und so auf diesen verweist, beim Subjekt Israel fehlt dagegen ein explizites Objekt gänzlich.

3.6.2.10.2 Zu den Objekten des Verbs יָדַע (erkennen): קֹנֵהוּ (sein Erwerber) und אֵבוּס בְּעָלָיו (die Krippe seines Herrn)

Die Objekte des Erkennens von Rind und Esel werfen bei näherem Hinsehen einige Fragen auf. Zunächst zum Rind. Zwar erscheint die Aussage, dass das Rind die Person erkennt, die es erworben hat (Wurzel קנה) und folglich sein Besitzer und Herr ist, oberflächlich betrachtet als relativ unproblematisch. Sie entspricht allgemeiner Lebenserfahrung. Das Rind kennt und respektiert seinen Besitzer als die Bezugsperson, die über es verfügen darf. Auch die Übersetzung des Partizips der Wurzel קנה „erwerben" bereitet hier keine fundamentalen Schwierigkeiten, da die gelegentlich vorkommende zweite Bedeutung von קנה „erschaffen", die unter Umständen auf eine zweite, homonyme Wurzel קנה zurückzuführen ist,[654] hier nicht in Betracht kommt. Denn sowohl der in Jes 1,2b erwähnte Kontext des Großziehens von Kindern als auch die in Jes 1,3 enthaltene parallele Nennung der zum Sippenvermögen zählenden Nutztiere Rind und Esel (vgl. z. B. Ex 20,17; 23,12; Dtn 5,14.21; Jos 7,24) sowie die parallel zu קֹנֵה für den Besitzer des Esels verwendete Bezeichnung בַּעַל „Herr", die regelmäßig bei Nutztieren erscheint (vgl. z. B. Ex 21,28 – 37; 22,8 – 14), verweisen in den Kontext der Familie und ihres Hausstands, so dass קנה hier „erwerben" bedeutet.[655]

---

653 Wildberger, Jesaja 1–12, S. 15 f., meint, Jes 1,3 sei wie ein pädagogischer Weisheitsspruch formuliert. Zum weisheitlichen Tiervergleich bemerkt er: „Es handelt sich aber in der Weisheit bei solchen Sprüchen um mehr als das, was für uns Bilder und Vergleiche sind. Die Chokma will die Grundordnung aufzeigen, der die belebte und unbelebte Welt, Mensch und Kosmos, gleichermaßen unterworfen sind. Tiere können vorbildlich sein, insofern sie die Grundordnung (ägyptisch Maat) in Selbstverständlichkeit verwirklichen."

654 Gesenius[18], Handwörterbuch, und Lisowski, Konkordanz, gehen beispielsweise von zwei verschiedenen Wurzeln aus, HAL dagegen von einer. Zur Diskussion siehe W. H. Schmidt, Artikel קנה, und die Literaturhinweise bei Schmidt, a.a.O., sowie Gesenius[18] und HAL.

655 Allerdings ist auch bei Übersetzungsfragen, die sich wie hier eindeutig lösen lassen, zu bedenken, dass die Übersetzung eine scheinbare Eindeutigkeit fingiert, die im Originaltext so

Wenn auch die Grundbedeutung von קנה in Jes 1,3 klar ist, stellt sich doch die Frage, warum in einer Aussage über das Erkennen und Wissen eines Rindes das einen rechtlichen Veräußerungsvorgang implizierende Wort קֹנֶה „Erwerber" verwendet wird. Ein Blick auf die anderen Belege des Qal Partizips קֹנֶה „Erwerber"[656] zeigt, dass es vorwiegend in Rechtstexten als eine Art juristischer terminus technicus für die kaufende bzw. erwerbende Vertragspartei benutzt wird. In Lev 25,28.50; Dtn 28,68 und Spr 20,14 erscheint קֹנֶה als fester Begriff für die Partei des Käufers.[657] Gleiches gilt wegen der dort anzutreffenden Gegenüberstellung von קֹנֶה „Käufer, Erwerber" und מוֹכֵר „Verkäufer, Veräußerer" auch für Jes 24,2; Ez 7,12. Einen übertragenen Sinn, der sich auf weises Verhalten bezieht, nimmt קֹנֶה in Spr 15,32; 19,8 an, wo es um einen קוֹנֶה לֵב, also wörtlich „einen, der ein Herz erwirbt", geht.

Diese sonst üblichen Verwendungsweisen des Qal Partizips קֹנֶה zeigen, dass es in der Tat verwunderlich ist, wenn Jes 1,3 diesen juristischen Terminus zur Bezeichnung desjenigen verwendet, den das Rind erkennt und kennt. Gerade der hinter dem Erwerb des Tieres stehende rechtliche Veräußerungsakt, der eine

---

nicht gegeben ist. Mit der Möglichkeit einer intendierten Mehrdeutigkeit oder gewollten Nebenbedeutung ist immer zu rechnen.

656 Unberücksichtigt bleiben können hier Gen 14,19.22 אֵל עֶלְיוֹן קֹנֵה שָׁמַיִם וָאָרֶץ, wo קֹנֵה „Schöpfer" bedeutet.

657 Vgl. W. H. Schmidt, Artikel קנה, Sp. 653. Zum Kontext der genannten Stellen:

Lev 25,28 steht im Zusammenhang von Vorschriften über das zur Wiederherstellung der ursprünglichen Aufteilung des Grundbesitzes dienende Jobel-Jahr (vgl. 25,8 – 12). Näherhin geht es um den Verkauf von Grundbesitz zur Deckung von Schulden (vgl. Lev 25,23 – 25). Lev 25,10.13.28 schreiben den Grundsatz fest, dass der verkaufte Grund spätestens im Jobel-Jahr zurückzugeben ist. Davor gibt es die Möglichkeit, dass ein Löser den vom überschuldeten Eigentümer an den Gläubiger verkauften Grundbesitz loskauft (Lev 25,24 f.). Falls kein Löser vorhanden ist, kann solcher Grundbesitz auch durch den zwischenzeitlich wieder zu Vermögen gekommenen ursprünglichen Eigentümer (Lev 25,26 f.) losgekauft werden. Sofern letzterer Fall nicht eintritt, verweist Lev 25,28 wieder auf den Grundsatz, dass der verkaufte Grund bis zum Jobeljahr in der Hand des Käufers (הַקֹּנֶה) bleiben, dann aber frei werden soll, so dass der Verkäufer sein früheres Eigentum wieder erlangt:

וְהָיָה מִמְכָּרוֹ בְּיַד הַקֹּנֶה אֹתוֹ עַד שְׁנַת הַיֹּבֵל וְיָצָא בַּיֹּבֵל וְשָׁב לַאֲחֻזָּתוֹ׃

Laut Lev 25,49 – 54 ist ein Israelit, der sich einem Fremden als Schuldsklave verkauft hat, berechtigt, sich frei zu kaufen, sobald er wieder zu Vermögen gekommen ist. Dabei hat er dem, der ihn gekauft hat (קֹנֶה „Erwerber/Käufer"), entsprechend der Zahl der bis zum Jobel-Jahr verbleibenden Jahre eine Abfindung zu zahlen.

Dtn 28,68 prophezeit für den Fall des Bundesbruchs, dass die Israeliten auf Schiffen nach Ägypten zurückkehren und versuchen werden, sich ihren Feinden als Sklavinnen und Sklaven zu verkaufen, dass es aber keinen Käufer (קֹנֶה) geben werde.

Spr 20,14: רַע רַע יֹאמַר הַקּוֹנֶה וְאֹזֵל לוֹ אָז יִתְהַלָּל „Schlecht, schlecht! sagt der Käufer; und wenn er weggeht, dann rühmt er sich." (Elberfelder Übersetzung)

Person zum verfügungsberechtigten Herrn macht, muss dem Rind gänzlich unverständlich bleiben. Was ein „Erwerber" oder „Käufer" im juristischen Sinn ist, kann es nicht wissen. Allerdings kennt das Rind die Person, die zu Beginn des Besitzverhältnisses in der Rolle des Erwerbers stand und sich seitdem um es kümmert. Aus dem ungewöhnlichen Gebrauch von קֹנֶה in Jes 1,3 folgerte W. H. Schmidt, dass hier eine weitere Bedeutungsnuance der Wurzel קנה sichtbar werde: „Zumindest das Part. hat aber nicht nur ingressive, sondern auch resultative Bedeutung: Erwerben wird zum Besitzen. So meint *qōnæ* ‚Besitzer, Herr' (Jes 1,3; vgl. Lev 25,30; Sach 11,5)."[658] Problematisch an dieser Behauptung ist die Tatsache, dass Schmidt für eine resultative Bedeutung des Partizips קֹנֶה letztlich nur eine einzige Belegstelle, nämlich Jes 1,3, ins Feld führen kann. Die als vergleichbare weitere Belege genannten Stellen Lev 25,30 und Sach 11,5 lassen eine Verwendung im Sinne von „Besitzer, Herr" nicht erkennen. Denn in beiden Texten dient das Partizip קֹנֶה dazu, den Blick des Lesers auf die Tatsache zu lenken, dass der Grundbesitz (Lev 25,30) bzw. die Schafe (Sach 11,5) Gegenstand eines Veräußerungsgeschäftes waren. Zunächst zur erstgenannten Stelle. Der durch Überschuldung bedingte Grundstücksverkauf soll unter den Bedingungen von Lev 25,30 für den Erwerber (קֹנֶה) ausnahmsweise dauerhaftes Eigentum begründen.[659] קֹנֶה hat hier nicht die Bedeutung „Besitzer" und tendiert auch nicht in diese Richtung, weil der maßgebliche Punkt darin liegt, dass die betreffende Person an einem Grundstücks-Veräußerungsgeschäft, wie es der vorausgehende Text im Blick hat, in der Rolle des Käufers/Erwerbers beteiligt ist. Die Tatsache allein, dass jemand Besitzer eines Grundstücks ist, also die faktische – nicht zwangsläufig auch rechtmäßige – Gewalt darüber innehat, ist dagegen nicht das Kriterium, das Lev 25,30 für den dauernden Erwerb eines Stadtgrundstücks voraussetzt. Nur der rechtmäßige Erwerber soll dauerhafter Eigentümer des Stadtgrundstücks werden. Was Sach 11,5 betrifft, so steht diese Passage im Kontext eines dem Propheten vom Herrn erteilten Auftrags, zum Schlachten bestimmte Schafe zu hüten, wobei die Schafe ein Bild für die Bewohner des Landes sind (Sach 11,4 – 6).[660] Über sie bestimmt JHWH in Sach 11,5, dass ihre Käufer sie schlachten werden (קֹנֵיהֶן יַהֲרֹגֵן), ohne dafür zu büßen, und dass ihre Verkäufer (מֹכְרֵיהֶן) beim Verkauf JHWH für den

---

658 Vgl. W. H. Schmidt, Artikel קנה, Sp. 654.

659 Lev 25,30 steht im oben erläuterten Zusammenhang von Vorschriften über das Jobel-Jahr (vgl. 25,8 – 12). Als Ausnahme zum Grundsatz, dass verkauftes Grundeigentum spätestens im Jobel-Jahr wieder dem früheren Eigentümer zurückzugeben ist (vgl. Lev 25,10.13.28), bestimmt Lev 25,29 f. für Wohnhäuser in der Stadt, dass diese ab dem Verkauf nur einem einjährigen Loskaufrecht unterliegen und danach endgültiges Eigentum des קֹנֶה „Erwerbers/Käufers" werden (וְקָם הַבַּיִת [...] לַצְּמִיתֻת לַקֹּנֶה אֹתוֹ לְדֹרֹתָיו).

660 Vgl. dazu Ollenburger, Zechariah, S. 820 f.

gewonnenen Reichtum preisen werden. Dass קֹנֵיהֶן hier „ihre Käufer/Erwerber",
nicht aber resultativ „ihre Besitzer" meint, ergibt sich bereits aus der parallelen
Verwendung von מֹכְרֵיהֶן „die sie Verkaufenden", weil dieses komplementäre Begriffspaar typischerweise die Beteiligten eines rechtlichen Veräußerungsgeschäfts
bezeichnet (vgl. z. B. Jes 24,2 und Ez 7,12).[661] Es geht daher auch hier nicht um
Personen, die Schafe besitzen, sondern um solche, die Schafe erwerben. Eine mit
„Besitzer" zu übersetzende resultative Bedeutung von קָנָה ist damit weder in Lev
25,30 noch in Sach 11,5, sondern allein in Jes 1,3 gegeben. Diese Bedeutung wächst
der Form קֹנֵה, die als Qal Partizip ja primär einen durativen Aspekt[662], d. h. einen
Vorgang, allenfalls sekundär dagegen ein Resultat ausdrückt, aber nicht auf
Grund der eigenen Semantik zu, sondern weil sie in Parallele zu בַּעַל „Herr" steht.
Denn בַּעַל „Herr" ist der Begriff, den u. a. die Rechtstexte des Bundesbuches für den
Besitzer eines Rindes, Esels oder anderen Nutztiers verwenden, vgl. Ex 21,28 – 37;
22,8 – 14. Der Tierhalter heißt dort immer בַּעַל, nie aber קָנָה. Nur in Jes 1,3 kommen
קָנָה und בַּעַל parallel vor.[663]

---

661 Dies entspricht auch der inhaltlichen Aussagestruktur von Sach 11,5. Hier soll wohl kaum
gesagt werden, dass irgendwelche nicht näher charakterisierten Viehbesitzer ihre eigenen Schafe
schlachten. Vielmehr geht es darum, dass diejenigen, die die Schafe durch ein Veräußerungsge-
schäft auf schnellem Weg erwerben (קֹנֵיהֶן), diese ungestraft dahinschlachten. Die „sie Erwerbenden" (קֹנֵיהֶן) werden zusammen mit den „sie Verkaufenden" (מֹכְרֵיהֶן) den am Ende von Sach 11,5
erwähnten Hirten gegenübergestellt (וְרֹעֵיהֶם לֹא יַחְמוֹל עֲלֵיהֶן „ihre Hirten aber haben kein Mitleid mit
ihnen"). Sowohl beim Käufer als auch beim Verkäufer stehen Geschäftsinteressen an wirt-
schaftlichem Nutzen und Gewinn im Vordergrund. Von ihnen ist Mitleid nicht zu erwarten,
sondern nur eine sowohl ethisch als auch wirtschaftlich sinnvolle Beschränkung der Schlach-
tungen auf eine Zahl, die den Bestand der Herde erhält. Aber nicht einmal dies ist der Fall. Die
Käufer setzen auf den schnellen, durch Massenschlachtungen erzielbaren Gewinn, ohne dafür zur
Verantwortung gezogen zu werden. Die Verkäufer achten nur auf den von ihnen erzielten Ver-
kaufserlös, ohne sich um den Bestand der Herde weiter zu kümmern. Angesichts der Priorität
geschäftlicher Interessen bei Käufern und Verkäufern ist eine solche Haltung nicht unbedingt
verwunderlich, ungewöhnlich ist nur, dass sie nicht an ihre Verantwortung erinnert werden. Bei
den Hirten, die Tag für Tag die Herde hüten und für die Tiere sorgen, müsste dies eigentlich anders
aussehen. Sie kennen jedes Tier mit Namen (vgl. Joh 10,3) und empfinden normalerweise Mitleid,
wenn die ihnen anvertrauten Wesen massenweise dahingeschlachtet werden. Doch auch dies ist
nicht der Fall. Die in Sach 11,5 enthaltene Gegenüberstellung der von Geschäftsinteressen gelei-
teten „Erwerbenden" und „Verkaufenden" einerseits und der gewöhnlich auf Fürsorge bedachten
Hirten andererseits (siehe Sach 11,5 am Ende) würde ihre scharfe Kontur verlieren, wenn man das
Qal Partizip קֹנֵיהֶן resultativ mit „diejenigen, die sie besitzen" übersetzen wollte. Die dramatische
Steigerung, die darin liegt, dass nicht nur Käufer und Verkäufer, sondern sogar die Hirten mit-
leidslos sind, ginge verloren.
662 Vgl. Joüon/Muraoka, Grammar, § 121 c.
663 Vgl. Kühlewein, Artikel בַּעַל, Sp. 328.

Aus obigen Überlegungen folgt, dass קֹנֶה „der Erwerbende" in Jes 1,3 kein schlichtes Synonym zu בַּעַל ist. Offensichtlich verwendet Jes 1,3aα (יָדַע שׁוֹר קֹנֵהוּ) an Stelle des in diesem Kontext zu erwartenden Begriffs בַּעַל bewusst zunächst den ungewöhnlichen Ausdruck קֹנֶה, um über die Person des Herrn, den das Rind kennt, eine Aussage zu machen, die der Begriff בַּעַל nicht enthalten würde. Dieser zusätzliche Aspekt liegt darin, dass das Wort קֹנֶה den Herrn des Rindes als Käufer charakterisiert, der das Rind unter Aufwendung von Kosten in die Sphäre seines Eigentums überführt hat. Parallel dazu erinnert auch im nächsten Halbvers das Stichwort אֵבוּס „Krippe, Futtertrog" daran, dass der Herr des Esels nicht unerhebliche Kosten und Mühen aufwendet, um sein Tier zu versorgen und am Leben zu erhalten. Um noch bei der Aussage יָדַע שׁוֹר קֹנֵהוּ „das Rind kennt seinen Erwerber" zu bleiben, so ist hier das Zwischenfazit zu ziehen, dass das Rind die Person kennt, die bei seinem Kauf in der Rolle des Erwerbers gestanden hat, ohne aber Kenntnis des durch קֹנֵהוּ implizierten juristischen Vorgangs zu besitzen. Der rechtliche Gehalt der Wurzel קנה verweist darauf, dass das Rind vom Tierhalter gegen Zahlung eines hohen Preises erworben wurde. Dies erinnert zunächst zusammen mit dem ebenfalls kostenintensiven Aspekt der Ernährung (V. 3a: Stichwort „Futterplatz" (אֵבוּס) an V. 2b, da auch JHWH durch das Großziehen und Emporbringen seiner Söhne eine entsprechende Großzügigkeit gezeigt hat. Allerdings geht die Rede vom „Erwerber" des Rindes über Jes 1,2b hinaus, da nicht nur der beim Großziehen zu bestreitende Unterhalt, sondern auch der vorhergehende Moment des Eigentumserwerbs im Blick ist. Darüber, wie JHWH Israel erworben hat, macht Jes 1,2 – 4 keine Aussage. Dieser Aspekt in der Bildhälfte des Tiervergleichs hat also in der das Verhältnis JHWH – Israel betreffenden Sachhälfte keine direkte Entsprechung. Es könnte aber durch die etwas verwunderliche Verwendung der Wurzel קנה, deren primär juristische Bedeutung zu den Kenntnissen des Rindes (... יָדַע שׁוֹר) nicht so recht passen will, ein Querverweis auf einen anderen Text intendiert sein, der den Erwerb Israels durch JHWH zum Thema hat. Denn ein bedeutender Text, der dies unter Verwendung des Verbs קנה schildert, ist das Schilfmeer-Lied Ex 15,1–18. Es besingt, wie Israel von JHWH am Ende der Wüstenwanderung durch Moab und Edom geführt wird, um schließlich das Heiligtum JHWHs „auf dem Berg seines Erbteils" (בְּהַר נַחֲלָתְךָ) zu erreichen (vgl. Ex 15,13.17) und dort sein Königtum zu verkünden (vgl. Ex 15,18). In diesem Zusammenhang erzählt Ex 15,16:

תִּפֹּל עֲלֵיהֶם אֵימָתָה וָפַחַד בִּגְדֹל זְרוֹעֲךָ יִדְּמוּ כָּאָבֶן עַד־יַעֲבֹר עַמְּךָ יְהוָה עַד־יַעֲבֹר עַם־זוּ קָנִיתָ׃

Es überfiel sie Schrecken und Furcht; vor der Größe deines Arms wurden sie stumm wie ein Stein, während hindurchzog dein Volk, o HERR, während hindurchzog das Volk, <u>das du erworben</u>.[664]

Wie W. H. Schmidt[665] zutreffend ausführt, liegt die Übersetzung von עַם־זוּ קָנִיתָ mit „das Volk, das du erworben hast" hier am nächsten, weil sie am ehesten dem auffällig ähnlichen Titel aus V. 13 עַם־זוּ גָּאָלְתָּ „das Volk, das du erlöst hast" entspricht. Die ganze Aussage von Vers 13a (נָחִיתָ בְחַסְדְּךָ עַם־זוּ גָּאָלְתָּ „geleitet hast du in deiner Gnade das Volk, das du erlöst hast") bezieht sich auf Geschehnisse, die im vorhergehenden Text Ex 15,1b.4 – 12 erzählt wurden. Es handelt sich um den Sieg, den JHWH dank der Kraft seiner Rechten (vgl. V. 1; 4 „warf" יָרָה sowie V. 6) und dank seiner Herrschaft über das als Waffe eingesetzte chaotische Urelement des Meeres (vgl. insbesondere V. 8 und 10) gegen die Streitmacht des ägyptischen Pharao (V. 4) errungen hat. Die Formulierung עַם־זוּ קָנִיתָ „das Volk, das du erworben hast" in Ex 15,16 liegt nicht nur stilistisch parallel zu V. 13 עַם־זוּ גָּאָלְתָּ „das Volk, das du erlöst hast", sondern benennt auch inhaltlich dasselbe Geschehen, nämlich JHWHs Sieg über die ägyptische Streitmacht.[666]

---

664 Elberfelder Übersetzung.
665 Vgl. W. H. Schmidt, Artikel קנה, Sp. 654.
666 Die Frage, wen genau JHWH erlöst hat, wird innerhalb des Schilfmeer-Liedes in mehreren Varianten beantwortet. In V. 2 bekennt sich der Vorsänger zu JHWH als seinem Retter: „Er ist mir zur Rettung geworden" וַיְהִי־לִי לִישׁוּעָה. V. 9 zitiert den Entschluss des Feindes, die Verfolgung aufzunehmen, um Fliehende einzuholen und Beute zu verteilen. Bei den Verfolgten handelt es sich um eine Gruppe, die Gefahr läuft, vom Feind verschlungen und vernichtet zu werden, vgl. V. 9bα: תִּמְלָאֵמוֹ נַפְשִׁי „es fülle sich mit ihnen meine Kehle" und V. 9bβ: אָרִיק חַרְבִּי תּוֹרִישֵׁמוֹ יָדִי „ich will mein Schwert ziehen, meine Hand soll von ihnen Besitz ergreifen". Diese Gruppe der aus Feindeshand Erretteten, zu der auch der Vorsänger gehört, wird schließlich in dem bereits zitierten V. 13a als Volk bezeichnet, das JHWH erlöst hat: עַם־זוּ גָּאָלְתָּ. Somit wird die Errettung des Volkes aus einer akuten Bedrohung seitens der Feinde, namentlich der ägyptischen Streitkräfte, als „Erlösung" bezeichnet. Die Wendung עַם־זוּ קָנִיתָ „das Volk, das du erworben hast" aus V. 16b meint dasselbe Erlösungsgeschehen wie V. 13a עַם־זוּ גָּאָלְתָּ „das Volk, das du erlöst hast". Denn die in Ex 15,14 – 16 geschilderte Überwältigung der Völker, denen JHWHs Volk auf seinem Weg zur „heiligen Wohnung" Gottes (V. 13: קָדְשֶׁךָ V. 17: מִקְדָּשׁ) begegnet, beruht nicht auf einem neuen Kampf oder neuen Eingreifen JHWHs, sondern die Errettung des Volkes vor dem Pharao und seiner Streitmacht (Ex 15,3 – 10) ist eine Großtat Gottes, die laut Ex 15,14 – 16 quasi automatisch die Beseitigung weiterer das Volk bedrängender Hindernisse zur Folge hat. Dies geschieht, indem die Völker Philistäas, Edoms, Moabs und alle Bewohner Kanaans von JHWHs Handeln gegen den Pharao und seine Streitmacht hören (vgl. V. 14), von Beben und Angst (V. 14), Bestürzung und Zittern (V. 15), Schrecken und Furcht überfallen werden (V. 16α) und vor der Größe des Armes JHWHs verstummen (V. 16aβ), so dass das Volk ungehindert zwischen ihnen hindurchziehen kann (V. 16b). Ex 15,14 – 16a erzählt also kein neues aktives Handeln JHWHs gegen die genannten Völker, sondern nur weitere Folgen seines Einschreitens gegen den Pharao am Schilfmeer. Folglich bezieht sich der

Wenn nun Jes 1,3 hervorhebt, dass das Rind seinen קֹנֶה „Erwerber" kennt und der Esel die Krippe seines Herrn, Israel aber nicht kennt/erkannt hat, dann bezieht sich die objektlose verneinte Form von יָדַע auf die vorher genannten Sachverhalte, ähnlich wie auch z. B. in Jes 58,3 die objektlose Form וְלֹא תֵדָע „du aber erkennst [es] nicht" auf den vorgehenden Sachverhalt עִנִּינוּ נַפְשֵׁנוּ „wir demütigen uns" bezogen ist. Eine entsprechende Verwendung objektloser verneinter Formen von יָדַע ist auch z. B. noch in 2 Sam 3,26;[667] 1 Kön 1,11.18 sowie in 2 Kön 4,39 כִּי־לֹא יָדָעוּ „sie kannten [die zuvor genannten Kräuter] nicht" belegt. Dies bedeutet für Jes 1,3, dass Israel im Gegensatz zum Rind seinen Erwerber nicht erkannt hat. Erst das letzte Kolon עַמִּי לֹא הִתְבּוֹנָן „mein Volk hat nicht verstanden" leitet über in die absolute Aussage, dass das Volk überhaupt keinen Verstand hat und weitet – gleichsam rückwirkend – den Sinn des vorhergehenden Kolons יִשְׂרָאֵל לֹא יָדַע „Israel hat nicht erkannt" dahingehend aus, dass es überhaupt keine Erkenntnis hat. Die Aussage יִשְׂרָאֵל לֹא יָדַע „Israel hat nicht erkannt" beinhaltet somit einen Rückbezug zu den vorhergehenden Objekten קֹנֵהוּ und אֵבוּס בְּעָלָיו, so dass יִשְׂרָאֵל לֹא יָדַע vor dem Lesen des nächstfolgenden Kolons erst einmal bedeutet „Israel hat nicht [seinen Erwerber und auch nicht den Futterplatz seines Herrn] erkannt". Damit ergibt sich zumindest objektiv auf der Ebene des kanonischen Bibeltextes ein Bezug zu Ex 15,16, wo mittels der Wurzel קנה ausgedrückt wird, dass der Herr sein Volk erworben hat. Ob dies von einem der beteiligten Autoren tatsächlich intendiert war, lässt sich nicht sicher feststellen, aber auch nicht ausschließen. Auffällig ist allerdings, dass neben dem Schilfmeer-Lied Ex 15,1–18 auch das Mose-Lied Dtn 32,1–43 in Vers 6 die Wurzel קנה – hier mit der Bedeutung „erschaffen"[668] – verwendet, um den Akt zu bezeichnen, durch den Israel Eigentum JHWHs wurde: הֲלוֹא־הוּא אָבִיךָ קָּנֶךָ הוּא עָשְׂךָ וַיְכֹנְנֶךָ „Ist er nicht dein Vater, der dich erschaffen hat? Er ist es, der dich gemacht hat und hinstellte."[669] Auch hier lassen sich direkte Ab-

---

asyndetische Relativsatz der Wendung עַם־זוּ קָנִיתָ („das Volk, das du erworben hast") aus V. 16b nicht auf den in Ex 15,14–16a beschriebenen Durchzug Israels durch die Völker in der Region des Verheißungslandes, sondern auf das bereits in Ex 15,1b.4–12 geschilderte göttliche Eingreifen am Schilfmeer. Die Formulierung עַם־זוּ קָנִיתָ („das Volk, das du erworben hast") aus Ex 15,16b ist somit eine inhaltlich synonyme Variante zu עַם־זוּ גָּאָלְתָּ („das Volk, das du erlöst hast") aus Ex 15,13. JHWHs Handeln am Schilfmeer wird als ein „Erlösen" (Qal Perfekt von גאל) und „Erwerben" (Qal Perfekt von קנה) bezeichnet. Beide Verben implizieren die Bezahlung eines Preises.
667 וְדָוִד לֹא יָדַע „und David wusste nicht [vom vorhergehenden Sachverhalt]", ähnlicher Zusammenhang und ähnliche Formulierung auch in 1 Kön 1,11.18.
668 Vgl. W. H. Schmidt, Artikel קנה, Sp. 655 f.
669 Die Tatsache, dass sowohl Ex 15,16 als auch Dtn 32,6 die Wurzel קנה, und zwar einmal in der Bedeutung „erwerben" und einmal in der Bedeutung „erschaffen", mit JHWH als Subjekt verwenden, um den Akt zu bezeichnen, durch den Israel JHWHs Eigentum wurde, spricht dafür, dass es sich nicht um zwei verschiedene Homonyme, sondern um eine einzige Wurzel mit mehreren

hängigkeitsverhältnisse zwischen Dtn 32,6 und Ex 15,16/Jes 1,3 nicht nachweisen, zumal die Wurzel קנה in Dtn 32,6 in einem Schöpfungskontext, in Ex 15,16 in einem geschichtlichen Kontext, dagegen in Jes 1,3 im Kontext eines auf Israel bezogenen Tiervergleichs steht. Gerade weil eine direkte Abhängigkeit nicht anzunehmen ist, könnten die Texte Ex 15,16 und Dtn 32,6 aber darauf hindeuten, dass der poetische Stil offenbar gerne die Wurzel קנה verwendete, um auszudrücken, dass JHWH Israel zu seinem Eigentum machte. Dies konnte auf verschiedene Weisen geschehen, sei es durch Erlösung aus der Hand des Pharao und seiner Streitmacht (Ex 15), sei es durch ein Schöpfungshandeln, bei dem JHWH das Volk den chaotischen Mächten der Wüste entreißt (Dtn 32,6.9–12). Die Aussage von Jes 1,3, dass das Rind seinen קֹנֶה „Erwerber" kennt, Israel aber nicht, lässt sich vor diesem Hintergrund am besten so deuten, dass der Text den Gedanken, dass JHWH Israel erworben hat, bewusst nur indirekt über das Bild des Rindes und unter Verwendung der für verschiedene Deutungen offenen Wurzel קנה ins Spiel bringt, um möglichst viele verschiedenartige Traditionen darüber, wie Israel von JHWH adoptiert wurde, zu erfassen und die eigentlich entscheidende Tatsache hervorzuheben, dass Israel es JHWH verdankt, unter Inkaufnahme von Mühen und Aufwand als Söhne in seine göttliche „Sippe" aufgenommen worden zu sein. Wenn schon Rind und Esel unbeirrbar im Wissen um die Verdienste ihres Herrn und ihr am Futterplatz deutlich werdendes Angewiesensein auf ihn feststehen, dann müssten die den Tieren gegenüber privilegierten Söhne umso freudiger und unbeirrbarer an der Dankbarkeit und Treue zu JHWH festhalten. Weil dem nicht so ist, verstößt der von ihnen begangene Treubruch gegen grundlegende Regeln der Ordnung der Natur und hat daher kosmische Dimensionen, die Himmel und Erde angehen.

3.6.2.10.3 Zum Vergleich Israels mit שׁוֹר (Rind) und חֲמוֹר (Esel)

Das eben Ausgeführte lässt erkennen, dass es in dem Bild von Jes 1,3a offenbar weniger darum geht, den Gehorsam des Rindes gegenüber seinem Herrn im Gegensatz zum Ungehorsam Israels gegenüber JHWH hervorzuheben. Denn dann

---

Bedeutungen handelt. Ein innerer Zusammenhang zwischen der Bedeutung „erwerben" und „erschaffen" liegt im Rahmen des altorientalischen Denkens näher, als der abendländische Denker zunächst vermuten mag. Bedenkt man, dass Schöpfung im Alten Orient meist als Resultat eines Chaoskampfes gesehen wird, aus dem eine die Weltordnung begründende Gottheit siegreich hervorgeht, dann kann auch das Schöpfungshandeln als ein Erwerbungsvorgang verstanden werden, bei dem der Schöpfergott durch Kampf sein Eigentum an der Schöpfung begründet, indem er sie der Herrschaft der Chaosmächte entreißt. Zur Diskussion der Wurzel קנה siehe die bei W. H. Schmidt, Artikel קנה, genannte Literatur sowie sowie Gesenius[18] und HAL.

müsste beim Rind anstatt vom „Erwerber" vom בַּעַל „Herrn", den es kennt und anerkennt, indem es ihm gehorcht, gesprochen werden, und Israels Verhalten wäre nicht mit dem Verb פשע ב „brechen mit", sondern eher in einer Weise zu umschreiben, die Ungehorsam und/oder eine sühnbare Sünde zum Ausdruck bringt, ohne dass dies sofort den endgültigen Bruch, die totale Abwendung von JHWH bedeutet. Vielmehr geht es um das beim Rind fraglos feststehende grundlegende Wissen um seine Zugehörigkeit zu seinem Erwerber.[670] Dies liegt umso näher, als auch die den Esel betreffende Passage Jes 1,3aβ (וַחֲמוֹר אֵבוּס בְּעָלָיו) nicht einfach aussagt, dass dieser seinen Herrn kennt. Zwar fällt hier der zur Bezeichnung des Tierhalters übliche Begriff בַּעַל „Herr", doch geht es nicht darum, dass sich der Esel unmittelbar dessen Verfügungswillen unterwirft, sondern das Tier kennt lediglich die Krippe seines Herrn, die Futterstelle (אֵבוּס), wo es zuverlässig seine lebensnotwendige Nahrung erhält. Es weiß um die Wichtigkeit dieser lebenserhaltenden Einrichtung und darum, dass es nur *einen* Herrn gibt, der dafür verantwortlich ist, die Futterstelle immer wieder neu zu füllen: sein Besitzer. In der Aussage חֲמוֹר אֵבוּס [...] יָדַע „erkannt hat [...] der Esel die Krippe" hat das Verb יָדַע die ihm eigentümliche Intensität, die über das rein kognitive Wissen hinausgeht und eine enge Beziehung und Vertrautheit des Esels mit seinem Futterplatz impliziert. Aus dieser unmittelbaren Verbindung zum Futterplatz erwächst seine Treue zum Herrn.

Die Gegenüberstellung von Israels Verhalten einerseits und dem des Esels andererseits lässt sich kaum in dem Sinne deuten, dass dem Ungehorsam des Gottesvolkes der Esel als positives Beispiel für Gehorsam entgegengesetzt werden soll. Zwar wäre es verfehlt, das dem Esel in unserem Kulturkreis anhaftende Image eines besonders störrischen und widerspenstigen Tiers unreflektiert auf den Kulturkreis des Alten Orients zu übertragen, doch zeigt die Erzählung von Bileams Eselin Num 22,22–35, dass diese Tierart im Alten Israel zwar wesentlich differenzierter und positiver gesehen wurde als in der gegenwärtigen westlichen Kultur,[671] aber nichtsdestotrotz als durchaus eigensinnig wahrgenommen wurde. So erscheint Bileams Eselin als ihrem Herrn überlegen, wenn es um die Wahrneh-

---

670 Auf einen hurritischen Vertragstext und einen hethitischen Gesetzespassus, die hinsichtlich des Rindes möglicherweise in diese Richtung weisen, hat Rüterswörden, Ochs und Esel, S. 110 f., hingewiesen.

671 Zur großen wirtschaftlichen Bedeutung und dem hohen Wert des Esels im Alten Orient vgl. Flade, Die Esel, S. 30 (Ägypten) und S. 32 f. (Zweistromland). Neunert, Mein Grab, mein Esel, mein Platz in der Gesellschaft, S. 182–188, macht anhand der bis in die 18. Dynastie zurückreichenden (vgl. ebd. S. 33–53) thebanischen Handwerkersiedlung Deir el-Medine deutlich, dass im Alten Ägypten der Besitz eines Esels – wie auch der von Großvieh wie z. B. Ochsen – Zeichen eines gehobenen Status war, da ein Esel nicht nur erheblichen Wert hatte, sondern auch als universales Transportmittel seinem Besitzer eine gewisse Unabhängigkeit ermöglichte.

mung göttlicher Manifestationen geht. Ferner verhält sie sich zum Wohl ihres Herrn und ihrer selbst auch ausgesprochen klug. Dieses kluge Verhalten wird aber gerade erst durch ihre Fähigkeit möglich, sich dem momentanen Willen ihres Herrn zu widersetzen. Somit erscheint der Esel in dieser Erzählung als Tierart, die zwar durchaus dem Tierhalter trotzen kann und daher störrisch und ungehorsam wirken mag, dies aber nicht ohne Grund, sondern nur zu Gunsten seines Herrn tut und sich so nicht nur als klug, sondern auch als besonders treu erweist. Vor diesem Hintergrund wird deutlich, dass in Jes 1,3 die Aussage יָדַע [...] חֲמוֹר אֵבוּס בְּעָלָיו („Erkannt hat [...] der Esel die Krippe seines Herrn") weniger den Gehorsam des Esels seinem Herrn gegenüber, sondern vielmehr seine – hier auf realem Kalkül, nämlich dem Wissen um seine Futterquelle, beruhende – Treue hervorheben will. Die Sinnspitze des Vergleichs zwischen Israels Verhalten (Jes 1,2b) und demjenigen von Rind und Esel (Jes 1,3a) liegt nicht im Gegensatz Ungehorsam – Gehorsam, sondern in der Opposition einer auf Unwissenheit und Unverstand (Jes 1,3b) beruhenden Untreue und einer auf instinktiv-natürlichem, real kalkulierendem Wissen (Jes 1,3a) beruhenden Anhänglichkeit und Treue. Dieser Akzent wird umso deutlicher, als der Text es vermeidet, sogleich in Jes 1,3aα den Begriff בַּעַל einzuführen, der besonders mit dem Recht des Tierhalters, über sein Tier nach seinem Willen zu verfügen, assoziiert ist und daher dem Leser den Eindruck vermitteln würde, Israels Vergehen bestehe vor allem in der Nichtbeachtung von JHWHs Verfügungswillen. Vielmehr ist dem in Jes 1,3a verwendeten Bild zufolge das, was JHWH von Israel verlangt, nichts, was es in irgendeiner Weise besonders fordern oder gar überfordern würde. Die verlangte Treue zu JHWH ergibt sich aus der nicht uneigennützigen Überlegung, dass dadurch auch die lebensnotwendige Versorgung gesichert ist, sowie aus Dankbarkeit dafür, dass JHWH einen Preis bezahlt hat, um sein Volk in die geordnete und sichere Sphäre seines Eigentums zu überführen und so zu seinen Adoptivsöhnen zu machen.

3.6.2.10.4 Fazit zu Jes 1,3

Im Licht des Tiervergleichs stellt sich Israels Bruch mit JHWH als törichtes Verhalten dar, das gegen ein grundlegendes, auch den Tieren eigenes Wissen über die Ordnung des Komos verstößt. Während das Rind weiß, dass sein vor wilden Tieren sicheres Leben als Haustier nur durch die Gegenwart seines Herrn, der es erworben hat, ermöglicht wird, und dem Esel bewusst ist, dass er den wohlgefüllten Futterplatz ebenfalls der Anwesenheit seines Herrn verdankt, verkennt Israel die Tatsache, dass es von JHWH unter Aufwendung nicht unerheblicher Mittel und Mühen (vgl. Jes 1,2b) erworben wurde und sein Wohlergehen der göttlichen Zuwendung und Pflege verdankt. Der Vergleich mit Rind und Esel führt dem Hörer oder Leser des Textes vor Augen, dass die Söhne in JHWHs Hausstand weniger

Hausverstand besitzen als die dort ebenfalls beheimateten Haustiere. Israel verkennt somit den Boden der Lebensregeln, auf dem es steht. Diese gegen die Regeln der Selbsterhaltung gerichtete Torheit muss unheilvolle Konsequenzen haben, die der nachfolgende Wehe-Ruf beklagt.

3.6.2.11 Zu Jes 1,4a: Wehklage über Israel

Zoltán Kustár[672] hat darauf hingewiesen, dass die vier für Israel gewählten Bezeichnungen גּוֹי, עַם, זֶרַע und בָּנִים ausgehend vom neutralen Begriff גּוֹי „Nation" ein zunehmend engeres Verwandtschaftsverhältnis bezeichnen. Dazu in Kontrast stehen die beigefügten Attribute חֹטֵא „sündig", כֶּבֶד עָוֹן „schwer von Sündenschuld", מְרֵעִים „übel handelnde" und מַשְׁחִיתִים „Verderben bringende", die mit zunehmender Intensität die Verwerflichkeit des von JHWHs Söhnen praktizierten Verhaltens zum Ausdruck bringen.[673]

3.6.2.11.1 Die „sündige Nation" – zur Wurzel חטא

Der erste Teil des Wehe-Rufs Jes 1,4a nennt diejenigen, die JHWHs elterliche Fürsorge quittieren, indem sie mit ihm brechen, eine „sündige Nation" (גּוֹי חֹטֵא). Die Wurzel חטא meint in ihrer Grundbedeutung „ein Ziel verfehlen" (vgl. Ri 20,16).[674] Überwiegend zur Bezeichnung religiöser Sachverhalte verwendet, dis-

---

672 Vgl. Kustár, Durch seine Wunden, S. 45. Ebenso auch jüngst Williamson, Isaiah 1–5, S. 37 f.

673 Vgl. Kustár, Durch seine Wunden, S. 45.

674 Vgl. Knierim, Artikel חטא, Sp. 543; Kittel, Wenn du Sünden bewahrst, S. 59. Anhand der Verwendungen der Wurzel חטא im Buch Leviticus (v. a. Kapitel 4–5) stellte Kiuchi unlängst – zumindest für die untersuchten Zusammenhänge – die These auf, dass חטא „means to 'hide oneself' and is not the conducted-oriented laden term 'sin'" (Kiuchi, Leviticus, S. 91). Dies richtet sich gegen die Annahme anderer neuerer Leviticus-Kommentare, dass „'sin' means violation of certain of the Lord's commandments" (Kiuchi, Leviticus, S. 36). Zur Widerlegung von Kiuchis These in Bezug auf das Buch Leviticus siehe Trevaskis, Translation, S. 313–319. Zur Frage, inwieweit חטא sich auf Verletzungen göttlicher Gebote bezieht, siehe die weiteren Ausführungen im Haupttext. Dass Kiuchis These zumindest keine allgemeine Geltung jenseits kultischer Rechtstexte beanspruchen kann, zeigt ein Blick auf Jes 6,7, wo einer der in JHWHs Thronsphäre stehenden Seraphim zum Seher fliegt, mit einer Glühkohle seine Lippen berührt und ihm zuspricht, dass seine Sünde gesühnt ist (וְחַטָּאתְךָ תְּכֻפָּר). Würde חַטָּאתְךָ hier einen im Text nicht ersichtlichen Versuch des Sehers, sich vor JHWH zu verbergen, bezeichnen, wäre eine rituelle Entsündigung, deren Ziel dann sein müsste, das Faktum des Sichverbergens rückgängig zu machen, nicht erforderlich, da der Seher bereits JHWH schaut und ihm daher jede Möglichkeit sich zu verbergen genommen ist. Ginge man davon aus, dass חַטָּאתְךָ sich hier auf eine frühere Handlung des Sehers mit dem Ziel, sich vor Gott zu verbergen, bezieht, deren Folgen durch den in Jes 6,6 f. geschilderten Ritus beseitigt werden sollen, dann würde dies bedeuten, dass durch diese Handlung eine Schuld

qualifiziert sie eine nicht näher definierte Tat als Verfehlung.[675] Kriterium dessen, was eine „Verfehlung" ist, sind nicht in erster Linie bestimmte Gebote, sondern die Verletzung eines Gemeinschaftsverhältnisses. Es geht um ein Vergehen eines Menschen gegen seine Beziehung zu anderen oder Gott. Ein Verstoß gegen Normen spielt erst sekundär eine Rolle, wenn diese von der Gemeinschaft impliziert sind, so dass der Verstoß das Gemeinschaftsverhältnis stört.[676] Ob eine Tat wissentlich oder unwissentlich begangen wurde, ist für ihre Qualifizierung als Verfehlung im Sinne von חטא unwesentlich, entscheidend ist der objektiv störende Charakter.[677] Theologisch drückt חטא aus, dass die betreffende Tat oder Verhaltensweise von JHWH verurteilt wird.[678]

Die in Jes 1,4 gebrauchte Form חֹטֵא ist ein Partizip aktiv, das eine fortdauernde Handlung oder einen fortdauernden Zustand ausdrückt. Da Jes 1,4 kein Aussagesatz, sondern ein expressiver Ausruf ist, hat es nicht prädikative, sondern attributive Funktion. Wie die an anderen Stellen belegte substantivierte Verwendung des Partizips חֹטֵא mit der Bedeutung „Sünder" (z. B. Koh 2,26; 7,26; Spr 11,31; 13,22) deutlich macht, kann insbesondere eine Person gemeint sein, die wiederholt und gewohnheitsmäßig Verfehlungen begeht, so dass dieses Tun und die damit verbundene Einstellung eine feste Haltung geprägt haben. גּוֹי חֹטֵא „sündige Nation" disqualifiziert dementsprechend keine einmalige Handlung, sondern die gesamte Lebenshaltung und -praxis des Volkes als gottwidrig. Es geht um eine das Leben bestimmende negative Prägung, die durch eine permanente achtlose Einstellung gegenüber JHWH und die daraus erwachsenen, immer wieder begangenen gottwidrigen Taten entstanden ist. Fragt man sich, was hier konkret als חֹטֵא disqualifiziert wird, so kommen im unmittelbaren Kontext das in Jes 1,2b als Bruch mit JHWH (פָּשְׁעוּ בִי) bezeichnete Handeln, die als Nichterkennen und Nichtverstehen (לֹא יָדַע und לֹא הִתְבּוֹנָן) charakterisierte innere Einstellung, das in Jes 1,4aβ mit מְרֵעִים „Übelhandelnde" und מַשְׁחִיתִים „Verderbenbringende" umschriebene Verhalten sowie die drei in Jes 1,4b genannten Verhaltensweisen עָזְבוּ „sie haben verlassen", נִאֲצוּ „sie haben verworfen" und נָזֹרוּ „sie haben sich abgewandt" in Betracht. Auch wenn diese Formulierungen keine konkreten Einzelhandlungen erkennen lassen, sondern allgemein negative Verhaltensweisen ausdrücken, die nicht einfach unter den Begriff חטא zu subsumieren sind, sondern eher – Genaueres wird bei der

---

des Sehers entstanden ist. Der in diesem Fall in חֲטָאתְךָ enthaltene Aspekt von Schuld wird durch die Übersetzung von חטא mit „sich verbergen" nicht ausgedrückt. Dafür bedarf es normativer Begriffe wie „Sünde", „Vergehen", o. ä.

675 Vgl. Knierim, Artikel חטא, Sp. 543.
676 Vgl. Knierim, Artikel חטא, Sp. 545.
677 Vgl. Knierim, Artikel חטא, Sp. 545.
678 Vgl. Knierim, Artikel חטא, Sp. 547.

Analyse dieser Begriffe noch zu klären sein – als weitere, zusätzliche Aspekte einbringende Negativqualifikationen neben dem Begriff חטא stehen, so steht doch fest, dass Israel in einer Weise denkt und handelt, die mit dem Ziel unvereinbar ist, das es eigentlich verfolgen sollte. Aus der in Jes 1,2b angegebenen Situation einer Eltern-Kinder-Beziehung ergeben sich nämlich Zielsetzungen, die einerseits der Natur der Sache zu entnehmen, andererseits aber auch in Israels Weisheit und Rechtstexten konkretisiert sind. JHWH hat laut Jes 1,2b („Söhne habe ich großgezogen und emporgebracht" בָּנִים גִּדַּלְתִּי וְרוֹמַמְתִּי) alles getan, was die Eltern ehrt und erfreut (vgl. Ex das Leben der Kinder so zu fördern, dass es sich voll entfalten kann. Israel hätte daher aus Dankbarkeit[679] alles tun müssen, was die Eltern ehrt und erfreut (vgl. Ex 20,12; Dtn 5,16; Mal 1,6a). Insbesondere hätte es sich um Weisheit bemühen (vgl. Spr 10,1; 15,20; 23,24 f.) und den Eltern Gehorsam erweisen müssen (vgl. Spr 23,22; Dtn 21,18 – 21). Indem es mangels Erkenntnis und Verstand (Jes 1,3b) mit seinem Ziehvater JHWH bricht (Jes 1,2b: פָּשְׁעוּ בִי) und sich in der in Jes 1,4aβ – b beschriebenen Weise verhält, verfehlt es das Ziel, das durch die natürliche Ordnung der Dinge, wie sie Rind und Esel praktizieren (Jes 1,3a), sowie Israels Weisheits- und Rechtstraditionen vorgegeben ist. Der verwerfliche Kern der Zielverfehlung liegt darin, dass Israel das von JHWH selbst gestiftete familiäre Gemeinschafts- und Treueverhältnis zerstört.

3.6.2.11.2 Das „Volk schwer von Sündenschuld" – zur Verbindung כֶּבֶד עָוֹן

Parallel zur Wendung „sündige Nation" (גּוֹי חֹטֵא) bezeichnet Jes 1,4a Israel als „Volk schwer von Sündenschuld" (עַם כֶּבֶד עָוֹן), wodurch ein weiterer alttestamentlicher Sündenbegriff eingeführt wird. Die Grundbedeutung des Nomens עָוֹן ist „Beugung, Krümmung, Verkehrung, Verdrehung".[680] Während das korrespondierende Verb עוה in einigen Belegen die konkrete Bedeutung bewahrt hat (z. B. Ps 38,7),[681] kommt das Nomen nur im übertragenen Sinn vor, der darin besteht, bestimmte Handlungen, Verhaltensweisen oder Zustände formal als verkehrt zu disqualifizieren. Diese Disqualifikation erfolgt aus theologischer Perspektive,[682] d. h. ein Sachverhalt ist verkehrt, verkrümmt (עָוֹן), weil er JHWHs Willen entgegensteht.

Jedoch beinhaltet der Begriff des עָוֹן mehr als eine nur normative Aussage, die einen Verstoß gegen gottgegebene Prinzipien konstatiert. Vielmehr wird der עָוֹן als

---

679 Zur grundlegenden Tugend der Dankbarkeit vgl. Ps 50,14 – 15.23.
680 Vgl. Knierim, Artikel עָוֹן, Sp. 244. Ferner Kittel, Wenn du Sünden bewahrst, S. 59, die auf Knierims Arbeiten zurückgreift.
681 Siehe dazu Knierim, Artikel עָוֹן, Sp. 244.
682 Vgl. Knierim, Artikel עָוֹן, Sp. 244.

in der Welt real vorhandenes Phänomen verstanden, das eine ihm eigene Dynamik entwickelt (vgl. z. B. Spr 5,22). Dieses quasi-materielle Phänomen entsteht durch einen von JHWH missbilligten Akt oder Zustand und endet mit einer damit zu-sammenhängenden Auswirkung, die alle gottwidrigen Kräfte beseitigt. Letztere könnte in normativer Sprache als Sanktion bezeichnet werden, doch unter-scheidet sie sich von dieser, weil sie zu ihrer Umsetzung in der Welt keines ju-ristischen Verfahrens bedarf, sondern als durch den gottwidrigen Sachverhalt entstandene Dynamik bereits in der Welt ist und wirkt. Knierim[683] präzisiert den Charakter des עָוֹן wie folgt: „Der עָוֹן hat eben nicht nur einen Anfangs- und einen Endpunkt, obwohl er sicherlich einem solchen zueilt. Er ist immer da, lebendig gegenwärtig, feindlich und lebensunternminierend sich auswirkend." Belege wie Lev 5,17 zeigen an,[684] dass zum einen ein עָוֹן gleichzeitig mit einer von JHWH verbotenen sündhaften, gemeinschaftswidrigen Handlung (וְאִם־נֶפֶשׁ כִּי תֶחֱטָא) entsteht, und zwar allein durch das objektive Faktum der Tat ohne Rücksicht auf einen entsprechenden Vorsatz des Täters,[685] und dass zum anderen ein einmal entstandener עָוֹן als unheilvolle, aus sich heraus negativ fortwirkende Last vom Täter und/oder anderen mit ihm verbundenen Personen zu „tragen" ist (וְנָשָׂא עֲוֹנוֹ).[686] Dies wird immer wieder deutlich, so etwa bei den Bestimmungen über den Sündenbock in Lev 16,20 – 22, die zeigen, dass das Volk sich von seiner nicht näher spezifizierten עָוֹן-Last, die durch bewusste oder unbewusste Verfehlungen seiner Angehörigen entstanden ist, befreien lassen muss, um deren negativen Auswir-kungen zu entgehen.[687] Manchmal kann die Bedeutung von עָוֹן in die Nähe des deutschen Begriffs „Strafe" rücken. Dies zeigt sich in Gen 4,13, wo Kain nach seiner Verfluchung zu JHWH spricht: גָּדוֹל עֲוֹנִי מִנְּשֹׂא, was nicht selten übersetzt wird mit:

---

683 Knierim, Hauptbegriffe, S. 76 f.

684 Ein entsprechender Gebrauch von עָוֹן, einschließlich der Verbindung mit dem Verb נשׂא, findet sich u. a. noch in Lev 5,1; 7,18.

685 Die Frage, ob der עָוֹן durch vorsätzliches oder unbewusstes Tun entstanden ist, ist zweitrangig und nur für Schwere und Grad der dadurch in die Welt gesetzten „Verkehrtheit" von Bedeutung. Vgl. dazu Knierim, Hauptbegriffe, S. 239 – 245.

686 Zur Wendung נשׂא עָוֹן vgl. Knierim, Hauptbegriffe, S. 218 – 222.

687 Weitere Belege, die das negative Wirken des עָוֹן verdeutlichen, sind z. B. Gen 19,15, wo der עָוֹן als auf Sodom lastende lebensfeindliche „Verkehrtheit" gesehen wird, die mit dem Untergang der ganzen Stadt auf ihr unvermeidliches negatives Ende zuläuft und dabei auch noch den gerechten Lot und seine Sippe in den Strudel des Untergangs mit hineinzuziehen droht. In Ps 40,13 spricht der Beter davon, dass seine verkehrten Taten ihn „erreicht haben" (הִשִּׂיגוּנִי עֲוֹנֹתַי) und daher zahlreiche Übel über ihn hereingebrochen sind. Auch hier ist עָוֹן eine durch früheres Tun be-gründete negative Kraft, die als latentes negatives Potential über dem Leben des Beters hängt, bis sie sich in Form von Übeln entlädt. Darüber hinaus finden sich viele Belege, die den dynamischen Charakter des עָוֹן verdeutlichen, in den Ausführungen Knierims, Hauptbegriffe, S. 73 – 77.

„Zu groß ist meine Strafe, als dass ich sie tragen könnte."[688] Bei genauerem Hinsehen erweist sich diese Übersetzung als problematisch. Zwar scheint Kains Verfluchung (Gen 4,12 f.) eine Sanktion wegen des Brudermords zu sein. Doch dürfte diese zu eng juristische Sicht am Kern der Sache vorbeigehen. Ziel einer juristischen Sanktion ist es, den Rechtsfrieden wieder herzustellen. Im Falle eines Mordes, noch dazu eines Brudermordes, erweist sich dies aber an sich als unerreichbar, weil das Leben des Ermordeten nicht wieder hergestellt werden kann, also eine Rückgabe des geraubten Gutes unmöglich ist. Ein „Ausgleich" kann hier niemals positiv durch Rückerstattung, sondern allenfalls negativ durch Tötung des Mörders herbeigeführt werden (vgl. Ex 21,23). Die Verfluchung Kains stellt sich demgegenüber als ein Gnadenakt dar, der sein eigentlich dem Tode verfallenes Leben erhält (vgl. Gen 4,15), jedoch mit der Einschränkung, dass die durch den Brudermord in die Welt gekommene „Verkehrtheit" (עָוֹן) als permanente lebensmindernde Last auf seinem Leben liegt und durch die Verfluchung festgeschrieben wird. Die Störung des Rechtsfriedens wird also gerade nicht durch eine Sanktion beseitigt, sondern die „Verkehrtheit" (עָוֹן) wird prolongiert, um Kain ein Weiterleben zu ermöglichen.[689] Damit ist der besondere Charakter von עָוֹן als einer „Verkehrtheit", die sich als lebensmindernde Last auswirkt, deutlich geworden.

In Jes 1,4 zeigt sich die Tatsache, dass der עָוֹן als schwere Last auf dem Volk liegt, an der Verwendung des aus der Wurzel כבד „schwer sein" abgeleiteten Adjektivs כֶּבֶד „schwer": עַם כֶּבֶד עָוֹן Die konkrete Grundbedeutung „schwer an Gewicht" dieses meist in der Form כָּבֵד begegnenden Adjektivs erscheint z. B. in 1 Sam 4,18, wo berichtet wird, dass der bei einem Sturz von seinem Stuhl verstorbene Priester Eli „alt und schwer" war (כִּי־זָקֵן הָאִישׁ וְכָבֵד). Meist drückt dieses Wort jedoch – zusätzlich oder ausschließlich – Schwere im übertragenen Sinn aus.[690] Es geht um eine Sache von Gewicht, und zwar entweder negativ im Sinn einer als Belastung empfundenen Last[691] oder positiv im Sinn besonderer Bedeutsamkeit.[692] Die Verbindung des Begriffs עָוֹן mit der Wurzel כבד ist selten, sie kommt außer in Jes 1,4 nur noch in Ps 38,5 vor. Aus der häufigen Kombination נשׂא עָוֹן „eine Verkehrtheit tragen" legt sich jedoch nahe, dass das auf עָוֹן bezogene

---

688 So z.B. Elberfelder Übersetzung, King James Version, New International Version, Luther-Übersetzung, Herder-Übersetzung. Anders dagegen die Einheitsübersetzung („Schuld"), LXX (αἰτία) und Vulgata (iniquitas).

689 Vgl. dazu Knierim, Hauptbegriffe, S. 193: „Das Entscheidende an Kains Schicksal besteht darin, dass Jahwe ihm den עָוֹן nicht nimmt, sondern mit voller Last auferlegt (4,14)."

690 Vgl. dazu Westermann, Artikel כבד, Sp. 795.

691 So in den meisten Belegen, z. B. Gen 12,10; 41,31; 43,1; 47,4.13; Ex 7,14; 9,18.24; 18,18; 1 Kön 12,4.11, siehe im Einzelnen Westermann, Artikel כבד, Sp. 795 f.

692 So z.B. in Gen 13,2; 50,9; 1 Kön 10,2, siehe im Einzelnen Westermann, Artikel כבד, Sp. 796.

Adjektiv כָּבֵד die Schwere der „Verkehrtheit" ausdrückt. Dies zeigt sich deutlich in Ps 38,5, wo der Beter seine עֲוֹנוֹת mit einer schweren Last (מַשָּׂא, ein Derivat der Wurzel נשׂא) vergleicht:

כִּי עֲוֹנֹתַי עָבְרוּ רֹאשִׁי כְּמַשָּׂא כָבֵד יִכְבְּדוּ מִמֶּנִּי׃

„Denn meine Verkehrtheiten sind über meinen Kopf hinweggegangen,
wie eine schwere Last beschweren sie mich."

Der quasi-materielle Charakter des עָוֹן als einer Bürde, die dem Menschen „über den Kopf steigt", ihn nach unten drückt, dadurch seine aufrechte, gerade Haltung beugt und ihn so in eine sein Leben hemmende Verkrümmtheit zwingt, ist hier gut erkennbar. Die im Begriff עָוֹן zusammengefasste Einheit von Tat und Tatfolge liegt darin, dass die vom Beter selbst durch sein Denken und Handeln initiierten „Verkehrtheiten", die er als seine eigenen (עֲוֹנֹתַי) bezeichnet, sich als Tatfolge gewissermaßen verselbständigen und durch ihr beugendes Gewicht ihren eigenen Urheber bedrängen. Die Wendung עַם כֶּבֶד עָוֹן „Volk schwer von Sündenschuld" in Jes 1,4 beinhaltet all diese Aspekte und drückt damit aus, dass das – mit dem eine verwandtschaftliche Nähe implizierenden Wort עַם bezeichnete – Volk durch den von ihm beschrittenen Weg in eine Verkehrtheit hineingeraten ist, die es schwer zu Boden drückt. Ein interessanter Unterschied zu Ps 38,5 liegt darin, dass das Adjektiv כָּבֵד sich hier nicht unmittelbar, sondern nur mittelbar auf עָוֹן bezieht. Während der Beter von Ps 38,5 über seine „Verkehrtheiten" sagt, dass diese schwer sind wie eine Last (כְּמַשָּׂא כָבֵד יִכְבְּדוּ) und ihn wörtlich „weg von ihm selbst" (מִן, מִמֶּנִּי) comparationis im Sinn von „zu schwer") niederdrücken, was eine Nichtidentifikation des seine Verfehlungen bereits bekennenden Beters mit der auf ihm liegenden Last beinhaltet, haftet in Jes 1,4 die nach unten drückende Schwere dem Volk selbst in Folge seiner Verkehrtheit an. Das Volk ist schwer, weil eine ungebrochene Einheit zwischen ihm und der unheilvoll auf ihm liegenden Last des עָוֹן besteht. Anzeichen einer Distanzierung des Volkes von seinem עָוֹן, seiner „Verkehrtheit", sind nicht gegeben, daher stimmt der Prophet das „Wehe" über das darin liegende Unheil an.

Die Verhaltensweisen, die unmittelbar als Wurzel von Israels „Verkehrtheit" (עָוֹן) erscheinen, sind dieselben wie die bereits beim Begriff חטא genannten, nämlich der Treubruch mit JHWH (Jes 1,2b: פָּשְׁעוּ בִי), die törichte Haltung des Nichterkennens/Nichtverstehens (Jes 1,3b: לֹא יָדַע und לֹא הִתְבּוֹנָן) und das in den Attributen מְרֵעִים „Übelhandelnde", מַשְׁחִיתִים „Verderbenbringende" sowie den Verben עָזְבוּ „sie haben verlassen", נִאֲצוּ „sie haben verworfen" und נָזֹרוּ „sie haben sich abgewandt" ausgedrückte Tun (Jes 1,4aβ – b). Die Qualifikation des Volks als „schwer von Verkehrtheit" (כֶּבֶד עָוֹן) ergänzt die Beurteilung dieser Sachverhalte als חטא um einen weiteren Aspekt. Während das Partizip חֹטֵא Israels Verhalten vom geforderten Ziel her, die Gemeinschaft mit seinem Gott JHWH zu fördern, als verfehlt beurteilt, betrachtet der Begriff עָוֹן die dadurch gesetzte negative Wirklichkeit und qualifiziert sie als verquer, als eine der göttlichen Ordnung entgegengesetzte, auf ein unheilvolles Ziel zusteuernde Dynamik.

Das oben an Hand des Begriffs עָוֹן dargelegte Denken wurde von Knierim[693] als dynamistisches Ganzheitsdenken bezeichnet, da es in mehrfacher Hinsicht Kategorien wie z. B. „Tat" – „Tatfolge" – „Strafe", die das abendländische Denken begrifflich unterscheidet und damit als verschiedenartige Sachverhalte trennt, als dynamische Einheit begreift.[694] Nicht nur der Begriff עָוֹן, sondern auch der Begriff חטא ist diesem Denken verpflichtet. Beide benennen ein komplexes, dynamisches Geschehen, das den „Tat-Folge-Zusammenhang"[695], der „eine Folge aus sich entlässt, die zu einem der Tat entsprechenden Ende führt,"[696] nicht als verschiedene kausal verknüpfte Elemente, sondern als einzigen Sachverhalt begreift. Tat, Tatfolge und Sanktion sind hier verschiedene Aspekte einer einzigen, prozesshaften Sache. Wie die Folgen einer Tat Realität werden, ist demgegenüber von untergeordneter Bedeutung. Knierim[697] erläutert dies wie folgt: „Ob die Folge dabei selbstmächtig, schicksalhaft eintrifft, ob sie als Strafe und Vergeltung verstanden oder als Vollwerden der Tat bezeichnet wird, ist dabei zweitrangig. Entscheidend ist, dass jede Form als Ausdruck dafür gesehen wird, dass die Tat nicht nur in sich selbst besteht, sondern einen Prozess auslöst, der – wie auch immer – folgerichtig seinem Ende zueilt." Ein weiterer, zwar für Jes 1,4 weniger relevanter, jedoch wohl für viele nachfolgende Texte des Jesaja-Buches bedeutsamer Aspekt des dargelegten Ganzheitsdenkens liegt in dem als dynamische Einheit verstandenen Verhältnis von Gemeinschaft und Individuum.[698] Die Aspekte der Zielverfehlung (חטא) und der Verkehrtheit (עָוֹן) stehen im Zusammenhang dieses übergreifenden dynamistischen Ganzheitsdenkens und bedingen sich gegenseitig. Eine verfehlte Zielorientierung ist bereits Ausdruck einer existenziellen Verkehrtheit (עָוֹן), sie verursacht und verstärkt aber auch eine solche. Ein verkehrtes, in sich verkrümmtes Wesen ist nicht in der Lage, einen rechten, „geraden" (יָשָׁר)

---

693 Vgl. Knierim, Artikel עָוֹן, Sp. 244 f. Vgl. auch *ders.*, Artikel חטא, Sp. 546.

694 Ausführlich dargelegt wurde das dynamistische Ganzheitsdenken in Bezug auf die Begriffe עָוֹן und חטא von Knierim, Hauptbegriffe, S. 251–254; 73–112. Vgl. ferner Kittel, Wenn du Sünden bewahrst, S. 60.

695 Knierim, Hauptbegriffe, S. 251.

696 Knierim, Hauptbegriffe, S. 251.

697 Knierim, Hauptbegriffe, S. 251.

698 Vgl. Knierim, Artikel חטא, Sp. 546; *ders.*, Hauptbegriffe, S. 97–111.

Weg zu verfolgen und wird sein Ziel daher immer verfehlen (חטא).[699] Zusammen stellen עָוֹן und חטא eine das Leben niederdrückende, schwere[700] und unheilvolle Last dar. Sie sind daher desöfteren als sich komplementär ergänzendes Begriffspaar miteinander verbunden.[701]

3.6.2.11.3 Die Verbindung von חטא und עָוֹן (V. 4a) zum Verb פשע (V. 2b)

Eine semantische Ergänzung erfährt das Paar עָוֹן und חטא durch das in Jes 1,2b gebrauchte Verb פשע ב. Wie die durchgeführten Analysen gezeigt haben, bezeichnet dieses Verb den Bruch eines Treueverhältnisses, der – ganz im Sinne des dynamistischen Ganzheitsdenkens – regelmäßig zu Erschütterungen der kosmischen oder einer anderen lebenswichtigen Ordnung und dadurch bedingt zu Unheil führt. Die Wurzel פשע gilt neben חטא und עָוֹן als dritter alttestamentlicher Hauptbegriff für „Sünde"[702] und bezieht sich auf eine schwerwiegende, oft auch mit „Verbrechen" übersetzbare Handlung, die ein Gemeinschaftsverhältnis nicht nur stört, sondern zerstört. Vierzehnmal findet sich im AT eine Verbindung von פֶּשַׁע, חטא und עָוֹן, nämlich in Ex 34,7; Lev 16,21; Nu 14,18; Jes 59,12; Jer 33,8; Ez 21,29; Mi 7,18 f.; Hi 7,20 f.; 13,23; Ps 32,1.5; 51,3 f.5 – 7; 59,4; Dan 9,24.[703] Die Wendung, deren Gebrauch formelhafte Tendenzen aufweist,[704] deckt durch die Verknüpfung der drei wichtigsten und häufigsten alttestamentlichen Sündenbegriffe die Gesamtheit aller Sünden in ihrer Vielzahl semantisch ab, ohne dadurch einen einheitlichen abstrakten Begriff für „Sünde" zu bilden, da die Begriffe lediglich darin übereinstimmen, dass sie ein Verhalten als von Gott verworfen qualifizieren, im übrigen aber ihre Unterschiedlichkeit beibehalten und nicht kongruent, sondern

---

699 Vgl. die Wendung „ich hatte gesündigt und Gerades hatte ich verkehrt" in Hi 33,27; ferner den Gegensatz zwischen „sündigen" חטא und dem Gehen eines geraden Wegs in 1 Sam 12,23 und Ps 25,8. Siehe ferner in Jes 40 den Zusammenhang zwischen der Feststellung, dass Jerusalems Schuld bezahlt ist (V. 2: כִּי נִרְצָה עֲוֹנָהּ), und der metaphorischen Anordnung וְהָיָה [...] יַשְּׁרוּ בָּעֲרָבָה מְסִלָּה לֵאלֹהֵינוּ העָקֹב לְמִישׁוֹר „macht gerade eine Straße in der Wüste für unseren Gott [...] und das Höckerige soll zum Begradigten werden!" in V. 3 – 4.

700 Auch der Begriff חטא kann in Verbindung mit der Wurzel כבד gebraucht werden, um das lähmende Gewicht von Sünde auszudrücken, vgl. Ex 9,34: Der Pharao „fuhr fort zu sündigen und machte sein Herz schwer" וַיֹּסֶף לַחֲטֹא וַיַּכְבֵּד לִבּוֹ

701 Vgl. Hi 10,14; Ps 51,11; 103,10; Jer 14,20; 16,10bβ; Klg 5,7; Dan 9,16; Hos 12,9.

702 Vgl. z.B. Knierim, Hauptbegriffe, S. 13. Knierim erörtert dort, S. 13 – 17, auch die Problematik des Versuchs, die Vielfalt der Ausdrücke des Hebräischen für verfehltes Tun unter den ihm fremden Oberbegriff der „Sünde" fassen zu wollen.

703 Vgl. dazu Knierim, Hauptbegriffe, S. 229 – 235.

704 So Knierim, Hauptbegriffe, S. 230 f.

komplementär zueinander sind.[705] Der häufige Gebrauch von פֶּשַׁע, חטא und עָוֹן als einer Art Formel für gottfeindliches Handeln in all seiner Breite macht es wahrscheinlich, dass diese Wortwurzeln auch in Jes 1,2.4 bewusst aufeinander bezogen sind. Nicht zuletzt weisen die oben unter Punkt 3.6.1.4 erarbeiteten formalen Beziehungen zwischen Vers 2 und 4 in diese Richtung. Inhaltlich stehen פשׁע ב, חטא und עָוֹן nicht nebeneinander, sondern פשׁע ב steht den anderen beiden Begriffen voran und benennt als einziger einen Sachverhalt mit geschichtlichem Haftpunkt, nämlich Israels Heranwachsen als Volk unter JHWHs Obhut und seine Abwendung von ihm. Auf diesen Sachverhalt bezieht sich dann der Wehe-Ruf Jes 1,4. Allerdings führt das Verb פשׁע ב das Thema nicht sachlich-neutral ein, sondern verbindet es mit dem negativen Urteil, dass Israels Verhalten ein schwerwiegender und folgenreicher Treubruch gegenüber Gott ist. Während in Jes 1,3 – 4a auf der Sachebene keine neuen Informationen hinzukommen, wird auf der normativen Ebene die Aussage von V. 2b weiter expliziert und vertieft. Dies geschieht zunächst durch den Tiervergleich von V. 3, der Israels Torheit und Unverstand hervorhebt, und sodann in V. 4a durch die beiden Sündenbegriffe חטא und עָוֹן, die die Verfehltheit und Verkehrtheit seines Verhaltens unterstreichen. Während also פָּשְׁעוּ בִי das Faktum des Bruchs der Beziehung Israels zu JHWH feststellt, verdeutlichen die drei Begriffe פשׁע ב, חטא und עָוֹן zusammen, dass Israels Verhalten in jeder von ihnen erfassten Hinsicht zu disqualifizieren ist und alle typischen Folgen nach sich ziehen wird.

Ferner verdeutlicht die Verwendung der drei Sündenbegriffe, dass der Bruch mit JHWH nicht durch eine einzige, als פֶּשַׁע zu qualifizierende Handlung, sondern durch ein Bündel von Verhaltensweisen und Praktiken herbeigeführt wurde, die unter einen oder mehrere der drei Begriffe zu subsumieren sind. Israel ist von JHWH abgefallen, indem es durch eine Vielzahl von Handlungen und Haltungen, die Gott missachten, die Beziehung zu ihm zerstört hat. Die Vielfalt der Sündentatbestände zeigt sich nicht nur in der Verwendung der drei Hauptbegriffe für Sünde, sondern auch in den beiden in Jes 1,4a enthaltenen Partizipien מְרֵעִים und מַשְׁחִיתִים sowie den finiten Verbformen von Jes 1,4b (עָזְבוּ, נִאֲצוּ und נָזֹרוּ). Dadurch bestätigt sich die bereits oben unter Punkt 3.6.2.9 im Rahmen der Auslegung von Jes 1,2b gewonnene Erkenntnis, dass Jes 1,2 – 4 einen Schlüssel für das Verständnis weiter Teile des restlichen ersten Jesaja-Kapitels bildet, da sich die nachfolgend kritisierten Missstände als negative Elemente verstehen lassen, deren Summe den Abbruch der Beziehung zu JHWH bewirkt hat, wie er sich nicht nur in Jes 1,2b, sondern auch im Erliegen der kultischen Kommunikation zwischen Israel und

---

705 So Knierim, Hauptbegriffe, S. 234.

seinem Gott in Jes 1,10 – 17 zeigt. Bevor diese Überlegungen weiter entfaltet werden können, ist auf die weiteren Verbformen von Jes 1,4 einzugehen.

3.6.2.11.4 „Same bestehend aus Übeltätern" und „Söhne, die Verderben bringen" – zu den Wendungen זֶרַע מְרֵעִים und בָּנִים מַשְׁחִיתִים

Den beiden dreigliedrigen Stichoi von Jes 1,4aα folgen in Jes 1,4aβ zwei zweigliedrige Stichoi. Sie führen die Thematik und die Kette der Exklamationen von Jes 1,4a weiter, die die Lage des Volkes benennen und dadurch das unheilvolle „Wehe!" (הוֹי) begründen und vollziehen. Die beiden oben analysierten Sündenbegriffe aus Jes 1,4aα, nämlich das „Verfehlen des Ziels" (חטא) und das „Schwersein von Verkehrtheit" (כָּבֵד עָוֹן), beschreiben Eigenschaften des Volkes, die durch Handeln herbeigeführt wurden und das weitere Handeln negativ determinieren. Es geht um eine falsche innere Ausrichtung und einen das Leben beschwerenden Verlust der richtigen Proportionen, wobei der Maßstab für „richtig" und „falsch" die von JHWH gegebene Weltordnung ist, die Geschöpfe wie Rind und Esel ohne weiteres instinktiv erkennen. Die beiden genannten Eigenschaften sind in JHWHs Augen unerträglich, da sie den heilvollen Weg, den er seine Kinder ebenso wie die übrigen Geschöpfe (vgl. V. 2b und V. 3a) führen will, unmöglich machen, ja sogar ins Gegenteil verkehren. Die nächsten beiden Wendungen von V. 4a, nämlich זֶרַע מְרֵעִים „Same bestehend aus Übeltätern" und בָּנִים מַשְׁחִיתִים „Söhne, die Verderben bringen", beleuchten das die Schuldverstrickung bewirkende Handeln und die es bestimmenden Verhaltensweisen. Während Jes 1,4aα mit den Nomen גּוֹי und עַם und dem singularisch verwendeten Adjektiv כָּבֵד kollektiv das Volksganze und den ihm anhaftenden Zustand betrachtet, wechselt in Jes 1,4aβ die Sichtweise hin zur Vielzahl derjenigen, die das Kollektiv ausmachen. Zwar ist זֶרַע „Same" noch eine singularische Kollektivbezeichnung, doch schon das nachfolgende Partizip מְרֵעִים „Böses Tuende" steht im Plural, um die Vielzahl und Vielfalt der von den Sprösslingen verübten bösen Handlungen zu betonen. Nun ließe sich gegen dieses sprachliche Verständnis der Wendung זֶרַע מְרֵעִים einwenden, sie sei wohl eher als zwei Generationen umfassende Aussage mit der Bedeutung „Nachkommenschaft von Übeltätern" zu verstehen.[706] Dagegen spricht aber, dass Jes 1,2 – 4 Israel als aktuelle Söhne JHWHs anspricht. Sie stammen nicht von Übeltätern, sondern kraft Adoption von JHWH ab (vgl. V. 2b). Gerade weil diese Sohnschaft Bestand hat und nicht zurückgenommen wird, ist Israels treuloses Verhalten ein bleibendes Ärgernis und Ursprung von Unheil. Eine

---

[706] So z. B. Beuken, Jesaja 1– 12, S. 72, der meint, „Same" und „Söhne" bezeichnen eine „Kette von gottlosen Generationen".

Unterscheidung verschiedener Generationen unter JHWHs Söhnen ist in Jes 1,2–4 sonst nirgends erkennbar und hat auch keinen Anhaltspunkt in der Sache. Dagegen kann das Kollektivum זֶרַע entsprechend dem, was im Hebräischen generell für Kollektivnomen gilt, durchaus mit dem Plural verbunden werden, wenn es um das Kollektiv in seiner Vielzahl geht. Deutlich erkennbar ist eine solche Verwendung beispielsweise in Jes 54,3, einer an Zion gerichteten Verheißung zahlreicher Nachkommen, wo das Nomen זֶרַע zunächst mit einer singularischen Verbform verbunden ist (וְזַרְעֵךְ גּוֹיִם יִירָשׁ), weil es um die als Einheit verstandene Nachkommenschaft Zions geht, die die Völker beerben wird (יִירָשׁ), während im gleich nachfolgenden Teilsatz (וְעָרִים נְשַׁמּוֹת יוֹשִׁיבוּ „und die verödeten Städte werden sie besiedeln") dieselbe Form זַרְעֵךְ „deine Nachkommenschaft" implizites Subjekt der Plural-Verbform יוֹשִׁיבוּ (Hiph. Impf. „sie werden besiedeln") ist, weil es um die Vielzahl der zur Nachkommenschaft gehörigen Personen geht, die die vielen verödeten Städte besiedeln werden. Ähnlich wie im letzten Teilsatz von Jes 54,3 ist זֶרַע auch in Jes 1,4aβ als Vielzahl von Personen verstanden. זֶרַע מְרֵעִים ist eine Nachkommenschaft, die als זֶרַע „Same" eigentlich gute Frucht bringen sollte, aber de facto aus einer Vielzahl von Sprösslingen besteht, die alle möglichen Arten böser, gemeinschaftsschädigender Taten begehen. Daher steht das mit זֶרַע verbundene Partizip מְרֵעִים im Plural. Grammatikalisch handelt es sich um eine Constructus-Verbindung im Sinne eines genetivus qualitatis: eine Nachkommenschaft bestehend aus Übeltätern.

Das Partizip Hiphil מֵרַע wird meist im Plural מְרֵעִים als Nomen mit der Bedeutung „Übeltäter" verwendet (Jes 9,16; 14,20; 31,2; Jer 20,13; 23,14; Ps 22,17; 26,5; 27,2; 37,1.9; 64,3; 92,12; 94,16; 119,115; Hi 8,20; Spr 17,4; 24,19). Es bezeichnet Menschen, die aggressiv Leben zerstören oder beeinträchtigen, ohne nach Gottes Ordnung für das Leben zu fragen. Der geprägte Ausdruck מְרֵעִים steht in Gegensatz zu denen, „die auf JHWH harren" קוֵי יְהוָה (Ps 37,9), und in Parallele zu den רְשָׁעִים „Frevlern" (Ps 26,5; 37,9 f.; Spr 24,19), zu „denjenigen, die Unheilvolles begehen" פֹּעֲלֵי אָוֶן (Jes 31,2; Ps 64,3), zu „denjenigen, die Boshaftes tun" עֹשֵׂי עַוְלָה (Ps 37,1) sowie zu „Bedrängern und Feinden" (vgl. Ps 27,2 צָרַי וְאֹיְבַי).[707] Häufig ist das für die מְרֵעִים typische Handeln nicht näher beschrieben (vgl. Ps 92,12; 119,115; Spr 24,19; Jes 9,16; 14,20; 31,2; Hi 8,20), doch lässt sich dem Kontext von Ps 22,17 entnehmen, dass hierzu ein mit gefährlichen wilden Tieren vergleichbares rücksichtsloses und brutales Handeln zählt, das auf Beute aus ist und vor Leib und Leben des Angegriffenen nicht halt macht (vgl. Ps 22,13–19). Ähnliches hat auch Ps 27,2 (לֶאֱכֹל אֶת־בְּשָׂרִי „um mein Fleisch zu fressen") im Blick. Die in Ps 64,3 genannten מְרֵעִים sind für den Beter in gleicher Weise aggressiv, heimtückisch und gefährlich,

---

707 Vgl. dazu Stoebe, Artikel רעע, Sp. 802.

handeln aber mit der Zunge, so dass es um Verleumdung, für das Opfer lebens-
gefährliche Falschbeschuldigungen, Prozessbetrug, u. ä. geht (vgl. auch Spr 17,4;
Jer 20,10 – 13). Das, was die מְרֵעִים „Übeltäter" tun, umfasst also die ganze Band-
breite unethischer, vor allem gegen den Nächsten oder die Gemeinschaft (vgl. Jer
23,14), letztlich aber immer gegen Gott gerichteter Verhaltensweisen in Wort und
Tat, wobei diesbezüglich eine klare inhaltliche Unterscheidung zwischen מְרֵעִים
und רְשָׁעִים nicht erkennbar ist (vgl. Ps 37 und 94). Im Vergleich zu den in Jes 1,4
vorangehenden Sündenbegriffen עָוֹן und חטא fällt auf, dass die Wurzel רעע Hi.
primär gewaltsames oder sonst Unheil und Leid bewirkendes Handeln bezeichnet,
ohne dieses von vorneherein als „Sünde" zu disqualifizieren. Denn רעע Hi. kann
auch JHWH als Subjekt haben[708] und ist deshalb kein Sündenbegriff im engen
Sinn (vgl. z. B. Ex 5,22; Num 11,11; Jer 25,6.29; Mi 4,6). Wird eine mit רעע Hi. bezeichnete Handlung von JHWH selbst einem Menschen zugemutet, dann bedeutet
dies für Letzteren eine schmerzhafte Erfahrung, ohne dass eine ethische Wertung
impliziert wäre.[709] Zum unethischen Tun wird רעע Hi. erst, wenn Subjekt der
Handlung ein Mensch ist, der den Willen JHWHs missachtet. Das Partizip מְרֵעִים
„Übeltäter" wird – anders als allgemein das Verb רעע Hi. – stets für Menschen
gebraucht, die sich unethisch verhalten. Während die Sündenbegriffe חטא und עָוֹן
feststellen, dass das Leben der betreffenden Geschöpfe eine Ausrichtung hat, die
das Ziel verfehlt, bzw. mit Verkehrtheit belastet ist, fällt bei den מְרֵעִים „Übeltätern"
der Blick zuerst auf das, was sie durch ihr Verhalten anderen und der Gemeinschaft aktiv an Unheil verursachen.

Für Jes 1,4a ergibt sich aus der Wendung זֶרַע מְרֵעִים „Same bestehend aus
Übeltätern" ein erster Hinweis darauf, dass es gewisse allgemein verbreitete Arten
aktiven bösartigen Handelns sind, die dazu führen, dass das Leben des ganzen
Volkes als sündig und mit Verkehrtheit belastet zu qualifizieren ist. Die Wendung
זֶרַע מְרֵעִים („Same bestehend aus Übeltätern") leistet zusammen mit der Bezeichnung בָּנִים מַשְׁחִיתִים („Söhne, die Verderben bringen") die Rückbindung der im
ganzen übrigen Kapitel Jes 1 kritisierten einzelnen Handlungen und Verhaltensweisen an die vorher in Jes 1,2 – 4aα genannten drei Hauptbegriffe für Sünde פשע ב,

---

708 Ist eine mit רעע Hi. bezeichnete Handlung von JHWH gewollt, ihr unmittelbar Ausführender
aber ein Mensch, dann kann dennoch JHWH Subjekt dieses Verbs sein. So blickt der Beter von
Ps 44,3b auf Israels Landnahme zurück und erinnert dabei JHWH daran, dass er, JHWH, damals
Völkern Übles angetan (תָּרַע לְאֻמִּים), die Väter Israels aber im Land ausgebreitet hat (וַתְּשַׁלְּחֵם). Er
meint damit offenbar, dass Israels Väter, die bei rein säkularer Betrachtung die im Land lebenden
Völker durch militärische Siege aus dem Land vertrieben hatten, hinter JHWH, der mit unsichtbarer Hand das Geschehen beherrschte, ganz und gar zurücktraten, ja nicht einmal einen geringen
Anteil an dem hatten, was den Völkern an Leid zugefügt worden war.
709 Nicht immer lässt ein solches Handeln JHWHs die Absicht erkennen, damit gegen Geschöpfe
vorzugehen, die sich ihm widersetzen, vgl. z. B. Ruth 1,21. Siehe dazu Stoebe, Artikel רעע, Sp. 803.

עָוֺן und חטא. Bedeutsam ist in diesem Zusammenhang, dass in Jes 1,16 zwei weitere Formen der Wurzel רעע Hi., nämlich das Nomen רַע „Bosheit" und der Hiphil-Infinitiv הָרֵעַ „schlecht zu handeln", an einer Stelle verwendet werden, die nach der Zurückweisung von Opfern, Festen und Gebeten als widerlich (V. 11–15) einzelne Handlungen erkennen lässt, die dazu geführt haben, dass die Hände der Adressaten voll Blut sind (V. 15b: יְדֵיכֶם דָּמִים מָלֵאוּ).[710] In Jes 1,16 greifen die Imperative הָסִירוּ רֹעַ מַעַלְלֵיכֶם מִנֶּגֶד עֵינָי („Entfernt die Bosheit eurer Handlungen aus meinen Augen!") und חִדְלוּ הָרֵעַ („Hört auf, böse zu handeln!") die in Jes 1,4aβ gegebene Charakterisierung Israels als מְרֵעִים „Böse Handelnde" auf und fordern die Unterlassung jeglichen solchen Tuns. Die daran in Jes 1,17 anschließenden Aufforderungen zu positivem Tun verlangen nach der generellen Aufforderung הֵיטֵב „gut zu handeln", dem positiven Gegenstück zu הָרֵעַ, gute Einzeltaten, die dringlich eingefordert werden, weil man bis dato die betreffenden Werte mit Füßen tritt. So folgt aus den Befehlen, das Recht zu suchen, mit Bedrückten einherzugehen und Waisen und Witwen zu ihrem Recht zu verhelfen, dass die aktuellen Missstände in Israel besonders im Mangel an allem, was zur Verwirklichung von Rechtsstaat und sozialer Gerechtigkeit gehört, ihre Wurzel haben. Diese bereits von Jes 1,4aβ (זֶרַע מְרֵעִים) ins Auge gefassten bösen Taten sind folglich wesentlicher Bestandteil und wesentliche Wurzel der in Jes 1,4aα festgestellten Verstrickung Israels in Sünde, Schuld und Schuldfolgen, die in der zuvor in Jes 1,2b gemachten Aussage gipfelt, dass Israel mit JHWH gebrochen hat. Daraus folgt, dass der Bruch mit JHWH nicht primär auf einer Verehrung fremder Götter beruht – diese Form des Abfalls von JHWH wird in Jes 1 nicht explizit erwähnt und kommt nur indirekt durch die Kritik an der Erwählung von Terebinthen und Gärten in Jes 1,29 ins Spiel – sondern vor allem auf der völligen Nichtbeachtung der gottgegebenen Rechts- und Gesellschaftsordnung. Positiv gewendet beinhaltet dies, dass die Treue zu JHWH in erster Linie daran zu messen ist, ob und inwieweit seine Gottesherrschaft im realen Leben der Gesellschaft anerkannt wird, indem die von ihm offenbarte Gesellschaftsordnung Umsetzung findet. Wo man diese lebenspraktische Seite der Herrschaft JHWHs ignoriert, bleibt jedes Bekenntnis zu ihm leer und hohl und jeder Kult entsprechend der in Jes 1,10–17 geübten Kritik sinnlos. Die Verbindung der drei Hauptbegriffe für Sünde mit dem vor allem das Handeln qualifizierenden Attribut מְרֵעִים „Böses Tuende" legt den Grundstein für diese wesentliche Dimension der Botschaft des Jesaja-Buches.

---

710 Die anstehende Einforderung dieses Blutes (vgl. Gen 9,5 f., ferner בִּקֵּשׁ in Jes 1,12b und בקשׁ in 2 Sam 4,11; Ez 3,18.20; 33,8) von den Tätern kann zumindest so lange nicht durch kultische Handlungen abgewendet werden, als die durch die Imperative in V. 16–17 gestellten Forderungen JHWHs nicht erfüllt sind.

Die Wendung זֶרַע מְרֵעִים „Same bestehend aus Übeltätern" beinhaltet ferner den Gedanken der Fruchtbarkeit, vgl. die entsprechende Verwendung von זֶרַע „Same, Sprösslinge" z. B. in Gen 13,16; 15.3.5; 16,10; Jes 54,3 im Hinblick auf Menschen sowie z. B. in Gen 1,11 f.; Jes 23,3 im Hinblick auf Pflanzen. Das Wesen des Samens besteht darin, dass er selbst Frucht ist und seinerseits auch Frucht hervorbringen kann. Als von JHWH selbst großgezogener Same müssten diese Söhne Gutes, insbesondere JHWHs Recht und Gerechtigkeit (vgl. Jes 1,16 f.), als Frucht hervorbringen. Stattdessen bringen sie Übles hervor. Der hier angedeutete Gedanke negativer Fruchtbarkeit findet seine ausführliche poetische Entfaltung im Weinberglied (Jes 5,1 – 7), vgl. insbesondere Jes 5,2.4. Die Hoffnung auf eine Umkehrung solch negativer Erfahrungen, wie der Weinbergbesitzer sie machte, bringt Jes 6,13bβ zum Ausdruck, indem die in Jes 6,11b – 13bα vorausgesagte völlige Verödung des Landes mit dem Fällen eines Baumes verglichen wird, dessen Stumpf / neue Triebe[711] (מַצֶּבֶת) „Same der Heiligkeit" זֶרַע קֹדֶשׁ sind. Dieser Text kehrt das in Jes 1,2b – 4 beschriebene Geschehen ziemlich genau um. In Jes 1,2b – 4 wendet sich JHWH Israel positiv zu, indem er es großzieht. Israel dagegen bringt böse Taten als Frucht hervor. In Jes 6,11b – 13bα wendet sich JHWH Israel in negativer Weise zu, indem er die völlige Zerstörung des Landes anordnet, das Zerstörte wird aber zum Samen der Heiligkeit und lässt so auf gute Frucht hoffen.

Der Aspekt aktiven bösartigen Tuns, der den Sprösslingen JHWHs in Jes 1,4aβ durch die Bezeichnung als מְרֵעִים zugeschrieben wird, findet in der Wendung בָּנִים מַשְׁחִיתִים „Söhne, die Verderben bringen," seine Fortsetzung und Zuspitzung. Die Form מַשְׁחִיתִים ist ein Partizip des Verbs שחת Hi. „Verderben bringen". Analog zu רעע drückt diese Wurzel ebenfalls nicht primär die Sündhaftigkeit eines Verhaltens aus, sondern bezeichnet zerstörerisches Handeln, ohne damit per se eine ethische Wertung zu verbinden. Auch hier begegnet Gott selbst als Subjekt, das Zerstörung veranlasst, um Unrecht zu strafen bzw. durch Vernichtung der Stifter von Unrecht und Chaos der von ihm eingesetzten Welt- und Lebensordnung wieder zur Geltung zu verhelfen, vgl. z. B. Gen 6,13; 18,28.31.32; Dtn 4,31; 9,26; Jes 36,10; Jer 13,9.14; 15,6; Ez 9,8. Ferner kann Subjekt des Verbs שחת Hi. ein Wesen sein, das im Namen und Auftrag JHWHs Verderben über seine Feinde bringt und somit ebenfalls nicht unethisch handelt (vgl. die Verderben bringenden Wesen aus Gen 19,13; 2 Sam 24,16: ein Engel). Bezeichnet שחת Hi. militärisch herbeigeführtes Verderben im Kontext des Krieges – ein Kontext, mit dem dieses Wort besonders eng verbunden ist[712] – so geht es nicht automatisch um eine Wertung, sondern primär um das

---

711 Zu Text und Übersetzung dieser Passage vgl. Wildberger, Jesaja 1 – 12, S. 234, der dabei auf einen Vorschlag von Tur-Sinai verweist.

712 Vgl. Vetter, Artikel שחת, Sp. 892.

Faktum selbst, nämlich ein verheerendes Ereignis. Beispielsweise verzichtet der Bericht über die Feldzüge der Midianiter gegen Israel in Ri 6,4 f., bei denen das feindliche Heer die Erträge des Landes vernichtete, auf eine ethische Verurteilung dieses Vorgehens, sondern stellt nur fest, dass JHWH Israel wegen seiner Untreue in die Hand der Midianiter gegeben hatte (Ri 6,1). Auch die Notizen Ri 20,21.25.35.42, die unter Verwendung der Wurzel שחת Hi. über die Tötung sehr vieler Menschen bei Kampfhandlungen berichten, sehen von einer ethischen Wertung ab. Andere Belege von שחת Hi. bringen dagegen durchaus explizit zum Ausdruck, dass es sich bei dem jeweiligen verderbenbringenden Tun um Unrecht handelt, vgl. z. B. Ps 14,1; 53,2; Spr 11,9; Jer 11,19. So bezeichnet etwa Spr 11,9 denjenigen, der Rufmord begeht und dadurch seinem Nächsten Verderben bringt (יַשְׁחִת רֵעֵהוּ), als einen Gottlosen (חָנֵף).

Folglich bedeutet die Wurzel שחת Hi. wie schon רעע Hi. ein unheilvolles Handeln, dessen ethische Bewertung erst dem Kontext zu entnehmen ist. Bei den „Verderben bringenden Söhnen" (בָּנִים מַשְׁחִיתִים) in Jes 1,4aβ folgt das negative ethische Urteil aus der in Jes 1,2b.4aα festgestellten Sündhaftigkeit. Im Vergleich zur Wendung זֶרַע מְרֵעִים „Same bestehend aus Übeltätern", die ein sehr breites Spektrum das Leben bedrängender Handlungen einschließt, hebt der Ausdruck בָּנִים מַשְׁחִיתִים wegen der zu שחת Hi. gehörigen Kontexte des Krieges und des göttlichen Gerichtshandelns besonders die zerstörerischen und verderbenbringenden Folgen des Verhaltens der Söhne hervor. Als paralleles Paar beinhalten die Partizipien מְרֵעִים und מַשְׁחִיתִים alle Schattierungen einer sich beständig lebensfeindlich zeigenden Lebenspraxis. Es besteht eine Wechselwirkung, ein Kreislauf des Bösen zwischen diesem Handeln und der schweren Sündhaftigkeit laut Jes 1,4aα. Da die Kinder in Verfehlungen verstrickt und von Verkehrtheit niedergedrückt sind, ist auch ihr Handeln unheilbringend, und weil ihr Handeln lebensfeindlich und zerstörerisch ist, wird ihr Dasein immer noch verfehlter und verkrümmter.

3.6.2.11.5 Die Wurzeln רעע Hi. und שחת Hi. als Verbindungsglieder zwischen Jes 1,4a; 11,9; 14,20 und 65,25

Es gibt im Jesajabuch zwei Passagen, die unter Verwendung derselben Wurzeln רעע Hi. und שחת Hi. Perspektiven aufzeigen, wie diese negative Dynamik des Bösen zerbrochen werden kann, nämlich Jes 11,9 und 65,25. Darüber hinaus gibt es nur noch eine weitere Stelle im Jesaja-Buch, wo die beiden Wurzeln im Rahmen eines Verses vorkommen: Jes 14,20b. Betrachtet man die insgesamt vier Belege, die רעע und שחת in Parallele setzen (Jes 1,4; 11,9; 65,25) bzw. eng miteinander verbinden (Jes 14,20), wobei es übrigens im ganzen Alten Testament keine weiteren so engen Verbindungen beider Wurzeln gibt,[713] hinsichtlich ihrer Thematik, so fällt auf, dass es in Jes 1,4 um das Volk Israel, in Jes 11,9 um eine Herrschergestalt, in Jes 14,20 wiederum um eine Herrschergestalt, nämlich den König von Babel (vgl. Jes 14,4), und in Jes 65,25 um das endzeitliche Volk der Auserwählten JHWHs (vgl. Jes 65,18 f.22 f.) geht. Inhaltlich verbindet sich mit dieser Anordnung zunächst die negative Feststellung, dass JHWHs Kinder böse handeln und Verderben bringen (Jes 1,4). Diese Zustände werden unter der Herrschaft des in Jes 11,1 – 9 charakterisierten Herrschers aufgehoben (Jes 11,9: לֹא־יָרֵעוּ וְלֹא־יַשְׁחִיתוּ). Während in Jes 1,2 – 4 der universale Gottkönig JHWH seinen Söhnen Gutes getan hat, diese aber üble Taten hervorgebracht haben, ist es in Jes 14,20 der die Welt beherrschende[714] und sogar die Himmelsherrschaft anstrebende[715] König von Babel selbst, der sein Land zu Grunde gerichtet (אַרְצְךָ שִׁחֵתָ) und entsprechend seinen eigenen Taten auch Nachkommenschaft hervorgebracht hat, die Böses tut (wie Jes 1,4aβ: זֶרַע מְרֵעִים). Die im König von Babel konzentrierten und personifizierten universalen Kräfte, die Bosheit und Verderben bewirken, finden – nach einer ausführlichen Entfaltung dieses Themas in den Fremdvölkersprüchen Jes 13 – 23 – ihre endgültige Auflösung am Ende des Buches. Dort wendet sich die universale Perspektive der Fremdvölkersprüche zum Positiven hin, indem alle Völker zum Zion strömen und die JHWH-getreuen Gerechten von den Frevlern geschieden werden. Dies mündet schließlich in die Erschaffung eines neuen Himmels und einer neuen Erde durch JHWH (Jes 65,17). In dieser neuen Schöpfung herrschen nun wieder dieselben friedvollen Verhältnisse wie unter dem in Jes 11,1 – 9 angekündigten Spross aus dem Stumpf Isais, so dass nicht nur das dort enthaltene Tierfriedensmotiv (vgl. Jes 11,6 – 8 und 65,25a), sondern auch die mit Jes 11,9 übereinstimmende Aussage לֹא־יָרֵעוּ וְלֹא־יַשְׁחִיתוּ בְּכָל־הַר קָדְשִׁי „sie werden nicht böse handeln und kein Verderben herbeiführen auf meinem ganzen heiligen Berg" wiederholt werden kann (Jes 65,25b), wobei das Heil in der neuen Schöpfung endgültige Stabilität erlangt hat, da alles Böse endgültig zu Grunde gegangen ist (vgl. Jes 57,20 f.; 59,15b – 18; 63,1 – 6; 65,8 – 16a; 66,14b – 17.24) und kein irdischer

---

713 Berücksichtigt man auch Texte, die beide Wurzeln in einem Abstand von nicht mehr als fünf Versen enthalten, kommen noch folgende Stellen hinzu: Gen 19,9.13: Hier beschreibt רעע die Absicht der Männer Sodoms, שחת dagegen das gegen Sodom gerichtete Gerichtshandeln der Besucher Lots. 1 Chr 21,7.12 und 21,16.17: רעע betrifft Davids Volkszählung, שחת das Verderben, das der Engel JHWHs deswegen durch die Pest über das Volk bringt. Gen 38,9.10 und Jer 11,16.19: רעע und שחת betreffen verschiedene Sachverhalte.

714 Vgl. Jes 14,12b.16 f.

715 Vgl. Jes 14,12 – 14.

Herrscher mehr, sondern JHWH selbst als König regiert.[716] Der dargelegte inhaltliche Duktus, der von den bösen Taten des Volks JHWHs (Jes 1,2 – 4) zur Aufhebung jeglichen bösen Tuns durch einen begnadeten Herrscher (Jes 11,1 – 9) und vom die Welt mit bösen Gewalttaten beherrschenden König von Babel (Jes 14,4b – 21) hin zum definitiven Ende jeder Bosheit (Jes 65,17 – 25) reicht, sowie die genannten sprachlichen Beziehungen zwischen den vier Stellen sind ein Anhaltspunkt dafür, dass diese Elemente zu einer von den Autoren des Jesaja-Buches bewusst so gestalteten Makrostruktur gehören. In dieses Bild passt, dass sowohl Jes 14,20 als auch Jes 65,25 sowie auch die ganze Passage Jes 11,6 – 9 nicht selten in ihrem jeweiligen Kontext als spätere Zusätze betrachtet werden.[717] Da es sowohl in Jes 1,2 – 4 als auch bei dem vom König von Babel handelnden Text Jes 14,4 – 21 um Formen der Auflehnung gegen JHWH geht (vgl. Jes 14,5.12 – 14), soll das Verhältnis dieser beiden Texte und ihrer Kontexte genauer analysiert werden.

3.6.2.11.6 זֶרַע מְרֵעִים „Same bestehend aus Übeltätern" in Jes 1,4a und 14,20: zur Deutung eines intertextuellen Querverweises

Der tyrannische König von Babel (Jes 14,4b – 21) als Gegenspieler des universalen Gottkönigs JHWH (Jes 1 und 6)

Thematisch gliedert sich das Spottlied auf den König von Babel (Jes 14,4b – 21) in einen ersten, auf der Erde situierten Abschnitt Jes 14,4b – 8, der JHWHs Einschreiten gegen den Tyrannen (V. 4b – 6) und den darauf folgenden Jubel (V. 7 f.) beschreibt, einen zweiten Abschnitt V. 9 – 15, der die erschreckte Reaktion der Unterwelt auf die Ankunft des Tyrannen im Totenreich darstellt, und einen dritten Abschnitt V. 16 – 21, der den Spott der Augenzeugen seines ehrlosen Endes zum Ausdruck bringt.[718] In Bezug auf Jes 1,2 – 4 fällt zuerst auf, dass auch Jes 14,4b – 21

---

716 Vgl. Berges, Jesaja. Der Prophet und das Buch, S. 150 – 153. Zum endgültigen Ende alles Bösen, das in Jes 65,25 unter Verweis auf Jes 11,6 – 9 und Jes 1,4 zum Ausdruck gebracht wird, vgl. Zapff, Jesaja 56 – 66, S. 429.

717 Zu Jes 14,20 vgl. Höffken, Jesaja 1 – 39, S. 133, 136. Zu Jes 65,25 vgl. Gärtner, Jesaja 66, S. 47. Zu Jes 11,6 – 9 vgl. Kaiser, Jesaja 1 – 12, S. 240 f.; ferner die Übersichten bei Wildberger, Jesaja 1 – 12, S. 442 (zu seinem eigenen Standpunkt siehe S. 443 – 444) und Childs, Isaiah, S. 100 f., die selbst aber beide für die Einheitlichkeit von Jes 11,1 – 9 plädieren. Zuletzt hat Janowski, Der Wolf und das Lamm, S. 5, mittels Zitat aus K. Schmid, Herrschererwartungen, S. 63, die Auffassung vertreten, dass es sich bei Jes 11,1 – 5.6 – 9.10 um „eine sukzessive Fortschreibungskette" handelt, „die von vorne nach hinten angewachsen ist."

718 Zur Gliederung vgl. Höffken, Jesaja 1 – 39, S. 133. Zu einer etwas anderen Einteilung, die auf Grund der Klagepartikel אֵיךְ in Jes 14,4.12 zwei Sequenzen V. 4b – 11 und V. 12 – 20 sowie einen Schluss in V. 21 unterscheidet und im gesamten Spottlied eine konzentrische Struktur mit einem doppelten Zentrum in den Versen 12 und 13 annimmt, siehe Beuken, Jesaja 13 – 27, S. 56 f. Beukens

in einem universalen Szenario spielt, das durch die Stichworte Erde (Jes 14,7.9.12.16.21; vgl. 1,2a), Himmel (Jes 14,12.13; vgl. 1,2a) und Unterwelt (Jes 14,9.11.15) umrissen wird. Während im ersten Abschnitt des Spottlieds (V. 4b – 8) über den Sturz des Gewaltherrschers von Babel, der die Völker der Erde unter seine Schreckensherrschaft zwang (V. 4b – 6), Jubel herrscht, weil nun die ganze Erde Ruhe hat (V. 7: נָחָה שָׁקְטָה כָּל־הָאָרֶץ), gerät im zweiten Abschnitt das Totenreich, insbesondere alle dort hinabgestiegenen Fürsten der Erde (כָּל־עַתּוּדֵי אָרֶץ) und Könige der Nationen (כֹּל מַלְכֵי גוֹיִם), in Aufruhr (vgl. V. 9), als der gestürzte Tyrann sich an diesem Ort einfindet. Die Totenreichbewohner richten an den Neuankömmling eine Rede, die auf sein irdisches Wirken zurückblickt (V. 10 – 15). Daraus geht hervor, dass er nicht nur Ambitionen hatte, die ganze Erde zu unterjochen (vgl. V. 4 – 8; 16 – 17), sondern zum Beherrscher des Himmels aufsteigen (V. 13: הַשָּׁמַיִם אֶעֱלֶה; vgl. V. 12 – 14) und seinen Thron über Gottes Sternen errichten wollte (V. 13: מִמַּעַל לְכוֹכְבֵי־אֵל אָרִים כִּסְאִי), um als König des auf dem Berg Zaphon versammelten Götterpantheons (vgl. V. 13: וְאֵשֵׁב בְּהַר־מוֹעֵד בְּיַרְכְּתֵי צָפוֹן) über Himmel und Erde zu regieren.

Mit diesem Ansinnen zeigt sich der Tyrann von Jes 14,4b – 21 als Gegner des Himmel und Erde regierenden Gottes JHWH (vgl. unsere Auslegung von Jes 1,2a). Das Thronen des Tyrannen auf dem Versammlungsberg (V. 13) steht in Konkurrenz zum Thronen JHWHs im Tempel auf dem Zion, wie es in Jes 6,1– 4 offenbart wird. JHWH sitzt dort auf einem hohen und emporragenden Thron (Jes 6,1: יֹשֵׁב עַל־כִּסֵּא רָם וְנִשָּׂא). Grundlage seiner Herrschaft ist seine Heiligkeit (Jes 6,3bα), die der innere Aspekt seiner nach außen sichtbaren Herrlichkeit ist. In diesem Sinn ist das Erfüllende der Erde seine Herrlichkeit (Jes 6,3bβ), wobei JHWHs Herrlichkeit sowohl das Subjekt sein kann, das die Erde belebend und ordnend durchdringt, als auch das Prädikat, dessen Subjekt die Fülle der Erde ist, die JHWHs Herrlichkeit darstellt.[719] Aus dieser Partizipation der die Erde erfüllenden Geschöpfe an JHWHs Herrlichkeit ergibt sich seine Herrschaft über die Erde und die Erhabenheit seines Throns, ohne dass es weiterer Anstrengungen zu deren Errichtung und Festigung bedürfte. Die göttliche Herrschaft bedeutet Entfaltung und Fülle alles Lebendigen, so dass schon das bloße Vorhandensein von Lebendigem sie bezeugt und stützt. Sowohl ihre in Jes 1,2 vorausgesetzte Erstreckung über Himmel und Erde als auch ihr königliches Erscheinungsbild gemäß Jes 6 werden in Jes 14,4b – 21 aufgegriffen, indem der König von Babel durch sein Ansinnen, nach der Unterjochung der Erde

---

Einteilung weicht zwar aus poetischen Gründen von der Höffkens ab, bestätigt aber die für unsere Zwecke wesentliche thematische Abfolge.

719 Zur bewussten Mehrdimensionalität des Satzes מְלֹא כָל־הָאָרֶץ כְּבוֹדוֹ (Jes 6,3b) vgl. F. Hartenstein, Unzugänglichkeit, S. 80 und 99 – 101. Siehe dazu auch unten Punkt 3.6.2.12.4.

auch den Himmel zu regieren und dort seinen Thron zu errichten, JHWHs universale Herrschaft und Königtum negiert.

Der scharfe Kontrast zwischen JHWHs Herrschaftskonzeption (Jes 1 und 6) und derjenigen des Königs von Babel (14,4b – 21)

Darüber hinaus besteht ein besonders scharfer Gegensatz zwischen JHWH und dem König von Babel in der Art und Weise, wie sie ihre Herrschaft ausüben. Auch dies wird besonders deutlich fassbar, wenn man Aussagen aus Jes 1 und 6 über JHWH mit denjenigen von Jes 14,4b – 21 über den König von Babel vergleicht.

JHWH bedient sich bei seiner Herrschaftsausübung typischerweise anderer Geschöpfe, die aus freiem Entschluss seinem Willen gemäß handeln. In Jes 6 zeigt sich dies in dem von den Seraphim angestimmten Lobpreis (V. 2 – 3) und seinen Wirkungen (V. 4 – 5), in dem durch einen Seraphen am Propheten vollzogenen Entsündigungsritus (V. 5 – 7) sowie vor allem auch durch die auf freiwillige Meldung hin erfolgende Sendung und Beauftragung des Propheten (V. 8 – 11), der mit seinem Eintritt in das Gefolge JHWHs aus dem Volk, das der Katastrophe verfallen ist (vgl. Jes 6,9 – 11), herausgerissen und so trotz seines düsteren Auftrags durch die Mitwirkung an JHWHs Königsherrschaft auf einen persönlichen Heilsweg geführt wird (vgl. die Deutung in Jes 8,11). Dieser Aspekt der Mitwirkung des Propheten an JHWHs Herrschaft ist bereits zu Beginn des Buches in Jes 1,1 fest verankert, wo nicht der lediglich passive Empfang von JHWH-Worten, sondern das aktive Schauen des Propheten der Ausgangspunkt ist,[720] an den sich dann die – ebenfalls aktive – Verkündigung des ihm offenbarten Gotteswortes anschließt (Jes 1,2a). Die weitreichende Wirkung einer solchen Beteiligung des Propheten an der Gottesherrschaft zeigt sich in den das ganze All umfassenden Adressaten von Jes 1,2a. Auch die in Jes 1,2b beschriebene Zuwendung JHWHs zu seinen Kindern, die er großzieht und emporbringt, dient dem Ziel, sie zur Übernahme von Verantwortung, d. h. zur aktiven Beteiligung an der göttlichen Herrschaft zu befähigen.[721] Wie diese Herrschaftsbeteiligung, die an Israels mangelnder Treue scheitert, eigentlich aussehen sollte, ergibt sich aus denjenigen Passagen von Jes 1, die durch Kritik an Missständen und Einforderung positiver Werte zeigen, dass und wie Israel die Ordnung von Himmel und Erde im Sinne seines Herrn aktiv mitgestalten sollte.

---

720 Vgl. dazu die ausführliche Erörterung von Jes 1,1 unter Punkt 3.1 (insbesondere 3.1.3.7/11/12; 3.1.4.4).

721 Vgl. die obige Diskussion der Wendung בָּנִים גִּדַּלְתִּי וְרוֹמַמְתִּי.

Die Kritikreihe wird eröffnet mit Worten gegen den Kult (Jes 1,11 – 15).[722] Diese Tatsache ist signifikant, weil sie zeigt, dass das Ziel, das JHWH mit dem Emporbringen seiner Kinder verfolgt, nicht schon erreicht ist, wenn diese ihn kultisch verehren. Trotz offenbar zahlreicher kultischer Feste zu Ehren JHWHs (vgl. z. B. V. 11 שָׂבַעְתִּי „ich bin übersättigt") stellt der eröffnende Abschnitt Jes 1,2 – 4 fest, dass Israel mit seinem Herrn gebrochen hat und in Sünde verstrickt ist. JHWH hat nicht etwa deshalb ein Volk großgezogen, um sich eine ausreichende Zahl von Verehrern zu sichern. Nach welchen Maßstäben diejenigen, die ihn verehren, ihr gesellschaftliches Leben gestalten, welche Pläne sie in Familie, Gesellschaft und Staat unter kultischer Inanspruchnahme seiner göttlichen Macht (Opferintentionen, Gebetsanliegen, etc.) verwirklichen, ist für JHWH keineswegs zweitrangig, selbst wenn das beständige Gelingen sowohl der gerechten als auch der ungerechten Pläne seiner Verehrer eine die Umwelt beeindruckende Machtdemonstration wäre, die auch den Ruhm der dabei angerufenen Gottheit mehren könnte. Solcherlei kultische Verehrung akzeptiert JHWH nicht, vielmehr fordert er von seinem Volk vor allem die Verwirklichung der Werte, die den Grundsätzen seiner Herrschaft entsprechen, damit es so in Gottes Namen Verantwortung ausübt und an seiner lebensförderlichen Herrschaft aktiv teilhat. Diese Werte sind in der nachfolgenden Passage Jes 1,16 – 17 knapp auf den Punkt gebracht. Sie bestehen im Verzicht auf das Böse, d. h. zerstörerisches, lebensfeindliches Handeln (vgl. die zweimal in V. 16 gebrauchte Wurzel רעע), und im beständigen Bemühen um das Gute (Wurzel יטב in V. 17), d. h. um Leben und Gemeinschaft aufbauendes Handeln, was insbesondere die Suche nach dem Recht (richtige Verhältnisse מִשְׁפָּט) sowie die Solidarität und das Eintreten für die Schwachen beinhaltet (vgl. Jes 1,17). Indem der Kult des nach rücksichtslosen, lebenszerstörerischen Maßstäben lebenden Volkes in Form einer kultischen Weisung (תּוֹרָה, V. 10) abgelehnt und mit der Forderung nach ethischer Läuterung verbunden wird, lässt das prophetische Wort erkennen, worin der eigentliche Sinn des Kultes liegt. Der Kult ist ein Ort, an dem JHWH mit seinem Volk in Kommunikation tritt, um ihm aus tiefer, kultisch gestifteter Verbundenheit heraus seine Weisungen und Werte für das ganze Leben zu vermitteln, durch die das Gottesvolk, sofern es sie befolgt und verwirklicht, zum Ort und Mittler der Gottesherrschaft wird. Nicht zuletzt spiegelt sich diese auf Kommunikation zwischen JHWH und seinem Volk zielende Rolle des Kultes auch im eindringlichen Höraufruf von Jes 1,10 sowie in der Bedeutung, die der nächstfolgende Abschnitt Jes 1,18 – 20 dem willigen Hören (V. 19a) auf die aus JHWHs

---

[722] Einen Überblick über die Thematik prophetischer Kultkritik und die Frage nach den aus kultkritischen Texten zu ziehenden Konsequenzen bietet Barton, The Prophets and the Cult.

Mund kommenden Worte (V. 18; 20b) für eine heilvolle Zukunft des Volkes beimisst.

Die in Jes 1,16 – 17 bereits eingeführten Prinzipien der Gottesherrschaft werden im Abschnitt Jes 1,21– 26, der den ethischen Verfall der einst festgebauten Stadt (gemeint ist Jerusalem) beklagt (V. 21– 23) und ein Läuterungsgericht (V. 24 – 26) ankündigt, noch ausführlicher zur Sprache gebracht. Parallel zum zweimal erwähnten Prinzip des Rechts (מִשְׁפָּט in V. 21 und 23), das wie bereits in Jes 1,17 eng an den Schutz der sozial Schwachen (Waisen, Witwen) gekoppelt ist (vgl. V. 23), steht das ebenfalls zweimal erscheinende Prinzip der Gerechtigkeit (צֶדֶק) in V. 21 und 26). Indem JHWH den Niedergang dieser einst die Stadt erfüllenden und leitenden Prinzipien (V. 21) durch eine verantwortungslose, die Macht missbrauchende Oberschicht (V. 23) beklagt und in V. 24 die Beseitigung dieses Übels durch Anwendung von vergeltenden, d. h. die Geltung des Rechts wiederherstellenden Maßnahmen (vgl. die Wurzel נקם) ankündigt, macht er deutlich, dass es Aufgabe dieser Oberschicht unter Mitwirkung ihrer Untertanen gewesen wäre, Recht und Gerechtigkeit im Namen und als Werkzeuge JHWHs zu verwirklichen. Dementsprechend kündigt Jes 1,26 an, dass nach einem Reinigungsgericht über die Stadt, das alles Unedle beseitigen soll (V. 25), die Gerechtigkeit nicht unmittelbar durch JHWH, sondern durch Richter und Ratgeber wiederhergestellt wird, die den Idealen des Anfangs treu geblieben sind.

Somit lässt sich resümieren, dass JHWH seine schon in Jes 1,2a demonstrierte universale Herrschaft an die Prinzipien des Rechts und der Gerechtigkeit bindet und bevorzugt durch ihm treu verbundene Geschöpfe ausübt. Das Großziehen und Emporbringen von Söhnen (Jes 1,2b) hat eigentlich das Ziel, diese zu Mitträgern seiner auf Recht und Solidarität gegründeten Regierung zu machen. Der Kult hat dabei die Aufgabe, als lebendige Kommunikation zwischen Gott und Mensch deren innige Verbundenheit herzustellen, zu stabilisieren, zu erneuern und auf die göttlichen Ordnungsprinzipien hin auszurichten, ohne selbst das Ziel zu sein, und ohne in einer Weise begangen werden zu dürfen, die JHWHs Ziele ignoriert.

Die so umrissenen Ziele, Grundsätze und Art von JHWHs Herrschaftsausübung stehen in scharfem Kontrast zu den Charakteristika der Herrschaft des in Jes 14,4b – 21 gestürzten Tyrannen. Dieser regiert laut Jes 14,5 mit dem „Stab der Gottlosen" (מַטֵּה רְשָׁעִים) und tritt so die Gerechtigkeit mit Füßen. Letzteres wird durch die Tatsache unterstrichen, dass der Begriff רָשָׁע „Gottloser" den Gegensatz zu צַדִּיק „Gerechter" bildet (vgl. z. B. Gen 18,23.25; Dtn 25,1; Ps 1,6.5; 11,5; Jes 3,10 f.; 5,23 u.v.m.). JHWH zerbricht (שָׁבַר) den „Stab der Gottlosen" und den „Stock der Herrschenden" (שֵׁבֶט מֹשְׁלִים) und handelt damit am König von Babel und seinem Anhang genau in der Weise, die laut Jes 1,28a auch für die „Treubrüchigen und

Sünder" im Volk Israel vorgesehen ist (וְשֶׁבֶר פֹּשְׁעִים וְחַטָּאִים יַחְדָּו).[723] Die Frevel des Tyrannen werden in Jes 14,6 näher beschrieben: Er übt eine brutale totalitäre Herrschaft aus, indem er die Völker im Grimm unaufhörlich schlägt (V. 6a: מַכֶּה עַמִּים בְּעֶבְרָה מַכַּת בִּלְתִּי סָרָה) und Nationen unterjocht und verfolgt (V. 6b: רֹדֶה בָאַף גּוֹיִם מֻרְדָּף בְּלִי חָשָׂךְ). Beuken[724] weist hier darauf hin, dass der Tyrann sich eine Rolle anmaßt, die im Jesaja-Buch JHWH vorbehalten ist, dem allein es zusteht, gegen die Sünder vorzugehen. In diesem Sinn spricht Jes 5,25 – 30 ausdrücklich davon, dass JHWH sein Volk wegen seiner Sünden (vgl. Jes 5,8 – 24) schlägt, indem er zur Vollstreckung des Gerichts gegen Israel ein kriegerisches Volk herbeiruft.[725] Demgegenüber stilisiert der König von Babel sich selbst zum Herrn über Himmel und Erde hoch (Jes 14,13 f.) und meint, aus eigener Machtvollkommenheit die Völker schlagen zu dürfen. Er trägt so die Züge einer chaotischen Macht ähnlich den namenlosen chaotischen Kräften, von denen laut Jes 1,5 – 7 Israel geschlagen (Wurzel נכה in Jes 1,5 – 6 und 14,6) und sein Land verwüstet wurde, weil es sich aus Torheit von seinem beschützenden Gott JHWH entfernt hat.

JHWHs abtrünnige Kinder in den Verderben bringenden Spuren des Tyranns von Babel und seines Anhangs: zu שחת Hi. und זֶרַע מְרֵעִים in Jes 1,4 und 14,20

Insgesamt sind zwischen Jes 1– 5 und Jes 13 – 14 zahlreiche Analogien erkennbar,[726] die sich grob so zusammenfassen lassen, dass auf Israels innergesellschaftlicher Ebene, mit seinem Abfall von JHWH, dem selbstherrlichen Missbrauch des Kultes durch die Oberschicht sowie der Verkehrung von Recht und Gerechtigkeit in Unterdrückung und Ausbeutung, eine ähnliche Tendenz zur faktischen Selbstvergötzung Platz greift, wie sie auf der Ebene der Völker der König von Babel betreibt, indem er die ihm von JHWH zugestandene Machtfülle als eigene Herrlichkeit missdeutet und sich die Herrschaft über das Universum an-

---

723 Vgl. dazu Beuken, Jesaja 13 – 27, S. 84 f.

724 Vgl. Beuken, Jesaja 13 – 27, S. 85, mit Nachweis der Stellen, wo Gott Subjekt von נכה Hi. ist.

725 Dagegen betont die rhetorische Frage in Jes 1,5 „Wohin sollt ihr noch geschlagen werden?" (עַל מֶה תֻכּוּ עוֹד) durch ihre passivische Formulierung das Ausgeliefertsein Israels an fremde zerstörerische Mächte (vgl. Jes 1,7a), die – wie etwa der König von Babel – über Volk und Land herfallen, weil JHWH sie in Folge der törichten Abwendung Israels nicht mehr fernhält. Näheres dazu unten im Rahmen der Exegese von Jes 1,5 – 7.

726 Berührungen zwischen Jes 1 und 13 ergeben sich aus der Thematik der Sünde und der Verwüstung sowie auch über das Sodom-und-Gomorra-Motiv in Jes 1,7b.9.10 und 13,19, siehe zu Letzterem unten Punkt 3.6.3.8. Ferner bestehen Verbindungen zwischen Jes 13,2 – 5 und Jes 2,2 – 4, siehe dazu Zapff, Schriftgelehrte Prophetie, S. 65 f., sowie zwischen den Beschreibungen des Tages JHWHs in Jes 2,12 – 17; 13,6 – 16. Eine ausführliche Erörterung des Tages JHWHs im Alten Testament findet sich bei Zapff, Schriftgelehrte Prophetie, S. 66 – 105.

maßt. Die Verwendung der Wurzel שחת Hi. („Verderben bringen") und des Aus-
drucks זֶרַע מְרֵעִים („Same bestehend aus Übeltätern") in Jes 1,4 und 14,20 setzt die
Söhne JHWHs (Jes 1,2b) einerseits und den König von Babel, den „Sohn der
Morgenröte" (14,12: בֶּן־שָׁחַר), andererseits in Parallele. Beide überheben sich über
JHWH: Israel, indem es mit ihm bricht und damit in Abrede stellt, von ihm
großgezogen worden zu sein, und der König von Babel, indem er JHWHs Königtum
leugnet und sich selbst zum König des Himmels und der Erde machen will (vgl.
Jes 14,13 f.). Beide bringen dadurch Verderben über ihr Land und Volk. Bezüglich
der in Jes 1,4aβ als מְרֵעִים „Übeltäter" und מַשְׁחִיתִים „Verderber" bezeichneten
Söhne JHWHs wird dies in 1,5 – 7 durch eine Beschreibung der über Volk und Land
gekommenen Verwüstungen näher ausgeführt, während die Verheerungen seitens
des Tyrannen von Babel in Jes 14,20 unter Verwendung des Verbs שחת Hi. zusammengefasst sind. Die Aussage von Jes 14,20b, dass der „Same bestehend aus
Übeltätern" (זֶרַע מְרֵעִים) in Ewigkeit nicht mehr genannt werden soll, fügt nicht nur
der Schande, nicht begraben zu werden, noch die der *damnatio memoriae* hinzu,
sondern macht den bisher als Einzelfigur betrachteten König von Babel zum Ex-
ponenten eines ganzen Geschlechts.[727] Dadurch erfolgt eine Parallelisierung
zwischen dem Kollektiv des „Samens/Geschlechts bestehend aus Übeltuenden"
(זֶרַע מְרֵעִים)[728] in Israel und einem entsprechenden Kollektiv in Babylon bzw. den
Fremdvölkern überhaupt. Wer in Israel in erster Linie mit diesem Kollektiv gemeint
ist, ergibt sich aus Kapitel 1, das in V. 10 – 17 und 21 – 26 besonders die Oberschicht
für den vom Volk eingeschlagenen Weg des Verderbens verantwortlich macht. Weil
diese aber das ganze Volk ins Verderben führt (vgl. den synthetischen Parallelismus עַם עֲמֹרָה/קְצִינֵי סְדֹם in Jes 1,10 und ferner Jes 3,12 – 15), ist mit Ausnahme der
aus der Gesellschaft ausgestoßenen Unterdrückten (V. 17: „Bedrückter" חָמוֹץ sowie
V. 17 und 23: „Waise" יָתוֹם, „Witwe" אַלְמָנָה; Jes 3,14 f. „Armer" עָנִי) das ganze gegenwärtige, der Oberschicht folgende Volk ein Geschlecht, das Übles begeht.[729]
Für die Frage, wer mit dem unter der Anführerschaft des Königs von Babel stehenden „Geschlecht von Übeltätern" gemeint sein könnte, ergibt sich ein Anhaltspunkt aus Jes 14,5, wo die Aussage, dass JHWH den „Stab der Gottlosen" (מַטֶּה
רְשָׁעִים) zerbrochen hat, den König von Babel gewissermaßen als Speerspitze einer
großen Zahl gottfeindlicher Mächtiger interpretiert (vgl. den Parallelausdruck
„Herrscherstab" שֵׁבֶט מֹשְׁלִים). Ähnlich wie in Israel die Armen und Schwachen

---

728 Wie oben erwähnt, handelt es sich bei der Constructus-Verbindung um einen genetivus
qualitatis oder, wie Eduard König formuliert, um einen Genitiv „des Bestandes und der daraus
fliessenden Beschaffenheit" (zitiert nach Beuken, Jesaja 13 – 23, S. 97).
729 Obwohl die Armen unter dem üblen Tun des Volkes leiden, sind auch sie dem kollektiven
Gericht über das Volk ausgesetzt, siehe Jes 5,13.

unter der eigensüchtigen Herrschaft der Oberschicht zu leiden haben, sind auf der Ebene des ganzen Erdkreises (vgl. Jes 14,7) die Völker den schonungslosen Aggressionen des Königs von Babel und seines Anhangs ausgesetzt.

Diachrone Vertiefung: zur Frage des literarischen Verhältnisses zwischen Jes 1,4 und 14,20

Die These, dass durch die Wendung זֶרַע מְרֵעִים „Geschlecht von solchen, die Übles tun" in Jes 1,4 und 14,20b eine Parallelität zwischen JHWHs Gegnern in Israel und seinen Gegnern auf der Ebene der Völker hergestellt werden soll, wird durch literarkritische Beobachtungen bestätigt, die B.M. Zapff herausgearbeitet hat.[730] Wegen der aus dem Duktus von Jes 14,4b–21 herausfallenden Verwendung von Pluralformen in V. 5 und V. 20b–21, die den sonst allein agierenden König von Babel mit einer Personengruppe in Verbindung bringen, sowie aus einer Reihe von anderen Gründen[731] kommt Zapff zum zutreffenden Schluss, dass V. 5 insgesamt und zumindest die Pluralformen in V. 20b–21 eine redaktionelle Erweiterung der Passage Jes 14,4b.6–20a* darstellen, die von einem Redaktor stammt, der auch in Kapitel 13 die anzunehmende Grundschicht Jes 13,1a.17–22a um die Passage Jes 13,1b–16.22b erweitert und so die Gerichtsworte über Babel zu einem allgemeinen Weltgericht, das alle jahwewidrigen Mächte vernichtet, universalisiert haben dürfte.[732] Da die Passagen, die aus dem König von Babel eine unter seiner Führung stehende Gruppe von Mächtigen machen, und insbesondere der Ausdruck זֶרַע מְרֵעִים nicht zum ursprünglichen Text von Jes 14,4b–21 gehören, wählte er seine Formulierungen wohl gezielt in einer Weise, die es ermöglichte, in den vorhandenen Text bestimmte neue Aspekte einzutragen und Bezüge zu anderen Textpassagen herzustellen. Neben seiner Intention, das auf einen einzelnen Gewaltherrscher bezogene Spottlied durch Einführung eines Plurals von Übeltätern an den universalisierenden Text Jes 13,1b–16.22b anzubinden,[733] kam es ihm offensichtlich auch darauf an, durch die Wahl des sonst im AT nicht mehr vorkommenden Ausdrucks זֶרַע מְרֵעִים eine Verbindung zu Jes 1,4 zu schaffen, um die Parallele zwischen der JHWH-Feindlichkeit Israels laut Jes 1,2–4 und der JHWH-Feindlichkeit der Mächtigen der Welt hervorzuheben.

Um möglichen Einwänden gegen diese Behauptung vorzubeugen, ist nun zu prüfen, ob nicht auch in umgekehrter Richtung eine Übernahme des Ausdrucks זֶרַע

---

730 Vgl. Zapff, Schriftgelehrte Prophetie, S. 263–269.
731 Siehe dazu Zapff, Schriftgelehrte Prophetie, S. 266–269.
732 Zur letzteren redaktionsgeschichtlichen These siehe Zapff, Schriftgelehrte Prophetie, S. 274 f.
733 Vgl. Zapff, Schriftgelehrte Prophetie, S. 267 f. NB: Bei der Angabe „Jes 13,20b.21" auf S. 267 f. dieses Werkes handelt es sich offensichtlich um ein Versehen. Gemeint ist Jes 14,20b.21.

מְרֵעִים durch den Verfasser von Jes 1,4 aus Jes 14,20 erwägenswert wäre. Dies ist nicht besonders wahrscheinlich. Denn in Jes 1,4 ist der Ausdruck זֶרַע מְרֵעִים sehr eng mit seinem Kontext verknüpft, da sein erstes Glied זֶרַע in die Reihe der das Volk bezeichnenden Begriffe גּוֹי, עַם, זֶרַע und בָּנִים, und sein zweites Glied מְרֵעִים in die Reihe der seine Sündhaftigkeit beschreibenden Begriffe חֵטְא, עָוֹן, כֶּבֶד עָוֹן, מְרֵעִים und מַשְׁחִיתִים semantisch fest eingebunden ist. Eine inhaltliche Beeinflussung des gesamten Abschnitts Jes 1,2b – 4 durch Jes 14,4b – 21 ist nicht erkennbar, da in Jes 1,2b – 4 das in der Grundschicht Jes 14,4b.6 – 20a* entfaltete Hauptmotiv eines Gewaltherrschers, der sich die Herrschaft über Himmel und Erde anmaßt, ebenso wie das Vokabular dieser Grundschicht keine Rolle spielen.[734] Demgegenüber besteht in Jes 14,20 eine Spannung zwischen der singularischen Du-Anrede des Königs von Babel in V. 20a und der unvermittelt folgenden passivischen Aussage der 3. Person Singular über ein Geschlecht von Übeltätern, das nicht einmal ausdrücklich – z. B. durch ein Possessivsuffix („seine Nachkommenschaft" o. ä.) – zum König von Babel in Beziehung gesetzt ist. Dieser Befund legt es nahe, dass die Erweiterungsschicht Jes 14,5.20b – 21* das Kollektiv der Übeltäter in Anlehnung an Jes 1,4 als זֶרַע מְרֵעִים „Nachkommen, die Böses tun" bezeichnet.

Akzeptiert man die Annahme, dass Jes 14,5 und V. 20b – 21* (mindestens Pluralformen) eine Erweiterung sind, die unter dem Einfluss von Jes 1,4 in Jes 14,4b.6 – 20a* eingetragen wurde, so bestätigt sich dieses Bild durch weitere Beobachtungen.[735] Zum einen könnte die Verwendung der Wurzel שחת Hi. am Ende von Jes 14,20a אַרְצְךָ שִׁחֵתָּ „du hast dein Volk zu Grunde gerichtet" der Anknüpfungspunkt für die Übernahme des in Jes 1,4 parallel zum Partizip Hi. מַשְׁחִיתִים stehenden Ausdrucks זֶרַע מְרֵעִים gewesen sein. Zum anderen sprechen Jes 14,21a הָכִינוּ לְבָנָיו מַטְבֵּחַ בַּעֲוֹן אֲבוֹתָם („Stellt auf für seine Söhne eine Schlachtbank wegen der Schuld ihrer Väter") ebenso wie Jes 1,2b.4 von „Söhnen" (בָּנָיו bzw. בָּנִים). Jes 14,21 ist insgesamt eine Explikation zur Aussage von Jes 14,20b. Das Geschlecht von Übeltätern, deren (Adoptiv-)Vater[736] der gestürzte Tyrann ist, wird in Ewigkeit

---

734 Sehr wohl denkbar ist dagegen ein Einfluss von Jes 13 – 14 auf die Anrufung von Himmel und Erde in Jes 1,2a, da Himmel und Erde im restlichen Kapitel 1 keine Erwähnung mehr finden und daher eher spät aus einer buchübergreifenden Perspektive heraus in Jes 1 eingetragen wurden.

735 Vgl. zum Folgenden auch Beuken, Jes 13 – 27, S. 98 f.

736 Bereits in Jes 14,20b ist mit זֶרַע מְרֵעִים wegen des fehlenden direkten Bezugs zum König von Babel (Personalsuffix o. ä.) offenbar keine leibliche Verwandtschaftsbeziehung, sondern geistige Abstammung auf Grund sich gleichender übler Taten gemeint. Vor diesem Hintergrund lässt sich die Spannung in Jes 14,21 zwischen בָּנָיו „seine Söhne", was eine Beziehung zum König von Babel ausdrückt, und dem Plural bei עֲוֹן אֲבוֹתָם „Schuld ihrer Väter" in der Weise auflösen, dass der König von Babel alle Generationen von Übeltätern an Bosheit übertrifft und so im absoluten Sinn ihr Vater schlechthin ist. Gleichzeitig ist zu beachten, dass עֲוֹן אֲבוֹתָם „Schuld ihrer Väter" eine feststehende, auch als „Väterschuld" übersetzbare Wendung ist (vgl. Wildberger, Jes 13 – 27, S. 560),

nicht mehr genannt werden (V. 20b: לֹא־יִקָּרֵא לְעוֹלָם זֶרַע מְרֵעִים), weil die (leiblichen und geistigen) Söhne des Tyrannen um der Väterschuld willen abgeschlachtet werden (V. 21a). Dadurch soll die Erde vor künftiger Gewaltherrschaft in Nachahmung des gestürzten Tyrannen bewahrt werden (V. 21b). Es besteht somit eine Parallelität zwischen den Söhnen des Verderben bringenden (V. 20aβ: אַרְצְךָ שִׁחֵתָּ) Tyrannen, die eine „Brut von Übeltätern" (זֶרַע מְרֵעִים) bilden, und den Söhnen JHWHs aus Jes 1,2b.4, die Verderben bringen wie der Tyrann aus Jes 14,20a (vgl. Jes 1,4aβ: בָּנִים מַשְׁחִיתִים) und sich zu einer den Tyrannensöhnen ebenbürtigen „Brut von Übeltätern" (Jes 1,4aβ: זֶרַע מְרֵעִים) entwickeln. JHWHs Söhne unterscheiden sich aber von Letztgenannten grundlegend hinsichtlich ihrer geistigen Herkunft. Ihr Adoptivvater sorgt nicht nur für sie, sein Wort findet außerdem Gehör bei Himmel und Erde (Jes 1,2a), und laut Jes 2,2 – 4 werden in einer künftigen Zeit die Völker zu ihm kommen, um seine Weisung und sein Wort zu hören und unter seiner gerechten Regierung endgültigen Frieden zu finden.[737] JHWHs Verhältnis zur Erde ist in Jes 6,3 ausgesprochen positiv bestimmt, indem die „Fülle der Erde" – eine auf die gesamte Vielfalt der die Erde bewohnenden Schöpfung in ihrer Lebendigkeit und Fruchtbarkeit abzielende Wendung[738] – als „seine Herrlichkeit" כְּבוֹדוֹ bezeichnet wird. Im Gegensatz dazu verwüstete der Tyrann von Babel den ganzen Erdkreis und riss die Städte der Königreiche nieder. Dies ist schon innerhalb der Grundschicht des Spottlieds in Jes 14,4b.6 – 8.16 f. entfaltet. Parallel dazu liegen in Jes 1 die Verwüstungen, die JHWHs Söhne durch ihren Treubruch über ihr Land bringen. Bereits das „Wehe" (Jes 1,4a) mit der Feststellung der Schwere der Schuld und die Bezeichnung der Söhne als „übel handelnd" מְרֵעִים und „Verderben bringend" מַשְׁחִיתִים impliziert solche Verwüstungen.[739] Ausdrücklich kommt deren Ausmaß dann in Jes 1,5 – 7 zur Sprache. Vor dem Hintergrund der Tatsache, dass JHWH über seine Adoptivsöhne (vgl. Jes 1,2b) ebenso wie

---

die insbesondere in Ex 20.5; 34,7; Num 14,18; Dtn 5,9 verwendet wird, um auszudrücken, dass eine einmal in die Welt gesetzte Schuld von JHWH bis in die dritte und vierte Generation heimgesucht wird. Dieser Aspekt bestätigt ebenfalls, dass der König von Babel hier als die Spitze aller Übeltäter gesehen wird, in dessen Person die „Väterschuld", als einer Generationen umgreifenden Schuldbelastung, vereinigt ist.

737 Die positive Charakterisierung JHWHs als endgültiger Friedensstifter und die friedliche Wallfahrt der Völker zum Zion erfahren allerdings in Kapitel 13, das dem Spottlied von Kapitel 14 vorgeschaltet ist, eine gewisse Umdeutung. Zu den Beziehungen zwischen der Völkerwallfahrt zum Zion Jes 2,2 – 4 und dem Auftreten von Völkern und Königreichen als Vollzieher von JHWHs Gericht über die Welt in Jes 13,4 vgl. Zapff, Schriftgelehrte Prophetie, S. 56.

738 Vgl. Hartenstein, Unzugänglichkeit, S. 83 – 86; Eck, Bilden Jes 6,1–11 und 1 Kön 22,19 – 22 eine Gattung? Teil 2, S. 19.

739 Vgl. obige Erörterung der Sündenbegriffe sowie der Lexeme רעע Hi. und שחת Hi. (Punkte 3.6.2.11.1 – 4).

über den ganzen Kosmos in einer das Leben aufbauenden Weise herrscht, erscheint ihre Degeneration zu einem üble Taten und Verderben hervorbringenden Geschlecht als besonders skandalös. Das „Geschlecht von Übeltätern" (זֶרַע מְרֵעִים), das dem König von Babel angehört (Jes 14,20), hat dagegen keinen positiven Ursprung, es entspringt dem durch den gestürzten Tyrannen in Gang gesetzten Kreislauf böser Taten.

Weitere Berührungen, die für eine bewusste Bezugnahme von Jes 13 – 14 auf Jes 1 sprechen, finden sich in Jes 1,5 – 7, der Schilderung der Verwüstungen nach Israels Abfall von JHWH. Um Verwüstungen geht es nämlich auch in Jes 14,4b.6 – 20a* beim Rückblick auf die vergangenen Taten des Tyrannen, und die beiden Schilderungen zeigen gewisse sprachliche und strukturelle Gemeinsamkeiten. Inhaltlich eng verwandt sind Jes 1,7 und Jes 14,16b – 17. Die Ähnlichkeiten reichen bis in die Abfolge der Themen hinein. Am Beginn steht eine Betrachtung des Ganzen, d. h. einmal des Landes und einmal des Erdkreises:

Jes 1,7aα אַרְצְכֶם שְׁמָמָה („Euer Land: Wüste") und

Jes 14,16b – 17 הֲזֶה הָאִישׁ מַרְגִּיז הָאָרֶץ מַרְעִישׁ מַמְלָכוֹת: 17 שָׂם תֵּבֵל כַּמִּדְבָּר [...] 16b
   („Ist dies der Mann, der die Erde erbeben ließ, Königreiche erschütterte? Er machte Erdkreis wie die Wüste [...]").

Daran schließt sich eine Aussage über die Zerstörung der Städte an:

Jes 1,7aβ konstatiert: עָרֵיכֶם שְׂרֻפוֹת אֵשׁ „Eure Städte: verbrannt [vom] Feuer"

Jes 14,17 erzählt weiter: וְעָרָיו הָרָס „[...] und riss seine Städte nieder."

Die letzte Aussage von Jes 14,17, אֲסִירָיו לֹא־פָתַח בָּיְתָה „Seine Gefangenen entließ er nicht nach Hause," hat zwar keine Parallele in Jes 1,7, steht aber in logischer Komplementarität zur dritten Aussage von Jes 1,7a: אַדְמַתְכֶם לְנֶגְדְּכֶם זָרִים אֹכְלִים אֹתָהּ „Euer Ackerboden: vor euren Augen essen Fremde ihn." Denn wenn ein siegreicher König die im Krieg gemachten Gefangenen nicht nach Hause entließ, fehlten dort die arbeitsfähigen Männer, um den Ackerboden zu bestellen. Da nur Männer prozessfähig waren, konnten in dieser Situation die Ansprüche auf den Ackerboden auch nicht vor Gericht durchgesetzt werden. Frauen und Kinder mussten zusehen, wie Fremde den Ertrag ihrer Felder einheimsten. Dies entspricht der in Jes 1,7aγ gezeichneten Lage. Allerdings muss umgekehrt Jes 1,7aγ nicht notwendigerweise genau diese Situation im Blick gehabt haben, die Aussage dürfte zunächst allgemein die Situation der Plünderung der Felder durch siegreiche Fremde nach einem Kriegszug gemeint haben. Daher ist die Komplementarität beider Aussagen kein Hinweis auf eine unmittelbare literarische Abhängigkeit. Auch die wörtliche Berührung in den Allerweltswörtern אֶרֶץ und עִיר ebenso wie die strukturelle Ähnlichkeit in der Themenabfolge sind von der Sache her naheliegend und daher angesichts der sonstigen Unterschiedlichkeit der Texte nicht als Nachweise einer literarischen Abhängigkeit zu werten. Wohl aber machen sie deutlich, dass der für die Einfügung von Jes 14,5.20b – 21* verantwortliche Redaktor tatsächlich die Absicht hatte, vorhandene Bezüge zwischen Jes 1 und Jes 14,4b.6 – 20a* zu verstärken und im Sinne einer Parallelisierung der in Israel durch den Treubruch mit JHWH offenbar gewordenen „Brut von Übeltätern" einerseits und der vom Tyrannen des Spottlieds abstammenden „Brut von Übeltätern" andererseits zu strukturieren.

Obige literar- und redaktionskritische Überlegungen lassen sich wie folgt zusammenfassen. Die ungewöhnliche Wendung זֶרַע מְרֵעִים „Nachkommenschaft bestehend aus Übeltätern" stammt aus Jes 1,4 und wurde vom Redaktor, der für Jes 14,5.20b – 21* verantwortlich ist, im Anschluss an die in Jes 14,20a verwendete Wurzel שחת (vgl. die seltene Parallele der Wurzeln רעע und שחת in Jes 1,4) eingefügt, um das Verhalten der Söhne JHWHs und dasjenige des dem König von Babel anhängenden Geschlechts als gleichartig zu charakterisieren. Dieser Redaktor kannte sowohl die Grundschicht des Spottlieds auf den gestürzten Tyrannen Jes 14,4b.6 – 20a* als auch mindestens Jes 1,2b – 4.5 – 7 und trug seine Erweiterungen auf Grund bereits vorhandener Berührungen in den biblischen Text ein.

3.6.2.12 Zu Jes 1,4b: Israels dreifach besiegelte Abkehr von JHWH – נָאֲצוּ, עָזְבוּ und נָזֹרוּ

3.6.2.12.1 Überblick

Jes 1,4b umschreibt mit drei weiteren, mehr oder weniger synonymen Wurzeln das Zerbrechen der Beziehung zwischen Gott und seinem Volk. Die Dreizahl der Verben für „verlassen, sich abwenden" verdeutlicht die vollkommene Abgeschlossenheit dieses Geschehens. Dieser Eindruck wird durch das Fehlen des direkten Objektes beim dritten Verb verstärkt. Indem die ersten beiden Verben (נָאֲצוּ, עָזְבוּ) noch Israels Gott als Objekt haben, drücken sie aus, dass die Beziehung zu ihm zwar unterbrochen ist, er aber immerhin noch als Bezugsperson wahrgenommen wird. Die völlige Abkehr ist erst beim dritten Verb נָזֹרוּ vollzogen, das JHWH nicht einmal mehr in den Blick nimmt.[740] Die Verwendung der dritten Person Plural in Jes 1,4b zeigt, dass der gesamte Wehe-Ruf Jes 1,4 keine direkte Anrede Israels ist, sondern entsprechend dem ursprünglichen Sitz im Leben des Wehe-Rufs in der Totenklage über das quasi schon verstorbene Volk Israel in der dritten Person klagt.

---

740 Vgl. Beuken, Jesaja 1–12, S. 72.

3.6.2.12.2 Zur Aussage עָזְבוּ אֶת־יְהוָה „sie haben verlassen JHWH"

Die Wurzel עזב ist in allen Bereichen des AT belegt und bedeutet im Qal-Stamm
„verlassen, loslassen".[741] In der Sphäre der menschlichen Beziehungen bezeichnet es oft die Beendigung eines engen Gemeinschaftsverhältnisses, ohne dass die
Beziehung völlig aufgegeben wird. So verlässt nach Gen 2,24 ein Mann Vater und
Mutter (אִמּוֹ וְאֶת־אָבִיו אֶת־אִישׁ יַעֲזָב־), um in die Lebensgemeinschaft mit seiner Frau
einzutreten. In Gen 44,17 sagt Juda zu seinem unerkannten Bruder Joseph, dass
Benjamin seinen Vater Jakob nicht verlassen könne, ohne dessen Tod aus Kummer
zu verursachen (וָמֵת אֶת־אָבִיו וְעָזַב לַעַר הַנַּעַר אֶת־אָבִיו לְעָזַב הַנַּעַר יוּכַל־לֹא). Um das Verlassen der
Gemeinschaft der Sippe bzw. eines Sippenmitglieds geht es auch in Ruth 1,16; 2,11;
1 Sam 30,13; 2 Sam 15,16; Ps 27,10. Weitere Situationen, in denen עזב „verlassen"
verwendet wird, sind z. B. die Trennung von einem Wegbegleiter (Num 10,26; 2 Kön
2.2.4.6) oder Freund (Spr 27,10), das Zurücklassen von Tieren (1 Kön 19,20), das
Zurücklassen von Ernteerträgen für Arme beim Verbot der Nachlese (Lev 19,10:
Weinlese; 23,22: Feldernte; vgl. Ruth 2,16), die Mahnung, den Leviten nicht im Stich
zu lassen (Dtn 12,19; 14,27), das Verlassen eines Ortes (Jos 8,17; 1 Sam 31,7) und das
Verwerfen eines Ratschlags oder Gebotes (1 Kön 12,8.13; Spr 4,2.6; 10,17; 15,10).
Daneben sind noch zahlreiche weitere Gegenstände als Objekt von עזב belegt (z. B.
Hi 10,1 „den Kummer von sich lassen"; 20,13 „das Böse zurückhalten"; 39,11 „Arbeit
überlassen"; Ps 37,8 „vom Grimm ablassen"; 49,11 „Vermögen hinterlassen"; Spr
9,6 „die Torheit verlassen"; etc.).

Der theologische Gebrauch von עזב „verlassen" betrifft das Verhältnis zwischen Gott und Mensch und knüpft sowohl an die Situation des Verlassens im
zwischenmenschlichen Bereich als auch an die Rede vom Verwerfen eines Ratschlags an. Der Gedanke des Verwerfens eines Ratschlags spielt dort eine Rolle, wo
vom Verwerfen des Bundes zwischen JHWH und Israel (1 Kön 18,18; 19,10.14; Jer
22,9), von JHWHs Gebot (2 Kön 17,16; Esra 9,10; Ps 89,31; 119,53.87; Spr 28,4) oder
vom Verlassen der Furcht des Herrn (Hi 6,14) die Rede ist. Wo allgemein die Beziehung zwischen Gott und Mensch in Frage steht, kann Subjekt von עזב entweder
Gott sein, der den Menschen verlässt, oder der Mensch, der Gott verlässt. Ersteres
begegnet oft als positive oder verneinte Aussage in den Psalmen (Ps 9,11; 22,2; 27,9;
37,28; 38,22; 71,9.11.18; 94,14; 119,18; Klgl 5,20). In beiden Richtungen begegnet die
Aussage in bundestheologisch beeinflussten Texten, sei es im Blick auf das Verhalten Gottes, der den Menschen (nicht) verlässt (Dtn 31,17; Jos 1,5; Esra 9,9; Neh
9,17.19.28.31), oder des Menschen, der allzu leicht Gefahr läuft, seinen Gott zu
verlassen (אֶת־יְהוָה עזב „den Herrn verlassen", o. ä., siehe z. B. Dtn 28,20; 29,24;
31,16; Jos 24,16.20; Ri 2,12 f.; 10,6.10.13; 2 Kön 21,22; 22,17; 1 Chr 28,9; Esra 8,22). Da

---

741 Vgl. Stähli, Artikel עזב, Sp. 250.

die Wurzel עזב mit JHWH als direktem Objekt in bundestheologisch geprägten Texten häufig belegt ist, geht Wildberger[742] davon aus, dass das Verb עזב „in der Bundestradition beheimatet" ist, während Kaiser[743] Jes 1,4b als sekundären Zusatz in deuteronomistischer Sprache klassifiziert.

Da der profane Gebrauch von עזב in aller Breite das Verlassen von Menschen und Sachen bezeichnet, erscheint es jedoch als fraglich, ob die theologische Wendung עָזַב אֶת־יְהוָה „den Herrn verlassen" wirklich spezifisch deuteronomistischer oder bundestheologischer Sprachgebrauch ist. Näher liegt es, diese Ausdrucksweise überall dort zu erwarten, wo das Herrschaftsverhältnis zwischen Gott und Mensch den Charakter einer besonderen persönlichen Beziehung hat. Dies ist im Bereich der dtn.-dtr. Bundestheologie der Fall, die unter dem Einfluss von Hoseas Bild der Ehe zwischen JHWH und Israel (Hos 2,4 – 25; 3,1 – 5) das Verhältnis zwischen JHWH und seinem Volk sowohl als vom altorientalischen Vertragsrecht her geprägte Bundesbeziehung als auch als persönliche Liebesbeziehung versteht (vgl. z. B. Dtn 6,4).[744] Von diesem Verständnis aus scheint es ganz natürlich, dass die dtr. Literatur die Verehrung fremder Götter als Verlassen der Beziehung zu JHWH wertet und dies mit dem Verb עזב bezeichnet. Deutlich zeigt sich dies auch bei Jeremia, wo Israel in Kapitel 2,2 – 3 JHWHs Braut genannt und wenig später seine Abwendung von ihm mit dem Verb עזב „verlassen" ausgedrückt wird (Jer 2,13.17.19).

Das erste Kapitel des Jesaja-Buchs verwendet weder das Bild einer Ehe zwischen JHWH und seinem Volk noch den Bundesbegriff, sondern geht von einem Familienband anderer Art aus, nämlich der Adoptivsohnschaft (Jes 1,2 – 4). Das Verb עזב ist ein Standardwort dafür, dass eine Person sich irgendeiner Art Familienverhältnis entzogen oder ein Familienmitglied im Stich gelassen hat. Seine Verwendung ergibt sich ohne Weiteres aus dem in Jes 1,2 – 4 gegebenen Kontext. Wäre der Gebrauch von עזב hier deuteronomistisch beeinflusst, dann wären eine Erwähnung des dtn.-dtr. Bundesbegriffs, der dem Jesaja-Buch aber fremd ist, oder zumindest ein Hinweis auf einzuhaltende Gesetze sowie der sonst beim dtr. Gebrauch von עזב übliche Vorwurf der Verehrung fremder Götter zu erwarten. In

---

742 Wildberger, Jesaja 1–12, S. 22.

743 Kaiser, Jesaja 1–12, S. 33 f. Ähnlich Gray, Isaiah 1–27, S. 10, der davon ausgeht, dass עזב „to forsake Yahweh often, though not invariably (Dtn 28,20), with writers later than Isaiah, means specifically to abandon Him for another God; see, e. g., Jg 2,11 f.; 10,6.10; Dtn 31,16; Jer 1,16; 2,13; 5,7; and if vv. 28 f. were originally connected with one another, the same specific sense was intended there." Werner, Israel in der Entscheidung, S. 65, klassifiziert Jes 1,4b (ohne den als Glosse angesehenen V. 4bγ) als deuteronomistisch.

744 Siehe dazu Otto, Deuteronomium 4,44 – 11,32, S. 797 f. und 726 f.

Jes 1,2–4 ist keines dieser Elemente gegeben.[745] Ausweislich Jes 1,10–17 geht es gerade nicht um Fremdgötterkult, sondern um einen aufwendigen JHWH-Kult, der Recht und Gerechtigkeit, das allererste Anliegen des göttlichen Königtums (vgl. Jes 5,16), außer acht lässt. Die höchstwahrscheinlich sekundär[746] und nur verhalten am Ende des ersten Jesaja-Kapitels im Bild des Entzückens über Terebinthen und der Erwählung von Gärten ins Spiel kommende Kritik wegen Fremdgötterverehrung (Jes 1,29) ist dem Vorwurf der Missachtung JHWHs durch Missachtung der Gerechtigkeit nachgeordnet. Somit ist eine deuteronomistische Aussageabsicht nicht anzunehmen.[747] Es könnte jedoch sein, dass die Wendung עָזְבוּ אֶת־יְהוָה „Sie haben verlassen JHWH" in Jes 1,4 verwendet wurde, um durch bewusste Wahl einer sonst häufig zur Kritik von Fremdgötterkult gebrauchten Formulierung einer verkürzenden Sicht entgegenzuwirken, die die kultische Alleinverehrung JHWHs für das einzig maßgebliche Kriterium der Treue zu JHWH hält und ethische Fragen übersieht.

Die übrigen Verwendungen des Verbs עזב (Qal) im Jesaja-Buch ergeben ein aufschlussreiches Bild. Der Partizipialausdruck עֹזְבֵי יְהוָה „diejenigen, die JHWH verlassen" in Jes 1,28 gebraucht das Verb bedeutungsgleich zu Jes 1,4. Zusammen mit den Partizipien פֹּשְׁעִים וְחַטָּאִים „Treubrüchige und Sünder", die die Wurzeln פשע und חטא aus Jes 1,2b.4 aufgreifen, entsteht so, wie oben bereits ausgeführt, ein Rahmen um Jes 1, der mit den Begriffen des Treubruchs, der Sünde und der Abwendung von JHWH die tiefsten Wurzeln aller im dazwischenliegenden Text kritisierten Missstände nennt. Abgesehen von einigen Belegen der Wurzel עזב, die das Verlassen von Land, Orten oder Sachen betreffen und daher für Jes 1,4 weniger bedeutsam sind (6,12; 7,16; 10,3.14; 17,2.9; 32,14), setzen einige Passagen bei Deuterojesaja der in Jes 1,4.28 konstatierten Abwendung Israels von JHWH die unverbrüchliche Treue JHWHs entgegen, indem sie die Wurzel עזב in verneinter Form gebrauchen (Jes 41,17; 42,16; 49,14 f.) oder der nur kurz während Gottverlassenheit Zions (Jes 54,6 f.) sein großes Erbarmen und seine Zuwendung mit ewiger Gnade gegenüberstellen (Jes 54,8). Dagegen greifen manche tritojesajanische Stellen den Vorwurf von Jes 1,4 unter Verwendung der Wurzel עזב wieder auf. So spricht Jes 58,2 im Irrealis davon, dass Israel gerechte Urteile von JHWH verlangt „als wäre es eine Nation, die Gerechtigkeit tut und das Recht seines Gottes nicht verlassen hat" כְּגוֹי אֲשֶׁר־צְדָקָה עָשָׂה וּמִשְׁפַּט אֱלֹהָיו לֹא עָזָב. Die Wendung מִשְׁפַּט אֱלֹהָיו לֹא עָזָב „[die] das Recht seines Gottes nicht verlassen hat" ist ein knapper Ausdruck der in Jes 1 ausführlich entfalteten Überzeugung, dass derjenige JHWH verlässt,

---

745 Vgl. Kustár, Durch seine Wunden, S. 45.
746 Siehe dazu oben Punkt 3.6.2.7.
747 Gegen eine bundestheologische Deutung von עָזְבוּ und נָאֲצוּ plädiert auch Williamson, Isaiah 1–5, S. 42 f.

der nicht auf Recht und Gerechtigkeit achtet. Dieses dem ersten Kapitel entsprechende Grundanliegen wird in der nachfolgenden Belehrung Jes 58,3 – 14 in zahlreichen Einzelaspekten dargelegt, wobei im Zentrum (58,8) nochmals der auch für Jes 1 zentrale Begriff der Gerechtigkeit steht, der als menschliches Pendant zu JHWHs Herrlichkeit verstanden wird (וְהָלַךְ לְפָנֶיךָ צִדְקֶךָ כְּבוֹד יְהוָה יַאַסְפֶךָ „und deine Gerechtigkeit wird vor dir herziehen, die Herrlichkeit JHWHs wird dir nachfolgen"). Der Rückgriff dieser Passage auf Jes 1 ist umso deutlicher, als sich die prophetischen Worte laut Jes 58,1 wie bereits Jes 1,4.28 gegen die Treubrüche und Sünden des Gottesvolks richten (פִּשְׁעָם ... חַטּאתָם). Diese Bezüge sind gegen Ende des Abschnitts noch verstärkt. Der in Jes 58,3b – 10 gewiesene Weg der Gerechtigkeit und Barmherzigkeit gegenüber den Mitmenschen mündet in Jes 58,11 in die Verheißung von JHWHs erfüllender und sättigender Zuwendung. Wer diesem Weg folgt, wird laut Jes 58,11 „wie ein bewässerter Garten und wie ein Wasserquell, dessen Wasser nicht fehlen" (כְּגַן רָוֶה וּכְמוֹצָא מַיִם אֲשֶׁר לֹא־יְכַזְּבוּ מֵימָיו), sein. Diese vom JHWH-Getreuen erreichte Lebensfülle steht im Gegensatz zum Schicksal der Treubrüchigen, Sünder und Abtrünnigen, die laut Jes 1,28.30 wie ein vom Wasser abgeschnittener Garten sein werden (כְּגַנָּה אֲשֶׁר־מַיִם אֵין לָהּ). Eine weitere Brücke zu Jes 1 ergibt sich schließlich aus der seltenen Abschlussformel כִּי פִּי יְהוָה דִּבֵּר „denn der Mund JHWHs hat geredet" (Jes 58,14), die auch in Jes 1,20 verwendet wird.

Noch ein tritojesajanischer Rückgriff auf Jes 1,4.28 findet sich in Jes 65,11. Allerdings stellt die Rede Jes 65,11 – 16, die sich an diejenigen richtet, „die JHWH verlassen" עֹזְבֵי יְהוָה, nicht die Ethik als Maßstab für die Treue zu JHWH in den Mittelpunkt, sondern die kultische Praxis: Die von JHWH Abgefallenen machen sich des Fremdgötterkultes schuldig. Dieser Text greift also ein Anliegen auf, das nur am Schluss von Jes 1 in V. 29 – 30 verhalten anklingt. Jedoch berühren sich Jes 1,28 – 31 und Jes 65,11 – 16 sprachlich nicht nur in der Formulierung „diejenigen, die JHWH verlassen" עֹזְבֵי יְהוָה, sondern auch im Vorwurf, die Adressaten hätten etwas „erwählt" (בְּחַרְתֶּם), das JHWH missfällt, nämlich die als Orte von Fremdgötterkulten berüchtigten Gärten in Jes 1,29 (מֵהַגַּנּוֹת אֲשֶׁר בְּחַרְתֶּם) bzw. die in Jes 65,11 beschriebenen Fremdgötterkulte, die JHWH keine Freude bereiten (vgl. Jes 65,12: בַּאֲשֶׁר לֹא־חָפַצְתִּי בְּחַרְתֶּם). Diese sprachliche Berührung setzt sich in der Ankündigung fort, dass die angesprochenen Abtrünnigen „beschämt" werden (יֵבֹשׁוּ „sie werden sich schämen" und וְתֶחְפְּרוּ „ihr werdet beschämt sein" in Jes 1,30 bzw. וְאַתֶּם תֵּבֹשׁוּ „ihr aber werdet beschämt sein" in Jes 65,13). Schließlich hat die Prophezeiung von Jes 1,30, dass die Abtrünnigen wie eine Eiche mit verwelkenden Blättern und wie ein Garten ohne Wasser sein werden, eine inhaltliche Entsprechung im Hungern und Dürsten, das Jes 65,13 ihnen verheißt. Somit ist Jes 65,11 – 16 eine Entfaltung des im sekundären Zusatz Jes 1,29 – 30 bereits eingeführten Themas der Fremdgötterverehrung, während Jes 58,3 – 14 entsprechend dem Grundanliegen von Jes 1 insgesamt die Missachtung der gottgegebenen ethischen Ordnung als Akt der Trennung von JHWH (Wurzel עזב) wertet.

3.6.2.12.3 Zur Aussage נָאֲצוּ אֶת־קְדוֹשׁ יִשְׂרָאֵל „sie haben verworfen den Heiligen Israels"

Parallel zu עָזְבוּ אֶת־יְהוָה „sie haben verlassen JHWH" steht in Jes 1,4b נָאֲצוּ אֶת־קְדוֹשׁ יִשְׂרָאֵל „sie haben verworfen den Heiligen Israels". Auf das Verb עזב „verlassen" folgt somit das seltenere Verb נאץ, dessen hier vorliegender Piel-Stamm („verwerfen, missachten") im AT immer Gott selbst oder einen zu seiner Sphäre gehörigen Gegenstand als Objekt hat.[748] In Dtn 31,16–20, dem Vorspann des Mose-Lieds (Dtn 32,1–43), beziehen sich sowohl das Verb עזב (V. 16: וַעֲזָבַנִי „und sie [das Volk] werden mich verlassen"; V. 17: וַעֲזַבְתִּים „und ich [JHWH] werde sie verlassen") als auch das Verb נאץ Pi. (V. 20: וְנִאֲצוּנִי „und sie [das Volk] werden mich verwerfen") auf Fremdgötterverehrung (vgl. V. 16, 18, 20) und Bundesbruch (vgl. V. 16, 20) und drücken Israels Abwendung bzw. die Verwerfung JHWHs aus. Da in Jes 1,4b dieselben Verben begegnen, wurde Jes 1,4b, wie oben zum Verb עזב bemerkt, mitunter als deuteronomistisch geprägter Zusatz[749] oder Nachweis einer Beeinflussung von Jes 1 durch die dtn.-dtr. Bundestheologie[750] gewertet, wobei man annahm, Jes 1,4b wolle indirekt durch dtr. Sprachgebrauch den Aspekt der Zuwendung zu anderen

---

[748] Vgl. Beuken, Jesaja 1–12, S. 72. JHWH bzw. Gott ist direktes Objekt in: Jes 1,4; Num 14,11.23; 16,30; Dtn 31,20; Ps 10,3.13; Jer 23,17. Zur Sphäre JHWHs gehöriges Objekt: Ps 74,10.18 JHWHs Name; Jes 5,24 „das Wort des Heiligen Israels"; Jes 60,14 Zion. In 1 Sam 2,17 verachten Elis Söhne JHWHs Opfergabe (מִנְחַת יְהוָה). 2 Sam 12,14: Durch den Mord an Uria und das Wegnehmen seiner Frau hat David Böses getan (s. 2 Sam 12,9) und so JHWHs Feinden Anlass zur Schmähung gegeben (2 Sam 12,14: נִאֵץ נִאַצְתָּ אֶת־אֹיְבֵי יְהוָה).

נאץ Qal „verwerfen" hat in Dtn 32,19 JHWH als Subjekt und als implizites Objekt „seine Söhne und Töchter". In Ps 107,11 sind „die Bewohner des Dunkels" (Bezug zu einer Form von Wüstenwanderung, vgl. V. 3) Subjekt und „der Rat des Höchsten" Objekt. In Spr 1,30 ist der Rat der Weisheit Objekt, in Spr 5,12 die Warnung (תּוֹכַחַת), in Spr 15,5 die Zucht des Vaters (מוּסַר אָבִיו). In Jer 14,21 ist die bittende Gemeinde implizites Objekt („verwirf nicht" אַל־תִּנְאָץ). In Jer 33,24 schmäht eine nicht näher bestimmte, als „dieses Volk da" (הָעָם הַזֶּה) bezeichnete Gruppe JHWHs Volk („mein Volk schmähen sie" אֶת־עַמִּי יִנְאָצוּן). In Klgl 2,6 verwirft JHWH König und Priester.

[749] Vgl. Kaiser, Jesaja 1–12, S. 33 f., der davon ausgeht, dass „ein Späterer eine Präzisierung der in der ersten Vershälfte erhobenen Vorwürfe vermisste und sie aus dem deuteronomistischen Repertoire ergänzte", und daher Jes 1,4b als sekundär ausscheidet. Höffken, Jesaja 1–39, S. 36, meint differenzierend, Jes 1,4b erläutere die Sündhaftigkeit des Volkes in einem sich an dtr. Aussagen anlehnenden Sprachfeld, das aber durch den Rückgriff auf jesajanische Sprache (אֶת־קְדוֹשׁ יִשְׂרָאֵל „den Heiligen Israels") gebrochen sei. Werner, Israel in der Entscheidung, S. 65, klassifiziert Jes 1,4b (ohne den als Glosse angesehenen V. 4bγ) als deuteronomistisch.

[750] Vgl. Wildberger, Jesaja 1–12, S. 22 f.

Göttern ins Spiel bringen. Dagegen wurden oben beim Verb עזב Einwände erhoben, die auch ein genauerer Blick auf den Gebrauch des Verbs נאץ Pi. bestätigt. Immerhin drei der insgesamt 15 Belege von נאץ Pi. entfallen auf das Buch Numeri, und zwar zwei davon auf die Kundschaftererzählung (Num 14,11.23) und einer auf die Erzählung vom Aufruhr der Rotte Korachs (Num 16,30). Da in keinem dieser Texte Fremdgötterverehrung eine Rolle spielt, sondern das Motiv der widerspenstigen Auflehnung gegen den Willen JHWHs im Mittelpunkt steht, ist ihre sachliche Thematik enger mit Jes 1,2 – 4 verwandt als Dtn 31,16 – 20.

In der Kundschaftererzählung Num 13,1 – 14,45 stehen die beiden Belege von נאץ Pi. an den äußeren Rändern (Num 14,11a.23b) eines Dialogs zwischen JHWH und Mose, in dem Letzterer für Israel Fürbitte einlegt und so ein weiteres Mal JHWH zur Nachsicht bewegt. Der Dialog wurde von den meisten Interpreten als späterer Einschub betrachtet und nicht selten als deuteronomistisch qualifiziert.[751] Viele rechnen jedoch Num 14,11a.23b nicht zum Einschub, sondern zum

---

751 Zur Schichtung dieser Erzählung:

B. Baentsch, Exodus – Leviticus – Numeri, S. 514 – 516, meint, in Num 13 – 14 lasse sich „mit vollkommener Sicherheit" ein P-Bericht rekonstruieren, der Num 13,1 – 17a.21.25.26a [ausg. קְדֵשָׁה].32 und 14,1aα.2.5 – 7.10.26 – 29.30 – 33(?).34 – 38 umfasse. Die restlichen Verse ergäben einen Parallelbericht, der aus Num 13,17b – 20.22 – 24.26b* – 31.33; 14,1aβb.3.4.8.9*.11 – 25.[30 – 33?].39 – 45 bestehe und teils von J, teils von E stamme. Zu 14,11 – 25 merkt er (ebd., S. 525) an, es handle sich um eine Erweiterung eines prophetischen, universalistisch denkenden Bearbeiters (vgl. V. 21), der sachlich und sprachlich von J und E abhängig sei.

M. Noth, 4. Mose, S. 90 f., zählt Num 13,1 – 17a.21.25.26.32.33; 14,1 – 3.5 – 10.26 – 38 zu P und hält die P-Erzählung für eine späte literarische Schicht. Den übrigen Bestand weist er im Wesentlichen einer gegenüber P älteren J-Erzählung zu, betont jedoch, dass der uns interessierende Abschnitt Num 14,11 – 25 spätere Erweiterungen aufweise. Auf S. 96 f. meint er hierzu, die ursprüngliche J-Erzählung sei unter dtr. Einfluss um Num 14,11b – 23a erweitert worden. Noth rechnet somit beide Belege der Wurzel נאץ Pi. in V. 11a und 23b zur J-Erzählung.

J. Scharbert, Numeri, S. 54, rechnet Num 13,1 – 16.23.25 – 26.32 – 33 und 14,2 – 10 zu P, während er Num 13,17 – 20.22.24.27 – 31; 14,11.24 – 25.39 – 45 als von J oder JE stammend betrachtet. Bei beiden Schichten geht er von Bearbeitungen durch einen dem Dtn nahestehenden Tradenten sowie den Pentateuchredaktor aus. Num 14,11 – 24 sei insgesamt ein Einschub des Pentateuchredaktors, dem jedoch ein durch einen dtr Tradenten oder JE bearbeiteter J-Bericht zu Grunde liege (ebd., S. 58).

Jüngst grenzte S. Boorer, Numbers 13 – 14*, S. 49 f., unter Berufung auf M. Noth und L. Schmidt die P-Erzählung wie folgt ab: Num 13,1 – 3a.17aβ.21.25.26.32.33.33aαb; 14,1a.2 – 3.5 – 7.9aββb.10.26 – 29.32(?).35 – 38.

E. Otto entwickelte ein wesentlich differenzierteres, vom Dtn ausgehendes Entstehungsmodell, das R. Achenbach, Vollendung der Tora, S. 33 f., positiv rezipierte. Wegen Einzelheiten des Modells, das Schichten einer vor-dtr. Kundschaftererzählung (KE), einer dtr. Landnahmeerzählung (DtrL), eines Hexateuchredaktors (HexRed), eines Pentateuchredaktors (PentRed) und eines theokratisch orientierten Bearbeiters (ThB) unterscheidet, sei auf Achenbach, a. a. O., und die dort genannten Arbeiten Ottos verwiesen. Für uns wesentlich ist, dass beide die uns interessierende

älteren Grundbestand der Erzählung. Nirgends wird das Verb נאץ Pi. mit Gott als Objekt dem typisch deuteronomistischen Repertoire zugewiesen. Sachlich besteht in Num 14,11 die Verwerfung JHWHs durch das ganze Volk (עַד־אָנָה יְנַאֲצֻנִי הָעָם הַזֶּה „Wie lange wird mich dieses Volk da noch verwerfen [...]?") in einem Mangel an Vertrauen darauf, dass er Israel das Land Kanaan auch gegen den Widerstand dort lebender Völker geben wird (vgl. Num 13,30 f.; 14,8). JHWH bewegt dies zur Anordnung, dass alle, die ihn verworfen haben, das Verheißungsland nicht sehen sollen (Num 14,23: וְכָל־מְנַאֲצַי לֹא יִרְאוּהָ „[...] und alle, die mich verworfen haben, werden es nicht sehen."). Das theologische Thema dieses Textes steht Jesaja nahe, der dem Vertrauen auf JHWH ebenfalls eine für Israels künftigen Bestand zentrale Rolle beimisst (vgl. Jes 7,9). Theologische und sprachliche Berührungen zeigen sich ferner in der gemeinsamen Aussage, dass JHWHs Herrlichkeit die Erde erfüllt, siehe Num 14,21 (וְיִמָּלֵא כְבוֹד־יְהוָה אֶת־כָּל־הָאָרֶץ) und Jes 6,3 (מְלֹא כָל־הָאָרֶץ כְּבוֹדוֹ).[752] In Num 14,21 unterstreicht dieser Satz JHWHs Vertrauenswürdigkeit. Als Herrscher und Eigentümer der ganzen Erde kann er seine Verheißungen zuverlässig erfüllen, so dass das in Num 14,22 verhängte Urteil gegen die Männer, die JHWH misstrauen, angemessen ist.

Die Kundschaftererzählung bietet gewisse Anknüpfungspunkte an Jes 1,2–4, da beide Texte sich um das Motiv der undankbaren Verwerfung JHWHs drehen. Jedoch stehen sie zueinander nicht im Verhältnis der Parallelität, sondern einer durch schriftgelehrte Bezüge (vgl. Num 14,21 und Jes 6,3) verstärkten Korrespondenz, durch die in verschiedenen Situationen eine fortschreitende Entwicklung sichtbar wird. In Num 13–14 besteht Israels Untreue darin, dass es, angestachelt von den Kundschaftern, nicht glaubt, die im Verheißungsland wohnenden Feinde besiegen zu können (Num 13,28), und es versäumt, auf die Führung und Macht JHWHs zu bauen, der sich durch die Herausführung aus Ägypten als vertrauenswürdig erwiesen hat (vgl. Num 13,27–31; 14,1b.4 in der nichtpriesterlichen Schicht). Die P-Schicht fügt dem Motiv der scheinbar unbezwingbaren Übermacht der Landesbewohner, das hier durch deren Bezeichnung als „Männer von hohem Wuchs" אַנְשֵׁי מִדּוֹת und „Riesen" נְפִילִים zum Ausdruck gebracht wird (Num 13,32 f.),

---

Passage Num 14,11–22 wie schon Scharbert einem Pentateuchredaktor, jedoch V. 23b –24 dem Hexateuchredaktor zuweisen. Was die Datierung betrifft, so seien sowohl HexRed als auch PentRed nachexilisch. Die Parallele der Erzählung im Dtn halten beide für die ältere Fassung.

Insgesamt überwiegt in der Forschungsgeschichte die Ansicht, dass Num 14,11–25 in seiner heutigen Form in weiten Teilen auf relativ späten Bearbeitungen beruht.

752 Die Tatsache, dass diese Aussage in Num 14,21 gerne als später prophetisch beeinflusster Zusatz beurteilt wird, bestätigt nur, dass schon die hier tätigen Ergänzer eine theologische Nähe zwischen dieser Erzählung und Jesaja erkannten, obwohl der Text noch nicht den betreffenden Zusatz enthielt.

noch das Motiv einer Diffamierung des Verheißungslandes hinzu, die in der wahrheitswidrigen Behauptung liegt, das Land fresse seine eigenen Bewohner auf (Num 13,33: אֶרֶץ אֹכֶלֶת יוֹשְׁבֶיהָ הִוא). Damit trägt die P-Schicht eine Verschärfung des theologischen Gewichts der Verwerfung JHWHs durch Israel ein. Zum bereits schwer wiegenden Vertrauensmangel, der sich im Zweifel an seiner Macht zeigt (vgl. dazu Jes 7,9b), kommt durch die Beschreibung des Verheißungslandes in dämonenhaften Zügen noch eine theologische Diskreditierung der Person JHWHs selbst hinzu. Denn nach der in Num 13,32 gegebenen Darstellung der Kundschafter ist das Land jenseits der Wüste nicht nur wie diese ein passiv lebloser Raum, in dem das Leben zu Grunde geht, weil es am Nötigsten mangelt, sondern ein aggressiv lebensfeindlicher Bereich, der seine Bewohner auffrisst. Wollte JHWH sein Volk an solch einen Ort führen, um dort Wohnung zu nehmen, dann würde ihn dies als chaotisch-dämonische Gottheit erscheinen lassen, die in aggressiv lebensfeindlichen Bereichen zu Hause ist. Ägypten wäre dann der kosmisch-geordnete Teil der Welt gewesen, in dem das Leben gedieh, und der Pharao wäre kein Sklavenhalter, sondern der Herr der das Leben am meisten fördernden Mitte des Kosmos gewesen.[753] Folgerichtig fordert das von den Kundschaftern in die Irre geführte Volk die Rückkehr nach Ägypten (vgl. Num 14,3 f.). Somit steigert die P-Schicht die Diskreditierung JHWHs durch Israel erheblich. Damit wird die genauere Bedeutung von נאץ Pi. deutlich. Das Verb meint „verwerfen" hinsichtlich der Person JHWHs in Folge selbst verschuldeter Verblendung. Um eine Abwendung zu Gunsten fremder Götter muss es nicht gehen, es genügt die geringschätzige Haltung ihm gegenüber.

In diesem Sinn ist נאץ Pi. auch in Jes 1,4b gebraucht, wo sich Israels Geringschätzigkeit gegenüber JHWH im blinden Treubruch zeigt. Eine Parallele zwischen Num 13 – 14 und Jes 1 liegt darin, dass das Volk am Vertrauen zu JHWH nicht festhält, obwohl er sich als dessen würdig erwiesen hat, und zwar einmal im Exodus einschließlich Wüstenwanderung, das andere Mal beim Großziehen und

---

753 Vgl. dazu das religiöse Selbstverständnis Altägyptens, das Brunner, Altägyptische Religion, S. 67, im Zusammenhang mit der Aufgabe des ägyptischen Königs, als Sohn Gottes die Grenzen seines Reiches zu erweitern, wie folgt beschrieben: In Ägypten, das bei der Schöpfung von Gott aus dem Chaos ausgegrenzt, mit dem fruchtbaren Nil versehen und auf diese Weise den Menschen zuliebe „geschaffen" worden sei, sei jede Tat, die dem Chaos ein weiteres Stück abringt und der Ordnung zuschlägt, eine Fortsetzung der Schöpfung.

Vor diesem Hintergrund wäre Moses Herausführung Israels aus Ägypten in Richtung Wüste tatsächlich eine Art Antischöpfung, und jenseits der Wüste wäre auf Grund der weiteren Entfernung zu Ägypten, dem Zentrum des Kosmos, kein fruchtbares, kosmisch geordnetes Land, sondern ein noch stärker als die Wüste von chaotischen Mächten dominierter Bereich zu erwarten. In Num 13,32 werden die Kundschafter somit als Israeliten charakterisiert, die kein Vertrauen zu JHWH haben, sondern tief in der ägyptischen Ideenwelt verhaftet sind.

Emporbringen seiner Kinder. Ein Perspektivenunterschied ergibt sich daraus, dass in der Kundschaftererzählung die Einlösung der wichtigsten Verheißung an Israel, nämlich die Gabe des Landes, noch aussteht und so das beim Auszug aus Ägypten aufgebrachte Vertrauen zu JHWH und seinem Knecht Mose zwar bereits durch viele den Weg ermöglichende und begleitende Heilstaten eine vorläufige Bestätigung erfahren, aber doch noch nicht endgültig seine Tragfähigkeit erwiesen hat, während Jes 1 bereits in der Buchüberschrift (V. 1) das sesshafte Leben im Land voraussetzt. Dadurch nimmt der Anfang des Jesaja-Buches eine gegenüber der Wüstenwanderung umgekehrte Perspektive ein. Jes 1,1 wird vom nachfolgenden V. 2 dahingehend kommentiert, dass JHWH seinen Kindern alles geschenkt hat, was sie zu einem eigenverantwortlichen, glücklichen Leben brauchen. Insbesondere das in Jes 1,1 erwähnte judäische Königtum gewährleistet im Idealfall (vgl. z. B. Jes 9,5 f.; 11,1–9) eine Stabilität der im Lande lebenden Gesellschaft, die für solch ein Gelingen des Lebens Voraussetzung ist. JHWHs Erfüllung der mit der Adoption seiner Kinder (בָּנִים) verbundenen elterlichen Verpflichtung, es den Zöglingen an nichts Wesentlichem fehlen zu lassen, wird durch Jes 1,2b festgestellt. Was sich daran seitens Israels anschließt, ist nicht mehr wie in der Wüstenwanderung nur ein durch Zweifel an noch ausstehenden Verheißungen angestoßenes Geschehen, sondern eines, das durch die törichte Verwerfung JHWHs nach Erfüllung seiner Verheißungen, insbesondere nach der durch ihn ermöglichten Etablierung gesicherter Lebensverhältnisse im Land (vgl. Jes 1,1 f.21) und der Sesshaftwerdung JHWHs im Jerusalemer Tempel inmitten seiner Kinder (vgl. Jes 1,10–17), in Gang gesetzt wird und die weitgehende Verwüstung des Landes (Jes 1,5–7) sowie innergesellschaftlich den Niedergang der Gerechtigkeit (Jes 1,15b–17; 21–13) zur Folge hat. Während die Kundschaftererzählung den Vertrauensmangel gegenüber JHWH im Moment der unmittelbaren Erreichbarkeit des erst in Besitz zu nehmenden Verheißungslandes darstellt, schildert Jes 1 die törichte Preisgabe des bereits erhaltenen Geschenks aus mangelnder Treue. Das als Vorschuss zu schenkende Vertrauen und die nachträgliche, in der Dankbarkeit für das erhaltene Geschenk wurzelnde Treue sind zwei sich komplementär ergänzende Formen des Festhaltens an der Beziehung zu JHWH. Somit sind die Kundschaftererzählung und Jes 1 zueinander komplementäre Texte, die sowohl thematisch durch die sich ergänzenden Perspektiven der Erlangung bzw. des weitgehenden Verlustes des Landes als auch theologisch durch die erfolglos geforderten Haltungen eines vorweg zu leistenden Vertrauens auf künftige Erfüllung der Verheißungen bzw. einer nachträglich dankbar bewahrenden Treue aufeinander verweisen. Hier wie dort bringt die Wendung „JHWH verwerfen" (נאץ Pi.) Israels Versagen zum Ausdruck.

In Num 16,30b bezieht sich die Aussage „da werdet ihr erkennen, dass diese Männer JHWH verworfen haben" וִידַעְתֶּם כִּי נִאֲצוּ הָאֲנָשִׁים הָאֵלֶּה אֶת־יְהוָה zusammenfassend auf das Verhalten der Leviten Korach, Datan und Abiram, die unter Schmähung der Herausführung aus Ägypten (Num 16,13 f.) die politische und priesterliche Führungsrolle Moses bzw. Moses und Aarons (vgl. Num 16,2.3.13b) bestreiten und für sich das volle Priesteramt beanspruchen (vgl. Num 16,9 f.18), indem sie ihnen vorwerfen, sie erhöben sich über die Gemeinde JHWHs, die ja als ganze heilig sei, weil JHWH in ihrer Mitte sei, Num 16,3b:

רַב־לָכֶם כִּי כָל־הָעֵדָה כֻּלָּם קְדֹשִׁים וּבְתוֹכָם יְהוָה וּמַדּוּעַ תִּתְנַשְּׂאוּ עַל־קְהַל יְהוָה

Num 16,30b „[…] diese Männer haben JHWH verworfen" נִאֲצוּ הָאֲנָשִׁים הָאֵלֶּה אֶת־יְהוָה drückt nicht aus, dass sie etwa JHWH als einzigen Gott Israels in Frage gestellt hätten. Im Gegenteil, sie verstehen sich als Sprecher der heiligen Versammlung JHWHs קְהַל יְהוָה (Num 16,3) und fordern die Befugnis zur Opferdarbringung zu seinen Ehren für alle Leviten (Num 16,9 f.). Die Verwerfung der Person JHWHs durch Korach, Datan und Abiram liegt in der Ablehnung des von JHWH berufenen Heilsmittlers Mose und des von ihm eingesetzten Priesters Aaron (vgl. Num 16,3: רַב־לָכֶם, „Genug von euch! […] וּמַדּוּעַ תִּתְנַשְּׂאוּ עַל־קְהַל יְהוָה [...] und warum überhebt ihr euch über die Gemeinde JHWHs?") sowie in der völligen Herabwürdigung der Befreiungstat JHWHs durch die Hochstilisierung Ägyptens zum Verheißungsland, in dem Milch und Honig flossen (Num 16,13), die mit der Darstellung des Zugs in Richtung des gelobten Landes als eines gescheiterten, von Mose eigenmächtig aufgedrängten Unternehmens einhergeht (vgl. Num 16,14). JHWH zu verwerfen, meint somit in dieser Erzählung, die von Gott gegebene gesellschaftliche und kultische Ordnung sowie seine Heilstaten und Verheißungen zu missachten und dadurch seine Person zurückzuweisen.

Auch in Num 16 geht es folglich bei der Aussage אֶת־יְהוָה [...] נִאֲצוּ „sie haben JHWH verworfen" (V. 30) nicht um Fremdgötterkult, sondern um eine Zurückweisung des Anspruchs Gottes, das von ihm erwählte Volk zu leiten und zu führen. Während die Kundschaftererzählung Num 13 – 14 das Außenverhältnis zwischen Israel und anderen Völkern betrachtet und JHWHs Herrschaftsanspruch in diesem Kontext als unbedingtes Gebot konkretisiert, ihm auf Grund seiner Verdienste um Israel, seiner bereits offenbarten Macht anderen Völkern gegenüber und seiner allumfassenden Geschichtsherrschaft (vgl. Num 14,11.21) uneingeschränkt zu vertrauen, richtet die Erzählung vom Aufruhr der Rotte Korachs (Num 16) den Blick auf die inneren Verhältnisse im Volk Israel. Hier geht es weniger um den Vorrang des Vertrauens zu JHWH vor Angst und Verzagtheit wegen bevorstehender Gefahren als vielmehr um den Respekt vor seinem Recht, bestimmte Personen (-gruppen) aus Israels Gesellschaft durch Gnadenakt zu erwählen, um ihnen einen besonderen kultischen Dienst anzuvertrauen. Er ist der souveräne Herr seines Kultes und damit auch derer, die ihn verehren (Num 16,5). Seine Kultordnung ist zu achten. Grundlage dieses Respekts ist die Dankbarkeit für das, was er gewährt hat (vgl. Num 16,8–11). Im Fall der Leviten Korach, Datan und Abiram samt Anhängern zählt hierzu neben der allen Israeliten zuteil gewordenen Befreiung aus Ägypten, die Datan und Abiram zu schmähen wagen (vgl. Num 16,13 f.), die bereits erfolgte Erwählung zum levitischen Dienst an JHWHs Heiligtum (vgl. Num 16,9 f.). Das Erfordernis der Dankbarkeit, auf der sowohl das Vertrauen zu JHWH als auch der Respekt vor seinen souveränen Entscheidungen gründen, steht im Hintergrund beider erörterter Erzählungen aus Numeri. Da es an ihr mangelt, kommt es zur Missachtung der Person JHWHs und seiner göttlichen Souveränität, was in Num 14,11.23 bzw. Num 16,30 durch das Verb נאץ Pi. „[JHWH] verwerfen" ausgedrückt wird. In entsprechender Weise ist נִאֲצוּ אֶת־קְדוֹשׁ יִשְׂרָאֵל „sie haben verworfen den Heiligen Israels" in Jes 1,4b zu deuten. Zusammen mit Israels Erwählung zu JHWHs Kindern und dem Empfang elterlicher Fürsorge (Jes 1,2b) gelesen, verdeutlicht der Titel קְדוֹשׁ יִשְׂרָאֵל „der Heilige Israels" den gnadenhaften Charakter dieser Erwählung, die es Israel gestattet, in der Nähe des Heiligen zu leben (vgl. Num 16,8–10). Anstatt jedoch seinem Gott in dankbarem Vertrauen und Respekt treu zu sein, verwirft es ihn. Wie dies geschieht, ist in Jes 1,10–31 näher entfaltet. An erster Stelle steht hier die Missachtung von Recht und Gerechtigkeit, und zwar vor allem durch die Einwohner Jerusalems und die überwiegend dort ansässige judäische Oberschicht (vgl. Jes 1,10.21–23), denen dank des Jerusalemer Tempels die Nähe zum Heiligen Israels besonders geschenkt ist. Die Verwerfung des Heiligen Israels liegt in der Pervertierung der von ihm gestifteten Gesellschaftsordnung, deren oberste Werte Recht und Gerechtigkeit sind.[754] Diese negativen Zustände werden von denjenigen, die wegen ihrer örtlichen Nähe zu JHWH oder der ihnen übertragenen Verantwortung eigentlich die gottgewollte gerechte Gesellschaftsordnung aufbauen müssten, herbeigeführt und so zur allgemeinen Praxis gemacht, dass Jes 1,4b von einer Verwerfung JHWHs durch das gesamte Israel spricht.

Dass Jes 1,4b tatsächlich bereits auf die in Jes 1,10–31 angeklagte Missachtung von Recht und Gerechtigkeit abzielt, bestätigt ein Vergleich mit der Verwendung

---

[754] Die Bedeutung von צֶדֶק / צְדָקָה „Gerechtigkeit" als eines nicht bloß rechtlich-juridischen Begriffes, sondern eines Wertes und einer Haltung, die auf eine Gesellschaftsordnung zum Wohl der ganzen Gemeinschaft und all ihrer Glieder ausgerichtet sind, wurde von Asurmendi, Droit et justice, S. 151, hervorgehoben. Er betont, dass der Begriff צֶדֶק / צְדָקָה „n'est pas lié à une norme fixe, à une loi établie. Les deux termes supposent également une sorte de santé, de bien-être général." Unter Berücksichtigung von Jes 1,10–17.21–26 (a. a. O., S. 154–157) sowie weiterer Texte des Jesaja-Buches legt er dar, dass מִשְׁפָּט וּצְדָקָה („Recht und Gerechtigkeit") mit ihrer semantischen Ausrichtung auf „soziale Gerechtigkeit" ein zentrales Beurteilungskriterium aller Instanzen und Ebenen des Volkes Israel sind (a. a. O., S. 162).

des Verbs נאץ Pi. in Ps 10. Dort wird dieses Verb gebraucht, um die Verachtung des Frevlers (רָשָׁע) gegenüber Gott zum Ausdruck zu bringen (Ps 10,3.13), die sich auch hier konkret in einem aggressiven, auf Mehrung eigenen Wohlstands und eigener Macht konzentrierten Verhalten gegenüber den Armen und Schwachen (vgl. Ps 10,2 – 3.7 – 10), deren Recht missachtet wird (vgl. Ps 10,5.18), zeigt. Die mit diesem Verhalten verbundene Schmähung Gottes liegt vor allem darin, dass der Frevler im praktischen Leben nicht mit einem ganz konkreten Eingreifen Gottes zu Gunsten der Gerechtigkeit rechnet (vgl. Ps 10,4.11.13), so dass er durch sein Tun die Königsherrschaft Gottes, deren erste Prinzipien Recht und Gerechtigkeit sind (vgl. z. B. Ps 97,2), leugnet und aktiv sabotiert (vgl. Ps 10,3).[755]

Somit ist zu resümieren, dass עזב (Qal) und נאץ Pi. in Jes 1,4b in einer sich komplementär ergänzenden Weise ausdrücken, dass Israel sich von seinem Gott abgewandt hat, indem es die ihm geschenkte familiäre Beziehung zu ihm auf-gekündigt (עזב Qal) und ihn unter Missachtung der gebotenen Dankbarkeit durch Pervertierung jeglicher Ordnung, die JHWHs Heiligkeit Rechnung trägt, verworfen hat (נאץ Pi.).

3.6.2.12.4 Zum Titel „Heiliger Israels" קְדוֹשׁ יִשְׂרָאֵל und der Rolle der Gottesbezeichnungen in Jes 1,2 – 4

Sieht man von der bereits durch andere ausführlich erörterten Frage der Herkunft und generellen Bedeutung des Gottesnamens „der Heilige Israels" קְדוֹשׁ יִשְׂרָאֵל ab,[756] so bleibt zu überlegen, welche besondere Rolle dieser Titel im Kontext von

---

755 Ähnliche Nuancen von נאץ Pi. enthält auch Ps 74,10.18. Das Verb drückt dort die Verachtung zweier Gruppen gegenüber JHWH aus: In Ps 74,3 – 10.18a geht es um nicht namentlich benannte Feinde, die JHWHs Tempel auf Zion verwüstet und seinen Namen höhnisch verworfen haben (V. 10: יְנָאֵץ אוֹיֵב und V. 18a: אוֹיֵב חֵרֵף), in V. 18b hat ein törichtes Volk seinen Namen höhnisch verworfen (וְעַם נָבָל נִאֲצוּ).

Jes 60,14 f. greift offenbar auf Jes 1,4b zurück und bezieht die Verben עזב Qal und נאץ Pi. auf Zion, indem JHWH ihr dort verheißt, dass alle, die sie einst höhnisch verwarfen (כָּל־מְנַאֲצַיִךְ), sich vor ihr niederwerfen und sie – unter Verwendung derselben Gottesnamen wie Jes 1,4b – „Stadt JHWHs" (עִיר יְהוָה) und „Zion des Heiligen Israels" (צִיּוֹן קְדוֹשׁ יִשְׂרָאֵל) nennen werden. Dadurch macht JHWH Zion, die Verlassene (עֲזוּבָה) und Verhasste, zum ewigen Stolz und zur Freude der Gene-rationen (vgl. Jes 60,15). So setzt er Zion, seine erwählte Stadt, in Parallele zu sich selbst. Zion hat die Erfahrungen, die es laut Jes 1,2 – 4 mit seinem Volk machte, mit ihm geteilt.

In Ps 107,11 geht es um die Verachtung des Rates des Höchsten (עֲצַת עֶלְיוֹן נָאָצוּ). In ähnlicher Bedeutung bezieht sich נאץ Pi. in Spr 1,30; 5,12; 15,5 auf die Verschmähung der weisheitlichen Zurechtweisung und Zucht.

756 Zu den Belegen des Titels קְדוֹשׁ יִשְׂרָאֵל und der Diskussion seiner Herkunft vgl. Williamson, Isaiah 1 – 5, S. 43 – 46, mit weiteren Nachweisen. Im Wesentlichen steht zur Debatte, ob dieser Titel vom Propheten Jesaja selbst geprägt wurde oder bereits vor ihm im Jerusalemer Kult beheimatet

Jes 1 spielt. Zu beobachten ist, dass die in Jes 1,2–4 begegnenden Gottesbezeichnungen auf unterschiedliche Aspekte des göttlichen Wesens Bezug nehmen.
Obwohl Jes 1,2a JHWH als Herrn des Himmels und der Erde vorstellt, obwohl
Jesajas Auftreten als Übermittler von Gottesworten, die sich an Himmel und Erde
richten, JHWHs Erhabenheit über den Kosmos deutlich macht, verzichtet der Text
darauf, Gottes Transzendenz zusätzlich durch eine unpersönlichere, die Souveränität betonende Gottesbezeichnung wie etwa אֲדֹנָי (vgl. Jes 6,1.8.11) hervorzuheben, sondern nennt ihn bei seinem persönlichen Namen JHWH. Der so einge-
blendete Wesenszug Gottes als einer Person, die sich zuwendet und mit Namen
anrufen lässt, entspricht der in Jes 1,2b dargestellten fürsorglichen Adoption Israels durch JHWH. Das Ende der außergewöhnlichen persönlichen Beziehung
zwischen dem Herrn des Kosmos und seinem adoptierten Volk Israel in Folge
törichter Aufkündigung wird ebenfalls zunächst mit dem Gottesnamen JHWH
markiert, so dass das gesamte persönliche Beziehungsgeschehen auf diese Weise
umrahmt wird (vom Ende des Verses 2a bis Vers 4bα). In Parallele dazu steht der
Gottestitel „der Heilige Israels" קְדוֹשׁ יִשְׂרָאֵל (Jes 1,4bβ). Sprachlich gesehen fasst
dieser die Beziehung Israels zu seinem Gott mittels einer Constructus-Verbindung
ins Wort, die als *genetivus obiectivus* im Sinn von „der Heilige für / in Bezug auf / in
Israel" aufzufassen ist: Israel ist ein Volk, das auf seinen heiligen Gott hingeordnet
ist. Daher lässt sich der Titel „der Heilige Israels" als Formel verstehen, die das in
Jes 1,2b genannte Adoptivverhältnis zwischen JHWH und Israel aufgreift und
charakterisiert, indem sie die Unnahbarkeit des Heiligen in Beziehung setzt zu
einem aus vielen Völkern erwählten Volk, das an sich zunächst weder heilig noch
mächtig ist. „Der Heilige Israels" bringt als zusammengesetzter Gottesname die
unauflösliche, aus unkündbarer Adoption resultierende Bindung Israels an Gottes
Heiligkeit zum Ausdruck. Die Tatsache, dass die göttliche Erwählung von Adoptivsöhnen in die Form eines Gottesnamens gegossen ist, verdeutlicht, dass JHWHs
Beziehung zu Israel unauslöschlich ist wie sein Name, der seine Person reprä-

---

war. Die Bezeichnung einer Gottheit als heilig ist vorisraelitisch in Ugarit in Bezug auf El belegt. Sie
könnte schon im vorisraelitischen Jerusalemer Kult verwendet und in israelitischer Zeit auf JHWH
übertragen worden sein, wobei der Mangel an vorjesajanischen Belegen (lediglich in Ps 71,22;
78,41; 89,19 könnte קְדוֹשׁ יִשְׂרָאֵל evtl. auf vorjesajanische Fassungen der Psalmen bzw. ältere
Kulttradition zurückgehen) diese Möglichkeit in Frage stellt. Andererseits könnte Jesaja den Titel
auf Grund seiner Konfrontation mit Gottes Heiligkeit in der Berufungsvision Jes 6 geprägt haben.
Doch ist hier zu fragen, warum der Titel dort nicht vorkommt, und warum der Name „Heiliger
Israels" genau dann entstehen soll, wenn auf Grund des Verstockungsauftrags und seiner Folgen
Israels Ende besiegelt ist (vgl. Jes 6,9–11). In einem positiven Kontext, der Israels Erwählung zu
einem heiligen Volk durch seinen heiligen Gott in den Mittelpunkt stellt, wäre die Entstehung
dieses Titels leichter vorstellbar.

sentiert. Eine Trennung JHWHs von Israel wäre folglich eine Beschädigung des göttlichen Namens.

Wenn „der Heilige Israels" eine Gottesbezeichnung ist, die einerseits JHWH an Israel bindet, andererseits Israel auf Grund seiner Gottesnähe zur Heiligkeit verpflichtet, dann stellt sich die Frage, was mit Heiligkeit gemeint ist und worin die darin gründende Verpflichtung besteht. Der semantische Kern des Adjektivs קָדוֹשׁ „heilig" dürfte in einer Qualität liegen, die etwas oder jemand dem Zugriff der Welt, dem Profanen (hebr. חֹל, vgl. Lev 10,10) entzogen sein lässt.[757] Demzufolge ist JHWH als „der Heilige" in einer eigenen, für die profane Welt unerreichbaren Sphäre wohnhaft, kann aber sehr wohl von dort aus in die Welt einbrechen und offenbart sich dann als *tremendum et fascinosum*.[758] Sowohl die heilige Unnahbarkeit JHWHs als auch die Offenbarung seiner Herrlichkeit in Bezug auf den Kosmos kommen in Jes 6,1 – 11 und komprimiert im bereits mehrfach erwähnten Trishagion Jes 6,3 zur Sprache. Indem dort die Seraphim einander zurufen קָדוֹשׁ קָדוֹשׁ קָדוֹשׁ יְהוָה צְבָאוֹת „heilig, heilig, heilig, JHWH der Mächte", preisen sie diesen als unnahbar geheimnisvollen, über alle Mächte erhabenen Gottkönig. Zu ihm und seiner Heiligkeit setzt die Aussage מְלֹא כָל־הָאָרֶץ כְּבוֹדוֹ „die Fülle der Erde [ist] seine Herrlichkeit/Ehre" dann den ganzen Kosmos in Beziehung. Wie oben bei der Erläuterung des Gegensatzes zwischen JHWH und dem König von Babel dargelegt, offenbart sich die göttliche Heiligkeit im Bereich der „Fülle der ganzen Erde" (מְלֹא כָל־הָאָרֶץ) als souveräne „Herrlichkeit, Ehre" (כְּבוֹד). Indem die Seraphim die Heiligkeit, die sich als machtvolle Herrlichkeit zeigt, preisen, vollziehen sie exemplarisch das, was tiefster Sinn und Ziel der Fülle der ganzen Erde ist: JHWH als Spender einer kosmischen Ordnung zu loben, ihm die Ehre darzubringen und so seine Herrlichkeit mit darzustellen.[759] Der Titel „der Heilige Israels" wendet dieses Verhältnis zwischen JHWH und dem von ihm regierten Kosmos auf das Volk Israel an, das dank seiner Erwählung zu Gotteskindern (Jes 1,2b) einen privilegierten Platz in der Weltordnung einnimmt. Da es auf Grund seiner Nähe zu JHWH besonderen Anteil an dessen Glanz hat,[760] ist es dazu berufen, JHWH an erster Stelle

---

757 Vgl. dazu Ringgren/Kornfeld, Artikel קדשׁ, Sp. 1181.

758 Vgl. Ringgren/Kornfeld, Artikel קדשׁ, Sp. 1187, unter Verweis auf R. Otto.

759 Zur bewussten Mehrdimensionalität des Satzes מְלֹא כָל־הָאָרֶץ כְּבוֹדוֹ (Jes 6,3b) vgl. F. Hartenstein, Unzugänglichkeit, S. 80 und 99 – 101. Der Begriff כְּבוֹד kann hier sowohl altisraelitisch als Ehre, die die Fülle der Erde (insbesondere die lebendigen Geschöpfe) dem Herrn durch konkretes Tun wie z. B. das Halten konkreter Gebote (vgl. Jos 7,19) oder Lobpreis (vgl. Ps 29,1) darbringt, aufgefasst werden (vgl. dazu Ps 29,1 – 2) als auch kanaanäisch als göttliche Herrlichkeit, die die Erde erfüllt, sie durchwaltet, beherrscht und den göttlichen Glanz in machtvollen Naturerscheinungen sichtbar macht (vgl. dazu Ps 29,3 – 9).

760 Zum Phänomen des durch besondere Gottesnähe vermittelten Glanzes vgl. das Leuchten von Moses Gesicht nach seiner Begegnung mit dem Herrn in Ex 34,29 – 35.

unter all dem, was die Erde erfüllt, Lob und Dank darzubringen und so seine Herrlichkeit zu verkünden. Grundlage allen Lobpreises ist dabei die Anerkennung des universalen Königtums JHWHs. In dieser Berufung scheitert Israel, indem es aus Unverstand die Treue bricht (Jes 1,2b) und schwere Sündenschuld auf sich lädt (Jes 1,4a).[761] Die in Jes 1,10 – 17 formulierte Kultkritik zeigt, dass die Verwerfung des „Heiligen Israels" (Jes 1,4b) nicht im Mangel an kultischem Lobpreis seiner Heiligkeit wurzelt. Vielmehr fehlt es am Lob des göttlichen Königtums durch ethisches Tun, da sich JHWHs Heiligkeit laut Jes 5,16 durch Gerechtigkeit offenbart: וַיִּגְבַּה יְהוָה צְבָאוֹת בַּמִּשְׁפָּט וְהָאֵל הַקָּדוֹשׁ נִקְדָּשׁ בִּצְדָקָה „Und erhaben sein wird JHWH der Mächte durch das Recht, und Gott, der Heilige, wird sich heilig erweisen durch Gerechtigkeit."[762] Die Missachtung der Heiligkeit JHWHs liegt in der Leugnung seines gerechten Königtums, die sich in der Tatsache zeigt, dass die Sprösslinge, die Böses tun (Jes 1,4a: זֶרַע מְרֵעִים), sich durch ihre Taten nicht als Adoptivsöhne JHWHs, sondern ausweislich der oben zu Jes 1,4a dargelegten Beziehungen zwischen Jes 1 und 14 als geistige Kinder des tyrannischen und gnadenlosen Königs von Babel erweisen.

3.6.2.12.5 Zur Aussage נָזֹרוּ אָחוֹר „sie haben sich abgewandt nach hinten"

Da das dritte Glied von Jes 1,4by נָזֹרוּ אָחוֹר „sie haben sich abgewandt nach hinten" in der Septuaginta fehlt und wegen des nicht vorhandenen Objekts das Metrum zu durchbrechen scheint, wird es häufig als Glosse angesehen und gelegentlich gestrichen.[763] Jedoch sollte man diesen kleinen Satz nicht vorschnell als Fremdkörper im Text ansehen, da die große Jesaja-Rolle ihn immerhin auch bietet, und Vulgata (*abalienati sunt retrorsum*), Targum (paraphrasierend: בדיל עובדיהון בישׁיא אסתחרו והוו לאחרא „wegen ihrer bösen Werke drehten sie sich um und wurden rückwärtsgewandt") und Peschitta (ܘܠܒܣܬܪܟܘܢ ܐܬܗܦܟܬܘܢ „ihr habt euch nach hinten gewandt") ihn wohl ebenfalls voraussetzen.[764] Gegen eine Qualifizierung

---

761 Wie oben unter Punkt 3.6.2.6.4 – 6 ausführlich dargelegt, bildet die am Beginn des Jesaja-Buches stehende grundlegende Verfehlung Israels (Jes 1,2 – 4), die in Jes 1 – 3 und 5 im Detail entfaltet wird, den Hintergrund und hermeneutischen Schlüssel von Jes 6.

762 Angelehnt an Elberfelder Übersetzung.

763 Vgl. Wildberger, Jesaja 1 – 12, S. 18 f.; Werner, Israel in der Entscheidung, S. 59 mit Anm. 1; Kaiser, Jesaja 1 – 12, S. 33: „ganz späte Erweiterung"; Gray, Isaiah 1 – 27, S. 10: „probably not original"; Blenkinsopp, Isaiah 1 – 39, S. 182. Loretz, Prolog, S. 35, sieht in V. 4by einen Nachtrag zu den bereits als Glosse behandelten V. 4bα – β; ebenso Becker, Jesaja, S. 188. Kustár, Durch seine Wunden, S. 44 betrachtet V. 4by als spätere Glossierung, erachtet eine Korrektur des Textes wegen der Bezeugung durch die Versionen aber für überflüssig.

764 Zu Einzelheiten (einschließlich Emendationen) vgl. Williamson, Isaiah 1 – 5, S. 36; Holladay, Suggestion.

von Jes 1,4by als erläuternde Glosse spricht, wie Williamson[765] zu Recht bemerkt, die Tatsache, dass diese kleine Passage keine das Verständnis erleichternde Erläuterung des Textes bietet, sondern eher Schwierigkeiten bereitet, was auch der Grund für ihre Auslassung in der Septuaginta gewesen sein dürfte. Der Hinweis, dass Jes 1,4by das Metrum durchbreche, ist angesichts des gegenüber den beiden vorhergehenden Sätzen fehlenden direkten Objekts sicher richtig, doch hat dieser formale Aspekt eine inhaltliche Dimension, die die Aussage der Passage wirkungsvoll unterstreicht. Denn während in den beiden vorhergehenden Passagen Gott zwar abgelehnt wurde, aber immerhin als direktes Objekt noch in irgendeiner Weise im Blick war, ist nun auch dieser letzte Rest einer einstmals innigen Beziehung zu Gunsten einer rückwärts gewandten Blindheit noch weggefallen.[766] Somit spricht einiges dafür, dass der Bruch des – in hebräischer Poesie oft nicht streng eingehaltenen – Metrums bewusst gewollt ist, um das Fehlen JHWHs auch rhythmisch-akustisch zu unterstreichen.

Inhaltlich scheint der Satz נָזֹרוּ אָחוֹר auf einer Linie mit V. 4bα-β zu liegen. Die Verbform נָזֹרוּ dürfte ein Niphal Perfekt der 3. Person Plural Maskulinum der Wurzel זור sein, von der auch das Nomen bzw. Adjektiv זָר „der Fremde / fremd" (vgl. Jes 1,7) abgeleitet ist. Der Niphal-Stamm von זור ist nur noch einmal in Ez 14,5 (und bei entsprechender Konjektur[767] eventuell ein weiteres Mal in Ps 58,4) belegt und bedeutet dort „sich abwenden", und zwar von Gott (Präposition מִן) um fremder Götter willen (בְּגִלּוּלֵיהֶם). Diese Parallele scheint es nahe zu legen, auch Jes 1,4b als eine indirekte Kritik an Fremdgötterverehrung zu interpretieren.[768] Dagegen spricht jedoch auch hier die Tatsache, dass fremde Götter ebensowenig wie bei den beiden vorhergehenden Verben עזב und נאץ eine ausdrückliche Erwähnung finden (anders als in Dtn 29,24 f. bzgl. עזב; Dtn 31,20 bzgl. נאץ und Ez 14,5 bzgl. זור). Wie zu den vorhergehenden beiden Verben bemerkt, kritisiert der nachfolgende Text gerade nicht Fremdgötterverehrung, sondern den in Jerusalem praktizierten JHWH-Kult (Jes 1,10 – 17), der sich an der vorherrschenden Missachtung von Recht und Gerechtigkeit nicht zu stören scheint, obwohl dies auf eine praktische Leugnung der Herrschaft JHWHs hinausläuft.[769] Daher bedeutet נָזֹרוּ אָחוֹר „sie

---

765 Williamson, Isaiah 1–5, S. 39.

766 Vgl. Beuken, Jesaja 1–12, S. 72.

767 Vgl. HAL, Artikel II זור.

768 So Kaiser, Jesaja 1–12, S. 37; vgl. Gray, Isaiah 1–27, S. 10: „if the lines stood by themselves they would probably, if not quite necessarily imply idolatry (T)"; Oswalt, Isaiah 1–39, S. 88 f.

769 Vgl. Berges, Das Buch Jesaja, S. 61, der ausführt, dass die Anklage des 'JHWH Verlassens/ Verwerfens' in Jes 1,4b nicht im Sinne einer Fremdgötterverehrung, sondern eines Zurückbleibens hinter dem ethischen und kultischen Anspruch der JHWH-Religion inhaltlich gefüllt sei. Ähnlich Kustár, Durch seine Wunden, S. 45 f.

haben sich nach hinten abgewandt/entfremdet" in Steigerung zu den vorhergehenden beiden Kola eine absolute Abkehr, die dazu führt, dass Israel seinen Gott in keiner Weise mehr wahrnimmt. Das Adverb אָחוֹר kommt besonders in den Psalmen häufig im Zusammenhang mit dem Zurückweichen oder Zurückdrängen bei einer Auseinandersetzung zweier Gegner vor (vgl. Ps 9,4; 35,4; 40,15; 44,11; 56,10; 70,3; 78,66; 129,5; ferner Jes 42,17). Da das Verb זור Ni. einen ähnlichen Kontext nahe legt (vgl. זָר „Fremder" in Jes 1,7), beinhaltet die Wendung Jes 1,4bγ wohl den Gedanken einer an Feindschaft grenzenden äußersten Entfremdung. Israel kehrt sich von JHWH ab, als wäre er ein feindlich gesinnter Fremder. Da JHWH aber in Jes 1,2–4 durch seinen Propheten als ein Gott in Erscheinung tritt, der Himmel und Erde als kosmosumspannenden Elementen zugewandt ist, bedeutet die Kehrtwendung Israels vor der Gegenwart seines Gottes gleichzeitig eine Abkehr vom kosmisch geordneten Raum, den Himmel und Erde umspannen. Bereits hier deutet sich an, dass Israel aus der „Fülle der ganzen Erde" (מְלֹא כָל־הָאָרֶץ), die seine „Herrlichkeit/Ehre" (כְּבוֹדוֹ) ist (Jes 6,3), herauszufallen droht, weil es eine zunehmende Distanz zu seinem Gott sucht. Die unheilvollen Folgen davon zeichnen sich in Jes 1,5–7 massiv ab und kommen im Verstockungsauftrag und seinen Folgen (Jes 6,9–13bα) ganz zum Tragen.

3.6.3 Einzelexegese von Jes 1,5–7: Das kranke Volk und das verwüstete Land

3.6.3.1 Beobachtungen zur Poetik und Semantik in Jes 1,5–7
3.6.3.1.1 Überblick

Die poetische Formung von Jes 1,5–7 ist mit der inhaltlichen Textstruktur eng verschränkt. Diese lässt zwei große Teile unterscheiden, nämlich die Betrachtung des wundenübersäten Körpers der Adressaten (V. 5–6) und die des mit Zerstörung übersäten Landes (V. 7). Der erste Teil hat zwei Unterabschnitte, deren erster (V. 5a–6aβ) beginnend mit einer rhetorischen Frage veranschaulicht, dass am Körper der Adressaten nichts mehr heil ist. Dabei wird das Leiden des ganzen Körpers und seiner wichtigsten Organe, nämlich Kopf und Herz, geschildert. Der zweite Unterabschnitt (V. 6aγ–b) beschreibt Arten und Zustand der Wunden. Wenn nun die formalen und stilistischen Eigenarten von Jes 1,5–7 analysiert werden sollen, dann ist das Ergebnis stets auch von der Vorentscheidung abhängig, was als strukturprägende kleinste Sinneinheit angesehen wird. Diese Frage ist im Abschnitt Jes 1,5–7 nicht unproblematisch, da hier so unterschiedliche syntaktische Formen wie Verbalsatz, Nominalsatz und Aufzählung begegnen, die sowohl in ihrer Länge als auch in der Zahl der abhängigen untergeordneten Glieder variieren. Am sichersten erscheint es, in sich vollständige Verbal- oder Nominalsätze oder für sich stehende Aufzählungen als strukturprägende

Sinneinheiten zu behandeln und die Textform auf Basis dieser Bausteine zu analysieren. Hierbei fällt dann zunächst auf, dass einem zweigliedrigen Sinnabschnitt in V. 5a drei dreigliedrige Sinneinheiten in V. 5b – 6 gegenüberstehen. Eine vierte dreigliedrige Sinneinheit, die allerdings nicht mehr auf die Adressaten, sondern auf deren Land blickt, folgt in V. 7a, während die spätere Zufügung V. 7b den vorausgehenden dreigliedrigen Sinnabschnitt nochmals in einem aus drei Begriffen bestehenden Nominalsatz zusammenfasst.[770] Die Formung zu zwei- oder dreigliedrigen Einheiten ist an unterschiedlichen inhaltlichen und formalen Charakteristika erkennbar.

V. 5 – 7:

	Verbalsatz mit Impf. 2. Pers. Pl. mask.	עַל מֶה תֻכּוּ עוֹד	(5aα)
	Verbalsatz mit Impf. 2. Pers. Pl. mask.	תּוֹסִיפוּ סָרָה	(5aβ)
	Nominalsatz	כָּל־רֹאשׁ לָחֳלִי	(5bα)
	Nominalsatz	וְכָל־לֵבָב דַּוָּי:	(5bβ)
	Nominalsatz	מִכַּף־רֶגֶל וְעַד־רֹאשׁ אֵין־בּוֹ מְתֹם	(6aα – β)
Bild: *verwundeter* *Körper*	Aufzählung – mask. Sg.	פֶּצַע	(6aγ)
	Aufzählung – fem. Sg.	וְחַבּוּרָה	
	Aufzählung – *fem. Sg. + Adjektivattribut*	וּמַכָּה טְרִיָּה	(6aδ)
	Verbalsatz mit verneintem Perf. 3. Pers. Pl. mask.	לֹא־זֹרוּ	(6bα)
	Verbalsatz mit verneintem Perf. 3. Pers. Pl. mask.	וְלֹא חֻבָּשׁוּ	(6bβ)
	Verbalsatz mit verneintem Perf. 3. Pers. Sg. *fem. + Instr.*	וְלֹא רֻכְּכָה בַּשָּׁמֶן:	(6bγ)
Beschreibung: *verwüstetes* *Land*	Nominalsatz mit Personalsuffix 2. Pers. Pl. mask.	אַרְצְכֶם שְׁמָמָה	(7aα)
	Nominalsatz mit Personalsuffix 2. Pers. Pl. mask.	עָרֵיכֶם שְׂרֻפוֹת אֵשׁ	(7aβ)
	Nominalsatz mit Personalsuffix 2. Pers. Pl. mask.	אַדְמַתְכֶם לְנֶגְדְּכֶם זָרִים אֹכְלִים אֹתָהּ	(7aγ)
	[Nominalsatz, dreigliedrig, späterer Zusatz]	[וּשְׁמָמָה כְּמַהְפֵּכַת זָרִים]	(7b)

Signifikant ist zunächst die Verwendung unterschiedlicher Satzarten und Tempora. Der Abschnitt V. 5 – 6, der das Bild vom geschlagenen Körper der Adressaten enthält, ist durch zwei Verbalsätze mit zwei Imperfekt-Formen der 2. Person Plural in V. 5a und drei Verbalsätze mit drei verneinten Perfekt-Formen der 3. Person (zwei

---

770 Zur Kolometrie der Passage vgl. die ähnliche Einteilung bei Loretz, Prolog, S. 28.

davon Plural maskulin, die dritte Singular feminin) gerahmt. Zwischen den Verbalsätzen, die am Anfang und am Ende des Bildes vom geschlagenen Körper stehen, befinden sich drei Nominalsätze (V. 5b – 6aβ) und eine Aufzählung dreier Arten von Wunden (V. 6aγ – δ), wobei Letztere – in einer gleich noch zu erläuternden differenzierten Weise – implizite Subjekte der erwähnten drei verneinten Verbalsätze am Ende des Sinnabschnitts (V. 6b) sind. Daraus ergibt sich eine zeitliche Struktur, die zunächst von der Gegenwart in die Zukunft (V. 5a), dann auf die Gegenwart (V. 5b – 6aβ und 6aγ – δ), und von dort aus auf die Vergangenheit blickt (V. 6b). Auffällig ist, dass nur V. 5a aus zwei Gliedern, nämlich den beiden mit תֻכּוּ und תּוֹסִיפוּ gebildeten Verbalsätzen, besteht, während die anderen drei Abschnitte des Bildes aus je drei Gliedern, nämlich aus drei Nominalsätzen, drei aufgezählten Elementen und drei verneinten Verbalsätzen, bestehen. Wie erwähnt, beherrscht das Prinzip der Dreigliedrigkeit auch V. 7a. Dieser umfasst drei Nominalsätze, die durch am Ende des jeweils ersten Satzglieds angefügte Personalsuffixe der 2. Person Plural und die sich daraus ergebende unmittelbare Anrede der Adressaten formal eng aneinander gebunden sind. Diese Sprechrichtung von V. 7a schafft eine Rückbindung an V. 5a, dessen zwei Verben die Adressaten ebenfalls direkt ansprechen. Angesichts dieser Rückbindung von V. 7a an V. 5a und der sonst als formales Prinzip streng durchgehaltenen Dreigliedrigkeit der Sinneinheiten stellt sich die Frage, warum nicht auch V. 5a aus drei Gliedern besteht. Der Grund dürfte darin liegen, dass die beiden Verbalsätze von V. 5a der gesamten Beschreibung des kranken, verwundeten Körpers in V. 5b – 6a gegenüberstehen, da sie diese Beschreibung in die konkrete Redesituation einbetten. So macht allein die rhetorische Frage von V. 5aα עַל מֶה תֻכּוּ עוֹד „Worauf/Wozu soll man euch noch schlagen?" deutlich, dass sich die Beschreibung der Verse 5b – 6a auf die Adressaten bezieht. Der zweite Verbalsatz תּוֹסִיפוּ סָרָה „Ihr werdet die Widerspenstigkeit vermehren." kommentiert die Situation, indem er als einziger Teil der Rede auf die Widerspenstigkeit als Ursache der Schläge verweist. Das überaus hartnäckige Verharren der Adressaten in ihrer Widerspenstigkeit wird durch die Beschreibung des verwundeten Körpers in V. 5b – 6a verdeutlicht. Da V. 5a also einen zweigliedrigen Obersatz bietet, der durch eine dritte, drei mal drei Unterglieder beinhaltende Einheit plausibel gemacht wird, lässt sich der Abschnitt V. 5 – 6 insgesamt als dreigliedrige Redeeinheit verstehen, die aus zwei kurzen normativ-wertenden Aussagen (V. 5a) und einer überdimensional langen deskriptiven Passage (V. 5b – 6) besteht. Dass die beschriebene Textform keine zufällige Fügung, sondern Ergebnis bewusst durchdachter Gestaltung ist, wird durch die Tatsache wahrscheinlich gemacht, dass alle vier in V. 5b – 7a enthaltenen dreigliedrigen Einheiten eine „hinkende" Dreigliedrigkeit aufweisen, bei der die beiden ersten Glieder ein Paar bilden, das dem dritten gegenübersteht. Rein äußerlich ist dies schon daran erkennbar, dass das dritte Glied jeweils deutlich länger ist als die beiden vorhergehenden. Diese Absetzung des dritten Glieds wird in allen vier dreigliedrigen Einheiten (einschließlich V. 7a) durch weitere stilistische und syntaktische Eigenarten noch deutlicher hervorgehoben. Ferner zeigt sich die Sonderstellung des dritten Glieds auch in semantischer Hinsicht. Unter diesen Gesichtpunkten sollen nun die Verse 5b – 7a analysiert werden.

3.6.3.1.2 Zum Bild des kranken und verwundeten Körpers (V. 5b – 6)

V. 5b besteht aus zwei parallel strukturierten Nominalsätzen (כל + Körperorgan + Ausdruck für Krankheit), die schon auf den ersten Blick durch die Wiederholung von כל als Paar ausgewiesen sind. Es handelt sich um einen synthetischen Parallelismus membrorum, der besagt, dass sowohl das äußere Steuerungsorgan, der Kopf mit den Seh-, Hör-, Riech- und Geschmacksorganen, als auch das innere Steuerungsorgan, das Herz als Mitte der Person und Sitz von Wille und Verstand, von krankhaften Kräften beherrscht werden (vgl. das possessive ל bei לְחֳלִי). Wenn sowohl Kopf als auch Herz ihren Dienst versagen, kann der Kranke nichts mehr aus eigener Kraft tun, um seine Situation zu verbessern. Nachdem der Prophet mit der Erkrankung der existenziell wichtigen Steuerungsorgane den innersten Kern der Notsituation benannt hat, schildert er im dritten, wesentlich längeren Nominalsatz (V. 6α – β: מְכַּף־רֶגֶל וְעַד־רֹאשׁ אֵין־בּוֹ מְתֹם) deren ganzes Ausmaß, indem er – jetzt ohne das Wörtchen כל – den ganzen Körper „von der Fußsohle bis zum Kopf" als bar jeglicher heilen Stelle beschreibt. Während die ersten beiden Nominalsätze das allgegenwärtige Vorhandensein von Krankheit ausdrücken, geht es im dritten um das Nichtvorhandensein von Heil. Die wesentliche Aussage des Abschnitts V. 5 – 6 ist an diesem Punkt bereits zum Ausdruck gebracht. Die in V. 5a mit dem Hinweis auf die Widerspenstigkeit der Adressaten begründete Sinnlosigkeit weiterer Schläge ist durch die negative „Diagnose" der äußeren und inneren Steuerungszentren Kopf und Herz, die den Adressaten eine Änderung des bisher verfolgten Wegs unmöglich macht, und das alles bedeckende Ausmaß der Verwundungen bereits umfassend verdeutlicht. Dies unterstreicht stilistisch die mittels רֹאשׁ „Kopf" gebildete Inklusion zwischen V. 5bα und 6aα.

Die den drei Nominalsätzen folgende Aufzählung dreier Wundarten (V. 6aγ – δ: Wunde – Strieme – frische Schlagwunde) führt die vorhergehende Aussage weiter, indem sie Ausmaß und Schwere des Leidens konkret zeigt. Auch hier ist das dritte Glied länger als die ersten beiden und steht für sich: פֶּצַע hat zwei Silben, חַבּוּרָה drei, מַכָּה טְרִיָּה besteht demgegenüber aus zwei Wörtern und hat insgesamt fünf Silben. Ob diese formale Beobachtung tatsächlich mit der Intention verbunden ist, die beiden ersten Begriffe פֶּצַע וְחַבּוּרָה „Wunde und Strieme" als ein Paar auszuweisen, das sich entsprechend dem Prinzip einer „hinkenden" Dreigliedrigkeit von der dritten Art von Verletzung מַכָּה טְרִיָּה „frische Schlagwunde" absetzt, ist anhand einiger semantischer Überlegungen zu verifizieren. Als Paar erscheinen פֶּצַע וְחַבּוּרָה „Wunde und Strieme" andernorts noch in Gen 4,23; Ex 21,25 und Spr 20,30. In Gen 4,23 zeigt Lamechs Spruch, er habe einen Mann für seine Wunde (לְפִצְעִי) und einen Knaben für seine Strieme (לְחַבֻּרָתִי) erschlagen, dass es sich bei פֶּצַע um eine etwas schwerere Verwundung handelt, die ein höheres Maß an Rache verlangt als חַבּוּרָה. Die Tatsache, dass beide Begriffe im Parallelismus membrorum ein Paar bilden, deutet darauf hin, dass es sich um Wunden ähnlicher Art handelt. Der Talionssatz Ex 21,23 – 25 enthält die beiden Begriffe am Ende einer Aufzählung von Delikten gegen die körperliche Unversehrtheit, die mit dem schwersten, nämlich der Tötung eines Menschenlebens, beginnt, anschließend (V. 24) in einer vom Kopf bis zum Fuß absteigenden Reihenfolge Fälle eines nicht heilbaren Verlusts eines Körperorgans (Auge, Zahn, Hand, Fuß) nennt, um in V. 25 die Reihe mit einer Liste heilbarer Verwundungen zu beschließen. Dass פֶּצַע und חַבּוּרָה nacheinander stehen und die beiden letzten Glieder der Reihe Brandmal – Wunde – Strieme bilden, deutet darauf hin, dass es sich um heilbare Verwundungen ähnlicher Art handelt. Die Kombination der Verben פצע und נכה in 1 Kön 20,37 הִכֵּהוּ וּפָצֹעַ („er schlug und verwundete [ihn]"), die ähnlich auch in Hld 5,7 begegnet, legt für das Nomen פֶּצַע nahe, dass diese Wunde Folge irgendeiner Art von Schlag ist. Alle drei Nomen פֶּצַע, חַבּוּרָה und מַכָּה sind außer in Jes 1,6 nur noch in Spr 20,30 belegt. Auch hier sind פֶּצַע und חַבּוּרָה im ersten Kolon eng miteinander verbunden (חַבֻּרוֹת פֶּצַע), während das generelle, im AT wesentlich häufiger belegte Nomen מַכָּה „Schlag" davon abgesetzt das Subjekt des zweiten Kolons bildet. Es hat ein sehr weites Bedeutungsspektrum, das neben Stockschlägen (z. B. im Rahmen der Prügelstrafe Dtn 25,3) auch Pfeilwunden (Ps 64,8), die zum Tod durch Verbluten führen können (1 Kön 22,35), mit dem Schwert zugefügte Wunden (Est 9,5: מַכַּת־חֶרֶב), von Gott verhängte Plagen (z. B. Num 11,33; Dtn 28,59.61; 29,21; 1 Sam 4,8), militärische Niederlagen (z. B. Jos 10,10.20; Ri 11,33; 1 Sam 4,10; 1 Kön 20,21) sowie allgemein nicht näher beschriebene Wunden (vgl. z. B. Jer 15,18; 30,12) umfasst. Die in Jes 1,6 belegte Kombination מַכָּה טְרִיָּה „frische Schlagwunde" ist einmalig im AT. Das Adjektiv טְרִיָּה kommt sonst nur noch in Ri 15,15 vor, wo von Simson berichtet wird, er habe mit einem „frischen Eselskinnbacken" לְחִי־חֲמוֹר טְרִיָּה tausend Mann erschlagen. Die Diskussion der Belege von פֶּצַע und חַבּוּרָה hat gezeigt, dass beide Verwundungen ein zusammengehöriges Paar sind und insbesondere infolge von Schlägen entstehen, wobei פֶּצַע die etwas schwerere Verletzung ist als חַבּוּרָה. Kustár[771] dürfte daher richtig liegen, wenn er פֶּצַע als durch einen Schlag hervorgebrachte Quetschwunde und חַבּוּרָה als blutunterlaufene Schlagstellen, Striemen charakterisiert. Die Verbindung des sehr weiten Begriffs

---

[771] Kustár, Durch seine Wunden, S. 48.

מַכָּה „Schlag, Wunde, Niederlage, Plage" mit טְרִיָּה „frisch" bezeichnet in dem durch das Verb נכה „schlagen" und die anderen beiden Arten von Verletzung vorgegebenen Kontext von Jes 1,6 eine stark blutende und daher sehr tiefe Wunde, die noch schlimmer als die beiden vorhergehenden ist.

Die Zusammengehörigkeit von פֶּצַע וְחַבּוּרָה („Wunde und Strieme") gegenüber מַכָּה טְרִיָּה („frische Schlagwunde") bestätigt sich ferner in der nachfolgenden Reihe dreier verneinter Verbalsätze, die den Mangel an Wundbehandlung schildern und so das dramatische Bild um den Aspekt der fehlenden Heilung ergänzen. Die ersten beiden Verben (לֹא־זֹרוּ und לֹא חֻבָּשׁוּ) sind maskuline Formen. Wie sich gleich deutlicher zeigen wird, beziehen sie sich auf die ersten zwei Wundarten aus V. 6a (פֶּצַע וְחַבּוּרָה). Da das Nomen פֶּצַע maskulin, חַבּוּרָה aber feminin ist, beide jedoch entsprechend Gen 4,23; Spr 20,30 als Paar behandelt werden, sind die zwei darauf bezogenen Verbformen לֹא־זֹרוּ „sie sind nicht ausgedrückt worden" (zu חַבּוּרָה als eitriger Wunde vgl. Ps 38,6) und לֹא חֻבָּשׁוּ „sie sind nicht verbunden worden" maskulin. Dagegen bezieht sich das dritte, in der 3. Person feminin Singular stehende Verb לֹא רֻכְּכָה בַּשָּׁמֶן „sie wurde nicht weich gemacht mit Öl" offensichtlich auf den dritten Ausdruck מַכָּה טְרִיָּה „frische Schlagwunde", der femininen Geschlechts ist. Da diese Wunde offen und stark blutend ist, so dass sie nach kurzer Zeit verkrustet und hart wird, musste sie höchstwahrscheinlich besonders dringend in der angegebenen Weise behandelt werden, wobei das Olivenöl nicht nur die Wundoberfläche geschmeidig macht, sondern auch dank antiseptischer Inhaltsstoffe die Eiterbildung hemmt. Die Charakterisierung der dritten Wundart in V. 6a (מַכָּה טְרִיָּה) als „frisch" macht deutlich, dass zumindest die erste Art der Wundbehandlung in V. 6b (לֹא־זֹרוּ „sie sind nicht ausgedrückt worden"), die Eiterbildung voraussetzt, hier nicht in Frage kommt. Eine frische Wunde verkrustet zwar schnell und muss daher „weich gemacht" werden, Eiterbildung setzt aber erst ein, wenn sie nicht mehr frisch ist. Überdies spricht die Logik der Reihenfolge der Wundbehandlungen in V. 6b dafür, dass das dritte Verb (לֹא רֻכְּכָה בַּשָּׁמֶן „sie wurde nicht weich gemacht mit Öl") von den ersten beiden abzusetzen und nur auf מַכָּה טְרִיָּה „frische Schlagwunde" zu beziehen ist. Denn es ist sinnvoll, eitrige Wunden zuerst auszudrücken und dann zu verbinden. Sie jedoch nach dem Verbinden noch mit Öl weich machen zu wollen, ist widersinnig.[772] Somit sind Ausdrücken und Verbinden die Behandlung für die ersten beiden Wunden (פֶּצַע וְחַבּוּרָה), die מַכָּה טְרִיָּה „frische Schlagwunde" muss dagegen in Öl erweicht werden. Dies wird durch eine zeitliche Staffelung bestätigt, die der Text auf Grund der Unvereinbarkeit des letzten Gliedes der Aufzählung der Wunden (מַכָּה טְרִיָּה „frische

---

772 Vgl. dazu Kaiser, Jesaja 1– 12, S. 35, der die Reihenfolge der unterlassenen Hilfeleistungen für erstaunlich hält.

Schlagwunde") mit der anschließenden ersten Art fehlender Wundbehandlung (לֹא־זֹרוּ „sie sind nicht ausgedrückt worden") erkennen lässt. Es gibt offenbar ältere Wunden, die ausgedrückt werden müssten, aber auch besonders schwere frische Wunden, die eine andere Behandlung bräuchten. Die älteren, eitrigen Wunden, die niemand ausgedrückt hat, sind die zuerst genannten weniger schweren: פֶּצַע וְחַבּוּרָה. Vor allem da sie ungehemmt eitern (zu חַבּוּרָה vgl. Ps 38,6), sind sie eine sich stetig verschlimmernde Gesundheitsschädigung. Das Moment einer schon länger andauernden Geschichte sich wiederholender Schläge findet sich auch in Jes 1,5a in der Formulierung תּוֹסִיפוּ סָרָה „ihr werdet die Widerspenstigkeit vermehren". Entsprechend der Steigerung der Brutalität bei der Aufzählung der Wunden enthält Vers 6a eine Steigerung hinsichtlich der Aufwendigkeit der entbehrten Wundbehandlungen. Zum Ausdrücken einer Wunde bedarf es keines weiteren Materials, das Verbinden erfordert Verbandszeug, doch als teuerste Behandlung erscheint das im dritten Verbalsatz genannte Weichmachen mit dem kostbaren Lebensmittel Öl.

Wie die Aufzählung der Wunden, so weist auch die der fehlenden Wundbehandlungen eine relative Überlänge des dritten Glieds auf. Auf die dreifache Verneinungspartikel לֹא folgen mit זֹרוּ zwei Silben (wie oben פֶּצַע), mit חֻבָּשׁוּ drei Silben (wie oben חַבּוּרָה) und mit רֻכְּכָה בַּשָּׁמֶן sechs Silben (vgl. oben מַכָּה טְרִיָּה mit fünf Silben). Überdies sticht das dritte Glied hervor, weil es nicht nur aus einem, sondern aus zwei Wörtern besteht (vgl. רֻכְּכָה בַּשָּׁמֶן und מַכָּה טְרִיָּה). Somit bestätigen sowohl formale (längeres drittes Element der Reihen in V. 6a und V. 6b) als auch inhaltliche Gründe (פֶּצַע וְחַבּוּרָה als Paar, unterschiedliche Behandlung der Wundarten, logische Reihenfolge, unterschiedliches Alter der Wunden) die grammatikalisch nahe liegende Zuordnung der dritten Wundart aus V. 6a (מַכָּה טְרִיָּה) zur dritten Art der Wundbehandlung in V. 6b (לֹא רֻכְּכָה בַּשָּׁמֶן „sie wurde nicht weich gemacht in Öl"). Das Prinzip der „hinkenden" Dreigliedrigkeit, bei dem sich das dritte Element einer Reihe von den ersten beiden abhebt, ist somit in V. 6a und V. 6b formal wie inhaltlich durchgehalten. Die Formanalyse von V. 5–6 ergibt somit, dass sich hier eine zweigliedrige direkte Anrede des laut Jes 1,2–4 abtrünnigen Volkes, die auf die Sinnlosigkeit weiterer Schläge und ihre in Widerspenstigkeit liegende Ursache hinweist, mit einer drei Abschnitte à drei Gliedern umfassenden Beschreibung des verwundeten Körpers der Adressaten verbindet. Das Prinzip der „hinkenden" Dreigliedrigkeit setzt sich über V. 6 hinaus auch in V. 7a fort. Näheres dazu unter 3.6.3.1.3.

Da die im Plural angesprochenen Adressaten keinen gemeinsamen biologischen Köper haben, handelt es sich bei der Beschreibung der Verletzungen um eine bildhafte Rede, die die Frage aufwirft, was genau die Sachhälfte zum Bild des verwundeten Körpers ist. Beuken[773] liest V. 7 als Sachhälfte: „Die Verwundung, die alles umfasst, betrifft das Land, in dem und von dem sie leben." Dagegen hatte bereits O. Kaiser[774] festgestellt, dass V. 7 f. nicht Sachhälfte zu V. 5 – 6 sein könne, weil Letztere sich auf den Zustand des Volkes bezögen, V. 7 und 8 aber vom Zustand des Landes und der Stadt Jerusalem handelten. Das Problem liegt darin, dass Vers 5a das Volk unmittelbar als die Geschlagenen anspricht, was eher gegen die Annahme spricht, das Bild vom geschlagenen Körper meine das Land. Anders wäre dies zu sehen, wenn der Text das Land analog zum Körper des einzelnen Menschen als Körper des ganzen Volkes verstanden wissen wollte. Dafür spricht, dass in antiken Kulturen oft ein Volk, seine angestammte Gottheit und das von dieser beherrschte Land eine untrennbare Einheit bilden, die mit der Identität zwischen einer Person und ihrem Körper vergleichbar ist. Dagegen spricht aber, dass gerade zahlreiche biblische Traditionen das Land zwar als kostbare Gabe werten, jedoch gerade nicht von einer untrennbaren Einheit zwischen Volk und Land ausgehen. Sei es in der Zeit der unstet umherziehenden Väter, während der Wüstenwanderung oder im Exil – stets hat das Volk auch ohne sein Land Bestand. Betrachtet man das Bild des verwundeten Körpers in Jes 1,5 – 6 in seinem Verhältnis zur Beschreibung des Landes in V. 7 genauer, so wird klar, dass es Aspekte enthält, die ausschließlich das Volk betreffen. Dies gilt besonders für die Aussagen über die mangelnde Wundbehandlung in Jes 1,6b. Zwischen der Notwendigkeit, die Wunden auszudrücken, zu verbinden und mit Öl weich zu machen, und der Beschreibung des verwüsteten Landes in V. 7 besteht kein ersichtlicher Zusammenhang. Auf das Volk bezogen, das kriegerischen Verwüstungen ausgesetzt war, gibt das Bild dagegen einen guten Sinn. Viele wurden tatsächlich im Krieg verletzt, so dass das ganze Volk unter Wunden leidet. Besonders schlimm an seiner Situation ist, dass niemand sich um die Heilung der Wunden kümmert. Dennoch steigert das Volk weiter seine Widerspenstigkeit. O. Kaiser ist Recht zu geben: Das Bild bezieht sich auf das Volk und gibt einen Eindruck von den Schlägen, die die Menschen getroffen haben. Die Verwüstung des Landes ist ein noch hinzukommender neuer Aspekt, den Vers 7 einführt, indem er die am Ende von V. 5a unterbrochene direkte Anrede des Volkes mittels enklitischer Personalsuffixe der 2. Person maskulin Plural wieder aufgreift.

Da nun feststeht, dass sich das Bild vom verwundeten Körper auf den Zustand des Volkes bezieht, ist eine weitere Beobachtung möglich. Die in Jes 1,5b – 6 gegebene Abfolge von der Betrachtung der Wunden hin zur Betrachtung des Mangels

---

773 Beuken, Jesaja 1–12, S. 73. Ähnlich meint auch Wildberger, Jesaja 1–12, S. 25, der in V. 5 f. beschriebene Leib sei seinerseits das Bild für das kriegsverwüstete Land.

774 Vgl. Kaiser, Jesaja 1–12, S. 33.

an Wundbehandlungen lässt die Frage aufkommen, wer denn der Arzt sein könnte, der alldem abhelfen könnte. Als einzige im vorhergehenden Text von Jes 1 genannte Person kommt hier derjenige in Betracht, der Israel als seine Söhne adoptiert und umsorgt hat (Jes 1,2b): JHWH, der Heilige Israels. Weil Israel sich ganz von ihm abgewandt hat (vgl. Jes 1,4b), fehlt derjenige, der seine Wunden behandeln und heilen könnte (vgl. Ex 15,26bβ). Formal kommt dieser implizite Gedanke dadurch zum Ausdruck, dass sich sowohl in Jes 1,6b als auch in V. 4b eine Reihung dreier Verben findet, wobei beide Aufzählungen nach komplementär aufeinander bezogenen Prinzipien gestaltet sind. Zunächst fällt auf, dass beide Reihungen aus drei Verben im Perfekt bestehen und dadurch ein Resultat vergangenen Verhaltens betrachten. Weiter ist zu beobachten, dass sowohl in Jes 1,4b als auch in V. 6b der dritte Verbalsatz der Reihe sich von den vorhergehenden beiden unterscheidet. In V. 4b ist das dritte Glied kürzer, weil das Verb keine Gottesbezeichnung mehr als direktes Objekt hat. In V. 6b ist es länger, weil die besonders schwere Wunde eine besonders intensive Behandlung mit Öl bräuchte, die aber niemand vornimmt. Somit steht dem Wegfallen der Beziehung zu JHWH, das formal durch das Wegfallen des direkten Objektes in V. 4by unterstrichen wird, das Zunehmen der Not in Form immer schwererer Wunden (וּמַכָּה טְרִיָּה als besonders schwere Schlagwunde in V. 6aδ) und in Form eines immer dringlicheren Mangels an Wundbehandlung (לֹא רֻכְּכָה בַּשָּׁמֶן in V. 6b) gegenüber. Inhaltlich wird der Rückbezug zur in Jes 1,2–4 geschilderten Abwendung Israels von JHWH durch den unten (Punkt 3.6.3.4) noch genauer auszulegenden Begriff der סָרָה „Widerspenstigkeit" in Jes 1,5 gewährleistet, wobei der Ausdruck מַכָּה טְרִיָּה „offene Schlagwunde" über die dem Nomen מַכָּה zu Grunde liegende Wortwurzel נכה „schlagen" auf תֻּכּוּ „ihr sollt geschlagen werden" in Jes 1,5 zurückverweist. Umgekehrt stellt sich die in Jes 1,5–7 geschilderte Notsituation als Verwirklichung des durch den Wehe-Ruf Jes 1,4a angekündigten Unheils dar. Die dargelegte enge Verbindung zwischen Israels Abkehr von JHWH in Jes 1,4b und dem Fehlen der Wundbehandlungen in Jes 1,6b erlaubt es, nicht nur den Mangel an ärztlicher Behandlung mit dem Fehlen eines heilenden Gottes, sondern auch die laut V. 6ay–δ erlittenen Schlagwunden mit dem Fehlen eines vor äußeren Feinden beschützenden Gottes in Verbindung zu bringen. Dies gilt umso mehr, als die Aufzählung der Schlagwunden in V. 6ay–δ, wie oben dargelegt, in einem engen Verweisungszusammenhang mit den Verben steht, die das Fehlen von Wundbehandlung konstatieren (V. 6b), aber keine besonders enge Verbindung zu den vorher (V. 5b) genannten krankhaften Zuständen von Kopf und Herz aufweist. Insbesondere zwischen der Krankheit des Herzens und den Schlagwunden besteht kein direkter, sondern allenfalls ein indirekter Zusammenhang. Auch die Rede vom Kopf, der unter Krankheit leidet, verweist wegen ihrer Verbindung mit dem Herzen nicht auf die Aufzählung der durch äußere Gewalt entstandenen Wunden.

Vielmehr besitzt die Krankheit von Kopf und Herz in V. 5b eine eigene, von den in V. 6aγ – δ genannten Wunden zu unterscheidende Bedeutung, die unten im Rahmen der Auslegung des Begriffs der „Widerspenstigkeit" סָרָה erläutert wird. Die Aufzählung der durch äußere Gewalt zugefügten Wunden in V. 6aγ – δ und der Mangel an entsprechenden Wundbehandlungen nach V. 6b verweisen somit auf das Fehlen eines beschützenden und heilenden Gottes.

3.6.3.1.3 Zur Beschreibung des verwüsteten Landes (V. 7)

Wie oben angedeutet, folgt auch die Beschreibung des verwüsteten Landes in V. 7a formal dem Prinzip einer „hinkenden" Dreigliedrigkeit. Zunächst zu denjenigen Elementen, die V. 7a als dreigliedrige Einheit ausweisen. Der Vers besteht aus drei Nominalsätzen, an deren Beginn je ein Nomen mit enklitischem Personalsuffix der 2. Person Plural steht, so dass sich die Satzanfänge aufeinander reimen. Neben dieser formalen Verbindung besteht zwischen den drei satzeröffnenden Nomen auch eine semantische Verwandtschaft, da es sich durchwegs um Ortsbezeichnungen handelt, die das Land eines politischen Gemeinwesens und seine Nutzung betreffen. Unter diesen bezeichnet אַרְצְכֶם „euer Land" das Ganze im Sinne der politischen Einheit,[775] während mit עָרֵיכֶם „eure Städte" die Teile des Ganzen benannt werden, die für Leitung, Organisation, Verteidigung und Kult des Gemeinwesens nötig sind, wohingegen mit אַדְמַתְכֶם „euer Ackerboden" derjenige Bereich des Ganzen im Blick ist, der für die Versorgung mit Nahrung wesentlich ist. Wie in V. 5b – 6aβ in Bezug auf den Körper, so werden auch in V. 7a in Bezug auf das Land ein Ausdruck für das Ganze und zwei Ausdrücke für zwei wichtige Teile des Ganzen verwendet. Die Reihenfolge ist in V. 7a im Vergleich zu V. 5b – 6aβ umgekehrt. Die Beschreibung des kranken Körpers (V. 5b – 6aβ) beginnt mit den beiden Teilen Kopf (רֹאשׁ) und Herz (לֵבָב) und schließt mit der das Ganze umgreifenden Wendung „von der Fußsohle bis zum Kopf" (מִכַּף־רֶגֶל וְעַד־רֹאשׁ). Die Beschreibung des Landes (V. 7a) beginnt dagegen mit dem Ganzen (אֶרֶץ „Land") und nennt erst danach die beiden Teile (עִיר „Stadt" und אֲדָמָה „Ackerboden"). Da das Herz nach altorientalischer Vorstellung das Steuerungszentrum der Person und die Städte die organisatorischen und kultischen Zentren eines Landes sind, und da wohl auch der Kopf mit seinen die Nahrungsaufnahme ermöglichenden Organen in einer gewissen Entsprechung zum die Nahrungsversorgung eines Landes gewährleistenden Ackerboden steht, sind die jeweils ersten Satzglieder der drei Nominalsätze in V. 5b – 6aβ und der drei Nominalsätze in V. 7 zueinander konzentrisch angeordnet, so dass der Text sich zunächst von der Peripherie zum

---

775 Vgl. Williamson, Isaiah 1 – 5, S. 64.

Zentrum (vom Kopf zum Herz) bewegt, um schließlich das Ganze ins Auge zu fassen (von der Fußsohle bis zum Kopf). Nachdem das zentrale Motiv der Wunden und der fehlenden Heilbehandlung entfaltet ist, wechselt der Text zum Thema des Landes, wo er sich vom Ganzen aus über die Städte als den Zentren des Landes hin zu der durch den Ackerboden repräsentierten Peripherie bewegt. Die Tatsache, dass in der Textmitte, zwischen den konzentrisch aufeinander verweisenden Beschreibungen des kranken Körpers (V. 5b – 6aβ) und des verwüsteten Landes (V. 7a), die Aufzählungen der Wunden (V. 6aγ – δ) und der fehlenden Wundbehandlung (V. 6b) stehen, stützt die obige Deutung dieses textlichen Zentrums als Illustration des Fehlens der beschützenden und heilenden Gegenwart JHWHs.

Nun zu denjenigen formal-sprachlichen Eigenarten, die V. 7a zu einem „hinkend" dreigliedrigen Gebilde machen. Die oben dargelegte, thematisch bedingte konzentrische Abfolge der satzeröffnenden Nomen ist nämlich von der Form, die V. 7a auf Grund seiner Syntax hat, unabhängig. Eine Analyse der drei Nominalsätze von V. 7a ergibt, dass hier, wie schon oben bei den drei Nominalsätzen in V. 5b – 6aβ, wiederum die ersten beiden, parallel konstruierten Sätze einem dritten, vergleichsweise längeren Satz, der auch etwas anders gebaut ist, gegenüberstehen. Die ersten beiden Sätze beginnen mit dem Subjekt (אַרְצְכֶם bzw. עָרֵיכֶם) und setzen das Prädikat, das aus einem einfachen Nomen (שְׁמָמָה) bzw. einer Constructus-Verbindung (שְׂרֻפוֹת אֵשׁ) besteht, an die zweite Stelle. Demgegenüber besteht das Prädikat des dritten Nominalsatzes aus einer längeren und komplizierteren Konstruktion. Beim voranstehenden Nomen אַדְמַתְכֶם „euer Ackerboden" handelt es sich um einen *casus pendens*, der durch das rückbezügliche Objektpronomen אֹתָהּ als Akkusativ des Partizips אֹכְלִים „[sie sind] essend" ausgewiesen wird.[776] Somit beginnt der dritte Nominalsatz von V. 7a nicht mit dem Subjekt, sondern mit dem im casus pendens stehenden Akkusativobjekt, das um die präpositionale Wendung לְנֶגְדְּכֶם „vor eurem Angesicht / euren Augen" erweitert ist. Insgesamt ist diese voranstehende Gruppe אַדְמַתְכֶם לְנֶגְדְּכֶם vom Prädikat אֹכְלִים (Q. Part. Pl. abs. mask.) „essend" abhängig, während Subjekt die in der Satzmitte stehenden זָרִים „Fremden" sind. Dieser Satzbau bildet die geschilderte Situation ab. Sowohl die einheimischen Adressaten als auch die Fremden, die die Städte erobert und niedergebrannt haben (vgl. den vorhergehenden Nominalsatz) befinden sich in der Mitte der Ackerflächen, die die Städte und Ortschaften Judas umgeben. Dies wird durch die Stellung von אַדְמַתְכֶם „euer Ackerboden" am Satzanfang und das darauf zurückverweisende Objektpronomen אֹתָהּ „ihn"[777] am

---

776 Zum *casus pendens* vgl. Joüon/Muraoka, Grammar, § 156 a – aa, wo ausdrücklich der dritte Nominalsatz aus Jes 1,7 als Beispiel genannt ist.
777 Im Hebr. ist אֹתָהּ אֹכְלִים entsprechend dem Geschlecht von אֲדָמָה natürlich weiblich.

Schluss angedeutet, indem auf diese Weise sowohl das angesprochene Volk (לְנֶגְדְּכֶם) als auch die Fremden (זָרִים) vom Ackerboden umschlossen sind. Doch nur die Fremden essen davon, während die Adressaten zuschauen müssen. Die Konstruktion des dritten Nominalsatzes von V. 7a zeigt durchaus eine gewisse Nähe zu derjenigen des dritten Nominalsatzes in V. 5b – 6aβ. Während bei מִכַּף־רֶגֶל וְעַד־רֹאשׁ אֵין־בּוֹ מְתֹם (V. 6aα – β) das gesamte Prädikat (מִכַּף־רֶגֶל וְעַד־רֹאשׁ) vor dem Subjekt (אֵין־בּוֹ מְתֹם) steht, ist bei אַדְמַתְכֶם לְנֶגְדְּכֶם זָרִים אֹכְלִים אֹתָהּ die Prädikatserweiterung (אַדְמַתְכֶם לְנֶגְדְּכֶם) vor das Subjekt (זָרִים) gestellt. Somit lässt sich eine weitgehende syntaktische Parallelität zwischen den drei Nominalsätzen in V. 5b – 6aβ und denjenigen von V. 7a entsprechend dem Prinzip „hinkender" Dreigliedrigkeit feststellen, die semantisch durch eine konzentrische Anordnung der je drei satzeröffnenden Nomen entsprechend ihrer Funktion im Körper bzw. Land unterstützt wird. Die parallelen Satzstrukturen beider Passagen sowie die Andersartigkeit und Überlänge des je dritten Glieds lassen sich in folgendem Diagramm zusammenfassen:

Nominalsatz: Subjekt – Prädikat/	Satzanfang: **wichtiges Körperteil** *(außen)*	כָּל־רֹאשׁ לָחֳלִי (5bα)
Nominalsatz: Subjekt – Prädikat/	Satzanfang: *wichtiges Körperteil* *(innen)*	וְכָל־לֵבָב דַּוָּי: (5bβ)
Nominalsatz: Prädikat – Subjekt/	Satzanfang: **ganzer Körper**	מִכַּף־רֶגֶל וְעַד־רֹאשׁ אֵין־בּוֹ מְתֹם (6aα – β)
Zentrum:	*Aufzählung der Wunden –* *Fehlen eines göttlichen Beschützers.*	(6aγ – δ)
	Mangel an Wundbehandlung – *Fehlen eines göttlichen Arztes.*	(6b)
Nominalsatz: Subjekt – Prädikat/	Satzanfang: **ganzes Land**	אַרְצְכֶם שְׁמָמָה (7aα)
Nominalsatz: Subjekt – Prädikat/	Satzanfang: *wichtiger Teil des Landes* *(innen)*	עָרֵיכֶם שְׂרֻפוֹת אֵשׁ (7aβ)
Ns.: Prädikatserweit. – Subjekt – Prädikat/	Satzanfang: **wichtiger Teil des Landes** **(außen)**	אַדְמַתְכֶם לְנֶגְדְּכֶם זָרִים אֹכְלִים אֹתָהּ (7aγ)

Das Prinzip der „hinkenden" Dreigliedrigkeit mit abweichendem überlangen dritten Glied ist somit in allen Teilen von Jes 1,5b – 7a nachweisbar.

3.6.3.2 Adressatenwechsel und rhetorische Frage in Jes 1,5aα

In Jes 1,5a kommt es zu einem plötzlichen Wechsel der Adressaten. Waren bisher Himmel und Erde angesprochen (Jes 1,2a), so kommen diese als Adressaten des Verbs תֻכּוּ (Pu. Impf. 2. Pers. Pl.: „ihr werdet/sollt geschlagen werden") in V. 5a nicht mehr in Frage. Vielmehr wendet sich der Prophet jetzt an eine menschliche Personengruppe. Wie bereits in Jes 1,2 – 4 die genaue Identität der בָּנִים „Söhne" erst relativ spät offengelegt wurde (V. 3b), so wird auch in Jes 1,5 – 7 nicht sogleich gesagt, wer die Angesprochenen genau sind. Zwar legt die Nennung Israels in V. 3 – 4 nahe, dass sich die Rede nun direkt an das ganze Volk wendet, das JHWH als Adoptivkinder angenommen und großgezogen hatte, eindeutig ist dies jedoch erst, wenn V. 7 erwähnt, dass die Adressaten Bewohner eines Landes mit Städten und Ackerflächen sind. Indem das Verb תֻכּוּ „ihr werdet/sollt geschlagen werden" in V. 5 gleich nach der Fragepartikel עַל מֶה einen Wechsel in die zweite Person Plural vollzieht, fühlt sich der Hörer oder Leser des Textes nun direkt angesprochen, was seine Aufmerksamkeit erhöht.

Hierzu trägt zusätzlich eine gewisse Unbestimmtheit der hebräischen Fragepartikel עַל מֶה bei. Darüber, wie diese richtig in eine europäische Sprache zu übersetzen sei, gibt es in Übersetzungen und exegetischer Literatur zwei Ansichten. Eine Tradition, die sich in Septuaginta (τί ἔτι πληγῆτε „was/weshalb sollt ihr noch geschlagen werden?"), Peschitta (ܠܡܢ ܬܘܒ ܬܬܒܠܚܘܢ „warum sollt ihr nochmals geschlagen werden?") sowie besonders in vielen englischsprachigen modernen Übersetzungen[778] niederschlägt, fasst עַל מֶה kausal als „warum?" auf. Belegt ist dieses Verständnis in Num 22,32; Dtn 29,24; 1 Kön 9,8; Esth 4,5; Hi 10,2; 13,14; Ps 10,13; Jer 8,14; 9,11; 16,10; 22,8; Ez 21,12; Mal 2,14. Es ergibt sich zwanglos aus dem allgemeinen Bedeutungsspektrum der Präposition עַל, die sowohl konkret-lokal „über, auf" als auch, vom Konkreten zum Abstrakten übergehend, kausal „wegen" bedeuten kann. Ein Beleg, nämlich Hi 38,6, bietet jedoch על מה

---

778 Vgl. Gray, Isaiah 1 – 27, S. 11: „wherefore?"; Williamson, Isaiah 1 – 5, S. 47 „why?" mit Verweis auf Kalvin, Vitringa, Delitzsch, Orelli, Condamin, Skinner, Gray, Slotki und Young. Ferner s. English Standard Version (2011), King James Version (1769), New International Version (1984), Common English Bible (2011). Dieses Verständnis begegnet auch in der spanischen Nueva Versión Internacional (1999), der Reina-Valera Bibel von 1909 („¿para qué …?") sowie in der tschechischen Bible Králická von 1613 („proč?").

eindeutig im lokalen Sinn „worauf".[779] Zwar ist der seltene[780] Hophal-Stamm des in Jes 1,5 verwendeten Verbs נכה nicht mit dem Präpositionalanschluss עַל zur Angabe des Ziels des Schlagens (dt. „geschlagen werden auf") belegt, doch ist dies beim korrespondierenden aktiven Hiphil-Stamm in Ex 7,17 ([...] אָנֹכִי מַכֶּה בַּמַּטֶּה עַל־הַמַּיִם „ich will mit dem Stab [...] auf das Wasser schlagen"), Dtn 28,35 (יַכְּכָה יְהוָה בִּשְׁחִין רָע עַל־הַבִּרְכַּיִם וְעַל־הַשֹּׁקַיִם „JHWH wird dich schlagen mit bösem Geschwür auf die Knie und auf die Schenkel"), 1 Kön 22,24 // 2 Chron 18,23 (וַיַּכֶּה אֶת־מִיכָיְהוּ עַל־הַלֶּחִי „und er schlug Micha auf die Backe"), Jona 4,8 (וַתַּךְ הַשֶּׁמֶשׁ עַל־רֹאשׁ יוֹנָה „und die Sonne schlug auf Jonas Kopf") und Mi 4,14 (בַּשֵּׁבֶט יַכּוּ עַל־הַלֶּחִי „mit dem Stab schlagen sie auf die Backe") der Fall. Diese Belege zeigen, dass die Präposition עַל beim Hiphil-Stamm von נכה gerne das konkrete Ziel des Schlagens angibt. Besonders gilt dies bei Körperteilen (so in vier der fünf Belege). Da der Hophal-Stamm von נכה in seiner Bedeutung genau die passivische Entsprechung zum Hiphil[781] ist, und da Jes 1,5 der einzige Hophal-Beleg ist, in dessen Kontext von Schlägen getroffene Körperteile eine Rolle spielen (vgl. V. 5b – 6a), hat עַל מֶה hier primär die konkrete Bedeutung von „worauf?" und erst sekundär die abstrakte Bedeutung „weshalb?". Deshalb übersetzen die Vulgata und u. a. viele deutschsprachige Übersetzungen Jes 1,5a im Sinne von „Wohin/Worauf sollt ihr noch geschlagen werden?".[782] Da beide Übersetzungsvarianten je eine zutreffende Sinnperspektive des hebräischen Textes wiedergeben, scheint es nicht sinnvoll, die eine gegen die andere auszuspielen. Gray[783] versucht dies, indem er darauf hinweist, dass eine Person, die mittels Schlägen züchtigt, sich keine besondere Mühe gebe, dabei eine

---

779 Vgl. auch 2 Chron 32,10, wo der an sich abstrakte Sachverhalt von „vertrauen auf" בטח על allerdings eher zufällig im Deutschen wie im Hebräischen mit der lokalen Präposition עַל bzw. „auf" verbunden ist. Sowohl das Hebräische als auch das deutsche (sowie andere indoeuropäische Sprachen) drücken allerdings die abstrakte Vorstellung von Kausalität gerne in Form einer konkreten lokalen Zuordnung aus. Eine strenge Trennung zwischen kausaler und lokaler Bedeutung ist daher nicht immer möglich, da das Eine in das Andere übergeht, vgl. z. B. das deutsche „gegründet sein *auf* etw." und das genannte Bedeutungsspektrum der Präposition עַל.

780 16 Belege laut Bibleworks Lemma-Suche in Groves-Wheeler Westminster Morphology and Lemma Database (WTM).

781 Vgl. dazu HAL.

782 Siehe Vulgata („super quo percutiam vos ultra addentes praevaricationem"), EÜ, Elberfelder Übersetzung, Herder-Übersetzung, Zürcher Bibel (2008), New American Standard Bible 1995 („where ..."), die französische Bible de Jérusalem (1973), Traduction Oecuménique de la Bible (1988), die spanischsprachige Biblia de las Americas (1986). Ferner nennt Williamson, Isaiah 1 – 5, S. 47, Lowth, Gesenius, Knobel, Dillmann, Duhm, Marti, Buhl, Feldmann, Procksch und Jacob als weitere Vertreter. Der doppelten Bedeutung des Hebräischen ist im Deutschen wohl Martin Luther am nächsten gekommen: „Was soll man weiter an euch schlagen, so ihr des Abweichens nur desto mehr machet?"

783 Gray, Isaiah 1 – 27, S. 11.

Stelle zu finden, die noch von keinem Schlag getroffen worden sei, und daher eine Übersetzung im Sinn von „Wohin sollt ihr noch geschlagen werden?" ablehnt. Dieser Einwand übersieht, dass die Frage עַל מֶה תֻכּוּ עוֹד rhetorisch ist. Sie verfolgt nicht die Absicht, eine unverwundete Stelle zum Zweck weiterer Züchtigung ausfindig zu machen, sondern will auf die Tatsache, dass der Körper des Geschlagenen ganz und gar mit Wunden übersät ist, hinweisen und dadurch in inhaltlicher Anknüpfung an Jes 1,3 zeigen, wie unverständlich und unverständig die anhaltende Widerspenstigkeit der Adressaten ist. Die zweifache Bedeutung von Jes 1,5a erzielt rhetorisch die Wirkung, dass der Hörer oder Leser des Textes innerlich zur Nachfrage herausgefordert wird, wie denn das Gesagte genau gemeint sei, und erhöht auf diese Weise die Aufmerksamkeit hinsichtlich des nachfolgenden Texts, der weitere, an beide Bedeutungen von עַל מֶה anknüpfende Informationen bringt. Konkret führt V. 5b – 6, insbesondere die Aussage מִכַּף־רֶגֶל וְעַד־רֹאשׁ אֵין־בּוֹ מְתֹם „von der Fußsohle bis zum Kopf gibt es an ihm nichts Unbeschädigtes", vor Augen, dass die im Bild eines einzigen Leibes vorgestellten Adressaten tatsächlich schon so viele Schläge erhalten haben, dass es keine Stelle mehr gibt, die noch nicht getroffen wurde. In abstrakter Hinsicht stellt sich hier die Frage, warum sie sich durch ihre trotz schwindender Kräfte stetig anwachsende Widerspenstigkeit scheinbar bewusst der Gefahr aussetzen, von weiteren, möglicherweise das Leben endgültig tötenden Schlägen getroffen zu werden. Auch in dieser abstrakt-kausalen Sinndimension ist die Frage עַל מֶה תֻכּוּ עוֹד („weshalb sollt/ wollt ihr noch weiter geschlagen werden?") rhetorisch. Der Fragende ist nicht an einer Rechtfertigung der bisherigen Widerspenstigkeit interessiert, sondern will deren Sinnlosigkeit verdeutlichen: Es gibt keinen vernünftigen Grund, an ihr weiter festzuhalten, da sie nur weiteres Unheil bringen wird.

3.6.3.3 Die äußeren Schlagwunden (Wurzel נכה) und die innere Krankheit der Widerspenstigkeit in Jes 1,5 – 6

Zusammen mit dem Nomen סָרָה „Widerspenstigkeit" legt die Hophal-Form תֻכּוּ (Impf. 2. Pers. Pl. mask. „ihr sollt/werdet geschlagen werden") den Kontext fest, in dem die in V. 5b-6 aufgezählten Leiden stehen. Wie bei der semantischen Diskussion der Wendung מַכָּה טְרִיָּה „frische Schlagwunde" im Rahmen der Erörterung der Poetik von Jes 1,5 – 7 bereits erwähnt, hat die Wurzel נכה ein weites Bedeutungsspektrum, das physisches Schlagen (z. B. Ex 2,13), Töten (z. B. Gen 4,15; Ex 2,12), Beibringen einer militärischen Niederlage (z. B. Gen 14,5) und Herbeiführung einer Plage oder Krankheit durch Gott oder in seinem Auftrag (z. B. Gen 19,11: mit

Blindheit schlagen; Ex 3,20; Num 14,12; Dtn 28,22–35) umfasst.[784] Die Aufzählungen der Wunden in Jes 1,6a und der fehlenden Wundbehandlungen in Jes 1,6b verweisen eindeutig auf den Kontext eines durch physische Schläge verwundeten Körpers. Doch die beiden Aussagen von Jes 1,5b (כָּל־רֹאשׁ לָחֳלִי וְכָל־לֵבָב דַּוָּי „der ganze Kopf ist Krankheit anheimgegeben und das ganze Herz ist völlig krank") deuten zunächst eher in eine andere Richtung, da der einzige weitere Beleg eines parallelen Vorkommens von חֳלִי „Krankheit" und דַּוָּי „völlig krank", Ps 41,4, einen bettlägerigen kranken Menschen vor Augen stellt, der laut eigenem Bekenntnis (Ps 41,5) gegen JHWH sündigte und daraufhin mit Krankheit geschlagen wurde. Auch Dtn 7,15, wo das Nomen חֳלִי „Krankheit" mit einem Derivat der Wurzel דוה, und zwar dem Nomen מַדְוֶה „Krankheit", verbunden ist, bezieht diese beiden Begriffe nicht auf Folgen physischer Gewalteinwirkung, sondern auf Krankheiten in Form von Plagen und Seuchen. Mose sichert dort zu, JHWH werde von Israel jede Krankheit und all die ihm bekannten bösen Seuchen Ägyptens fernhalten (כָּל־חֳלִי וְכָל־מַדְוֵי מִצְרַיִם הָרָעִים). Über drei Verse verteilt finden sich in Dtn 28,59–61, als Teil des Abschnitts über die Flüche für den Fall eines Bundesbruchs, die drei Begriffe מַכָּה im Sinn von „Plage", חֳלִי „Krankheit" und מַדְוֶה „Seuche". Der Begriff חֳלִי bedeutet auch sonst fast durchwegs „Krankheit" (Jos 19,25; 1 Kön 17,17; 2 Kön 1,2; 8,8–9; 13,14; 2 Chr 16,12; 21,15.18.19; Spr 25,12; Jes 38,9; Jer 6,7; 10,19; Hos 5,13). Wildberger[785] geht daher davon aus, dass Jes 1,5b zunächst einen kranken, nicht aber einen von Schlägen malträtierten Leib beschreibt, und interpretiert V. 5b vor dem Hintergrund der in Dtn 28,59–61 angedrohten Plagen und Krankheiten. Demgegenüber ergibt sich für O. Kaiser[786] der Zusammenhang zwischen der Kopf und Herz treffenden Krankheit und den Schlagwunden daraus, dass diese Wunden zu Krankheitsbildern wie Wundfieber oder zumindest Kreislaufschädigungen führen. In eine nochmals andere Richtung weist jedoch die Beobachtung Bjørndalens,[787] dass das Substantiv לֵבָב zusammen mit דַּוָּי eine formelhafte, sonst noch in Jer 8,18; Klg 1,22 belegte Wendung bildet, die auf psychische krankhafte oder krankheitsähnliche Zustände verweist.

Betrachtet man unter Berücksichtigung der drei letztgenannten Forschungsmeinungen den in Jes 1,5–6 dargestellten Gesamtzusammenhang, so fällt auf, dass die Beschreibung des Zustands der Adressaten vom inneren Befund der Widerspenstigkeit ausgeht, dann mit Kopf und Herz Organe benennt, die die innere Steuerung des Menschen durch Sinneswahrnehmung (Kopf) sowie Verstand

---

784 Siehe dazu Bjørndalen, Amos und Jesaja, S. 194, mit weiteren Belegen und Literaturnachweisen.

785 Wildberger, Jesaja 1–12, S. 25 f.

786 Kaiser, Jesaja 1–12, S. 35.

787 Bjørndalen, Amos und Jesaja, S. 197.

und Willen (Herz) gewährleisten, und erst in einem dritten Schritt die äußeren Wunden des ganzen Körpers beschreibt (V. 6a). Ferner ist zu bedenken, dass das Herz ein Organ ist, das als Ziel direkter physischer Schläge nicht in Frage kommt und daher nicht unmittelbar Objekt von נכה „schlagen" im physischen Sinn sein kann. Wie vielmehr die Aussage von Jer 5,23, dass Israel ein störrisches und widerspenstiges Herz hat (לֵב סוֹרֵר וּמוֹרֶה), zeigt, ist die in Jes 1,5a erwähnte Widerspenstigkeit die eigentliche psychische Krankheit, die Israels Herz befallen hat und verhindert, dass es aus den am ganzen Körper erlittenen Schlägen lernt und sich auf JHWH besinnt, der es adoptiert und unter seinem Schutz großgezogen hat. In diese Auslegung fügt sich auch die Aussage, dass der Kopf des Volkes der Krankheit anheimgegeben ist (V. 5bα: כָּל־רֹאשׁ לָחֳלִי). Die Präposition ל drückt hier ein Besitzverhältnis aus, d.h. der Kopf als das Organ, das die Steuerung des Menschen durch Sinneswahrnehmungen gewährleistet, wird von einem krankhaften Zustand beherrscht, der es wahrnehmungsunfähig, und zwar insbesondere taub und blind macht. Dass diese Deutung richtig ist, ergibt sich aus einem Zusammenhang mit dem Verstockungsbefehl von Jes 6,10, auf den bereits Kustár[788] hingewiesen hat. Jes 6,10b nennt als Ziel der Verstockung Israels durch den Propheten (vgl. Jes 6,10a), dass es mit seinen Augen nicht sehen, mit seinen Ohren nicht hören und mit seinem Herzen weder erkennen noch umkehren noch für sich Heilung finden soll (פֶּן־יִרְאֶה בְעֵינָיו וּבְאָזְנָיו יִשְׁמָע וּלְבָבוֹ יָבִין וָשָׁב וְרָפָא לוֹ). Der Reihenfolge von Kopf und Herz in Jes 1,5 entspricht in Jes 6,10b die Nennung der zum Kopf gehörigen Organe der Augen und Ohren vor dem Herzen. In beiden Passagen geht es um einen krankhaften Zustand (vgl. 6,10b: רָפָא לוֹ „Heilung finden"). Da der in Jes 6,10b beschriebene Zustand wie auch die in Jes 1,5a genannte Widerspenstigkeit (näheres dazu unten bei der Erörterung dieses Begriffs) durch Verstehen und Umkehr geheilt werden könnte (6,10b: יָבִין וָשָׁב), geht es bei der Verstockung des Herzens nach Jes 6,10a (הַשְׁמֵן לֵב) um eine Verfestigung des Volkes in seiner Haltung der Widerspenstigkeit, die bereits in Jes 1,5 konstatiert ist. Begleitet wird die Verstockung des Herzens von einer Störung der Augen und Ohren (Jes 6,10a), die die Wahrnehmung verhindert, so dass die Realität nicht mehr erkannt (vgl. Jes 1,3 und 6,9) und eine Rückkehr in die heilende Beziehung zu JHWH unmöglich wird. Vor diesem Hintergrund wird deutlich, dass Jes 1,5–6a die grundlegenden Wirkungen der inneren Krankheit der Widerspenstigkeit beschreibt, die den Kopf befällt, wodurch der Mensch wahrnehmungsunfähig wird, und sich im Herzen einnistet, so dass es weder erkennen noch verstehen kann (vgl. Jes 1,3). Erst die Aussage, dass sich am ganzen Körper keine heile Stelle mehr findet (Jes 1,6aα), leitet über zur Betrachtung der äußeren Wunden des Körpers. Die in Folge der

---

788 Kustár, Durch seine Wunden, S. 61–65.

Trennung von JHWH erlittenen äußeren Schläge können aber wegen des kranken Kopfes und Herzens nicht mehr als Folge der Widerspenstigkeit erkannt werden, was eine Umkehr verhindert. Für die Semantik von תֻּכּוּ „ihr sollt geschlagen werden" bedeutet dies im vorliegenden Kontext, dass tatsächlich entsprechend der zitierten Auffasung Kaisers nur ein physisches Schlagen gemeint ist. Dies entspricht auch der schon erwähnten Tatsache, dass die Verbalform תֻכּוּ (V. 5aα) und das wurzelverwandte Nomen מַכָּה, (V. 6aδ), das hier eindeutig als Schlagwunde zu verstehen ist, die ganze Beschreibung des verwundeten Körpers umschließen. Auf diese Weise ist das Verb נכה „schlagen" die Ursache der drei in Jes 1,6aγ-δ aufgezählten Wundarten. Demgegenüber nennt Jes 1,5aβ die Ursache der von innen her sich entwickelnden Krankheit von Kopf und Herz (V. 5b), nämlich die innere Haltung der Widerspenstigkeit. Somit ergibt sich folgende konzentrische Struktur als Ergebnis:

עַל מֶה תֻכּוּ עוֹד	(5aα)	A: Ursache äußerer Wunden: schlagen
תּוֹסִיפוּ סָרָה	(5aβ)	B: Ursache innerer Krankheit: Widerspenstigkeit
כָּל־רֹאשׁ לָחֳלִי	(5bα)	B': aus dem Inneren entwickelte Krankheit
וְכָל־לֵבָב דַּוָּי׃	(5bβ)	
מִכַּף־רֶגֶל וְעַד־רֹאשׁ אֵין־בּוֹ מְתֹם	(6aα-β)	Überleitung von innen nach außen und zentrale Aussage
פֶּצַע	(6aγ)	A': äußere Wunden am Körper
וְחַבּוּרָה		
וּמַכָּה טְרִיָּה	(6aδ)	

Was die vokabularmäßigen Anklänge an Dtn 28,59 – 61 betrifft, die u. a. Wildberger in seiner oben zitierten Auslegung beobachtet hat, so ist deutlich geworden, dass die in Jes 1,5b – 6a beschriebenen Krankheitsbilder keine von Gott verhängten Plagen im dtn/dtr Sinne sind. Allerdings bewirken diese Anklänge, dass die auf der einen Seite in dtn/dtr Bundestheologie und auf der anderen Seite in jesajanische Theologie gekleidete Grundaussage, dass die Missachtung Gottes Unheil bringt, in einem ähnlichen Gewand erscheint. Jesaja weist sich dadurch als theologisch eigenständiger, aber in mosaischer Tradition[789] stehender Prophet aus.

Dass JHWH bei Jesaja nicht wie im Dtn aktiv derjenige ist, der das Unheil schickt, zeigt sich nicht zuletzt in der passivischen Formulierung von Jes 1,5aα. Diesem noch öfter in Jes 1 begegnenden Phänomen des Passiv, das Ausdruck einer unheilvollen Untätigkeit JHWHs ist, soll unten noch genauer nachgegangen werden. Bevor dies in Angriff genommen wird, ist es angebracht, die Bedeutung des Begriffs der „Widerspenstigkeit" zu untersuchen – einer Haltung, die sich

---

789 Wobei es hier nicht um die Frage geht, wer historischer Autor der betreffenden Texte ist, sondern allein um das Faktum einer entsprechenden Zuordnung durch die Überlieferung.

gerade als Ursache der Krankheit von Kopf und Herz erwiesen hat und im Rahmen des ersten Jesaja-Kapitels eine wichtige Rolle spielt.

3.6.3.4 Zum Begriff der Widerspenstigkeit (סָרָה) in Jes 1,5aβ und seiner Rolle im Kontext von Jes 1

Obwohl die Adressaten schon zahllosen Schlägen ausgesetzt waren, obwohl es längst an der Zeit wäre, zu Erkenntnis und Einsicht (Jes 1,3) zu gelangen, rechnet der Prophet in Jes 1,5 mit keiner Umkehr der Adressaten, sondern kündigt an, deren Widerspenstigkeit werde weiter zunehmen (תּוֹסִיפוּ סָרָה). In dieser Ankündigung schwingt noch der kausale Sinn des einleitenden Frageworts עַל מֶה „worauf/weswegen?" mit. Williamson[790] fasst aus diesem Grund Jes 1,5a insgesamt als eine zwei Teilaussagen umfassende rhetorische Frage auf: „Why will you go on being beaten (and) persist in your defection?" Wie man die Syntax im Einzelnen auch interpretiert,[791] so steht fest, dass JHWH durch seinen Propheten auf die Widerspenstigkeit als Ursache der Schläge hinweist und die Befürchtung ausdrückt, dieses törichte Verhalten werde weiter andauern. Was aber ist mit סָרָה „Widerspenstigkeit" gemeint? Aus der Sündenthematik im Text vor Jes 1,5 ergibt sich, dass es um eine diesem Kontext entsprechende Verfehlung oder Fehlhaltung geht. Zumindest auf der Ebene der synchronen[792] Textlektüre fasst der Begriff סָרָה das lange „Sündenregister" aus Jes 1,2–4, bestehend aus den das volle Maß symbolisierenden zehn Aussagen פָּשְׁעוּ בִי (V. 2b), כֶּבֶד, חֹטֵא, לֹא יָדַע, לֹא הִתְבּוֹנָן (V. 3b), נָזֹרוּ, נִאֲצוּ, עָזְבוּ (V. 4a), מַשְׁחִיתִים, מְרֵעִים, עָוֹן (V. 4b), in einem Wort zusammen.[793] Während diese zehn Aussagen Handlungen, geistige Verhaltensweisen sowie auch Sündenfolgen (vgl. חֹטֵא und כֶּבֶד עָוֹן in V. 4a als Handlungs- und Folgenaspekte umfassende Wendungen) zum Ausdruck bringen, führt Jes 1,5aβ all dies auf eine verfehlte Haltung des Willens, nämlich die „Widerspenstigkeit" (סָרָה), als Wurzel zurück. Auf Grund des Vorhergehenden lässt diese sich als im Willen wurzelnde

---

790 Williamson, Isaiah 1–5, S. 47.

791 Zur Diskussion der bisher vorgeschlagenen Interpretationen der Syntax (V. 5aβ als asyndetischer Relativsatz, Umstandssatz oder zweiter von עַל מֶה abhängiger Hauptsatz) siehe Williamson, Isaiah 1–5, S. 47 f.

792 Auch wenn die Unterschiede zwischen Jes 1,4 und 1,5–8 in literarischer Form, Sprechperspektive und zeitlichem Horizont (Situation vor dem Unheil in 1,4 gegenüber Situation danach in 1,5–8) dafür sprechen, dass beide Texte in nicht mehr sicher rekonstruierbarer Form zunächst getrennt überliefert wurden (siehe dazu unten Punkt 3.6.4), besteht thematisch ein enger, harmonisch fortschreitender Zusammenhang zwischen dem „Sündenregister" in Jes 1,2–4 und den in Jes 1,5–8 eingetretenen Folgen.

793 Vgl. Bjørndalen, Amos und Jesaja, S. 195 f.: „Das Nomen סָרָה fasst unter seinem Gesichtspunkt die Charakteristiken des Volkes V. 4 abstrahierend zusammen."

Neigung zur Treulosigkeit (V. 2b) beschreiben, die der Uneinsichtigkeit und dem Unverstand (V. 3b) im Zweifel den Vorrang vor einer auf lebensförderliche Ordnung gegründeten Lebensweise (vgl. V. 3a) einräumt. In diesem Sinn geht es um einen Hang zu Sünde und Sündenschuld (V. 4aα), dessen Charakter die Grundbedeutungen von חָטָא „das Ziel verfehlend" und כֶּבֶד עָוֹן „schwer von Verkrümmtheit" besonders deutlich veranschaulichen. Im praktischen Handeln bedeutet dies eine Bereitschaft zu Gewalt, bösartigen und rechtswidrigen Taten und Zerstörung (V. 4aβ). Gott gegenüber schreckt der Widerspenstige weder vor einer Aufkündigung der Gemeinschaft mit ihm noch vor der Schmähung seiner Person oder der völligen Abwendung zurück (V. 4b). Die „Widerspenstigkeit" סָרָה widersetzt sich somit in jeder Hinsicht der die Geschicke der Welt zum Guten hin leitenden göttlichen Ordnung und stellt sich vor diesem Hintergrund als schwerwiegender Charakterdefekt dar, der in der Geschichte der Kinder JHWHs vielfaches Unheil heraufbeschwört und die Möglichkeit, aus Fehlern zu lernen, nicht in den Blick kommen lässt.

Das oben skizzierte Verständnis von „Widerspenstigkeit" סָרָה bestätigt sich durch den Kontext, in dem Jes 1,23 das aus derselben Wurzel abgeleitete Verb סרר „widerspenstig sein" verwendet. Dort heißt es: שָׂרַיִךְ סוֹרְרִים „Deine Edlen [sind] Widerspenstige." Diese interessieren sich nur für ihren eigenen Reichtum, ohne grundlegende Rechtsprinzipien einzuhalten. Auch hier ist Widerspenstigkeit eine Neigung zu die gesellschaftliche Ordnung zersetzenden Verhaltensweisen: Missachtung fremden Eigentums (V. 23a: חַבְרֵי גַּנָּבִים „Gefährten von Dieben"), Begünstigung im Amt (V. 23a: כֻּלּוֹ אֹהֵב שֹׁחַד „ sie alle lieben ein Huldigungsgeschenk"), Bestechlichkeit (V. 23a: רֹדֵף שַׁלְמֹנִים „hinter Bestechungsgaben sind sie her"), Rechtsbeugung (V. 23b). Die Verwendung des Begriffs סָרָה „Widerspenstigkeit" in Jes 31,6 [...] שׁוּבוּ לַאֲשֶׁר הֶעְמִיקוּ סָרָה („Kehrt um zu dem, dem gegenüber ihr die Widerspenstigkeit so abgrundtief habt werden lassen [...]!") zeigt, dass diese der Gegensatz zur Haltung der Umkehr (Wurzel שׁוב) ist, also durch Umkehr geheilt werden kann (vgl. auch Jes 6,10b).[794] Der nächste auf Jes 1,5a folgende Text, der – wenn auch ohne Verwendung der Wurzel שׁוב „umkehren" – der Sache nach von Umkehr handelt, ist die zur Bekehrung auffordernde Reihe von Imperativen in Jes 1,16 f. Die Umkehrthematik kommt besonders deutlich in den zentralen Imperativen חִדְלוּ הָרֵעַ „Hört auf, Böses zu tun" und לִמְדוּ הֵיטֵב „Lernt, Gutes zu tun!" (V. 16) zum Ausdruck. Aus dem oben aufgezeigten Gegensatz zwischen Widerspenstigkeit (סָרָה) und Umkehr (Wurzel שׁוב) folgt, dass die Imperative in Jes 1,16 f. nicht in erster Linie als Opposition zum in Jes 1,11–15 kritisierten kultischen Handeln zu verstehen sind, sondern vor allem als Weg, durch den die Haltung der

---

794 So Williamson, Isaiah 1–5, S. 61 f.

Widerspenstigkeit (סָרָה) zu Gunsten einer lernbereiten, auf Gott hörenden Haltung überwunden und so der alte Weg des Treubruchs (Jes 1,2–4) aufgegeben wird. Sobald das in Jes 1,16 f. angesprochene Volk aufgehört hat, Böses zu tun, und gelernt hat, Gutes zu tun, ist es zu einem hörenden Volk geworden, das die Weisung seines Gottes befolgt (vgl. Jes 1,10) und ihn durch Treue als wirklichen Herrn anerkennt (vgl. Jes 1,3). Nach der so erreichten Wiederherstellung eines realen, auf Recht und Gerechtigkeit ausgerichteten Einflusses JHWHs im Leben seines Volkes kann auch das kultische Handeln Israels seinem Gott wieder gefallen, weil es dann wieder Ausdruck einer wirklichen, in Treue gelebten Beziehung ist. Somit ist die Kultkritik in Jes 1,11–15 keine pauschale Verwerfung kultischen Handelns, sondern Folge der durch die Haltung der Widerspenstigkeit geprägten Situation des Volkes.[795] Eine Gesellschaft, die in ihrem praktischen Leben nicht daran interessiert ist, das von Gott geforderte Gute zu verwirklichen, kann ihn nicht im Kult als Herrn verehren, ohne unredlich zu werden und ihm die kultische Ehrung zu einem Nichts, einem Greuel (vgl. Jes 1,13: הָבִיא מִנְחַת־שָׁוְא und תוֹעֵבָה) zu machen. Somit hat sich gezeigt, dass die in Jes 1,5a genannte Widerspenstigkeit als Ursache sowohl der Sündenverstrickung nach Jes 1,2–4 als auch der Verwüstung des Landes laut Jes 1,5–8, sowie auch als tiefster Grund der Ablehnung des Kultes zu verstehen ist.

Dass diese dreifache Annahme richtig ist, verdeutlicht der Abschnitt Jes 1,18–20, der eine zusammenfassende und verallgemeinernde Fortsetzung der Aufrufe zu Läuterung und Umkehr aus Jes 1,16–17 bietet. Vers 18 knüpft an die neun Imperative aus V. 16–17 an, indem er noch einen zehnten hinzufügt, nämlich „kommt doch und lasst uns rechten!" (לְכוּ־נָא וְנִוָּכְחָה). Damit werden die Aufforderungen zur Suche nach dem Recht aus V. 17 auf einen zielführenden Weg gebracht, indem eine Einladung Gottes ergeht, darüber mit ihm selbst, dem Urheber allen Rechts, ein weisheitliches Streitgespräch zu führen.[796] Mit der Annahme der Einladung sind dreierlei Verheißungen verbunden, nämlich eine unbedingte Verheißung von Läuterung (V. 18b), eine bedingte Heilsverheißung für den Fall des willigen Hörens auf JHWH (V. 19) und eine bedingte Unheilsverheißung für den

---

795 Vgl. Barton, The Prophets and the Cult, S. 114, der zu Jes 1,15 anmerkt: „This does not imply a root-and-branch opposition to the cult, but only the (surely widely shared) belief that those who offer sacrifices must be in a state of purity, and moral transgression – especially such sins as murder or theft – pollute the would-be worshipper just as much as offences against purity regulations do, and make his sacrifices unacceptable." Ergänzend zu dieser kulttheologischen Begründung kommt der dargelegte, für Jesaja zentrale Aspekt hinzu, dass in der Nichtbeachtung der ethischen Weisungen JHWHs die Leugnung seines göttlichen Königtums liegt.

796 Vgl. dazu die Ausführungen über die Wurzeln יכח oben unter Punkt 3.5.3.6.3.5 und שפט unter Punkt 3.5.3.4 sowie die Schlussfolgerungen der Erörterung der sog. prophetischen Gerichtsrede.

Fall einer sich verweigernden Widerspenstigkeit (V. 20). Die Läuterungsverhei-
ßung Jes 1,18b greift – unter Verwendung des auf Jes 1,4a verweisenden Sün-
denbegriffs חַטָּאיכֶם „eure Sünden" – auf die Aufforderungen zur Reinigung und
zum Ablassen vom Bösen aus Jes 1,16 zurück, indem sie zeigt, wie dies verwirklicht
werden kann: Wer sich auf eine Auseinandersetzung mit Gott über das Recht
einlässt, wird geläutert werden und das Böse hinter sich lassen. Die bedingten
Verheißungen in Jes 1,19 – 20 verdeutlichen in Form einer Zwei-Wege-Lehre, wie
die Imperative zur Errichtung des Rechts aus Jes 1,17 realisiert werden können,
nämlich durch Hören auf JHWH, der mit den Adressaten rechtet, und durch
Vermeidung störrischer Widersetzlichkeit (Wurzel מרה). Insgesamt geht es also in
Jes 1,18 – 20 um den konkreten Weg zur Verwirklichung der in Jes 1,16 f. eingeforderten Umkehr, wobei Jes 1,20 die sich verweigernde Widersetzlichkeit (Wurzel
מרה) als zu überwindende Haltung und Jes 1,19 das willige Hören auf JHWH als neu
zu gewinnende Haltung benennt. Wie der parallele Gebrauch der Wurzeln סרר und
מרה in Dtn 21,18.20 (V. 18: בֵּן סוֹרֵר וּמוֹרֶה „störrischer und widerspenstiger Sohn"); Jer
5,23 („störrisches und widerspenstiges Herz" לֵב סוֹרֵר וּמוֹרֶה des Volkes); Ps 78,8 (die
Väter als „störrisches und widerspenstiges Geschlecht" דּוֹר סוֹרֵר וּמֹרֶה) belegt,
handelt es sich hierbei um im Wesentlichen synonyme Begriffe, die ein Paar
bilden. Daher zielt die in Jes 1,20 erteilte Warnung vor einer Verweigerungshaltung
gegenüber JHWH auf die Überwindung der laut Jes 1,5 – 7 verheerendes Unheil
bewirkenden „Widerspenstigkeit" (V. 5a: סָרָה). Dass die Zwei-Wege-Lehre Jes 1,18 –
20 deren Überwindung bezweckt, wird durch zwei weitere Beobachtungen untermauert. Die in V. 19, dem Zentrum dieses Abschnitts, stehende Heilsverheißung
kündigt unter der Bedingung, dass die Adressaten willig sind und auf JHWH hören
(V. 19a: אִם־תֹּאבוּ וּשְׁמַעְתֶּם), ein heilvolles, von Wohlstand geprägtes Leben im Land
an (V. 19b: טוּב הָאָרֶץ תֹּאכֵלוּ „so werdet ihr die Güter des <u>Landes</u> essen"). Dies ist die
Umkehrung des in Jes 1,7a erwähnten unheilvollen Zustands, in dem das <u>Land</u>
verwüstet ist (אַרְצְכֶם שְׁמָמָה) und Fremde vor den Augen der Adressaten deren
„Ackerboden" <u>essen</u> (אַדְמַתְכֶם לְנֶגְדְּכֶם זָרִים אֹכְלִים אֹתָהּ). Die in Jes 1,20 für den Fall
weiter andauernder Widersetzlichkeit verhängte Unheilsandrohung greift noch-
mals das Stichwort אכל „essen/verzehren" aus Jes 1,7 und V. 19 auf: חֶרֶב תְּאֻכְּלוּ „vom
Schwert werdet ihr <u>verzehrt werden</u>." Inhaltlich stellt dies eine Steigerung des
Unheils dar, das Jes 1,5b – 6 im Bild eines schwer verwundeten, aber immerhin
noch lebenden Körpers beschreibt. Bisher sind die Adressaten trotz schwerer
Verletzungen gerade noch mit dem Leben davongekommen. Sollte ihre widerspenstige Haltung weiter ihr Verhalten bestimmen, werden sie durch das Schwert
völlig zu Grunde gehen. Wurden sie bisher „nur" geschlagen, müssen sie im Fall
einer Verweigerung der Umkehr damit rechnen, „gefressen" zu werden. Zusammenfassend ist festzuhalten, dass das in Jes 1,5a (סָרָה) und V. 20a (Wurzel מרה)
verankerte Motiv der Widerspenstigkeit eine zentrale Rolle spielt, weil es die

Haltung benennt, die die Ursache der in Jes 1,2 – 4 aufgelisteten Vergehen ist und daher durch die Aufforderungen zur Bekehrung in Jes 1,16 f. sowie den Weg zu deren Verwirklichung nach Jes 1,18 – 20 überwunden werden soll. Dieser Weg der Umkehr steht in engstem inneren Zusammenhang mit der Rolle des oben unter Punkt 3.6.2.6.7 ausführlich dargestellten Motivs des Hörens. JHWHs Weisung bereitwillig zu hören und die performative Kraft seines Wortes in sich aufzunehmen bedeutet, die Widerspenstigkeit, die sich dem Guten zum eigenen Schaden widersetzt, zu überwinden und neu den von Gott gewiesenen Weg des Lebens zu gehen.

In kompositorischer Hinsicht ist ergänzend anzumerken, dass die Reihe der insgesamt zehn Aufforderungen zur Bekehrung (Jes 1,16 – 17.18a) den in Jes 1,2 – 4 aufgezählten zehn Vergehen Israels gegenübersteht. Zwischen diesen beiden Blöcken liegen mit der Beschreibung der über Volk und Land hereingebrochenen Schläge und Verwüstung einerseits (Jes 1,5 – 8) sowie der Beschreibung der durch den Abbruch der Gottesbeziehung bedingten Unmöglichkeit kultischer Kommunikation andererseits (Jes 1,10 – 15) zwei zueinander komplementäre Aspekte der umfassenden Verwüstung, die nur durch Umkehr überwunden werden kann. Der in Jes 1,16 – 17.18 – 20 vorgeschlagene Weg wird durch zwei Aussagen über das Hören gerahmt, nämlich zum einen in Jes 1,15aδ durch die Weigerung JHWHs, auf die zahlreichen Gebete des angesprochenen Volkes zu hören (אֵינֶנִּי שֹׁמֵעַ), sowie zum anderen durch die bedingte Heilsverheißung Jes 1,19, die eine Haltung des willigen Hörens auf JHWH einfordert (V. 19a: אִם־תֹּאבוּ וּשְׁמַעְתֶּם).[797] JHWHs Weigerung, seine göttliche Macht durch Hören auf die kultische Kommunikation eines widerspenstigen, auf Wegen des Unrechts wandelnden Volkes instrumentalisieren zu lassen, und die Aufforderung an das Volk, auf seinen Gott JHWH zu hören, zielen auf die Wiedererrichtung der auf Recht und Gerechtigkeit gegründeten Gottesherrschaft in Israel ab, die durch seine Kinder zwar nicht theoretisch (vgl. Jes 1,11 – 15a), aber faktisch geleugnet wird (vgl. Jes 1,2 – 4.5a.15b.16 – 17).

Vor dem Hintergrund obiger Überlegungen zur Bedeutung der Widerspenstigkeit (סָרָה) in Jes 1,5a wird deutlich, welchem Ziel die Betrachtung des verwundeten Körpers und des verwüsteten Landes in Jes 1,5 – 7 letztlich dient. Wie dargelegt, besteht ein ursächlicher Zusammenhang zwischen der Widerspenstigkeit (Jes 1,5a), der Abwendung von JHWH (Jes 1,2 – 4) und dem hereingebrochenen Unheil (Jes 1,5 – 7). Indem vor der detaillierten Unheilsschilderung die Widerspenstigkeit als eigentlich springender Punkt, der zur Verstrickung in Sünde geführt hat, ins Auge gefasst wird, kann der nachfolgende intensive Blick auf das

---

[797] Zur Bedeutung aller Aussagen über das Hören in Jes 1 siehe oben die Exegese von Jes 1,2a (Punkt 3.6.2.6.7).

Unheil dazu beitragen, den Adressaten wirksam zu vermitteln, dass die Überwindung dieser Haltung allerhöchste Priorität hat und für das weitere Überleben unverzichtbar ist. So wird der Weg für eine bereitwillige Akzeptanz der Aufforderungen zur Umkehr nach Jes 1,16 f. und der Zwei-Wege-Lehre in Jes 1,18 – 20 bereitet. Die Verbindung der passiven Formulierung עַל מֶה תֻכּוּ עוֹד „Worauf/wozu sollt ihr noch geschlagen werden?", die das schlagende Subjekt unbenannt lässt, mit der Feststellung weiter anwachsender Widerspenstigkeit, die Ursache des Abfalls von JHWH ist, gibt Anlass, angesichts der abgebrochenen Gottesbeziehung nach dem Subjekt oder der Herkunft der Schläge zu fragen.

3.6.3.5 Jes 1,5 – 6 als Resultat elterlicher Züchtigung oder unheilvoller Untätigkeit Gottes? Zur Passiv-Form תֻכּוּ

Da in Jes 1,5a die rhetorische Frage עַל מֶה „worauf/wozu?" die Sinnlosigkeit weiterer Schläge impliziert, deren Ursache und Anlass die Widerspenstigkeit ist, gehen nicht wenige Exegeten davon aus, dass die Adressaten zwecks Züchtigung geschlagen wurden, die man in alttestamentlicher Zeit als elterliches Recht (vgl. Dtn 21,18 – 20) und unverzichtbares Erziehungsmittel (vgl. Spr 10,13; 13,24; 19,18; 22,15; 29,15) betrachtete.[798] Da diese Ausleger in der Regel Jes 1,4 und 1,5 – 9 als Einheit behandeln und annehmen, dass nicht erst V. 5, sondern schon V. 4 JHWHs Kinder direkt anspricht, ergibt sich für sie der Kontext der Züchtigung zwecks Erziehung unmittelbar aus der in Jes 1,4 vorausgesetzten Situation des an die schuldbeladenen Kinder gerichteten Wehe-Rufs. Nun hat sich in unserer Untersuchung gezeigt, dass Jes 1,4 selbständiger Wehe-Ruf ist, der sowohl thematisch als auch durch Stichworte, die in Jes 1,5 – 9 nicht mehr vorkommen,[799] eng mit dem vorhergehenden Abschnitt Jes 1,2 – 3 verbunden ist und sich daher auch an dessen Adressaten, nämlich Himmel und Erde, richtet. Bei Jes 1,5 – 7 zeigt dagegen die Anrede der Zuhörer als vom Unheil Betroffene, dass nicht mehr Himmel und Erde, sondern direkt die zuvor noch in der dritten Person (vgl. V. 4b) in einer simulierten Totenklage betrauerten Söhne (V. 4a) angesprochen sind. Zwar geht auch unsere Lektüre des Textes davon aus, dass Jes 1,5 – 7 wegen der sonst unbestimmt bleibenden Adressaten die in Jes 1,2 – 4 erzählte Vorgeschichte zwischen JHWH und seinen Söhnen voraussetzt, zumal der Begriff der Widerspenstigkeit in Jes 1,5a inhaltlich auf die Sündenthematik von Jes 1,2 – 4 zurückverweist, jedoch wäre es angesichts der zeitlich, inhaltlich und formal markierten Zäsur zwischen V. 4 und

---

798 So z. B. Fohrer, Zusammenfassung, S. 257; Kaiser, Jesaja 1 – 12, S. 35; Kustár, Durch seine Wunden, S. 47; Blenkinsopp, Isaiah 1 – 39, S. 183.

799 בָּנִם; עַם; Trias von Wurzel פשע, Wurzel חטא und עָוֹן; komplementäres Paar קְדוֹשׁ יִשְׂרָאֵל – יִשְׂרָאֵל. Näheres dazu oben unter Punkt 3.6.1.

V. 5 vorschnell, ohne weitere Überlegungen auch für Jes 1,5–7 die Szenerie einer innerfamiliären Situation anzunehmen, die gegeben sein muss, wenn das geschilderte Unheil als Züchtigung interpretiert werden soll. Denn immerhin konstatiert Jes 1,2b den Bruch Israels mit JHWH und V. 4b die völlige Abwendung von ihm. Die familiäre Situation ist damit zerbrochen.

Auffällig in Jes 1,5 ist, dass die Kombination der in vielfältigen Kontexten gebrauchten Wurzel נכה „schlagen" mit dem selteneren Nomen סָרָה „Ungehorsam, Widerspenstigkeit, Abfall" als Grund der Schläge an keiner derjenigen Stellen der Weisheitsliteratur begegnet, die die Züchtigung eines Sohnes betreffen. So kommt in Spr 13,24; 22,15; 29,15 keines dieser Lexeme vor,[800] vielmehr ist allein vom Gebrauch des Stocks (שֵׁבֶט) die Rede. Lediglich in Spr 23,13 f. wird das Verb נכה „schlagen" in Verbindung mit שֵׁבֶט „Stock" im Zusammenhang der Züchtigung eines Knaben (נַעַר) gebraucht. Spr 19,18 spricht allgemein von der Züchtigung des Sohnes (Verb יסר), so dass sich der Kontext körperlicher Züchtigung erst aus der Warnung, ihn nicht zu töten, ergibt.[801]

Was Dtn 21,18–20 betrifft, so ist dort in der Tat von einem בֵּן סוֹרֵר וּמוֹרֶה, einem „störrischen und widerspenstigen Sohn" die Rede, wobei das Partizip סוֹרֵר derselben Wortwurzel סרר entstammt wie das in Jes 1,5 verwendete Nomen סָרָה. Dies ist ein Hinweis darauf, dass JHWHs Söhne eine ähnliche Auflehnung gegen ihren Adoptivvater praktizieren wie der in Dtn 21,18 beschriebene Sohn, vgl. dazu auch den Wehe-Ruf Jes 30,1 gegen die „widerspenstigen Söhne" בָּנִים סוֹרְרִים JHWHs.[802] Jedoch bedeutet dieser Anklang an Dtn 21,18 nicht automatisch, dass JHWH gegen seine Kinder in der dort vorgesehenen Weise vorgeht. Zwar ist seitens der in Jes 1,5a angesprochenen Israeliten insofern eine Parallele zu Dtn 21,18–20 gegeben, als diese den störrischen Widerstand gegen JHWH ungeachtet erlittener Schläge immer weiter verstärken. Jedoch fällt auf, dass die eigentliche Situation der Züchtigung gar nicht im Blick ist. Jes 1,2–4 handelt von den Kindern, die sich von ihrem Gott, der sie adoptierte, abgewandt haben und daher künftigem Unheil verfallen sind. Jes 1,5–7 blickt auf bereits eingetretenes Unheil zurück und deutet dies als Folge von סָרָה „Widerspenstigkeit", ohne explizit von Züchtigung zu sprechen. Nach Jes 1,2b ist ja die Phase des Großziehens der Kinder JHWHs bereits abgeschlossen. Als „erwachsenes" Volk sollte Israel erkannt haben, dass Wider-

---

800 Ebensowenig an der von Kustár zitierten Stelle Spr 10,13, die sich nicht auf die Züchtigung eines Sohnes, sondern allgemein auf die eines Unverständigen bezieht.

801 Die Züchtigung eines Kindes zwecks Erziehung bezeichnet das Verb יסר ferner noch in Spr 29,17; Dtn 8,5; 19,18. Aus Spr 31,1 דִּבְרֵי לְמוּאֵל מֶלֶךְ מַשָּׂא אֲשֶׁר־יִסְּרַתּוּ אִמּוֹ „Worte Lemuels, des Königs von Massa, mit denen seine Mutter ihn züchtigte" folgt eindeutig, dass יסר nicht nur körperliche Züchtigung meint.

802 Vgl. dazu Kaiser, Jesaja 1–12, S. 35; Wildberger, Jesaja 1–12, S. 25.

spenstigkeit gegen Gott nicht zum Guten führen kann. Daher geht es in Jes 1,5 – 7 nicht mehr um die Folgen einer Züchtigung, sondern – schlimmer – um die klagende Betrachtung der ohne Züchtigung eingetretenen Konsequenzen einer törichten Nichtbeachtung des Herrschers über Himmel und Erde. Die rhetorische Frage in Jes 1,5 erscheint als letzter resignierter Versuch, die Widerspenstigen dazu zu bewegen, verständig zu werden, wobei Jes 1,8 f. eine letzte noch verbliebene Möglichkeit aufzeigt, den Weg zum Guten hin (vgl. Jes 1,17.18 f.) zu gehen. Die passive Hophal-Form תֻּכּוּ „ihr werdet geschlagen werden" unterstreicht, dass Gott sich angesichts der über seine Adoptivkinder hereinbrechenden Schläge passiv verhält, wobei sein zulassender Wille unsichtbar hinter dem unheilvollen Geschehen steht.

Wenn es darum geht, in welcher Weise Gott gegen Geschöpfe vorgeht, die ihn verachten, kennt das Alte Testament unterschiedliche Vorstellungen, die besonders dort begegnen, wo die Wurzel נכה „schlagen" ein gottgewolltes Einschreiten gegen Feinde bezeichnet – seien dies Fremdvölker, das zum Feind gewordene eigene Volk oder einzelne Personen. So kann Gott als aktives Subjekt Geschöpfe „schlagen" (נכה), die die Ordnung von Schöpfung und Geschichte (zer)stören bzw. seine Herrschaft leugnen (vgl. Gen 8,21; Ex 3,20; 9,15; 12,12 f.; 12,29; Lev 26,21.24; Num 3,13; 8,17; 11,33; 14,12; 32,4; 33,4; Dtn 28,22.27.28.35; Jos 10,10; 1 Sam 4,8; 5,6.9; 6,19; 2 Sam 6,7 // 1 Chron 13,10; 1 Kön 14,15; Jes 5,25; 9,12; 11,15; 27,7; 57,17; 60,10; Jer 2,30; 5,3; 14,19; 21,6; 30,14; 33,5; Ez 7,9; Hos 6,1; Am 4,9; Hag 2,17; Sach 9,4; 12,4; Mal 3,24; Ps 69,27; 78,51.66; 105,33.36; 135,8; 1 Chron 21,7). Eine zweite Variante ist, dass Gott seine Gegner in die Hand anderer Geschöpfe gibt, z. B. Menschen oder auch Strafengel (z. B. Jes 37,36; ähnlich die „sechs Männer" in Ez 9,2.7.8), um sie durch diese zu „schlagen" (נכה). Solange Israel auf JHWHs Seite steht, sind seine Feinde auch diejenigen JHWHs. Er ist es, der sie in Israels Hand bzw. in die Hand seines erwählten Retters (z. B. Ri 6,16: Gideon; 14,19: Simson; 1 Sam 14,12 – 14: Jonathan; 15,1 – 3: Saul; 17,46; 19,5; 23,2: David; Jes 11,4: der Spross Isais gegen die Gottlosen) gibt, damit es sie schlägt (so z. B. in Num 21,24.35; 25,17; Dtn 2,33; 3,3; 7,2; 13,16; 20,13; 29,6; Jos 7,3; 8,21 – 24; 9,18; 10,20; 10,35 – 39; 11,8.11.14; 12,1; Ri 1,4; 11,21; 1 Sam 7,10 f.). Umgekehrt wird Israel – besonders häufig in Pentateuch und Geschichtsbüchern – von seinen Feinden geschlagen, wenn es sich vom Herrn abwendet, auf ihn nicht hört oder seinen Willen nicht beachtet. Dieser Sachverhalt begegnet im Rahmen des – meist dem DtrH zugeschriebenen – sog. Richter-Schemas, wo JHWH auf die Untreue seines Fremdgötter verehrenden Volkes (vgl. z. B. Ri 3,7.12a) reagiert, indem er Israels Feinde erstarken lässt (vgl. z. B. Ri 3,12), so dass diese es besiegen. Häufig steht hier die Formulierung, dass JHWH Israel an seine Feinde „verkauft" (וַיִּמְכְּרֵם, so in Ri 2,14; 3,8; 4,2; 10,7) oder in deren Hand gibt (...וַיִּתְּנֵם יְהוָה בְּיַד־, so in Ri 2,14; 6,1; 13,1; vgl. ferner Jos 11,8; Jes 47,6). Manchmal findet sich aber auch die Wurzel נכה „schlagen" als Ausdruck der von Israel in Folge seiner Untreue erlittenen Niederlage, vgl. Ri 3,7.12–13, ferner z. B. Num 14,43–45; 2 Kön 10,31 f. Die Wurzel נכה „schlagen" erscheint dabei im Vergleich zu den anderen beiden Wendungen als der spezifischste Ausdruck eines Siegs im Kampf (vgl. z. B. Ri 1,17.25; 3,13.29.31; 6,16; 8,11; etc.), der Repressalien in Folge einer Niederlage wie z. B. Plünderung, Gefangenschaft, Exilierung, Frondienst, etc. nicht automatisch mitbeinhaltet. Bemerkenswert an dem erhobenen Befund ist, dass im Bereich von Pentateuch und Geschichtsbüchern die Wurzel נכה häufiger verwendet wird, wenn Israel dank JHWHs Unterstützung seine Feinde schlägt, seltener dagegen, wenn es wegen seiner Missachtung JHWHs von Feinden besiegt wird. Bei den hinteren Propheten ist dies umgekehrt. Der erstgenannte Fall, dass Israel seine Feinde schlägt (Wurzel נכה), findet hier kaum Erwähnung. Öfter geht es darum, dass JHWH seine Gegner in Israel bzw. die abtrünnigen Israeliten in die Hand von Feinden gibt, die sie schlagen (z. B. Jes 10,20.24 bzgl. Assur, das als JHWHs Stock fungiert; Jer 20,4; 21,7; 29,21; 46,13 ff.; 47,1 ff. bzgl. des Königs von Babel, der JHWHs Feinde erschlagen wird). Insgesamt sprechen die hinteren Propheten seltener als Pentateuch und Geschichtsbücher davon, dass Gott durch andere Geschöpfe handelt, um Feinde zu „schlagen" (נכה). Meist ist hier JHWH direktes Subjekt von נכה. Dies gilt ausweislich der aufgeführten Belege insbesondere auch für das Jesaja-Buch.

Jes 1,5 enthält mit der passiven Hophal-Form תֻכּוּ „ihr sollt geschlagen werden" eine dritte Variante dessen, was mit Geschöpfen geschehen kann, die sich gegen JHWH auflehnen. Kustár[803] hat diese Form als *passivum divinum* gedeutet. Nun wurde der Begriff des *passivum divinum* zuerst in der neutestamentlichen Exegese geprägt, um eine Verwendung des Passiv zu bezeichnen, die dadurch motiviert ist, eine Nennung Gottes als Subjekt einer aktiven Verbform zu vermeiden.[804] Ch. Macholz[805] machte in einem kleinen Beitrag auf verschiedene, überwiegend späten Textschichten zugehörige Stellen (u. a. in Leviticus, Josefsgeschichte, Sirach) aufmerksam, wo das Phänomen auch im Alten Testament begegnet. Was Jes 1,5 betrifft, so ist es unwahrscheinlich, dass hier das Passiv nur deshalb gewählt wurde, um eine Nennung Gottes als aktives Subjekt von נכה „schlagen" in Bezug auf sein Volk zu vermeiden. Denn nur wenige Kapitel später in Jes 5,25; 9,12 sowie in der sicher relativ jungen Passage Jes 57,17 ist JHWH ausdrücklich derjenige, der sein Volk schlägt. Daher muss mit der Verwendung des Passiv eine inhaltliche Absicht verbunden sein, die sich von der Intention eines *passivum divinum* unterscheidet. JHWH ist in Jes 1,5 weder aktiv schlagendes Subjekt noch ein

---

803 Kustár, Durch seine Wunden, S. 47.

804 Siehe dazu Macholz, Passivum divinum, S. 247 f., mit Verweis auf Gustaf Dalman, Albert Debrunner und Joachim Jeremias.

805 Macholz, Passivum divinum, S. 248–253.

Handlungsträger, der seinen Willen durch seiner Herrschaft unterliegende andere Geschöpfe vollziehen lässt. Er bleibt vielmehr untätig, während die Folgen der Missachtung seiner Person die sich auflehnenden Geschöpfe treffen. Ähnlich verhält es sich, wenn Jeremia in Jer 18,21 gegen seine Verfolger (vgl. Jer 18,19 f.) klagt und den Herrn bittet, deren Kinder dem Hunger preiszugeben und sie selbst dem Schwert auszuliefern, damit ihre Frauen kinderlose Witwen, ihre Männer aber vom Tod umgebracht und ihre jungen Männer im Krieg vom Schwert erschlagen werden (מֻכֵּי־חֶרֶב). Gott soll hier nicht aktiv etwas tun, das unmittelbar den Tod der Verfolger herbeiführt, sondern sie einem tödlichen Geschehen preisgeben. Dahinter steht die Vorstellung, dass er sich entzieht bzw. die dem Tod Verfallenen nicht mehr unter den Flügeln seiner göttlichen Gegenwart weilen lässt (vgl. Dtn 32,10 – 12; Ps 17,8 f.; 57,2) und sie so schutzlos dem Einwirken chaotischer Kräfte wie etwa dem Toben des Kriegsschwertes überlässt. Sowohl im Ausruf von Ez 33,21 „Geschlagen worden ist die Stadt [Jerusalem]!" (passiv: הֻכְּתָה הָעִיר) als auch in Hoseas Klage „Ephraim ist geschlagen worden...!" (passiv: הֻכָּה אֶפְרַיִם), die beide in einen Kontext eingebunden sind, der sich mit Israels Verfehlungen in Form von Bosheit und Widerspenstigkeit (Hos 9,15: כָּל־רָעָתָם ... רֹעַ מַעַלְלֵיהֶם ... כָּל־שָׂרֵיהֶם סֹרְרִים) bzw. kultischer und ethischer „Greuel" (vgl. Ez 33,22 – 33, insbesondere V. 29 עַל כָּל־תּוֹעֲבֹתָם) befasst, resümiert das Passiv ein durch die Trennung von Gott veranlasstes Unheilsgeschehen.

Die Vorstellung, dass Not über Israel hereingebrochen ist, weil es JHWHs beschützende Nähe durch eigenes törichtes Verhalten aufgegeben hat, liegt auch Jes 1,5 zu Grunde. Das passive Hophal תֻּכּוּ drückt eine Unheil bewirkende Untätigkeit Gottes aus, in Folge derer das Volk von anonym bleibenden Mächten geschlagen wird. Der einzige Hinweis auf die Identität der zuschlagenden Subjekte könnte eventuell die Erwähnung der „Fremden" (זָרִים) sein, die den Ackerboden verzehren (V. 7aγ). Jedoch bleibt hier offen, ob sie tatsächlich selbst zugeschlagen haben oder lediglich plündernde Nutznießer sind. Erst der sekundäre Zusatz[806] V. 7b deutet ein aktiv zerstörerisches Handeln der Fremden an (מַהְפֵּכַת זָרִים). In jedem Fall sind die זָרִים „Fremden" ein Begriff, der keine festen Konturen besitzt, sondern eine amorphe Masse bedrängender feindlicher Kräfte bezeichnet (vgl. z. B. Jes 29,5; Jer 51,2.51; Klg 5,2; Ps 54,5; 109,11).[807] Dass diese Kräfte in V. 7a nicht als

---

806 Siehe dazu unten Punkt 3.6.3.8.2.

807 In Jes 61,4 f. findet eine eschatologische Verwandlung der Fremden aus Jes 1,7 statt, indem diese nun nicht mehr den Ackerboden Israels essen (so Jes 1,7), sondern den Trauernden Zions zusammen mit „Ausländern" (בְּנֵי נֵכָר) als Hirten bzw. Bauern (אִכָּר) und Weingärtner (כֹּרֵם) dienen. Die direkte Anspielung auf Jes 1,7a ergibt sich hier nicht nur aus dem Stichwort זָרִים und dem Zusammenhang zwischen Ackerboden und landwirtschaftlicher Produktion, sondern auch aus

Subjekt erscheinen, sondern eine diffuse Größe bleiben, deutet darauf hin, dass es sich um chaotische Wesen handelt, die außerhalb der kosmischen Ordnung stehen und sich einer identifizierenden Benennbarkeit entziehen. Die Verwendung des Passiv entspricht sowohl der Untätigkeit JHWHs als auch der Anonymität der Bedränger. Dadurch steht nicht der Täter, sondern das Opfer mit seinen Verwundungen im Mittelpunkt.

Dieses Verständnis von תֻּכּוּ „ihr werdet geschlagen werden" als Indiz der Abwesenheit Gottes, nicht seines aktiven Strafhandelns, entspricht der im Kontext von Jes 1,5 vorausgesetzten Situation. Neben der passiven Verbform zeigen auch die völlige Abwendung Israels von JHWH (Jes 1,2–4) und das oben unter Punkt 3.6.3.1.2 erläuterte Fehlen eines schützenden und helfenden Beistands in der Situation von Jes 1,6 an, dass JHWH sich nicht mehr in Israels Nähe aufhält. Der durch die drei Passivformen לֹא־זֹרוּ וְלֹא חֻבָּשׁוּ וְלֹא רֻכְּכָה בַּשָּׁמֶן (‚sie sind nicht ausgedrückt und nicht verbunden worden, und sie ist nicht weich gemacht worden mit Öl") vorausgesetzte Mangel an einem Helfer entspricht typischerweise der Situation der Gottverlassenheit (vgl. 2 Kön 14,26; Ps 107,2; Klg 1,7), da JHWH selbst die Wunden verbinden und Heilung verschaffen könnte (vgl. Ex 15,26bβ und oben Punkt 3.6.3.1.2). Somit ist die Situation von Jes 1,5–6 dadurch gekennzeichnet, dass Gott weder züchtigt noch beschützt noch heilt, sondern unerreichbar ist, da Israel sich aus seiner fürsorglichen Nähe entfernt hat.

3.6.3.6 Verödung und Gottverlassenheit in Jes 1,7a und Jes 6,11

Auch das Land, das in Jes 1,7 zweimal als שְׁמָמָה „Wüste, Öde" bezeichnet wird, ist vom Mangel an JHWHs Gegenwart gezeichnet. Hartenstein[808] führt zu dem auch am Ende von Jes 6,11 stehenden Begriff[809] שְׁמָמָה aus, dieser bezeichne „bei belebten Größen [...] ein Erstarrtsein und Erschrecken, bei unbelebten, v. a. topographischen Objekten ein Verödet- und Verwüstetsein, das insofern wieder Gegenstand des ‚Erschreckens' ist." שְׁמָמָה „Wüste, Öde" ist eine vom Leben abgeschnittene, leblose Gegend. Insbesondere beinhaltet die Verödung des Landes eine Gottferne, deren schlimmste Form gegeben ist, wenn der Tempel fehlt bzw. zerstört wurde, weil in diesem Fall die lebensfördernde und -erhaltende Kommunikation mit Gott nicht mehr möglich ist. In diesem Sinn spricht Jes 64,9 f.

---

der zweimaligen Verwendung der Wurzel שׁמם „öde sein" und dem Thema der verwüsteten Städte (עָרֵי חֹרֶב).

808 Hartenstein, Unzugänglichkeit, S. 171, unter Verweis auf Stolz und Meyer.

809 Weitere Belege von שְׁמָמָה bei Jesaja: 17,9; 62,4; 64,9 (alle in der Bedeutung „Öde, Verwüstung"). Das wurzelverwandte, im Wesentlichen synonyme Nomen שַׁמָּה findet sich in Jes 5,9; 13,9; 24,12 („Verwüstung").

in Anknüpfung an Jes 1,7 (Stichworte עִיר, שְׁמָמָה, sowie die einzigartige Kombination der Wurzel שׂרף mit אֵשׁ) davon,[810] dass Jerusalem eine Öde geworden ist, und nennt das Niederbrennen des Tempels als zentrales Ereignis der Verödung:

עָרֵי קָדְשְׁךָ הָיוּ מִדְבָּר צִיּוֹן מִדְבָּר הָיָתָה יְרוּשָׁלַם שְׁמָמָה׃

בֵּית קָדְשֵׁנוּ וְתִפְאַרְתֵּנוּ אֲשֶׁר הִלְּלוּךָ אֲבֹתֵינוּ הָיָה לִשְׂרֵפַת אֵשׁ וְכָל־מַחֲמַדֵּינוּ הָיָה לְחָרְבָּה׃

> Deine heiligen <u>Städte</u> sind eine <u>Wüste</u> geworden, Zion ist eine Wüste geworden, Jerusalem eine Öde.
>
> <u>Unser heiliges und herrliches Haus</u>, worin unsere Väter dich lobten, ist ein <u>Raub des Feuers</u>, und alle unsere Kostbarkeiten sind zu Trümmern geworden.[811]

Auch wenn Jes 1,7 gerade nicht von einer Zerstörung des Tempels, sondern „nur" vom Niederbrennen der Städte spricht (עָרֵיכֶם שְׂרֻפוֹת אֵשׁ),[812] so drückt doch die vorweg zusammenfassende Aussage אַרְצְכֶם שְׁמָמָה („Euer Land: Wüste") öde Leblosigkeit und Gottverlassenheit aus. Die beiden nachfolgenden Nominalsätze explizieren dies, wobei V. 7aβ עָרֵיכֶם שְׂרֻפוֹת אֵשׁ „Eure Städte: verbrannt vom Feuer" das Geschehen wie bereits V. 5aα תֻּכּוּ „ihr werdet/sollt geschlagen werden" in passiver Formulierung darstellt (שְׂרֻפוֹת – Qal Part. Pass. Pl. Fem.). Wer die Städte niedergebrannt hat, bleibt offen. JHWH tritt weder als Strafender noch als Beschützer auf, sondern scheint nicht anwesend zu sein. Diese Darstellung hebt sich markant von Texten wie etwa Am 1,4.7.10.12; 2,2.5 ב וְשִׁלַּחְתִּי אֵשׁ „und ich werde Feuer senden gegen [...]" bzw. Am 1,14 ב וְהִצַּתִּי אֵשׁ „und ich werde Feuer anzünden in [...]" ab, wo JHWH selbst die genannten Verbrechen ahndet. In Jes 1,7aγ zeigt sich seine Abwesenheit darin, dass Fremde vor den Augen der Adressaten den Ackerboden verzehren und ihnen damit die Nahrungsgrundlage entziehen (אַדְמַתְכֶם לְנֶגְדְּכֶם זָרִים

---

810 Zur Beziehung zwischen Jes 1,7; 6,11 und 64,9 f. siehe Gärtner, Jesaja 66, S. 241– 244. Gärtner resümiert, dass „die Volksklage am Abschluss des Jesajabuches einen Bogen über Jes 6 zu dessen Beginn schlägt. Durch die Aufnahme von Jes 1 erweist sie das dort angekündigte Gericht als reale Erfahrung der Beter und bittet von daher unter Aufnahme von Jes 6,1 ff. Jhwh um die Aufhebung der ausweglosen Schuldverstrickung des Volkes."

811 Elberfelder Übersetzung.

812 Gärtner, Jesaja 66, S. 243, sieht in der Tempelzerstörung nach Jes 64,10 eine Steigerung gegenüber der in Jes 1,7; 6,11 angekündigten Zerstörung von Land und Städten. M. E. ist diese Sicht insofern zu modifizieren, als Jes 1,7 auf eine bereits eingetretene Zerstörung zurückblickt, Jes 6,11 vor diesem Hintergrund eine noch schlimmere Verwüstung ankündigt, die das Land menschenleer (עָרִים מֵאֵין יוֹשֵׁב בָּתִּים מֵאֵין אָדָם) und den Ackerboden verödet zurücklässt, was durch die in Jes 64,10 geschilderte Realität der Tempelzerstörung im Kontext der Verwüstung der „heiligen Städte" und Jerusalems (Jes 64,9) noch übertroffen wird.

אֹכְלִים אֹתָהּ), ohne dass er schützend eingreift.[813] Der Zugang zu JHWH ist offensichtlich abgeschnitten, weil Israel die Beziehung mit ihm gebrochen hat.

Wie erwähnt, begegnet eine Jes 1,7a ähnliche Situation des Landes in Jes 6,11.[814] Durch Jesajas Auftreten als Prophet, der laut Jes 6,10 das Herz des Volkes „verfettet" (הַשְׁמֵן), seine Ohren „schwer macht" (הַכְבֵּד) und seine Augen „verklebt" (הָשַׁע), wird das Land am Ende des Verstockungsauftrags entvölkert (V. 11: עַד אֲשֶׁר אִם־שָׁאוּ עָרִים מֵאֵין יוֹשֵׁב וּבָתִּים מֵאֵין אָדָם) und verwüstet sein (V. 11: וְהָאֲדָמָה תִּשָּׁאֶה שְׁמָמָה). Es handelt sich hier um eine gegenüber Jes 1,7a schlimmere Situation, da in Jes 1,7a immerhin noch ansprechbare Zuhörer da sind, die die Katastrophe überlebt haben, während Jes 6,11 völlige Menschenleere voraussetzt. Auch diese Verwüstung ist nicht Ergebnis eines expliziten gewaltsamen Zuschlagens JHWHs,[815] sondern Folge einer prophetischen Verkündigung, die dazu führt, dass das Volk in seiner krankhaften Widerspenstigkeit, die die Wahrnehmungs- und Erkenntnisfähigkeit von Kopf und Herz schon weitgehend eingeschränkt hat (vgl. dazu oben die Auslegung von Jes 1,5 – 6), immer mehr verfestigt wird, bis es diese Fähigkeiten ganz verliert (Jes 6,9 – 10; vgl. Jes 1,3), so dass jede Rückkehr zu JHWH unmöglich ist.[816] Auf diese Weise von Gottes lebensfördernder Herrschaft abgeschnitten zu sein, führt letztlich zum Untergang des Volkes und zur Verödung des Landes (Jes 6,11: שְׁמָמָה). Sowohl in Jes 1,7a als auch in Jes 6,11 geschieht dies ohne aktives Zuschlagen JHWHs.[817]

Der Gedanke, dass die durch Israels treubrecherisches Verhalten veranlasste Passivität JHWHs dem Unheil Raum gibt, findet jenseits von Jes 1,7a auch im Abschnitt Jes 1,18 – 20 seinen deutlichen Niederschlag. Die Warnung vor weiterer

---

813 Dieses Bild beinhaltet die Vorstellung, dass JHWHs Kinder regungslos zuschauen müssen, während Fremde sich an den Erträgen des Ackers gütlich tun. Auf diese Weise kommt die zweite, auf Personen bezogene Bedeutungsnuance von שְׁמָמָה ins Spiel, nämlich die eines Erstarrens zu Leblosigkeit.

814 Näheres zum Verhältnis zwischen Jes 1,7 und 6,11 unten unter Punkt 3.6.5.5.

815 Zwar können die Seraphim evtl. mit Hartenstein, Unzugänglichkeit, S. 182–196, in Anlehnung an anderweitige Verwendungen der Wurzel שׂרף als JHWHs Strafwerkzeuge gedeutet werden, doch vollziehen die Seraphim in Jes 6 keine konkreten zerstörerischen Handlungen, die das Land verwüsten.

816 Zum Wirken des Verstockungsauftrags vgl. Barthel, Prophetenwort, S. 110: Gott spreche in Worten und Zeichen, entziehe diesem heilsamen Sprechen aber gleichzeitig die heilsame Wirkung. Indem der „Heilige Israels" sich so von „diesem Volk" distanziere, reiße er gleichzeitig mit in diese Distanz. Der auf Zion wohnende Gott (6,1; 8,18) verberge sein Angesicht vor Israel (8,17).

817 Dieser Aspekt wird erst durch die sekundären Zusätze Jes 1,7b (Fremde als Strafwerkzeuge JHWHs) und V. 9 (Übriglassen eines entronnenen Restes) eingetragen. Siehe dazu unten Punkt 3.6.7.4. Ebenso spricht in Jes 6 erst die spätere Erweiterung V. 12 davon, dass JHWH aktiv eingreift und den Menschen weit wegführt (וְרִחַק יְהוָה אֶת־הָאָדָם), doch ist dies kein zerstörerisches Handeln, das einem aktiven Zuschlagen gleichkäme.

Widerspenstigkeit in V. 20a ist für den Fall der Nichtbeachtung mit der Drohung verbunden, dass die Adressaten „vom Schwert verzehrt werden" (Pual Impf. 2. Pers. Pl. Mask.: חֶרֶב תְּאֻכְּלוּ). Eine Aktivität JHWHs ist hier ebenfalls nicht im Blick.

3.6.3.7 Zusammenfassung zu Jes 1,5 – 7a

Das Bild des verwundeten Körpers in Jes 1,5b – 6 ist eine Metapher des Zustands der angesprochenen israelitischen Gesellschaft. Die Spitzenaussage V. 6aα – β „Von der Fußsohle bis zum Kopf ist nichts an ihm ohne Schaden" fasst das ganze Bild zusammen. Die Aussagen über die Krankheit von Kopf und Herz (V. 5b) bezeichnen eine durch die sich ständig mehrende Widerspenstigkeit (V. 5aβ) verursachte Krankheit des Inneren, die das Herz unverständig und der Erkenntnis unzugänglich, den Kopf aber taub und blind macht. Es handelt sich um eine Vorstufe der in Jes 6,9 – 10 beschriebenen sog. Verstockung. Die Aufzählung der Wunden verweist dagegen auf erlittene physische Schläge. Was mit diesen Schlägen konkret gemeint ist, ergibt sich aus dem Kontext mit V. 7. Es geht nicht um Krankheiten und Plagen (wie etwa bei den „Schlägen" מַכּוֹת in Lev 26,21; Dtn 28,59 – 61; Dtn 29,21), sondern um die Wunden, die ein nicht näher bezeichnetes Kriegsgeschehen[818] im Volk geschlagen hat und dessen Folgen für das Land V. 7 mit den Schlagworten der Verwüstung des Landes, des Niederbrennens der Städte und der den Ackerboden verzehrenden Fremden zusammenfasst. Ziel der direkten Rede Jes 1,5 – 7 ist es, die Adressaten auf den Zusammenhang zwischen ihrer Widerspenstigkeit gegen JHWH und der Kriegskatastrophe, die Volk und Land getroffen hat, hinzuweisen und die Notwendigkeit der Umkehr von diesem todbringenden Weg zu verdeutlichen. Theologisch wird JHWH entsprechend einer im ganzen Kapitel 1 vorherrschenden Tendenz nicht als der aktiv Zerstörende dargestellt, der Unheil bringt, um zu strafen, sondern als Gott, der infolge von Israels Treubruch abwesend ist und daher sein Volk weder schützen noch heilen kann. Wie gleich noch zu zeigen sein wird, ist V. 7b eine spätere redaktionelle Erweiterung, die diese Ereignisse als ein dem „Umstülpen" (מַהְפֵּכָה) von Sodom und Gomorra vergleichbares Geschehen deutet und damit die entsprechende Anrede des Volkes in Jes 1,10 vorbereitet.

---

818 Vgl. statt vieler Wildberger, Jesaja 1 – 12, S. 25.

3.6.3.8 Zu Jes 1,7b: Eine sekundäre Deutung der Verwüstung als „Umstülpen" durch Fremde

3.6.3.8.1 Zur Bedeutung von Jes 1,7b

Jes 1,7b וּשְׁמָמָה כְּמַהְפֵּכַת זָרִים „und Wüste entsprechend dem Umstülpen Fremder" ist eine nominale Satzkonstruktion, deren Bedeutung sich nicht ohne weiteres erschließt. Das Nomen מַהְפֵּכָה „Umstülpen" ist im AT ausschließlich in der Verbindung כְּמַהְפֵּכַת belegt, und diese erscheint, abgesehen von Jes 1,7b, nur in der festen Wendung כְּמַהְפֵּכַת אֱלֹהִים אֶת־סְדֹם וְאֶת־עֲמֹרָה („entsprechend dem Umstülpen Sodoms und Gomorras durch Gott"), die in dieser Form in Am 4,11; Jer 50,40 und Jes 13,19 sowie ferner in der Variante כְּמַהְפֵּכַת סְדֹם וַעֲמֹרָה („entsprechend dem Umstülpen Sodoms und Gomorras") in Dtn 29,22 und Jer 49,18 belegt ist. Da Sodom und Gomorra im Abschnitt Jes 1,5 – 9 tatsächlich eine Rolle spielen, vgl. V. 9 f., ist es naheliegend, dass Jes 1,7b auf die genannte feststehende Wendung anspielt, und zwar wahrscheinlich auf ihren einzigen Beleg im Jesaja-Buch Jes 13,19, der mit Am 4,11 identisch ist. Andere Ausleger haben, wie in der Anmerkung zur Übersetzung näher dargelegt, Jes 1,7b כְּמַהְפֵּכַת זָרִים im Sinne eines Genetivus obiectivus verstanden und daher זָרִים als Fremde aufgefasst, die selbst wie Sodom und Gomorra im Rahmen eines Strafgerichts umgestülpt wurden. Dies entspricht der Variante von Dtn 29,22; Jer 49,18. Dort ist nur vom „Umstülpen Sodoms und Gomorras" die Rede, ohne dass gesagt wird, wer diese Städte umstülpte. Versteht man Jes 1,7b כְּמַהְפֵּכַת זָרִים „entsprechend dem Umstülpen Fremder" als eine Katastrophe, bei der die Fremden zu Grunde gehen, so ist dies nicht mit Jes 1,7a in Einklang zu bringen, weil sie dort als triumphierende Plünderer Israels Ackerboden verzehren. Daher schien es jenen Auslegern angebracht, Jes 1,7b als Glosse zu qualifizieren und evtl. „Fremde" זָרִים in „Sodom" סְדֹם zu emendieren. Dagegen ist einzuwenden, dass ein solcher Eingriff in den Textbestand nicht notwendig ist, wenn man Jes 1,7b in strenger Analogie zur höchstwahrscheinlich ältesten Form der Redewendung in Am 4,11 auffasst, die genauso auch in Jes 13,19 sowie nur geringfügig erweitert in Jer 50,40 belegt ist.[819] Dort folgt unmittelbar auf den Ausdruck כְּמַהְפֵּכַת ein Genetivus subiectivus der Urheberschaft, nämlich אֱלֹהִים „durch Gott", während Sodom und Gomorra nicht mit dem Genetiv, sondern mit der Präpostition אֶת־ als direktes Objekt angeschlossen sind. Demzufolge ist Jes 1,7b כְּמַהְפֵּכַת זָרִים in Parallele zu כְּמַהְפֵּכַת אֱלֹהִים „entsprechend dem Umstülpen durch Gott" (Jes 13,19; Am 4,11; Jer 50,40) als Genetivus subiectivus der Urheberschaft zu verstehen und mit „entsprechend dem Umstülpen durch Fremde" zu übersetzen. Die Präposition כ drückt hier keinen Vergleich, sondern eine exakte Entsprechung zwischen der

---

819 Jer 50,40 ist am Ende lediglich um וְאֶת־שְׁכֵנֶיהָ „und seine Nachbarstädte" ergänzt. Eine Diskussion aller Stellen findet sich bei Zapff, Schriftgelehrte Prophetie, S. 183 – 186.

Verwüstung und der Handlung des Umstülpens aus.[820] Die Parallele von „Fremde" זָרִים (Jes 1,7b) und „Gott" אֱלֹהִים (Jes 13,19; Am 4,11; Jer 50,40) macht deutlich, dass das Unheil im Fall Sodoms und Gomorras durch Gott selbst, im Fall Israels dagegen durch die Fremden herbeigeführt wird. Ihnen kommt in gewisser Weise die Rolle von Gottes Strafwerkzeugen zu, der allerdings in Jes 1,2 – 8 nur als Herr von Himmel und Erde (V. 2a) und als über Israel trauernder Adoptivvater (V. 2b – 4), nicht aber als Strafender in Erscheinung tritt (siehe dazu im Einzelnen oben Punkt 3.6.3.5). Da Jes 1,7b hier im Vergleich zu seinem Kontext Anzeichen einer inhaltlichen Neuakzentuierung aufweist, besteht Anlass, im nächsten Punkt mit literarkritischen Überlegungen fortzufahren.

3.6.3.8.2 Literarkritische Überlegungen zu Jes 1,7b

Formal folgt Jes 1,7b וּשְׁמָמָה כְּמַהְפֵּכַת זָרִים „und Wüste entsprechend dem Umstülpen durch Fremde" nicht dem für Jes 1,5 – 7a dargelegten Prinzip der „hinkenden" Dreigliedrigkeit, sondern erweitert die Reihe der vorhergehenden drei Nominalsätze um einen vierten, der allerdings selbst aus drei Wörtern besteht und insofern dreigliedrig gestaltet ist. Inhaltlich kommt es jedoch zu einem markanten Wechsel. Wie oben zur Bedeutung von Jes 1,7b erläutert, wird hier der gegenüber Jes 1,7a neue Aspekt eingeführt, dass die Verwüstung des Landes (שְׁמָמָה) einem „Umstülpen" durch Fremde entspricht (כְּמַהְפֵּכַת זָרִים), die in Jes 1,7a nicht als kriegführende Mächte, sondern nur als nach der Zerstörung auftretende Plünderer erwähnt wurden. Indem die Passage Jes 1,7b die „Fremden" als diejenigen darstellt, die das Land im Auftrag JHWHs „umstülpen", weicht sie von der in Jes 1,5 – 7a.8 durchgängig verfolgten Strategie ab, das Unheil als Resultat zu beschreiben, ohne dessen Verursacher zu nennen. Darüber hinaus stimmen die Aussage von V. 7aγ, dass Fremde vor den Augen der überlebenden Adressaten den Ackerboden verzehren, sowie die Tatsache, dass Überlebende vorhanden sind, die der Prophet direkt anspricht, nicht mit der eine Totalvernichtung von Land und Leuten ausdrückenden Vorstellung überein, das Land sei wie Sodom und Gomorra umgestülpt, d. h. in die Unterwelt versenkt worden. Auch steht V. 7b zum nachfolgenden Kontext Jes 1,8 in gewissem Widerspruch, da Zion als Hauptstadt Judas übrig geblieben ist, also gerade nicht umgestülpt wurde, wie es das Schicksal der Städte Sodom und Gomorra impliziert. Da Jes 1,7b sowohl von seiner Form her als auch inhaltlich aus dem Kontext von Jes 1,5 – 7a.8 herausfällt, handelt es sich um eine sekundäre Zufügung.

---

820 Siehe dazu Joüon/Muraoka, Grammar, § 166 m.

3.6.3.8.3 Zur Intention von Jes 1,7b

Während sich Jes 1,5 – 7a.8 darauf beschränkt, das durch Widerspenstigkeit aus-
gelöste Unheil zu schildern, ohne die genaueren Ereignisse und die konkret von
Israel herbeiprovozierten Chaosmächte zu nennen, weist der für Jes 1,7b verantwortliche Redaktor den in Jes 1,7aγ als plündernde Nutznießer eingeführten
„Fremden" זָרִים auch die Rolle der aktiven Zerstörungsmacht zu. Den relativ un-
bestimmten Begriff der „Fremden" זָרִים wählte der Redaktor offenbar deshalb, weil
er innerhalb der wechselhaften Geschichte Israels mehr als nur eine Bezugsebene
eröffnen wollte. Zum einen kommen als verwüstende Fremde die Assyrer in Betracht. Ihre Rolle als Strafwerkzeuge JHWHs (vgl. z. B. Jes 10,5: הוֹי אַשּׁוּר שֵׁבֶט אַפִּי
„Weh, Assur, Stock meines Zorns!") wird in einer Reihe von Texten im Bereich
Jes 1–12 entfaltet. Die erste unzweideutige Ankündigung einer assyrischen Invasion findet sich in Jes 8,4 in Bezug auf das Nordreich und in 8,5 – 8 in Bezug auf
das Südreich.[821] Doch nennt Jes 9,11 auch Aram und die Philister als Fremdvölker,
die Israel erobern. Außerdem kommen als Unheil bringende fremde Kriegsmacht
vor allem die Babylonier in Betracht, die über Israel herfallen und als „Fremde"
(זָרִים) im Sinne von Jes 1,7b die „Umstülpung" (מַהְפֵּכַת) des Landes Israels vollziehen. Obwohl die babylonische Zerstörung Jerusalems im Jesaja-Buch nicht
erzählt wird (vgl. aber Jes 39,6 f.), enthält es schon sehr weit vorne in 14,2b eine
darauf zurückblickende Verheißung, die ankündigt, Israel werde die gefangen
wegführen, die es gefangen wegführten, und seine Antreiber niedertreten (וְהָיוּ
שֹׁבִים לְשֹׁבֵיהֶם וְרָדוּ בְּנֹגְשֵׂיהֶם).[822]

Indem der für Jes 1,7b verantwortliche Redaktor die זָרִים „Fremden" als
Strafwerkzeuge JHWHs darstellt, trägt er eine Konkretisierung in Jes 1,5 – 9 ein, die

---

821 Ausdrücklich erwähnt ist Assur ferner in einer Glosse am Ende von Jes 7,17 sowie 7,18, wo
prophezeit wird, JHWH werde die Fliege von der Nilmündung und die Biene von Assur herbei-
pfeifen. Einige weitere Texte kündigen Invasionen fremder Kriegsmächte an, ohne Assurs Namen
zu nennen. So prophezeit die Reihe der Wehe-Rufe in Jes 5,8 – 24; 10,1 – 4 die Verwüstung des
Landes (vgl. 5,9: Einöde, Verschwinden der Bewohner; ferner 10,3 – 4a) durch eine feindliche
Invasion (vgl. 5,13 גָּלָה „gefangen wegziehen"; 10,4a). Das Kehrversgedicht von JHWHs ausgestreckter Hand (5,25 – 30; 9,11 – 20; 10,4b) konkretisiert dies, indem es das Herannahen einer
übermächtigen feindlichen Nation ankündigt, die JHWH vom Ende der Erde herbeipfeift (vgl. Jes
5,25 – 30). Ab Jes 10,5 – 19 geht es nicht mehr um ein Herbeirufen Assurs gegen Israel, sondern um
die Überheblichkeit dieses Strafwerkzeugs JHWHs, das sich einbildet, es sei selbst der Herr (Jes
10,7 – 11.13 – 14). Die assyrischen Feldzüge gegen Israel sind hier vorausgesetzt (Jes 10,6), doch
JHWH wendet sich nun gegen Assur, den hochmütigen „Stock seines Zorns" (Jes 10,5.12.15 – 19).
Israel hingegen, das noch geschlagen wird, spricht Jes 10,25 – 26 Mut zu: Bald wird JHWHs Zorn
gegen Israel vorüber sein und sich gegen Assur wenden.
822 Vgl. ferner auch Jes 14,17, allerdings ohne konkrete Nennung Israels auf den ganzen Erdkreis
bezogen.

verdeutlicht, dass die in Jes 1,5a erwähnten Schläge ihre geschichtliche Gestalt in den Eroberungsfeldzügen fremder Völker annehmen, unter denen Israel zu leiden hat. Gleichzeitig schafft er auf diese Weise einen Stichwortbezug zu Jes 13,19, der darauf aufmerksam macht, dass zwischen Israel und Babel eine Parallele hinsichtlich ihrer JHWH missachtenden Haltung besteht, die beide Reiche in eine völlige Vernichtung führt, wie sie über Sodom und Gomorra kam. Die Verwüstung von Israels Land ist in Jes 1,7b nochmals mit dem bereits am Versanfang gebrauchten Wort שְׁמָמָה zum Ausdruck gebracht. Damit korrespondiert die Beschreibung der verwüsteten Stadt Babel in Jes 13,20 – 22. Jes 1,7b verstärkt somit die bereits andernorts deutlich gewordene Parallele zwischen Israel und Babel. Doch bleibt zwischen Israel und Babel ein wichtiger Unterschied. Während JHWH in Israel einen „Entronnenen" übrig lässt (Jes 1,9), wird Babel restlos vernichtet. Die redaktionsgeschichtliche Zuordnung von Jes 1,7b wird unten (Punkt 3.6.7.4) im Rahmen der diachronen Überlegungen zu Jes 1,9 begründet.

3.6.3.9 Die Fragen der literarischen Selbständigkeit und Einheitlichkeit von Jes 1,5 – 7a

Was die Frage der literarischen Selbständigkeit von Jes 1,5 – 7a betrifft, so ist diese bezüglich des verschrifteten Prophetenwortes eindeutig zu verneinen. Zwar könnte das Wort mit Jes 1,7a schließen, da die Absicht, die Notwendigkeit der Umkehr zu veranschaulichen, an diesem Punkt erreicht ist. Der Anfang des Abschnitts Jes 1,5 – 7a kommt jedoch nicht ohne einen erläuternden Kontext aus. Denn die Rede von der „Widerspenstigkeit" der Adressaten ebenso wie die Frage ihrer Identität setzen Hintergrundinformationen voraus, die in Jes 1,2 – 4 gegeben werden. In einer möglichen mündlichen Vorgeschichte des Wortes im Rahmen der prophetischen Verkündigung wären solche Informationen allerdings dem Zuhörer aus der Lebenssituation selbst heraus bzw. von früheren prophetischen Auftritten her bekannt, so dass das Wort Jes 1,5 – 7a zumindest theoretisch und von seiner sprachlichen Gestalt her ein selbständiges Prophetenwort gewesen sein könnte.[823] Da ein positiver Nachweis sich darüber nicht führen lässt, braucht der Frage nicht weiter nachgegangen zu werden.

Die literarische Einheitlichkeit von Jes 1,5 – 7a (V. 7b ist redaktionell hinzugefügt) ist dagegen zu bejahen, obwohl der Wechsel von der Metapher des verwundeten Körpers (V. 5b – 6) hin zur Beschreibung des verwüsteten Landes die

---

[823] Vgl. dazu Höffken, Jesaja 1–39, S. 35, der sich dabei aber auf die Möglichkeit einer ursprünglichen mündlichen Selbständigkeit von V. 4 und 5 f. bezieht: „Die Geschichte, auf die sich der Prophet mit dem Bilde vom geschlagenen Körper bezog, verstand sich für seine Hörer von selber ..."

Frage zunächst einmal aufwirft.[824] Jedoch spricht schon die oben analysierte geschlossene Form für Einheitlichkeit. Darüber hinaus können die Verse 5–6 nicht für sich stehen, weil erst nach der Schilderung der Verwüstung des Landes (V. 7a) die vorherige Aufzählung der äußeren Wunden des Körpers (V. 6) richtig als bildliche Aussage über das Leid, das die Verwüstung über das Volk brachte, gedeutet werden kann. Umgekehrt kann aber auch V. 7a nicht für sich stehen, weil die Rede sonst ihre Intention, die Katastrophe als Folge von Widerspenstigkeit (סָרָה) zu deuten, gar nicht zum Ausdruck bringen würde. Somit ist das Wort Jes 1,5–7a literarisch einheitlich, aber – zumindest in seiner verschrifteten Form – nicht selbständig, da es auf den vorhergehenden Kontext Jes 1,2–4 bezogen ist, ohne allerdings mit diesem eine nahtlose Einheit zu bilden. Dies entspricht dem bereits dargelegten Charakter von Jes 1 als einer redaktionellen Komposition. Um wesentliche Punkte in Erinnerung zu rufen, die für eine nicht ursprüngliche, sondern redaktionelle Verbindung von Jes 1,2–3.4 mit Jes 1,5–7 sprechen, sei hier nur auf die Spannung zwischen dem universalen Höraufruf Jes 1,2a und der auf Israel zentrierten Thematik im nachfolgenden Text, die gattungsmäßige Eigenständigkeit des Wehe-Rufs V. 4 sowie den erzählerischen Perspektivenwechsel zwischen V. 4 und V. 5 verwiesen, der inhaltlich am Fehlen einer Schilderung der in Jes 1,4 noch nicht erzählten, aber in Jes 1,5 bereits eingetretenen Katastrophe und formal am Adressatenwechsel zwischen V. 4 und 5 erkennbar ist. Nichtsdestoweniger hat die bisherige Analyse gezeigt, dass all diese auf eine redaktionelle Komposition verweisenden Elemente auch eine eigene theologische Bedeutung von überraschender Tiefe haben. Besonders deutlich zeigt sich dies etwa am engen Zusammenhang zwischen der in Jes 1,5 genannten „Widerspenstigkeit" (סָרָה) und den in Jes 1,2–4 aufgezählten Vergehen Israels, oder auch an der Korrespondenz zwischen dem Fehlen eines Prophetenwortes über den Verlauf der Katastrophe und der im Text von Jes 1,5–7 vorausgesetzten Abwesenheit JHWHs während dieser Katastrophe. Auf Grund dieser festen Einbindung von Jes 1,5–7 kann mit Sicherheit gesagt werden, dass diese Passage von vornherein fester Bestandteil der redaktionellen Komposition Jes 1 war, also nicht erst später in eine bereits vorhandene Fassung dieses Kapitels eingefügt wurde.

Noch nicht geklärt wurde die Frage der literarischen Zusammengehörigkeit von Jes 1,5–7 und V. 8. Im Rahmen der synchronen Erhebung der Textstruktur (Punkt 3.3) wurde ein thematischer Einschnitt zwischen V. 7 und V. 8 festgestellt, da mit der „Tochter Zion" eine neue Größe eingeführt wird, die besonders durch

---

824 Siehe dazu auch Höffken, Jesaja 1–39, S. 35, der meint, der Zusammenhang des Bildes von V. 5 f. zeichne nicht die Auflösung in V. 7–9 vor: „Denn V. 7 läge noch im Gefälle des Bildes, nicht aber V. 8, wenn dort Zion als Restgröße erscheint." Auf S. 36 betrachtet er V. 8 als sekundär.

den später hinzugekommen V. 9 den Charakter eines mit einer „Wir"-Gemeinde verbundenen positiven Restes und somit einer letzten Chance für wenigstens einen Teil Israels erhält. Damit ist aber die diachrone Frage, ob Jes 1,5 – 7 und V. 8 eine ursprüngliche Einheit bilden, noch nicht beantwortet. Dies ist Gegenstand des nächsten Punktes.

3.6.4 Zur Frage der ursprünglichen literarischen Zusammengehörigkeit von Jes 1,5 – 7a und V. 8

Wie oben gezeigt, braucht das Wort Jes 1,5 – 7a zwar einen vorausgehenden Kontext, könnte aber durchaus mit V. 7a enden, da hier den Überlebenden der Katastrophe der eigentliche Punkt, nämlich dass ihre Widerspenstigkeit die tiefste Wurzel ihres Unheils und daher eine zu überwindende Fehlhaltung ist, schon verdeutlicht worden ist. Die Möglichkeit eines Abschlusses in V. 7a besagt allerdings noch nicht, dass die Dinge tatsächlich so liegen. Um zu einer ausgewogenen Beurteilung des literarischen Verhältnisses von Jes 1,5 – 7a und V. 8 zu gelangen, sind zwei weitere Fragen zu erörtern. Erstens: Bildet V. 8 unter inhaltlichen und formalen Gesichtspunkten eine sinnvolle Fortsetzung von Jes 1,5 – 7a? Zweitens: Kann V. 8 von Jes 1,5 – 7a getrennt werden, ohne seinen Sinn zu verlieren? Letzteres ist unproblematisch zu verneinen. Sowohl die Aussage, dass die Tochter Zion übrig geblieben ist (יתר Ni.), als auch die beiden Vergleiche mit einer „Hütte im Weinberg" und einem „Wächterverschlag im Gurkenfeld" setzen eine passende Situationsschilderung im vorhergehenden Kontext voraus. Eine ursprüngliche Unabhängigkeit von V. 8 ist damit ausgeschlossen. Ob V. 8 sekundären Charakter hat oder eher ursprünglich zu V. 5 – 7a gehört, hängt nun von der erstgenannten Frage ab. Wenn V. 7a und V. 8 sich zu einer harmonischen Einheit ergänzen, liegt ursprüngliche Einheitlichkeit nahe. Wenn dagegen Brüche festzustellen sind, dann ist V. 8 wohl sekundär.

3.6.4.1 Zur Form und Situation in Jes 1,8 im Vergleich zu Jes 1,5 – 7a

וְנוֹתְרָה בַת־צִיּוֹן	(8aα) Doch übrig geblieben ist die Tochter Zion
כְּסֻכָּה בְכָרֶם	(8aβ) wie eine Hütte im Weinberg,
כִּמְלוּנָה בְמִקְשָׁה	(8bα) wie eine Wächterhütte im Gurkenfeld,
כְּעִיר נְצוּרָה:	(8bβ) wie eine bewachte Stadt.

Ähnlich wie Jes 1,5a mit einer Grundsatzaussage in Form einer rhetorischen Frage beginnt, die sich mit dem Satz „Weitere Schläge sind sinnlos, da eure Widerspenstigkeit dennoch weiter zunimmt." paraphrasieren lässt und in Jes 1,5b – 7a näher expliziert wird, so setzt auch Jes 1,8 mit einem isoliert voranstehenden Aussagesatz ein, auf dem das inhaltliche Gewicht liegt: וְנוֹתְרָה בַת־צִיּוֹן „doch übrig geblieben ist die Tochter Zion." Die nachfolgende Explikation lässt wie auch Jes 1,5b – 7a eine Gestaltung nach dem Prinzip der Dreigliedrigkeit erkennen, da sie aus drei mit der Präposition כ eingeleiteten Satzgliedern besteht.

Analysiert man die Verteilung der eher wenigen finiten Verbformen, die im gesamten Abschnitt Jes 1,5 – 7a.8 zwischen zahlreiche nominale Konstruktionen eingestreut sind, so ist das Ergebnis durchaus signifikant. In Jes 1,5a stehen zwei Imperfektformen, deren Subjekt die Redeadressaten, also das Volk sind. V. 6b hat drei verneinte Passivformen, deren grammatikalische Subjekte die vorher aufgezählten Wundarten sind, die aber, wie wir gesehen haben, auf das Fehlen der heilenden Zuwendung JHWHs verweisen. JHWH steht hier als nicht handelndes, fehlendes Subjekt, das eigentlich heilend eingreifen könnte und würde, wenn das Volk die Beziehung zu ihm nicht zerschlagen hätte, im Hintergrund. V. 8 enthält nun mit der Perfektform וְנוֹתְרָה ein einzelnes finites Verb, das die „Tochter Zion" als neues, erstmals im Jesaja-Buch erscheinendes Subjekt einführt, nachdem die Verwüstung des Landes (V. 7) festgestellt wurde. Von dieser „Tochter Zion" wird gesagt, dass sie übrig geblieben, d. h. nicht wie das restliche Land der in V. 7a beschriebenen totalen Verwüstung anheim gefallen ist. Dadurch ergibt sich eine genaue Korrespondenz zwischen der Situation des Volkes und derjenigen des Landes. Das ganze Volk ist schwer verwundet, doch die Adressaten der Rede sind ein Teil des Volkes, der überlebt hat und in einem letzten, verzweifelten Appell (vgl. V. 5a) auf einen besseren Weg gebracht werden soll. Das Land ist völlig verwüstet, aber auch da gibt es noch einen letzten Rest an Hoffnung, da Zion übrig geblieben ist. Gleichzeitig setzt das Verb von V. 8 וְנוֹתְרָה „sie ist übrig geblieben" der sehr pessimistischen Aussage von V. 5a „Worauf/weswegen soll man euch noch schlagen? Ihr werdet die Widerspenstigkeit vermehren." einen sehr verhalten optimistischen Akzent entgegen. Dieser Schlusspunkt erscheint unter rhetorischen Gesichtspunkten als sehr sinnvoll, da er eine bloß pessimistisch-resignative Haltung, die auch eine Reaktion auf V. 5 – 7a sein könnte, verhindert und damit aufzeigt, dass es sich angesichts einer letzten Hoffnung noch lohnt, die bisherige Haltung zu ändern. Unter den Gesichtspunkten der Form und der rhetorischen Situation erscheint somit Jes 1,8 als sinnvolle Fortsetzung von Jes 1,5 – 7a. Jedoch läge es außerhalb der Intention von Jes 1,5 – 7a, in der gegebenen ernsten Situation einem triumphierenden Zions-Optimismus Vorschub zu leisten, wie ihn das Wort Jes 22,1 – 14 ausdrücklich verwirft. Eine Darstellung Zions als uneinnehmbar könnte der Intention des ursprünglichen Autors von Jes 1,5 – 7a nicht entsprechen. Daher ist der Inhalt von Jes 1,8 in dieser Hinsicht genauer zu klären.

3.6.4.2 Zum Inhalt von Jes 1,8 im Vergleich zu Jes 1,5–7a

Das Verb יתר (Ni.) „übrig bleiben" wird in unterschiedlichen Kontexten, etwa in Bezug auf den Rest eines Opfers (z. B. Lev 19,6), aber auch für das, was nach einer Naturkatastrophe übrig ist (z. B. Ex 10,15), verwendet. Besonders häufig bezieht es sich auf Menschen, die „übrig geblieben" sind, indem sie eine über ein Gemeinwesen hereingebrochene Katastrophe, schwere Niederlage o. ä. überlebt haben (vgl. z. B. Jes 4,3; 7,22; 30,17; 1 Sam 25,34; 2 Sam 9,1; 1 Kön 19,10). Es ist in seiner Bedeutung ambivalent,[825] weil es Ausdruck einerseits der Katastrophe, andererseits aber doch auch des Überlebens ist. Angesichts der vorhergehenden Verse Jes 1,5–7a ist יתר (Ni.) „übrig bleiben" in V. 8 ebenfalls deutlich durch Ambivalenz geprägt. Zwar gibt es unter JHWHs Kindern noch solche, an die der Prophet sein in V. 5–7a dokumentiertes Wort direkt in der 2. Pers. Pl. richten kann, doch ist zu befürchten, dass sie selbst jetzt nichts aus den erlittenen Schlägen lernen, sondern an ihrer Widerspenstigkeit festhalten. Laut V. 8 ist die Tochter Zion zwar übrig, doch herrscht um sie herum Verwüstung (vgl. V. 7a.8), die das Land regierenden und schützenden Städte sind abgebrannt, und die vom Ackerboden gewährleistete Nahrungsversorgung kommt nicht den Städten, sondern fremden Plünderern zu Gute. Überdies droht die Tochter Zion in Folge andauernder Widerspenstigkeit der Bewohner des Landes gegen Gott völlig entvölkert zu werden. Somit fügt sich die Semantik des Verbs יתר (Ni.) in den Gedankengang von Jes 1,5–7a sehr gut ein.

Wie sich zeigen wird, entsprechen auch die drei nachfolgenden Vergleiche (Präp. כ) der ambivalenten Grundtendenz des Verbs יתר (Ni.). Jedoch bieten sie gewisse Schwierigkeiten, da das tertium comparationis nicht ohne weiteres auf der Hand liegt. Der erste besagt, die Tochter Zion sei übrig geblieben כְּסֻכָּה בְכָרֶם „wie eine Laubhütte in einem Weinberg", der zweite fügt hinzu כִּמְלוּנָה בְמִקְשָׁה „wie eine Nachthütte im Gurkenfeld". Sowohl סֻכָּה „Laubhütte" (vgl. z. B. 2 Sam 11,11; 1 Kön 20,12: Lagerhütten/Zelte der Krieger im Feld; Neh 8,16: Laubhütte) als auch das seltene, aus der Wurzel לין „übernachten" abgeleitete[826] Wort מְלוּנָה „Nachthütte" bezeichnen Behelfsunterkünfte, die besonders in der Zeit vor der Ernte dem die Früchte hütenden Wächter zum Übernachten dienten (vgl. Hi 27,18).[827] Was meint der Vergleich, wenn er sagt, die Tochter Zion sei übrig geblieben wie eine Laubhütte im Weinberg? Diese Wächterhütten werden nur in der Zeit vor der Ernte genutzt, danach verlieren sie ihre Funktion und werden bis auf weiteres zu nicht mehr gebrauchten Überbleibseln, die verlassen daliegen.[828] Die Aussage beider Vergleiche beinhaltet also, dass Zion entblößt und verlassen übrig bleibt. Voll

---

825 Vgl. Beuken, Jesaja 1–12, S. 74.
826 Vgl. HAL, sonst nur noch in Jes 24,20 belegt.
827 Siehe dazu Wildberger, Jesaja 1–12, S. 29.
828 So Beuken, Jesaja 1–12, S. 74.

erschließen sich die Bilder jedoch erst, wenn man sie in Zusammenhang mit V. 7aγ אַדְמַתְכֶם לְנֶגְדְּכֶם זָרִים אֹכְלִים אֹתָהּ („Euer Ackerboden: vor euren Augen essen Fremde ihn.") liest. Denn wenn „Fremde" den Ackerboden verzehren, indem sie die Früchte der Ernte vor den Augen der Israeliten zusammenraffen, dann werden sie auch vor Weinstock und Gurkenfeld nicht halt machen (vgl. Jer 5,17; Dtn 28,33.51). Da Jes 1,8 gerade nichts über den Zustand des Weinbergs bzw. Gurkenfelds sagt, in dem sich die betreffenden Hütten befinden, fügen sich Weinberg und Gurkenfeld assoziativ in das vorher beschriebene Bild der den Acker verzehrenden Fremden ein. Auf diese Weise suggeriert der Text, dass im Weinberg bzw. auf dem Gurkenfeld außer der verwaisten Wächterhütte nichts mehr übrig ist, da alles leer geerntet ist. In einer ebensolchen abgeernteten Öde wie die besagten Hütten steht auch die Tochter Zion, da ihr Umland zu Wüste (שְׁמָמָה) geworden ist (vgl. Jes 1,7a).

Der dritte Vergleich trägt in dieses trostlose Bild eine etwas positivere Note ein, indem er von der Tochter Zion sagt, sie sei übrig geblieben „wie eine bewachte Stadt" (כְּעִיר נְצוּרָה). Gegen den Wortlaut כְּעִיר נְצוּרָה „wie eine bewachte Stadt" wurde oft eingewandt (s. oben Textkritik), die „Tochter Zion" sei eine Stadt und könne daher nicht mit einer Stadt verglichen werden. Dagegen wurde im Rahmen der Textkritik darauf hingewiesen, dass auf rein sprachlicher Ebene ein Vergleich möglich ist, da Zion nicht als Sache, sondern als Person auftritt, der erst in zweiter Linie die Qualität einer Stadt zuwächst. Die weitere Interpretation wird zeigen, dass die Möglichkeit eines Vergleichs sich noch auf einer anderen Ebene ergibt, nämlich im Hinblick auf die Aussage, Zion sei bewacht. Zunächst ist zum dritten Vergleich anzumerken, dass hier der Aspekt der Nutzlosigkeit fehlt, der dem Bild der verlassenen Wächterhütte anhaftet. Ferner wechselt der Fokus von der Behausung des Wächters zu seiner Tätigkeit. Die Wurzel נצר „bewachen" ist als Partizip נֹצֵר in Hi 27,18 als Bezeichnung eines Wächters belegt, der für sich eine Laubhütte baut. Während die ersten beiden Vergleiche nach der Ernte übrig gebliebene Hütten voraussetzen, die von ihren Wächtern verlassen sind, da es nichts mehr zu bewachen gibt, stellt der dritte das Bild der Tochter Zion, die einer Wächterhütte ohne Wächter gleicht, in das Licht einer anderen Perspektive, indem gesagt wird, sie, die eigentlich von den Wächtern verlassene, sei – nach der Katastrophe (V. 7a) – übrig geblieben *wie* eine bewachte Stadt. Dies heißt nicht, dass die Tochter Zion bewacht *war*, sondern dass sie davongekommen ist, als *wäre* sie eine bewachte Stadt gewesen. Auch hier steht der Gedanke im Hintergrund, dass Zion *nicht* von JHWH beschirmt wurde, weil sein Volk die Beziehung zu ihm treulos verworfen hat. Gegen alle Erwartung blieb die Tochter Zion übrig, als hätte jemand über sie gewacht. Dies impliziert eine Warnung davor, die Tochter Zion generell im Sinne der Zionstheologie für uneinnehmbar zu halten, weil sie von JHWH behütet werde (vgl. Ps 46,5–8). Die genaue Analyse des dritten Vergleichs hat so gezeigt, dass das Übrigbleiben Zions eine unverdiente glückliche Fügung ist, die keinen

Anlass zu Triumph gibt. Aber immerhin ist das Übrigbleiben Zions eine allerletzte Chance zur Umkehr, die das trostlose Bild der beiden vorhergehenden Vergleiche etwas abmildert und ein letzter positiver Ansporn ist. Dies entspricht genau der Intention von Jes 1,5 – 7a.

3.6.4.3 Fazit

Die Analyse von Form und Inhalt von Jes 1,8 hat gezeigt, dass beide Dimensionen sehr genau zu Form, Inhalt und Intention von Jes 1,5 – 7a passen. Daher sind Jes 1,5 – 7a.8 eine literarische Einheit.[829]

3.6.5 Zum historischen Hintergrund von Jes 1,5 – 7a.8

Als einzige Passage in Jes 1,2 – 31 enthalten die Verse 5 – 8 Informationen, die eine Zuordnung des Textes zu einer etwas konkreteren historischen Situation ermöglichen. Die Verse 5 – 7 sprechen von harten Schlägen gegen das Volk im Rahmen eines Krieges, bei dem das Land verwüstet und die Städte niedergebrannt wurden. In der von Jes 1,5 – 8 vorausgesetzten Redesituation halten sich Fremde im Land auf, seien es Besatzer, Plünderer oder vom siegreichen Feind neu angesiedelte Fremdvölker, um nur drei mögliche Deutungen zu nennen. Aber das Land der Adressaten (vgl. V. 7 אַרְצְכֶם) existiert als politische Einheit in irgend einer Form noch, da der Redebeginn in V. 5a die Möglichkeit einer Umkehr voraussetzt, durch die die schlimme Lage noch zum Besseren gewendet werden kann. Deutlichere Konturen erhält die Redesituation durch V. 8, wo das Übrigbleiben Jerusalems vermerkt ist. Diejenigen, die – entsprechend des oben geführten Nachweises zu Recht – die literarische Einheitlichkeit von mindestens Jes 1,5 – 7a.8* bejahen, sehen darin mehrheitlich die historische Situation Judas nach Sanheribs Kriegszug im Jahr 701 v. Chr. abgebildet,[830] der Gegenstand der weitgehend identischen Berichte in 2 Kön 18,13 – 19,37 und Jes 36 – 37 ist.[831]

---

829 So auch z. B. Müller, Ausgebliebene Einsicht, S. 80 – 84; Beuken, Jesaja 1–12, S. 69; Williamson, Isaiah 1–5, S. 54; Wildberger, Jesaja 1–12, S. 20; Kustár, Durch seine Wunden, S. 50.

830 So erst jüngst wieder Müller, Ausgebliebene Einsicht, S. 80 – 84; ferner z. B. Williamson, Isaiah 1–5, S. 63 – 67; Wildberger, Jesaja 1–12, S. 20 f.; Kustár, Durch seine Wunden, S. 51 f.; Schoors, Israel und Juda, S. 52.

831 Zum biblischen Bild dieses Kriegszugs sowie zu Besonderheiten des weiteren Berichts in 2 Chr 32,1 – 23 siehe Schoors, Israel und Juda, S. 15 f.; detaillierte Diskussion der Jesaja-Erzählungen auf S. 24 – 32; 41 f.

3.6.5.1 Jes 1,5 – 7a.8 und die biblischen Jesaja-Erzählungen

Die wesentlichen Passagen, die die geschilderte Situation als möglichen Hintergrund zu Jes 1,5 – 7a.8 in Frage kommen lassen, sind:

Jes 36,1 // 2 Kön 18,13:

[וַיְהִי] בְּאַרְבַּע עֶשְׂרֵה שָׁנָה לַמֶּלֶךְ חִזְקִיָּה עָלָה סַנְחֵרִיב מֶלֶךְ־אַשּׁוּר עַל כָּל־עָרֵי יְהוּדָה הַבְּצֻרוֹת וַיִּתְפְּשֵׂם׃

[Jes 36,1: Und es geschah] im vierzehnten Jahr des Königs Hiskia, da zog Sanherib, der König von Assur, herauf gegen <u>alle befestigten Städte Judas und nahm sie ein.</u>[832]

Hiskijas Tributzahlung laut 2 Kön 18,14 – 16 bleibt in Jes 36 unerwähnt, stattdessen fährt Jes 36,2 // 2 Kön 18,17 fort:

וַיִּשְׁלַח מֶלֶךְ־אַשּׁוּר [אֶת־תַּרְתָּן וְאֶת־רַב־סָרִיס וְ]אֶת־רַב־שָׁקֵה מִלָּכִישׁ יְרוּשָׁלְַמָה אֶל־הַמֶּלֶךְ חִזְקִיָּהוּ בְּחֵיל כָּבֵד

Und der König von Assur sandte *[2 Kön 18,17:* den Tartan und den Rabsaris und] den Rabschake mit einem <u>gewaltigen Heer von Lachisch aus zum König Hiskia nach Jerusalem.</u>

In dieser Situation einer Belagerung durch ein übermächtiges Heer versucht Sanherib mittels zweier Gesandtschaften, Hiskija zur kampflosen Übergabe der Stadt zu bewegen. Auf Hiskijas Gebet hin übermittelt Jesaja ihm folgende Worte JHWHs gegen Sanherib:

Jes 37,22 // 2 Kön 19,21:

זֶה הַדָּבָר אֲשֶׁר־דִּבֶּר יְהוָה עָלָיו בָּזָה לְךָ לָעֲגָה לְךָ בְּתוּלַת בַּת־צִיּוֹן אַחֲרֶיךָ רֹאשׁ הֵנִיעָה בַּת יְרוּשָׁלָםִ׃

Dies ist das Wort, das der HERR über ihn geredet hat: Es verachtet dich, es verspottet dich die Jungfrau, die Tochter Zion; die Tochter Jerusalem schüttelt das Haupt hinter dir her.
[...]

Jes 37,33 – 37 // 2 Kön 19,32 – 36:

³³לָכֵן כֹּה־אָמַר יְהוָה אֶל־מֶלֶךְ אַשּׁוּר
לֹא יָבוֹא אֶל־הָעִיר הַזֹּאת וְלֹא־יוֹרֶה שָׁם חֵץ וְלֹא־יְקַדְּמֶנָּה מָגֵן וְלֹא־יִשְׁפֹּךְ עָלֶיהָ סֹלְלָה׃
³⁴בַּדֶּרֶךְ אֲשֶׁר־בָּא בָּהּ יָשׁוּב וְאֶל־הָעִיר הַזֹּאת לֹא יָבוֹא נְאֻם־יְהוָה׃
³⁵וְגַנּוֹתִי עַל־הָעִיר הַזֹּאת לְהוֹשִׁיעָהּ לְמַעֲנִי וּלְמַעַן דָּוִד עַבְדִּי׃ ס
³⁶מַלְאַךְ יְהוָה וַיַּכֶּה בְּמַחֲנֵה אַשּׁוּר מֵאָה וּשְׁמֹנִים וַחֲמִשָּׁה אָלֶף וַיַּשְׁכִּימוּ בַבֹּקֶר וְהִנֵּה כֻלָּם פְּגָרִים מֵתִים וַיֵּצֵא
³⁷וַיִּסַּע וַיֵּלֶךְ וַיָּשָׁב סַנְחֵרִיב מֶלֶךְ־אַשּׁוּר וַיֵּשֶׁב בְּנִינְוֵה׃

33 Darum, so spricht der HERR über den König von Assur: <u>Er wird nicht in diese Stadt kommen.</u> Und er wird keinen Pfeil hineinschießen und ihr nicht mit dem Schild entgegentreten, und er wird keinen Wall gegen sie aufschütten. 34 Auf dem Weg, den er gekommen ist, auf ihm wird er zurückkehren und wird nicht in diese Stadt kommen, spricht der HERR.

---

832 Elberfelder Übersetzung, ebenso die nachfolgenden Übersetzungen von Jes 36 – 37 // 2 Kön 18,13 – 19,37.

35 Denn <u>ich will diese Stadt beschirmen</u>, um sie zu retten, um meinetwillen und um meines Knechtes David willen. 36 Da zog ein Engel des HERRN aus und schlug im Lager von Assur 185000 Mann. Und als man früh am Morgen aufstand, siehe, da fand man sie alle tot, lauter Leichen. 37 Und Sanherib, der König von Assur, <u>brach auf, zog fort und kehrte zurück</u>; und er blieb in Ninive.

Die Jesaja-Erzählung weist somit folgende Berührungspunkte mit Jes 1,5 – 7a.8 auf:

(1) Sanherib erobert alle befestigten Städte Judas (Jes 36,1). Da Jes 1,5 – 7a.8 insgesamt die Folgen von Kriegsnöten beschreibt, hat auch Jes 1,7a eine solch verheerende Situation im Blick: „eure Städte: verbrannt vom Feuer". Das Niederbrennen eingenommener Städte war bei militärischen Eroberungen üblich (vgl. z. B. Jos 6,24; 8,28; 11,11.13).

(2) Es schließt sich eine Belagerung Jerusalems mit einem großen Heer an (Jes 36,2). In dieser aussichtslos erscheinenden Situation greift JHWH rettend ein (Jes 37,33 – 35). Infolge des Zuschlagens des Engels JHWHs stirbt ein großer Teil des Heeres und Sanherib zieht ab (Jes 37,35 f.). Sachlich kann dies durchaus der Grundkonstellation der in Jes 1,5 – 7a.8 angedeuteten Kriegssituation entsprechen. Das Land ist verwüstet und in irgendeiner Form von Fremden besetzt. Die Adressaten und Zion sind der Rest, der in der Katastrophe nicht zu Grunde gegangen ist (Jes 1,7a.8).

(3) Schwierig in die Chronologie einzuordnen ist die Aussage „Euer Ackerboden: vor euren Augen essen ihn Fremde!" (Jes 1,7aγ). Sie ist in der Jesaja-Erzählung Jes 36 – 37 so nicht erwähnt, passt aber generell durchaus in die Notsituation einer belagerten Stadt, die von der Versorgung mit Nahrungsmitteln abgeschnitten ist, während das fremde Belagerungsheer die in der unmittelbaren Umgebung der Stadt ansässigen Bauern dazu zwingt, es mit den Erträgen ihrer Felder zu versorgen. Etwas davon klingt in der Rede des Rabschake (Jes 36,4 ff. // 2 Kön 18,19 ff.) an, wo eine akute Versorgungsnotlage innerhalb der Stadt vorausgesetzt wird, wahrscheinlich in propagandistischer Vorwegnahme der bei längeren Belagerungen sich regelmäßig einstellenden elenden Zustände. Dort erwidert er die Aufforderung von Eljakim, Hilkija und Schebna, doch aramäisch zu sprechen, wie folgt (Jes 36,12 // 2 Kön 18,27): „Hat mich mein Herr etwa nur zu deinem Herrn und zu dir gesandt, um diese Worte zu reden, und nicht zu den Männern, die auf der Mauer sitzen, um mit euch ihren Kot zu essen und ihren Harn zu trinken?"[833] Doch harmoniert dieses Szenario nicht ganz mit der Aussage von Jes 1,8, dass Zion übrig geblieben sei, da dies schon das Ende der Belagerung voraussetzt.

---

[833] Elberfelder Übersetzung.

Eine andere Interpretationsmöglichkeit, die diese Schwierigkeit vermeidet, liegt darin, die Aussagen Jes 1,7aγ.8 auf die zu erwartende nahe Zukunft zu beziehen. Nach dem Ende der Belagerung Jerusalems war wohl damit zu rechnen, dass die Assyrer in den eroberten, um Jerusalem herum liegenden Gebieten entsprechend der im Nordreich geübten Praxis Einheimische deportieren (vgl. Jes 36,17) und an deren Stelle Fremde ansiedeln würden (vgl. 2 Kön 17,24), die dann die Erträge des früher zu Jerusalem gehörigen Landes ernten würden. Jes 1,7aγ könnte dann angesichts der bisherigen Erfahrungen mit den Assyrern eine rhetorische Vergegenwärtigung der bevorstehenden Zustände sein. Die Prophetenrede Jes 1,7a würde dann in ihren ersten beiden Aussagen zunächst auf das bereits durch den Eroberungszug verwüstete Land und die schon niedergebrannten Städte blicken (Jes 1,7aα–β: אַרְצְכֶם שְׁמָמָה עָרֵיכֶם שְׂרֻפוֹת אֵשׁ) und in der dritten Aussage die unmittelbar bevorstehende weitere Entwicklung ankündigen: אַדְמַתְכֶם לְנֶגְדְּכֶם זָרִים אֹכְלִים אֹתָהּ „euer Ackerboden: vor euren Augen werden ihn [sehr bald] Fremde essen." Das Partizip aktiv אֹכְלִים „essend" wäre hier als *futurum instans* zu verstehen. In der betreffenden historischen Situation wäre dann die Form וְנוֹתְרָה nicht als Perfekt mit einem voranstehenden *waw copulativum,* sondern als Perfekt *consecutivum* zu verstehen, das im Anschluss an das *futurum instans* ankündigt, dass die Tochter Zion übrig bleiben wird.[834] Im Zuge der Überlieferung des Prophetenwortes könnte Jes 1,7a–8 dann schon bald insgesamt als Beschreibung einer gegenwärtigen Situation verstanden worden sein (vgl. den sekundären Zusatz Jes 1,9). Eine Verortung von Jes 1,7a.8 in der historischen Situation, die die Jesaja-Erzählung Jes 36–37 par. beschreibt, ist also theoretisch möglich. Nichtsdestoweniger sind dies hypothetische Überlegungen. Insgesamt ist zu resümieren, dass es zwischen der in Jes 1,5–7a.8 beschriebenen Situation und der Belagerung Jerusalems in der Darstellung von Jes 36–37 grobe Anknüpfungspunkte gibt, die eine Bezugnahme beider Texte auf ein- und dieselbe historische Situation zwar möglich erscheinen lassen, aber auch nicht eindeutig belegen können.

3.6.5.2 Jes 1,5–7a.8 und die Annalen Sanheribs

Etwas gestärkt wird die Position derjenigen, die Jes 1,5–7a.8 als Reflex der Belagerung Jerusalems durch Sanherib betrachten, durch die auf dem sog. Taylor-Zylinder überlieferten Annalen Sanheribs, die ausführlich über dessen Eroberung Judas und Belagerung Jerusalems berichten und die biblische Darstellung in wesentlichen Punkten bestätigen. Die für uns wichtigste Passage daraus lautet:

---

834 Als Perfekt *consecutivum* versteht Oesch, Jes 1,8 f und die Wir-Reden, S. 442, die Form וְנוֹתְרָה. Vgl. auch LXX und Vulgata.

„Hiskija von Juda jedoch, der sich meinem Joch nicht unterworfen hatte – 46 seiner festen ummauerten Städte, sowie die zahllosen kleinen Städte in ihrem Umkreis, belagerte und eroberte ich durch das Anlegen von Belagerungsdämmen, Einsatz von Sturmwiddern, Infanteriekampf, Untergrabungen, Breschen und Sturmleitern (?). 200 150 Leute, große und kleine, männlich und weiblich, Pferde, Maultiere, Esel, Kamele, Rinder und Kleinvieh ohne Zahl führte ich aus ihnen heraus und rechnete sie zur Beute. Ihn selbst schloss ich gleich einem Käfigvogel in seiner Residenz Jerusalem ein. Schanzen warf ich gegen ihn auf, das Hinausgehen aus seinem Stadttor verleidete ich ihm (oder: machte ich ihm unmöglich). … Zu dem früheren Tribut, ihrer jährlichen Abgabe, fügte ich ein Geschenk als Gabe für meine Herrschaft zu und legte es ihnen auf. Jenen Hiskija aber warf die Furcht vor dem Glanz meiner Herrschaft nieder.…" *(Es folgt die Aufzählung der nach Ninive deportierten Menschen und Güter.)*[835]

Bestätigt wird hierdurch die Eroberung der Städte (vgl. Jes 36,1), die auch in Jes 1,7a gemeint sein könnte. Andererseits gehören Eroberungen von Städten zu jedem Kriegszug. Ferner erwähnen die Annalen entsprechend den Jesaja-Erzählungen keine Erstürmung Jerusalems, sondern setzen deren Abwendung – anders als die biblischen Berichte – durch Tributzahlungen voraus. Die Aussage, dass Sanherib König Hiskija wie einen Käfigvogel in Jerusalem eingeschlossen habe, könnte in ihrem Sachgehalt, nämlich der Einschließung Jerusalems, den Bildern von Jes 1,8 entsprechen, wobei die Sicht des Belagerers Sanherib diejenige ist, Jerusalem eingeschlossen zu haben, während der Prophet im Namen der Belagerten, die der militärischen Erstürmung der Stadt knapp entgehen, davon sprechen könnte, dass Jerusalem „übrig geblieben" (יתר Ni., vgl. Jer 34,7; Ez 14,22) sei bzw. übrig bleiben werde, da es nicht wie die anderen Städte (vgl. Jes 1,7a) abgebrannt wurde. Die biblischen Jesaja-Erzählungen und Sanheribs Beschreibung der Einschließung Hiskijas müssten sich auf den Zustand während der Belagerung beziehen. Sofern man hinsichtlich Jes 1,7a.8 nicht der oben erwogenen Möglichkeit folgt, dass das Verzehren der Felder durch die Fremden und das Übrigbleiben Zions (Jes 1,7aγ – 8) als unmittelbar bevorstehend angekündigt werden, müsste man dieses Prophetenwort eher den Verhältnissen unmittelbar nach der Belagerung zuordnen, da Zion einerseits übrig geblieben ist, andererseits aber weitere Schläge jederzeit erfolgen können (vgl. Jes 1,5a: עוֹד „noch") und Fremde den Ackerboden verzehren. Wie das Bild vom Käfigvogel und das Bild von der Hütte im Weinberg bzw. Gurkenfeld sich allerdings genau zueinander verhalten bzw. ob sie sich überhaupt in Einklang bringen lassen, bleibt fraglich.[836]

---

835 Zitiert nach: Schoors, Israel und Juda, S. 68 (= AOT 352 – 354; TUAT I, 389 – 390).
836 Vgl. dazu Ben Zvi, Isaiah 1,4 – 9, S. 106: „The image of a booth in a vineyard does not correspond to the idea of an invading army that until that very moment had been besieging Jerusalem, nor to that of a besieged city."

3.6.5.3 Zwischenergebnis zum Verhältnis von Jes 36 – 37 sowie der Annalen Sanheribs zur Situationsbeschreibung in Jes 1,5 – 7a.8

Ob und inwieweit Sanheribs Feldzug von 701 v. Chr. tatsächlich die in Jes 1,5 – 7a.8 vorausgesetzte historische Situation ist, lässt sich weder mit Hilfe der biblischen Berichte noch mit den Annalen Sanheribs eindeutig belegen.[837] Dass dem so ist, liegt offensichtlich an der Intention von Jes 1. Ben Zvi[838] bringt dies wie folgt auf den Punkt:

> „[...] Isa 1,4 – 9 contains no unequivocal historical references. Since it is more likely that this feature reflects the intention of its author than his (or her) lack of ability, one may conclude that Isa 1,4 – 9 was intentionally composed in such a way that allows the community of readers or hearers – or, perhaps, learners – of Isaiah 1,4 – 9 to use its images as a common frame against which more than one historical situation could be interpreted."

Die bisherigen ausführlichen Analysen von Jes 1 haben gezeigt, dass die Eröffnung des Jesaja-Buches durch eine ausgesprochene theologische Tiefe geprägt ist, die der positiven Chance eines Lebens unter der Himmel und Erde umfassenden Herrschaft JHWHs die theologisch beschriebenen Abgründe des Abfalls von ihm gegenüberstellt. Der Abschnitt Jes 1,5 – 7a ist, wie wir gesehen haben, Teil dieser Konzeption, indem er die äußere Beschreibung von Israels unheilbringendem Verhalten zur inneren Haltung der Widerspenstigkeit als dessen Wurzel sowie zu den mittlerweile eingetretenen Unheilsereignissen als dessen Früchte in Beziehung setzt. Es geht hier um Grundzusammenhänge zwischen Israels Beziehung zu Gott, seiner inneren Grundhaltung und geschichtlich erfahrbaren Ereignissen, die durch beide vorhergehenden Aspekte hervorgebracht und geformt werden. Die Belagerung Jerusalems durch Sanherib im Jahr 701 v. Chr. – oder welche vergleichbare historische Situation auch immer das Modell des Textes gewesen sein mag – ist so unscharf gezeichnet, dass sie, wenn überhaupt, nur mehr als ein allgemeiner Topos erkennbar bleibt.[839] Sie ist das mögliche Modell dieses Topos, aber die Intention des Textes liegt darin, das Modell ins Grundsätzliche hinein zu verallgemeinern, so dass der Text auf jede Situation passt, in der ein Rest knapp einer Katastrophe entkommt.

Diese auf grundlegende theologische Zusammenhänge abzielende Konzeption von Jes 1,2 – 4.5 – 7a.8 kann allerdings vom betreffenden Redaktor des ersten

---

837 Vgl. dazu die Schlussfolgerung von Ben Zvi, Isaiah 1,4 – 9, S. 111: „A conclusive dating for Isa 1,4 – 9 is an unattainable goal."

838 Ben Zvi, Isaiah 1,4 – 9, S. 111. Eine ganz ähnliche Sicht vertritt Becker, Jesaja, S. 180 f., in Bezug auf Jes 1,2 – 20 insgesamt.

839 Vgl. Becker, Jesaja, S. 181: „Die Angaben in V. 7 f. bleiben blass und sind nur wenig spezifisch; man könnte sie auch mit einem beliebigen anderen feindlichen Angriff in Verbindung bringen."

Jesaja-Kapitels grundsätzlich auf drei unterschiedlichen Wegen verwirklicht worden sein. Entweder kann es sich um einen neuen, eigens für die Eröffnung des Jesaja-Buches geschriebenen Text handeln. Die zweite Möglichkeit wäre, dass der Redaktor entsprechend seiner Intention die Texte bzw. Textausschnitte geschickt aus dem Bestand des überlieferten Materials ausgewählt und arrangiert hat. Konkret auf Jes 1 angewandt würde dies bedeuten, dass er gezielt Texteinheiten aus der Überlieferung auswählte, die theologisch aussagekräftig, aber ohne deutliche historische Haftpunkte sind, bzw. dass er alle eindeutigen historischen Angaben wegließ. Die dritte, in der Bibel wohl am häufigsten anzutreffende Möglichkeit ist eine Mischung aus den ersten beiden, also ein Text, der teilweise aus überliefertem Material und teilweise aus redaktionell verfassten Texten besteht. Die Tatsache, dass Jes 1,5 – 7a.8 sich als literarische Einheit erwiesen hat, ermöglicht es, die dritte Möglichkeit für diese kurze Passage auszuschließen. Im Folgenden sind daher eine besonders von J. Vermeylen und zuletzt in modifizierter Form von U. Becker vertretene Forschungsmeinung, die auf Grund des verwendeten Vokabulars und inhaltlicher Beziehungen zu Jeremia, Deuteronomium/ Deuteronomismus und Weisheitsliteratur diesen Textabschnitt frühestens in die Zeit Jeremias datiert, und eine erst jüngst wieder von R. Müller vertretene Forschungsmeinung, die auf Grund motivischer Parallelen zu assyrischen Königsinschriften an der klassischen Datierung in die assyrische Zeit festhält, zu diskutieren.

3.6.5.4 Einordnung von Jes 1,5 – 7a.8 in die spätvorexilische (Vermeylen) oder nachexilische (Becker) Epoche mittels Tendenzkritik und Vokabularanalyse?

J. Vermeylen fasst seine Überlegungen zur zeitgeschichtlichen Einordnung von Jes 1,4 – 7a (= V. 4 – 7bα nach der Einteilung des MT) wie folgt zusammen: „les vv. 4 – 7bα constituent eux aussi un discours autonome et datent sans doute de l'époque de Jérémie (les vv. 7bβ – 9 sont postérieurs à l'exil et ne figuraient pas dans le rîb original)".[840] Er stützt diese Überzeugung auf die folgenden Argumente.[841] (1) Die Verse 4 – 7a entsprächen gattungsmäßig dem vorexilischen Wehe-Ruf. (2) Das Vokabular sei zwar größtenteils in den Prophetenreden des 8. Jh. belegt, nichts davon aber sei für die Sprache Jesajas charakteristisch. Die selteneren Wörter seien oft nicht vor der Zeit Jeremias belegt. Insgesamt sei das Vokabular weniger jesajanisch als vielmehr jeremianisch. (3) Ebenso hätten die

---

840 Vermeylen, Du prophète Isaïe, S. 65.
841 Vermeylen, Du prophète Isaïe, S. 54 – 57.

zentralen Motive und Wendungen ihre wichtigsten Parallelen nicht in der Verkündigung Jesajas, sondern in den Reden Jeremias und der deuteronomischen Schule. Das ganze Kapitel Jes 1 hält Vermeylen für eine redaktionell aus Materialien unterschiedlichen Ursprungs zusammengefügte Rede, die allenfalls in V. 10–17 auf Jesaja zurückgehen könne[842] und ihre Form i. W. der deuteronomistischen Schule verdanke.[843]

Dagegen ist U. Becker[844] der Auffassung, Jes 1,2–20 stelle wesentlich eine literarische Einheit dar, die am ehesten in die nachexilische Epoche gehöre und als literarische Einleitung eines bereits existierenden Jesaja-Buches konzipiert sei. Dass der Text zunächst wie ein Flickenteppich wirke, liege an seinem anthologischen Charakter. Der Verfasser schöpfe aus verschiedenen Quellen, nämlich bereits vorhandenen Büchern, formuliere und arrangiere aber ganz neu. Diese zeitgeschichtliche Einordnung bezieht sich auf die Einheit Jes 1,2–20 als Ganze, wobei Becker – ähnlich wie Vermeylen – mittels Analyse des Vokabulars und der Gedankenwelt versucht, dem Text ein geistig-theologisches Milieu einer bestimmten Zeit zuzuweisen.[845] Ausgehend vom abstrakten theologisch-grundsätzlichen Gehalt des Textes,[846] der den nachfolgenden Buchtext zum Verständnis – und somit ein eher spätes Redaktionsstadium des Buches – voraussetze, verweist er insbesondere auf die zahlreichen sprachlichen und sachlichen Parallelen in Jes 1,2–20 zur Amos- und Jeremia-Überlieferung.[847] Diese seien in ihrer Häufigkeit und Schichtung so breit gefächert, dass sie die Existenz der jeweiligen Bücher in einem späten Stadium ihrer Entstehung voraussetzten. Besonders mit der Möglichkeit einer Beeinflussung des Jesaja-Textes durch das Jeremiabuch sei

---

842 Vermeylen, Du prophète Isaïe, S. 108 f.

843 Vermeylen, Du prophète Isaïe, S. 110.

844 Becker, Jesaja, S. 191.

845 Vgl. Becker, Jesaja, S. 180–182.

846 Vgl. Becker, Jesaja, S. 180 f.

847 Vgl. Becker, Jesaja, S. 183–184. Im Einzelnen führt Becker folgende Parallelen auf:
Amos:
Zu Jes 1,11–17: Am 4,4 f.; 5,4–7.14–15.21–24 (evtl. direkte Abhängigkeit); diese Amos-Worte seien kaum alle von Amos, mit exilischen Händen sei zu rechnen.
Jeremia:
Zu Jes 1,2–3.16–17: Jer 2,12–13; 4,22; 8,4–7; 13,23.
Zu Jes 1,5–6: Jer 30,12 f.;
Zu Jes 1,8 „Tochter Zion": Jer 4,31; 6,2.23.
Zu Jes 1,11 ff.: Jer 6,20; 7,21–24.
Zu Jes 1,18–20: Jer 2,22; 12,16 f.
Für sich genommen seien diese Übereinstimmungen kaum signifikant, auffällig sei aber ihre Häufung und Streuung in Jes 1 (S. 184).

zu rechnen.[848] Ferner geht Becker auf die ebenfalls zahlreichen sprachlichen/ motivischen Berührungen von Jes 1,2 – 20 mit dem Deuteronomium und Lev 26 ein.[849] Zwar sei Jes 1,2 – 20 weder theologisch noch in seiner Phraseologie als dtn.- dtr. zu qualifizieren, doch setze das Kapitel die Existenz von dtn.-dtr. Motiven, Vorstellungen und Worten voraus und sei daher nachdeuteronomistisch. In entsprechender Weise legt Becker die weisheitliche Prägung von Jes 1,2 – 20 dar, die ebenfalls späte Schichten der Weisheitsliteratur voraussetze.[850]

In Bezug auf Jes 1,7 f. erläutert Becker,[851] dass eine Lektüre dieses einzigen auf eine historische Dimension verweisenden Textabschnitts in Jes 1 im Kontext mit Sanheribs Feldzug gegen Palästina im Jahr 701 v. Chr. wegen der blass und wenig spezifisch bleibenden geschichtlichen Angaben eher eine von außen in den Text projizierte Interpretation sei, während eine Deutung auf das 587 v. Chr. hereingebrochene Desaster schon auf Grund des sprachlichen Befundes viel näher liege. Dabei sei die Vorstellung einer totalen Verwüstung des Landes weniger historisch denn theologisch zu lesen, und zwar dahingehend, dass das Gericht gegen Israel ein umfassendes und unüberbietbares war. Die Parallelstellen zu Jes 1,7 – insbesondere nennt Becker[852] Lev 26,33; Dtn 28,51 und das von ihm nachexilisch datierte Wort Jes 6,11 – bewegten sich in diesem Schuld-Strafe-Schema und bezögen sich durchweg auf den Untergang 587 v. Chr. Die Bezeichnung בַּת־צִיּוֹן „Tochter Zion" bestätige diese Einordnung, da sie in den Klageliedern ihren festen Platz habe (Klg 1,6; 2,1 – 18; 4,22), und unterstreiche den Kontrast zwischen einstiger Herrlichkeit Jerusalems und ihrem aktuellen, durch die babylonische Eroberung bewirkten Elend.[853]

---

848 Vgl. Becker, Jesaja, S. 184.
849 Vgl. Becker, Jesaja, S. 185 – 186. Im Einzelnen führt Becker folgende Parallelen auf (S. 185):
Zu Jes 1,2a: Dtn 4,26; 30,19; 31,28; 32,1.
Zu Jes 1,2b: Dtn 21,18 – 21; 30,17; 31,29; 32,5 – 6.20 – 21.
Zu Jes 1,5 – 6: Dtn 28,58 – 61 (vgl. 21,18 – 21).
Zu Jes 1,7: Lev 26,33; Dtn 28,51.
Zu Jes 1,10: Dtn 29,22 (Sodom und Gomorra).
Zu Jes 1,11 – 15: vgl. die Opfer- und Kultgesetze (Dtn 16,1 – 17,1 u. a.).
Zu Jes 1,17: Dtn 10,18; 16,11 u. a.
Zu Jes 1,18 – 20: Lev 26,14 – 33 (bes. V. 25.33); Dtn 1,26; 28,1 f.15; 30,15 – 19 (vgl. auch 1 Sam 12,14 f.; Jer 12,16 f.).
850 Vgl. Becker, Jesaja, S. 186 f.
851 Becker, Jesaja, S. 181.
852 Becker, Jesaja, S. 181: Lev 26,33 und Jes 6,11; auf S. 185: Dtn 28,58 – 61 (vgl. Dtn 21,18 – 21) zu Jes 1,5 – 6 sowie Lev 26,33 und Dtn 28,51 zu Jes 1,7; auf S. 190: Lev 26,33 und Dtn 28,51 zu Jes 1,7.
853 Becker, Jesaja, S. 181.

Sowohl Vermeylen als auch Becker weisen zu Recht auf die zahlreichen Anklänge zwischen Jes 1,2–20 und Amos, Jeremia, Deuteronomium und Weisheit hin und stellen diesbezüglichen Erklärungsbedarf fest. Der ausgeprägt theologische Charakter des Textes konnte im Rahmen dieser Arbeit in vielen Einzelaspekten entfaltet und dargelegt werden. Gerade die enge Verzahnung der Sündenthematik (Jes 1,2–4) mit der Unheilsschilderung (Jes 1,5–8) und den an die Kultkritik geknüpften Umkehrforderungen (Jes 1,10–17.18–20) wurde deutlich sichtbar. Auch dass es angesichts der in allen Teilen des Jesaja-Buches zu findenden Rückbezüge auf Jes 1 – erinnert sei nur beispielhaft an Israels Treubruch (Jes 1,2b) und Sünde (Jes 1,4), den Untergang der Treubrüchigen und Sünder in Jes 1,28–31 und den ewigen Tod aller Treubrüchigen des ganzen neuen Universums in Jes 66,24 – um eine gezielt konzipierte Bucheinleitung geht, die zumindest in ihrer Endfassung das ganze Buch umspannen will und wegen ihres weithin abstrakt-theologischen Gehalts der Explikation durch den nachfolgenden Buchtext bedarf, steht außer Frage. Daher erscheint gerade Beckers Versuch, die bemerkenswerte Kombination von thematischer und stilistischer Vielgestaltigkeit mit gleichzeitiger konzeptioneller Einheit, wie sie in Jes 1,2–20 anzutreffen ist, durch die anthologische Arbeitsweise eines einzigen Autors, der weite Teile des Corpus propheticum kannte, zu erklären, als eine sehr attraktive Hypothese, die zu vielen Fragen eine Antwort bieten kann. Dennoch geht, wie wir sehen werden, die Rechnung nicht auf. Denn im nächsten Punkt werden assyrische Hintergründe zur Motivik von Jes 1,7 und Jes 6,9–11 zu diskutieren sein, die deutlich gegen eine Ansetzung zumindest des hier schwerpunktmäßig zu behandelnden Textteils Jes 1,5–8 in die nachexilische Zeit sprechen.

Dies gibt Anlass, zunächst noch ein wenig die Problematik der von Vermeylen und Becker angewandten Methodik zu erörtern. Was Einzelheiten der Vokabularanalyse Vermeylens betrifft, so kann auf die Einwendungen Bjørndalens[854] gegen dessen Datierung und Zuweisung von Jes 1,2–3.4–7 verwiesen werden. Beispielhaft sei eine Bemerkung Bjørndalens zu Vermeylens Ansicht, Jes 1,5 f. finde eine Parallele in Jer 15,18; 30,12–15 sowie Lev 26,14–33, zitiert:

> Die Krankheits- und Wundenschilderung Jes 1,5 f. ist aber mit Sicherheit gegenüber Jeremia literarisch eigenständig: Jer 30,12 redet von *nachla makkatek*, Jer 15,18 von *makkatî ʾªnûsa*, Jes 1,6 aber von *makka ṭᵉrîya* (wobei *ṭᵉrîya* sonst nur noch Ri 15,15 zu belegen ist). Die Vokabeln *mᵉtom*, *pœtsaʿ* und *chabbûra* Jes 1,6 fehlen, wie schon vermerkt, überall bei Jeremia und im dtr. Schrifttum. Die Beschreibung Jer 30,13 ist mit keiner Vokabel oder Phrase in Jes 1,4–7 vertreten, auch nicht die Darstellung Jer 15,18, abgesehen vom Substantiv *makka*.[855]

---

854 Bjørndalen, Frage der Echtheit, S. 89–93.
855 Bjørndalen, Frage der Echtheit, S. 92 f.

Zu Gunsten Vermeylens wäre hier allerdings noch zu ergänzen, dass immerhin נַחְלָה ("bösartig erkrankt") in Jer 30,12 auf dieselbe Wurzel zurückgeht wie חֳלִי "Krankheit" in Jes 1,5, so dass man von zwei gemeinsamen Wortwurzeln sprechen könnte. Ferner ist Vermeylen insofern zu verteidigen, als es ihm – wie auch U. Becker – nicht darum ging, eine literarische Abhängigkeit im engeren Sinne nachzuweisen, sondern darum, zu zeigen, dass auf Grund gehäufter punktueller Berührungen in Vokabular und Motivik zwischen Jes 1 und Jeremia der Jesaja-Text in der Zeit Jeremias zu verorten sei. Dieser Ansatz beruht offensichtlich auf der Grundannahme, dass jede Zeit ihre charakteristische Sprache und ihre charakteristischen Themen hat, was eine Zuordnung von Texten zu geistesgeschichtlichen Epochen ermöglichen könnte. Bjørndalens Einwendungen machen jedoch die Problematik deutlich, die damit verbunden ist, dass Vermeylens und Beckers geistesgeschichtliche Zuweisungen nicht in erster Linie auf der Basis für sich jeweils gewichtiger Einzelnachweise stehen, sondern auf einer Vielzahl für sich genommen nicht signifikanter Beobachtungen beruhen.[856] Methodisch fehlt diesem Ansatz eine Bereinigung der Schwierigkeiten, die sich generell bei statistischen Überlegungen stellen. Ohne Anspruch auf Vollständigkeit seien hier nur einige Problemfelder genannt. Ein erstes liegt darin, dass ein statistisch arbeitender Ansatz die Relation zwischen der jeweiligen gesamten Textmenge und der Zahl der betreffenden Belege zu berücksichtigen hat. Wenn es etwa um ein Wort geht, das sonst bei Jesaja nicht, aber bei Jeremia mehrfach belegt ist, so ist hinsichtlich der Signifikanz dieser Beobachtung zu berücksichtigen, dass sich die Aussage "bei Jesaja belegt" in der Regel auf den sehr schmalen Textbestand bezieht, der dem historischen Propheten Jesaja zugewiesen wird, während sie sich bei Jeremia auf ein umfangreicheres Textcorpus bezieht. Dementsprechend kann eine Beobachtung, die mehrere Jeremia-Belege gegenüber einem Jesaja-Beleg konstatiert, möglicherweise schlicht besagen, dass Jesaja das Wort statistisch genauso häufig verwendet wie Jeremia. Hinzu kommt, dass die Aussage "das Wort ist sonst bei Jesaja nicht belegt" an Signifikanz verliert, je kleiner das Textcorpus ist, auf das sie sich bezieht. Denn je kleiner das Textcorpus, desto größer ist die Wahrscheinlichkeit, dass ein Wort dort nur einmal verwendet wird. Ein weiteres Problemfeld liegt darin, dass es bei geistesgeschichtlichen Prozessen fast immer Texte und Autoren gibt, die eine Vorreiterrolle spielen, indem sie etwa bestimmte gedankliche Ansätze und Bilder erstmals ausprägen, die sich erst erheblich später zu einer geistesgeschichtlichen Strömung ausweiten.[857] Dafür, dass der historische

---

856 Vgl. dazu Becker, Jesaja, S. 184, zu den zahlreichen Berührungen zwischen Jes 1,2–20 und Jeremia: "Diese Übereinstimmungen sind, wenn man sie je für sich betrachtet, kaum signifikant."
857 Wollte man etwa Georg Büchners Drama "Woyzeck" auf Grund seiner Gedankenwelt und Stilistik in die geistesgeschichtliche Epoche einordnen, in die es am besten hineinpasst, müsste

Prophet Jesaja in der Tat epochebildend wirkte und einen im Laufe der Zeit immer breiter werdenden Strom der Rezeption anstieß, ist die mehrere Jahrhunderte umfassende Entstehungsgeschichte des Jesaja-Buches selbst ein eindeutiger Nachweis. Allein schon aus dieser Tatsache geht hervor, dass sich von Jesaja geprägte Gedanken und Bilder im Laufe ihrer Rezeptionsgeschichte, einschließlich der Rezeption der Rezeption, vervielfachen. Dabei ist ferner mit Wechselwirkungen zu rechnen, in dem Sinne, dass ein ursprünglich jesajanischer Text die Schaffung eines neuen Textes anregt, der seinerseits dazu führt, dass der ursprünglich jesajanische Text teilweise überarbeitet wird. Mit Gemengelagen dieser und ähnlicher Art ist speziell bei Jes 1 zu rechnen, da jede Epoche der Rezeption und Fortschreibung ein Interesse daran hat, ihre neue Jesaja-Lektüre auch in der Bucheinleitung zu verankern. Gleichzeitig gibt es auch ein natürliches Bestreben, ursprüngliche Jesaja-Texte als Basis der weiterentwickelnden Rezeption an den Buchanfang zu stellen. Dieses Modell könnte erklären, warum Autoren aus Jes 56 – 66 in Jes 1 ebenso ihre Spuren hinterlassen zu haben scheinen wie – zumindest nach vielfacher Meinung – auch der historische Prophet selbst. Vor diesem Hintergrund sind U. Beckers folgende Ausführungen betreffend die Übereinstimmungen zwischen Jes 1,2–20 und Jeremia kritisch zu hinterfragen:

> Diese Übereinstimmungen sind, wenn man sie je für sich betrachtet, kaum signifikant. Ihre Häufung indes ist ebenso auffällig wie die Beobachtung, dass nahezu alle in Jes 1,2–20 vereinigten Stücke eine Parallele im Jer-Buch haben. Allein schon deshalb ist die geläufige Erklärung, nach der Jeremia hier Jesaja-Worte aufnehme und abwandle, nicht ganz überzeugend. Es kommt hinzu, dass mitnichten alle Jer-Worte vom Propheten selbst stammen; man müsste schon von der unwahrscheinlichen Annahme ausgehen, dass die Jer-Überlieferung auf verschiedenen Stufen von Jes 1* abhängig ist.[858]

Es entspricht der beschriebenen grundsätzlichen Dynamik von Rezeptionsprozessen, dass es in der Rezeption zu einer gehäuften Verbreitung ursprünglich nur einmal formulierter Gedanken des rezipierten Autors kommt. Auch die Tatsache, dass nahezu alle in Jes 1,2–20 enthaltenen Stücke Anklänge im Jeremia-Buch haben, lässt sich ohne Weiteres als typisches Phänomen der Rezeption erklären, sofern der rezipierte Autor eine bedeutende Person ist, deren gesamte Hinterlassenschaft für wertvoll und bedeutsam gehalten wird. Damit soll selbstverständlich nicht die Ansicht geäußert werden, alle Stücke in Jes 1,2–20 mit Anklängen im Jeremia-Buch seien jesajanisch. Es soll lediglich Beckers Aussage in

---

man es wohl auf Grund seines naturalistischen Stils anstatt dem ersten Drittel des 19. Jahrhunderts dem Ende des 19. Jahrhunderts zuordnen.

858 Becker, Jesaja, S. 184.

Frage gestellt werden, dass die geläufige Erklärung, nach der Jeremia hier Jesaja-Worte aufnehme und abwandle, schon *allein deshalb* nicht ganz überzeugend sei, weil nahezu alle in Jes 1,2 – 20 vereinigten Stücke eine Parallele im Jeremia-Buch haben. Es ist durchaus denkbar, dass Jeremia selbst und seine Tradenten bewusst und lückenlos sich immer wieder auf Jesajas Erbe, einschließlich seiner Weiterentwicklungen, bezogen. Darüber hinaus ist auch zu fragen, warum die Annahme, „dass die Jer-Überlieferung auf verschiedenen Stufen von Jes 1* abhängig ist," unwahrscheinlich sein soll. Angesichts der Komplexität des Rezeptionsprozesses ist mit Phänomenen dieser Art zu rechnen.

Diese Überlegungen verdeutlichen, dass eindeutige Klarheit über die Entstehungsgeschichte von Jes 1 kaum jemals erreicht werden dürfte. Allerdings können Einzelbeobachtungen in der Art, wie sie im Rahmen dieser Arbeit wiederholt gemacht wurden, einige Orientierungspunkte setzen. Zu diesen gehört auch der nächstfolgende Punkt.

3.6.5.5 Motivische Verwandtschaft zwischen Jes 1,7a.8; Jes 6,11 und assyrischen Königsinschriften

Da die als historische Information deutbaren Aussagen in Jes 1,5 – 7a.8 zu spärlich sind, um sie passgenau auf eine konkrete geschichtliche Situation zu beziehen, bietet es sich an, den Text auf eine engere Verwandtschaft mit anderen Texten hin zu untersuchen, die tiefgründiger ist, als es bei den zwar zahlreichen, doch nur punktuellen und unspezifischen Berührungen zwischen Jes 1,2 – 20 und z. B. Jeremia der Fall ist. Innerbiblisch fallen hier zunächst die bereits oben unter Punkt 3.6.3.5 erwähnten Ähnlichkeiten zwischen Jes 1,7a und Jes 6,11 auf.

Jes 1,7a	Jes 6,11
	וַיֹּאמַר
	עַד־מָתַי אֲדֹנָי
	וַיֹּאמֶר
אַרְצְכֶם שְׁמָמָה	עַד אֲשֶׁר אִם־שָׁאוּ
עָרֵיכֶם שְׂרֻפוֹת אֵשׁ	עָרִים מֵאֵין יוֹשֵׁב
	וּבָתִּים מֵאֵין אָדָם
אַדְמַתְכֶם לְנֶגְדְּכֶם זָרִים אֹכְלִים אֹתָהּ	וְהָאֲדָמָה תִּשָּׁאֶה שְׁמָמָה

In beiden Texten geht es inhaltlich um die Beschreibung eines Zustands der Verwüstung (שְׁמָמָה), in den das Land gerät, und zwar einmal aus der Perspektive eines noch bevorstehenden Unheils (Jes 6,11) und das andere Mal unter dem Eindruck einer schon geschehenen Katastrophe (Jes 1,7a). Für die Verhältnisbestimmung von Jes 1 und 6 erwies sich die oben unter Punkt 3.6.3 dargelegte Beobachtung als relevant, dass die Haltung der „Widerspenstigkeit" (סָרָה) in Jes 1,5 der Ursprung der dort genannten Krankheit des Kopfes und des Herzens ist, da sie das Herz Gott gegenüber ungefügig macht und die im Kopf verorteten Sinne, insbesondere das Hören und Sehen, daran hindert, das Gehörte und Gesehene in seiner Bedeutung wahrzunehmen. Angesichts dieser Auswirkungen stellt die „Widerspenstigkeit" im Rahmen der synchronen Logik des Jesaja-Buches eine Vorstufe des in Jes 6,9–10 dem Propheten erteilten Auftrags dar, das Herz des Volkes – ähnlich wie im Exodus-Geschehen das Herz des Pharao (vgl. Ex 10,1) – zu verfetten (6,10: הַשְׁמֵן), seine Ohren schwer zu machen (6,10: הַכְבֵּד) und seine Augen zu verkleben (V. 10: הָשַׁע).[859] Weil sich Israel schon in Jes 1,5–7a aus Widerspenstigkeit, die es schwerhörig und kurzsichtig machte, treubrüchig von JHWH abgewandt hatte, stellt der Verstockungsbefehl Jes 6,9–10 letztlich eine einfache Konsequenz dieses vom Volk bereits eingeschlagenen Wegs dar. JHWH tut hier lediglich das, was er schon immer seit Mose getan hatte – er sendet einen Propheten, der dem Volk seine Botschaften verkündet. Da dieses in Reaktion darauf die Widerspenstigkeit immer weiter vermehrt (vgl. Jes 1,5a.19–20), mündet die dadurch bedingte Krankheit von Kopf und Herz in völlige Blindheit, Taubheit und Herzensverfettung. Indem JHWH einen Propheten beruft, den er mit der so verstandenen Verstockung beauftragt, setzt er einen Akt unerschütterlicher Treue zu seiner mit der Adoption des Volkes (Jes 1,2b) übernommenen Verpflichtung, es durch das Wort seiner Propheten zu führen, und nimmt gleichzeitig als ultima ratio in Kauf, dass dies zur unumkehrbaren Herzensverstockung führen wird, die jede Kommunikation des Volkes mit seinem Gott unmöglich macht (vgl. Jes 6,9–10).

Die unheilvollen Folgen dieser Gottferne sind in Jes 1,7a und Jes 6,11 beschrieben.[860] Dabei stellt sich die Betrachtung der Katastrophe in Jes 1,7a als Vorstufe des in Jes 6,11 angekündigten Szenarios dar, bei dem alles menschliche

---

859 Das Buch nimmt eine Perspektive ein, die sich am Lauf der Geschichte des Volkes orientiert (vgl. die Königschronologie in Jes 1,1). Dies steht in Spannung zum Charakter des Visionsberichts Jes 6, der v. a. auf Grund seines initiatorischen Charakters (vgl. Jes 6,6–8) Jesajas Inauguralvision erzählt. Die Prophetenbiographie tritt hinter der Geschichte des Volkes zurück, das schon vor Jesajas Berufung durch Propheten (u. a. Mose, Amos) gemahnt worden war. Im Duktus des Buches sind so die Kapitel 1–5 die Vorgeschichte von JHWHs Verstockungsbeschluss und gleichzeitig der Nachweis, dass Israel schon damals auf prophetische Worte nicht gehört hatte. Der Berufungscharakter der Jesaja-Vision Jes 6 schlägt sich in der chronologischen Ordnung des Buches insofern nieder, als die Überschrift Jes 1,1 „Die Vision, die Jesaja [...] schaute" auf Jes 6 rekurriert. Siehe oben Punkt 3.6.2.2 und 3.6.2.6.4–6. Zu Jes 1,5–6 als Vorstufe von Jes 6,9–10 siehe oben Punkt 3.6.3.3.
860 Zu den Ähnlichkeiten von Jes 1,7; 6,11 hat jüngst Müller, Ausgebliebene Einsicht, S. 80–84 eine Analyse vorgelegt, auf die sich unsere Ausführungen zu Jes 6,11 und 1,7a stützen.

Leben aus dem Land vertilgt sein wird. Wenn Jes 1,7a davon spricht, dass die Städte vom Feuer verbrannt sind (עָרֵיכֶם שְׂרֻפוֹת אֵשׁ), dann markiert dies einen Zustand der Unbewohnbarkeit, der an die Ankündigung in Jes 6,11, dass am Ende der Verstockungsverkündigung die Städte und Häuser menschenleer sein werden (שָׁאוּ עָרִים מֵאֵין יוֹשֵׁב וּבָתִּים מֵאֵין אָדָם), nahe heranreicht. Ledigich die Tatsache, dass Jes 1,7a von „euren Städten" spricht, verdeutlicht, dass es immerhin noch überlebende Adressaten gibt. Der in Jes 6,11 angekündigte Zustand der Menschenleere ist also noch nicht ganz erreicht. Ferner prophezeit Jes 6,11, dass „der Ackerboden zu Wüste verwüstet" wird: וְהָאֲדָמָה תִּשָּׁאֶה שְׁמָמָה. Demgegenüber konstatiert Jes 1,7a, dass es Fremde sind, die den Ackerboden vor den Augen der Redeadressaten verzehren: אַדְמַתְכֶם לְנֶגְדְּכֶם זָרִים אֹכְלִים אֹתָהּ. Der Ackerboden ist hier zwar nicht per se zu unfruchtbarer Wüste geworden, aber es herrschen Zustände, unter denen die Frucht des Ackerbodens nicht den Eigentümern, sondern fremden Mächten zu Gute kommt, die ihn nach seiner Plünderung wohl in ähnlichem Zustand wie die niedergebrannten Städte verlassen werden. Jes 1,7a bildet so eine Vorstufe der in Jes 6,11 angekündigten Verwüstung. Die Verbindung zwischen Jes 1,7a und 6,11 wird formal auch durch dieselbe Reihenfolge der gemeinsamen Stichworte עָרֵיכֶם/ עָרִים (Städte) und אֲדָמָה/אַדְמַתְכֶם (Ackerboden) deutlich. Der enge Verweisungszusammenhang zwischen Jes 1,7a und 6,11 schlägt sich also in drei gemeinsamen zentralen Begriffen, einer ähnlichen Anordnung der Themen und aufeinander abgestimmten Aussagen nieder. Die sprachliche und gedankliche Nähe beider Passagen spricht dafür, sie zumindest ein- und derselben Epoche bzw. ein- und demselben Verfasser zuzuschreiben.

Außerbiblisch lassen sich bei Jes 1,7a Bezüge zur assyrischen Kultur nachweisen. Hierzu hat P. Machinist beobachtet, dass die Motive שְׁמָמָה („Wüste"), שְׂרֻפוֹת אֵשׁ („vom Feuer verbrannte") und אֹכְלִים („Verzehrende") in genau dieser Reihenfolge in einer Formel belegt sind, die häufig auf neuassyrischen Königsinschriften erscheint:[861]

āla appul aqqur ina išāti ašrup ākulšu

„Die <u>Stadt</u> verwüstete, zerstörte, <u>verbrannte ich mit Feuer, ich verzehrte sie</u>."[862]

Jes 1,7a: אַרְצְכֶם שְׁמָמָה עָרֵיכֶם שְׂרֻפוֹת אֵשׁ אַדְמַתְכֶם לְנֶגְדְּכֶם זָרִים אֹכְלִים אֹתָהּ

---

861 Siehe Müller, Ausgebliebene Einsicht, S. 82; Machinist, Assyria, S. 724 f.; Hartenstein, Unzugänglichkeit, S. 173 f.

862 Zitiert nach Müller, Ausgebliebene Einsicht, S. 82, der als Belege beispielhaft verweist auf: CAD N/I Artikel *napālu* (S. 273 f.) und *naqāru* (S. 329 f.). Identische Transkription mit englischer Übersetzung sowie weitere Belege bei Machinist, Assyria, S. 724. Ähnlich auch z. B. die Stier-Inschrift Salmanassars III. (TUAT Bd. 1, S. 363 f.), Zeile 90 f.: „[90] [...] 100 Städte des Aramu [91] eroberte, zerstörte, verwüstete und verbrannte ich mit Feuer. [...]"

Zwar sind die Lexeme bzw. Wendungen אֶרֶץ שְׁמָמָה, אֵשׁ שָׂרַף und אכל für sich genommen auch sonst in biblischen Beschreibungen zerstörter Siedlungen üblich,[863] es gibt jedoch keine andere Stelle im Alten Testament mit dieser Abfolge
von Motiven.[864] Angesichts zahlreicher Belege bezeichnet Machinist[865] die Formel
als „very common phraseology in the Assyrian royal inscriptions, current at least
from Tiglath-pileser I through Sargon II". Sie ist also zum gattungsmäßigen Mo-
tivrepertoire neuassyrischer Königsinschriften zu rechnen. Auf Grund ihrer Verbreitung dürfte die Formel in der Assyrerzeit zumindest denjenigen Kreisen der
israelitischen Oberschicht, die mit Repräsentanten der assyrischen Oberherrschaft Kontakt hatten, allgemein bekannt gewesen und daher ohne Weiteres als
assyrisches Kulturgut erkannt worden sein. Welche Assoziationen stellten sich bei
einem Israeliten der Oberschicht ein, der diese Formel hörte? Die neuassyrischen
Königsinschriften verfolgten die Intention, den Glanz der Herrschaft des Groß-
königs und seine Position als Begünstigter der Götterwelt in repräsentativer
Propaganda darzustellen.[866] Deutlich erkennbar ist dieses Anliegen u. a. in einer
oben (Punkt 3.6.5.2) bereits zitierten Aussage der sichtlich repräsentativen und
propagandistischen Zielen dienenden Annalen Sanheribs. Letztere beschließen
den Bericht über die Belagerung Jerusalems mit dem Satz: „Jenen Hiskija aber warf
die Furcht vor dem Glanz meiner Herrschaft nieder."[867] Die Attribute des Glanzes
und der Herrschaft, die sich Sanherib hier zuschreibt, sind nach altorientalischem
Verständnis Zeichen sowohl seiner göttlichen Einsetzung und Begünstigung (vgl.
dazu z. B. Ps 2; 110) als auch seiner irdischen Macht. Ziel des Textes ist es unter
anderem, diejenigen Leser, die den Oberschichten unterworfener Vasallenstaaten
angehörten und mit ihm z. B. bei Gelegenheit von Audienzen konfrontiert wurden,
davon zu überzeugen, dass es in jeder Hinsicht geraten sei, sich gleich vor dem
Großkönig niederzuwerfen, ohne es erst zu einem Kriegszug kommen zu lassen.
Eine ganz analoge Intention verfolgt auch die auf öffentlich zugänglichen[868] Königsinschriften verwendete Formel *āla appul aqqur ina išāti ašrup ākulšu* „Die
Stadt verwüstete, zerstörte, verbrannte ich mit Feuer, ich verzehrte sie." Sie bezweckt, die souveräne Macht und erschreckende Stärke zu demonstrieren, mit der
der Großkönig seine Feinde, insbesondere untreue Vasallen, bekämpft. Vor diesem
Hintergrund ist anzunehmen, dass ein mit assyrischen Verhältnissen vertrauter
Angehöriger der israelitischen Oberschicht beim Hören der in Jes 1,7a verwendeten

---

863 So schon Machinist, Assyria, S. 724.
864 Vgl. Machinist, Assyria, S. 724.
865 Machinist, Assyria, S. 724.
866 Vgl. auch Bender, Literatur im Alten Vorderen Orient, S. 59.
867 Zitiert nach: Schoors, Israel und Juda, S. 68.
868 Siehe Bender, Literatur im Alten Vorderen Orient, S. 59.

Motivabfolge, die ihm aus der assyrischen Formel bekannt war, die Assoziation hatte, dass es dem Großkönig in der Jes 1,7a betreffenden Situation gelungen war, in Juda dieselben Zerstörungen anzurichten, die er laut seiner öffentlich bekundeten propagandistischen Selbstdarstellung bereits vielen anderen Orten angetan hatte.

Diese Assoziation entspricht genau der vom Propheten verfolgten Intention. Denn die Tatsache, dass es inhaltlich in Jes 1,7a um das zerstörerische Wirken feindlicher Mächte gegen Israel geht, legt es nahe, dass die assyrische Rhetorik nicht in erster Linie deswegen übernommen wurde, weil sich der Verfasser ihrer sprachlichen Prägnanz und Ausdruckskraft bedienen wollte – ein Blick z. B. in die Fremdvölkersprüche Jesajas zeigt, dass dies in Anbetracht der Vielfalt von Zerstörungsschilderungen mit genuin hebräischer Motivik nicht notwendig gewesen wäre – sondern weil er durch einen Verweis auf die assyrische Formel belegen wollte, dass Juda tatsächlich das in der assyrischen Propaganda angedrohte Schicksal ereilt hat. Bei den Adressaten des Textes musste dies entsprechend der Intention des Propheten die Frage aufwerfen, wie es dazu kommen konnte. Schon auf der Ebene einer ursprünglich mündlichen prophetischen Verkündigungssituation, die für Jes 1,*5 – 8* in Betracht kommen könnte, musste sich aus den auf Grund mehrfacher Auftritte allgemein bekannten Grundzügen der Botschaft des Propheten die Antwort aufdrängen, dass dies nur möglich war, weil Israel in Folge seiner Widerspenstigkeit nicht auf JHWH vertraute. Unabhängig von der einem Nachweis letztlich nicht zugänglichen Frage einer mündlichen Verkündigung des Wortes ist diese Aussage eindeutig im Kontext des verschrifteten Textes von Jes 1 verankert und als allgemein gültige Botschaft ausgestaltet: Dass feindliche Mächte über Israel herfallen können, liegt daran, dass es sich durch seine Widerspenstigkeit zum Treubruch gegenüber seinem Herrn verleiten lässt (vgl. Jes 1,2 – 4.5 – 6). Wenn nun der Prophet in Jes 1,7a erkennbar auf eine solche Propagandaformel eines fremden Oberherrschers anspielt, um zu verdeutlichen, dass Israel schutzlos dem Wüten chaotischer fremder Mächte ausgeliefert ist, weil es seinen Gott JHWH, der es als Herr des ganzen Universums beschützen könnte, verlassen hat, dann kann diese Anspielung ihre Wirkung nur in einer Zeit entfalten, in der die Formel, ihre assyrische Herkunft und der von dieser Großmacht ausgehende Schrecken den Redeadressaten noch bekannt sind. Daher ist die Verwandtschaft zwischen Jes 1,7a und der zitierten Formel ein deutlicher Hinweis darauf, dass zumindest ein Grundbestand von Jes 1,5 – 8, insbesondere V. 7a.8, noch vor Ende der Assyrerzeit entstanden sein muss.

Unsere Argumentation wird durch Parallelen zwischen dem mit Jes 1,7a eng verwandten Text Jes 6,11 und Fluchmotiven neuassyrischer Vasallenverträge gestärkt, auf die R. Müller[869] in einem aktuellen Beitrag hinweist. Bei den Texten handelt es sich um den Vertrag Aššur-Nērārīs V mit Matīʾel von Arpad (ca. 745 v. Chr.), den zu den aramäischen Sfīre-Stelen gehörigen Vertrag des Bar-gaʾja von KTK mit Matīʾel von Arpad, der ein aramäisches Gegenstück zu dem genannten neuassyrischen Vertrag gewesen sein könnte, und den Vertrag Asarhaddons mit Baal von Tyrus (676 v. Chr.). Wegen Einzelheiten kann auf die Ausführungen R. Müllers[870] verwiesen werden. Auffällig ist, dass die Fluchmotive bei allen drei Texten die Verwüstung des Landes und die Entvölkerung der Städte bzw. Stadt (vgl. Jes 6,11) für den Fall des Vertragsbruchs androhen. Die engsten Parallelen finden sich im Vertrag Aššur-Nērārīs V mit Matīʾel von Arpad, wo der Vertragspartner für den Fall eines Vertragsbruchs wie folgt verwünscht wird: „möge Aššur, der Vater der Götter, der das Königtum gibt, dein Land in ein Schlachtfeld, deine Menschen in eine verwüstete Gegend, deine Städte in Ruinenhügel und dein Haus in Ruinen verwandeln.“ (*V. 5: Aššur abu ilānī nādin šarrūti / mātanka ana tūšāri / 6: nišīka ana riḥṣi / ālānika ana tillāni / bītaka 7: ana ḫarbāti lutīr*)[871]

Entsprechend den oben (Punkt 3.6.3.5 – 6) gemachten Beobachtungen zur Nichterwähnung des Subjekts, das Israel die in Jes 1,5 – 7a beschriebenen Schläge versetzt hat, stellt R. Müller im Blick auf Jes 6,11 und den zitierten Vertragstext fest: „Genauso wie in Jes 6,11 wird die Katastrophe lediglich vom Ergebnis her beschrieben: Wie es zu der umfassenden Zerstörung kommt, wird nicht näher angeführt; die Bilder des Schlachtfelds und der Ruinen lassen aber an einen verheerenden Feldzug denken.“[872] Da Jes 1,7a und 6,11 eng miteinander verwandt sind und beide Texte je für sich genommen deutliche Berührungen mit Texten neuassyrischer Herrscher aufweisen, spricht alles dafür, beide dieser Epoche zuzuordnen.

3.6.5.6 Die Bezeichnung בַּת־צִיּוֹן „Tochter Zion" als Indiz gegen eine Einordnung von Jes 1,5 – 8 in assyrische Zeit?

Gegen eine Einordnung von Jes 1,8 in die assyrische Zeit wird von manchen eingewandt, die Bezeichnung Jerusalems als בַּת־צִיּוֹן „Tochter Zion" käme in authentischen Jesaja-Worten nicht vor, da sie in dieser Bedeutung erst ab dem Exil gebraucht werde.[873] Dieser Einwand gibt Anlass, einen Blick auf Bedeutung und

---

869 Müller, Ausgebliebene Einsicht, S. 72 – 80.
870 Müller, Ausgebliebene Einsicht, S. 72 – 80.
871 Transkription und Übersetzung aus: Müller, Ausgebliebene Einsicht, S. 73.
872 Müller, Ausgebliebene Einsicht, S. 73 f.
873 So z. B. Vermeylen, Du prophète Isaïe, S. 51; Werner, Israel in der Entscheidung, S. 69; Becker, Jesaja, S. 181.

Herkunft der Wendung בַּת־צִיּוֹן „Tochter Zion" zu werfen, die in Jes 1,8 zum ersten Mal im Jesaja-Buch gebraucht wird. Die Details der bisherigen Forschungsdiskussion brauchen nicht referiert zu werden, da Williamson[874] und M. Kartveit[875] unlängst die verschiedenen Positionen dargestellt und erörtert haben. In Anlehnung an Ersteren ist festzuhalten, dass der Ausdruck בַּת־צִיּוֹן „Tochter Zion" scharf zu trennen ist von denjenigen Stellen, die von den בְּנוֹת צִיּוֹן „Töchtern Zions" im Sinne der weiblichen Einwohnerschaft Jerusalems sprechen (so Hld 3,11; Jes 3,16.17; 4,4), da בַּת־צִיּוֹן „Tochter Zion" ausweislich solcher Belege, die der „Tochter Zion" ein zur Stadt selbst gehöriges Merkmal zuordnen (z. B. Ps 9,15 בְּשַׁעֲרֵי בַת־צִיּוֹן „in den Toren der Tochter Zion"; analog Jes 10,32 [Q]; 16,1; Mi 4,8; Klg 2,8.18), eine Metapher der Stadt an sich ist. Bei der Constructus-Verbindung בַּת־צִיּוֹן „Tochter Zion" handelt es sich um einen Genetiv des Eigennamens,[876] der einen Gegenstand mit einem Namen identifiziert, vgl. z. B. auch Wendungen wie בַּת יְרוּשָׁלַיִם „Tochter Jerusalem" Jes 37,22; בַּת־בָּבֶל „Tochter Babel" oder נְהַר־פְּרָת „Strom des Euphrat" Gen 15,18. Die Besonderheit der Wendungen mit בַּת „Tochter" liegt darin, dass hier nicht wie z. B. in Gen 15,18 die Sache selbst (der Strom), sondern eine für die Sache stehende Metapher, die eine Personifikation beinhaltet („Tochter" an Stelle von „Stadt"), mit dem Namen verbunden ist.[877] Die Personifikation Zions als Tochter hat Überlegungen angeregt, wonach die im Akkadischen belegten Bezeichnungen von Göttinnen als „Tochter *mārat* [+ eines geographischen Ortes]" der religionsgeschichtliche Hintergrund der Wendung seien.[878] Dies ist jedoch unwahrscheinlich, da die Bezeichnung einer Göttin als „Tochter von XY" mittels Genetiv zwei verschiedene Dinge im Sinne eines Herkunftsverhältnisses verbindet (wie auch bei den בְּנוֹת צִיּוֹן „Töchtern Zions" in Jes 3,16.17; 4,4) und gerade nicht die Identität von Gegenstand und Namen ausdrückt, wie es bei „Tochter Zion" der Fall ist. Diese Schwierigkeit vermeidet eine

---

874 Williamson, Isaiah 1–5, S. 67–71.

875 Kartveit, Rejoice, S. 34–56.

876 „genetive of proper noun", s. Joüon/Muraoka, Grammar, § 129 f (7). Dieser Genetiv ist im Deutschen kaum gebräuchlich, aber z. B. im Englischen (z. B. City of London) oder Französischen (z. B. la Région de la Bourgogne) weit verbreitet.

877 Eine Problematisierung des Begriffs der Personifikation bietet Kartveit, Rejoice, S.57–65. Ebd., S. 163–178, legt er ferner dar, dass ein attributiver Gebrauch der constructus-Verbindung (zu dem der bei Joüon/Muraoka so genannte Genetiv des Eigennamens einen Unterfall bildet) sowohl in der Form belegt ist, dass das nomen rectum das nomen regens näher beschreibt, als auch in der umgekehrten, die Wendung בַּת־צִיּוֹן „Tochter Zion" betreffenden Form, bei der das nomen regens das nomen rectum näher beschreibt.

878 Diese These wurde von Dobbs-Allsopp formuliert, siehe dazu Williamson, Isaiah 1–5, S. 68, mit eingehender Diskussion.

andere Ansicht,[879] derzufolge die Wendung auf die alte Vorstellung zurückgeht, eine Landeshauptstadt sei regelmäßig die Gefährtin der zugehörigen Stadtgottheit. Da sich auch diese Hypothese nicht eindeutig belegen lässt, geht Williamson[880] davon aus, dass es sich wohl am ehesten um eine „'dead' or 'conceptual' metaphor" handle, die ohne Rücksicht auf ihre nicht mehr zu klärende Herkunft so selbstverständlich gebraucht wird, dass der ursprüngliche Hintergrund nichts mehr über die Bedeutung aussagt, die sie in ihren aktuellen Gebrauchskontexten annimmt. Daher sei es legitim und notwendig, die Kraft des Bildes aus seinem unmittelbaren Kontext heraus zu erheben. Die von Vermeylen,[881] gefolgt von Ben Zvi[882] und Berges,[883] vertretene These, die Wendung „Tochter XY" bezeichne vorexilisch die von einer größeren Stadt gegründete Filialstadt[884] und sei als Bezeichnung für Jerusalem selbst erst nachexilisch belegt, weshalb auch Jes 1,8 nachexilisch sei, weist Williamson[885] mit der Überlegung zurück, dass bei Amos und Hosea als den einzigen Propheten, die älter als Jesaja sind, wegen ihres Auftretens im Nordreich die Wendung בַּת־צִיּוֹן nicht zu erwarten sei. Folglich sei es ein unzulässiges *argumentum e silentio*, das Fehlen vorexilischer Belege (außer eben evtl. Jes 1,8) als Nachweis dafür zu werten, dass die Wendung im Jerusalem der Zeit Jesajas nicht bereits als „'dead' metaphor" allgemein in Gebrauch war. In diesem Sinn stellt R. Müller[886] nicht nur die Annahme, בַּת־צִיּוֹן „Tochter Zion" sei vorexilisch nicht belegt, v. a. hinsichtlich Jer 6,23 in Frage, sondern weist vor allem zu Recht darauf hin, dass, selbst wenn dies der Fall sei, damit ein „nachexilischer" Sprachgebrauch noch nicht erwiesen sei, da auch Begriffe, die in jüngerer Literatur oft belegt sind, älteren Ursprungs sein können.

Da nicht nur der Name צִיּוֹן „Zion", sondern auch noch zahlreiche andere Ortsnamen in derselben Constructus-Verbindung mit בַּת־ „Tochter" belegt sind (z. B. בַּת יְרוּשָׁלַם „Tochter Jerusalem" Jes 37,22; בַּת־תַּרְשִׁישׁ „Tochter Tarschisch" Jes 23,10; בַּת־צִידוֹן „Tochter Sidon" Jes 23,12; בַּת־בָּבֶל „Tochter Babel" Jes 47,1 / Ps 137,8 / Jer 51,33; בַּת־יְהוּדָה „Tochter Juda" Klg 1,15), ist es unabhängig von der genauen Datierung der Texte wahrscheinlich, dass es sich bei dieser metaphorischen Ausdrucksweise um eine althergebrachte Konvention der poetischen Sprache

---

879 Siehe Williamson, Isaiah 1–5, S. 69, der hierzu A. Fitzgerald zitiert.
880 Williamson, Isaiah 1–5, S. 69 f.
881 Vermeylen, Du prophète Isaïe, S. 51.
882 Ben Zvi, Isaiah 1,4–9, S. 99.
883 Berges, Das Buch Jesaja, S. 63.
884 Diese These wurde von H. Cazelles erarbeitet. Nachweis und Diskussion bei Williamson, Isaiah 1–5, S. 68.
885 Williamson, Isaiah 1–5, S. 70, mit ausführlicher Diskussion der genannten Meinungen.
886 Müller, Ausgebliebene Einsicht, S. 82.

handelt. Wäre die Wendung בַּת־צִיּוֹן „Tochter Zion" erst ab der Exilszeit völlig neu aufgekommen, wäre es sehr unwahrscheinlich, dass sich diese zunächst singuläre Bezeichnung binnen einer sprachgeschichtlich gesehen kurzen Zeit zu einem universal angewandten Sprachmuster entwickelt. Der breit gestreute Gebrauch der Wendung XY־בַּת „Tochter XY" zur Bezeichnung unterschiedlichster geographischer Orte in der poetischen Sprache Israels lässt sich am besten durch eine bereits vor dem Exil übliche sprachliche Konvention erklären. Dass für diese keine älteren Belege zugänglich sind, ist durch die Geschichte der Überlieferung bedingt. Insbesondere ist hier zu bedenken, dass das AT im Bereich der poetischen Texte nur sehr wenig Material umfasst, das in die Zeit vor Jesaja datiert werden könnte, und im Bereich dieses wenigen Materials ist der Anteil der Texte, die thematisch für einen Gebrauch der Wendung XY־בַּת „Tochter XY" in Betracht kommen, nochmals geringer. Somit steht die Verwendung der Bezeichnung בַּת־צִיּוֹן „Tochter Zion" einer Datierung von Jes 1,8 in die assyrische Zeit nicht entgegen.[887]

3.6.5.7 Ergebnis: Ursprüngliche historische Situation und Datierung von Jes 1,5 – 7a.8

Da der Abschnitt Jes 1,5 – 7a.8, wie dargelegt, eine literarische Einheit bildet, und da insbesondere auch Jes 1,5 – 6 die erwähnten Verbindungen zu Jes 6,9 – 11 aufweist, ist die ganze Passage in die spätere neuassyrische Zeit zu datieren. Auf Grund dieser Tatsache spricht dann auch nichts dagegen, die Belagerung Sanheribs 701 v. Chr. als historischen Hintergrund der in diesem Abschnitt beschriebenen Situation zu vermuten. Ferner spricht nichts dagegen, das Wort im Kern der Verkündigung Jesajas selbst zuzuweisen, wobei angesichts der Zerstörungsthematik eine erste Verschriftung noch vor dem Aufstieg Judas unter König Manasse stattgefunden haben dürfte. Da Jes 1,1– 4 keinen historisch greifbaren Bezug zu der in Jes 1,5 – 7a.8 vorausgesetzten historischen Situation aufweist, handelt es sich bei Jes 1,5 – 7a.8 allerdings vermutlich um ein Fragment, das entweder eine bruchstückhafte Notiz im Rahmen einer frühen, losen Sammlung von Prophetenworten war oder ursprünglich in einem anderen, die assyrische Krise betreffenden Kontext stand und von dort entnommen wurde, um Jes 1 als

---

887 Wollte man entgegen der hier vertretenen Meinung בַּת־צִיּוֹן „Tochter Zion" als exilisch entstandene Wendung beurteilen, wäre dies wegen der dargelegten assyrischen Bezüge dennoch kein Argument, Jes 1,5 – 7a.8 spät zu datieren, da es dann näher läge, eine minimale (nach)exilische Erweiterung von V. 8 anzunehmen, die dem ursprünglichen Namen צִיּוֹן „Zion" das Wort בַּת־ „Tochter" beifügte, um eine Komplementarität zu den „Söhnen" in Jes 1,2.4 (s. dazu unten 3.6.7.1) bzw. eine Verbindung zu Jes 37,22 herzustellen (s. dazu Punkt 3.6.8.1).

Bucheinleitung zu komponieren. Williamson,[888] der allerdings Jes 1,5 – 9 als literarische Einheit behandelt, schlägt in diesem Sinne vor, dass dieses Stück ursprünglich einmal an Jes 30,17 angeschlossen haben könnte. Weil ein positiver Nachweis für diese Hypothese kaum zu erbringen ist, soll von einer näheren Diskussion abgesehen werden.

3.6.6 Zusammenfassung der ursprünglichen Bedeutung von Jes 1,8 im Horizont von Jes 1,5 – 7a.8

וְנוֹתְרָה בַת־צִיּוֹן	(8aα)	Doch übrig geblieben ist die Tochter Zion
כְּסֻכָּה בְכָרֶם	(8aβ)	wie eine Hütte im Weinberg,
כִּמְלוּנָה בְמִקְשָׁה	(8bα)	wie eine Wächterhütte im Gurkenfeld,
כְּעִיר נְצוּרָה׃	(8bβ)	wie eine bewachte Stadt.

Die bisherige Exegese von Jes 1,8 hat gezeigt, dass die „Tochter Zion" in einer sehr ambivalenten Weise als nutzloses, verlassenes Überbleibsel inmitten einer verwüsteten Kulturlandschaft dargestellt wird. Gleichzeitig ist sie, die unverdienter und unerwarteter Weise übrig geblieben ist, als wäre sie bewacht gewesen, aber auch eine letzte Möglichkeit, die JHWHs Kindern verbleibt, um den Weg des Unheils zu verlassen.

3.6.7 Jes 1,8 f. im Horizont des Endtextes von Jes 1,2 – 9

3.6.7.1 Zions Stellung als „Tochter" im Kontext von Jes 1,2 – 9

Wenn man Williamsons oben zitierter Ansicht folgt, dass es legitim und notwendig sei, die Kraft des Bildes der בַת־צִיּוֹן „Tochter Zion" aus dem unmittelbaren Kontext heraus zu erheben, dann ergeben sich daraus für Jes 1,8 weitere, die ursprüngliche Bedeutung des Verses modifizierende Aspekte. Semantisch gesehen ist בַת־צִיּוֹן „Tochter Zion" zunächst im Text Jes 1,2 – 9 entweder eine Schwester oder eine Tochter der von JHWH adoptierten „Söhne" (Jes 1,2b). Auch wenn die beiden Metaphern traditionsgeschichtlich ganz unterschiedliche Wurzeln haben und sich in dem, was sie bezeichnen, wesentlich unterscheiden, dürfte es kein Zufall sein, dass die semantisch komplementären Begriffe durch ihre jeweiligen Positionen in V. 2 und 8 den ganzen Abschnitt Jes 1,2 – 9 umspannen. Im Kontext der Rede von JHWHs Söhnen fügt sich die Wendung בַת־צִיּוֹן „Tochter Zion" in das Bild einer

---

888 Williamson, Isaiah 1 – 5, S. 56 – 60. Vgl. dazu auch den früheren Vorschlag von Barth, Jesaja-Worte, S. 220 Anm. 48.

Familie, so dass auch Zion wie die „Söhne" aus V. 2b in besonderer familiärer Nähe zu JHWH zu stehen scheint. Forscht man nach, welcher Art diese Beziehung genauer sein könnte, stößt man auf Aussagen anderer Texte, die Zion als Tochter Israels bezeichnen (vgl. z. B. Jes 22,4; Jer 4,11: „Tochter meines Volkes" בַּת־עַמִּי). Gleichzeitig wird von Zion aber auch gesagt, dass sie von JHWH dazu ausersehen ist, die Wohnung seines Namens zu sein (vgl. Jes 18,7). Eng verbunden mit dieser Vorstellung ist der Gedanke der Erwählung Zions durch JHWH (vgl. z. B. Ps 78,68; 87,2; 132,13).[889] Es ist nicht nötig, diese Aussagen nun eins zu eins auf die Rolle der „Tochter Zion" in Jes 1,2 – 9 zu übertragen. Sie verdeutlichen jedoch, dass allein die Tatsache, dass JHWHs adoptierte „Söhne" sich als treulos erweisen und einen Weg des Todes gehen, während die „Tochter Zion" übrig bleibt, es nahe legt, künftig die übrig gebliebene „Tochter Zion" an Stelle der verloren gegangenen „Söhne" zur erstrangigen Adressatin von JHWHs Erwählungshandeln zu machen. Und in der Tat ist dies die Rolle, die Zion schon im zweiten Jesaja-Kapitel (V. 1 – 5) für die Zeit „nach den Tagen" (בְּאַחֲרִית הַיָּמִים) verheißen wird, in der nicht mehr die „Söhne" JHWHs dazu ausersehen sind, seine Weisung zu verkünden, sondern Zion es ist, von der JHWHs Weisung ausgeht (Jes 2,4).

3.6.7.2 Zion als von JHWH Zebaoth übrig gelassene Entronnene in Jes 1,9

Mit der im Jesaja-Buch erstmaligen Verwendung des zusammengesetzten Namens יְהוָה צְבָאוֹת „JHWH Zebaoth" führt das erste Kapitel eine weitere Gottesbezeichnung ein, die sehr häufig (56mal)[890] in Jes 1 – 39 verwendet wird.[891] Die Herkunft dieses Titels ist umstritten.[892] So hält etwa P. Porzig[893] in Anknüpfung an Jes 6,1 – 5 (V. 5: הַמֶּלֶךְ יְהוָה צְבָאוֹת „der König JHWH Zebaoth") und Ps 24 (V. 8: יְהוָה עִזּוּז וְגִבּוֹר יְהוָה גִּבּוֹר מִלְחָמָה „JHWH, der Starke und der Held, JHWH, der Held des Krieges", V. 10: יְהוָה צְבָאוֹת הוּא מֶלֶךְ הַכָּבוֹד „JHWH Zebaoth, er ist der König der Herrlichkeit") den Jerusalemer Kult für den ursprünglichen Ort des Titels,[894] den er auf das Nomen צָבָא

---

889 Zur Abgrenzung des Gedankens der Erwählung Zions aus Liebe von der Zionstheologie nach Ps 46 – 48, wo Zion „als mythischer Gottesberg oder als mythische Gottesstadt von Uranfang an präsentiert" wird, siehe Hossfeld/Zenger, Psalmen 101 – 150, S. 626.

890 Wildberger, Jesaja 1 – 12, S. 28. Beuken, Jesaja 1 – 12, S. 74, geht von 57 Belegen aus.

891 Einen Überblick über die Gottesbezeichnungen bei Protojesaja bietet Höffken, Jesaja 1 – 39, S. 37 f.

892 Siehe dazu neben dem einschlägigen Artikel im TWAT (Zobel) den Überblick bei Porzig, Lade Jahwes, S. 213 – 218, den Beitrag von Kreuzer, Zebaoth – der Thronende, sowie das Résumée der älteren Forschungsansätze bei Wildberger, Jesaja 1 – 12, S. 28 f.

893 Porzig, Lade Jahwes, S. 215 f.

894 So auch Beuken, Jesaja 1 – 12, S. 74.

„Heer" zurückführt. Demgegenüber ist S. Kreuzer[895] im Blick auf die Verwendungen des Titels in der Lade-Erzählung in Verbindung mit der Prädikation „Kerubenthroner" (1 Sam 4,4; 2 Sam 6,2: יֹשֵׁב הַכְּרֻבִים יְהוָה צְבָאוֹת, vgl. 2 Kön 19,15 par. Jes 37,16; Ps 80,2; 99,1) der Auffassung, dass der Ursprung des Titels im Kult des Heiligtums von Schilo liegt. Da sich dieses seit der Mittelbronzezeit bis in die Eisenzeit hinein kontinuierlich bestehende Heiligtum im ägyptischen Einflussbereich befand, schlägt er mit beachtlichen philologischen, historischen und religionsgeschichtlichen Gründen angesichts der philologischen Probleme, die eine Herleitung der Form צְבָאוֹת von צָבָא „Heer" beinhaltet, vor, das Epitheton צְבָאוֹת entstehungsgeschichtlich als hebräische bzw. kanaanäische Übernahme des ägyptischen ḏb3.ty „der Thronende" zu erklären. Unabhängig von ihrem genauen Ursprung steht fest, dass die Gottesbezeichnung יְהוָה צְבָאוֹת in besonderer Weise JHWHs königliche Mächtigkeit zum Ausdruck bringt, die je nach dem Kontext des Titels in verschiedenen Formen zur Geltung kommt. Konkret erfährt יְהוָה צְבָאוֹת dann eine Ausdeutung im Wesentlichen in drei Richtungen, nämlich zum einen militärisch als „JHWH der Heerscharen", der entweder mit Israels Heeren auszieht oder gegen sein eigenes Volk vorgeht, zum anderen kosmisch als JHWH, der Herr der himmlischen Heerscharen, sowie drittens als Prädikation der umfassenden Allmacht JHWHs.[896]

Im Zusammenhang von Jes 1,9 betont der Gottestitel יְהוָה צְבָאוֹת das aktive, machtvolle Einschreiten Gottes in Form kriegerischer „Schläge" gegen sein treuloses Volk. Auf den Kontext des Krieges weist hier besonders das Wort שָׂרִיד „Entronnener" hin, das regelmäßig eine oder mehrere Personen bezeichnet, die eine vernichtende Niederlage im Krieg überlebt haben.[897] In Jes 1,9 bezieht sich שָׂרִיד „Entronnener" offensichtlich auf die „Tochter Zion". Zwar erwähnt Jes 1,9 die Tochter Zion nicht noch einmal, auch sind keine eindeutigen grammatikalischen Bezugnahmen auf sie vorhanden, doch ergibt sich aus der Wiederholung der Wurzel יתר (V. 8–9), dass sie es ist, die mit dem Begriff שָׂרִיד „Entronnener" gemeint ist. Ungewöhnlich ist, dass שָׂרִיד „Entronnener" hier nicht wie sonst eine Person, sondern eine Stadt zu bezeichnen scheint. Doch handelt es sich hier um eine Fortführung der in der Wendung „Tochter Zion" liegenden Personifikation. Dabei fällt nicht ins Gewicht, dass שָׂרִיד „Entronnener" grammatikalisch gesehen

---

895 Kreuzer, Zebaoth – der Thronende.

896 Näheres dazu in der Darstellung van der Woudes, zitiert bei Kreuzer, Zebaoth – der Thronende, S. 349.

897 Siehe die jeweils verneinte Wendung הִשְׁאִיר שָׂרִיד „[k]einen Entronnenen übrig lassen" in Num 21,35; Dtn 2,34; 3,3; Jos 10,28.30.33.37.39.40; 11,8; 2 Kön 10,11; ferner Jos 10,20; Joël 3,5; Obd 14 jeweils mit Pl. הַשְּׂרִידִים „die Entronnenen"; ferner Hi 20,26; Obd 18 jeweils „ein Entronnener"; Jer 31,2 עַם שְׂרִידֵי חָרֶב „das Volk der dem Schwert Entronnenen".

männlichen Geschlechts ist. Denn ausweislich der Tatsache, dass dieses Wort nirgends eine Person eines bestimmten Geschlechts bezeichnet und auch kein weibliches Pendant kennt, liegt hier ein geschlechtsunspezifischer Ausdruck vor, wie es etwa auch beim männliche wie weibliche Personen bezeichnenden Wort נֶפֶשׁ i. S. v. „Person" der Fall ist.

Das aktive, souveräne und machtvolle Handeln Gottes, das schon in der Gottesbezeichnung יְהוָה צְבָאוֹת „JHWH Zebaoth" anklingt, kommt auch in der Verbform הוֹתִיר (Hi. Perfekt 3. Person Singular Maskulinum „er hat übrig gelassen") zum Ausdruck. Diese Hiphil-Form setzt einen Gegenakzent zur vorher in V. 8 verwendeten Niphal-Form נוֹתְרָה (Perfekt 3. Person Singular Femininum „sie ist übrig geblieben") derselben Wurzel יתר. Während Jes 1,8 vom Übrigbleiben Zions spricht und dies durch Bilder nutzlos gewordener Überreste überwiegend negativ deutet, stellt Jes 1,9 denselben Sachverhalt als gnadenhafte Verschonung Zions zu Gunsten einer sich erstmals zu Wort meldenden „Wir"-Gemeinde (לָנוּ „für uns") dar. Diese neu in Jes 1,2–9 eingetragene Sicht deutet die vorher in Jes 1,5–8 ausgedrückte Theologie der Gottverlassenheit, die sich in der signifikanten Nichterwähnung der eigentlichen Kriegskatastrophe zwischen Jes 1,4 und V. 5 sowie in der passivischen Darstellung der eingetretenen Unheilszustände niederschlägt, im Sinne eines von JHWH mit unsichtbarer souveräner Macht geführten Feldzugs gegen seine treubrüchigen Söhne um. Hinsichtlich Jes 1,2–4 bedeutet dies nun, dass das Unheil nicht mehr im Sinne des Tat-Schuld-Folge-Zusammenhangs als unmittelbare Konsequenz der durch Israels Vergehen in die Welt gesetzten, quasi-materiellen unheilvollen Sündenlast, sondern als Strafhandeln JHWHs verstanden wird. Wegen der Schwere der Sündenschuld lässt JHWH selbst Schläge über sein Volk kommen und führt eine Verwüstung des Landes herbei, verschont aber die Tochter Zion um einer nicht näher spezifizierten Rest-Gemeinde willen, die er begnadigt.

3.6.7.3 Die „Wir"-Gemeinde in Jes 1,9

Hier stellt sich die Frage, wer die „Wir"-Gemeinde denn sein könnte, die sich in Jes 1,9 dazu bekennt, dass Zion als „Entronnene" von JHWH übrig gelassen wurde. Liest man den Text von Jes 1 weiter, so ergibt sich als Interpretationsmöglichkeit, dass die „Wir"-Gemeinde, die in Vers 9 direkt zu Wort kommt, dieselbe Gruppe sein könnte wie die in V. 10 direkt angesprochenen קְצִינֵי סְדֹם „Anführer Sodoms" samt dem עַם עֲמֹרָה „Volk von Gomorra".[898] Da Zion laut Jes 1,8 f. übrig geblieben ist, die metaphorische Anrede mit „Sodom und Gomorra" am besten auf eine Stadt-

---

898 So zuletzt Schmid, Jesaja 1–23, S. 52.

bevölkerung passt, und da der Abschnitt Jes 1,11–15 einen Ort mit regem Kultbetrieb voraussetzt, wendet sich Jes 1,10 offensichtlich an die Bevölkerung Jerusalems. Demnach wäre dann die „Wir"-Gruppe in V. 9 ebenfalls die ganze Bevölkerung der übrig gebliebenen Stadt Jerusalem. Der plötzliche Übergang vom dankbaren Bekenntnis der „Wir"-Gruppe in V. 9 zur schroffen Anrede derselben in V. 10 durch den Propheten wäre damit zu erklären, dass Erstere in V. 9 der Meinung sei, JHWH selbst habe sie vor dem völligen Untergang, wie er einst über Sodom und Gomorra hereinbrach, bewahrt, indem er Zion aus der *massa damnata* des Strafgerichts gegen seine treulosen Söhne ausgespart habe. Dem würde der Prophet in V. 10 eine ganz andere Sicht entgegenhalten, indem er den Irrealis „wie Sodom *wären* wir gewesen / Gomorra *hätten* wir geglichen" (V. 9) der „Wir"-Gruppe in einen Realis verwandelt und sie auf Grund ihrer ethischen Vergehen direkt mit Sodom und Gomorra identifiziert. Der in Jes 1,11–15 beschriebene Kultbetrieb könnte dann als tagesaktuelle Aktivität der „Wir"-Gemeinde gedeutet werden, die JHWH als Retter verehrt und sich zu ihm bekennt. Die Kritik des Propheten an diesen kultischen Aktivitäten wäre dann so zu verstehen, dass er einer Deutung, die das Übrigbleiben Zions inmitten eines verwüsteten Landes im Sinne der in Ps 46–48 dokumentierten Zions-Theologie als Bewahrung Zions durch JHWH interpretiert, massiv widerspricht, die Missachtung des Rechts (Jes 1,16–17) durch die angesprochenen Adressaten als direkte Missachtung JHWHs entlarvt und so den eigentlichen Grund der nahezu endgültigen Katastrophe aus V. 5–8 benennt. Diese Interpretationsmöglichkeit ist jedoch aus zwei wichtigen Gründen nicht haltbar.

Gegen eine Identifikation der „Wir"-Gemeinde von V. 9 mit den Adressaten von V. 10 spricht, dass Erstere die übrig gebliebene „Tochter Zion" gerade nicht triumphalistisch als niemals wankende Gottesstadt (Ps 46,6; 48,9) auf JHWHs heiligem Berg sieht, sondern als gnadenhaft verschonte „Entronnene" (שָׂרִיד), die mit Not noch einmal davongekommen ist. Zum anderen enthält die Kultkritik von Jes 1,11–15 keine Hinweise auf Feiern, die sich auf ein besonderes Rettungsereignis beziehen, sondern es werden alle Arten von regelmäßig vollzogenen kultischen Handlungen zurückgewiesen. Daher kann das Übrigbleiben der „Tochter Zion" für die „Wir"-Gemeinde nach Jes 1,8–9 nicht als direkter Anlass des nachfolgend beschriebenen Kultes verstanden werden. Diejenigen, die diesen Kult begehen, sind somit nicht dieselben wie diejenigen, die sich in Jes 1,9 dazu bekennen, von JHWH verschont worden zu sein. Die „Wir"-Gemeinde von Jes 1,9 ist eine andere Gruppe als die Anführer Sodoms und das Volk von Gomorra aus Jes 1,10.

Es handelt sich bei ihr um eine Gemeinde, die erkannt hat, dass Zions Entrinnen vor der kriegerischen Zerstörung eine letzte, von JHWH gewährte, völlig unverdiente Chance nach einer Katastrophe darstellt, die als Folge von Israels Treubruch (Jes 1,2–4) gegen JHWH über das Land kam. Diese „Wir"-Gemeinde erscheint als eng mit dem Kreis um den Propheten verwandt, wie er in Jes 8,11– 18 charakterisiert wird. Sie steht in Gegensatz zu den in Jes 1,10 angesprochenen „Anführern Sodoms" und dem „Volk von Gomorra". Letztere wähnen ihre Beziehung zu JHWH auf Grund des in all seinen Formen praktizierten Kultes in bester Ordnung. Sie wollen nicht wahrhaben, dass die in Jes 1,16 f. angeprangerten ethischen Vergehen eine faktische Aberkennung der Herrschaft JHWHs über sein Volk sind und im Sinne von Jes 1,2– 4 einen endgültigen Treubruch darstellen. Demgegenüber bekennt sich die „Wir"-Gemeinde von Jes 1,9 dazu, dass ihr Leben auf Grund der von Israel begangenen Sünden verwirkt war, dass aber JHWHs Langmut den einst an Sodom und Gomorra vollstreckten völligen Untergang verhinderte und die „Tochter Zion" seinem Volk als letzte Chance übrig ließ. Damit repräsentieren die „Wir"-Gemeinde von Jes 1,9 auf der einen Seite und das Volk von Sodom und Gomorra nach Jes 1,10 auf der anderen Seite die beiden von der Zwei-Wege-Lehre Jes 1,18 – 20 vorgestellten Alternativen. Auf dem Weg derer, die willig sind und auf JHWH hören (Jes 1,19), ist die „Wir"-Gemeinde, die die Zeichen der Zeit erkannt hat und weiß, dass JHWH für sie eine letzte Möglichkeit übrig gelassen hat, um den Weg mit ihm zum Guten hin zu gehen. Auf dem Weg derer, die sich weigern und widerspenstig sind (Jes 1,20), indem sie JHWHs Forderung nach guten Taten und Wahrung des Rechts missachten (Jes 1,16 f.), befindet sich das in Jes 1,10 angesprochene Sodom-und-Gomorra-Volk, das mit dieser Rede ein letztes Mal aufgefordert wird, sich zum Guten zu bekehren.

3.6.7.4 Diachrone Überlegungen zu Jes 1,7b.9

Bei Jes 1,9 handelt es sich um eine redaktionelle Erweiterung von Jes 1,5 – 8. Die obige Interpretation hat gezeigt, dass Jes 1,9 sich deutlich sowohl formal als auch inhaltlich von der vorausgehenden Einheit Jes 1,5 – 8 abhebt. Formal fällt der Wechsel von der prophetischen Anrede in der zweiten Person Plural (Jes 1,5 – 8) in die für eine Gemeinde charakteristische Perspektive der ersten Person Plural auf. Die genaue Identität der Gemeinde ist nicht sofort klar. Inhaltlich setzt die Neuinterpretation des Übrigbleibens der Tochter Zion einen Gegenakzent zum vorherigen Text. Während Jes 1,8 die übrig gebliebene Tochter Zion als zufällig verbliebenen kläglichen Rest deutet, spricht Jes 1,9 vom aktiven Verschonen dieses Restes durch den mächtigen Gott JHWH Zebaoth. Dies impliziert eine doppelte inhaltliche Verschiebung. Es wird nicht nur das nutzlose Überbleibsel in einen gezielt verschonten Rest uminterpretiert, sondern auch die Rolle JHWHs verändert sich. Während in Jes 1,5 – 7a.8 die Abwesenheit und das Nichteingreifen JHWHs der wesentliche Grund der Katastrophe sind, setzt die Aussage, dass JHWH einen „Entronnenen" übrig lässt, voraus, dass er derjenige ist, der gegen das Volk Krieg führt und es aktiv schlägt.

Dies liegt auf einer Linie mit Jes 1,7b וּשְׁמָמָה כְּמַהְפֵּכַת זָרִים („und Wüste entsprechend dem Umstülpen Fremder"), da hier die Fremden nicht mehr wie in Jes 1,7aγ den Ackerboden verzehrende Nutznießer der Katastrophe sind, sondern als Strafwerkzeuge JHWHs gedeutet werden, die aktiv das Land umstülpen. Jes 1,7b und V. 9 ergänzen sich komplementär. JHWH verfügt wie früher im Fall Sodoms und Gomorras die totale Verwüstung des Landes und bedient sich dabei der Fremden als Strafwerkzeuge, lässt aber aus Gnade einen „Entronnenen" für die sich zu ihm bekennende Gemeinde übrig. Motivisch sind beide Verse durch den Bezug zu Sodom und Gomorra verbunden. Der übrig gelassene „Entronnene" in Jes 1,9 hat in der in Gen 19 überlieferten Fassung der Erzählung von Sodom und Gomorra insofern einen Anhaltspunkt, als dort Lot der Einzige ist, der der Katastrophe entkommt. Auch wenn nicht sicher ist, welche Fassung dieser Erzählung dem Autor von Jes 1,7b.9 bekannt war, dürfte er das Motiv eines einzelnen Entkommenen gekannt haben, da einerseits in Jes 1,7b die Totalvernichtung des Landes durch Umstülpen konstatiert wird, während andererseits die „Tochter Zion" mit ihrer dazugehörigen Gemeinde in Jes 1,9 nicht als Teil des Landes, sondern als „Entronnener" interpretiert wird. Der Gesamtbefund spricht dafür, Jes 1,7b.9 ein- und derselben Hand zuzuweisen. Wie oben dargelegt, hebt sich die Wir-Gemeinde aus Jes 1,9 vom Verhalten des übrigen Volkes durch ihr demütiges Bekenntnis zur unverdienten gnadenhaften Verschonung durch JHWH positiv ab und sagt daher zu Recht von sich im Irrealis: „[...] wie Sodom wären wir geworden, Gomorra hätten wir geglichen." Demgegenüber wird das Volk, insbesondere seine Oberschicht, in Jes 1,10 im Realis mit dem Namen Sodom und Gomorra angesprochen, weil es nach wie vor JHWHs auf Recht und Gerechtigkeit zielende Weisung missachtet und ihm dadurch die Treue bricht. Insgesamt können daher alle auf Sodom und Gomorra anspielenden sekundären Ergänzungen (Jes 1,7b.9.10) einer einzigen redaktionellen Hand zugewiesen werden. Da Jes 1,7b auf die in Jes 13,19 enthaltene Wendung כְּמַהְפֵּכַת אֱלֹהִים אֶת־סְדֹם וְאֶת־עֲמֹרָה „entsprechend dem Umstülpen Sodoms und Gomorras durch Gott" zurückgreift, um die bereits von Jes 1,4 her bestehenden Verbindungen zum König von Babel in Jes 13–14 zu verstärken, müssen Jes 1,7b.9.10 von derselben oder einer jüngeren Hand wie Jes 13,19 stammen.

Damit haben die diachronen Analysen von Jes 1,7b.9 die oben unter Punkt 3.6.2.7 im Rahmen der Exegese von Jes 1,2a bereits begründete späte Redaktionsschicht bestätigt, die aus folgenden Textteilen besteht: Jes 1,1b (Königschronologie).2a.7b.9.10.18–20.27–28.31; 2,1.5. Jes 1,29–30 ist wohl nochmals später zugefügt.

3.6.8 Jes 1,8 – 9 in buchübergreifender Perspektive: Zions allmähliche Herauslösung aus dem Unheilszusammenhang

3.6.8.1 Parallelen und Nuancen des Zionsbildes in Jes 1,2 – 9 und Jes 36 – 37

Das oben erläuterte, aus V. 9 sowie der Komposition von Jes 1,2 – 9 hervorgehende positive Zionsbild, das sich von Zions Darstellung als verlassener Überrest in Jes 1,5 – 7a.8 unterscheidet, findet sich nicht nur hier, sondern bildet einen das Corpus Jes 1 – 39 umgreifenden Rahmen. Die nächste Stelle, die direkt die בַּת־צִיּוֹן „Tochter Zion" selbst und nicht wie Jes 10,32; 16,1 primär den הַר בַּת־צִיּוֹן „Berg der Tochter Zion" meint, ist eine wichtige Passage im Bericht der Jesaja-Erzählungen über Sanheribs Belagerung Jerusalems, nämlich Jes 37,22. Es handelt sich hierbei um die Eröffnung des Gotteswortes gegen den König von Assur (Jes 37,22 – 29), das Jesaja an Hiskija auf dessen Gebet hin ausrichten lässt:

בָּזָה לְךָ לָעֲגָה לְךָ בְּתוּלַת בַּת־צִיּוֹן אַחֲרֶיךָ רֹאשׁ הֵנִיעָה בַּת יְרוּשָׁלָ͏ִם

> „Es verachtet dich, es verspottet dich die Jungfrau, die Tochter Zion; die Tochter Jerusalem schüttelt das Haupt hinter dir her."[899]

Das Gotteswort Jes 37,22 – 29 gilt allgemein als sekundärer Einschub.[900] Schon allein deshalb, weil es sich um eine Einfügung in eine am Schluss des Corpus Jes 1 – 39 stehende Erzählung handelt, ist auf Grund der Wendung „Tochter Zion" in Jes 1,8; 37,22 gut mit der Möglichkeit zu rechnen, dass der Einschub auf einen buchübergreifend arbeitenden[901] sehr späten bzw. evtl. den letzten Redaktor von Jes 1 zurückgeht. Dieser Eindruck wird durch einige inhaltliche Beobachtungen verstärkt. So wendet sich das Bild der übrig gebliebenen Tochter Zion, das in Jes 1,2 – 9 ja nur sekundär durch die Komposition aufgehellt wird (übrige Tochter als Kontrast zu JHWHs „Söhnen", Einfügung von V. 9), in Jes 37,22 endgültig ins Positive, indem sie hier in unauflösbar enger Verbundenheit mit JHWH dasteht. Sie triumphiert, weil sie durch JHWHs Wort aus der Not der Belagerung errettet wird. Dabei gilt die Verkündigung des Gotteswortes schon als dessen Verwirklichung. Gleichzeitig ist ihr Triumph eine Solidaritätsbekundung gegenüber JHWH, weil sie mit Sanherib nicht jemanden verspottet, der etwa sie geschmäht hätte, sondern jemanden, der es wagte, ihren Beschützer JHWH zu verhöhnen (Jes 36,7.10.15.18 – 20; 37,10 – 13). Somit hat sich die Situation der Tochter Zion in Jes 37 im Vergleich zu Jes 1,5 – 9 erheblich verbessert. Während sie in Jes 1,8 f. als

---

899 Elberfelder Übersetzung.
900 Berges, Das Buch Jesaja, S. 304.
901 Siehe dazu besonders oben die Punkte 3.6.2.5, 3.6.2.7, 3.6.7.4.

kläglicher Rest von JHWH in einem verwüsteten Land übrig gelassen wird, verschafft JHWH ihr in Jes 37 den Sieg über den assyrischen Großkönig Sanherib.

Der Grund dieser Wendung liegt offensichtlich im ganz unterschiedlichen Verhalten der Söhne JHWHs in Jes 1,2–9 einerseits und des Königs Hiskija samt Volk in Jes 36–37 andererseits. In Jes 1,2–9 sind es die eigenen Söhne, die JHWH die Treue brechen und dadurch sich ebenso wie das Land der Verwüstung durch fremde Mächte ausliefern. Da die Familie im Alten Testament eine Schicksalsgemeinschaft bildet, macht die Rede von der „Tochter Zion" im Horizont von Jes 1,2–9 deutlich, dass auch sie unter den negativen Folgen des Treubruchs der Söhne zu leiden hat und ihretwegen geschlagen wurde.[902] Im Hinblick auf Jes 36–37 ist insbesondere die Aussage von Jes 1,4b נִאֲצוּ אֶת־קְדוֹשׁ יִשְׂרָאֵל „sie haben höhnisch verworfen den Heiligen Israels" bedeutsam. Dies beinhaltet eine Schmähung der Person JHWHs und dadurch auch eine Verunglimpfung seines heiligen Namens (vgl. dazu dasselbe Verb in Ps 74,18: עַם נָבָל נִאֲצוּ שְׁמֶךָ „ein törichtes Volk hat deinen Namen höhnisch verworfen"). Indem die Söhne den Namen ihres eigenen göttlichen Adoptivvaters schmähen, tun sie dasselbe, was in Jes 37,23 f. dem König von Assur zur Last gelegt wird. Vokabularmäßig zeigt sich die Parallele zwischen den treulosen Söhnen und dem König von Assur darin, dass die Verben נאץ Pi. „höhnisch verwerfen" (Jes 1,4) und חרף Pi. „schmähen" (Jes 37,23 f.) zueinander synonym sind (vgl. die parallele Verwendung in Ps 74,10.18), und dass sowohl Jes 1,4bβ als auch Jes 37,23 durch die Verwendung der Gottesbezeichnung קְדוֹשׁ יִשְׂרָאֵל „der Heilige Israels" die Lästerung gegen JHWH als Sakrileg kennzeichnen. Aus der Unterschiedlichkeit der Subjekte, die in Jes 1,4b bzw. 37,23 f. den Heiligen Israels verhöhnen, ergeben sich für die Tochter Zion entsprechend unterschiedliche Konsequenzen. Im Fall von Jes 1,2–9 wird sie durch den Treubruch der Adoptivsöhne, der JHWHs Namen entweiht, gleich zweifach in ihrer Ehre geschädigt, nämlich als Tochter des treulosen Volkes ebenso wie als Wohnort des Namens des höhnisch verworfenen Heiligen Israels (vgl. dazu die Schmähungen Zions in Jes 62,4a und die Verheißung eines neuen Namens in 62,2.4b). Da sie Geschädigte, nicht aber Täterin ist, lässt JHWH Zebaoth sie als Rest übrig (V. 9), so die Neuinterpretation des Übrigbleibens der Tochter Zion durch den Endredaktor von Jes 1,2–9. Sie triumphiert hier zwar nicht, aber sie wird von JHWH bewahrt. Demgegenüber zeigt die Erzählung Jes 36–37, dass die Situation der Tochter Zion sich ungleich besser darstellt, wenn der König von Juda und das Volk ganz auf JHWH vertrauen. Ein Feind, der JHWH schmäht, und sei er auch noch so mächtig, kann Zion nicht einnehmen, weil JHWH selbst ihm einen Haken durch die Nase

---

902 Vgl. Williamson, Isaiah 1–5, S. 70, über die Tochter Zion: „that which should speak of intimate familial relationships is contrasted with the lonely reality."

ziehen und ihn dorthin zurückführen wird, wo er herkam (Jes 37,29). Auch hier ist zwar die tatsächliche politische Situation so, dass Sanherib die Städte Judas einnehmen konnte (Jes 36,1, vgl. Jes 1,7a) und Jerusalem nur als ein Rest übrig blieb, doch JHWH selbst wird dafür sorgen, dass der Rest kein verlassenes Überbleibsel bleibt, sondern zum Ausgangspunkt eines leuchtenden Neuanfangs wird (Jes 37,32 f.).

3.6.8.2 Judas politischer Niedergang und Zions Herausführung aus dem Unheil in eine heilvolle Zukunft

Bedenkt man, dass sich sowohl – wahrscheinlich – Jes 1,5 – 7a.8 als auch Jes 36 – 37 auf die historische Situation der Belagerung Jerusalems durch Sanherib im Jahr 701 v. Chr. beziehen, dann stellt sich die Frage, welche Absicht die verantwortlichen Redaktoren mit der doppelten Einarbeitung ein- und desselben Ereignisses verfolgten. Hierfür ist zunächst der jeweilige Zweck beider Varianten im größeren Zusammenhang des Jesaja-Buches zu klären. Wenn es in Jes 1,1–9 um das Scheitern der Beziehung zwischen JHWH und Israel geht, dann betrifft dies das politisch als Königreich (vgl. Jes 1,1) verfasste Volk und daher in erster Linie dessen Oberschicht (vgl. Jes 1,17.21 – 23) sowie den an der Spitze stehenden König selbst (vgl. Jes 7). Die Darstellung der Ereignisse von 701 v. Chr. als Katastrophe mit letzter Heilschance in Jes 1,5 – 9 eröffnet eine wichtige thematische Linie innerhalb von Jes 1 – 39, die den sowohl staatlichen als auch dynastischen Niedergang des judäischen Königreichs bis zu seinem in Jes 39,5 – 8 angedeuteten Ende hin nachzeichnet. Dass es zum Untergang des judäischen Staates kommt, ist im Licht der in Jes 1,18 – 20 vorgestellten Zwei-Wege-Lehre dadurch zu erklären, dass das Volk JHWHs in seiner staatlich verfassten Form sich auch nach der in Jes 1,5 – 8 ausgemalten katastrophalen Situation nicht für den heilbringenden Weg des treuen und vertrauenden Hörens auf JHWH (Jes 1,19), sondern für den todbringenden Weg der Widerspenstigkeit entschieden hat (Jes 1,20). Da diese im Vergleich zu Jes 36 – 37 negative Deutung der Situation von 701 v. Chr. als schwerer Unheilsschlag mit letzter Heilsmöglichkeit einem die ganze Geschichte des staatlich verfassten Israel begleitenden Grundmuster entspricht, das aus prophetischer Warnung, Unheil, Umkehr und Gewährung einer neuen Heilschance besteht (vgl. z. B. die Darstellungen im DtrG), steht sie als paradigmatische Erinnerung an JHWHs unermüdliches Mühen um immer neue Heilsangebote am Anfang des Jesaja-Buches im Rahmen der Vorgeschichte des Auftretens Jesajas als Unheil wirkender Verstockungsprophet. Um Jes 1,5 – 8 in diesem Sinn als Paradigma auszugestalten, wurde es vermieden, dem überlieferten Text konkrete historische Anknüpfungspunkte an die Ereignisse des Jahres 701 v. Chr. zu belassen oder beizugeben.

Gleichzeitig eignete sich die Ambivalenz der Ereignisse von 701 v. Chr. jedoch sehr gut dazu, der in Jes 1,5–8 verankerten negativen Deutung auch eine positive Interpretation an die Seite zu stellen, die in Jes 1,9 ihren Anfang nimmt, in Jes 36–37 weiter ausgestaltet ist, um dann in Jes 40–66 entsprechend einer bereits in Jes 2,1–5 eingeführten weit vorausblickenden Perspektive voll zur Entfaltung zu kommen. Die zu Beginn übrig gebliebene „Tochter Zion" löst im weiteren Buchverlauf das irdische Königreich Juda ab und wird zur eigentlich erwählten Größe, bis gegen Schluss hin auch Zion hinter JHWHs Himmel und Erde umspannendem universalen Königtum ein wenig zurücktritt. Im Übergangsbereich zwischen Jes 1–39 und 40–66 führt das positive Beispiel des allein auf JHWH vertrauenden Königs Hiskija vor Augen, was dem judäischen Königtum insgesamt möglich gewesen wäre, wenn es dem in Jes 1,19 vorgeschlagenen Heilsweg des willigen Hörens auf JHWHs Weisungen gefolgt wäre. Blickt man über das Corpus Jes 1–39 hinaus, dann erweist sich aber dieses positive Beispiel und damit das irdische Königtum in Juda insgesamt nicht als die eigentliche Konstante der Geschichte JHWHs mit seinen Erwählten. Da am Ende der Jesaja-Erzählungen der Untergang des judäischen Königtums bevorsteht (Jes 39,5–8), ist es die Tochter Zion, die durch JHWH – ungeachtet des staatlichen Niedergangs und ihrer eigenen schmachvollen Zerstörung – bewahrt wird (vgl. Jes 1,9) und auf lange Sicht hin triumphiert (vgl. Jes 37,22).

Somit liegt die Intention der zweifachen Verarbeitung der realpolitisch gesehen niederschmetternden, aber nicht chancenlosen Situation von 701 v. Chr. in Jes 1,5–9 und 36–37 darin, an Hand ein- und derselben ambivalenten politischen Ausgangslage einmal den durch Untreue gegenüber dem Herrn gekennzeichneten Weg des Unheils mittels einer in Jes 1–39 greifbaren Linie des politischen Niedergangs Judas und das andere Mal den durch hörendes Gottvertrauen gekennzeichneten Weg des Heils mittels einer sich im Anschluss an die Jesaja-Erzählungen (Jes 36–39) ab Jes 40 voll entfaltenden Linie des theologischen und ethischen Aufstiegs Zions zum Ort eschatologischer Gottesherrschaft durchzuspielen. Um die Konturen dieser weit ausgreifenden Intentionen beider Varianten der Belagerung Jerusalems durch Sanherib (Jes 1,5–9; 36–37) noch deutlicher werden zu lassen, werden nun noch wichtige im Jesaja-Buch vermerkte Etappen des Niedergangs des judäischen Königtums und des Wegs Zions vom kläglichen Überrest (Jes 1,8) hin zur Erwählten JHWHs aufgezeigt.

Der schrittweise Niedergang der als politisches Königreich (vgl. Jes 1,1) organisierten treubrüchigen Adoptivsöhne JHWHs in Jes 1–39 lässt sich paradigmatisch an den Passagen ablesen, die das judäische Königtum in Jerusalem zum Gegenstand haben. Jes 1,1 nennt die Könige, deren Ende im Folgenden durch spärliche Notizen exemplifiziert wird. Die erste in diese Richtung weisende Auffälligkeit nach Jes 1,1 ist, dass die nächste Überschrift in Jes 2,1 keine judäischen

Könige mehr erwähnt.[903] Auf inhaltlich-theologischer Ebene ist dieser Befund im Zusammenhang mit den vorhergehenden und nachfolgenden Texten zu deuten. Im Zuge der Reinigung Jerusalems von seiner Schlacke, d. h. seiner schuldbeladenen Oberschicht (Jes 1,21 – 26.31), kommt es offenbar auch zum Verschwinden des judäischen Königtums, denn es wird „zu dem Zeitpunkt, der auf die Tage folgt" (Jes 2,2: וְהָיָה בְּאַחֲרִית הַיָּמִים) nicht mehr erwähnt. Jes 2,1 – 4 blendet hier diesen zu Beginn des Buches fernen Zeitpunkt vorweg in Form einer „Vision" (Jes 2,1: חָזָה) ein, die auf den Buchschluss (v. a. Jes 60) verweist. In Jes 6,1 erfolgt mit der Datierung der Inauguralvision in das Todesjahr des Königs Usija zugleich die Feststellung, dass der erste der in Jes 1,1 genannten Könige verstorben ist, wohingegen sich JHWH in Jes 6,1 – 5 dem Propheten als König offenbart. Der Tod von Usijas Sohn Jotam wird in Jes 7,1 implizit mit ausgesagt, indem Jotam als Vater des bereits als König regierenden Ahas erwähnt wird. Dessen Todesjahr ist in Jes 14,28 vermerkt, und zwar wiederum zum Zweck der Datierung eines prophetischen Textes. Auch die ausführliche und insgesamt positivere Darstellung von Hiskijas Verhalten in der assyrischen Krise in Jes 36 – 39 endet mit der Ankündigung des bevorstehenden Endes des Königshauses. Dieses ist in Jes 40 bereits vorausgesetzt. K. Schmid[904] vermerkt dazu, dass „vom irdischen Königtum ab Jes 40 nur kollektiv im Plural gesprochen wird und ‚ein König' über Israel und Juda abgesehen von JHWH nicht mehr vorkommt." Zur Frage, wie sich die messianischen Herrschererwartungen in Jes 1 – 39 (insbesondere 7,10 – 17; [8,23;] 9,1 – 6; 11,1 – 5; 32,1) zu diesem kompositionellen Charakteristikum des Buches verhalten, verweist K. Schmid[905] darauf, dass „mit der Anfügung der Deuterojesajaüberlieferung und der sich so ergebenden neuen geschichtlichen Ordnung des Jesajabuchs [...] die Herrscheraussagen in Jes 1 – 39 auf die Königszeit selber zurückgebunden" werden.

Im Gesamtzusammenhang von Jes 1 und der nachfolgenden Texte wird Zion dagegen Schritt für Schritt aus der in Jes 1,10 – 17.21 – 26 dargestellten Situation kultischer und ethischer Verwahrlosung heraus- und einer neuen Zukunft als Wohnort Gottes und Zentrum der allumfassenden Gottesherrschaft (Jes 2,1 – 5) entgegengeführt. Die für sich genommen desolate Situation der übrig gebliebenen Tochter Zion in Jes 1,8 f. markiert diesbezüglich einen positiven Neubeginn. Nach Ende des judäischen Königtums und zu Beginn des Exils rückt zunächst in Jes 40,1 – 11 Jerusalem, dessen Schuld getilgt ist (40,2), in den Mittelpunkt, ehe ab 49,22 f. Zion in die Rolle einer königlichen Herrscherin aufsteigt und als Zentrum

---

903 Siehe dazu bereits oben Punkt 3.6.2.7.
904 Schmid, Herrschererwartungen, S. 47.
905 Schmid, Herrschererwartungen, S. 49.

von JHWHs universaler Herrschaft bis zum Buchende ein beherrschendes Thema bleibt.[906] Vor dem Hintergrund dieser breit angelegten Entwicklung wird deutlich, dass das Übrigbleiben der Tochter Zion in Jes 1,8 f. eine angesichts der Untreue des in Jerusalem wohnenden Volkes zwar noch ambivalente, aber im Blick auf die schon in Jes 2,1–4 vorausschauend ausgemalte Zukunft eine letztlich doch positive Aussage ist.

3.6.9 Zusammenfassung der literar- und redaktionskritischen Beobachtungen mit Datierungsrahmen

Hinsichtlich Jes 1,5–7a.8 konnte gezeigt werden, dass dies ein einheitlicher Text ist, der zumindest in seinem ältesten Kern (Jes 1,*7*) in die neuassyrische Zeit gehört. Die Belagerung Jerusalems durch Sanherib 701 v. Chr. ist ein sich nahe legender historischer Ort dieses Kerns, eine über den Grad einer plausiblen Möglichkeit hinausgehende spezifische hohe Wahrscheinlichkeit kann aber mangels eindeutig situationsbezogener Angaben im Text nicht nachgewiesen werden.

Die jüngste durchgehende Redaktionsschicht besteht aus den Textteilen Jes 1,1b (Königschronologie).2a.7b.9.10.18–20.27–28.31; 2,1.5. Sie hat im Wesentlichen bereits das ganze Jesaja-Buch vor Augen und stammt dementsprechend aus nachexilischer Zeit. Jes 1,29–30 wurde wohl nochmals ein wenig später zugefügt. Hinsichtlich des Sodom-und-Gomorra-Motivs in Jes 1,7b wurde deutlich, dass es höchstwahrscheinlich von Jes 13,19 abhängig ist, also vom gleichen Autor stammt oder jünger ist. Da die auf Sodom und Gomorra anspielenden Passagen Jes 1,7b.9.10 auf ein- und derselben Ebene liegen, kann die gesamte oben genannte jüngste Redaktionsschicht nicht älter als Jes 13,19 sein.

Darüber hinaus konnte hinsichtlich Jes 1,4a gezeigt werden, dass die ungewöhnliche Wendung זֶרַע מְרֵעִים „Nachkommenschaft bestehend aus Übeltätern" hier ihren ursprünglichen Platz hat. Der Redaktor, der für Jes 14,5.20b–21* verantwortlich ist, fügte sie im Anschluss an die in Jes 14,20a gebrauchte Wurzel שחת (vgl. die seltene Parallele der Wurzeln רעע und שחת in Jes 1,4) ein, um das Verhalten der Söhne JHWHs und dasjenige des dem König von Babel anhängenden Geschlechts als gleichartig zu charakterisieren. Diesem Redaktor war die Grundschicht des Spottlieds Jes 14,4b.6–20a* sowie mindestens Jes 1,2b–4.5–7 bekannt.

---

906 Näheres zur *translatio imperii* auf Zion ab Jes 49,22 f. bis 61 f. sowie zur noch einmal universaleren Sicht von JHWHs Königtum in Jes 66,1 bei: Schmid, Herrschererwartungen, S. 49–53.

Die übrigen Passagen von Jes 1 enthalten keine eindeutigen historischen Anhaltspunkte. Daher wird von einer genaueren diachronen Einordnung abgesehen.

4. Theologischer Ertrag

4.1 JHWH und sein als Nachfolger Moses berufener Prophet

Der Beginn des Beginns des Jesaja-Buches skizziert auf engstem Raum, nämlich in weniger als zwei Versen, die Grundkonstellation, der das ganze erste Kapitel ebenso wie das ganze Buch gilt. Der Reihenfolge ihres „Auftretens" folgend, geht es um den Propheten Jesaja, um Juda und Jerusalem samt seinen Königen, um den ganzen Kosmos und um JHWH. Die dann als nächstes erwähnte Gruppe der „Söhne" JHWHs (Jes 1,2b), die den Namen Israel trägt (Jes 1,3b), trifft sich mit den bereits gefallenen Namen Judas und Jerusalems, ohne damit in jeder Hinsicht identisch zu sein. Vielmehr spiegelt sich in den wechselnden Bezeichnungen ein Prozess der Auflösung und Verschiebung wider. Dieser beginnt mit dem Treubruch der „Söhne", die noch bis zur Feststellung, dass sie den „Heiligen Israels" verworfen haben (Jes 1,4b), mit dem Namen Israel genannt werden (V. 3), ehe dieser im ersten Kapitel und darüber hinaus (bis Jes 4,2) als Bezeichnung des Volkes verschwindet.[907] Ehe der Niedergang des Volkes JHWHs in seinen Wurzeln und Symptomen in Jes 1 ausführlich geschildert wird, erfolgt die Vorstellung des Propheten und des Gottes, in dessen Auftrag er spricht.

In dieser signifikanten Reihenfolge zeigt sich bereits der wesentliche, das Prophetenverständis betreffende Unterschied zwischen der Jesaja-Überschrift 1,1 nebst den anderen Überschriften des visionären Typs (Jes 2,1; 13,1; Am 1,1; Mi 1,1b; Hab 1,1) einerseits und den Überschriften des Wortereignis-Typs andererseits. Während bei acht der neun[908] Überschriften bzw. Bucheinleitungen[909] des Wortereignis-Typs (Joël 1,1; Hos 1,1; Zef 1,1; Mi 1,1a bzw. Ez 1,2–3; Jona 1,1; Hag 1,1; Sach

---

907 Nur in Jes 1,24 taucht er im Gottesepitheton אֲבִיר יִשְׂרָאֵל „Gewaltiger Israels" nochmals auf. An dieser Stelle wird durch das für Jerusalem angekündigte Reinigungsgericht (Jes 1,24–26) die Hoffnung begründet, dass Gott mit seiner überwältigenden Kraft die ethisch heruntergekommene Stadt wieder in einen Ort verwandelt, wo ihm treu gebliebene „Söhne" sich unter dem Namen Israels sammeln können. Zu einer positiven Antwort auf diese neu geschaffene Hoffnung fordert Jes 2,5 auf: בֵּית יַעֲקֹב לְכוּ וְנֵלְכָה בְּאוֹר יְהוָה „Haus Jakob, kommt, lasst uns wandeln im Licht JHWHs." Bezeichnenderweise steht hier die zu „Israel" komplementäre Bezeichnung בֵּית יַעֲקֹב „Haus Jakob", die die Nachkommenschaft Jakobs bezeichnet (vgl. Jes 2,6: בֵּית יַעֲקֹב „Haus Jakob" als JHWHs Volk). Der „Gewaltige Israels" und das „Haus Jakob" stehen also in einer positiven Beziehung zueinander, in der der starke Gott alles tut, um die Bedingungen für das Heil zu schaffen (Jes 1,21–26.27.28–31), das das „Haus Jakob" empfangen soll, indem es im Licht seines Gottes wandelt (Jes 2,1–5).
908 Zum Sonderfall Jer 1,1–3 siehe oben unter Punkt 3.1.3.5.
909 Zur Begründung der unspezifischen Verwendung des Begriffs „Überschrift" für einleitende Verse siehe oben unter Punkt 3.1.1 die betreffende Anmerkung.

1,1) das Subjekt דְּבַר־יְהוָה „das Wort JHWHs" und damit auch der Gottesname vor dem Namen des Propheten steht, kommt Gott in den Überschriften visionären Typs überhaupt nicht vor, sondern nur der Name des Propheten. Während der Prophet also in den Überschriften des Wortereignis-Typs passives Objekt des Wortereignisses ist und das Subjekt דְּבַר־יְהוָה „das Wort JHWHs" das Geschehen beherrscht, so dass die Prophetenrolle sogar auf mehrere Personen verteilt werden kann (Hag 1,1), ist nach der Konzeption von Jes 1,1 und der anderen Überschriften visionären Typs der Prophet der mit dem besonderen Charisma des „Schauens" (חָזָה) begabte Mittler zwischen Gott und Mensch, der das Offenbarungsgeschehen aktiv prägt, indem er eigenständig wahrnimmt und das Geschaute in einem von der Offenbarung unabhängigen Akt verkündet (Jes 1,2a). Beide letztgenannten Aspekte fehlen im Prophetenbild des Wortereignis-Typs. Der Begriff der „Vision/ Schauung" (Jes 1,1: חֲזוֹן) verweist zusammen mit dem Verb חָזָה („schauen") auf einen primär visuellen Vorgang, der darüber hinaus sowohl auditive als auch innere Wahrnehmungen sowie geistiges Erkennen einschließen kann. Der Prophet verfügt so über eine besondere, von Gott verliehene Fähigkeit der Kommunikation mit ihm.

Im Jesaja-Buch verweist der Begriff des Schauens auf Jesajas Berufungsvision Kap. 6. Das dort erzählte Geschehen harmoniert mit der Art und Weise, wie der Prophet in Jes 1,1 f. vorgestellt wird. Indem Jes 1,1 der Gestalt des Propheten eine Serie von vier judäischen Königen gegenüberstellt, erscheint der Prophet als derjenige, der dank seiner Vision die den politischen Wechselfällen unterworfenen Zeiten überdauert. Warum dem so ist, lässt Jes 1,2a erkennen. Die in Jes 1,1 nicht weiter beschriebene Vision Jesajas erweist sich hier als eine Form der Kommunikation mit JHWH, dem Herrn des Himmels und der Erde. Aus dieser direkten Begegnung erwächst dem Propheten der Auftrag, JHWHs Botschaft, nämlich eine performative, die Wirklichkeit umformende Gottesrede, dem ganzen Universum zu verkünden. Daraus folgt, dass der Prophet den Status eines göttlichen Gesandten besitzt, der durch seine Schauung Zugang zur göttlichen Sphäre hat und nun von dort her sich an den von Himmel und Erde umspannten Bereich des Kosmos wendet, um durch seine Verkündigung der Gottesherrschaft zu dienen. Die erste Botschaft richtet sich an Himmel und Erde selbst, inhaltlich geht es jedoch um die von JHWH großgezogenen „Söhne", die aus Unverstand mit ihm gebrochen haben.

Die Anfangsverse Jes 1,1–2 vermitteln ferner in knapper Form ein erstes Bild der in Jes 6 ausführlicher entfalteten Königsherrschaft JHWHs, in deren Dienst der Prophet steht. Mit der Erwähnung des Himmels, der in Jes 6 fehlt, betont Jes 1,2a die Universalität dieser Herrschaft. Beide Texte heben die Vergänglichkeit des irdischen Königtums besonders hervor. Jes 1,1 tut dies mittels einer Serie einander ablösender Könige, Jes 6,1 dagegen mittels Datierung des Textes in das Todesjahr des Königs Usija. In Kontrast dazu steht JHWHs unvergängliche Herrschaft über den Kosmos. Diese ist in Jes 6,1–5 explizit mittels der Topoi des Thrones, des königlichen Gewandes, der die Herrschaft stützenden Dienerschaft der Seraphim, der göttlichen Heiligkeit, der königlichen Herrlichkeit/ Ehre (כָּבוֹד) und der in Jes 6,3.5 genannten Königstitel als göttliches Königtum dargestellt. Die initiatorische Entsündigung des Propheten, die seine Lippen rein macht (Jes 6,5–7), sein Hören auf JHWHs Stimme, seine freiwillige Meldung für den Dienst als göttlicher Gesandter (Jes 6,8) sowie seine Indienstnahme und Beauftragung (Jes 6,9–11) bedeuten seine Einreihung in den unmittelbar am Thron JHWHs dienenden Hofstaat. Dieser innerhalb der göttlichen Sphäre verortete Status Jesajas liegt nach der in Jes 1,2a vorausgesetzten Interpretation jenseits von Himmel und Erde (vgl. Jes 66,1), so dass er als von außen kommender göttlicher Gesandter den das Universum repräsentierenden kosmischen Elementen gegenübertritt und ihnen das verkündet, was JHWH gesprochen hat. Der Prophet versteht sich dabei als „Mund JHWHs" (vgl. Jes 1,20b כִּי פִּי יְהוָה דִּבֵּר und die Reinigung der Lippen in Jes 6,5–7), aber nicht im Sinne eines passiven Werkzeugs wie es beim Wortereignis der Fall ist, das über den Propheten kommt (z. B. Hos 1,1 דְּבַר־יְהוָה אֲשֶׁר הָיָה אֶל־הוֹשֵׁעַ), sondern als einer, dem es gegeben ist, JHWH zu schauen, und der es versteht, seine Stimme zu hören, sein Wort zu bewahren und in der irdischen Sphäre zu Gehör zu bringen.

Mit diesem Prophetenbild weist Jes 1,1 Jesaja als einen Nachfolger Moses aus, dem sich JHWH ebenfalls in einer Vision zu erkennen gab (Ex 3,2 f.), und der als Gesandter JHWHs dem Pharao (Ex 3,10) bzw. Volk Israel (Ex 3,14 f.) eine die Geschichte verändernde Botschaft zu überbringen hatte. Dass Jesaja als Gesandter JHWHs Mose und der von ihm begründeten Tradition (vgl. Dtn 18,18) nachfolgt, wurde im Laufe dieser Arbeit an Hand zahlreicher Punkte aufgewiesen, die hier nicht im Einzelnen wiederholt zu werden brauchen. Erinnert sei nur an die vielen, teilweise auch wörtlichen Berührungen zwischen Jes 1 und dem Mose-Lied Dtn 32,1–43, insbesondere die Parallele zwischen Jes 1,2a und Dtn 32,1, sowie ferner an die Berührungen mit der Auszugserzählung, insbesondere in JHWHs Liebe zu den Unterdrückten (z. B. Jes 1,17.23; 3,14–15; 5,7; 66,2 gegenüber Ex 2,23–25; 3,7–8.9.17–18), im Verstockungsmotiv (Jes 6,9–11 gegenüber Ex 4,21; 9,12; 10,20.27; 11,10; 14,4.8.17) sowie im Motiv der ausgestreckten Hand (Jes 5,25; 9,11.16.20; 10,4 gegenüber Ex 7,5 u. a.). Die Bezüge zur Mose-Tradition erwiesen sich als wegweisender hermeneutischer Schlüssel für die Beantwortung dreier Fragen, die nicht von vorneherein eng miteinander verknüpft zu sein scheinen. Zum einen geht es um die den Propheten betreffende Frage, warum das Jesaja-Buch die Berufungsvision erst im sechsten und nicht schon im ersten Kapitel erzählt wie etwa Jeremia oder Ezechiel. Die zweite Frage ist, wie es kommt, dass JHWH seinem eigenen Volk einen Propheten sendet, dessen Verkündigung es unfähig macht zu hören und zu verstehen, zu sehen und zu erkennen, und die sein Herz verfettet, die Ohren schwer macht und die Augen verklebt, so dass es nicht mehr umkehren, sondern den Weg des Verderbens bis zum bitteren Ende fortsetzen wird (Jes 6,9 – 11). Die dritte ist, warum der Prophet sich am Beginn des Buches nicht gemäß seinem Verkündigungsauftrag (Jes 6,9 – 11) unmittelbar an Israel, sondern zuerst an Himmel und Erde wendet.

Ausgangspunkt unserer betreffenden Überlegungen war die Tatsache, dass die Berufungsvision Jes 6 insgesamt nach einer Vorgeschichte verlangt, da es einer Erklärung bedarf, wie es zum sog. Verstockungsauftrag (Jes 6,9 – 11) kommen konnte. Insbesondere die Erwähnung der unreinen Lippen (V. 5) und der Verweis auf Sünde und Sündenschuld (V. 7) deuten auf frühere Geschehnisse hin, die diesen Zustand verursacht haben. Mit der Feststellung des Bedürfnisses nach einer solchen Vorgeschichte wurde ein Ansatzpunkt zur Beantwortung sowohl der ersten als auch der zweiten der oben genannten Fragen gegeben. Denn einerseits erklärt sich dadurch die relativ weit hinten gelegene Stellung der Berufungserzählung im Buch, der Inhalt der Vorgeschichte selbst erläutert dagegen die Motivation des Verstockungsauftrags. Eine wichtige Beobachtung in diesem Zusammenhang war, dass zwar Jeremia und Ezechiel die Berufungen der Propheten an den Buchanfang stellen, es aber keineswegs bei allen Berufungserzählungen so ist. Insbesondere bieten diejenigen Moses und Gideons ausführliche Vorgeschichten, die das vorherige Ergehen des Volkes schildern. Während sie bei Mose darin besteht, dass das Volk Israel zunehmend unter der Knechtschaft des Pharao zu leiden hat und JHWH voll Erbarmen seine Klage hört, verschiebt sich bei Gideon (wie auch überhaupt im sog. Richter-Schema des DtrH) der Inhalt der Berufungsvorgeschichte zu Ungunsten Israels. Israel wird JHWH untreu mit der Folge, dass es unter Feindesnot zu leiden hat. Daraufhin bekehrt sich Israel zu JHWH, ruft zu ihm um Hilfe und wird durch Berufung eines Richters gerettet. Besonders bei Gideon fällt auf, dass das von JHWH abgefallene Volk wegen der Midianiter unter Bedrängnissen zu leiden hat, die unter motivischen und sprachlichen Anklängen an die gegen den ägyptischen Pharao verhängten Plagen geschildert werden (Vernichtung des Ertrags des Landes und Vergleich der Midianiter mit Heuschrecken in Ri 6,3 – 5, vgl. dazu die Pest am Vieh, die Hagel- und die Heuschrecken-Plage in Ex 9,3 – 10,19).

Liest man vor dem Hintergrund obiger Überlegungen Jes 1 – 5 als notwendige Vorgeschichte zu Jes 6, der Berufung Jesajas, so lässt sich ihr Inhalt mit Blick auf die Ähnlichkeit zwischen Moses und Jesajas Auftrag wie folgt zusammenfassen. Das für Israel stehende Königreich Juda, in dem eine ethisch verwahrloste Oberschicht herrscht (Jes 1,10a.22 – 23; 3,12 – 15; 3,16 – 4,1; 5,8 – 24), ist ausweislich Jes 1 – 5 als Ganzes geworden wie der Pharao Ägyptens, indem es JHWHs auf Recht und Gerechtigkeit gegründete Königsherrschaft durch eine gesellschaftliche

Wirklichkeit, die Recht und Gerechtigkeit missachtet, Schwache unterdrückt und ausbeutet und insgesamt auf gemeinschaftswidriges, d. h. bösartiges und Verderben bringendes Tun ausgerichtet ist (Jes 1,4.15b – 17.21 – 23; 3,1 – 15; 5,1 – 7.8 – 24), verraten und ihm so die Treue gebrochen hat (Jes 1,2b.28). Die einzelnen Aspekte dieses unheilvollen Wegs Israels, deren Entfaltung einen wesentlichen Schwerpunkt dieser Arbeit bildeten, werden unten in einem eigenen, der Entwicklung Israels gewidmeten Punkt zusammengefasst. Ergebnis dieses Wegs ist, dass Israel wie der ägyptische Pharao oder auch der in Jes 13 – 14 gestürzte König von Babel sich selbst zu einem Anti-Gott gemacht hat, der JHWHs universale Königsherrschaft durch Selbstüberhebung und lebensfeindliches Verhalten negiert. Die Ankündigungen, wie JHWH auf diese Zustände innerhalb seines Volkes reagieren wird, bilden zusammen mit der Sozialkritik ebenfalls einen festen Bestandteil der in Jes 1 – 5 dokumentierten Vorgeschichte der Jesaja-Berufung. Denn das in Jes 1,24 – 26 beschriebene Reinigungsgericht, der in Jes 1,28 angekündigte endgültige Untergang der Treubrüchigen und Sünder, der besonders die Starken treffen wird (Jes 1,31), ferner der in Jes 2,10 – 17 verheißene Tag JHWHs, der alles Stolze und Erhabene erniedrigt (Jes 2,12) sowie die weiteren, besonders gegen die Oberschicht adressierten Gerichtsankündigungen in Jes 3 – 5 lassen keinen Zweifel daran aufkommen, dass JHWH alle gegen ihn aufstehenden überheblichen Kräfte in seinem eigenen Volk genauso depotenzieren wird wie schon früher solch selbsternannte Gottkönige wie den ägyptischen Pharao. Der Ort dieser prophetischen Texte vor der Berufung Jesajas weist darauf hin, dass es hierbei um feste Topoi der schon seit Mose von JHWH veranlassten prophetischen Verkündigung geht, in deren Tradition auch Jesaja steht. Die Berufung Jesajas erfolgt zu einem Zeitpunkt, als feststeht, dass weitere prophetische Warnungen vor dem Weg des Unheils ebenso wie Ermutigungen, den Weg der heilvollen Gerechtigkeit und des Vertrauens auf JHWH zu suchen, nur eine Verfestigung in der bereits zu weit fortgeschrittenen Krankheit der gottfeindlichen Widerspenstigkeit bewirken können. Indem die Vorgeschichte der Berufungsvision (Jes 1 – 5) im Stil der Botschaft und unter Einbeziehung der Worte Jesajas erzählt wird, erbringen die Redaktoren des Jesaja-Buches den Nachweis, dass Jesaja kein bösartiger Prophet war, der durch performative Sprechakte gezielt Unheil über Israel brachte, sondern wie seine seit Mose aufgetretenen Vorgänger, insbesondere u. a. Amos, authentische Botschaften JHWHs verkündete, die dem Ziel einer heilvollen Gottesherrschaft verpflichtet waren, ohne dass Aussicht bestand, bei Israel damit noch gehört zu werden. Der Charakter von Jes 1 – 5 als einer im Geist und in Worten Jesajas formulierten Vorgeschichte der sonst nicht zu verstehenden Jesaja-Berufung (Jes 6) erklärt somit sowohl deren sehr späte Einführung in den Kontext des Buches als auch die in Israels Treubruch liegenden Hintergründe ihres unheilvollen Inhalts.

Die redaktionell verfasste Anrufung von Himmel und Erde am Beginn des Jesaja-Buches (Jes 1,2a) hat in diesem Zusammenhang – um auf die dritte oben formulierte Frage zurückzukommen – die doppelte Funktion, einerseits als hermeneutisches Vorzeichen JHWHs Herrschaft über den ganzen Kosmos und seine damit verbundene Pflicht in Erinnerung zu rufen, die auf Gerechtigkeit gegründete Weltordnung gegen alle Unrecht praktizierenden Feinde, und seien es die von ihm selbst großgezogenen Kinder, zu verteidigen. Andererseits sichert die wörtliche Bezugnahme des universalen Höraufrufs Jes 1,2a auf das Mose-Lied (Dtn 32,1) vom Beginn des Buches an die Einreihung Jesajas in die von Mose begründete prophetische Tradition. Dem Höraufruf kommt noch eine dritte Bedeutungsdimension in Jes 1 zu, die im Zusammenhang mit dem unheilvollen Weg des Volkes deutlich wurde.

4.2 Israels Weg ins Verderben

4.2.1 Jes 1,2a: Der hörende Kosmos

Ein dritter Aspekt des an Himmel und Erde gerichteten Befehls, auf das zu hören, was JHWH gesprochen hat (Jes 1,2a), besteht darin, dem abtrünnigen Volk die ihrem göttlichen Herrscher gehorsamen kosmischen Elemente vor Augen zu stellen. Die Personifikation von Himmel und Erde, die in ihrer direkten Anrede zum Ausdruck kommt, beinhaltet den Gedanken, dass sie aktiv an der Festigung und Ausbreitung der Herrschaft JHWHs mitwirken, indem sie auf sein Wort hören und es in sich aufnehmen. Durch die performative Kraft dieses Wortes lassen sie sich entsprechend der in Gottes Weisheit gegründeten Weltordnung leiten und umgestalten, so dass sie selbst in Jes 45,8 als personifizierte Heilswerkzeuge JHWHs Gerechtigkeit und Heil hervorbringen. Auf diese Weise sind sie bereit, sich auf den Heilsweg, der im Hören auf das göttliche Wort liegt, willig einzulassen (vgl. Jes 1,19). Dadurch werden sie umgeformt, erneuert und am Ende des Buches zu ewigem Frieden geführt. Wenn sie dort als neu erschaffener Himmel und neu erschaffene Erde vor JHWH stehen (Jes 66,22: עֹמְדִים לְפָנַי) und damit in der für Diener am königlichen Thron typischen stehenden Haltung ihre Bereitschaft signalisieren, die Befehle des Gottkönigs in Empfang zu nehmen und auszuführen, dann hat sich das erfüllt, was Israel (vgl. Jes 2,5) in der auf Jes 1 folgenden Perikope Jes 2,1–5, der Wallfahrt der Völker zum Zion, als Vision eines kosmischen Friedens in ferner Zukunft bereits vor Augen gestellt wurde: Der ganze Kosmos, sowohl in seiner vertikalen, durch die Berge repräsentierten Dimension (Jes 2,2a) als auch in seiner durch die Völker verkörperten horizontalen Ausdehnung (Jes 2,2b), erkennt JHWH als Herrscher an, dessen Weisungen in einer die Zukunft gestaltenden Weise das Recht aufrichten und so zu stabilem Frieden führen (Jes 2,3 f.). Dass dieser Weg des Kosmos Israel als nachahmenswertes Vorbild vor Augen gestellt werden soll, zeigt die im Jesaja-Buch einzigartige Parallele von „Wort JHWHs" דְּבַר־יְהוָה und „Weisung" תּוֹרָה in Jes 1,10; 2,3. Wie das Universum auf JHWH hört und seiner Weisung folgt (Jes 1,2a; 66,22), so dass in ferner Zukunft sogar die bisher meist JHWH-feindlichen Völker ihn als ihren Herrscher anerkennen werden (Jes 2,2–4), soll auch Israel diesen Weg des Hörens einschlagen, JHWHs Wort und Weisung folgen und dadurch zu dauerhaftem Heil finden.

Diese Aufforderung zum Hören wird zu einem Zeitpunkt an Israel gerichtet, als es sich auf einem unheilvollen Weg des undankbaren Treubruchs gegenüber JHWH, der Sünde und der Sündenschuld befindet (Jes 1,2–4), dessen unheilvolle Konsequenzen in einer nahe an das Schicksal Sodoms und Gomorras heranreichenden Weise über es hereingebrochen sind (Jes 1,5–8). Während eine kleine Gruppe der Überlebenden sich demütig und dankbar dazu bekennt, dass JHWH sein Volk nicht wie Sodom und Gomorra der völligen Vernichtung überlassen hat (Jes 1,9), fehlt der Oberschicht und dem Volk insgesamt die Einsicht, dass es sich auf einem solchen Weg des Todes (vgl. Jes 1,20) befindet. Die Anrede als Sodom-und-Gomorra-Volk in Jes 1,10 macht den Adressaten die Gefahr ihres durch die Missachtung JHWHs provozierten völligen Untergangs eindringlich bewusst. Die Rettung aus dieser Gefahr besteht im Hören auf das Wort und die Weisung Gottes.

Konkret besteht die zu hörende Botschaft zunächst negativ in der Zurückweisung kultischer Versuche, das Gefallen JHWHs zu finden (Jes 1,11–15), und sodann positiv in der Einforderung eines ethischen Verhaltens, das sich des Bösen enthält (Jes 1,15b–16) und stattdessen durch die Suche und Verwirklichung des Guten, insbesondere des Rechts, aktiv zur Anerkennung und zum Aufbau der auf Recht und Gerechtigkeit gegründeten Gottesherrschaft beiträgt (Jes 1,17). Dies ist ein Weg, der Israel von Anfang an gewiesen wurde, als JHWH es großzog und emporbrachte (Jes 1,2b), und der auch von Himmel und Erde beschritten wird (vgl. z. B. Jes 1,2a iVm 45,8). Die Gegenüberstellung der Aufforderung zum Hören auf JHWH in Jes 1,10 einerseits und, andererseits, der Weigerung JHWHs, auf im Rahmen des Kultes vorgetragene Anliegen seines Volkes zu hören (Jes 1,15: אֵינֶנִּי שֹׁמֵעַ), verdeutlicht, dass Kulthandlungen eine Schmähung Gottes sind, solange die den Kult vollziehenden „Verehrer" durch praktisches Verhalten, das weder gut noch rechtens ist, die auf Recht und Gerechtigkeit gegründete Gottesherrschaft über Himmel und Erde leugnen. Indem sie trotz ihres durch Böses und Unrecht entstellten Lebens im Kult vor Gott treten, missbrauchen sie ihn, weil sie lediglich am Gebrauch der überirdischen göttlichen Macht zur Durchsetzung ihrer einem verqueren und verkehrten Denken und Leben entsprungenen Anliegen interessiert sind, ohne nach dem auf das Gute und das Recht ausgerichteten göttlichen Willen und seinen Weisungen zu fragen. Die Befolgung der im Anschluss an die Kultkritik gegebenen ethischen Weisungen (Jes 1,16 f.) verwandelt nicht nur dank der Läuterung, die mit der Verwirklichung der Gottesherrschaft einhergeht (vgl. Jes 1,18), die widergöttliche kultische Praxis in eine gottgefällige, sondern dieses willige Hören auf Gott steht auch unter der Verheißung eines erfüllten und heilvollen Lebens im Land (Jes 1,19).

Diese Unterweisung, die entlang des Motivs des Hörens (Jes 1,2a.10.15.19) den Weg aus dem Chaos der Verwüstung zum Heil lehrt, ergeht in Form einer Zwei-Wege-Lehre (Jes 1,18 – 20). Während die durch die Praxis des Guten und die Suche nach dem Recht vollzogene Rückkehr zu JHWH zum Heil führt, hat die Fortsetzung des bisher eingeschlagenen, in der Sphäre des Todes verhafteten Weges unvermeidlich den völligen Untergang der Adressaten zur Folge (Jes 1,20.28). Jenseits dieser Zwei-Wege-Lehre kündigt das in Jes 1,24 – 26 verheißene Reinigungsgericht über Jerusalem an, dass JHWH nicht den Gerechten zusammen mit dem Treubrüchigen untergehen lassen wird (Jes 1,27 – 28), sondern ihm mit der Läuterung Zions einen Ort des in Gott geborgenen Heils schaffen wird.

Während also inhaltlich das Hören der kosmischen Elemente auf JHWH (Jes 1,2a) den Beginn eines zum Guten führenden Wegs markieren soll, ergibt sich der Sinn der Sprechrichtung von Jes 1,2 – 4, nämlich der direkten Anrede des Kosmos, zum einen aus der Unerreichbarkeit von JHWHs „Söhnen", die eigentlich erstrangige Adressaten seiner Worte wären, aber die Beziehung zu ihm völlig aufgekündigt haben. Zum anderen dient sie auch dazu, den unheilvollen Weg Israels dem Kosmos, der JHWHs Weisungen folgen soll, als abschreckendes Beispiel einer gegen natürliche Grundsätze der Weltordnung verstoßenden Torheit vor Augen zu führen. Es handelt sich um eine weisheitlich motivierte Rede an Himmel und Erde mit dem Ziel, vor dem unheilvollen Weg Israels zu warnen, damit der aufgezeigte Weg zu einer Neuschöpfung, in der JHWH unmittelbar als universaler König regiert (Jes 66,1.23) und der Treubruch keinen Platz mehr hat (Jes 66,24), nicht gefährdet wird. Diese Auslegung von Jes 1,2 – 3.4 ist gegenüber der traditionellen Deutung als bundestheologisch geprägter Gerichtsrede vorzuziehen, da sie u. a. die Inkonsequenz vermeidet, eine Zeugenanrufung von Himmel und Erde anzunehmen, von der beispielsweise schon Wildberger zugeben musste, dass „vom alttestamentlichen Gottesglauben her die noch stehengebliebene Form völlig ausgehöhlt" sei.[910]

---

910 Wildberger, Jesaja 1–12, S. 10.

4.2.2 Jes 1,2b – 4: Die Sünden der Gotteskinder

Die aus Jes 1,2a.2b – 3.4 zusammengesetzte weisheitliche Warnung an Himmel und Erde, bei der sich mindestens V. 2a einer auf das ganze Buch blickenden Redaktion verdankt, schildert, wie JHWH Israel aus Gnade zu seinen Adoptivkindern erwählt, diese jedoch treulos von ihm abfallen. Die Fürsorge, die er seinen „Söhnen" zuteil werden lässt (Jes 1,2b), erschöpft sich nicht in beachtlichen materiellen Zuwendungen, sondern beinhaltet auch die Vermittlung von hohem Ansehen und Ehre. Die Kinder quittieren dies, indem sie mit ihrem Gott brechen. Der Begriff des Treubruchs (Wurzel פשׁע) drückt nicht nur den Abfall der Untertanen von ihrem Souverän aus, sondern deutet ausweislich der Verwendung des korrespondierenden Nomens פֶּשַׁע „Verbrechen/ Treubruch" u. a. in der Israel-Strophe der Völkersprüche des Amos bereits auf die in Jes 1,16 – 17.21 – 23 kritisierte ethische Verwahrlosung hin. Sowohl die Israel-Strophe des Amos als auch Jes 1,15b – 17.21 – 23 beziehen sich auf schwere ethische Vergehen derselben Kategorie, insbesondere auf Gewaltanwendung, Bestechlichkeit, Rechtsbeugung sowie Ausbeutung und Unterdrückung Schwächerer. Solch Handeln pervertiert die von JHWH gestiftete gerechte Gesellschaftordnung und bekämpft seine Herrschaft. Dieser Treubruch der Kinder JHWHs stellt sich als schwerer Verstoß gegen die im ganzen Bereich von Himmel und Erde und für alle Geschöpfe (vgl. Jes 1,3) geltende fundamentale Weltordnung dar und führt zu deren Erschütterung. Die Folge ist schweres Unheil, das im Wehe-Ruf Jes 1,4, der die Totenklage über Israel prophetisch vorwegnimmt, angekündigt und in Jes 1,5 – 7 nach seinem Eintreten beschrieben wird.

Als Ursache dieses Treubruchs diagnostiziert Jes 1,3 den Kindern JHWHs einen absoluten Mangel an Erkenntnis und Verstand. Der Tiervergleich zeigt, dass es dabei nicht um ungenügende intellektuelle Kompetenz, sondern um eine sich verweigernde, die Wahrnehmung der eigenen Augen leugnende Blindheit geht, die in der in Jes 1,5 genannten Widerspenstigkeit (סָרָה) wurzelt. Während das Rind den vor wilden Tieren sicheren Platz im Haus seines Erwerbers zu schätzen weiß, der es unter erheblichen Aufwendungen in sein Eigentum überführt hat, und der durchaus eigensinnige Esel, dem es aber weder an Treue noch an Verstand mangelt (vgl. die Eselin in Num 22,22 – 35), spätestens durch die Gegenwart seines Futterplatzes an die Zugehörigkeit zu seinem Herrn erinnert wird, verkennt Israel sehenden Auges, dass sein Erwerber und Herr JHWH ihm unter Aufwendung von Mühen einen sicheren Platz unter seiner Obhut verschafft hat und für das materielle Wohlergehen der Seinen sorgt. Dadurch erweist es sich als bar jeden Verstandes, d. h. töricht.

Nachdem Jes 1,3 die inneren Hintergründe von Israels Treubruch nach weisheitlichen Maßstäben als Torheit qualifiziert hat, wendet sich der Wehe-Ruf

Jes 1,4a einer theologischen Bewertung dieses Sachverhalts zu, indem er das Volk insgesamt als sündig und schwer mit Schuld beladen bezeichnet. Als „sündigende Nation" גּוֹי חֹטֵא ist Israel eine Gesellschaft, die auf Grund einer verfestigten, Gott missachtenden Haltung das von ihm gegebene Ziel verfehlt, das Gemeinschaftsverhältnis mit ihm zerstört und so Unheil in die Ordnung der Geschichte bringt. Komplementär dazu drückt die Bezeichnung als „Volk schwer von Sündenschuld" עַם כֶּבֶד עָוֹן eine das Leben schwer bedrückende Gebeugtheit und Verkehrtheit aus, die durch gottfeindliche Taten entstanden ist und als quasi-materielle Last sich unheilvoll auswirkt. Der dreigliedrige Ausdruck „Volk schwer von Sündenschuld" עַם כֶּבֶד עָוֹן steht in Gegensatz zur dreifachen Heiligkeit JHWHs und seiner Herrlichkeit/Ehre, die gleichermaßen die Erde erfüllt als auch ihm durch die Fülle der Erde dargebracht wird (Jes 6,3). Im Rahmen des sog. dynamistischen Ganzheitsdenkens (Knierim[911]) entwickeln Sünde und Sündenschuld eine lebensfeindliche Dynamik, die die lebenspendende und erneuernde Beziehung zwischen JHWH und der Fülle der Erde (zer)stört und dadurch dem Tod Raum schafft. Zwischen Israels Treubruch (Jes 1,2b: Wurzel פשׁע) und seiner in Jes 1,4a beschriebenen Sündenverstrickung besteht ein enger Zusammenhang, da die drei Begriffe alle Aspekte des Phänomens der Sünde abdecken. Die Konsequenz von Treubruch, das Ziel verfehlender Sünde und das Leben verkrümmender Schuld ist die völlige Aufkündigung der Beziehung zu JHWH seitens der von ihm privilegiert behandelten „Söhne". Zahlensymbolisch kommt die vollkommen negative Qualität dieser Schuldgeschichte durch die Dreizahl der im engeren Sinne theologischen Sündenbegriffe פשׁע, חטא und עָוֹן zum Ausdruck, das volle Maß der Verfehlungen dagegen in der Aufzählung von insgesamt zehn negativen Verhaltensweisen in Jes 1,2–4.

Das dritte und vierte Glied des Wehe-Rufs Jes 1,4a konkretisiert den Schuldsachverhalt, der bisher weisheitlich als töricht und theologisch als Gott und seiner Weltordnung gegenüber feindlich qualifiziert wurde, durch die Beschreibung der „Söhne" JHWHs als einer Vielzahl gewalttätiger und Verderben bringender Wesen (זֶרַע מְרֵעִים „Same bestehend aus Übeltätern" und בָּנִים מַשְׁחִיתִים „Söhne, die Verderben bringen"). Dadurch wird deutlich, dass die Schuld Israels nicht primär in religiöser Untreue in Form von Fremdgötterverehrung, sondern in einem das Leben anderer mindernden Handeln besteht, das dem göttlichen Willen entgegengesetzt ist und sich egoistisch, rücksichtslos und brutal zum Schaden der Gemeinschaft, v. a. der Schutzbefohlen und Schwachen, auswirkt. Die Bezeichnung der „Söhne" JHWHs als מַשְׁחִיתִים „Verderben bringend" hebt die besonders zerstörerischen Auswirkungen ihrer Lebensführung hervor, da diese Vokabel sonst

---

911 Nachweise siehe oben unter Punkt 3.6.2.11.2.

häufig durch Kriegszüge angerichtete Verwüstungen sowie auch z. B. die Vernichtung Sodoms (Gen 19,13) bezeichnet. Die durch Jes 1,4aβ erreichte Konkretisierung der Schuld Israels als gemeinschaftsschädigende und gewalttätige Lebensführung, die JHWHs Willen missachtet, leistet einen Brückenschlag nach vorne von Jes 1,2–4 hin zu V. 10–17, wo das an den Händen des Volkes klebende Blut (Jes 1,15b), das nur vordergründig von den vorangehenden Opferhandlungen herrührt, als Resultat einer auf das Böse ausgerichteten Lebensführung beschrieben wird (vgl. die Wurzel רעע „Böses tun" in Jes 1,4a.16a.b), die das Gute und besonders das Recht der Schwächeren verachtet (vgl. Jes 1,17).

Als von JHWH großgezogener „Same" sollte Israel eigentlich gute und heilige Frucht in Form von Recht und Gerechtigkeit bringen, diese Hoffnung wurde jedoch bitter enttäuscht (vgl. Jes 1,16 f.; Jes 5,1–7; 5,16; Jes 6,13bβ). Vielmehr gleicht Israel nach seinem Treubruch mit JHWH dem in Jes 14,20 mit derselben, nur hier (Jes 1,4; 14,20) belegten Wendung זֶרַע מְרֵעִים bezeichneten Geschlecht, dessen oberster Exponent der in Jes 14,4b–21 verspottete tyrannische König von Babel ist. Dessen im Spottlied Jes 14,4b–21 posthum charakterisiertes Königtum, das eine durch Unrecht und Gewaltanwendung eroberte Schreckensherrschaft mit dem Ziel der Unterjochung von Himmel und Erde ist, steht in diametralem Gegensatz zum auf Recht und Gerechtigkeit gegründeten Königtum JHWHs (vgl. Jes 1 und 6,1–4), der kraft seiner Heiligkeit in eine lichtvolle, in Herrlichkeit und Ehre erglänzende Beziehung zum Kosmos tritt, so dass dieser sich mit Leben füllt. Die mittels der Wurzel שחת Hi. „Verderben bringen" und der Wendung זֶרַע מְרֵעִים „Same bestehend aus Übeltätern" hergestellte Verweisungsbeziehung zwischen Jes 1,4a und Jes 14,20 bringt zum Ausdruck, dass der von Israel im innergesellschaftlichen Bereich beschrittene Weg einer auf Unrecht und Ausbeutung gegründeten selbstherrlichen Machtausübung dem antigöttlichen Weg entspricht, den im Bereich der Völker der Tyrann von Babel als „Stab der Gottlosen" מַטֵּה רְשָׁעִים (Jes 14,5) beschritten hatte, indem er ein repressives, die Völker im Grimm unaufhörlich schlagendes (Jes 14,6a), auf ihre Knechtung zielendes (Jes 14,6b) Regime führte. So wie der Tyrann von Babel durch JHWH endgültig zerbrochen wurde (Jes 14,5: שָׁבַר), steht in Israel denjenigen, die JHWHs der Gerechtigkeit verpflichtete Sorge um seine „Söhne" durch Sünde und Treubruch in Form von Unrecht und Unterdrückung ad absurdum führen, der endgültige Untergang bevor (Jes 1,28: וְשֶׁבֶר פֹּשְׁעִים וְחַטָּאִים i.V.m. V. 31). Verstärkt durch den Seitenblick auf den Tyrannen von Babel, kündigt der Wehe-Ruf Jes 1,4a denjenigen, die durch Unrecht und Gewalttat JHWH die Treue brechen, in einer vorweggenommenen Totenklage diesen Untergang an. Damit stützt Jes 1,4a auch die Deutung des in Jes 1,2b konstatierten Treubruchs als lebenspraktisch durch Missachtung von Recht und Gerechtigkeit bewirkte Leugnung der göttlichen Herrschaft JHWHs.

Im Anschluss daran stellen die drei Verbalsätze in Jes 1,4b fest, dass das gleichermaßen törichte, widerrechtliche und sündhafte Verhalten Israels die Ablehnung und Diskreditierung der Person JHWHs und seiner Heiligkeit bedeutet. Das Verb עזב (Qal) drückt die Aufkündigung der Israel aus Gnade geschenkten familiären Beziehung zu seinem Gott aus. Ergänzend dazu beinhaltet das seltene Verb נאץ Pi. die Verwerfung der Person des „Heiligen Israels", deren Hintergrund eine selbst verschuldete Verblendung ist (vgl. Jes 1,3). Letztere wurzelt in einem Mangel an dankbarer Treue, die sich der früheren Wohltaten des fürsorglich sich zuwendenden Gottes bewusst sein und daraus Vertrauen auf ihn für die Zukunft schöpfen sollte (vgl. Jes 1,2b sowie die theologischen und sprachlichen Berührungen mit der Kundschaftererzählung Num 13 – 14). Wie die Verwendung des Verbs נאץ Pi. („verwerfen") in der Erzählung vom Aufruhr der Rotte Korachs Num 16 zeigt, kann die Verwerfung der Person JHWHs innergesellschaftlich durch die undankbare Schmähung einer gottgewollten Ordnung sowie seiner Souveränität überhaupt zum Ausdruck kommen. Die in Jes 1,4b festgestellte Verwerfung des „Heiligen Israels", der sich als heilig erweist durch Gerechtigkeit (Jes 5,16: וְהָאֵל הַקָּדוֹשׁ נִקְדָּשׁ בִּצְדָקָה), besteht daher in Anbetracht des Kontexts dieser Aussage (Jes 1,4aγ – δ.15b – 17.21 – 23) in der Missachtung der von JHWH zum Wohl Israels gestifteten ethischen Ordnung. Israels ethisch verwahrloste Lebenspraxis stellt somit nicht nur eine treulose Zurückweisung der Gottesherrschaft in Israel, sondern auch eine Entweihung der Heiligkeit JHWHs dar. Indem das Volk mit dem „Heiligen Israels" denjenigen verwirft, der ihm heilig ist, zerbricht es seine privilegierte Beziehung zum göttlichen Souverän, auf den der Kosmos hört (Jes 1,2a), der über diesen eine lebensförderliche Herrschaft ausübt, und den die Fülle der Erde lobpreisend als König anerkennt (Jes 6,3), und fällt in eine ungeschützte Beziehungslosigkeit, die es dem Zugriff chaotischer Mächte ausliefert.

4.2.3 Jes 1,5 – 7: Ein innerlich kranker, durch Schläge geschundener Leib und ein verwüstetes Land

Ähnlich wie die chronologisch zwischen Jes 39 und 40 einzuordnende Katastrophe der Zerstörung Jerusalems durch die Babylonier und das Exil im Jesaja-Buch nicht erzählt werden, liegt auch zwischen dem auf künftiges Unheil blickenden Wehe-Ruf Jes 1,4 und dem eine bereits eingetretene Verwüstung reflektierenden Abschnitt Jes 1,5 – 7.8 – 9 ein katastrophales Ereignis, dessen Verlauf nicht beschrieben wird. Jes 1,5 – 7.8 – 9 wendet sich nicht mehr an Himmel und Erde, sondern direkt an JHWHs „Söhne", und zwar in Form einer rhetorischen Frage, die das Ausmaß der unheilvollen Situation betrachtet, und einer Antwort, die die unbelehrbare „Widerspenstigkeit" סָרָה der Adressaten bedauert (Jes 1,5a).

Letztgenannte Fehlhaltung erscheint dabei als eigentliche Wurzel der vorher in Jes 1,2–4 an Hand von zehn Vergehen beschriebenen zunehmenden Verstrickung Israels in Sünde und Schuld. Sie stellt sich als grundsätzliche Neigung dar, sich der die Geschicke der Welt zum Guten hin leitenden göttlichen Ordnung in jeder Hinsicht zu widersetzen. Hätte Israel nicht diesen törichten, sich immer weiter verstärkenden Drang, die Weisungen seines Gottes im praktischen Leben in ihr Gegenteil zu verkehren, hätte es sich durch die über einen längeren Zeitraum hin eingetretenen Schicksalsschläge belehren lassen, dann wäre es nicht bis zu dem Punkt gekommen, der in Jes 1,5–7.8–9 beschrieben ist. Die Rede Jes 1,5–8 hat den Charakter einer letzten Warnung im Moment, als Zion trotz der Abwesenheit JHWHs im Leben Israels noch als kläglicher Rest übrig geblieben ist.

Da Jes 1,5a nur im Passiv davon spricht, dass das angesprochene Volk geschlagen wurde bzw. wird (תֻכּוּ „ihr sollt/ werdet geschlagen werden"), stellt sich die Frage nach dem Subjekt, das die Not über Israel gebracht hat. Weil Israels familiäre Beziehung zu JHWH laut Jes 1,2–4 gänzlich zerbrochen ist, spricht wenig dafür, die danach geschehenen Schläge als Folge einer innerfamiliären Züchtigung JHWHs zu interpretieren. Das in Jes 1,6 vorausgesetzte Fehlen eines beschützenden und die Wunden heilenden Gottes legt es vielmehr nahe, die Schläge als Folge des Wirkens namenloser chaotischer Mächte zu verstehen, denen sich Israel selbst preisgegeben hat, indem es sich dem fürsorglichen Schutz seines Gottes durch Treubruch entzogen hat. Auch die Semantik des in Jes 1,7a zur Beschreibung des verwüsteten Landes verwendeten Begriffs שְׁמָמָה „Wüste, Öde" stützt diese Interpretation, da er den Gedanken einer vom Leben abgeschnittenen Gottferne beinhaltet. Die Tatsache, dass der Urheber der Brandschatzungen (Jes 1,7a: עָרֵיכֶם שְׂרֻפוֹת אֵשׁ) unbenannt bleibt und der Ackerboden von unbekannten Fremden (זָרִים) verzehrt wird, deutet ebenfalls nicht auf planmäßiges göttliches Strafhandeln hin, sondern auf das Wüten chaotischer Mächte, denen in Folge der Abwesenheit JHWHs keine Grenzen gesetzt sind.

Das Bild der Krankheit in Jes 1,5 f. beschreibt zwei verschiedene Sachverhalte. Jes 1,5aα (עַל מֶה תֻכּוּ עוֹד „Worauf/Wozu sollt ihr noch geschlagen werden?") und V. 6aγ–bβ (Aufzählung von Schlagwunden und Mangel an Wundbehandlungen) betreffen das Leiden des Volkes unter von außen zugefügten Schlägen. Um eine innere, psychische Krankheit, die Kopf und Herz befallen hat, geht es dagegen in Jes 1,5aβ (תּוֹסִיפוּ סָרָה „ihr werdet die Widerspenstigkeit vermehren") und V. 5b (Krankheit von Kopf und Herz). Weil das Herz von krankhafter Widerspenstigkeit beherrscht wird (Jes 1,5bβ), sperrt sich das Volk gegen eine Rückkehr zu JHWH, der für es gesorgt und es beschützt hat. Da der Kopf, der als Sitz der Augen und Ohren das Hören und Sehen gewährleistet, von einem widerspenstigen Herzen mit einem verkehrten Willen beherrscht wird, ist seine Wahrnehmung gestört, so dass die unheilvollen Zeichen des eingeschlagenen Weges weder erkannt noch verstanden werden (vgl. Jes 1,3).

Im Blick auf Jesajas Berufung (Jes 6) verdeutlicht Jes 1,2–9, dass Israels Verhalten gegenüber JHWH schon durch Widerspenstigkeit bestimmt war, bevor Jesaja laut Jes 6,10 den Auftrag erhielt, das Herz dieses Volkes „fett", seine Ohren „schwer" zu machen und seine Augen zu „verkleben", damit es nicht sieht, nicht hört und sein Herz weder erkennt noch umkehrt noch Heilung findet für sich. Während also Jes 1,2–4 dem Leser oder Hörer des Jesaja-Buches im Blick auf Jes 6,5–7 die Hintergrundinformation gibt, dass Israel ein Volk von unreinen Lippen ist (Jes 6,5), dessen Lobpreis unwillkommen ist (vgl. Jes 1,11–15), da es ein Volk schwer von Sündenschuld ist (Jes 1,4: עַם כֶּבֶד עָוֹן), das dem dreifach heiligen JHWH der Mächte die Treue gebrochen und daher sich den unheilvollen Folgen gottwidrigen Handelns ausgeliefert hat, ergänzt der Abschnitt Jes 1,5 f. diese Vorinformationen, indem er verdeutlicht, dass das in Jes 6,9–10 dem Propheten zugemutete Geschehen der durch seine Verkündigung bewirkten Verstockung nichts anderes als die konsequente und zu negativer „Vollkommenheit" hin gesteigerte Fortsetzung der vom Volk seit jeher eingenommenen Haltung der Widerspenstigkeit (סָרָה) ist, die sein Herz lähmt und seinen Kopf blind und taub macht. Insgesamt führt dies dazu, dass die Fähigkeit des Verstehens und Erkennens endgültig verloren geht (vgl. Jes 1,3 und Jes 6,9 f.). Infolgedessen versteht Israel die ihm von außen durch Schläge zugefügten Verletzungen (Jes 1,6aγ–δ) nicht richtig zu deuten. Seine von Feinden geschlagenen Wunden zeigen, dass es auf den göttlichen Beschützer JHWH, den es treulos verworfen hat, angewiesen ist, um behütet und verteidigt zu werden. Der gänzliche Mangel an Heilbehandlung der zahllosen Wunden (Jes 1,6b) verlangt nach einem Arzt. Auch diesen hat Israel mit seinem Gott, der Heilung schenken könnte, verworfen. Dies erkennen will es jedoch nicht. Daher steht im Zentrum von Jes 1,5 f. die Aussage, dass es am Volk bzw. in ihm (ב) vom Kopf bis zum Fuß keine heile Stelle mehr gibt. Parallel dazu ist auch das ganze Land der Adressaten völliger Verwüstung anheim gefallen (Jes 1,7a). Die Städte als die politischen, wirtschaftlichen und religiösen Steuerungszentren des Gemeinwesens sind verbrannt. Der Ackerboden, der – in Entsprechung zu einer der Funktionen des Kopfes im Bild des Körpers – die Versorgung des Landes mit Nahrung gewährleistet, gibt seinen Ertrag an fremde Nutznießer ab. Das Fehlen JHWHs als Herr und Beschützer des Landes steht auch hier im Hintergrund des Bildes, wie der Begriff der שְׁמָמָה, der gottverlassenen „Wüste, Ödnis" verdeutlicht.

4.2.4 Jes 1,8: Die Tochter Zion als zufälliges Überbleibsel

Ohne die sekundären Erweiterungen Jes 1,7b.9 gelesen, schließt die Beschreibung der übrig gebliebenen Tochter Zion Jes 1,8 harmonisch an Jes 1,5 – 7a an und bildet eine literarische Einheit mit diesem Abschnitt. Da auch hier – im Gegensatz zu V. 9 – passivisch vom Übrigbleiben Zions gesprochen wird, geht es im von V. 7a ausgemalten Kontext der Verwüstung um das Bild Zions als eines zufällig und achtlos zurückgelassenen kläglichen Restes, der nicht etwa wegen eines göttlichen Beschützers – diesen Aspekt trägt erst V. 9 ein – sondern wegen seiner Nutzlosigkeit die Katastrophe überstanden hat. Die ersten beiden Vergleiche in Jes 1,8 setzen das Bild der Fremden, die vor den Augen der Redeadressaten deren Acker verzehren (Jes 1,7aγ), fort. Wie die für Erntewächter vorgesehenen Behelfsunterkünfte nach der Ernte nutzlos auf dem Feld zurückbleiben, so ist Zion inmitten des von plündernden Fremden verzehrten Ackers übrig geblieben, ohne weiter gebraucht zu werden. Der dritte Vergleich „wie eine bewachte Stadt" ist logisch möglich, weil Zion als personifizierte „Tochter" mit einer „Stadt" verglichen werden kann. Er unterstreicht, dass die Tochter Zion die Katastrophe so überstanden hat, als wäre sie bewacht gewesen. Dass sie verschont blieb, ist also nicht der Anwesenheit JHWHs, sondern einem Zufall zu verdanken. Demnach entspricht Jes 1,8 der Aussage von V. 2–4, dass Israel JHWH verlassen hat, aber auch der in V. 5–7a beschriebenen Situation, in der dem Volk ein beschützender und heilender Gott fehlt und das Land eine gottverlassene Wüste ist. Die Darstellung Zions als klägliches Überbleibsel unterstützt die Intention der Rede Jes 1,5–7a, die den angesprochenen Überlebenden der Katastrophe die unaufschiebbare Notwendigkeit einer Umkehr von ihrer Widerspenstigkeit vor Augen führen will. Die Tochter Zion ist zwar nur ein jämmerlicher Rest, aber immerhin auch eine letzte Möglichkeit, zu JHWH zurückzukehren.

4.2.5 Die Widerspenstigkeit (Jes 1,5: סָרָה / Jes 1,20: מרה) als zentrales Motiv in Jes 1

Im Kontext von Jes 1 ist die Widerspenstigkeit (Jes 1,5: סָרָה) am Beginn von Jes 1,5–7.8 ein zentraler Begriff, der eine sich ständig steigernde willentliche Neigung zur grundsätzlichen Nichtbeachtung der von JHWH gelehrten Heilswege bedeutet und als Grund des laut Jes 1,5–7.8 eingetretenen Unheils benannt wird. Darüber hinaus ist diese Fehlhaltung einerseits die tiefste Ursache der in Jes 1,2–4 aufgezählten zehn Vergehen Israels und resümiert so dessen Verstrickung in Sünde/ Zielverfehlung (Wurzel חטא) und Sündenschuld/ Verkrümmtheit (עָוֹן). Andererseits stellt sie auch das in erster Linie durch die insgesamt zehn Aufforderungen zur Bekehrung in Jes 1,16 – 17.18 – 20 zu überwindende Übel dar (vgl. die Parallelbegriffe סָרָה in Jes 1,5 und מרה in Jes 1,20). Der hierfür gewiesene Weg besteht in der Abkehr von allem lebensfeindlichen, insbesondere gewalttätigen, unrechtmäßigen und unehrlichen Handeln (Jes 1,16), und der Hinwendung zum gottgewollten, lebensförderlichen Guten, insbesondere dem auch Schwache schützenden Recht (Jes 1,17.18), im Rahmen eines weisheitlichen Streitgesprächs mit Gott (Jes 1,18a), das die Läuterung von Sünden bewirkt (Jes 1,18b), und dessen Ziel es ist, dem angesprochenen Volk die Erkenntnis zu vermitteln, dass sein Weg zum Heil im Hören auf seinen Gott JHWH liegt (Jes 1,19).

Kompositorisch stehen sich mit den zehn in Jes 1,2 – 4 genannten Vergehen Israels und den zehn Aufforderungen zur Bekehrung in Jes 1,16 – 17.18 – 20 zwei Blöcke gegenüber, die den Weg vom Verderben zu einem noch möglichen, bedingten Heil markieren. Zwischen diesen beiden Blöcken stehen eine Beschreibung des physischen Unheils (Jes 1,5 – 7.8), das über Volk und Land hereingebrochen ist, sowie eine Schilderung des geistigen Unheils (Jes 1,11 – 15), das in der kultischen Unzugänglichkeit des lebensspendenden und -erhaltenden Gottes liegt. Physische Zerstörung und kultische Unerreichbarkeit Gottes sind zwei komplementäre Aspekte einer umfassenden, durch Gottverlassenheit bedingten Verwüstung. Der in Jes 1,16 – 17.18 – 20 aufgezeigte Weg vom unheilvollen Bösen zum Heil ist gerahmt durch die Weigerung JHWHs, auf die im Kult vorgetragenen Anliegen seiner „Verehrer", die im sozialen Leben nicht nach seinem Willen fragen, zu hören (Jes 1,15b), und die an das Volk gerichtete Aufforderung, um des eigenen Lebens willen auf JHWHs Stimme willig zu hören (Jes 1,19).

4.2.6 Die theologische Aussage von Jes 1,5 – 7a.8 in ihrem zeitgeschichtlichen Kontext

Die bei der Frage nach dem historischen Hintergrund von Jes 1,5 – 7a.8 aufgewiesene Tatsache, dass Jes 1,5 – 7a.8 eine literarische Einheit bildet, deren ältester, in V. 7a greifbarer Kern in neuassyrische Zeit zurückgeht, spitzt durch den Verweis auf die prahlerische Selbstdarstellung der Großmacht Assyrien mittels der erläuterten Verwendung gängiger neuassyrischer Motivik die theologische Aussage dieser Texteinheit dramatisch zu. Ohne den Schutz JHWHs für Israel und sein Land entfaltet der assyrische Großkönig ungehemmt eine Herrschaftsausübung nach der z. B. in Jes 14,4b – 6 beschriebenen tyrannischen Art. Ohne vom göttlichen Herrscher über Himmel und Erde, den Israel treulos verworfen hat, zur Rechenschaft gezogen zu werden, verwandelt er das Land in Wüste, die Städte in verbrannte Schutthaufen und gibt die Felder zur Plünderung frei (vgl. Jes 1,7a). Wie die Anspielung von Jes 1,7a auf die in assyrischen Königsinschriften verwendete

Formel „die Stadt verwüstete, zerstörte, verbrannte ich mit Feuer, ich verzehrte sie"[912] ins Bewusstsein ruft, kann er dieses Werk der Zerstörung straflos als Nachweis einer angeblich quasi-göttlichen Machtfülle rühmen, obwohl er statt Lebensfülle Verwüstung, statt Frieden Brandschatzung und statt Schutz feindselig dahinraffende Gefräßigkeit bringt. Diese Zustände stehen in negativem Kontrast zu Israels Geborgenheit und Wohlstand unter der Herrschaft JHWHs vor der treulosen Abwendung von ihm (Jes 1,2). Wie Jes 1,5–7a.8 deutlich macht, kann Israel zu JHWH zurückkehren, wenn es den todbringenden Weg verächtlicher Widerspenstigkeit gegen ihn hinter sich lässt.

4.3 Die Tochter Zion als verspielte oder genutzte letzte Chance einer heilvollen Zukunft

Unabhängig von der schwierigen Frage der genauen Herkunft der Wendung „Tochter Zion" hat die Personifikation Zions als „Tochter" im Kontext von Jes 1,2–9, der JHWH als göttliches Oberhaupt einer von ihm erwählten Sippe vorstellt, die Implikation, dass auch die „Tochter" ebenso wie die „Söhne" zu dieser Sippe gehört. Da die Söhne denjenigen, der sie großzog, verlassen haben, wächst der Aussage von Jes 1,8, dass die Tochter Zion übrig geblieben ist, zusätzlich zum Aspekt ihres Überlebens der beschriebenen Katastrophe der weitere Bedeutungsaspekt zu, dass dem in der Rolle der Adoptiveltern stehenden Gott noch die Tochter als Adressatin seiner auf Gerechtigkeit ausgerichteten Heilspläne verblieben ist. Da sich die „Tochter Zion" im Gegensatz zu den „Söhnen" dem Heil nicht widersetzt, ist es letztlich ein behebbarer Makel, dass sie sich nach der heruntergekommenen, gottfeindlichen Lebensweise (Jes 1,2–4.16–17.21–23) der Söhne und dem dadurch heraufbeschworenen Unheil in einer erbärmlichen (Jes 1,8) und verwahrlosten (Jes 1,21) Lage befindet. JHWH verheißt ihr seine unbedingte Zuwendung, indem er verspricht, sie zu reinigen und wieder neu zum Wohnort der Gerechtigkeit zu machen (Jes 1,24–26.27). Diejenigen, die Zion durch eine Entstellung des Rechts und der Gerechtigkeit verunreinigen (Jes 1,21–23), erklärt er dabei zu seinen eigenen Feinden (Jes 1,24b) und kündigt an, diese zu beseitigen und in Anknüpfung an die Ursprungsepoche durch treue Diener des Rechts (Jes 1,26: שֹׁפְטַיִךְ) und auf das Wohl aller bedachte Ratgeber (V. 26: יֹעֲצַיִךְ; vgl. Spr 11,14; 12,20) zu ersetzen. Dadurch macht JHWH die „Tochter Zion" dafür bereit, zu einer reinen Quelle seines Wortes und seiner Weisung zu werden. Als solche

---

912 *āla appul aqqur ina išāti ašrup ākulšu.* Siehe oben 3.6.5.5.

wird sie in einer fernen Zeit unter den zu ihr strömenden Völkern aller Welt eine Ordnung des Rechts und ewigen Frieden ermöglichen (Jes 2,2–4).

Diese in der Komposition von Jes 1,2–9 grundgelegte Sicht Zions, die das ganze erste Kapitel voraussetzt und sich im Duktus des ganzen Buches auf eine bis zum Ende hin allmählich fortschreitende Weise immer deutlicher entfaltet, erhält durch die sekundär eingefügte Sodom-und-Gomorra-Motivik von Jes 1,7b.9.10 ein klares theologisches Profil. In Anlehnung an Gottes Handeln gegen Sodom und Gomorra deuten Jes 1,7b.9 die in Jes 1,5–7a geschilderten kriegerischen Schläge gegen das Volk und die Verwüstung seines Landes nicht mehr als Folge der Abwesenheit JHWHs, sondern als gezieltes göttliches Strafgericht, das er durch chaotisch-zerstörerische fremde Mächte vollstreckt. Als unmittelbare Konsequenz dieser Deutung wird die Tatsache, dass die Tochter Zion der Verwüstung entgangen ist, nicht mehr als zufälliges Übrigbleiben eines gleichermaßen nutzlosen wie kläglichen Restes, sondern als gezielte gnadenhafte Verschonung durch den über die Mächte erhabenen Gott JHWH Zebaoth dargestellt (Jes 1,9). Die in Jes 1,9 sprechende „Wir"-Gruppe vertritt keine selbstsicher-triumphalistische Zions-Theologie, sondern erkennt durch die Bezeichnung der Tochter Zion als eine mit Müh und Not dem Untergang „entronnene" Person (שָׂרִיד) an, dass sicher auch sie zu Grunde gegangen wäre, wenn JHWH nicht hätte Gnade vor Recht ergehen lassen, um seinem Volk eine letzte Möglichkeit der Rückkehr zu ihm zu gewähren. Indem diese „Wir"-Gemeinde durch ein dankbares Bekenntnis sowohl zu seiner umfassenden Macht (Jes 1,9: יְהוָה צְבָאוֹת) als auch zu seiner Gnade (V. 9: „Hätte er nicht übrig gelassen für uns" הוֹתִיר לָנוּ) die Notwendigkeit einer durch williges Hören auf die göttlichen Weisungen zu vollziehenden Rückkehr zu JHWH (vgl. Jes 1,16–17.19) anerkennt, weist sie sich als eine dem Propheten Jesaja selbst nahe stehende Gruppe aus (vgl. Jes 8,11–18). Davon zu unterscheiden sind die in Jes 1,10 angesprochenen Anführer Sodoms und ihr mit Gomorra identifiziertes Volk, da ihre nach außen hin kultisch zelebrierte Verehrung JHWHs eine hohle Form und ein bloßes Lippenbekenntnis ist (vgl. Jes 29,13), das dem göttlichen Herrscher die wirkliche Anerkennung seiner Herrschaft versagt. Denn solange ihm die geschuldete Mitarbeit am Aufbau des göttlichen Rechts, das das Leben aller, besonders auch der Schwachen, beschirmt und fördert, im praktischen Leben verweigert wird und stattdessen das Unrecht den Ton angibt (vgl. Jes 1,16–17), ist der Kult nichts mehr als der Versuch, JHWHs Macht zum dienstbaren Sklaven der verqueren Zwecke eines selbsternannten widergöttlichen Unrechtsregimes zu degradieren. Diese Gott verachtende „Widerspenstigkeit" (vgl. Jes 1,5: סָרָה; V. 20: מְרִיתֶם; V. 23: סוֹרְרִים) entlarvt der (anonyme) Prophet in Jes 1,10 als nicht zukunftsfähig, indem er die Adressaten als Sodom-und-Gomorra-Volk betitelt, um sie ultimativ zur Wahl zwischen dem von JHWH gewiesenen Heilsweg und dem von ihnen selbst eingeschlagenen Weg zur Unterwelt aufzufordern. Wenn jenseits der von Jes 1,18 – 20 anvisierten Entscheidungssituation der endgültige Untergang der Treubrüchigen und Sünder in Jes 1,28.31 angekündigt wird, bedeutet dies für die laut Jes 1,9 von JHWH gnadenhaft vor der Verwüstung verschonte „Tochter Zion" die endgültige Bewahrung vor den unheilvollen Folgen des Verhaltens derer, die JHWHs Recht und Gerechtigkeit treulos in ihr Gegenteil verkehren.

Im großen Kontext von Jes 1 – 39 fällt auf, dass die Belagerung Jerusalems durch Sanherib 701 v. Chr., die wahrscheinlich die – nicht explizite – historische Ursprungssituation des Grundbestands von Jes 1,5 – 7a.8 ist, explizit am Ende von Protojesaja in Jes 36 – 37 erzählt wird. Beide Texte sprechen von Jerusalem als der בַּת־צִיּוֹן „Tochter Zion". Als Bezeichnung Zions selbst (zu unterscheiden von הַר בַּת־צִיּוֹן „Berg der Tochter Zion" in Jes 10,32; 16,1) kommt diese Wendung bei Protojesaja nur hier, und zwar in Jes 1,8 und 37,22 vor. Während in Jes 1,5 – 9 die eigenen „Söhne" den „Heiligen Israels" verächtlich verwerfen und dadurch die „Tochter Zion" in Bedrängnis bringen, vertraut in Jes 36 – 37 Judas König Hiskija stellvertretend für das Volk ganz auf den Heiligen Israels, der sie daraufhin zusammen mit der triumphierenden „Tochter Zion" (Jes 37,22) aus der scheinbar übermächtigen Hand des Königs von Assur, der ihn zu schmähen wagt, errettet. Die Verankerung der historischen Situation der Belagerung Sanheribs von 701 v. Chr. am Anfang und am Ende von Jes 1 – 39 wirft die Frage nach der damit verbundenen Intention auf. Der sehr ambivalente Charakter dieser Situation einer weitgehenden Eroberung Judas bei gleichzeitigem knappen Entrinnen Jerusalems eignet sich als eine Art Lehrbeispiel dazu, die in Jes 1,18 – 20 vorgestellte Zwei-Wege-Lehre mittels zweier verschiedenartig akzentuierter Durchgänge durch die Situation zu illustrieren.

Der erste (Jes 1,5 – 9) steht unter dem Vorzeichen des törichten Treubruchs (Jes 1,2 – 4), durch den das staatlich verfasste Israel unter Anführung seiner Oberschicht (vgl. Jes 1,10.21 – 23) sowie des erstverantwortlichen Königtums (vgl. Jes 1,1) schuldhaft eine Katastrophe über sich selbst und das Land gebracht hat. Das Übrigbleiben der Tochter Zion stellt hier eine letzte gnadenhaft gewährte Möglichkeit dar, die treulose Widerspenstigkeit gegen JHWH zu Gunsten einer Haltung des willigen Hörens auf ihn zu überwinden und so auf den Weg des Heils zurückzukehren (vgl. Jes 1,19). Der sich in Jes 1 – 39 ereignende Untergang (vgl. Jes 39,5 – 8; 40,1 – 2) des ursprünglich unter dem Schutz JHWHs stehenden Königreichs seiner „Söhne" zeigt, dass die in Jes 1,8 f. gewährte letzte Heilschance vom Gottesvolk als staatlich verfasster Größe entsprechend der bedingten Unheilverheißung Jes 1,20 verspielt wurde, weil es nicht auf JHWH hörte, sondern der Stimme seines an Widerspenstigkeit erkrankten Herzens folgte (vgl. Jes 1,3.5.20; ferner z. B. 3,8 – 9; 5,18 – 24; 6,9 – 10; 7,13; 8,5 – 8.11 – 14; 9,12.13 – 16). Paradigmatisch nachvollziehen lässt sich der Untergang des Staates Juda an Hand der Notizen über das Sterben dreier der in Jes 1,1 aufgezählten Vertreter des davidischen Königtums in Jes 6,1; 7,1 (Datierung in die Regierungszeit des Ahas verweist auf den Tod Jotams); 14,28. Dem Sterben der vorhergehenden Könige wird in Jes 38 die Lebensverlängerung Hiskijas entgegengesetzt, der sich in Jes 36–37 als auf JHWH vertrauender König erwiesen hat. Nichtsdestoweniger endet Jes 39 mit dem Ausblick auf das in Jes 40 ff. schon eingetretene Ende des davidischen Königtums (Jes 39,5–7). Im Hinblick auf die Entwicklung des staatlich verfassten Königreichs Israel steht also die in Jes 1,5–9 angedeutete Konstellation der Krisensituation von 701 v. Chr. am Anfang der Darstellung seines endgültigen Niedergangs und bildet dessen in Jes 1,5.20 kommentiertes hermeneutisches Vorzeichen. Wer auch noch in der Situation der Krise an einer permanenten Widerspenstigkeit gegen JHWH festhält, bahnt sich den Weg in das endgültige Verderben.

Der zweite Durchgang durch die Situation der Krise von 701 v. Chr. bezieht sich auf die Entwicklung der „Tochter Zion". Er beginnt ebenfalls in Jes 1,5–9 mit der Feststellung, dass JHWH die Tochter Zion für die sich zum ihm in Jes 1,9 bekennende Gemeinde als letzte Möglichkeit, den in Jes 1,18–19 vorgeschlagenen Heilsweg zu gehen, übrig gelassen hat. Dieses letzte entronnene Überbleibsel ist im Rahmen einer auf Jes 36–37 zulaufenden Entwicklungslinie der bescheidene, aus einer Situation der Not heraus geborene Beginn einer positiven Perspektive, in deren Mitte die Tochter Zion steht (Jes 1,8 f.). JHWH selbst gestaltet sie, die unter der Verwahrlosung der Kinder JHWHs leidet, im weiteren Verlauf von Jes 1 durch ein reinigendes und erneuerndes Gericht zum Wohnort der Gerechtigkeit aus (Jes 1,21–26), der für diejenigen bestimmt ist, die aus der *massa damnata* dank ihrer Umkehr zu JHWH durch Gerechtigkeit „losgekauft" werden (Jes 1,27b). In einer fernen Zeit wird die geläuterte Tochter Zion dann den Mittelpunkt der universalen Friedensherrschaft JHWHs bilden (vgl. Jes 2,2–4). Jes 36 – 37 greift auf diese Sicht Zions als Ort, den JHWH für einen positiven Neubeginn bewahrt hat, zurück und schildert nochmals, und zwar diesmal explizit, die Situation von 701 v. Chr. Dies geschieht unter verändertem Vorzeichen. Anders als in Jes 1,5–9 sind in Jes 36–37 nicht Widerspenstigkeit und Treubruch (Jes 1,2–4.5), sondern das bedingungslose Vertrauen auf JHWH (vgl. Jes 37,14–20) die Charakteristika, die das Verhalten des vorbildlichen, das ganze Volk führenden Königs Hiskija bestimmen. Indem er auf die von Jesaja verkündete göttliche Rettungszusage Jes 37,6 f. hört (vgl. den Gegensatz zu Jes 7) und entgegen den Einschüchterungsversuchen des Rabschake (Jes 37,8–14) die Rettung der Stadt allein JHWH anvertraut (Jes 37,15–20), entspricht er dem in Jes 1,19 vorgeschlagenen Heilsweg des willigen Hörens auf JHWH. Dies führt zum Triumph der „Tochter Zion" über den mit seiner gewalttätigen Macht prahlenden Großkönig, der mit JHWH denjenigen zu schmähen gewagt hat, dem er seine Macht verdankt. Während es in Jes 1,4 das Volk selbst war, das den Heiligen Israels geschmäht hat, steht nun der assyrische König in dieser Rolle. Wie JHWH in Jes 1,17 den Einsatz für die Armen und Schwachen verlangt hat, setzt er sich nun für das gegenüber dem Großkönig schwache Volk und die Tochter Zion ein, indem er sie aus der Bedrängnis befreit (Jes 37,29.33 – 35.36). Das der Bedingung von Jes 1,19 entsprechende willig hörende Vertrauen auf JHWH und die durch seinen Propheten verkündete Heilsbotschaft (Jes 37,5 – 7.21 – 29.30 – 35) führen die Tochter Zion und die Getreuen JHWHs ungeachtet der Wechselfälle der Geschichte zu einem Triumph (vgl. Jes 37,22), der in seinem vollen Ausmaß in Jes 40 – 66 dargestellt ist. Nach der Tilgung der Schuld Jerusalems (Jes 40,2) erlangt Zion die Stellung einer königlichen Herrscherin (Jes 49,22 f.) an der Seite des göttlichen Königs JHWH (vgl. Jes 6,1 – 5; 66,1). Auf diese Weise wird Zion gegen Ende des Jesaja-Buches zum Mittelpunkt der universalen Königsherrschaft JHWHs (vgl. v. a. Jes 60; 66,5 – 14), wodurch sich die in Jes 2,2 – 4 im Blick auf eine ferne Zukunft verkündete Verheißung erfüllt. Die in Jes 1,8 f. von JHWH verschonte Tochter Zion ist auf diese Weise eine „Person", die aus einer erbärmlich anmutenden Lage heraus (Jes 1,8) in ähnlicher Weise wie früher die Adoptivkinder JHWHs (Jes 1,2) besondere göttliche Zuwendung erfährt und dadurch zu hoher Würde gelangt, so dass sie in Jes 62,1 – 3 schließlich, mit Gerechtigkeit, Heil und Herrlichkeit ausgestattet (Jes 62,1: צִדְקָהּ; יְשׁוּעָתָהּ; V. 2: כְּבוֹדֵךְ; vgl. 1,26 f.), zu einer prächtigen Krone und einem königlichen Diadem in JHWHs Hand wird (Jes 62,3: צְנִיף מְלוּכָה; עֲטֶרֶת תִּפְאֶרֶת). Da der Aufstieg Jerusalems zu solch hoher Ehre auf den in Jes 1 – 39 skizzierten Niedergang des judäischen Königreichs folgt, findet man darin auch die in der Überschrift Jes 1,1 angegebene Reihenfolge dieser beiden Ortsnamen „Juda und Jerusalem" wieder.

Literaturverzeichnis

Achenbach, Reinhard, Die Vollendung der Tora. Studien zur Redaktionsgeschichte des Numeribuches im Kontext von Hexateuch und Pentateuch (Beihefte zur Zeitschrift für Altorientalische und Biblische Rechtsgeschichte Bd. 3), Wiesbaden 2003.

Albright, William F., Yahweh and the Gods of Canaan: a Historical Analysis of Two Contrasting Faiths (Jordan Lectures in Comparative Religion Bd. 7), Reprint der Ausgabe London 1968, Winona Lake 1994.

Alonso Schökel, Luis, A Manual of Hebrew Poetics (Subsidia Biblica 11), Rom 1988.

Alonso Schökel, Luis / Sicre Díaz, José L., Job: comentario teológico y literario (Nueva biblia española), Madrid 1983.

Alonso Schökel, Luis, Profetas I. Comentario (Nueva Biblia Española), Madrid 1980.

Asurmendi, Jesús, Droit et justice chez Isaïe, in: Eberhard Bons (Hg.), Le jugement dans l'un et l'autre testament. Mélanges offerts à Raymonde Kuntzmann, Paris 2004, S. 149–163.

Auvray, Paul, Isaie 1–39 (Sources Bibliques), Paris 1972.

Baentsch, Bruno, Exodus – Leviticus – Numeri (HKAT Bd. I.2), Göttingen 1903.

Barth, Hermann, Die Jesaja-Worte der Josiazeit. Israel und Assur als Thema einer produktiven Neuinterpretation der Jesajaüberlieferung (WMANT Bd. 48), Neukirchen-Vluyn 1977.

Barthel, Jörg, Prophetenwort und Geschichte. Die Jesajaüberlieferung in Jes 6 – 8 und 28 – 31 (FAT 19), Tübingen 1997.

Barton, John, The Prophets and the Cult, in: Day, John (Hg.), Temple and Worship in Biblical Israel. Proceedings of the Oxford Old Testament Seminar, London u. a. 2007, S. 111–122.

Bauks, Michaela, „Chaos" als Metapher für die Gefährdung der Weltordnung, in: Janowski, Bernd / Ego, Beate (Hg.), Das biblische Weltbild und seine altorientalischen Kontexte, Tübingen 2001, S. 431–464.

Becker, Uwe, Jesaja – von der Botschaft zum Buch (Forschungen zur Religion und Literatur des Alten und Neuen Testaments Bd. 178), Göttingen 1997.

Becker, Uwe, Jesajaforschung (Jes 1–39). Teil 1, in: ThR 64 (1999), 1–37.

Becker, Uwe, Jesajaforschung (Jes 1–39). Teil 2, in: ThR 64 (1999), 117–152.

Becker, Uwe, Tendenzen der Jesajaforschung 1998–2007, in: ThR 74 (2009), 96–128.

Beer, Georg / Meyer, Rudolf, Hebräische Grammatik, 2 Bände, 3. Auflage, Berlin u. a. 1952–1955.

Begrich, Joachim, Studien zu Deuterojesaja (Theol. Bücherei Bd. 20), 2. Aufl., München 1969.

Bender, Dorothea, Literatur im Alten Vorderen Orient, in: Pehlke, Helmuth (Hg.), Zur Umwelt des Alten Testaments (Edition C Bibelkommentar Altes Testament, Ergänzungsbd. 1), Holzgerlingen 2002, S. 42–73.

Berges, Ulrich, Das Buch Jesaja. Komposition und Endgestalt (Herders Biblische Studien Bd. 16), Freiburg u. a. 1998.

Berges,Ulrich, Jesaja. Der Prophet und das Buch (Biblische Gestalten Bd. 22), Leipzig 2010.

Beuken, Willem A. M., Jesaja 1–12 (HThK/AT), Freiburg u. a. 2003.

Beuken, Willem A. M., Jesaja 13–27 (HThK/AT), Freiburg u. a. 2007.

Beuken, Willem A. M., The Manifestation of Yahweh and the Commission of Isaiah: Isaiah 6 Read against the Background of Isaiah 1, in: Calvin Theological Journal 39 (2004), 72–87.

Beyerlin, Walter (Hg.), Religionsgeschichtliches Textbuch zum Alten Testament (ATD Ergänzungsreihe Bd. 1), Göttingen 1975.

Bjørndalen, Anders Jørgen, Untersuchungen zur allegorischen Rede der Propheten Amos und Jesaja (BZAW 165), Berlin u. a. 1986.

Bjørndalen, Anders Jørgen, Zur Frage der Echtheit von Jesaja 1,2 – 3; 1,4 – 7 und 5,1 – 7, in: Norsk teologisk tidsskrift 83 (1982), 89 – 100.

Blenkinsopp, Joseph, Isaiah 1 – 39 (The Anchor Yale Bible Bd. 19), New Haven & London 2000.

Blum, Erhard, Jesajas prophetisches Testament. Beobachtungen zu Jes 1 – 11 (Teil I), ZAW 108 (1996), 547 – 568.

Boecker, Hans Jochen, Redeformen des Rechtslebens im Alten Testament (WMANT Bd. 14), 2. Aufl., Neukirchen-Vluyn 1970.

Boorer, Suzanne, The Place of Numbers 13 – 14* and Numbers 20:2 – 12 in the Priestly Narrative (Pg), in: JBL 131 (2012), 45 – 63.

Bovati, Pietro, Le langage juridique du prophète Isaïe, in: Vermeylen, Jacques, u. a. (Hg.), The Book of Isaiah – Le livre d'Isaïe. Les oracles et leurs relectures: unité et complexité de l'ouvrage (Bibliotheca Ephemeridum Theologicarum Lovaniensium Bd. 81), Leuven 1989, S. 177 – 196.

Braulik, Georg, Deuteronomium II. 16,18 – 34,12 (NEB/AT), Würzburg 1992.

Brunner, Hellmut, Altägyptische Religion. Grundzüge, 3. Aufl., Darmstadt 1989.

Budde, Karl, Zu Jesaja 1 – 5, in: ZAW 49 (1931), 16 – 41 und 182 – 189.

Carr, David, Reaching for Unity in Isaiah, in: JSOT 57 (1993), 61 – 80.

Childs, Brevard S., Isaiah (OTL), Louisville KY 2001.

Davies, Eryl W., Prophecy and Ethics: Isaiah and the Ethical Traditions of Israel (JSOTS 16), Sheffield 1981.

Daniels, Dwight R., Is There a „Prophetic Lawsuit" Genre?, in: ZAW 99 (1987), 339 – 360.

Deck, Scholastika, Die Gerichtsbotschaft Jesajas: Charakter und Begründung (FzB 67), Würzburg 1991.

de Roche, Michael, Yahweh's Rîb against Israel: a Reassessment of the So-Called „Prophetic Lawsuit" in the Preexilic Prophets, in: JBL 102 (1983), 563 – 574.

Deissler, Zwölf Propheten. Hosea, Joël, Amos (NEB), 3. Aufl., Würzburg 1992.

Eck, Joachim, Bilden Jes 6,1 – 11 und 1 Kön 22,19 – 22 eine Gattung? Ein umfassender exegetischer Vergleich, Teil 1 in: BN 141 (2009), 57 – 65; Teil 2 in: BN 142 (2009), 13 – 32.

Eissfeldt, Otto, Einleitung in das Alte Testament, 3. Aufl., Tübingen 1964.

Fischer, Georg, Jeremia 1 – 25 (HThK/AT), Freiburg u. a. 2005.

Fischer, Irmtraud, Tora für Israel – Tora für die Völker. Das Konzept des Jesajabuches (SBS Bd. 164), Stuttgart 1995.

Flade, Johannes Erich, Die Esel. Haus- und Wildesel: Equus asinus (Die Neue Brehm-Bücherei Bd. 638), Hohenwarsleben 2000.

Fleischer, Gunther, Das Buch Amos, in: Dahmen, Ulrich / Fleischer, Gunther, Das Buch Joel. Das Buch Amos (NSK.AT Bd. 23/2), Stuttgart 2001, S. 117 – 292.

Fohrer, Georg, Jesaja 1 als Zusammenfassung der Verkündigung Jesajas, in: ZAW 74 (1962), 251 – 268.

Fohrer, Georg, Das Buch Jesaja, 1. Band (Jes 1 – 23), Zürcher Bibelkommentare, 2. Auflage, Zürich/Stuttgart 1966.

Fuhs, Hans F., Sehen und Schauen (FzB 32), Würzburg 1978.

Gärtner, Judith, Jesaja 66 und Sacharja 14 als Summe der Prophetie. Eine traditions- und redaktionsgeschichtliche Untersuchung zum Abschluss des Jesaja- und des Zwölfprophetenbuches (WMANT 114), Neukirchen-Vluyn 2006.

Gelb, Ignace J., u. a. (Hg.), The Assyrian Dictionary of the Oriental Institute of the University of Chicago, Bd. 11: N Teilbd. I, Chicago u. a. 1980.

Gerleman, G., Artikel דָּבָר dābār Wort, in: Jenni, Ernst / Westermann, Claus (Hg.), Theologisches Handwörterbuch zum Alten Testament, Band I, Gütersloh, 6. Aufl. 2004, Sp. 433 – 443.

Gese, Hartmut, Psalm 50 und das alttestamentliche Gesetzesverständnis, in: Friedrich, Johannes, u. a. (Hg.), Rechtfertigung. Festschrift für Ernst Käsemann zum 70. Geburtstag, Göttingen 1976, S. 57 – 77.

Gesenius, Wilhelm, u. a.; hg. Donner, Herbert, Hebräisches und aramäisches Handwörterbuch über das Alte Testament, 6 Bände, 18. Auflage, Berlin u. a. 1987 – 2010.

Gesenius, Wilhelm / Kautzsch, Emil / Bergsträsser, Gotthelf, Hebräische Grammatik, Hildesheim u. a. 1983.

Goldingay, John E., Isaiah I 1 and II 1, in: VT 48 (1998), 326 – 332.

Gosse, Bernard, Isaïe 1 dans la rédaction du livre d'Isaïe, in: ZAW 104 (1992), 52 – 66.

Gray, George B., A Critical and Exegetical Commentary on the Book of Isaiah 1 – 27 (The International Critical Commentary), Edinburgh 1912 (Nachdruck 1975).

Greenberg, Moshe, Ezechiel 1 – 20 (HThK/AT), Freiburg u. a. 2001.

Groenewald, Alphonso, Isaiah 1:2 – 3, ethics and wisdom. Isaiah 1:2 – 3 and the Song of Moses (Dt 32): Is Isaiah a prophet like Moses?, in: HTS Teologiese Studies / Theological Studies 67 (1), Art. #954, 6 Seiten. DOI: 10.4102/hts.v67i1.954.

Groß, Heinrich, Ijob (NEB Lfg. 13), 2. Aufl., Würzburg 1998.

Hartenstein, Friedhelm, Die Unzugänglichkeit Gottes im Heiligtum. Jesaja 6 und der Wohnort JHWHs in der Jerusalemer Kulttradition (WMANT 75), Neukirchen-Vluyn 1997.

Harvey, Julien, S. J., Le „Rîb-Pattern", réquisitoire prophétique sur la rupture de l'alliance, in: Biblica 43 (1962), 172 – 196.

Harvey, Julien, S. J., Le plaidoyer prophétique contre Israël après la rupture de l'alliance. Étude d'une formule littéraire de l'Ancien Testament (Studia Bd. 22), Bruges u. a. 1967.

Höffken, Peter, Das Buch Jesaja. Kapitel 1 – 39 (Neuer Stuttgarter Kommentar Altes Testament Bd. 18/1), Stuttgart 1993.

Höffken, Peter, Jesaja. Der Stand der theologischen Diskussion, Darmstadt 2004.

Holladay, William L., A New Suggestion for the Crux in Isaiah I 4B, in: VT 33 (1983), 235 – 237.

Honeyman, A. M., Isaiah I 16 הִזַּכּוּ, in: VT 1 (1951), 63 – 64.

Hossfeld, Frank-Lothar / Zenger, Erich, Psalmen 51 – 100 (HThK/AT Bd. 26), 2. Aufl., Freiburg u. a. 2001.

Hossfeld, Frank-Lothar / Zenger, Erich, Psalmen 101 – 150 (HThK/AT Bd. 27), Freiburg u. a. 2008.

Houtman, Cornelis, Der Himmel im Alten Testament: Israels Weltbild und Weltanschauung, Leiden [u. a.] 1993.

Hrobon, Bohdan, Ethical Dimension of Cult in the Book of Isaiah (BZAW 418); Berlin 2010.

Huffmon, The Covenant Lawsuit in the Prophets, in: JBL 78 (1959), 285 – 295.

Hughes, Jeremy, Secrets of the Times. Myth and History in Biblical Chronology (Journal for the Study of the Old Testament: Supplement Series, Band 66), Sheffield 1990.

Janowski, Bernd, Die Frucht der Gerechtigkeit. Psalm 72 und die judäische Königsideologie, in: Otto, Eckart / Zenger, Erich (Hg.), „Mein Sohn bist du" (Ps 2,7). Studien zu den Königspsalmen (SBS 192), Stuttgart 2002, S. 94 – 134.

Janowski, Bernd, Der Wolf und das Lamm. Zum eschatologischen Tierfrieden in Jes 11,6 – 9, in: Eckstein, Hans-Joachim / Landmesser, Christof / Lichtenberger, Hermann (Hg.),

Eschatologie – Eschatology. The Sixth Durham-Tübingen Research Symposium: Eschatology in Old Testament, Ancient Judaism and Early Christianity (Tübingen, September, 2009) (WUNT Bd. 272), Tübingen 2011, S. 3–18.

Jenni, Ernst, Artikel גָּדוֹל *gādōl* groß, in: *ders.* / Westermann, Claus (Hg.), Theologisches Handwörterbuch zum Alten Testament, Band I, 6. Aufl., Gütersloh 2004, Sp. 402–409.

Jenni, Ernst, Artikel הוֹי *hōj* wehe, in: *ders.* / Westermann, Claus (Hg.), Theologisches Handwörterbuch zum Alten Testament, Band I, 6. Aufl., Gütersloh 2004, Sp. 474–477.

Jepsen, Alfred, Artikel חָזָה, in: Botterweck, G. Johannes / Ringgren, Helmer (Hg.), Theologisches Wörterbuch zum Alten Testament, Bd. II, Stuttgart u. a. 1977, Sp. 822–835.

Jeremias, Jörg, Die Deutung der Gerichtsworte Michas in der Exilszeit, in: ZAW 83 (1971), 330–354.

Jeremias, Jörg, Der Prophet Amos (ATD 24,2), Göttingen 1995.

Jeremias, Jörg, Der Prophet Hosea (ATD 24,1), Göttingen 1983.

Jeremias, Jörg, Die Propheten Joël – Obadja – Jona – Micha (ATD 24,3), Göttingen 2007.

Joüon, Paul/Muraoka, Takamitsu, A Grammar of Biblical Hebrew (Subsidia biblica 14/I und II), Rom 1991.

Kaiser, Otto, Das Buch des Propheten Jesaja. Kapitel 1–12 (ATD 17), 5. Auflage, Göttingen 1981.

Kaiser, Otto (Hg.), Texte aus der Umwelt des Alten Testaments, 3 Bände, Gütersloh 1982–2001.

Kartveit, Rejoice, Dear Zion! Hebrew Construct Phrases with „Daughter" and „Virgin" as Nomen Regens (BZAW 447), Berlin u. a. 2013.

Keel, Othmar, Die Welt der altorientalischen Bildsymbolik und das Alte Testament: am Beispiel der Psalmen, 5. Auflage, Göttingen 1996.

Kessler, Rainer, Micha (HThK/AT), Freiburg u. a. 1999.

Kessler, Rainer, „Söhne habe ich großgezogen und emporgebracht..." Gott als Mutter in Jes 1,2, in: Gotteserdung. Beiträge zur Hermeneutik und Exegese der Hebräischen Bibel (BWANT 170), Stuttgart 2006, S. 89–97.

Kilian, Rudolf, Jesaja 1–12 (NEB), 2. Auflage, Würzburg 1999.

Kittel, Gisela, „Wenn du Sünden bewahrst, Herr, wer wird bestehen?" (Ps 130,3). Die Realität der Sünde und die Frage der Erlösung im Alten Testament, in: Ritter, Werner H. (Hg.), Erlösung ohne Opfer? (BThS 22), Göttingen 2003, S. 56–82.

Kiuchi, Nobuyoshi, Leviticus (Apollos Old Testament Commentary Bd. 3), Nottingham 2007.

Knierim, Rolf, Artikel חטא *ḥṭʾ* sich verfehlen, in: Jenni, Ernst / Westermann, Claus (Hg.), Theologisches Handwörterbuch zum Alten Testament, Band I, 6. Aufl., Gütersloh 2004 Sp. 541–549.

Knierim, Rolf, Artikel עָוֺן *ʿāwōn* Verkehrtheit, in: Jenni, Ernst / Westermann, Claus (Hg.), Theologisches Handwörterbuch zum Alten Testament, Band II, Gütersloh, 6. Aufl. 2004, Sp. 243–249.

Knierim, Rolf, Artikel פֶּשַׁע *pæšaʿ* Verbrechen, in: Jenni, Ernst / Westermann, Claus (Hg.), Theologisches Handwörterbuch zum Alten Testament, Band II, Gütersloh, 6. Aufl. 2004, Sp. 488–495.

Knierim, Rolf, Die Hauptbegriffe für Sünde im Alten Testament, Gütersloh 1965.

Koch, Christoph, Vertrag, Treueid und Bund. Studien zur Rezeption des altorientalischen Vertragsrechts im Deuteronomium und zur Ausbildung der Bundestheologie im Alten Testament (BZAW 383), Berlin u. a. 2008.

Koch, Klaus, Profetenbuchüberschriften. Ihre Bedeutung für das hebräische Verständnis von Profetie, in: Graupner, Axel, u. a., Verbindungslinien. Festschrift für Werner H. Schmidt zum 65. Geburtstag, Neukirchen-Vluyn 2000.

Koch, Robert, Die Sünde im Alten Testament, Frankfurt am Main u. a. 1992.

Köhler, Ludwig / Baumgartner, Walter, u. a., Hebräisches und aramäisches Lexikon zum Alten Testament, 3. Aufl., Leiden u. a. 2004 (zit.: HAL).

Köhler, Ludwig, Zu Ex 22,8. Ein Beitrag zur Kenntnis des hebräischen Rechts, in: ZAW 46 (1928), 213 – 218.

König, Eduard, Stilistik, Rhetorik, Poetik in Bezug auf die biblische Literatur komparativisch dargestellt, Leipzig 1900.

Kratz, Reinhard Gregor, Die Kultpolemik der Propheten im Alten Testament, in: Prophetenstudien. Kleine Schriften II (FAT Bd. 74), Tübingen 2011, S. 344 – 358.

Kreuzer, Siegfried, Zebaoth – der Thronende, in: VT 65 (2006), 347 – 362.

Küchler, Max, Jerusalem. Ein Handbuch und Studienreiseführer zur Heiligen Stadt (Orte und Landschaften der Bibel Bd. 4,2), Göttingen 2007.

Kühlewein, J., Artikel בֵּן *bēn* Sohn, in: Jenni, Ernst / Westermann, Claus (Hg.), Theologisches Handwörterbuch zum Alten Testament, Band I, 6. Aufl., Gütersloh 2004, Sp. 316 – 325.

Kühlewein, J., Artikel בַּעַל *báʿal* Besitzer, in: Jenni, Ernst / Westermann, Claus (Hg.), Theologisches Handwörterbuch zum Alten Testament, Band I, 6. Aufl., Gütersloh 2004, Sp. 327 – 333.

Kustár, Zoltán, „Durch seine Wunden sind wir geheilt." Eine Untersuchung zur Metaphorik von Israels Krankheit und Heilung im Jesajabuch (Beiträge zur Wissenschaft vom Alten und Neuen Testament Heft 154), Stuttgart 2002.

Kutsch, Ernst, „Wir wollen miteinander rechten." Zu Form und Aussage von Jes 1,18 – 20, in: *ders.*, Kleine Schriften zum Alten Testament. Zu 65. Geburtstag herausgegeben von Ludwig Schmidt und Karl Eberlein (BZAW Bd. 168), Berlin u. a. 1986, S. 146 – 156.

Levin, Christoph, Das „Vierprophetenbuch". Ein exegetischer Nachruf, in: ZAW 123 (2011), 221 – 235.

Liedke, Gerhard, Artikel אֹזֶן *ózæn* Ohr, in: Jenni, Ernst / Westermann, Claus (Hg.), Theologisches Handwörterbuch zum Alten Testament, Band I, 6. Aufl., Gütersloh 2004, Sp. 95 – 98.

Liedke, Gerhard, Artikel דִּין *djn* richten, in: Jenni, Ernst / Westermann, Claus (Hg.), Theologisches Handwörterbuch zum Alten Testament, Band I, 6. Aufl., Gütersloh 2004, Sp. 445 – 448.

Liedke, Gerhard, Artikel יכח *jkḥ* richten, in: Jenni, Ernst / Westermann, Claus (Hg.), Theologisches Handwörterbuch zum Alten Testament, Band I, 6. Aufl., Gütersloh 2004, Sp. 445 – 448.

Liedke, Gerhard, Artikel רִיב *ríb* streiten, in: Jenni, Ernst / Westermann, Claus (Hg.), Theologisches Handwörterbuch zum Alten Testament, Band II, 6. Aufl., Gütersloh 2004, Sp. 771 – 777.

Liedke, Gerhard, Artikel שפט *špṭ* richten, in: Jenni, Ernst / Westermann, Claus (Hg.), Theologisches Handwörterbuch zum Alten Testament, Band II, 6. Aufl., Gütersloh 2004, Sp. 999 – 1009.

Lisowsky, Gerhard / Rüger, Hans Peter (Hg.), Konkordanz zum hebräischen Alten Testament, 3. Aufl., Stuttgart 1993.

Lohfink, Norbert, Gab es eine deuteronomistische Bewegung?, in: Groß, Walter (Hg.), Jeremia und die ›deuteronomistische Bewegung‹ (BBB 98), 1995, S. 313 – 382.

Loretz, Oswald, Der Prolog des Jesaja-Buches (1,1 – 2,5). Ugaritologische und kolometrische Studien zum Jesaja-Buch I (Ugaritisch-Biblische Literatur), Altenberge 1984.

Loewenclau, Ilse von, Zur Auslegung von Jesaja 1,2 – 3, in: Evangelische Theologie 24 (1966), 294 – 308.

Lux, Rüdiger, Das Zweiprophetenbuch, in: Zenger, Erich (Hg.), „Wort JHWHs, das geschah …" (Hos 1,1). Studien zum Zwölfprophetenbuch (Herders Biblische Studien Bd. 35), Freiburg u. a. 2002, S. 191 – 213.

Machinist, Peter, Assyria and its Image in the First Isaiah, in: Journal of the American Oriental Society 103 (1983), S. 719 – 737.

Macholz, Christian, Das „Passivum divinum", seine Anfänge im Alten Testament und der „Hofstil", in: ZNW 81 (1990), 247 – 253.

Marti, Karl, Das Buch Jesaja (KHC Bd. 10), Tübingen 1900.

Mayer, G., Artikel יכח jkḥ, in: Botterweck, G. Johannes / Ringgren, Helmer (Hg.), Theologisches Wörterbuch zum Alten Testament, Bd. III, Stuttgart u. a. 1982, Sp. 620 – 628.

Mendenhall, George E., Recht und Bund in Israel und dem Alten Vordern Orient (Theologische Studien 64), Zürich 1960.

Mosis, R., Artikel גָּדַל, in: Botterweck, G. Johannes / Ringgren, Helmut (Hg.), Theologisches Wörterbuch zum Alten Testament, Bd. I, Stuttgart u. a. 1973, Sp. 928 – 956.

Mowinckel, Sigmund, Der Ursprung der Bileamsage, in: ZAW 48 (1930), 223 – 271.

Mowinckel, Sigmund, Die Komposition des Jesajabuches 1 – 39, in: Acta Orientalia 11 (1932 – 1933), 267 – 292.

Müller, Reinhard, Ausgebliebene Einsicht. Jesajas „Verstockungsauftrag" (Jes 6,9 – 11) und die judäische Politik am Ende des 8. Jahrhunderts (BThSt Bd. 124), Neukirchen-Vluyn 2012.

Neunert, Gregor, Mein Grab, mein Esel, mein Platz in der Gesellschaft. Prestige im Alten Ägypten am Beispiel Deir el-Medine (Edition Manetho Bd. 1), Berlin 2010.

Nielsen, Kirsten, Yahweh as Prosecutor and Judge. An Investigation of the Prophetic Lawsuit (Rîb-Pattern) (JSOT Supplement Series Bd. 9), Sheffield 1978.

Nielsen, Kirsten, Das Bild des Gerichts (rib-pattern) in Jes. I-XII: eine Analyse der Beziehungen zwischen Bildsprache und dem Anliegen der Verkündigung, in: VT 29 (1979), 309 – 324.

Nogalski, James, Literary Precursors to the Book of the Twelve (BZAW 217), Berlin u. a. 1993.

Noth, Martin, Das vierte Buch Mose. Numeri (ATD Bd. 7), Göttingen 1966.

Oesch, Josef M., Jes 1,8 f und das Problem der „Wir-Reden" im Jesajabuch, in: ZKTh 116 (1994), 440 – 446.

Ollenburger, Ben C., The Book of Zechariah. Introduction, Commentary, and Reflections, in: Keck, Leander E., u. a. (Hg.), The New Interpreter's Bible. General Articles & Introduction, Commentary, & Reflections for Each Book of the Bible Including the Apocryphal/Deuterocanonical Books in Twelve Volumes, Bd. 7, Nashville 1996, S. 733 – 840.

Oswalt, John N., The Book of Isaiah 1 – 39 (The New International Commentary), Grand Rapids 1986.

Otto, Eckart, Deuteronomium 1 – 11. Zweiter Teilband: 4,44 – 11,32 (HThK/AT), Freiburg u. a. 2012.

Porzig, Peter, Die Lade Jahwes im Alten Testament und in den Texten vom Toten Meer (BZAW 397), Berlin u. a. 2009.

Preuß, Horst Dietrich, Theologie des Alten Testaments. Band 1: JHWHs erwählendes und verpflichtendes Handeln, Stuttgart u. a. 1991.

Preuß, Horst Dietrich, Theologie des Alten Testaments. Band 2: Israels Weg mit JHWH, Stuttgart u. a. 1992.

Procksch, Otto, Jesaia I (Kommentar zum Alten Testament Bd. 9), Leipzig 1930.

Rad, Gerhard von, Das fünfte Buch Mose. Deuteronomium, ATD, Band 8, 2. Auflage, Göttingen 1968.

Rendtorff, Rolf, Jesaja 6 im Rahmen der Komposition des Jesajabuches, in: Vermeylen, Jacques (Hg.), The Book of Isaiah, Leuven 1989, S. 73 – 82.

Ringgren, Helmer / Kornfeld, Walter, Artikel קדש qdš, in: Fabry, Heinz-Josef / Ringgren, Helmer (Hg.), Theologisches Wörterbuch zum Alten Testament, Bd. VI, Stuttgart u. a. 1989, Sp. 1179 – 1204.

Rose, Martin, 5. Mose. Teilband 2: 5. Mose 1 – 11 und 26 – 34: Rahmenstücke zum Gesetzeskorpus (Zürcher Bibelkommentare/AT Bd. 5,2), Zürich 1994.

Rubel, Georg, Erkenntnis und Bekenntnis. Der Dialog als Weg der Wissensvermittlung im Johannesevangelium (Neutestamentliche Abhandlungen. Neue Folge Bd. 54), Münster 2009.

Rudolph, Wilhelm, Joel – Amos – Obadja – Jona (KAT 13,2), Gütersloh 1971.

Rudolph, Wilhelm, Micha – Hahum – Habakuk – Zephania (KAT 13,3), Gütersloh 1975.

Rudolph, Wilhelm, Der „Elohist" von Exodus bis Josua (BZAW 68), Berlin 1938.

Rüterswörden, Udo, Ochs und Esel in Jes 1,2 – 3, in: Lux, Rüdiger / Waschke, Ernst-Joachim (Hg.), Die unwiderstehliche Wahrheit: Studien zur alttestamentlichen Prophetie. Festschrift für Arndt Meinhold (ABiG Bd. 23), Leipzig 2006, S. 105 – 113.

Sauer, Georg, Artikel נקם nqm rächen, in: Jenni, Ernst / Westermann, Claus (Hg.), Theologisches Handwörterbuch zum Alten Testament, Band II, 6. Aufl., Gütersloh 2004, Sp. 106 – 109.

Scharbert, Josef, Numeri (NEB), Würzburg 1992.

Schart, Aaron, Die Entstehung des Zwölfprophetenbuches. Neubearbeitungen von Amos im Rahmen schriftenübergreifender Redaktionsprozesse (BZAW 260), Berlin u. a. 1998.

Schmid, Konrad, Herrschererwartungen und –aussagen im Jesajabuch. Überlegungen zu ihrer synchronen Logik und ihren diachronen Transformationen, in: Schmid, Konrad (Hg.), Prophetische Heils- und Herrschererwartungen (SBS Bd. 194), Stuttgart 2005, S. 37 – 74.

Schmid, Konrad, Jesaja, Band I: 1 – 23 (Zürcher Bibelkommentare AT 19.1), Zürich 2011.

Schmidt, H., Die Großen Propheten (SAT 2/2), Göttingen 1923.

Schmidt, Werner H., Artikel קנה qnh erwerben, in: Jenni, Ernst / Westermann, Claus (Hg.), Theologisches Handwörterbuch zum Alten Testament, Band II, 6. Aufl., Gütersloh 2004, Sp. 650 – 659.

Schmitt, Hans-Christoph, Arbeitsbuch zum Alten Testament, 2. Aufl., Göttingen 2007.

Schoors, Anton, Die Königreiche Israel und Juda im 8. und 7. Jh. v. Chr. Die assyrische Krise (Biblische Enzyklopädie Bd. 5), Stuttgart u. a. 1998.

Schottroff, Willy, Artikel ידע jdʿ erkennen, in: Jenni, Ernst / Westermann, Claus (Hg.), Theologisches Handwörterbuch zum Alten Testament, Bd. I, 6. Aufl., Gütersloh 2004, Sp. 682 – 701.

Schreiner, Josef, Jeremia 1 – 25,14 (NEB), 2. Aufl., Würzburg 1985.

Schüle, Andreas, Israels Sohn – Jahwes Prophet: ein Versuch zum Verhältnis von kanonischer Theologie und Religionsgeschichte anhand der Bileam-Perikope (Num 22 – 24) (Altes Testament und Moderne, Bd. 17), Münster u. a. 2001.

Schult, Hermann, Artikel שמע *šmʿ* hören, in: Jenni, Ernst / Westermann, Claus (Hg.),
Theologisches Handwörterbuch zum Alten Testament, Band II, Gütersloh, 6. Aufl. 2004,
Sp. 974–982.

Seebass, Artikel פֶּשַׁע *pāšaʿ* (Punkt II.), in: Fabry, Heinz-Josef / Ringgren, Helmer (Hg.),
Theologisches Wörterbuch zum Alten Testament, Bd. VI, Stuttgart u. a. 1989,
Sp. 793–810.

Seybold, Klaus, Poetik der prophetischen Literatur im Alten Testament (Poetologische Studien
zum Alten Testament Bd. 4), Stuttgart 2010.

Smith, Gary V., Isaiah 1–39 (The New American Commentary Bd. 15 A), Nashville 2007.

Spreafico, Ambrogio, Nahum I 10 and Isaiah I 12–13: Double-Duty Modifier, in: VT 48 (1998),
104–110.

Stähli, Hans-Peter, Artikel רום *rūm* hoch sein, in: Jenni, Ernst / Westermann, Claus (Hg.),
Theologisches Handwörterbuch zum Alten Testament, Band II, Gütersloh, 6. Aufl. 2004,
Sp. 753–761.

Stähli, Hans-Peter, Artikel עזב *ʿzb* verlassen, in: Jenni, Ernst / Westermann, Claus (Hg.),
Theologisches Handwörterbuch zum Alten Testament, Band II, Gütersloh, 6. Aufl. 2004,
Sp. 249–252.

Stamm, Johann Jakob, Artikel גאל *gʾl* erlösen, in: Jenni, Ernst / Westermann, Claus (Hg.),
Theologisches Handwörterbuch zum Alten Testament, Bd. I, 6. Aufl., Gütersloh 2004,
Sp. 383–394.

Steck, Odil Hannes, Zur konzentrischen Anlage von Jes 1,21–26, in: Fischer, Irmtraud / Rapp,
Ursula / Schiller, Johannes, (Hg.), Auf den Spuren der schriftgelehrten Weisen. Festschrift
für Johannes Marböck anlässlich seiner Emeritierung (BZAW 331), Berlin / New York 2003,
S. 97–103.

Stenning, J. F. (Hg.), The Targum of Isaiah, Oxford 1953.

Stoebe, H. J., Artikel רעע *rʿʿ* schlecht sein, in: Jenni, Ernst / Westermann, Claus (Hg.),
Theologisches Handwörterbuch zum Alten Testament (Hg.), Band II, Gütersloh, 6.
Aufl. 2004, Sp. 794–803.

Sweeney, Marvin A., Isaiah 1–39 (The Forms of the Old Testament Literature, Bd. 16), Grand
Rapids u. a. 1996.

Thompson, J. A., Deuteronomy. An Introduction and Commentary, Leicester 1976.

Tomasino, Anthony J., Isaiah 1.1–2.4 and 63–66, in: JSOT 57 (1993), 81–98.

Trevaskis, Leigh M., On a Recent „Existential" Translation of *ḥāṭāʾ*, in: VT 59 (2009), 313–319.

Tucker, Gene M., Prophetic Superscriptions and the Growth of a Canon, in: Coats, George W. /
Long, Burke O. (Hg.), Canon and Authority. Essays in Old Testament Religion and
Theology, Philadelphia 1977, S. 56–70.

Tucker, Gene M., The Book of Isaiah. Introduction, Commentary, and Reflections, in: Keck,
Leander E., u. a. (Hg.), The New Interpreter's Bible in Twelve Volumes, Bd. 6, Nashville
1994, S. 25–552.

Tur-Sinai, Naftālî Hîrṣ, A Contribution to the Understanding of Isaiah I-XII, in: ScrHier 8 (1961),
154–188.

Utzschneider, Helmut / Nitsche, Stefan Ark, Arbeitsbuch literaturwissenschaftliche
Bibelauslegung. Eine Methodenlehre zur Exegese des Alten Testaments, 2. Aufl.,
Gütersloh 2005.

van Leeuwen, C., Artikel עד *ʿēd* Zeuge, in: Jenni, Ernst / Westermann, Claus (Hg.),
Theologisches Handwörterbuch zum Alten Testament, Band II, Gütersloh, 6. Aufl. 2004,
Sp. 209–221.

Vargon, Samuel, The Historical Background and Significance of Isa 1,10 – 17, in: Galil, Gershon / Weinfeld, Moshe (Hg.), Studies in Historical Geography and Biblical Historiography. Presented to Zecharia Kallai (VT.S Bd. 81), Leiden u. a. 2000, S. 177 – 194.

Vermeylen, Jacques, Du prophète Isaïe à l'apocalyptique, Bd. 1: Isaïe, I – XXXV, miroir d'un demi-millénaire d'expérience religieuse en Israël (Études Bibliques), Paris 1977.

Vetter, Dieter, Artikel חזה ḥzh schauen, in: Jenni, Ernst / Westermann, Claus (Hg.), Theologisches Handwörterbuch zum Alten Testament, Bd. I, 6. Aufl., Gütersloh 2004, Sp. 533 – 537.

Vetter, Dieter, Artikel שחת šḥt pi./hi. verderben, in: Jenni, Ernst / Westermann, Claus (Hg.), Theologisches Handwörterbuch zum Alten Testament, Band II, Gütersloh, 6. Aufl. 2004, Sp. 891 – 894.

Wagenaar, Jan A., Judgement and Salvation. The Composition and Redaction of Micah 2 – 5 (Vetus Testamentum / Supplements 85), Leiden u. a. 2001.

Wagner, Max, Die lexikalischen und grammatikalischen Aramaismen im alttestamentlichen Hebräisch (BZAW 96), Berlin 1966.

Wahl, Harald-Martin, Die Überschriften der Prophetenbücher. Anmerkungen zu Form, Redaktion und Bedeutung für die Datierung der Bücher, EThL 70 (1994), 91 – 104.

Wahl, Otto, Die Bücher Micha, Obadja und Haggai (Geistliche Schriftlesung Bd. 12), Düsseldorf 1990.

Waltke, Bruce K., A Commentary on Micah, Grand Rapids und Cambridge 2007.

Watts, John D. W., Isaiah 1 – 33 (World Biblical Commentary Bd. 24), Waco 1985.

Wendel, Ute, Jesaja und Jeremia. Worte, Motive und Einsichten Jesajas in der Verkündigung Jeremias (BThSt Bd. 25), Neukirchen 1995.

Werner, Wolfgang, Israel in der Entscheidung. Überlegungen zur Datierung und zur theologischen Aussage von Jes 1,4 – 9 in: Kilian, Rudolf, u. a., Eschatologie: Bibeltheologische und philosophische Studien zum Verhältnis von Erlösungswelt und Wirklichkeitsbewältigung. Festschrift für Engelbert Neuhäusler zur Emeritierung, St. Ottilien 1981, S. 59 – 72.

Westermann, Claus, Artikel כבד kbd schwer sein, in: Jenni, Ernst / Westermann, Claus (Hg.), Theologisches Handwörterbuch zum Alten Testament, Bd. I, 6. Aufl., Gütersloh 2004, Sp. 794 – 812.

Whedbee, John William, Isaiah and Wisdom, Nashville u. a. 1971.

Wildberger, Hans, Jesaja 1 – 12 (BK/AT Bd. X/1), Neukirchen-Vluyn 1978.

Wildberger, Hans, Jes 13 – 27 (BK/AT Bd. X/2), Neukirchen-Vluyn 1972.

Williamson, Hugh G. M., Biblical Criticism and Hermeneutics in Isaiah 1:10 – 17, in: Bultmann, Christoph / Dietrich, Walter / Levin, Christoph (Hg.), Vergegenwärtigung des Alten Testaments. Beiträge zur biblischen Hermeneutik. Festschrift für Rudolf Smend zum 70. Geburtstag, Göttingen 2002, S. 82 – 96.

Williamson, Hugh G. M., Judgment and Hope in Isaiah 1.21 – 26, in: Exum, J. Cheryl / Williamson, H. G. M. (Hg.), Reading from Right to Left. Essays on the Hebrew Bible in Honour of David J. A. Clines (Journal for the Study of the Old Testament. Supplement Series 373), Sheffield 2003, S. 423 – 434.

Williamson, Hugh G. M., A Critical and Exegetical Commentary on Isaiah 1 – 27 in Three Volumes. Band 1: Isaiah 1 – 5, The International Critical Commentary on the Holy Scriptures of the Old and New Testaments, Edinburgh 2006.

Williamson, Hugh G. M., Isaiah 1 and the Covenant Lawsuit, in: Mayes, A. D. H. / Salters, R. B. (Hg.), Covenant as Context. Essays in Honour of E. W. Nicholson, Oxford et alii 2003, S. 393 – 406.

Williamson, Hugh G. M., Relocating Isaiah 1:2 – 9, in: Broyles, Craig C. / Evans, Craig A. (Hg.), Writing and Reading the Scroll of Isaiah. Studies of an Interpretive Tradition (Supplements to Vetus Testamentum), Bd. 1, Leiden u. a. 1997, S. 263 – 277.

Willi-Plein, Ina, Vorformen der Schriftexegese innerhalb des Alten Testaments. Untersuchungen zum literarischen Werden der auf Amos, Hosea und Micha zurückgehenden Bücher im hebräischen Zwölfprophetenbuch (BZAW 123), Berlin u. a. 1971.

Willis, John T., The First Pericope in the Book of Isaiah, in: VT 34 (1984), S. 63 – 77.

Wöhrle, Jakob, Die frühen Sammlungen des Zwölfprophetenbuches. Entstehung und Komposition (BZAW Bd. 360), Berlin u. a. 2006.

Wöhrle, Jakob, Der Abschluss des Zwölfprophetenbuches. Buchübergreifende Redaktionsprozesse in den späten Sammlungen (BZAW Bd. 389), Berlin u. a. 2008.

Wolff, Hans Walter, Dodekapropheton 1. Hosea (BK/AT Bd. XIV/1), 2. Aufl., Neukirchen-Vluyn 1965.

Wolff, Hans Walter, Dodekapropheton 2. Joël und Amos (BK/AT Bd. XIV/2), Neukirchen-Vluyn 1969.

Wolff, Hans Walter, Dodekapropheton 4. Micha (BK/AT Bd. XIV/4), Neukirchen-Vluyn 1982.

Würthwein, Der Ursprung der prophetischen Gerichtsrede, in: ZThK 49 (1952), 1 – 16.

Zapff, Burkard M., Jesaja III 40 – 55 (NEB, Lfg. 36), Würzburg 2001.

Zapff, Burkard M., Jesaja IV 56 – 66 (NEB, Lfg. 37), Würzburg 2006.

Zapff, Burkard M., Schriftgelehrte Prophetie – Jes 13 und die Komposition des Jesajabuches. Ein Beitrag zur Erforschung der Redaktionsgeschichte des Jesajabuches (FzB 74), Würzburg 1995.

Zapff, Burkard M., Jesus Sirach 25 – 51 (NEB), Würzburg 2010.

Zapff, Burkard M., The Book of Micah – the Theological Center of the Book of the Twelve?, in: Albertz, Rainer / Nogalski, James D. / Wöhrle, Jakob (Hg.), Perspectives on the Formation of the Book of the Twelve. Methodological Foundations – Redactional Processes – Historical Insights (BZAW Bd. 433), Berlin u. a. 2012, S. 129 – 146.

Zimmerli, Walther, Ezechiel 1 – 24 (BK/AT Bd. XIII/1), Neukirchen-Vluyn 1969.

Ausgaben des Bibeltexts

Software

Bibleworks 9.0.

Gebundene Ausgaben

Elliger, Karl, u. a. (Hg.), Tōrā nebī'īm ketūbīm. Biblia Hebraica Stuttgartensia, 5. Aufl., Stuttgart 1997.

Rahlfs, Alfred (Hg.), Septuaginta, id est vetus testamentum graece iuxta LXX interpretes (Bd. 2: Libri poetici et prophetici), Stuttgart 1982.

Peshiṭta Instituut Leiden, Vetus testamentum syriace: iuxta simplicem syrorum versionem. The Old Testament in Syriac, Bd. 3.1: Isaiah, Leiden 1987.

Die Bibel: die Heilige Schrift des Alten und Neuen Bundes, vollst. dt. Ausg. (sog. „Herder-Bibel", d.i. die Übersetzung der alten Jerusalemer Bibel), Freiburg im Breisgau, u. a. 2010.

Die Bibel, Einheitsübersetzung, Freiburg, 1980.

Abbildungsnachweis

Abbildung 1 entnommen aus O. Keel, Die Welt der altorientalischen Bildsymbolik, S. 29, Abb. 32. Zeichnung von H. Keel-Leu. Originalquelle:
Papyrus, Neues Reich (1570 – 1085 v. Chr.), Louvre.

Abkürzungen

AOT   Altorientalische Texte zum Alten Testament, Hg. H. Gressmann, 2. Aufl., Berlin 1926.

CAD   Gelb, Ignace J., u. a. (Hg.), The Assyrian dictionary of the Oriental Institute of the University of Chicago.

DtrH   deuteronomistischer Historiker

HAL   Köhler, Ludwig / Baumgartner, Walter, u. a., Hebräisches und aramäisches Lexikon zum Alten Testament, 3. Aufl., Leiden u. a. 2004.

Mss   Codices manuscripti Hebraici (vgl. Index BHS) / mehrere Handschriften des hebräischen Alten Testaments

TUAT   Texte aus der Umwelt des Alten Testaments, 3 Bände, Hg. Otto Kaiser, Gütersloh 1982–2001.

Verzeichnis deutscher und hebräischer Stichworte

Bibelstellenverzeichnis